"新文科·新卓越"系列丛书

卓越法治人才培养探索与实践

主编　苗连营

2022年卷

郑州大学出版社

图书在版编目(CIP)数据

卓越法治人才培养探索与实践／苗连营主编. — 郑州：郑州大学出版社，
2023. 5
("新文科·新卓越"系列丛书)
ISBN 978-7-5645-9695-8

Ⅰ. ①卓… Ⅱ. ①苗… Ⅲ. ①高等学校 - 法律 - 人才培养 - 中国 -
文集 Ⅳ. ①D92-4

中国国家版本馆 CIP 数据核字(2023)第 078748 号

卓越法治人才培养探索与实践
ZHUOYUE FAZHI RENCAI PEIYANG TANSUO YU SHIJIAN

策划编辑	王卫疆	封面设计	苏永生
责任编辑	吴 静	版式设计	苏永生
责任校对	孙 泓	责任监制	李瑞卿

出版发行	郑州大学出版社	地 址	郑州市大学路 40 号(450052)
出 版 人	孙保营	网 址	http://www.zzup.cn
经 销	全国新华书店	发行电话	0371-66966070
印 刷	河南龙华印务有限公司		
开 本	787 mm×1 092 mm 1 / 16		
印 张	29.25	字 数	608 千字
版 次	2023 年 5 月第 1 版	印 次	2023 年 5 月第 1 次印刷

书 号	ISBN 978-7-5645-9695-8	定 价	86.00 元

"新文科·新卓越"系列丛书编委会

序 言

党的二十大报告对"坚持全面依法治国,推进法治中国建设"作出专章论述、专门部署,充分体现了以习近平同志为核心的党中央对全面依法治国的高度重视和坚定决心。全面依法治国是一个系统工程,法治人才培养是其重要组成部分。习近平总书记指出:"法治人才培养上不去,法治领域不能人才辈出,全面依法治国就不可能做好。"高素质法治人才是建设中国特色社会主义法治体系、建设社会主义法治国家的基础性、战略性支撑。

习近平法治思想是新时代全面依法治国的思想旗帜,包含了极其丰富的关于法治人才培养方面的重要内容,是我们做好法治人才培养工作的根本遵循。大学之大,在于胸怀"国之大者",在于为国为民的使命担当。郑州大学法学院坚持以习近平法治思想为指导,致力于培养忠于党、忠于国家、忠于人民、忠于法律的中国特色社会主义法治事业的建设者和接班人。学院贯彻落实中共中央办公厅、国务院办公厅印发的《关于加强新时代法学教育和法学理论研究的意见》,聚焦新文科建设的使命和任务,着力练好本科生培养的"五大内功":抓专业、抓课程、抓教师、抓教法、抓实践,积极推进习近平法治思想"进教材、进课堂、进头脑",不断优化人才培养方案和过程,深入探索基于"课程思政"的法治人才培养路径,自觉将思想政治教育与法律人文教育有机结合,使家国情怀、工匠精神、社会责任、文化自信、人文素养融入"立德树人"根本任务的落实过程中。

学院以"六卓越一拔尖"为导向,以"新文科"建设引领复合型、创新型、应用型法治人才培养,积极推动知识重构和学科专业深度交叉融合,促进思维革命、跨界融通与范式转化,引导学生树立正确的价值追求和理想信念,真正使"德法兼修"内化于心、外化于行。为此,学院推出了"新文科·新卓越"系列丛书——《卓越法治人才培养探索与实践》,主要刊发我院教师有关本科教学方法、教学内容、培养模式等"新文科"建设和卓越法治人才培养创新探索方面的教学教改文章,以及我院本科生创新性论文、创新创业课题成果、案例分析研究、实习实践感悟等方面的文章。由于时间紧迫和能力有限,此书还存在诸多有待完善之处,敬请各位方家批评指正。

苗连营

2023 年 5 月

目 录

论如何培养担当民族复兴大任的法学时代新人①

张嘉军②

摘 要：习近平总书记对担当民族复兴大任的时代新人提出了具体要求，培养时代新人离不开新文科。作为法学学科而言，培养时代新人应当坚持立德树人、强化实践性教学、注重协同育人。当下中国法学教育尽管在培养时代新人时也会注重这些内容，但是做得还不够到位。未来中国法学教育应当在坚持立德树人目标下，继续强化实践性教学特别是应当积极提升学生的动手能力，可以将实践性强、动手能力强的课程设置为《法学类教学质量国家标准》"X"中选择性的专业核心课程；同时要创新协同育人新机制，真正实现高校与实务部门等协同培养担当民族复兴大任的卓越时代新人。

关键词：民族复兴；大任；时代新人；卓越法治人才；新文科

一、"时代新人"的基本要求与内涵

2022年4月25日，习近平总书记在视察中国人民大学时强调："为谁培养人、培养什么人、怎样培养人始终是教育的根本问题。要坚持党的领导，坚持马克思主义指导地位，坚持为党和人民事业服务，落实立德树人根本任务，传承红色基因，扎根中国大地办大学，走出一条建设中国特色、世界一流大学的新路。广大青年要做社会主义核心价值观的坚定信仰者、积极传播者、模范践行者，向英雄学习、向前辈学习、向榜样学习，争做堪当民族复兴重任的时代新人，在实现中华民族伟大复兴的时代洪流中踔厉奋发、勇毅前进。"习近平总书记非常明确地指出了中国大学要培养什么样的人才，

---

①本文系郑州大学教改项目《法律文书写作实践教学改革研究》的阶段性研究成果。
②作者简介：张嘉军，男，河南信阳人，法学博士，郑州大学法学院教授、博士生导师，郑州大学检察公益诉讼研究院执行院长、郑州大学中国司法案例研究中心执行主任，研究方向：民事诉讼、司法制度。

中国大学培养人需要坚持的原则和宗旨,即培养当代大学生必须坚持"立德树人"这一根本任务。习近平总书记在视察时还强调:"我国有独特的历史、独特的文化、独特的国情,建设中国特色、世界一流大学不能跟在别人后面依样画葫芦,简单以国外大学作为标准和模式,而是要扎根中国大地,走出一条建设中国特色、世界一流大学的新路。"①根据习近平总书记的讲话精神,中国的大学建设必须走中国特色的道路,只有这样才能把中国的大学建设成为世界一流大学。

2017年5月3日习近平总书记在视察中国政法大学时强调:"中国的未来属于青年,中华民族的未来也属于青年。青年一代的理想信念、精神状态、综合素质,是一个国家发展活力的重要体现,也是一个国家核心竞争力的重要因素。当今中国最鲜明的时代主题,就是实现'两个一百年'奋斗目标、实现中华民族伟大复兴的中国梦。当代青年要树立与这个时代主题同心同向的理想信念,勇于担当这个时代赋予的历史责任,励志勤学、刻苦磨炼,在激情奋斗中绽放青春光芒、健康成长进步。"②习近平总书记在这次视察时明确指出了青年一代大学生要励志勤学、刻苦磨炼,勇于担当时代重任,做担当中华民族伟大复兴的时代新人。通过深入学习领会习近平总书记的重要讲话精神,我们发现,做时代新人需要具备以下几个条件:

第一,有坚如磐石的理想信念。"道路决定命运,方向决定成败,担当民族复兴大任的时代新人应坚守马克思主义信仰,坚持中国特色社会主义道路信念,坚定实现中华民族伟大复兴的信心,深刻领会习近平新时代中国特色社会主义思想,并时刻用先进理论武装头脑,指导实践。"③新时代大学生必须坚持中国特色社会主义道路,要有坚定的理想信念,唯有如此,才能担当伟大民族复兴的重任。

第二,有适应新时代的素质。社会主要矛盾发生重大变化的新时代,对"时代新人"提出了更多的挑战和素质能力要求。大学生不仅是普通意义上的公民,更是推动社会变革与发展的重要依靠,是促进国家进步的动力。④"要做到理论与实践相结合,到基层和祖国最需要的地方去,通过服务基层、服务社会来坚定信念、磨砺自我、了解国情、增长本领,为担当复兴大任夯实基础,成为新时代科技创新领域的倡导者、参与

---

① 《习近平在中国人民大学考察时强调 坚持党的领导传承红色基因扎根中国大地 走出一条建设中国特色世界一流大学新路》,《光明日报》2022年4月26日,第1版。

② 《习近平在中国政法大学考察时强调 立德树人德法兼修抓好法治人才培养 励志勤学刻苦磨炼促进青年成长进步》,《人民日报》2017年5月4日,第1版。

③ 吴薇:《担当民族复兴大任的时代新人培养路径探析》,《集美大学学报》2019年第5期,第68页。

④ 张国启,汪丹丹:《担当民族复兴大任的时代新人的逻辑内涵与培养理路》,《思想理论教育》2018年第12期,第42页。

者、推动者。"①新时代的大学生要成为勇担重任的新人,必须努力学习,理论联系实践,扎根中国大地,了解中国国情,才能更好地为实现中华民族伟大复兴做出更大贡献。

第三,有担当使命的行动自觉。大学生是实现第一个百年目标的生力军,也是实现第二个百年目标的主力军,"时代新人"要紧紧抓住这一历史机遇,在新时代坐标中不断思考个人在时代发展中的目标、定位和奋斗方向,最大限度地把自己的智慧才干和创新能力汇聚成祖国建功立业的强劲力量,"主动承担起历史使命,把实现人生目标的成就感和国家社会发展的使命感结合起来,在服务国家繁荣和民族复兴的事业中实现自己的人生价值"。②

二、"新文科""卓越法治"对"时代新人"的基本要求

2017 年 5 月 3 日习近平总书记在中国政法大学视察时强调:"法学学科是实践性很强的学科,法学教育要处理好知识教学和实践教学的关系。要打破高校和社会之间的体制壁垒,将实际工作部门的优质实践教学资源引进高校,加强法学教育、法学研究工作者和法治实际工作者之间的交流。"③法学学科要强化实践性教学,为了更好地实现这一目标,高校应和社会力量特别是实务部门协同培育新时代卓越法学学生。

为贯彻习近平总书记的重要讲话精神,教育部在出台的《关于加快建设高水平本科教育 全面提高人才培养能力的意见》(教高〔2018〕2 号)中明确规定"完善协同育人机制""建立与社会用人部门合作更加紧密的人才培养机制。健全培养目标协同机制,与相关部门联合制订人才培养标准,完善人才培养方案。健全教师队伍协同机制,统筹专兼职教师队伍建设,促进双向交流,提高实践教学水平",同时要"进一步提高实践教学的比重"。之后的《教育部 中央政法委关于坚持德法兼修实施卓越法治人才教育培养计划 2.0 的意见》(教高〔2018〕6 号)(以下简称《卓越法治人才培养 2.0》)明确了卓越法治人才培养坚持的基本方向,即"坚持以马克思主义法学思想和中国特色社会主义法治理论为指导,围绕建设社会主义法治国家需要,坚持立德树人、德法兼修,践行明法笃行、知行合一,主动适应法治国家、法治政府、法治社会建设新任务新要求"。《卓越法治人才培养 2.0》还规定了实现这一目标的具体举措,即要"深化高等

---

① 吴薇:《担当民族复兴大任的时代新人培养路径探析》,《集美大学学报》2019 年第 5 期,第 69 页。

② 吴薇:《担当民族复兴大任的时代新人培养路径探析》,《集美大学学报》2019 年第 5 期,第 69 页。

③《习近平在中国政法大学考察时强调 立德树人德法兼修抓好法治人才培养 励志勤学刻苦磨炼促进青年成长进步》,《人民日报》2017 年 5 月 4 日,第 1 版。

法学教育教学改革,强化法学实践教育,完善协同育人机制,构建法治人才培养共同体"。具体而言:第一,要强化实践教学。规定"重实践,强化法学教育之要。要着力强化法学专业知识教育,将中国法治实践的最新经验和生动案例、中国特色社会主义法治理论研究的最新成果引入课堂、写进教材,及时转化为教学资源。要着力强化实践教学,进一步提高法学专业实践教学学分比例,支持学生参与法律援助、自主创业等活动,积极探索实践教学的方式方法,切实提高实践教学的质量和效果"。第二,深化协同育人。规定"深协同,破除培养机制壁垒。切实发挥政府部门、法院、检察院、律师事务所、企业等在法治人才培养中的作用"。

2019 年 4 月 29 日,教育部、科技部、财政部、中科院等多个部门在天津联合举办"六卓越一拔尖"计划 2.0 启动大会,该次大会的召开标志着新工科、新医科、新农科、新文科建设正式启动。这次会议的一个总体部署就是"通过实施'六卓越一拔尖'计划 2.0,全面推进新工科、新医科、新农科、新文科建设,提高高校服务经济社会发展能力。"[1]何谓"新文科"呢?"新文科是发展社会主义先进文化的重要载体,要把握好新时代哲学社会科学发展的新要求,推动哲学社会科学与新科技革命交叉融合,培养新时代的哲学社会科学家,创造光耀时代、光耀世界的中华文化,提升文化软实力。"[2]就法学建设而言,就是要弘扬社会主义核心价值观,实现法学与其他学科的交叉,培育新的学科建设增长点,培养新时代卓越法治人才。

2020 年 11 月 3 日发布的《新文科建设宣言》指出:"培养时代新人需要新文科。面对世界百年未有之大变局,要在大国博弈竞争中赢得优势与主动,实现中华民族复兴大业,关键在人。高等文科教育作为培养青年人自信心、自豪感、自主性的主战场、主阵地、主渠道,坚持以文化人、以文培元,大力培养具有国际视野和国际竞争力的时代新人,新文科建设任重道远。"[3]时代新人的培养离不开法学学科,面对世界百年未有之大变局,在大国博弈竞争中法学人才有施展才华的广阔舞台,法学学科要面向大国博弈竞争这一主战场,以实现中华民族复兴大业为己业,积极进行教学大纲和方案的改革,深化协同,强化实践教学,培养更多更合格的担当民族复兴大任的卓越法学时代新人。

---

① https://www.sohu.com/a/311227502_355207,2022 年 9 月 10 日访问。
② https://www.sohu.com/a/311227502_355207,2022 年 9 月 10 日访问。
③ https://www.eol.cn/news/yaowen/202011/t20201103_2029763.shtml,2022 年 9 月 10 日访问。

三、当下中国法学教育对"时代新人"培养的现状及其问题

（一）现状

1. 坚持立德树人

"习近平总书记高度重视培养社会主义建设者和接班人,在多个场合一再强调,教育工作者必须把立德树人作为教育的根本任务和中心环节,要把立德树人内化到大学建设和管理各领域、各方面、各环节,做到以树人为核心,以立德为根本。"①为贯彻习近平总书记关于新时代高校培养人才的要求,在2021年最新版的《法学类教学质量国家标准》中专门将"立德树人"作为法学类人才培养的目标。《法学类教学质量国家标准》在"培养目标"中写到"法学类专业人才培养应坚持立德树人、德法兼修,适应建设中国特色社会主义法治体系,建设社会主义法治国家的实际需要",且明确将"法律职业伦理"作为法学专业必须完成的10门核心课程之一。为贯彻国家对新时代法学人才培养目标的要求,各高校法学院系也都及时修改本科教学培养方案,将"立德树人"作为本院系法学本科培养的基本目标,明确要求习近平法治思想要进教材、进课堂、进头脑,在课堂教学中要注意融入社会主义核心价值观。不少各高校法学院系都将"法律职业伦理"作为法学专业核心课程;积极开设"习近平法治思想概论",且作为必修课;等等。

2. 强化实践教学

培养时代法学新人,在确立"立德树人"这一总目标下,必须紧扣法学学科的特点,强化实践教学。习近平总书记在视察中国政法大学时强调:"法学学科是实践性很强的学科,法学教育要处理好知识教学和实践教学的关系。""新文科"明确提出要"强化实践教学"。《卓越法治人才培养2.0》中将实践教学的重要性提升到一个非常高的高度,指出"重实践,强化法学教育之要"。《法学类教学质量国家标准》也将法学类专业课程分为两大类,即理论教学课程和实践教学课程,而且明确要求实践教学课程学分在总学分中的比重为"其中实践教学课程累计学分不少于总学分的15%"。各高校法学院系积极贯彻和落实在法学人才培养中实践教学课程建设,提升其占法学类课程总学分的比重。诸如加大实习实训的力度,在本科生一年级时增加"社会实践",时间为4周,4学分;延长了法学本科生二年级时的"专业实习"时间,将专业实习实践延长到10周,学分为10学分。这大大强化了本科生专业实习、社会实践的强度,提升本科生实习实践能力。此外,还强化案例教学,诸如在选修课中增加了刑事案例分析、

---

① 《坚持立德树人 培养时代新人——学习贯彻习近平总书记重要回信精神》,《新华日报》2022年5月22日第1版。

民事案例分析等。

3. 注重协同育人

培养法学时代新人,如果仅限于原有的培养模式显然不能适应时代发展,特别是高校法学院系老师更多是从"出学校门进学校门",即从高校毕业后即进入高校任教。这一模式对于非法学专业或许问题不大,但是对于实践性较强的法学专业来说,存在不小的问题。在中国现有体制机制下,这一现状短期内无法彻底改变,因为各个行业和单位之间的人才流动壁垒并未彻底打通。为了解决这一问题,《教育部关于加快建设高水平本科教育 全面提高人才培养能力的意见》明确提出要"完善协同育人机制";完善协同育人机制也是新文科建设的基本要求。教育部领导在相关会议上明确指出"积极推进新工科、新医科、新农科、新文科建设;不断完善协同育人和实践教学机制……"①《卓越法治人才培养2.0》也明确要求"完善协同育人机制,构建法治人才培养共同体""深协同,破除培养机制壁垒。切实发挥政府部门、法院、检察院、律师事务所、企业等在法治人才培养中的作用"。在这一要求下,中央政法委和教育部推出了"双千计划",选派高校法学老师到实务部门挂职,选派实务部门人员到高校任教,弥补高校老师实务经验不足的劣势。如河南省高级人民法院就选派宋旺兴副庭长、河南省人民检察院选派赵克领检察官到郑州大学法学院任教,郑州大学法学院选派宋雅芳教授到河南省高级人民法院挂职、张嘉军教授到郑州市中级人民法院挂职、许桂敏副教授到河南省司法厅挂职、王建国教授到郑州市公安局挂职等,全国各高校基于这种方式实现"协同育人"。

(二)存在的问题

1. 案例教学运用不够

尽管"新文科"、《卓越法治人才培养2.0》都要求培养新时代法学新人应重视实践教学,很多学校也都注重案例教学,诸如在培养方案中增加了民商事案例研习、刑事案例研习等选修课。但是从全国各高校来看,当下中国法学教育在案例教学方面还存在如下问题:

第一,案件教学是选修课而不是必修课。在教育部关于《法学类教学质量国家标准》的法学专业核心课程中无论是"10"还是"X"都没有案例课程。

第二,各高校法学院院系中还有不少院系并没有开设案例研习或分析类课程。一方面,因为这些院系师资力量不够,无力开设这样的课程;另一方面,因为很多老师并不愿意开设这门课程,因为真正以案例为中心展开理论分析,不仅需要深厚的理论功底,而且还需要对实务较为了解,同时这样的课程备课需要耗费大量时间和精力。

---

①《"六卓越一拔尖"计划2.0掀起一次中国高教"质量革命"》,http://edu.people.com.cn/n1/2019/0430/c1006-31059188.html,2022年9月11日访问。

第三,即使部分开设这样课程的法学院系,其也并未真正按照以案例为中心层层展开进行分析的思路来讲授这门课,很多授课老师还是沿用传统的从理论到理论的教学思路,充其量是在讲授过程中加入一些案例而已。

第四,不少授课老师在课堂上讲授的案例有时缺乏应有的典型性和新颖性,甚至所选取的案例与授课内容契合度不是很高。

2. 实践教学特别是"动手能力"不够

习近平总书记在视察中国政法大学时的讲话中明确指出了法学学科应当注重实践教学,在教育部新文科建设以及《卓越法治人才培养2.0》中也都进一步明确了法学学科应当强化实践教学,这些要求也落实和体现在《法学类教学质量国家标准》中。但是从全国各高校法学院系来看,尽管也都在法学本科人才培养方案中有所体现,但是总体上来看,在实践教学方面做得还不够。其中最为明显和突出的就是法科学生的动手能力严重不足,法院、检察院、律师事务所等实务部门反映,不少毕业生去了这些实务部门,不会写裁判书、不会写公诉书、不会写起诉状等。造成这一现象的原因有:一是《法学类教学质量国家标准》中并未将法律文书写作课作为法学专业核心课程,为此很多学校也都将这门课作为选修课,甚至也有一些学校并不开设这门课;二是很多学校更重视案例教学,而对于法律文书写作课程重视不够,不少学校安排教学经验不足的老师上这门课;三是不少学校尽管也开设了法律文书写作课程,但是上课的老师在课堂上更多讲授的是法律文书写作的理论,让学生动手写法律文书进行训练过少。

3. 协同育人不够

尽管《教育部关于加快建设高水平本科教育 全面提高人才培养能力的意见》、"新文科建设"、《卓越法治人才培养2.0》中都明确提出了法学专业要"完善协同育人机制",不少高校也都积极贯彻落实这一要求,但是还存在一些问题:不少高校也邀请法院、检察院、律师事务所等实务部门人员给本科生授课或者担任实务指导老师,如果只是让这些实务人员担任学生实务导师,问题不大,但让其给本科生主讲一个学期的课程,问题就出现了。各高校对老师们给本科生授课有严格的时间要求,老师们必须按照课程表上安排的时间、地点准时给学生授课。如果只是让实务部门人员偶尔给学生做几次讲座,时间上倒可以安排。而如果让其担任一个学期本科课程的话,因为实务部门人员还有自己的本职工作,就无法保证按照课程表上的安排准时授课,这为高校与实务部门协同为本科生授课造成巨大障碍。这些问题也一定程度上导致了当下高校法学专业在"协同育人"上开展得不够理想。

四、培养担当民族复兴大任的法学时代新人的基本思路与具体举措

（一）基本思路

1.坚持立德树人

习近平总书记在给南京大学留学归国青年学者的回信中殷切嘱托大家要"坚持立德树人"。立德树人是教育的根本任务，也是高校的立身之本。习近平总书记指出，"要把立德树人的成效作为检验学校一切工作的根本标准，真正做到以文化人、以德育人，不断提高学生思想水平、政治觉悟、道德品质、文化素养。"[①]为了培养更为卓越的法学时代新人，各高校必须严格贯彻习近平总书记重要讲话精神，严格按照《法学类教学质量国家标准》"培养目标"的要求，不仅要在"培养目标"中明确增加"立德树人"这一要求，而且还要将这一目标不折不扣地落实到课程体系之中；对于已经在培养方案中确立了这一目标而且也将这一目标融入课程体系中的高校，要进一步提升优化"立德树人"目标落实和实现的路径，要将这一目标不仅仅是落实到培养方案中，更要落实到课堂中，真正实现进教材、进课堂、进头脑，为中华民族的伟大复兴培养更多更卓越的又红又专、德才兼备的全面发展的社会主义建设者和接班人。

2.提升实践教学力度，创新"协同育人新机制"

习近平总书记在视察中国政法大学时明确指出，法学是实践性较强的学科，法学教学应当强化实践教学。但是因为这样那样的原因，各高校在进行实践教学方面并不尽人意，实践教学的力度、方式、方法和效果等参差不一，特别是不少高校在训练学生动手能力方面严重缺乏。未来我国法学高等教育在坚持实践教学的方向上要坚持不动摇，采取更为积极有效措施，进一步提升法学本科教学中实践教学的力度和广度。教育部非常明确地提出了要"完善协同育人机制"，但是由于高校与实务部门之间体制机制障碍，真正要打通二者的壁垒，真正实现"协同育人"尚存在诸多困难。尽管如此，这一目标方向也同样不能动摇。各高校要根据自己的实际情况，克服困难，创新思路，开创新时代"协同育人新机制"，为中华民族的伟大复兴培养更多卓越的法学时代新人。

（二）具体举措

1.增加实践性课程为法学核心课

《法学类教学质量国家标准》中将法学专业核心课程设置为"10+X"，其中"10"系

---

①《坚持立德树人 培养时代新人——学习贯彻习近平总书记重要回信精神》，《新华日报》2022年5月22日第1版。

指法学专业必须完成的 10 门专业,包括法理学、宪法学、中国法律史、刑法、民法、刑事诉讼法、民事诉讼法、行政法与行政诉讼法、国际法、法律职业伦理。"X"是指各高校根据办学特色开设的其他专业必修课程,包括:经济法、知识产权法、商法、国际私法、国际经济法、环境资源法、劳动与社会保障法、证据法、财税法。在这些课程中没有一门是实践性课程,建议未来修改《法学类教学质量国家标准》时可以考虑将"法律文书写作""模拟审判"等实践性强、动手能力强的课题作为"X"中的专业必修课。提升法学实践类课程在法学核心课程中的位置,强化法学实践性课程的地位。

2. 强化实践性教学特别是"动手能力"的培养

"新文科"建设以及《卓越法治人才培养 2.0》都明确提出要强化法学学科实践性教学内容。为了更好地培养法学时代新人,未来应进一步强化法学的实践性教学,特别是要积极提升法科学生的动手能力。

第一,继续强化案例教学。在选修课中多设置案例研习的课程,对担任案例教学课程的老师提出案例教学的具体要求,诸如要围绕案例层层递进剖析案例的深层次理论基础以及存在的问题;要求选取紧扣授课内容的具有典型性、代表性案例,强化案例的新颖性等。同时在学时计算上可以增加案例课程的学时,以此提升授课老师的积极性等。

第二,积极提升学生动手能力。法科学生毕业以后须面对司法实践的主战场,如果在校期间没有对其进行一定的动手能力的实务训练,对于他们找工作以及就业后能否快速适应工作等都会造成一定影响,为此各高校一定要高度重视法科学生这方面能力的培养和训练。一方面可以考虑在授课中增加这方面的内容,诸如让学生亲自动手写相关法律文书;另一方面可以通过"以赛促学,以赛促教"模式强化学生的动手能力。

在这一点上,郑州大学法学院进行了很好的尝试。郑州大学法学院以河南省高级人民法院与郑州大学联合成立的中国司法案例研究中心为载体,2017 年开始以"为弥补当代法学教育对学生案例教学、裁判文书写作实践之不足,拉近理论与实践的距离,培养德法兼修、明法笃行、知行合一的新时代卓越法治人才"为宗旨,以法院真实案件为素材,面向全国高校法科生举办了"裁判文书写作大赛",已经成功举办了五届。每届都有来自北京大学、清华大学、中国社科院大学、澳门科技大学、韩国成均馆大学等400 余所高校 4000 余名学生参加。中国司法案例研究中心邀请最高人民法院、最高人民检察院、中国法学会中国司法案例研究会、河南省高级人民法院、河南省人民检察院、河南大学、郑州大学、河南天欣律师事务所等专家学者进行评审,分别评审出一等奖、二等奖等奖项,现场公证并予以公布。该项赛事已经成为国内法学领域面向在校生特别是本科生的重要赛事,该项赛事一定程度上推进了不少高校对裁判文书写作的重视,诸如不少学校专门组织实务界法官、律师给学生培训如何写裁判书,也有不少学校将该项赛事获奖情况作为评先奖优甚至推免的重要依据,等等。郑州大学法学院依托中国司法案例研究中心举办的"裁判文书写作大奖赛"为切入点,基于"以赛促学,以赛促教"机制不仅大大强化了该院法学本科生积极参与裁判文书写作大赛的积极性,同时也反过来推动了学院对法律文书特别是裁判文书写作的高度重视,学院也以此为契机对法律文书写作授课老师进行了改革,增强该课程任课老师的实践能力,积极提升法学本科生动手能力。这一模式不失为未来中国法学学科强化实践性教学,特别是提升学生动手能力的新方向。

3. 创新"协同育人新模式"

"协同育人"是"新文科建设"和《卓越法治人才培养 2.0》的内在要求,未来法学教育应当继续坚持走"协同育人"道路。为了克服实务部门与高校在体制机制上不对接以及二者之间尚未打通的壁垒,各高校应不断创新"协同育人"新模式、新机制。郑州大学法学院在"协同育人"新模式上的探索也同样值得借鉴。郑州大学法学院联合中国司法案例研究中心举办"裁判文书写作大奖赛",强化了对法律文书写作课程的重视度,专门组建了"1+X"授课群机制。法律文书授课群中的"1"是指法学院讲授法律文书课的专任老师,由他/她牵头组建授课群,集体备课并集体讲授这门课。法律文书授课群中的"X"是指专门邀请实务部门的法官、检察官、律师等共同讲授这门课。其中的法官有来自河南省高级人民法院民庭法官、行政庭法官以及刑庭法官;检察官有来自河南省人民检察院公诉检察官、民事检察监督检察官、公益诉讼检察官等。"1+X"授课群机制的具体操作如下:

第一,由学院专任的法律文书写作课程老师牵头组织大家集体备课,并进行授课任务分解,指定具体由哪位人员准备讲授何种法律文书写作的内容。

第二,由学院专任的法律文书写作课程老师首先给学生讲授法律文书写作课的基本理论知识体系等。

第三,由实务部门的老师根据自己工作内容讲授不同的法律文书写作内容,诸如民庭法官讲民事裁判文书写作、行政庭法官讲行政裁判文书写作、刑庭法官讲刑事裁判文书写作、检察官讲公诉文书写作、律师讲起诉状等的写作,等等。

第四,实务部门老师具体哪天讲授课程,由牵头的学院专任老师提前确定哪位老师有空闲时间,就由该位老师讲授其准备的相关法律文书内容。

建立这样的"协同育人"新模式新机制的优势在于:一是可以有效避免实务部门老师本职工作与授课之间冲突而无法准时授课问题。其中一位实务部门老师工作忙无法授课,其他实务部门老师可以补位,依然有老师上课。二是可以大大提升学生的动手能力。这些实务部门的老师结合自己的工作,拿出真实的案件素材,指导学生起草起诉状、公诉书、抗诉状、裁判文书等,提升学生动手能力,有利于学生毕业后更顺利地投入工作。三是可以真正实现高校与实务部门间的"协同育人"。通过"1+X"授课群机制将理论与实践有机衔接,打通高校与实务部门——法院、检察院、律师事务所等之间的壁垒,实现优势互补,协同培育担当民族复兴大任的卓越法学时代新人。

参考文献

[1]吴薇.担当民族复兴大任的时代新人培养路径探析[J].集美大学学报,2019(5):68-73.

[2]张国启,汪丹丹.担当民族复兴大任的时代新人的逻辑内涵与培养理路[J].思想理论教育,2018(12):42-47.

"罪"与"非罪"、"情理"与"法理"的双重考量
——以病患家属代购氯巴占涉嫌走私毒品案为考察对象

罗　妍①

摘　要:河南郑州"病患家属代购氯巴占涉嫌走私毒品案"从案发到后续司法审判一直受到社会广泛关注,一审法院控辩双方的争议焦点也引发了社会上对于本案定性问题以及是否应当受到刑事处罚的讨论。其中,涉案患儿家属向郑州市中牟县人民检察院提交了一份联名诉求书,请求宣判铁马冰河无罪。针对本案,笔者认为存在情理和法理的平衡问题以及罪与非罪的定性问题,笔者将从本案的具体事实分析"法"与"情"的冲突、平衡问题;从走私毒品罪的构成要件角度,对本案的行为进行定性分析。

关键词:走私毒品罪;罪与非罪;情理;法理

氯巴占、喜保宁(氨己烯酸)等药品对于癫痫病人有较好的疗效,但氯巴占系国家管制的二类精神药品,在国内药品市场不允许私自买卖,喜保宁在境内药品市场无销售。中牟县检察院审查查明,癫痫疾病患儿的父亲铁马冰河(网名)在为其孩子购买药品的过程中,联系到境外贩卖氯巴占的人员,后为牟取利益,非法从事氯巴占、喜保宁代购,低价从境外购入,加价后通过微信群向患有癫痫疾病人的家属贩卖。在国外,一盒氯巴占的价格是250元到300元,铁马冰河以每盒350元到450元的价格进行转卖。在此期间,为逃避相关部门查处,曾让四位患儿妈妈代为接收、转寄。2021年7月4日,公安民警查获铁马冰河走私的氯巴占105 000毫克。经鉴定,从铁马冰河处查获的药品检测出氯巴占成分。根据国家禁毒委员会办公室印发的《100种麻醉药品和精神药品管制品种依赖性折算表》,105 000毫克氯巴占折算为海洛因10.5毫克。

---

① 作者简介:罗妍,女,汉族,河南郑州人,郑州大学法学院(知识产权学院)2020级6班本科生。

据此,中牟检察院认定,应当以走私、贩卖毒品追究铁马冰河刑事责任。①

一、"情理"与"法理"的冲突、平衡关系

"法律是入罪的基础,伦理是出罪的依据。"若仅就本案事实分析,案件并不存在特别复杂和争议的法律难点,但是本案背后却隐含着一个重大的法律与伦理问题,即代购"救命药"的法与情。电影《我不是药神》的原型案件"陆勇案"中,陆勇因代购印度抗癌药品"格列卫"被检察机关提起公诉后,检察机关又撤回起诉,最终陆勇被无罪释放。2019 年修订的《中华人民共和国药品管理法》中,将未获国家有关部门批准的进口药拟制为假药的规定删除,即"非法进口药"不再被认定为假药,不构成"生产、销售假药罪"。此举体现了我国法律的温情和对人伦道德的尊重。接下来笔者将对本案进行进一步剖析,分析其中涉及的"情理"与"法理"错综复杂的交织关系。

(一)"情理"与"法理"的冲突关系

1.行为正当性之"情理"视角

就"人情"而言,铁马冰河作为患儿家属,首先联系代购渠道是为了救治自己的孩子,后虽帮他人代购氯巴占带有牟利嫌疑,但扣除掉渠道成本、邮费,铁马冰河的盈利微乎其微,他的行为从"情理"的角度温暖了众人心。法律是无情的,但人却是有情的。铁马冰河的行为帮助了那些患有癫痫疾病的病人,为他们带去了生的希望。就"情理"角度考量,铁马冰河的行为是没有争议的。

国家抵制非购药渠道获得的药物合法合理、警察打击贩卖药物的非法人员合法合理,但在面临生死问题时,法律性与客观性的思维方式却又存在一些不合理情形。虽然法律的存在就是为了解决那些"情理"无法解决的利益冲突,并为解决矛盾提供具有普遍接受性的标准。但没有"情理"的法律对人们生活中的所有问题并不具有普遍适用性。在现实生活中,很少有人完全脱离情感来处理生活中的问题,也无法脱离感性来进行社会评价。因此,笔者认为,在案件争议解决方面,只有以法律为原则,从情理出发,兼顾情理与法理,才能杜绝个案争议,做出合理、合法并值得信服的判决。"情、理、法"三者中"情"排在了首位,这正说明符合社会情理、道德的法律才是符合人们基本需要的法律。②

2.行为正当性之"法理"视角

从"法理"的角度考量,法律是保障公民基本权利、维护社会秩序稳定的工具。针

---

①参见《患儿家属代购救命药被诉"贩毒",当事人庭审不认罪》https://cj.sina.com.cn/articles/view/5044281310/12ca99fde01901s5rf,2022 年 8 月 18 日访问。

②李笑翔:《情理与法理的思辨——电影〈我不是药神〉之视角》,《经济研究导刊》2020 年第 5 期,第 197–198 页。

对该类精神药品,国家制定了严格的管控标准。此举一方面是对精神药品对人体的危害大且不可逆的考量,另一方面是出于对国际间正常交易秩序维护的目的。从海外代购氯巴占,首先存在引入毒品之嫌,可能破坏我国关于毒品的管制规定;其次,此类精神类药品在未经专业医生判断剂量的情况下,可能会对病人的生命造成威胁;最后,将海外精神药品偷偷流通至中国市场,可能会破坏我国精神药品以及麻醉药品的市场管理秩序。

法律的价值在于维护社会秩序。当公安机关发现铁马冰河的违法行为后,立即依法对其违法行为进行了严厉打击,对其采取了相应的强制性措施。此举既展现了法律的权威,也体现出国家的法律秩序。"科学立法、严格执法、公正司法、全民守法"是我们一直奉为圭臬的行为准则,在保障法律适当的情形下,执法机关依照法律严格执行,司法机关公平公正进行审理,全民依法进行自己的社会活动,良好的社会秩序也就由此产生。铁马冰河作为患儿家属,为减少自己孩子的痛苦,四处求药,这本没有错,但是法律红线不可触碰,其行为违反了我国有关毒品的管理规定,违法犯罪行为必然要受到打击。

(二)"情理"与"法理"的平衡关系

"情"与"法"一直存在着对抗与平衡的关系,两者不能完全割裂开来:如果只注重"情",保护病人们的健康权、生命权,让他们可以不受限制购买到缓解病痛的任何药品,那么药品的质量安全以及药品市场的安稳秩序等法律问题将无法得到解决;反之亦然。虽然说现行法律并不一定是完美无缺的,但是它对大部分情况的适用性是毋庸置疑的。此外,法律的适用并非毫不近人情,亦存在"法外开恩"的情形。不过如果人人都讲情、处处都说情,使情大于法,那么"情"与"法"就会难以平衡,最终导致制度失灵、社会无序。

如何平衡"情理"与"法理",笔者认为可以从以下两个方面入手:第一,树立人本法律观念。以人为本,在平衡情理与法理的基础上制定法律法规,此举既维护了法律的权威性,又使人们更容易接受。第二,坚持法律效果与社会效果相统一的理念。比如,法官在审理案件时既遵循实体正义又遵循程序正义,达到良好的法律效果,实现法律的可接受性,达到法律效果与社会效果的统一,从而有效解决"情"与"法"之间的冲突问题。

法律的制定和适用,根本目的是维护社会的长治久安,保障人民的权益不受侵害。所以,我国在法律制定时,应推进科学立法,符合社会公平正义,这样的法律才有深厚的正当性和道义基础,才真正坚如磐石、牢不可摧,才能赢得民众内心的服从和拥护,才是真正意义上的良法。在法律运用的过程中应与实际情况相结合,使法律不再是冰冷的法条,而是能够在保护人民权益的同时,又能为人民提供法律所带来的温暖。

只有处理好"情理"与"法理"的关系,才能更好地维护国家秩序、社会稳定与人民幸福安康。正如全面推进依法治国的基本原则要求的那样,国家的治理需要法律与道德共同发挥作用,既要重视法律的规范作用也要注重道德的教化作用,使法治与德治共同发挥作用。同时,作为当代青年,在全面依法治国,建设法治中国的背景下,更应学法、知法、懂法、守法,最终做到依法办事,养成良好的法律意识。不积跬步无以至千里,不积小流无以成江海。法律意识的培养不是一朝一夕的,这更要求我们从自我做起,从身边小事做起,遵法守法。① 相信随着依法治国的不断推进,当国家制定每一部法律都努力做到科学立法、符合社会公正,当法律运用过程与现实相结合、以人为本,当每个人努力培养法律意识做到依法办事,社会终将形成良性循环,最终达到"法"与"情"的统一。

二、"罪"与"非罪"的界定

首先,"氯巴占"在该案中究竟是毒品还是药品被认为是争议焦点。与海洛因、冰毒没有任何医疗价值不同,麻精类药品本身就具备药品和毒品的双重属性,将本案代购"氯巴占"的行为认定为毒品类犯罪难以被一般公众所接受,原因如下:其一,铁马冰河本身系患癫痫疾病幼儿的父亲;其二,"氯巴占"的疗效来源于医生的告知;其三,"氯巴占"在病友之间传播,无证据表明其流向了涉毒人员。但"氯巴占"作为我国规定的第二类精神药品品种属于《中华人民共和国刑法》第 357 条规定的毒品范畴。基于对毒品犯罪零容忍的态度,走私、贩卖毒品罪属于抽象危险犯,并无目的之明文规定,即使根据《全国法院毒品犯罪审判工作座谈会纪要》中将出于医疗目的非法贩卖麻醉药品或者精神药品的行为排除适用涉毒类罪名的相关精神,也无法在走私行为中排除"氯巴占"的毒品属性。

其次,对该类案件以走私、运输、贩卖毒品罪定罪处罚违背人民群众的伦理直觉。在该案发生以后,2022 年 3 月 6 日施行的《最高人民法院最高人民检察院关于办理危害药品安全刑事案件适用法律若干问题的解释》认为:不以营利为目的的实施带有自救、互助性质的生产、进口、销售药品的行为,不应当认定为犯罪,此解释对该类案件的违法性做出例外规定。但需要注意的是,仅有在转卖时"加价"的客观事实并不等于以营利为目的,代购者在代购过程中会产生邮费、通信费等必要支出,加价并不代表其以营利为目的;同理,如果为了"拓展市场"等原因减价转卖也不等于没有以营利为目的。除了必要支出,代购者额外获取利润也不等于以营利为目的,同一个代购行为可能存在多个目的,是否以营利为目的应当从整体外观形象进行把握。如果代购者从代

①李笑玥:《情理与法理的思辨——电影〈我不是药神〉之视角》,《经济研究导刊》2020 年第 5 期,第 197-198 页。

购行为中获得了利润,但该利润是为了帮助其他患者所必需的代购服务本身的对价,即利润以代购服务相对应为限,代购服务以帮助其他患者所必需为限,利润的获取没有体现出"逐利性",则获得利润的行为应当被包含于互助行为之中;相反,如果以营利为目的,客观上帮助了需要药品的病患,则利润的获取过程会体现出"逐利性",如代购者代购的规模往往不是基于已有病患的托付而是潜在市场的需要,价格的设置不是用成本加上居间服务费用,而是基于整个供求关系的分析,居间服务的费用并不是基于居间服务本身的付出而是基于所居间药品的稀缺性与风险性。

除了该司法解释外,该类案件的违法性判断根据实际情况还可能包括紧急避险的适用、对抽象危险的反证以及缺乏期待可能性的认定。第一,与"陆勇案"中代购者是因价格悬殊代购具有替代治疗效果的低价药不同,该类案件是因代购国内没有上市的疗效明显的高质药,当国内已有药品无法满足正常治疗需求,应当肯定此时的紧急状态。第二,走私、贩卖毒品罪是抽象危险犯,检方无需证明代购行为具有危害公众健康的具体危险,但如果允许代购者反向证明抽象危险不存在,即所有代购药品的流向均是用药病患,则可以达到出罪的效果。第三,如果代购者及帮助者本身是需药病患的本人或其家属,应当肯定其代购或帮助行为缺乏期待可能性。当然,后两者在理论中还存在争议,也缺乏刑法的明文规定,难以在司法实践中直接采用。

最后,该类案件产生两难问题的根源在于现代医疗手段所具有的治疗与伤害、风险并存的双重结果,一种合理的解决方式是针对双重结果遵循双重效应原则。该原则基于行为与结果的可分性,在判断具有双重结果的行为时,把行为意图与行为后果纳入同一标准里。双重效应原则被广泛运用到医疗行为中,任何医疗手段都具有双面性:目的是好的,也可以明确地带来好的结果,这是第一效应;在这个过程中可能产生不是行为目的的副作用,即第二效应。对于医疗手段来说,所有的医疗手段必须指向第一效应,而第一效应必须大于第二效应。双重效应原则也逐渐被刑事司法领域所重视,如英国上诉法院在判决连体婴儿案时,就在认定罪过时运用了双重效应原则。双重效应原则亦可以运用到我国的医疗卫生案件中,这种运用的方法是通过该原则形成新的罪过认定方式。如卡瓦诺依据双重效应原则提出了故意与预见是不同的。按照其理论,在代购药品的场景中:第一,行为人的目的是帮助其他病患,谋利以及药品管理秩序与公众健康的风险不是行为人行为的原因,而有效地治疗病患才是行为人行为计划中有意志力的承诺,是强迫行为的因素。第二,有效地治疗病患会导致对期望结果的思考和进一步故意,但谋利以及药品管理秩序与公众健康的风险不会导致对期望结果的思考。第三,代购行为是帮助病患的实践理性选择,而谋利以及药品管理秩序与公众健康的风险只是理论推理的表现。这些区别都说明了代购者只具有帮助其他病患的故意,而对于谋利的结果以及药品管理秩序与公众健康的风险只是一种预见,因而也就降低了代购者的责任。

双重效应原则下的罪过认定规则并不符合我国不考虑动机和目的的传统罪过理论,但这种认定规则有一定理论和实践基础,即基于目的行为论的某些罪过理论把目的作为故意形态的一种,且无论是走私、贩卖毒品罪还是销售假药罪都没有要求目的,但却在出罪的相关司法解释中强调了目的的重要性。这种罪过认定规则能够以一种统一的理论帮助解决医疗卫生类刑事案件中法律形式逻辑与道德价值取向相冲突时行为人的责任问题,为该类案件中设置违法性特殊规定的司法解释提供理论支撑①。

三、分析与总结"法"与"情"的冲突、平衡问题

针对本案最后的判决,笔者认为应当从两方面进行考量:一方面要考虑有罪判决后造成的"法律冷漠"的舆论风波;另一方面应注意无罪判决造成的该类违禁物品的管理秩序可能被扰乱,提防一些不法分子伺机而动扰乱社会秩序。不管最后判决如何,努力让人民群众在每一起司法案件中感受到公平正义,这不仅是司法人员的责任,更是我们每一位法律人的责任。法律的制定关乎国家的未来,我们应兼顾现实生活中的"情理",同时又不失"法理",缔造真正深入人民生活的良法。

参考文献

[1]李笑玥.情理与法理的思辨:电影《我不是药神》之视角[J].经济研究导刊,2020(5):197-198.
[2]陈文培.代购精神药品类案件中的刑法学问题[N].中国社会科学报,2022-05-11(4).

---

①陈文培:《代购精神药品类案件中的刑法学问题》,《中国社会科学报》2022年5月11日,第4版。

新时期法治教育与严肃游戏相结合路径探析

王淇锐　徐　冉　霍科羽　崔唐浩①

摘　要:从有法可依到依法治国,我国对法治教育重要性的认识不断深化。为了更好地响应中国共产党全面建设社会主义法治国家的号召,探索建设以互联网为依托,打造较为轻松的普法平台的可能性,笔者将从社会背景、现实基础、设计思路、推行方法、问题对策、价值意义六方面介绍法治教育与严肃游戏相结合的可行性。

关键词:法治教育;严肃游戏;寓教于乐;刑法

严肃游戏具体是指那些以教授知识技巧、提供专业训练和模拟为主要内容的游戏,通常是一种具有游戏的外观与感觉的对于现实事件或过程的模拟,在给予使用者一种可玩的体验的同时,实现训练或教育使用者的目的。严肃游戏诞生于二十世纪八十年代,最早应用于军事训练领域,2009年,严肃游戏的概念首次在中国被提起,其作为新兴产业在我国拥有广阔的前景。通过查阅文献材料,笔者发现目前我国关于严肃游戏与教育相结合的研究主要体现在初等教育、医学领域、抢险应急和护理学领域,而法治教育与严肃游戏相结合的研究很少。然而,"互联网+"时代下,法治教育与网络的深入融合所带来的优越性和社会效益无疑是巨大的,法治教育与严肃游戏相结合潜力无限。

一、法治教育与严肃游戏相结合的社会背景分析

法治教育是新时期思想政治教育的重要内容,随着社会主义不断发展,我国的法律体系不断完善,遵法守法学法用法的概念深入人心。因此,充分利用互联网来拓宽法治教育的实现路径至关重要,中国的社会环境为我国实行严肃游戏提供了条件,主要包括以下几个方面:

---

①作者简介:王淇锐、徐冉、霍科羽、崔唐浩,郑州大学法学院(知识产权学院)2020级本科生。

(一)全面依法治国战略的推进

随着我国依法治国基本方略的推进,政府从社会各类人群入手,针对大众日常生活的需要,不断深入推进普法活动,使法律知识不断融入人们的日常生活之中,民主法治建设取得重大进展。但由于法律的专业性和复杂性,要达到大众知法、懂法、守法的社会效果还存在一定的难度,即使是高校学生,也存在法律意识淡薄、法律常识缺乏等问题①。因此,加强我国的法治宣传教育、充分利用严肃游戏的教育功能、用经典案例"以案释法"有利于上好"全民法治公开课"。

(二)互联网基础较好

严肃游戏的应用必须借助于互联网。2022 年 8 月,中国互联网络信息中心(CNNIC)发布的第 50 次《中国互联网络发展状况统计报告》显示:截至 2022 年 6 月,我国网民的规模达到了惊人的 10.51 亿,其中手机网民的规模为 10.47 亿,网络普及率达到了 74.4%②。中国互联网络信息中心(CNNIC)在 2016 年发布的《2014—2015 年中国手机游戏用户调研报告》显示:截至 2015 年 6 月,我国使用手机上网玩游戏的用户规模达到 2.67 亿,游戏设备与网络环境不断获得优化,游戏类型也愈发呈现多样化。③ 当今社会处于网络时代,网络让人们能够接收来自世界各地的信息,实现资源的交互,也给人们带来了许多娱乐方式。但占领大众娱乐阵地的网络游戏却因缺乏充实内涵得到的评价一直不太正面。而严肃类游戏因其具有教育性,在国外许多国家已经成为教育宣传的新途径。我国依托互联网基础较好的优势,在推行严肃类游戏时更能如虎添翼。

(三)法治教育手段较落后

我国普法的方式不断变化完善:从墙上的标语、横幅,教育类广播到电视公益广告、法治栏目和答题比赛等,法治教育已经在我国有计划地开展多年。但其宣传更倾向于思想政治教育的宣传,对某些法律的宣传并不到位,并且这些宣传形式也存在着趣味性不足的问题,难以吸引人们的兴趣。尽管目前我国已经借助互联网进行法治教育,但并未与互联网媒介进行深入结合。目前我国无论理论界还是实务界,都很少将法治教育融入网络游戏去探讨与实践。因此,严肃游戏在法治教育方式创新中拥有巨大潜力,有希望建立健全长期的、动态的法治教育机制。

---

① 周景报,马燕慧:《新时代高校普法教育的路径分析》,《法制博览》2022 年第 16 期,第 166-168 页。

② 中国互联网络信息中心:第 50 次《中国互联网络发展状况统计报告》,http://www.cnnic.net.cn/n4/2022/0916/c132-10593.html,2022 年 8 月 31 日访问。

③ 中国互联网络信息中心:《2014—2015 年中国手机游戏用户调研报告》,http://www.cnnic.net.cn/n4/2022/0401/c121-1105.html,2022 年 8 月 31 日访问。

（四）未成年犯罪数量呈现反弹趋势，不当使用网络引发未成年人犯罪增多

2022 年 6 月 1 日，最高人民检察院发布《未成年人检察工作白皮书（2021）》（下称《白皮书》）指出：未成年人犯罪数量出现反弹，2021 年受理审查逮捕、受理审查起诉人数较 2017 年分别上升 30.6%、24.2%，且盗窃罪、聚众斗殴罪、强奸罪、抢劫罪、寻衅滋事罪五类罪占据了未成年人全部犯罪数量的 67.3%。① 根据调查显示，82.9% 的未成年网民拥有属于自己的上网设备②，网络上良莠不齐的信息及未成年上网的低龄化趋势使未成年人分辨是非善恶的能力不足，导致未成年人可能沉迷于不良的网络游戏和不良网站，为未成年人犯罪提供了温床。

（五）网络游戏防沉迷系统的开发和支持

为了减轻未成年人对于网络游戏的沉迷程度，国家新闻出版署下发通知，要求严格限制未成年人的游戏时间，所有网络游戏企业仅可在周五、周六、周日和法定节假日的每日 20 时至 21 时，向未成年人提供 1 小时服务。基于我国部分青少年网络沉迷的现状、我国防止游戏沉迷的政策和当今青少年的法治教育问题，笔者认为将法治教育融入严肃游戏有望提升法治教育宣传手段的趣味性，让严肃游戏逐渐取代一般网络游戏成为未成年人放松娱乐生活的首选，在适当娱乐的同时增强法律意识、学习法律知识。我们也期望严肃游戏能够充分发挥其教育作用，打开新局面，让公民尤其是未成年人在网络空间学习法律知识的同时减轻游戏沉迷。

二、法治教育与严肃游戏相结合的现实基础论证

（一）严肃游戏市场需求较大

首先，我国整体游戏市场繁荣。我国互联网普及率高，网民规模大，网络游戏用户规模达 55 239 万，可见游戏市场巨大。其次，具有一定价值意义的严肃游戏受用户青睐。前几年，联合国设计了一款名为"粮食力量"的游戏，游戏主题为要求玩家与时间展开赛跑，拯救全世界数以千万计的饥民。游戏推出 15 个月，下载次数已达 400 余万次。我们相信，随着越来越多此种兼顾娱乐性和教育性的严肃游戏逐步深入社会的各个领域，其庞大的市场商机与卓越的现实效应必将引起全球业界广泛的关注。随着一些民众对娱乐类游戏缺乏充实内涵的认识不断加深，严肃游戏在我国具有巨大的需求

①最高人民检察院：《未成年人检查工作白皮书（2021）》，https://www.spp.gov.cn/spp/xwfbh/wsfbt/202206/t20220601_558766.shtml#1，2022 年 7 月 21 日访问。
②《〈2020 年全国未成年人互联网使用情况研究报告〉在京发布》，https://www.cnnic.cn/n4/2022/0401/c116-1126.html，2022 年 7 月 21 日访问。

潜力。再加之依法治国背景下,学法、知法、懂法、守法已经成为普通民众日常生活中必不可少的观念,因此,法治教育与严肃游戏的结合具有巨大的市场需求。

(二)具有开发技术与人才支持

严肃类游戏的开发与主流的娱乐游戏开发的差异主要体现在游戏内容上,开发技术方面则差别不大,主要包括两大方面:一是引擎类的编程技术,二是资源类技术。近年来由于计算机产业的蓬勃发展,我国精通编程技术和资源类技术的计算机人才迅速增长,加之目前我国已有较为成熟的游戏设计公司,例如网易和腾讯,这些大型企业能为设计严肃游戏提供有力的技术和人才支持。

(三)具有国内外先例作指导

国内而言,中国法治网从特有的法律角度出发,率先制作了一款以宣传法律知识为主,融入多种游戏元素的单机游戏《贪官通缉令》。玩家将在游戏中扮演一位年轻机智的检察官,为调查一起汽车走私案而历尽艰辛,拨开重重迷雾,最终将犯罪分子绳之以法。该游戏不但具有奇特新颖的可玩性,同时也为普及法律知识、改变现有游戏形式单一、思想内涵不丰富的现状做出了有益尝试。中国法治网将法律常识有针对性地融入游戏中,寓教于乐的做法值得我们学习和借鉴。国外而言,CAPCOM 公司(日本电视游戏软件公司)制作的法庭辩论型冒险系列游戏《逆转裁判》让玩家在游戏中扮演辩护律师,在假象规则的序审法庭上与检察官进行辩论,通过追问和质疑嫌疑人和证人,为委托人获得公正的判决。《逆转裁判》系列自 2001 年在 GBA 平台上市以来,其新颖的游戏方式和游戏带来的紧张刺激的投入感得到许多游戏玩家的好评,并在全世界受到了巨大的欢迎。该系列游戏的走红为我国设计一款符合我国社会现状和法治教育需求的法律类严肃游戏提供了灵感和指导,我们可以借鉴这种形式,结合我国普法需求,通过设计不同的剧情、关卡、任务、游戏世界观,来打造一款本土法律类严肃游戏。

(四)实验条件较好

目前我国无论理论界还是实务界,较少有将法治教育融入网络游戏的探讨与实践。法治教育与严肃游戏相结合的有益尝试在我国几乎是全新的课题,拥有无限可能。网络游戏在法治教育方式创新中拥有巨大潜力。①

(五)严肃游戏具有一定普法教育优势

在传统模式中,普法主要是从官到民的说教式传播。但是"在自由选择的网络空

---

① 赵松,刘舒,胡洁迎:《探究新时期网络游戏对青少年法制教育方式的创新》,《法制与社会》2007 年第 11 期,第 691-692 页。

间,单向独白的官僚话语已经失去了吸引力"①,劝服和控制正让位于沟通和互动,如果官方的普法内容不能引起网民的注意,势必会淹没在信息的浪潮中。而严肃游戏具有一定趣味性和娱乐性,能够寓教于乐,吸引民众兴趣,从而更好地达到普法目的。

三、法治教育与严肃游戏相结合的设计思路

法治教育与严肃游戏的结合要求游戏既具有严肃性又具有娱乐性,既具有法治知识又充满生活气息。因此,法治类严肃游戏的设计应着重从系统策划、关卡策划和剧情策划三方面入手,将法律知识融入游戏设计之中。

（一）系统策划

系统策划方面主要包括设计目的、游戏定位和受众群体。本款游戏设计目的有四:第一,向社会大众普法,普及一些基本的罪名、犯罪对加害人及被害人未来生活的沉重影响,如何保留证据,如何通过法律途径维护自身合法权益等法律观念。第二,帮助法律从业者和法律知识学习者加强相关内容的记忆,更好理解与生活密切相关的法律内容,提高运用知识解决实际问题的能力。第三,为游戏设计者提供设计游戏的新思路,加快相关游戏开发技术的成熟度,促进教育类游戏的长远发展。第四,弘扬公平正义和真善美的理念,促进法治建设。本款游戏的定位是一款冒险类剧情向法律实践操作游戏,通过剧情引导和关卡设置推进游戏的发展。就目标用户而言,考虑到受众的年龄、阅读能力、理解能力和心智成熟度,本游戏以18周岁及以上年龄者为目标用户。

（二）关卡策划

关卡策划方面主要包括关卡框架和游戏任务。就关卡框架而言,本游戏共分为四个篇章,每一个篇章包含3~4道关卡,共14关。以普通公民的成长轨迹为线索,按照时间顺序,本游戏分为校园篇、工作篇、生活篇和老年篇。结合各个年龄段多发的不同的违法犯罪行为,关卡的名称具体表现为:校园篇包括盗窃、故意伤害、故意损害公私财物3道关卡;工作篇包括拒不支付劳动报酬、敲诈勒索、非法吸收公众存款和逃税4道关卡;生活篇包括离婚纠纷、见义勇为、妨害传染病防治和寻衅滋事4道关卡;老年篇包括诈骗、交通肇事和虐待3道关卡。本款游戏的游戏任务设定为不同角色面临法律纠纷在法律上选择哪些正确做法。例如:教师在干预未成年罪错行为中的义务和责任,操作者可根据游戏剧情,选择批评教育、沟通家长、校纪处分、安排同学帮教、报警等。在主旨思想、主体思路以及整个故事的大致流程确定之后,将会针对不同关卡设

---

① 魏志荣、李先涛:《"大普法"格局下法治宣传教育创新研究——基于网络法治热点事件的分析》,《四川行政学院学报》2018第4期,第60页。

置不同情节、人物、选项、任务等,不断丰富游戏内容和完善游戏体验。

（三）剧情策划

剧情策划方面主要包括主题选择、角色塑造和叙事结构三部分。从宏观方面来看,整个故事的主题选择是促进保护公民合法权益、惩恶扬善、弘扬"真善美"和维护社会公平正义;从微观方面来看,不同关卡的主题选择也有所不同,有的侧重于对未成年人违法后的教育和引导,有的侧重于采集和保留法庭证据,有的侧重于调查犯罪现场,有的侧重于加强违法严重性教育等。在角色塑造方面,玩家在不同关卡随机切换为不同身份的角色,以达到使玩家综合体验不同身份的游戏人物、接受不同方面的普法教育的目的。本款游戏采用顺叙的叙事结构,以主人物张三的年龄和经历为主要线索,结合分线不同人物的行为,推动整个故事的发展。不同关卡设置了不同的叙事走向、任务设置和场景搭建,每个分线小故事既相互独立,又串联于主线之中。笔者接下来会以三个关卡为例来具体阐述本款游戏的设计。

以本款游戏的第一道关卡为例,在进入游戏之前,游戏界面首先会通过显示前言来介绍游戏的世界观和引导玩家增强对游戏的代入感。"在当今的法治社会,拥有必要的法律观念不仅可以阻止自己或他人的违法犯罪行为,还能在必要时刻使用法律武器维护自身合法权益。但是仍有一些人法律意识淡薄、不懂法、不知法、不守法,以至于走上违法犯罪的不归路。更令人惋惜的是,一些被害者并不懂得如何用法律保护自己,导致诉讼失败。在采访了迷途知返的张三之后,我们认为张三坎坷波澜的经历对于普法具有很强的典型性和教育意义。因此,为了引导广大人民树立知法、懂法、守法、用法的观念,我们通过对张三采访的改编,设计了这款沉浸式冒险类剧情向游戏,那么现在,请您做好体验不同的人生的准备,我们即将进入游戏!"紧接着屏幕将会显示"第一关——盗窃"。人物介绍:"我"是张三的九年级班主任郝老师。故事情节:由于父母双亡,张三自幼与祖父母一同生活,可是祖父母对张三疏于管教,致使张三沾染了偷窃的恶习。前不久年仅 15 岁的张三趁"我"去上课的时机到办公室盗窃"我"价值两千元人民币的笔记本电脑,不料被中途折返拿教案的"我"当场抓住,"我"决定要对张三实行普法教育,使他意识到盗窃行为的严重性,并引导他改掉恶习。游戏任务:向张三介绍盗窃罪及其严重性;引导张三改掉恶习。"我"需要随着剧情的推进,根据实际情况选择批评教育、沟通家长、校纪处分、安排同学帮教、报警等处理方式。第一关游戏主要侧重于向青少年普及对盗窃罪的罪与非罪的理解、盗窃罪的严重性以及及时引导青少年迷途知返。

第二个例子为"第十二关——诈骗"。人物介绍:"我"是一名因新冠疫情而失业的普通人张伟。故事情节:"我"和朋友辉过曾在张三大儿子的工厂里打工,知道张三经商的大儿子比较富裕,每月会给独居在老家的张三汇款。但是由于疫情影响经营困难,老板大规模裁员,"我"和辉过都不幸被裁员。失业后辉过认为自己已经穷途末路,于是决定通过不法手段来获取钱财,并拉拢"我"入伙。辉过认为老人张三消费较少,一定存有较多现金,于是决定通过网上聊天和修图技术冒充张三大儿子的司机和秘书来假意关心他以骗取老人信任、实施诈骗行为。不过后来"我"被张三的关心而感动,再加上张三向"我"和辉过倾诉了自己以前因为犯罪导致自己妻离子散,以及犯罪烙印使他自己难以回归正常的社会生活等经历,使"我"为自己的所作所为感到深深地羞愧和后悔。于是"我"决定改邪归正,及时停止不法行为。游戏任务:说服辉过和"我"一起向张三坦白并道歉,取得老人原谅。自己通过上网搜集资料和其他方式向老人张三普及常见的诈骗手段,提高张三的防范意识,教导他做好相关预防。本关卡侧重引导玩家思考对犯罪的认识,罪名、刑期、犯罪烙印等对自己未来生活的影响,反思当今社会仍存在的对刑满释放人员的歧视问题,以及讨论电信诈骗中的被害人,特别是老年被害人的防范问题。

第三个例子为"第十三关——交通肇事"。人物介绍:"我"是一名刑事诉讼律师。故事情节:在一个下着蒙蒙细雨的夜晚,富二代游措驾驶其宝马 M6 跑车在环形路上正常行驶,可是跑车突然失控,并朝人行道快速驶去,车子撞飞了机动车道和非机动车道的分隔栅栏,并将在非机动车道正常行驶的张三撞出三米远,张三昏迷不醒。事故发生后,游措立刻拨打了 120 和 110,并在现场等待救援人员和警方的到来。警方到来后封锁了现场,并将事故车辆拖回派出所以检测车辆有无异常。证据方面:①证人证言:警方通过走访,联系到了目击证人候辉。候辉称,他当时是 M6 正后方的车辆,本来 M6 正常行驶,可是突然就失控冲出去,往非机动车道的方向撞去并撞到了驾驶电动车的张三。②现场勘探物证:未发现飙车痕迹。③车辆检测报告:M6 轿车系系统故障。④游措方称他为正常行驶,且跑车是突发意外,该事故是意外事件,自己仅需承担民事赔偿责任,不应负刑事责任。从上帝视角来看:证人说谎,游措当时超速行驶。游措说谎,他事先知道车辆有问题。游戏任务:找到证人说谎和游措事先知道车辆有问题的证据,说服法官依法判处游措交通肇事罪。本关卡的设计目的主要是向大众普及证据的类型、如何认定证据、保存证据、寻找证据。游戏玩家会在不同的关卡随机切换为不同身份的人,从而使人物设计和故事情节更加丰富化,例如,玩家可以切换为加害人、被害人、辩护律师、司法人员和其他人(监护人、教师、同学等)。玩家通过体验不同的身份,获得丰富的游戏体验和针对性的普法教育。

四、法治教育类严肃游戏的推行方法

(一)小程序设计试点推行

作为一款在空余时间了解法律基本内容、巩固法律知识、便利法律实践的游戏,小程序式的游戏形式更适合此款游戏的试点推行。首先,选取小程序来推行游戏具有任意性和便捷性的优势。小程序的方式可让社会大众游戏群体利用碎片化时间轻松学习法律,使用户可随时随地体验游戏。其次,小程序的设计体量小,成本花费少,有利于节约推行成本。最后,小程序便于普及,易于扩大用户量,提供了更加便利的推广渠道。根据微信发布的信息,2021年微信月活跃用户数量已经达到12.682亿,依托如此庞大数量的微信用户,小程序的推行势必会变得更加容易。而且,用户可以将线下熟人进行连接,通过朋友之间的信任、沟通来形成较强的互动效应。①

(二)做好宣传工作

采用线上线下相融合的宣传方式,通过线下宣讲、发放传单和利用公众号、今日头条、抖音、知乎等自媒体平台宣传的线上方式,最大程度地提高信息传播度和宣传效果。

五、严肃游戏设计的问题与对策

(一)前端问题

国内游戏设计公司还未涉及此类游戏,此类游戏在国内并不常见,且笔者希望此类游戏要面向社会大众,其不仅仅是起到简单的法治宣传作用,更是通过更加有趣的方式将对法律专业知识的学习和掌握融入生活。目前笔者考虑到以下问题:第一,游戏设计的主要难度体现在其专业性强,需要法学专业相关人员参与游戏设计和解释。第二,设计体量大,由于法律体系比较庞大,内容比较复杂,容易混淆、需要谨慎区分的概念也比较多,如何对游戏进行剧情设计和细节构造,以及在游戏情节上如何把握相应的法律细节内容也是比较大的工作量。第三,受众把握困难,此类游戏的受众群体不仅是有法学知识基础的人群,更是要针对全体社会适宜年龄的人群;法学是一门专业性极强的学科,所以这就要求游戏在设计时不仅要求其专业性和准确性,更要从社会大众角度考虑,使其更贴近生活,以大众易于理解的方式展现出来。第四,游戏中所涉及的法律知识的法律解释如何与游戏规则相符合,呈现相对应的规制教育意义。法治游戏中的法律解释是游戏的必要构成要素之一,法律解释的正确性是法律公正确定的重要体现。人们一般认为法律的确定性是法律调整机制的一大优势,使法律调整具有客观性、可预测性和稳定性,并且"能够排除法律适用过程中非理性因素的干扰"②,游戏规则作为贯穿整个游戏始终的脉络,往往会缺乏一些法律所必需的理性思考因

---

①鲁震霆,蔡颐:《基于微信小程序的大学生安全素质综合培养平台设计与实现》,《中国新通信》2022年第24期,第134−136页。

②曹祜:《论法律的确定性与不确定性》,《法律科学(西北政法学院学报)》2004年第3期,第13页。

素,而法律解释始终围绕着法律文本与司法解释等确定文本解释叙述,所以如何使游戏规则与法律解释不相冲突,呈现相符相合的作用是最大化发挥该游戏作用的核心问题。

（二）过程问题

故事情节设计可能会有缺陷、漏洞,由于故事所需细节详细,为体现法律的专业性,所使用的语句以及剧情设计必须具有专业化的表达,细节处理方面也应该体现逻辑性和准确性,并且故事体量大,情节构造复杂,旁系情节相互交叉,这要求整个故事情节的安排构造需要丰富且具体的细节补充;内容兼备现实具体和生动有趣,保证故事的法律专业性的同时也要保证其生活性和趣味性;内容选择上是否真正贴近群众、贴近生活,故事情节所适用的法律是否为大众生活中所常遇到的问题、是否具有掌握和理解的必要;严谨、准确把握游戏主要宗旨方向,避免过度娱乐化的模式,始终以法律知识的融入贯穿游戏始终。

（三）体验问题

问题聚焦于受众把握是否准确,是否能让不同的玩家得到充分的游戏体验,是否可以做到寓教于乐,是否可以让玩家在体验到游戏快感的同时学习到法律知识或者是掌握运用法律知识的技巧。对此,笔者认为剧情策划应注意以下方面:第一,针对故事完整性和细节处理问题,要从玩家角度来检验整个故事的完整性和程序性,游戏设计者在代入情节的过程中通过从不同的角度代入到不同的角色之中进行游戏完善和思考。第二,针对受众局限问题,要筛选不同年龄、不同职业、不同性别、不同地区的社会群体来体验游戏故事,从他们的体验感和意见中进行改进和完善。第三,针对法律语言的生活化表达,要开展社会调查,通过大家对于法律的表述并结合法律术语的专业化表达进行整个情节过程中语系的完整化构造和表述。第四,针对法律内涵的理解,要综合阅读文献资料、专业性书籍和裁判文书网等法律专业网站的专业性资料,以充足的专业知识储备支撑游戏的顺利进行。第五,针对法律解释与游戏规则冲突的解决,我们认为这一冲突可简化为用户主观心理与法律理性体现的冲突。法律解释在法治游戏中担当着为法律和事实架设桥梁并缓和两者之间矛盾的角色,[1]我们认为应当严格遵循法律解释的原则,以法律解释的原则来指导游戏规则的构造并以此来引导用户心理趋向,运用综合化的严谨的法律解释来说服游戏用户,正如王泽鉴先生所言"判决须附理由""有结论而无理由只是一种主张或论断,未经证明不具说服力。理由构成之目的有二:一为说服自己,二为取信他人,可供复验,克服恣意擅断"[2]。

---

①谢关星:《试论法治游戏中的法律解释》,《湘潮(下半月)》2011年第5期,第26页。
②王泽鉴:《法律思维与民法实例》,中国政法大学出版社2001年版,第300—301页。

综上,游戏设计要认真审慎地对每一条法律进行专业化严谨的法律解释,使游戏情节言之有理,在遵循游戏规则的前提下,体现法律理性角度的同时,贴近大众心理。具体表现为:第一,设计过程:首先,围绕法律主题进行社会调查,确立游戏的整体内容方向,了解一些法律实务案例并知晓社会大众群体对于法律规定中的一些罪名、某些行为是否触犯法律、法律界限等内容的了解程度,以此来明确大众对于刑法、民法、未成年人保护法等法律法规的了解程度以及都存在些什么疑问。比如:某些行为是否已经构成犯罪;大家是否会疑惑某些犯罪行为的严重程度与其所应受的刑罚不符;在遭受到权益侵害时,当事人应该怎么做才能使作出权益侵害行为的人受到处罚,怎样从法律角度合理合法的维护自己的合法权利(例如:证据保留问题、及时报案问题);以及针对一些存在争议的、人们经常遇到的社会热点问题(如:拖欠工程款、校园暴力等)他们的看法是什么样的;等等。针对此类疑问去确立游戏的主要内容,即从哪些方面来设计情节,程序设计所应涉及的重要法律问题和选取哪些角度来进行法律问题的切入,等等。其次,考虑游戏的具体表达方式,在主要方向确立后,思考该方向相关法律规定、法律术语的生活化表达方式,即在保留其专业性和准确性前提下,如何以大众易于理解的方式进行表达表述。再次,设计游戏程序化进程,即游戏的主体结构和游戏过程的设计,比如:引入剧情—故事演绎—证据搜索—法庭庭审—结果宣布。然后,设计游戏具体情节;寻找典型司法案例,从实际案例出发并结合我们所想要达到的游戏效果对案例事实进行改编和再次创作,形成游戏故事的大致结构,再在此结构的基础上进行细节构造和创作,形成游戏故事进程,对用户所主要体验的情节进行构造。接下来,增添专业化法律知识在游戏进程中的引导,在合适的节点引入法律知识,例如:以游戏提示的方式进行法律知识的普及宣传、在情节之中增加法律知识显示等。接着,引导玩家从法律角度进行思考、解决问题。即法庭环节之中,引导玩家运用前面所了解到的内容(证据、法条等)从个人角色出发来完成整个游戏进程;最后,完善法律表达,在游戏最后引入判决和启示;以易于理解、贴近大众心理的方式对判决的理由进行说明,在对坚守法律解释原则的基础之上对游戏结局、结果判决进行说理,给出法律条文依据与司法解释说明,以此来达到该游戏的宗旨——对公众进行法律知识的宣传,深化公众对于法律的掌握与理解程度,加强公众运用法律武器维护自己合法权益的熟练度。第二,后期工作:在主旨思想、主体思路以及整个故事的大致流程确定之后,笔者将会针对所提出的游戏设计的主要内容进行故事情节的补充和叙述,将之前所考虑到的法律问题和术语表达以及故事情节中小细节的构造融入到故事的大情节中,并在实际体验的过程中不断完善和补充。然后,通过让该游戏针对的不同人群来体验和感受整个故事情节的发展和安排,并询问他们的感受,以此来找出游戏运行过程中存在的问题,在细节的不断完善和问题的不断解决中优化用户体验感、增强游戏效果的展现。最后,汇总大家的意见和体验感受,在不断丰富和完善的过程之中形成成果。

六、法治教育与严肃游戏相结合的研究意义

为了建设社会主义强国,法治教育必不可少。当今我们处在信息时代,网络是一把双刃剑,它在方便人们生活的同时,也带来了很多负面信息并强烈冲击人们的思想和行为,潜移默化地影响了人们的健康成长。世界发展瞬息万变,与之相对应的是,普法手段也愈加多样。物质上的富足带来的是精神上的需求,电子游戏以一种新兴的娱乐方式走进了千家万户。我们可以利用这种新的娱乐方式进行更加广泛有效的普法活动。因此,我们希望通过论证法治教育与严肃游戏相结合的路径探析,为创新法治教育方式提供一种新途径。普法者通过游戏向玩家普及一些法律知识、新闻案例等,为增加其趣味性,还可以图文并茂、声画结合,做好宣传引导,往往能够取得非常好的效果。[①] 笔者希望广大中青年玩家通过法治类严肃游戏,在放松娱乐的同时也可以对常见的法律案件的性质有一定认知并从中掌握相关法条。这可以为我国的普法教育活动做出一些贡献。法治类严肃游戏能够帮助人们在闲暇之余学习到更多的法律知识,从而使我们可以更好地建设社会主义法治国家。

法治教育与严肃游戏相结合路径探析研究的意义主要体现在三个方面:第一,国家政策方面。鉴于国家针对当今青少年沉迷网络游戏的问题出台的游戏防沉迷政策,我国已经有部分学者提出教育类法治游戏是否会对网络游戏沉迷者产生积极的影响的论题。网络游戏只有不断与主流价值观接轨,才能创造出互联网生态中独特且壮观的"亚文化"景观。[②] 笔者希望借此机会能够深入研究,探索严肃游戏与法治教育的结合,努力在增强广大公民法律意识的同时还能够起到有效地避免沉迷网络游戏的作用。第二,社会建设方面。与传统的普法宣传不同,笔者寄希望于将法律知识附着在娱乐休闲上,二者结合在一定程度上能够畅通普法的途径和渠道,为人们学习法律、建设社会主义法治国家提供更多的可能。再者,生活中仍然有些人认为违法犯罪好像离我们的生活很遥远,许多人对自己的行为是否触犯法律缺乏概念,但是事实上法律与大众生活息息相关,我们可能在对某些违法犯罪行为一无所知的时候去做一些危害他人利益的事,即使是行为无心的,伤害也已无法挽回。在这种情况下普法就显得尤为重要,而严肃游戏将以更多人能够接触到的方式将法律知识教授给公民。笔者希望借助严肃游戏这个新兴产业打造具有教育意义的普法平台,可以让人们从中了解法律,

---

①殷乐,刘利,张涛:《大学生法治教育现状及其问题研究》,《法制与社会》2020 年第 26 期,第 165–166 页。

②张露馨,薛雯:《基于"防沉迷"政策下的网络游戏可持续健康发展研究》,《新闻爱好者》2021 年第 12 期,第 82–84 页。

守住心中道德的底线,促进和谐社会的建设。第三,互联网发展方面。严肃游戏的设计理念以教育性和娱乐性为基础,给大众带来了一个全新的娱乐学习方式,这类游戏的开发不仅能促进知识的传播,还能丰富人们的娱乐生活,同时为教育类游戏的长远发展奠基固本。

参考文献

[1]周景报,马燕慧.新时代高校普法教育的路径分析[J].法制博览,2022(16):166-168.

[2]中国互联网络信息中心.第50次中国互联网络发展状况统计报告[EB/OL].(2022-08-31)[2022-10-20]http://www.cnnic.net.cn/n4/2022/0916/c132-10593.html.

[3]中国互联网络信息中心.2014—2015年中国手机游戏用户调研报告[EB/OL].(2016-01-05)[2022-10-20]http://www.cnnic.net.cn/n4/2022/0401/c121-1105.html.

[4]最高人民检察院.未成年人检查工作白皮书(2021)[EB/OL].(2022-06-01)[2022-10-20]https://www.spp.gov.cn/spp/xwfbh/wsfbt/202206t20220601_558766.shtml#1.

[5]赵松,刘舒,胡洁迎.探究新时期网络游戏对青少年法制教育方式的创新[J].法制与社会,2007(11):691-692.

[6]魏志荣,李先涛."大普法"格局下法治宣传教育创新研究:基于网络法治热点事件的分析[J].四川行政学院学报,2018(04):57-61.

[7]鲁震霆,蔡颖.基于微信小程序的大学生安全素质综合培养平台设计与实现[J].中国新通信,2022(24):134-136.

[8]谢关星.试论法治游戏中的法律解释[J].湘潮(下半月),2011(5):26.

[9]王泽鉴:法律思维与民法实例[M].北京:中国政法大学出版社,2001:300-301.

[10]殷乐,刘利,张涛.大学生法治教育现状及其问题研究[J].法制与社会,2020(26),165-166.

[11]张露馨,薛雯.基于"防沉迷"政策下的网络游戏可持续健康发展研究[J].新闻爱好者,2021(12),82-84.

劳动法视域下关联公司混同用工责任承担
——基于对案例的分析

徐怀铄①

摘　要:关联公司利用法人独立性人格特征,通过"混同用工"降低用工成本,提高公司利润,它们以"混同用工"模糊责任主体,在诉讼中相互推诿,拖延诉讼,导致劳动关系认定困难,劳动者的权益难以实现。本文基于对典型案例的分析,结合公司法理论,探讨法人人格否认制度在该类劳动争议中适用的可行性,以构建关联公司在混同用工的劳动关系中责任承担的具体规制路径。同时,在目前相关立法付之阙如的情况下,对实务中劳动者如何维护权益和用人单位如何防范风险提供相应的建议。

关键词:关联企业;混同用工;劳动争议;法人人格否认;责任承担

一、引言

在广泛的商业实践中,企业基于发展的需要进行联合,集结成更具有竞争力的公司集团。这些在人员、机构、业务、财产等多方面高度统一的"关联公司"之间为寻求最大限度地实现共同利益,常采取由其中一家公司与劳动者签订劳动合同,而安排劳动者在该公司及其关联公司之间工作的方式,降低用工成本,逃避用工责任。但是目前《中华人民共和国劳动法》中立法缺乏对关联企业混同用工情形的规制,导致司法实践中形成了类案不同判的情况,当出现多个具有关联关系的用人单位出现在一段劳动关系中时,用人单位责任主体难以确定,致使劳动者在向用人单位主张劳动债权时常常错列被告以致被法院驳回诉讼请求。劳动关系的混淆与相关规范的掣肘,为劳动者合法维权设置了障碍,使得司法实践中解决此类劳动争议中的必要性愈发迫切。

---

①作者简介:徐怀铄,男,汉族,浙江温州人,郑州大学法学院(知识产权学院)2020级2班本科生。

二、关联企业"混同用工"的概念及其具体表现

关联企业"混同用工"是指劳动者已经与一家企业建立了劳动关系,由于主观或者客观原因,该劳动者又被抽调、委派、借调到该企业的关联方进行工作,与该企业的关联方同样建立了劳动关系,从而导致该劳动者的用工主体及劳动关系出现混乱的一种社会现象。

实践中关联企业"混同用工"行为侵害劳动者权益的情形具体表现在以下几个方面:一是某企业中的一成员与劳动者签订劳动合同后,劳动者调配到其他关联企业中工作,用人单位与用工主体不一致,导致劳动者劳动关系认定困难;二是劳动者的工龄、工作时间、工资计算困难,劳动者对关联企业的劳动给付与实际得到的劳动报酬不对等;三是关联企业逃避签订劳动合同的责任,劳动者请求双倍工资赔偿的责任主体不确定。关联企业"混同用工"在法律上并不被禁止,但混同用工行为会导致劳动者与企业之间的劳动关系从属性减弱,劳动者常常被安排到不是劳动合同所规定的单位工作,为其他关联企业成员提供劳务,接受其他关联企业的领导与管理。当出现劳动纠纷时,若劳动者只能请求劳动合同所确立的用人单位承担责任,劳动者的权利将难以得到切实的维护。

三、案件介绍及争议焦点

(一)基本案情介绍

梁某于2014年1月1日入职某房地产开发集团,担任总工程师,约定总年薪人民币60万元,受实际控制人安排分别与集团旗下三家公司A公司、B公司、C公司(其中A公司、B公司均系郑州公司、C公司系外地公司)签订劳动合同,基本薪资、加班费、奖金等拆分约定于三家公司的劳动合同中体现。

其中与A公司分别签订有2014年1月1日至2016年12月31日、2017年1月1日至2019年12月31日以及2020年1月1日起的无固定期限劳动合同,据梁某所述,与B公司、C公司亦如此签订劳动合同,但梁某仅可出示分别与B公司、C公司签订的2014年1月1日至2016年12月31日、2017年1月1日至2019年12月31日的劳动合同。2014年1月1日至2016年12月31日的三份劳动合同,基本薪资、加班费、奖金等合计为年薪60万元,2017年1月1日至2019年12月31日的三份劳动合同亦如是,而梁某仅有与A公司签订2020年1月1日起的无固定期限劳动合同,约定的工资、加班工资为25 530元/月,奖金120 000/年,合计年薪426 360元。

A公司、B公司、C公司分别通过五家银行账户向梁某发放薪资,发放不规律、不

固定,并通过财务个人账户发放过数额巨大的奖金,自 2020 年 1 月起仅有 A 公司发放薪资的银行明细。2021 年 2 月起,集团以新冠疫情影响为由停工停产,但梁某作为总工程师仍继续跟进未完成的项目,A 公司仅发放最低工资,另 2020 年度奖金等亦未发放,2021 年 8 月梁某以拖欠工资为由发函解除劳动合同,后申请仲裁,主张被迫解除劳动合同经济补偿,2021 年 2 月至 8 月期间拖欠工资、2020 年度奖金,等等。

(二)本案争议焦点归纳

本案中如何认定三家公司构成混同用工? 梁某可否依据混同用工要求 A 公司承担全部用工责任,包括其与 B 公司、C 公司签订的劳动合同中约定的待遇? 由此我们可以提炼出以下两个问题:

第一,关联企业"混同用工"情形下如何判定责任主体?

第二,"混同用工"的关联企业如何承担责任?

四、争议焦点的法理分析

(一)关联公司人格否认在劳动法领域适用的可行性分析

1.理论依据分析

目前人格否认制度在我国主要应用于公司法领域,当关联公司之间滥用独立人格侵害债权人利益时,债权人可以向关联公司共同承担连带责任。尽管司法实践中已经率先尝试将法人人格否认引入劳动法领域,但是由于相应立法的付之阙如,裁判依据上仍未予以明确,其理论基础与可操作性也未予以充分论证。

部分学者认为法人人格否认理论用于规制公司滥用其有限责任而逃避对债权人责任的制度,功能在于保护债权人的利益,[①]而劳动法领域中并没有明确的法律规定可以适用该制度保护劳动者,并且劳动者是否与债权人具有同等的保护地位也值得商榷,因此不能在劳动法领域中直接引用法人人格否认制度,[②]关联企业混同用工时对劳动者不承担连带责任。但是我国劳动法的价值追求就在于对劳动者权益的倾斜性保护,在劳动者与用人单位所构建的劳动关系中,劳动者与用人单位在劳动关系中的地位具有天然不对等性。因此另一部分观点则认为劳动法设立的主要目的是使劳动者的权益得到合法的保护,当关联企业滥用其权利将劳动者在企业集团内部进行任意调动、支配时,其行为侵害了劳动者的权益。虽然劳动法没有明确规定关联企业混同

---

① 饶志静:《关联企业内劳动关系认定困境与解决路径》,《江海学刊》2015 年第 5 期,第 133—137 页。

② 郭文龙:《关联企业与劳动者之间的劳动关系认定》,《中国劳动》2010 年第 11 期,第 47—49 页。

用工行为是违反法律规定的,但若其行为侵害了劳动者的合法权益,应当引用法人人格否认制度,使关联企业作为责任承担主体,对劳动者承担连带责任。关联企业为了节约用工成本,逃避对劳动者的用人责任,将招聘的劳动者在企业内部进行调动,出现混同用工现象,其行为往往致使劳动者的权利处于受损状态。在公司法领域的债权人往往是具有资本实力的机构,其经济实力与地位一般高于普通的劳动者,其维权相比较于劳动者也更容易。当关联公司出现人格混同,损害债权人与劳动者的权益时,债权人可以主张关联企业共同承担责任,处于弱势地位的劳动者更有权利要求关联公司作为劳务债权的责任主体。

在此问题上,朱慈蕴教授认为在法人人格否认制度的适用应当区分为非自愿债权人与自愿债权人两种适用情形。① 自愿债权人适用法人人格否认制度应当进行严格限定,只有在特殊情况下才能对其适用。但对于非自愿债权人,不应限定过于严苛。劳动者与用人单位签订劳动合同,表面形式上是基于双方自愿协商签订的,属于自愿之债。但若从实质上看,劳动关系属于劳动法领域,劳动法律关系对比其他法律关系具有特殊性,劳动关系本身具有实质的不对等性,劳动者在劳动关系中处于弱势地位,劳动合同中许多条款是用人单位利用其优势地位签订的,因此劳动之债应当属于非自愿之债。劳动之债属于非自愿之债,劳动之债就有适用法人人格否认的理论依据。

笔者认为,劳动法的目的之一就是通过相关规定平衡劳动者与用人单位的关系,使弱势劳动者的权益免受损害,从而实现公正、正义。法人人格否认的内在价值与劳动法的目的相契合,将法人人格否认制度引入劳动法领域是必然的。因此笔者认为关联企业混同用工侵害劳动者权益时,具有共同作为劳动债权责任主体的法理基础。

2. 域外实践的经验与启示

将法人人格否认制度适用于关联企业混同用工的争议解决实践在域外已经形成了较为成熟的体系,比如在美国、法国等,其中以日本最具代表性。日本法院在关联企业中引入法人人格否认制度具体包含法人形骸化和法人格被滥用两种情形②,但对适用范围设定了较为严格的条件,是原则与例外的对应关系。其认为在通常情况下应当承认关联企业成员的独立法人格,但存在上述两种情形时应当引入法人人格否认制度,对关联企业成员的独立法人格进行否认,要求侵害劳动者权益的关联企业成员对劳动者承担连带责任。法人形骸化情形多用于具有实质控制关系的关联公司,其中一公司对劳动者负有劳动债务时,劳动者可以请求另一关联企业承担责任。在相关领域法人格滥用情形并不少见,包括母公司企图摧毁子公司、为规避解雇劳动者而承担的

---

①朱慈蕴:《公司法人格否认法理研究》,中国社会科学院博士学位论文,1998 年。

②李凡:《试论法人格否认法理中的"人格混同"——日本法近期判例的启示》,《河南省政法管理干部学院学报》2007 年第 5 期,第 109-113 页。

责任将公司解散等情形。同时该理论跨部门法的援引只是对传统独立法人人格理论的有限修正与补充，不具有普遍适用性。

综上，在法理基础上，法人人格否认制度所内含对实质公平的价值追求与劳动法倾斜保护劳动者的固有目的必然契合；在相应制度的构建上，可以借鉴域外关于劳动领域适用法人人格否认制度的成熟经验用以规制关联企业混同用工损害劳动者权益的行为。因此，法人人格否认在劳动法领域中的适用存在充分的可行性。若关联企业混同用工导致关联企业出现人格混同，综合多重因素若符合法人格滥用情形，侵犯了劳动者的权利，则劳动者可以请求滥用权利的关联企业成员作为用人单位责任承担的主体。

（二）关联公司混同用工责任承担的具体规制

1. 关联公司混同用工责任承担的主体与形式

关联公司混同用工的责任认定首先需要解决责任承担主体问题，明确责任主体才能具体规定主体承担责任的方式。我国公司法中法人人格否认制度的目的是为保护公司债权人的利益，防止公司或股东利用独立法人格逃避对债权人的责任。在具体的法律关系中若企业或股东滥用其独立法人格，则对企业的独立人格进行否定，并且对股东的有限责任加以限制，此时股东不再承担有限责任，而是应当与企业共同对债权人承担连带责任。《中华人民共和国公司法》第二十条确立了法人人格否认制度，即股东滥用其有限责任与公司的独立人格，造成公司债权人的权益受到严重损害，股东的有限责任与公司的独立人格应当被否认，股东对该债务承担连带责任。最高人民法院第 15 号指导案例中将法人人格否认制度延伸到关联企业中，其规定关联企业的财产产生混同导致无法区分的，则关联企业的独立人格就应被丧失，不再独立承担责任[①]。因此，笔者认为关联企业混同用工的责任主体主要关联企业利用其控制地位将劳动者在企业之间调配、使用，滥用其权利损害劳动者权益时，若混同用工行为符合滥用独立法人人格情形，则承担用人单位责任的主体为滥用权利的关联企业成员，劳动者主张该关联企业承担连带责任也更有利于维护其权益，而不仅仅限于与劳动者签订劳动合同的用人单位承担独立的责任，以此更好地保护劳动者的合法权益。

2. 关联企业混同用工适用法人人格否认的认定标准

我国关联企业人格否认的判断标准之企业之间是否出现人格混同主要从以下几个方面进行界定：人员混同、财产混同、业务混同、身份信息混同[②]。人员混同即公司的人员出现混乱使用或交叉适用，混用的人员包括公司股东、法定代表人、管理层与普

---

①徐孟，华乐阳：《论法人人格否认理论在关联公司人格混同案中的适用》，《长江大学学报（社会科学版）》2016 年第 2 期，第 27-29 页。

②刘芳：《关联企业混淆劳动关系的甄别》，《中国劳动》2014 年 11 期，第 53-54 页。

通员工。"一套人马,多块牌子"是对管理层交叉任职的形象描述,也是最典型的人员混同。业务混同是指关联企业在经营活动中,其经营的业务具有相同或相似性,不能清晰地对其进行区分,或者业务交易主体或交易形式存在混同的情形。身份混同即公司的电话号码、网址、电子邮箱地址、字号一致或相似。财产混同是判定人格混同的核心因素,全国法院民商事审判工作会议纪要(简称《九民会议纪要》)也持该立场,其指出公司是否具有独立的财产与独立的意思是断定公司人格与股东人格是否存在混同的根本标准,主要表现为股东的财产与公司的财产产生混同并且无法区分。简言之,财产混同的表现形式既包括关联公司之间的财务混同,也包括关联公司共用同一办公场所,共用主要办公、生产设备且产权归属不清晰,最终导致各自财产无法区分的混同。仅仅出现人格混同并不能判定关联企业承担连带责任,还需要关联企业的行为严重损害了债权人的利益。但目前公司法领域对于"严重侵害债权人利益"并没有特别详细的解释。

关联企业混同用工承担连带责任的前提是其行为符合法人人格否认的认定条件,法人人格否认的认定条件包括行为要件与结果要件,行为要件为关联企业具有滥用独立法人格的行为,结果要件为其行为严重损害了债权人的权益。混同用工与人格混同中的人员混同情形最为接近,因此混同用工行为也属于滥用独立人格行为中的一种,具备了行为要件。同时混同用工行为往往会侵害劳动者的权益,因此当关联企业混同用工行为侵害了劳动者权益时就具备了结果要件。由于法人人格否认是一种特殊情形,在实践中应当谨慎认定,必须对关联企业作出准确判断,同时对滥用法人人格的行为要件与侵害劳动者权益的结果要件作出准确认定,方能作出关联企业承担连带责任的判定。

司法裁判中也出现了一些值得参考的指导意见。北京市高级人民法院、北京市劳动人事争议仲裁委员会在其发布的《关于劳动争议案件法律适用问题研讨会会议纪要(二)》第二十六条明确指出,"有关联关系的用人单位交叉轮换使用劳动者,根据现有证据难以查明劳动者实际工作状况的,参照以下原则处理:①订立劳动合同的,按劳动合同确认劳动关系;②未订立劳动合同的,可以根据审判需要将有关联关系的用人单位列为当事人,以有关联关系的用人单位发放工资、交纳社会保险、工作地点、工作内容作为判断存在劳动关系的因素"。可见,在判断劳动者是否与用人单位建立事实劳动关系时,可考虑规章管理的人格隶属性、工资发放的经济隶属性,以及工作内容的组织隶属性等要素。

劳动法领域中关联企业若因混同用工行为导致关联企业之间出现人格混同情形,符合人员混同的认定,并且其行为损害了劳动者的利益时,笔者认为应当引用人格否认制度对其进行规制。混同用工没有具体的法律规定,在司法实践中法院对混同用工的认定主要考虑两个因素,一是关联企业人事关联性,是管理统一性①。若关联企业的人事任免、考核、内部规章制度受到同一主体支配,则应当认定为混同用工。当关联企业混同用工行为符合法人人格否认认定标准时,对劳动者承担用人单位责任的主体不再仅仅局限于劳动合同中的用人单位,还应当包括其他关联企业成员,"混同用工"的关联企业成员应当对劳动者承担连带责任,以此更好地维护劳动者的合法权益,也符合劳动法中倾斜保护劳动者的目的。

因此,对于关联公司混同用工问题的理解,需要把握该项制度设计的宗旨所在。山东省高级人民法院、山东省人力资源和社会保障厅在其发布的《关于审理劳动人事争议案件若干问题会议纪要》第四条指出"关联公司混同用工,劳动者与关联公司均符合劳动关系特征的情况下,劳动者对于劳动关系的确认享有选择权,但是劳动关系项下的劳动权益不能重复享受"。可见,混同用工导致的各关联企业承担连带责任是为了保障劳动者的合法利益,同时将用人单位的成本控制在合理范畴内。

(三)本案中争议焦点的分析结论

1. 如何认定关联企业混同用工

分析如下:

(1)梁某分别与A、B、C三家公司签订的劳动合同一组,除公司主体名称、被拆分的薪资标准不同外,合同的其他内容完全一致,合同中载明的三家公司(包括注册于外省市的C公司)办公地址系同一处;

(2)银行明细、纳税清单,结合梳理的三张表格(包括三家公司支付薪资明细表及总计表、2018—2020年度个税统计表、劳动合同约定薪资一览表),证明三家公司混同支付薪资待遇,应属混同用工;

(3)三家公司系同一集团下属关联公司的证据,梁某系该集团总工程师并为该集团项目提供劳动的相关证据。

因此,前述证据已构成比较完整的证据链,可相互印证,三家公司确系混同用工。

2. 混同用工的情况下,三家公司应如何承担责任

分析如下:

(1)若认定三家公司系混同用工,则梁某未在可举证的与B公司、C公司签订的劳动合同到期终止之日起的一年内申请仲裁,应不被认定为超出仲裁时效。

(2)仲裁阶段,被申请人仅有A公司,一审阶段,追加B公司、C公司为本案第三人,确系混同用工,则梁某可要求A公司承担全部用工责任,亦可主张三家公司承担连带责任。

---

① 王林清:《劳动争议裁诉标准与规范》,人民法院出版社2014年版,第110-112页。

五、基于本案的反思与启示

(一)立法完善——明确劳动法适用法人格否认的司法裁判依据

劳动法领域没有明确的法律规定可以引用法人人格否认制度,也没有相关的司法解释或指导案例作为引用依据,我国《公司法》中规定的债权人是否可以扩大其范围,使其包含劳动债权也还存在争议。目前关联企业混同用工的劳动争议判定承担连带责任通常援引我国《公司法》第 22 条以及引用比照最高法 15 号指导性案例"徐工集团案"中的关联企业人格否认来作为判决的依据或理由,但以此为依据是否充分明确仍有待商榷。立法应当积极地回应变动不居的社会现实,但法律的修改往往需要审慎地基于司法实践反馈来不断地完善而非一蹴而就。现阶段更为可行的办法是通过出台指导性案例或者司法解释,为司法实践中判决关联企业由于混同用工需要承担连带责任提供更权威、更有力的法律依据。

(二)司法因应——应当合理配置劳动者和关联企业的举证责任

在现实生活中,劳动者往往由于疏忽大意、能力薄弱或是缺乏法律意识,并没有保存能够用以证明自己与用人单位关系的相关资料,当劳动争议发生时,劳动者难以拿出有力的证据证明自己同数家关联企业的关系,相对于用人单位,劳动者被损害的权益不仅无法通过合法渠道得以维护,还要为此承担举证给自己带来的不利的法律后果。司法部门应当考虑到劳动者举证的难度以及举证能力的欠缺,合理配置举证责任。如对于劳动者在对数个企业存在关联关系、用工行为存在混同等提出相应的主张并提供初步证据后,人民法院依职权对此进行调查或是将部分举证责任倒置给关联企业。

(三)实务检视——对劳动者的维权建议与对用人单位的合规指南

1.收集和保管证据

如果遇到与本案类似的混同用工的情况,建议劳动者从如下方面收集和保管证据,以备发生争议时维护自身合法权益之需:

(1)在取得书面证据有难度的情况下,通过录音、微信或邮件等方式,向公司负责人、人事、财务等技巧性发问,取证系受公司安排,与多家关联公司签订劳动合同、多家关联公司拆分发放工资、同时为多家关联公司提供劳动的事实;

(2)劳动合同履行过程中,留心本人的薪资发放情况,一家公司还是多家公司,发放是否固定、有无规律可循,有无通过个人账户发放薪资,该个人账户所属者的身份情况及与公司的相关性等,并按第 1 条所述之方式取证固证;

(3)劳动合同履行过程中,注意收集和保管公司有关工作安排的文件、邮件等,与同事、客户或供应商沟通工作的文件、邮件等,工作表现或业绩的相关材料等,以证明同时为多家关联公司提供劳动的事实;亦可在公司主张停工停产的情况下,证明仍在正常提供劳动的事实;还可在公司主张奖金发放条件成熟的情况下,证明自身工作表现与业绩。

2.预先采取措施

考虑到用人单位在混同用工情况下将在劳动关系认定方面承担更多举证责任,预先采取措施并完善内控制度,在保护劳动者权益的同时,也减少了企业的用工风险。

(1)用人单位在与劳动者签订书面劳动合同后,双方应严格按照合同约定履行双方义务。企业应在厘清双方劳动关系的基础上合理、合法用工,尽量避免在关联公司之间交叉用工,确有必要进行人员调派的,相关方应及时签订委派协议或借调协议,或签订劳动关系转移的三方协议,对各方的劳动关系、权利义务约定清楚。切记随意更换社保缴纳的主体或申报个税的主体,随意性往往带来风险。

(2)具体到风险防范措施而言,包括做好员工入职档案管理、劳动合同签署、工资发放等规范管理工作,避免混同管理而形成事实上的人员混同、业务混同、财产混同。对于集团公司而言,各子公司之间开展业务合作,应签订正式规范的交易合同,安排相关人员从事相关业务时也应考虑员工的劳动关系归属问题。

六、结语

关联企业的大量涌现既是市场主体活力与民间投资潜力的体现,同时也增加了劳动关系的复杂性。趋利性的关联企业为降低用工成本,规避用工责任,不仅为司法裁判带来了新的挑战,也为以倾斜保护劳动者为价值追求的劳动法提出了新的要求。在产生劳动争议纠纷时,各关联公司之间互相推诿,若法院只是基于劳动关系构成要素,简单地认定由其中一家公司承担用工责任,则容易导致判决公司承担的给付义务无法执行到位,不利于保护劳动者的合法权益。商事裁判实践中存在对公司法人人格的逆向否认,即公司的债权人诉请该公司的关联公司对该公司的债务承担连带责任。在处理劳动关系的司法实践中,为规制关联公司混同用工,保护劳动者的合法权益,亦可对混同用工的关联公司适用法人人格的逆向否认,否认关联公司的独立法人人格,将其视为同一用工主体。关联企业承担连带责任无疑是处理关联企业内劳动关系问题最合适的选择,既较好地平衡了劳动者和用人单位的利益和风险,又达到了劳动法倾斜保护劳动者的目的。

参考文献

[1]鲍雨.关联企业用工的劳动关系认定困境及规则建构[J].时代法学,2021,19(3):
    20-30.

[2]刘强.人格混同在劳动争议中的适用[J].法律适用,2019(20):93-100.

[3]张荣芳.论劳动关系的建立时间[J].现代法学,2012,34(3):64-70.

[4]高旭军.论"公司人格否认制度"中之"法人人格否认"[J].比较法研究,2012(6):34-42.

[5]饶志静.关联企业内劳动关系认定困境与解决路径[J].江海学刊,2015(5):133-137.

[6]刘芳.关联企业混淆劳动关系的甄别[J].中国劳动,2014(11):53-54.

[7]郭文龙.关联企业与劳动者之间的劳动关系认定[J].中国劳动,2010(11):47-49.

[8]黄彩相,李盛荣,姜婉莹.多个用人单位因"混同用工"承担连带责任之检视[M].北京:人民法院出版社,2015.

[9]刑蓓华.公司法人格否认制度在劳动争议案件中的运用[J].法律适用,2009(1):91-92.

[10]朱慈蕴.公司法人格否认法理研究[M].北京:法律出版社,1998.

[11]朱慈蕴.公司法人格否认制度理论与实践[M].北京:人民法院出版社,2009.

[12]鲍雨.关联企业劳动者保护法律问题研究[D].武汉:武汉大学,2016.

[13]李干.劳动者人格从属性的理论阐述[D].上海:华东政法大学,2017.

年终奖给付规则的合理性审查

——以房玥诉中美联泰大都会人寿保险有限公司劳动合同纠纷案为例

张梦雨①

摘　要:年终奖为工资总额的组成部分,用人单位对工资的分配和发放方式具有自主权,但用人单位应当按时足额发放给劳动者工资,且仅能以货币的形式支付。用人单位享有自主管理权,对于用人单位的规章制度,其有权自主制定,但不可恶意损害劳动者的合法权益,不能触碰法律的红线。实践中,年终奖认定的法律问题常根据双方的约定或用人单位内部规章的规定,但就用人单位年终奖规制而言,法院在审理个案时应对其进行合理性审查以充分维护劳动者的合法权益。

关键词:年终奖;给付规则;合理性审查

一、案例简介

房玥诉中美联泰大都会人寿保险有限公司劳动合同纠纷案②为一例指导性案例,对进一步规范年终奖给付规则具有重要的实践价值。

(一)基本案情

房玥在 2011 年 1 月与中美联泰大都会人寿保险有限公司(以下简称大都会公司)签署三年期劳动合同,到期后又于 2014 年 1 月与大都会公司签署三年期劳动合同,约定房玥担任战略部高级经理。2015 年 5 月房玥与大都会公司签署《派遣协议》,协议约定履行日期为 2015 年 7 月 1 日至 2017 年 6 月 30 日,房玥任职岗位不变。该协议载有劳动合同的主要条款,具有劳动合同性质,双方最后合同期限可视为 2017 年

---

①作者简介:张梦雨,女,汉族,河南周口人,郑州大学法学院(知识产权学院)2020 级 5 班本科生。
②最高人民法院指导性案例 183 号。

6月30日。2017年10月,大都会公司因市场及领导团队变化等原因,决定撤销战略部,因此房玥无法继续任职。双方曾多次商谈变更劳动合同相关情况,始终没能达成共识。2017年12月29日,因为客观情况发生重大变化且双方不能就变更劳动合同事宜达成一致意见,大都会公司向房玥发出《解除劳动合同通知书》。房玥拒绝解除劳动合同,对此房玥申请劳动仲裁,因不满裁决结果,后向法院提起诉讼要求恢复其与大都会公司之间的劳动关系并诉求大都会公司支付其2017年度未签订劳动合同的两倍工资差额、2017年度奖金、住房津贴、派遣津贴等。在2017年度,房玥实际工作至12月29日劳动合同被解除,此后两日为双休日,房玥已在公司工作满一年。大都会公司《员工手册》"年度奖金"章节中规定如果员工在年终奖发放月或者之前离职,则员工不能享有年终奖。另查,房玥于2017年3月获得2016年度年终奖。

（二）裁判结果及理由

一审法院判决大都会公司向房玥支付2017年度8月至12月期间未签订劳动合同双倍工资差额,对房玥要求大都会公司向其发放2017年度奖金的请求不予支持,其他诉求也不予支持。二审法院基本认同一审法院的判决,但支持了房玥要求2017年度奖金的诉求。对此,一审法院认为:年终奖是企业根据本年度的经济效益、结合员工的工作成绩,对员工进行奖励的一种制度,它由企业根据自身情况自行调整,企业对此具有一定的自主权。大都会公司制定的《员工手册》明确规定了年终奖的发放条件,房玥离职的时间节点不符合公司年终奖发放的时间条件,所以房玥不能获得2017年度奖金。二审法院认为:年终奖由用人单位结合自身实际情况如经营状况、员工工作状况等自主确定是否发放以及发放的标准和条件,对此现行法律没有具体规定。但是用人单位须按照公平合理原则制定年终奖发放规则,对于在年终奖发放之前已经离职的劳动者可否获得年终奖,应当结合劳动者离职的原因、时间、工作表现和对单位的贡献程度等多方面因素综合考量。就本案而言,劳动合同解除的原因系大都会公司撤销战略部后,双方就变更劳动合同内容未能达成一致,该事实证明劳动合同被解除并非房玥的主观过错所致。房玥在离职前已在大都会公司工作满一年,大都会公司未举证2017年度房玥的工作业绩、表现等不符合规定,足以认定房玥正常履行了职责,做出了应有的贡献,故对房玥要求大都会向其支付2017年度奖金的请求予以支持。

（三）裁判要点

用人单位制定的年终奖给付规则应当遵循公平合理原则,对于年终奖发放前已离职的劳动者主张用人单位支付年终奖的,人民法院应当综合考量劳动者的离职原因、离职时间、工作表现以及对单位的贡献程度等因素,而不应仅依据用人单位的奖金发放规则。如果劳动者离职是由客观原因所致,且用人单位无证据证明劳动者的年度业绩、工作表现不达标,尽管劳动者不符合用人单位规章制度中年度奖金的时间条件,其仍享有年终奖支付请求权,人民法院应当支持原告诉求。

二、我国现行的年终奖制度

我国相关法律解释规定年终奖属生产(业务)奖,是奖金的一种形式,可作为工资发放给劳动者。根据国家统计局《关于工资总额组成的规定》第四条规定:"工资总额由下列六个部分组成:(一)计时工资;(二)计件工资;(三)奖金;(四)津贴和补贴;(五)加班加点工资;(六)特殊情况下支付的工资。"国家统计局在《〈关于工资总额组成的规定〉若干具体范围的解释》第二条规定:"生产(业务)奖包括超产奖、质量奖、安全(无事故)奖、考核各项经济指标的综合奖、提前竣工奖、外轮速遣奖、年终奖(劳动分红)等。"这明确规定了奖金的范围包括年终奖。据此可以看出,年终奖并不是用人单位的"恩惠"或"礼物",其在性质上属于工资的范畴。如若用人单位无故拖欠或者克扣劳动者的年终奖,那么劳动者可以用法律的武器捍卫自己的应得利益。

我国法律赋予了用人单位一定的经营自主权,用人单位可自主决定是否发放年终奖。《中华人民共和国劳动法》第四十七条规定:"用人单位根据本单位的生产经营特点和经济效益,依法自主确定本单位的工资分配方式和工资水平。"由此可以看出,对于年终奖是否发放的问题,我国法律并未作出强制性规定,是否发放以及发放数额取决于用人单位的经营状况和意愿,劳动者通常无法直接干涉单位的决定,但可与单位协商工资事宜以期与单位达成共识,取得年终奖。

如若用人单位在规章中规定、双方约定或实践证明其每年度给员工发放年终奖,则其不能克扣和无故拖欠。《中华人民共和国劳动法》第五十条规定:"工资应当以货币形式按月支付给劳动者本人。不得克扣或者无故拖欠劳动者工资。"劳动者享有取得工资的权利,取得工资是劳动者的合法利益,用人单位应予以保障不得损害,通常情况下应当按月足额支付给劳动者工资。年终奖作为工资的组成部分,如果劳动者和用人单位约定了年终奖或者用人单位规章中规定了年终奖制度,则年终奖为劳动者工资的当然组成部分,该用人单位不得减损劳动者的年终奖,也不得无故延长发放年终奖的时间。进一步地,如果劳动者和用人单位就年终奖发放问题产生争议,劳动者有权向人民法院主张年终奖支付的请求。

我国法律中《中华人民共和国劳动法》相关条文没有强制规定用人单位要给员工发年终奖,仅规定了年终奖的名称,确定了年终奖的工资性质,此外也未强制性规定年终奖的发放条件、发放标准,赋予了用人单位一定的自主权。总之,年终奖的发放依赖于双方约定或用人单位单方规定,归属企业自主经营的范围。如果用人单位和劳动者之间达成约定或者用人单位规章规定年终奖是劳动者工资的组成部分,则用人单位应当按照约定或者规定按时足额发放年终奖,否则应当承担法律责任。

三、用人单位年终奖给付规则的限制

(一) 用人单位应按照公平合理原则制定年终奖给付规则

法律是公平与正义的化身,大到国法,小到家规均应是符合公平理念的,公平合理原则应是劳动合同双方共同遵守的原则。用人单位的规章制度调整劳动者和单位的权利与义务,双方各自占据自身的立场,代表自身的利益,所以其规则应当是调和的、公正的。公平合理原则要求双方当事人之间具有相互对应平衡的权利与义务,不随意扩大一方的权利,不随意增加另一方的义务,合理分配违约责任,合理分配各方利益,实现双方的互利共赢。用人单位的规章本质上是用人单位单方面制定来管理约束劳动者的准则,在劳动者和用人单位之间产生约束力,其本身带有不平等性。所以用人单位在制定规章时必须符合一定的程序并权衡好双方的权利和义务,体现公平合理原则。

就用人单位制定年终奖给付规则而言,用人单位拥有经营自主权,可以制定相应的年终奖给付规则,但用人单位在行使权利的同时也要履行好义务。在制定程序上,年终奖给付规则作为用人单位的一项规章制度涉及劳动者的切身利益,须经过特定的民主程序才得以生效。在内容上,年终奖给付规则不能被简单概括化,用人单位应结合多种因素,统观单位的盈余状况、员工的个人表现等合理细化年终奖给付规则,综合确定年终奖的发放标准、条件。其中在年终奖的分配问题上,年终奖分配应按照特定的原则,对此《中华人民共和国劳动法》第四十六条规定:"工资分配应当遵循按劳分配原则,实行同工同酬。工资水平在经济发展的基础上逐步提高。国家对工资总量实行宏观调控。"所以,年终奖也应遵循按劳分配原则,实行同工同酬。但年终奖的具体分配方式和水平法律未做规定,由单位根据自身情况妥善安排。对此《中华人民共和国劳动法》第四十七条:"用人单位根据本单位的生产经营特点和经济效益,依法自主确定本单位的工资分配方式和工资水平。"总之,法律在赋予用人单位经营自主权的同时也限制了其权利,单位在制定工资分配细则时应当以按劳分配为原则,多劳多得,实行同工同酬,做到合理分配。法律可以被认为是最低的道德标准,一套公平合理的年终奖规则至少是不触犯法律的,这是最低的要求。另外,用人单位应当具备一定的道德自觉性,在法律赋予的权限内公平地对待劳动者,公平合理地制定内部规章制度。

离职前如若劳动者已充分履行其职责,用人单位不得以不符合单位年终奖规则为由对抗劳动者的年终奖支付请求权。劳动法表明用人单位具有自主制定公司规章制度的权利,并且法律还赋予了制度相应的效力,制度一经生效,员工理应遵守。劳动者在与用人单位建立劳动关系后随即受单位内部规章的调整与约束。但是,用人单位的制定权受到相应的限制,规章制定程序和内容必须符合法律的规定,否则不产生效力。

所以,用人单位要正当合法地制定内部规章,遵循劳动法基本原则,不违反法律法规强制性规定,充分保护劳动者的劳动成果,不恶意地排除因为客观情况离职但正常完成工作任务的劳动者获得年终奖的权利。若劳动者完全具备通过年终奖绩效考核的条件、履行了自己的工作职责、对用人单位做出了应有的贡献,用人单位仅以年终奖发放时员工已离职不符合公司规章对员工年终奖发放条件的规定,拒绝支付年终奖的,则该规则不应当对该员工产生约束力。也即是虽然用人单位在其规章中制定了详尽的年终奖发放细则,劳动者不符合年终奖的发放条件,但无法达成条件的原因不能苛责于劳动者,且劳动者已经按照单位的要求完成了本年度的工作任务,做出了相应的贡献,那么单位就应该照常向劳动者支付年终奖。

(二)法院应当对用人单位年终奖给付规则予以合理性审查

用人单位根据自主管理权规定的年终奖给付规则并不都是合理的,由于公司自身的局限性,制定的规章可能不够专业,甚至可能逾越法律的底线。所以人民法院在审理劳动合同纠纷案件时,对公司自主管理的内容不能直接依照公司内部规章的约束力来判定,不仅应当对年终奖给付规则的合法性予以审查,而且要对其公平合理性进行审查。

本案中,一审法院根据大都会公司《员工手册》中关于年终奖发放的条件,以及房玥离职的客观事实认定房玥不能享有该年度的年终奖。二审法院在认可用人单位工资发放自主权的基础上认为,房玥离职不归因于自身的主观情况如自愿离职或违反公司规定等,而是因为某种客观情况,那么关于房玥年终奖发放的问题不能严格按照《员工手册》的规定,而应该结合房玥的实际工作情况、对公司做出的贡献,以及公司的经营状况等因素综合判断,最终认定房玥可以获得该年度的年终奖。二审法院结合案情重新审视了大都会公司关于年终奖的规定,并没有一味地遵从公司的规定,而是从公平的角度出发保护真正需要保护的一方,这样虽然在一定程度上限制了公司的自主权,但却可以有效地防止公司滥用权利侵害劳动者的权益。二审法院做出的裁判可以说是法院裁决此类劳动合同纠纷案的一大进步,法院应当依据公平合理原则对用人单位的年终奖制度予以合理性审查,以期真正明辨是非,明晰曲直,维护劳动者的合法权益。

四、案例延伸

(一)用人单位自主管理权的限制

用人单位享有一定的自主管理权,用人单位可以通过建立劳动规章制度来行使自主管理权,对于劳动规章制度的建立,法律对其做出了相应的要求。

《中华人民共和国劳动合同法》第四条规定："用人单位应当依法建立和完善劳动规章制度,保障劳动者享有劳动权利、履行劳动义务。用人单位在制定、修改或者决定有关劳动报酬、工作时间、休息休假、劳动安全卫生、保险福利、职工培训、劳动纪律以及劳动定额管理等直接涉及劳动者切身利益的规章制度或者重大事项时,应当经职工代表大会或者全体职工讨论,提出方案和意见,与工会或者职工代表平等协商确定。在规章制度或者重大事项决定实施过程中,工会或者职工认为不适当的,有权向用人单位提出,通过协商予以修改完善。用人单位应当将直接涉及劳动者切身利益的规章制度和重大事项决定公示,或者告知劳动者。"此条文规定了用人单位在制定内部规章时要符合一定的程序和规范,以尽量避免劳动争议的发生。企业规章制度的制定权利是工会和职工代表的"共决权",且必须符合相关法定程序方可生效。① 另外,劳动部《关于对新开办用人单位实行劳动规章制度备案制度的通知》进一步明确了用人单位制定劳动规章制度时应具备的主要内容以及对企业劳动规章的审查制度和备案制度。

《中华人民共和国劳动法》第八十九条规定："用人单位制定的劳动规章制度违反法律、法规规定的,由劳动行政部门予以警告,责令改正;对劳动者造成损害的,应当承担赔偿责任。"同样地,《中华人民共和国劳动合同法》第八十条也有相似的规定。② 所以,用人单位在制定内部规章制度时,要遵守法律法规的规定,接受法律的约束,否则须承担相应法律后果。另外,用人单位的规章制度对于其员工来讲并没有绝对的约束力。最高人民法院关于《审理劳动争议案件适用法律若干问题的解释(二)》第十六条规定："用人单位制定的内部规章制度与集体合同或者劳动合同约定的内容不一致,劳动者请求优先适用合同的,人民法院应予支持。"据此可以看出,相较于单位内部规章制度而言,劳动合同和集合合同可以被优先适用,前提是劳动者向人民法院请求优先适用劳动合同。所以单位内部规章制度的效力较低,这其实是对用人单位自主权的限制,另外也是对劳动者的倾斜性保护。

用人单位的自主管理权并不是绝对的,而是有限的。用人单位在制定内部规章制度时应当符合法律法规规定的关于制定程序和规章内容的要求。在程序上,首先要明确《中华人民共和国劳动合同法》第四条所列举的直接关系劳动者切身利益的规章制度或者重大事项的内容。然后当确定和通过这些重大事项时要经过严格的程序,进行充分的讨论与协商。但如果规章涉及的内容不属于法定的涉及劳动者切身利益的规

①邝蕴:《离职员工是否该拿"年终奖"》,《法制与社会》2013年第32期,第235-236页。
②《中华人民共和国劳动合同法》第八十条:"用人单位直接涉及劳动者切身利益的规章制度违反法律、法规规定的,由劳动行政部门责令改正,给予警告;给劳动者造成损害的,应当承担赔偿责任。"

章制度或者重大事项则不必经过此种程序。此外，劳动者享有知情权，用人单位具有告知义务，其应当将相关重大事项进行公示或者明确地告知劳动者。最后，新开办用人单位必须履行备案义务，相关法律规定单位应在正式开业半年内及时地向当地劳动行政部门报送劳动规章制度进行备案。对于不按照期限的要求备案的企业，相关行政机关应当给予相应行政处罚。在内容上，企业规章制度所包含的内容主要是劳动合同管理、工资管理、社会保险、福利待遇、公式休假、职工奖惩以及其他劳动管理等。① 企业在制定规章制度时不能违反法律、行政法规的强制性规定。另外，用人单位制定的规章制度的内容不能违背劳动合同和集体合同的内容。

（二）对年终奖给付规则合理性审查的情形

在司法实践中，法官在审理劳动纠纷案关于年终奖的认定问题时通常会存在以下三种情形：①劳动合同和用人单位的规章制度中均没有年终奖给付规则的规定。用人单位享有自主管理权，可以决定不对员工发放年终奖，不与员工签订相关的劳动条款，并且不在单位规章中制定相关的规范。在此种情况下，单位可以自由决定是否发放年终奖，如何发放年终奖。如果单位没有发放年终奖的惯例，则员工不能诉求发放年终奖。如果单位有发放年终奖的惯例，则可以认为员工享有获得年终奖的权利并诉请仲裁委员会或法院以维护自己的权益，如员工在工作期间内一直享有年终奖，在离职的最后一年内完成了自己的工作并履行了自己的职责，那么仲裁委员会应当依据同工同酬的原则裁决。② ②或劳动合同有年终奖给付规则的约定或用人单位规章制度有年终奖给付规则的规定。此时，关于年终奖的发放问题，应当遵循相应的文件，或遵循劳动合同的约定，或遵循用人单位规章制度的规定。已有约定的从约定，已有规定的从规定。如果是用人单位在规章制度中规定年终奖的情形，在发生劳动纠纷时，要对相应规章制度的合理性进行审查，按照公平合理、同工同酬的原则充分维护劳动者的合法权益。③劳动合同和用人单位规章制度均有年终奖给付规则的规定。劳动合同的效力高于用人单位的规章制度，若发生劳动合同纠纷劳动者请求人民法院适用劳动合同的，则应当优先适用劳动合同。若劳动者未请求，则法院须对单位的年终奖给付规则予以合理性审查。

①《关于对新开办用人单位实行劳动规章制度备案制度的通知》第二条："新开办用人单位应依照《中华人民共和国劳动法》的有关规定制定劳动规章制度（主要包括：劳动合同管理、工资管理、社会保险福利待遇、工时休假、职工奖惩，以及其他劳动管理规定），并在正式开业后半年内将制定的劳动规章制度报送当地劳动行政部门备案。"
②晓平，许蕾：《年终奖该不该给离职员工？》，《劳动保障世界》2011年第12期，第48-49页。

五、增加对年终奖给付规则合理性审查的合理性必要性分析

(一)法官的自由裁量权

传统观点认为,在法律有具体的法律规则的情况下,存在与案件事实相对应的请求权基础,而法官的作用就是要找相应的请求权基础,判断案件事实是否符合法律构成要件以及确定法律后果,让法律得以适用,在这种情况下,可以说法官是几乎没有自由裁量权的。但是,现实生活往往是复杂的,在遇到一些复杂的案件时,现行的法律可能没有相关的具体规定来解决实际发生的问题,而仅仅只有原则性规定,那么这样就需要法官主观的判断来裁定案件,解决当事人之间发生的纠纷,所以法官的自由裁量权在当今的司法审判程序中是必不可少的,法官应当具有一定的自由裁量权。针对房玥诉大都会公司合同纠纷一案,法律上没有对年终奖的给付规则做出具体的规定,二审法院依据公平合理原则对年终奖的发放条件重新做出了解释,从多方面综合考虑认定房玥可以享有年终奖。在没有法律具体规则的情况下,法官是可以对用人单位年终奖给付规则予以合理性审查的,这种审查符合普世的公平正义的观念,也是应该被接受的。

(二)维护劳动者的合法权益,平衡劳动者和用人单位之间的利益

通常认为,劳动者与用人单位相比是弱势群体。基于对弱势群体倾斜保护或特殊保护的原则,劳动法着重保障劳动者的权益,从法律的角度出发削弱劳动关系双方地位的差异。劳动法既保护劳动者的利益也保护用人单位的利益,但是偏重和优先保护劳动者的利益。法官在审理劳动合同纠纷案件中也应当体现对劳动者的倾斜性保护,就离职员工年终奖的认定而言,虽然年终奖制度在用人单位自我管理的范围内,用人单位可以制定规章加以规范,但是法院在审理时仍然要对其合理性进行审查,因为工人单位可能利用规章来损害劳动者的合法权益。所以为了防止劳动者的合法权益被用人单位侵害,平衡劳动者和用人单位的利益,有必要对用人单位年终奖给付规则予以合理性审查。

六、总结

我国年终奖制度并不完善,相关劳动法文件中没有明确规定年终奖制度,仅在有关条文中说明年终奖为工资总额的组成部分,没有强制规定用人单位须向劳动者发放年终奖,也没有具体规定年终奖的发放条件、标准等。在实践中,用人单位自主决定是否发放年终奖,劳动者处于被动的地位,年终奖常常被认为是用人单位的赠予,具有很

强的恩赐意味。劳动者因自身权益受到侵害向法院请求支付年终奖的,通常难以得到支持。将年终奖给付规则进行合理性审查,有利于规范我国的年终奖实践,塑造并完善我国劳动法的年终奖理论,在平衡劳动者与用人单位利益的同时充分保障劳动者的合法权益。

参考文献

[1]谭子.房玥诉大都会公司劳动合同纠纷案[J].工友,2022(9):20-21.

[2]邝蕴.离职员工是否该拿"年终奖"[J].法制与社会,2013(32):235-236,238.

[3]鲁志峰.离职员工能否享有年终奖[J].人力资源开发,2018(5):45-46.

[4]肖华林.年中离职员工是否享有年终奖?[J].中国劳动,2015(15):58-59.

[5]晓平,许蕾.年终奖该不该给离职员工?[J].劳动保障世界,2011(12):48-49.

劳动合同纠纷案例分析

——试用期的劳动关系与未签书面劳动合同的认定案例分析

曹忆昕①

摘　要:劳动合同试用期是劳动法中一项极为重要的制度,各国劳动法对该项制度均做出了不同的规定。我国 2008 年正式实施的《劳动合同法》对于试用期制度比《中华人民共和国劳动法》做出了更加具体的规定。劳动合同试用期制度存在的终极价值目标是通过用人单位与劳动者相互博弈的过程,用人单位通过劳动者在劳动合同试用期间表现来考察劳动者的适格性,劳动者借助劳动合同试用期考察用人单位的综合工作环境是否满足自己的择业需求。维护试用期劳动者的合法权益、构建和谐稳定的劳动关系,劳动合同试用期对于劳动合同真正效力的发生具有至关重要的作用。

关键词:劳动合同;试用期;劳动关系;识别标准

试用期是劳动关系双方当事人在劳动合同中约定的、进行相互了解、相互考察的期限,但并不是劳动者的"白干期"。劳动和社会保障部在《关于贯彻执行〈中华人民共和国劳动法〉若干问题的意见》中规定,劳动者与用人单位形成或建立劳动关系后,试用、熟练、见习期间,在法定工作时间内提供了正常工作,所在单位应当支付其不低于最低工资标准的工资。

可见最低工资标准是法律的底线,用人单位不得突破。为了保障劳动者的利益,《中华人民共和国劳动合同法》做出了新的规定。根据第二十条的针对性规定,劳动者在试用期的工资不得低于本单位相同岗位最低档工资的 80% 或者劳动合同约定工资的 80% ,并不得低于用人单位所在地的最低工资标准。劳动者和用人单位劳动合同双方当事人在劳动合同里约定了试用期工资,约定的试用期工资又高于本条规定的标准的,按约定执行。约定试用期工资应当体现同工同酬的原则。这是劳动者在试用

---

①作者简介:曹忆昕,女,汉族,新疆哈密人,郑州大学法学院(知识产权学院)2020 级 4 班本科生。

期间工资待遇的法定最低标准。因此,试用期工资是有法定标准的,一是不能低于最低工资,二是与劳动合同约定工资相挂钩。如果是实习的,则需要依据劳动法来进行管理;如果没有建立劳动关系的,根据公司规定发放工资。

综上,可以看出,试用期的工资在我国,法律已经作出具体规定:《最低工资标准》适用于已经与企业签订劳动合同的正式员工,劳动者在试用期的工资不得低于本单位相同岗位最低档工资或者劳动合同约定工资的80%,并不得低于用人单位所在地的最低工资标准为试用期工资的最低限度。

一、案情简介[①]

庞某某自2017年1月3日起到第×人民医院上班,在工勤岗位从事救护车驾驶员工作至2017年9月17日后,双方签订期限为三年的劳动合同,其中试用期自2017年9月18日起至2017年12月17日止的固定期限劳动合同。双方合同约定庞某某在第×人民医院工勤岗位从事救护车驾驶员工作。合同约定:试用期满,经考核符合甲方录用条件者,工资按照甲方在职职工现行工资待遇标准,实行同工同酬。根据庞某某提供的中国建设银行个人活期账户交易明细,××市第×人民医院2019年9月13日起至2020年10月23日每月向庞某某发放一至三次工资,在诉讼中第×人民医院认可三次工资分别是:基本工资、绩效工资和差额工资,其认为绩效工资就是其所主张的阳光工资,由此可以计算出庞某某解除劳动合同前一年的月平均工资为2500元,月平均绩效工资为2600元,合计5100元。双方签订的固定期限合同到期后,于2019年10月28日下发送达"告知函":因庞某某招聘的岗位为特种车辆驾驶员,要求特种车辆准驾车型为B1、A2,但庞某某在招聘时未取得或招聘后私自将驾照进行了降级(降低准驾车型),导致不能胜任当前的工作,通知其在收到通知后三个月内进行增驾考试,三个月内如还未取得特种车辆相应的驾驶资格,单位将不再与其续签劳动合同或解除现有的聘用合同。因庞某某在三个月内未进行增驾考试,故第×人民医院后未与庞某某续签劳动合同。

2020年9月15日,第×人民医院向庞某某下发"不再与庞某某续签合同的通知",庞某某签字确认签收。2020年9月17日,原被告双方以《中华人民共和国劳动合同法》第四十四条第一项即劳动合同期满为由,终止劳动合同(关系)并签订解除或终止劳动合同(关系)证明书。现庞某某上诉请求法院判令第×人民医院支付欠发的基本工资共计22 500元;欠发的奖金及阳光工资23 400元;年底奖金10 000元;第13个月工资2500元;平安家庭奖1500元,年底福利6000元;补缴其2017年1月3日至2017年9月17日

的社会保险。

二、争议焦点

法院的争议焦点:①第×人民医院是否应当支付拖欠工资? 如应当支付,工资的标准是什么? ②庞某某起诉是否超过诉讼时效?

隐藏争议焦点[因本案本人作为律师助理(实习律师)有幸全程参与协助,特在此讨论两点未被法院采纳的隐藏点]:一是庞某某最初入职是属于所谓的"人情关系",而并非医院的正式招聘入职,是一个即将退休的原救护车驾驶员给其儿子"托人情、走关系"以求得的一个职位,未通过医院的正式流程即入院工作。双方当时约定先以"学习期""考察期"的名义在第×人民医院工作后通过学习看最后能否胜任医院的工作,在通过学习考察后才于2017年9月签订了劳动合同。本案真正的争议焦点,同时也是可诉之处在于:庞某某从2017年1月3日至2017年9月17日间的未签署劳动合同的所谓"学习"期间——2017年的1至9月是否可以在未签署劳动合同的"学习"前提下视为未签署劳动合同的劳动合同试用期、劳动关系期间,抑或是应该如何定性其工作性质。二是庞某某作为原告在一审诉前未就2017年1月3日至2017年9月17日的未签署劳动合同的工作性质在仲裁阶段及一审诉讼请求中,且未申请确认双方存在劳动关系,一审判决结果未确认双方是否存在事实劳动关系。庞某某提出的各项仲裁请求均是建立在双方存在事实劳动关系的基础上,然而对于双方是否存在事实劳动关系这一最基础的前提条件却未在被上诉人请求事项中予以列明,且一审法庭也未向被上诉人进行释明是否增加仲裁请求,径行做出判决,则是否应判定该判决程序违法。

三、理论分析

(一)法院争议焦点

争议焦点一:本案中法官对庞某某在第×人民医院自2017年1月3日至2017年9月17日在其单位提供劳动的事实予以认可,其认为庞某某在此期间实质上是进行了劳动或者说是做工了,就应该得到报酬。《中华人民共和国劳动合同法》第三十条、第八十五条明确规定用人单位拖欠劳动者工资,由劳动行政部门责令限期支付;逾期不支付的,责令用人单位按应付金额百分之五十以上百分之一百以下的标准向劳动者加付赔偿金。工资必须在用人单位与劳动者约定的日期支付:一个工资支付周期最长为一个月。而就二审诉请的实习期而言,实习期是指在校学生通过参加工作,提高其自身价值的过程,属于学校教育范围,不视为就业。本案中庞某某已毕业三年有余,不属于在实习期。而试用期是用人单位和劳动者建立劳动关系后,为相互了解和选择而约定的考察期。而本案是于 2017 年 9 月 18 日双方签订了试用期自 2017 年 9 月 18 日起至 2017 年 12 月 17 日止的固定期限劳动合同的。故 2017 年 1 月 3 日至 2017 年 9 月 17 日不应属于试用期,法院推定其为劳动关系。具体工资中庞某某对第×人民医院提交的庞某某的工资明细不予认可,且与其工资实际收入有较大差距,故对该证据不予采信。因庞某某并未诉请责令用人单位按应付金额百分之五十以上百分之一百以下的标准向劳动者加付赔偿金,故二审法院维持了一审法院认定庞某某每月工资收入 5100 元,予以维持。

争议焦点二:就法院来看,本案的争议焦点属于是拖欠工资,根据我国《劳动争议调解仲裁法》第二十七条:拖欠工资属劳动争议,而劳动争议申请仲裁的时效期间为一年。仲裁时效期间从当事人知道或者应当知道其权利被侵害之日起计算。本案中关于庞某某起诉是否过诉讼时效期间的问题:庞某某与第×人民医院自 2017 年 9 月 18 日至 2020 年 9 月 17 日签订了书面劳动合同,第×人民医院对此期间双方的劳动合同关系并无异议,则该期间因劳动报酬发生争议的不受一年诉讼期间的限制。

(二)隐藏争议焦点

关于试用期,我国立法尚无规范统一的定义,只有劳动部办公厅在《关于劳动用工管理有关问题的请示》的复函中有这样一段表述:试用期是用人单位和劳动者建立劳动关系后为相互了解、选择而约定的不超过 6 个月的考察期。劳动合同试用期,根据对签订劳动合同双方主体法益保护的侧重,可以将劳动合同试用期概念作出两类划分。立足于对用人单位法益的维护,如台湾地区学者认为:试用是一种评价性约定。立足于雇主的角度,考察雇员是否具有职务的适应性,从而决定是否与雇员签订或者缔结正式的劳动合同,这里的试用期具有定期性或者实验性的特点。同样也有诸多学者立足于对用人单位与劳动者双重法益的保护或者说对二者均衡保护的角度,对劳动合同试用期进行阐述。如王全兴教授指出,所谓试用期就是用人单位对劳动者是否能够满足工作需求进行全面考察,同时劳动者对用人单位是否满足自己对工作环境等条件的最初预期而进行了解的期限,同时这里的期限应当包含在正式劳动合同期限内,处于试用期间的劳动关系应当处于一种非正式状态,属于从非正式向正式过渡阶段。郑尚元教授也从这个角度对试用期概念进行了解读。他认为劳动合同试用期是指用人单位与劳动者为了进行相互了解而选择约定的一定期限的考察期。同样郭文龙学者也从双向角度对劳动合同试用期进行理解,强调试用期约定应当建立在双方平等自愿、协商一致的基础上,目的在于劳动合同主体双方进行相互考察。我国《中华人民共和国劳动法》第二十一条规定:"劳动合同可以约定试用期。试用期最长不得超过六个月。"《劳动合同法》对于试用期制度的规定相对《中华人民共和国劳动法》而言更加详细和完善,主要涉及了试用期的约定、试用期期限、试用期劳动者待遇、试用期劳动合同的解除等几大方面。我国现有的劳动合同试用期制度正是以此为框架,在近几年得到了快速发展和完善。

而本案中法院最终认为庞某某所说是以"学习"的名义在医院学习、工作,实际上就是在为医院工作,且我国不承认过去的学徒制为劳动关系,或者通俗来说,医院不可能因为员工在医院"学习"的原因而获得免费劳力,至于先前的实习实际上可以认定是试用期以熟悉工作的流程;但后来订立劳动合同又可以反推前面双方没有用工意思,且劳动者未提出异议,就好比一个人在单位参观学习,并借助单位设施实习,最后却变成了员工。但在《劳动合同法》第七条中规定,用人单位自用工之日起,即与劳动者建立劳动关系。故这九个月的工作性质还是值得商讨的,但更主要的是我们可以从中看到法院对劳动者的倾斜保护。原告在一审诉前未就2017年1月3日至2017年9月17日的未签署劳动合同的工作性质在仲裁阶段及一审诉讼请求中,且未申请确认双方存在劳动关系就径行作出判决。这可以视为法院规避了法定程序,而直接就案件进行了保护劳动者实体正义的判决。在我看来,这是法院选择维持了实体正义而非程序正义的结果。

而对于实体正义与程序正义的问题:由于司法在过程与结果之间存在主体张力,使其在追求"程序"与"实体"价值选择之间易产生"非此即彼"的惯性思维。受西方正义学说的影响,中国司法体制无法消弭因程序正义的有限性而致使其与社会诉求脱节的问题,同时也忽视了马克思所强调的"正义优先于法律"中的"正义",是兼顾程序与实体并真正"实现人的自由与平等"的正义。党的十八大以来,习近平总书记提出"以人民为中心"的司法理念,强调在建构程序法治的同时,"让人民群众在每一个案件中感受到公平正义",并在司法改革领域安排了一系列确保实质正义普遍化的制度,使得司法权威与社会正义的价值观得到整体建构,并真正融入"以人民为中心"的发展理念中。诚然我们所追求的永远是程序与实体的共同正义,但若要分个轻重缓急,我还是希望我们法官的自由裁量权可以更侧重于实体正义。因为程序的正义是要我们每一个人一步步去确立程序的正义性,而实体正义在我看来更能在我们当事人的身上产生更多影响。

当然,程序不仅是一个过程,更是手段和工具。正当的法律程序原则有利于防止行政权力滥用,保障实体权利的公正实现。更进一步说,程序原则体现了对人权的保障和民主的维护。所以我们要尽可能地去保证实体与程序的共同正义。

四、评析相关法律问题

(一)劳动关系的确立

我国《中华人民共和国劳动法》作为社会法,其调整对象是劳动关系,《中华人民共和国劳动法》《劳动合同法》是调整我国劳动关系的最基本法律依据。然而,尽管我国《中华人民共和国劳动法》自 1995 年施行已有二十余年,但劳动关系的确认一直是当前劳动争议案件审判工作中的难点问题:我国现行劳动立法并未对劳动关系的概念及法定要件作出明文规定,使得劳动争议案件司法审判工作中,不仅当事人之间,而且不同法院之间在确认劳动关系诉讼中,对劳动关系的识别标准产生不同的理解和认知,类案不同判的问题比较突出。因此,只有正确认识和界定劳动关系的判定标准,以及劳动关系认定的基本路径,才能够准确把握劳动法的适用范围和劳动争议案件的受理范围,进而确定其所采用的调整原则和调整方法。[1]

就笔者学习《中华人民共和国劳动法》后研讨得:在劳动关系的一般判断标准上,大致可以从三个层面对用人单位和劳动者之间的劳动用工关系是否属于劳动关系作出判定:

1. 从劳动关系的从属性特征上判断

劳动法学界通说认为,从属性是劳动关系的最本质属性,在用人单位与劳动者没有订立书面劳动合同,但用人单位存在用工事实的前提下,判定双方间的劳动用工关系是否属于劳动法意义上的劳动关系,首先要看该劳动用工关系是否符合劳动关系的从属性特征。认定事实劳动关系是否成立,应以劳动关系的基本特征为逻辑前提,用工关系只有具备前述劳动关系的本质特征,才能共同构成劳动关系的基本框架和表现形态。因此,劳动关系的认定首要的是依据本质特征加以综合判断,方能获得劳动关系的真谛,否则仅以一个特征或者侧面来判断,就会容易混淆劳动关系与其他社会关系之间的法律界限,无法厘清劳动关系和相近社会关系之间的法律边界,从而使劳动争议的处理失之偏颇。

2005 年 6 月 16 日原劳动和社会保障部专门下发了《关于确立劳动关系有关事项的通知》(劳社部发〔2005〕12 号),第一条规定:"用人单位招用劳动者未订立书面劳动合同,但同时具备下列情形的,劳动关系成立。(一)用人单位和劳动者符合法律、法规规定的主体资格;(二)用人单位依法制定的各项劳动规章制度适用于劳动者,劳动者受用人单位的劳动管理,从事用人单位安排的有报酬的劳动;(三)劳动者提供的劳动是用人单位业务的组成部分。"该规定即从劳动关系的从属性特征上确立了劳动关系的判断标准。

2. 从劳动用工事实上判断

劳动关系本质上反映的是资本和劳动的交换对价关系,[2]简言之,劳动关系是用

①王永起:《劳动关系的识别标准和处理思路》,《山东法官培训学院学报》2022 年第 1 期,第 1- 25 页。

②王永起:《劳动关系的识别标准和处理思路》,《山东法官培训学院学报》2022 年第 1 期,第 1- 25 页。

人单位使用劳动者,而劳动者向用人单位提供劳动过程中形成的关系,因而在用人单位与劳动者的用工关系中,若用人单位与劳动者未就建立劳动关系达成合意,用人单位是否具有使用劳动力的用工事实,劳动者是否提供正常劳动,对判定劳动关系是否建立至关重要。即使劳动合同的内容和形式不符合劳动立法的强制性规定,但只要双方间的用工关系符合劳动权利义务关系的基本特征,可以认定双方间具有建立劳动关系的合意。在双方订立的书面合同在名称和形式上为非劳动合同的情形下,也就是说,用人单位与劳动者之间未订立规范的劳动合同,而是订立其他内容和形式的书面合同时,确认双方之间的劳动用工关系是否属于劳动关系,不应拘泥于合同的名称和表象,而应着重审查合同约定的权利义务是否符合劳动法的规定,同时根据合同的实际履行情况确定双方间是否存在劳动力交换关系,进而确认双方间是否建立真实的劳动权利义务关系。

然而,在司法实践中,单纯的用工事实对劳动关系的认定并不具有必然性,在提供劳动过程中形成的一般劳务关系、承揽关系等相近法律关系也会存在用工事实,因而判定用工关系是否属于劳动法意义上的劳动关系,还须符合劳动关系的本质特征。司法实务中可以通过比较方式具体加以评判:看双方间的实际用工是否符合一方提供劳动另一方支付对价的交换方式。这是因为劳动关系的基本特征之一在于劳动力的交换关系,即劳动者提供劳动,用人单位支付劳动报酬。

具体而言可以从以下方面判断双方是否存在劳动关系:①劳动者是否接受用人单位的劳动管理、指挥和监督;②用人单位是否定期向劳动者发放工资,劳动者能否提供用人单位支付工资的记录,劳动者是否在经济上依赖用人单位;③劳动者是否被纳入用人单位的生产组织体系从事劳动,与其他劳动者存在分工合作,而不是从事独立的业务或经营活动;④劳动者是否自身完成劳务;⑤劳动工具、原材料是否由用人单位提供;⑥劳动者是否在用人单位指定的工作时间、场所工作,并受用人单位管理或者受其控制;⑦劳动者提供的劳务是否具有连续性或职业性;⑧劳动者的工作性质是否具有日常性等。

3. 从证据法意义上判断

劳动者为用人单位提供劳动的过程往往很难通过一定方式予以显化和公示,劳动者是否成为用人单位的组成部分,在外观表象上通常表现为劳动者持有用人单位发放的工作证、服务证等证明身份的证件、用人单位对劳动者行使管理权的规章制度及其他外在表现形式。简言之,就是能够证明劳动者与用人单位之间具有从属关系的各种证据。

(二)试用期的确立

试用期,是为了使用人单位与劳动者在一定时间内互相了解而设置的考察期。在这一考察期内,用人单位可对求职者的专业能力和素养进行判断;求职者也可对用人单位进行全面考察,以充分利用自己的就业选择权,保障双向选择合理进行。为了充分保障求职者的合法劳动权益以及面对用人单位的弱势地位,《中华人民共和国劳动合同法》对劳动者试用期的期限、待遇等方面进行了明确规定。即便如此,在司法实践中,试用期的规则也面对一些适用难题。

实习期、见习期、试用期三者的区别是:当事人的身份不同。处于见习期、试用期的一方是劳动者;处于实习期的一方是在校学生。见习期、试用期的当事人双方存在着劳动关系,用人单位对劳动者承担无过错责任,与劳动者共同履行缴纳社会保险费用的义务,向劳动者支付的工资报酬不得低于当地最低工资标准。而学生实习所在的单位对于实习学生不承担无过错责任,不必执行最低工资标准。

从功能上看,用人单位设立见习期便于对应届毕业生安排熟悉业务、提高技能的教育和培训,其主要功能是学习;试用期强调的是相互了解、选择,认定彼此是否适应,其功能是评判。从适用对象上看,见习期和试用期都包含在劳动合同期以内,但见习期一般针对的是应届毕业生,而试用期对变更工作后的劳动者同样适用。

此外,试用期在法律中有明确的规定期限,最长不能超六个月;实习期、见习期的期限在法律上并无明确的规定,一般为半年至一年。

(三)劳动者倾斜保护原则

保护劳动者的合法权益是劳动法的宗旨,同时也是劳动法的基本原则。劳动法的立法目的就在于保护劳动者的合法权益,这一点也恰恰是劳动法区别于其他法律的根本特征。并且,这一特征从劳动法诞生之日起就被确认。[①] 在试用期间的劳动者同样享有正常期间劳动者的基本权利,尽管在某项具体权利上可能保障得并不完全,这是由试用期对劳动合同的从属性决定的。在对试用期的有关法律缺陷进行完善的过程中,同样要遵循对劳动者权益的保护原则。在用人单位与劳动者的二元博弈中,法律更应体现对劳动者的倾斜,方能实现劳动法的立法目的。

倾斜保护劳动者原则,贯通整个劳动法始终,不仅很好地阐释了"法条是法与情的统一"进而成为构建劳动法的重要基础和不可或缺的元素,而且对生产关系甚至国家经济的发展具有很大的影响。处于弱势的劳动者通过这种形式上的倾斜保护,可以达到实际公平的效果,因此该原则合情合理,是一个非常值得大力支持的原则。而这也是我感受到法律并非像一些人所认为的那样冰冷无情,我们尊情里之法,通法外之情。每部法律都是法与情的统一,严苛的刑法也不例外,我们劳动法更是如此,这也加深了我对劳动法的肯定。

---

①高大慧:《关于劳动合同试用期的若干问题》,《北京市工会干部学院学报》2007 年第 3 期,第 40–43 页。

五、司法实践现状

(一)各地主要裁判依据

截至目前的检索情况,北京①、上海②、深圳③等地主要按照原劳动和社会保障部发布的《关于确立劳动关系有关事项的通知》认定事实劳动关系,即用人单位招用劳动者未订立书面劳动合同,但同时具备下列情形的,劳动关系成立:用人单位和劳动者符合法律、法规规定的主体资格;用人单位依法制定的各项劳动规章制度适用于劳动者,劳动者受用人单位的劳动管理,从事用人单位安排的有报酬的劳动;劳动者提供的劳动是用人单位业务的组成部分。

(二)类案检索情况

为深入了解北京、上海、苏州、广州、深圳五地针对该类问题的司法实践情况,以"合作协议""劳动合同""劳动争议""判决书"为检索条件,在"威科先行·法律信息库"裁判文书板块对最近 3 年的公开案例进行检索。根据检索情况,发现五地司法实践较为统一:即便名为"合作协议",其最终仍有较高可能被认定为劳动关系。

在上述案例中,法院未支持存在劳动关系的主要原因如下:

1. 工作时间与方式

部分案例中,劳动者可以自主选择劳动时间与地点,不受用人单位的考勤管理,或者自行安排工作方式、自带劳动工具,基于这些原因,法院倾向于不支持存在劳动关系。④

2. 协议对劳动关系的明确排除

部分案例中,双方当事人签署的《合作协议》约定双方为合作关系,不存在任何劳动关系,协议不受劳动法调整,基于这些原因,除非某一方当事人能够证明《合作协议》的相关条款违反法律法规的强制性规定,或存在胁迫、欺诈、重大误解的情形,法院可能不会认定存在劳动关系。

综上所述,在劳动关系认定问题上,各地保持基本一致的裁审口径,以《关于确立劳动关系有关事项的通知》为依据,法院往往都会根据实质要件认定双方当事人之间

---

① 《北京市高级人民法院、北京市劳动争议仲裁委员会关于劳动争议案件法律适用问题研讨会会议纪要》第十二条,第十三条。

② 《上海市高级人民法院劳动争议案件审理要件指南(一)》第五条。

③ 《深圳市中级人民法院关于审理劳动争议案件若干问题的指导意见(试行)》第二十一条,第二十二条。

④ 刘婷,潘芳,谭梦妮:《劳动关系与未签书面劳动合同的认定——最高院 179 号指导案例分析》,【法宝引证码】CLI. A. 253441,2022-08-05.

存在劳动关系,除非《合作协议》对劳动者管理、薪酬发放有明显不同于劳动关系的约定,或双方明确协议约定排除劳动关系的适用且该约定不存在违反强制性规定及任何违反自愿原则的情形。

在合作协议是否构成书面劳动合同的认定问题上,经检索,各地司法实践尚未形成较为统一的标准,更多的案例倾向于支持劳动者关于未签订书面劳动合同的主张。

六、结语

劳动合同试用期制度是《中华人民共和国劳动合同法》中一项非常重要的制度,具有统筹协调用人单位与劳动者之间关系的功能。各国对劳动合同试用期制度均进行了不同程度的规定,充分体现了对该制度功能的重视。我国《中华人民共和国劳动合同法》的颁布实施对于遏制用人单位滥用试用期和保护劳动者的合法权益有着重要的作用。但是由于实践的复杂性以及立法的抽象性,《中华人民共和国劳动合同法》中有关试用期制度的内容还存在不足,需要我们进一步完善。除了试用期劳动者工资标准在《中华人民共和国劳动合同法实施条例》中得到明确外,三部司法解释并未对试用期制度中其他争议性问题作出相应解释。同时企业应避免以合作协议或其他名目的合同规避用人单位签订书面劳动合同及建立劳动关系后相关法定义务,规范用工,根据《中华人民共和国劳动合同法》的要求及时与劳动者签署劳动合同,并遵守劳动合同中的各项约定,积极履行作为用人单位所应履行的各项义务;根据企业实际情况,对于非劳动关系的合作伙伴人员,应通过书面形式对双方法律关系及权利义务予以约定,明确劳动关系与合作关系的边界,并实际按照合作经营模式而非劳动关系管理履行协议,避免企业面临被主张存在事实劳动关系的不确定性。

而对于实体正义与程序正义来说,党的十八大以来,习近平总书记提出了"以人民为中心"的发展理念,强调司法改革应当"为了人民、依靠人民、造福人民、保护人民、由人民评判",它真正地回答了法治的公平公正与人的自由解放的关系,使得司法的法理化与社会化真正回归"自由人之间有机社会合作",这是司法领域在西方程序与实体公正二元论的基础上,对法治中国建设所作出的一大理论贡献,是对马克思关于"实现人的自由平等"这一历史唯物主义思想的时代升华。尽可能全面落实实体正义与程序正义是每一个法律从业人员和学习者的毕生追求。

参考文献

[1]林嘉.劳动合同法条文评注与适用[M].北京:中国人民大学出版社,2007:321.

[2]沈同仙.劳动法学[M].北京:北京大学出版社,2009:329.

[3]胡玉鸿.习近平公正司法思想探微[J].法学,2018(6):50-66.

[4]王永起.劳动关系的识别标准和处理思路[J].山东法官培训学院学报,2022,38(1):1-25.

[5]彭卫民.在程序与实体之间:新时代中国司法正义的整体建构[J].社会科学家,2019(4):128-135.

[6]冯淑英.劳动合同试用期若干实务问题探讨[J].山东审判,2015,31(2):72-76.

[7]周强.在习近平法治思想指引下奋力推进新时代司法为民公正司法[J].求是,2022(4):17-22.

[8]朴成姬.劳动合同立法争鸣的深层思考:评《劳动法(第四版)》[J].新闻战线,2018(14):174.

[9]深入扎实开展党的群众路线教育实践活动为实现党的十八大目标任务提供坚强保证[N].人民日报,2013-06-18(1).

[10]关于劳动合同中约定试用期的问题[J].四川劳动保障,2017(10):42.

关于李某某故意伤害案不作为共犯之构成案例分析

张艺嘉①

摘 要:从刑法教义学进行分析,作为可以构成共犯,不作为也可以构成共犯。不作为共犯是共犯论与行为论的交集,同时涉及这两个领域,具有一定的复杂性。这一问题在司法实践中较为常见,但研究领域的理论探析却稍显空白,实践和理论的不对等性呼唤着对于不作为共犯问题研究之现实必要性。针对不作为共犯,首先要准确界定概念,其次展开构成要件,从而明晰不作为共犯问题的体系和框架。以李某某故意伤害案中李某某构成故意伤害罪共犯的理由为分析焦点,主要从其主观方面的参与意识和伤害的故意心态,以及客观方面不作为的行为方式和该行为方式所起到的作用两部分进行说明。

关键词:不作为犯;共同犯罪;故意伤害罪

一、案件简介

(一)基本案情

某年 7 月,被告人李某某在位于卫新市的一家饭店饮酒后,欲驾驶轿车离开之时,撞到停在其车后方的一辆轿车,后因赔偿事宜与车主及和车主一同吃饭的郭某某等人发生争执。李某某给被告人唐某某打电话告知此事,并让唐某某到现场,随后,唐某某打电话指使被告人张某带人去撞车现场。张某遂伙同正在其家中玩扑克的被告人顾某某、付某某、吕某、李某、倪某某乘出租车前往现场,其中顾某某随身携带一把折叠尖刀,付某某、吕某从张某家各拿一把砍刀。张某及其同伙六人赶到后因双方协商未果,李某某欲先离开,并告诉张某等人过后将其车开走,遭到郭某某等人拒绝,双方厮打在

---

①作者简介:张艺嘉,女,汉族,河南洛阳人,郑州大学法学院(知识产权学院)2020 级 1 班本科生。

一起,李某某在双方发生厮打后离开现场。厮打中,顾某某持折叠尖刀刺扎郭某某左大腿一刀,致郭某某左大腿股动脉横断,造成其失血性休克,郭某某被送往医院经抢救无效死亡。被害人冯某某、李某某等人及被告人李某身体多处受伤,均构成轻伤;其中冯某某的损伤构成十级伤残,李某某的损伤构成九级伤残。

(二)判决摘要

据此,卫新市中级人民法院认为,被告人顾某某、李某某等人因琐事故意损害他人身体健康,并致一人死亡,四人轻伤,上述被告人的行为均已构成故意伤害罪,公诉机关指控的罪名成立,应予支持。经查,李某某作为一名交通民警,其驾车撞到被害人一方的车辆经协商未果后应当及时报警,其主观上明知会造成打架或致人损害的后果而予以放任;客观上又依仗其人多势众,无视其撞车之事未合理解决而欲强行离开现场,致双方发生厮打,其在现场不仅未向公安机关报警,还选择了离开现场的放任行为,其行为符合故意伤害罪的主、客观要件,构成故意伤害罪,且系共同犯罪,故其辩护意见无事实依据,不予采纳。

二、主观心态与客观行为

本案评析的焦点是,李某某把人组织到现场,李某某即离开现场,由其他人殴打被害人,最终被认定为故意伤害罪共犯的理由。

根据《中华人民共和国刑法》第二百三十四条规定:"故意伤害他人身体的,处三年以下有期徒刑、拘役或者管制。犯前款罪,致人重伤的,处三年以上十年以下有期徒刑;致人死亡或者以特别残忍手段致人重伤造成严重残疾的,处十年以上有期徒刑、无期徒刑或者死刑。本法另有规定的,依照规定。"《刑法》第二十五条规定:"共同犯罪是指二人以上共同故意犯罪。二人以上共同过失犯罪,不以共同犯罪论处;应当负刑事责任的,按照他们所犯的罪分别处罚。"

由刑法理论知,构成共同犯罪要求既要在主观上有共同犯罪的故意,又要在客观上有共同犯罪的行为。共同犯罪必须是"共同故意"犯罪。"故意"当然是犯罪的故意;"共同"不仅有"相同"的含义,而且有"合意"的含义。"共同故意"包括两个内容:第一,各共犯人都明知共同犯罪行为的性质、危害社会的结果,并且希望或者放任危害结果的发生;第二,各共犯人之间具有意思联络,都认识到自己不是在孤立地实施犯罪,而是在和他人一起共同犯罪。

但当故意伤害罪、共同犯罪和不作为行为竞合在一起时,国内现行刑事立法却存在一定空白,由于关于不作为犯罪有较多理论分歧,同时有关共犯的相关研究更为繁杂,作为两者竞合的不作为共同犯罪较难认定。例如,实务领域曾出现的冷漠司机李某一案,其对少女在乘坐其车辆途中被强奸一事见危不救,本应并可以践行救助和阻止的责任,但没有践行,被温州市鹿城区法院以强奸罪判处有期徒刑 2 年。此案触发了有关不作为能够成立不作为共犯的研究,李某由不作为至作为的帮助行为与其堂兄的作为同属共同犯罪行为的有机组成部分,李某成为强奸罪中的胁从犯,在不作为方面,也有许多学者认为构成不纯正的不作为犯。

在本案中,李某某主观上明知会造成打架或致人损害的后果而予以放任,即在主观上与实施伤害行为的被告人存在伤害他人的共同犯罪故意心理以及对其伤害行为的参与意识;客观上依仗其人多势众,无视其撞车之事未合理解决而欲强行离开现场,致双方发生厮打,其在现场不仅未向公安机关报警,还选择了离开现场的放任行为,其行为在客观层面上成立以不作为的方式实施故意伤害的共同犯罪,构成共犯的不作为犯。

三、行为作用之理论分析

共犯的不作为犯是指以不作为的行为方式构成的共同犯罪。因此,共犯的不作为犯是不作为犯论和共犯论的竞合,同时涉及两种理论。①

(一)行为方式——不作为

在繁杂的刑法理论发展过程中,出现了许多不作为行为理论,其中因果行为论、目的行为论、人格行为论以及社会行为论四种理论学说最为突出。

(1)因果行为论。因果行为论是 19 世纪后半叶受自然科学与机械唯物论影响而形成的行为理论。这一理论的特点是将行为理解为一种因果事实,作为生理的、物理的过程来把握。该行为论的提出者认为,行为表现为基于人的意志所产生的身体动静,且体现为物理上的有体性和主观心态上的有意性既能成立。

(2)目的行为论。德国刑法学家韦尔策尔于 20 世纪 30 年代提出,首先基础是,某人愿意、希望达成某种目的,由此欲产生的具有主观指向的活动并构成行为。犯罪的根源在于目的性,也是由目的性引发了行为产生。但在随后的实践中,出现了比较广泛的应用问题,非故意犯罪无法被定义和包含于目的行为论,因为行为的目的性在缺乏主观催动的情况下无法被考量。

(3)人格行为论。日本学者以"人的无意识行为不能定为刑法上的行为"来界定,即行为是人格的客观体现,任何身体移动都是人格态度的反映。但在司法实务领域,区别于人格行为论以有无责任作为判断前提,更应先筛选某行为是否违法,无论表现形式是故意、过失、无意识,客观上是作为还是不作为,这才符合犯罪构成理论的架构,

①陈兴良:《不作为的共犯:规则与教义》,《法学》2022 年第 6 期,第 72 页。

也顺应对于犯罪问题的解决。

（4）社会行为论。在此学说中,刑法上行为被定义为必须包含社会意义、社会影响力的行为。《德国刑法教科书(总论)》提出,"行为是对社会有意义的人的态度",这更加强调某种行为对于社会的辐射程度,对于社会规章制度、道德观念的违反程度,以及社会大众对其的反应和态度,是以社会影响作为前置评价标准的一种理论。

可以发现,"行为"的定义被频繁提出,又互相驳斥。其要件包含了身体动静、主观心态、社会意义等,我国刑法理论界多同意不作为的行为性,且相当程度上纳入了对于社会因素的考量,认为审查不作为之行为对法律、社会规范的危害的重要性不言而喻,这和审查作为之行为是同等级的,不作为的要件正包含了社会性,由此可以从社会行为演变成刑法上的行为,延引至刑法规制框架内并赋予刑法意义,社会性外显为社会危害性,这便侧重了刑法法益被保护的必要性。

社会危害性是否存在,是在刑法范围内定义不作为行为,以至于不作为共犯能否成立的重要标准。行为和结果之间需要存在一定的因果关系,即不作为行为对于共犯的犯罪所导致之危害结果有没有作用,针对不作为行为的归责基础是否存在。笔者认为,任何人存在于社会中,看到某一事件正在发生,无论其采用作为抑或不作为,都会对环境产生可见或隐性的影响,没有一种不作为是真正的"不存在",人们之所以能够思考不作为之定性,也正是因为看到了其存在,考虑到部分不作为产生的作用。因此,不作为存在影响力,一般表现为综合了时间、地点、其他行为人和因素的间接影响,对结果具有可推及力;且当行为人有义务、能履行义务且履行义务能一定程度上避免危害结果,但拒不作为时,它的社会影响是显著的,危害性值得审查。

针对本案,首先,从行为方式——不作为犯的角度而言,不作为犯通常须以行为人负有某种特定义务为前提。这种特定业务来源于以下四个方面:法律明文规定、职务上和业务上要求的义务、法律行为引起的义务、行为人先行行为引起的义务。其中先行行为引起的义务是指,由于行为人先前实施的行为,而使刑法所保护的某种法益处于危险状态时,行为人负有采取积极有效措施来排除危险或防止危害结果发生的特定义务。行为人如果不履行这种义务,情节严重或造成严重后果的,就是以"不作为"形式实施的犯罪行为。先行行为的义务是由行为人先前实施的行为派生出来的,至于先前实施的行为是否违法,并不要求。不作为犯的成立要求行为人必须具有作为义务,如果行为人没有作为义务,其对他人的犯罪行为无论制止与否,均无法成立不作为犯罪。在本案中,李某某在撞车发生之后,没有采取报警这一合法合理的解决途径,而是纠集多人前来现场,这一先行行为产生了造成打架或致人损害后果的可能性,其行为使被害人的人身安全处于一种极度危险的状态,为侵害被害人身体健康的伤害行为提供了便利,因而此时李某某具有监督、阻止他人犯罪义务,即具有对其他被告人伤害行为的制止义务。而李某某离开现场的放任行为违反了其作为义务,因此其组织其他被告人到现场,致双方厮打,随后又离开的放任行为属于故意伤害罪的构成。以此分析,李某某以不作为方式参与实施了其他被告人的伤害行为。

（二）犯罪角度——共同正犯

在共同犯罪领域内,部分学者认为,不作为正犯之认定在于违反了法律保护义务,而不作为共犯之认定在于违反了监督危险源义务。也有部分学者认为,从行为侵害法益的角度上,正犯实行的行为直接侵害了法益,而共犯需要借助正犯行为完整地侵害法益。有关正犯与共犯的区分问题,在我国的刑法理论界,目前主要有规范性实行行为说和实质客观说的争论。通说主张规范性实行行为说（实行行为说）,即在正犯和共犯的区分上,应当以行为人是否亲自实施了实行行为为基准进行判断。在间接正犯的情形下,行为人并不是单纯地引起他人的犯罪意愿或者为他人犯罪提供方便,而是根据自己的意思,将他人作为犯罪工具加以利用,以实现自己的犯罪目的。这种假他人之手实现犯罪目的的行为,与自己亲手实施犯罪没有本质上的区别,因此,也属于正犯。我国刑法中的主犯与正犯是不同分类中的概念,二者有相似之处,存在交叉重合部分,主犯不一定是正犯,正犯中的主要实行犯才是主犯,交叉部分就是主要实行犯。二者也有差异,正犯既包括共同犯罪人（共同正犯）,又包括单独犯罪人（单独正犯、间接正犯）;既包括主要实行犯,又包括次要实行犯。主犯是共同犯罪人的一种,包括组织犯、主要实行犯和教唆犯,不包括单个人犯罪的直接正犯和间接正犯。

一方行为引起法益陷入危险或处于被保护状态,具有这种作为义务,其就应当阻止他人对法益继续恶化行为,若不履行阻止义务（作为义务）,就要对他人的结果也承担责任（先前行为对后行为人结果有物理上帮助作用,按照共同犯罪对结果承担责任,具有因果关系进而需要对结果担责）。例如:甲乙夫妻二人基于共同意思都不抚养自己的孩子,最终导致孩子死亡。首先,甲乙作为孩子父母,负有法定抚养义务,具备保证人身份地位,两人基于共同不抚养的不作为意思,成立共同犯罪,都是不作为方式,对孩子死亡结果都是起重要作用,其都为共同正犯。

具体到本案,李某某以不作为方式的参与在共同犯罪中起主要作用,应认定为主犯。李某某因其所实施的先前行为负有阻止其他被告人实施伤害行为的作为义务,他违反这一作为义务,对其他被告人实施的侵害被害人的身体健康权具有因果性,并最终导致了其他被告人侵害被害人身体健康权的法益侵害结果。即不作为的李某某对犯罪同伙具有犯罪阻止义务,且均对结果具有排他性的因果支配,被害人身体健康权的法益处于紧迫危险状态,完全依赖于具有作为义务的李某某的作为义务的履行或者作为犯的其他被告人中止伤害的行为才可能不发生法益侵害的结果。所以,李某某是以不作为的方式支配了犯罪过程,其参与行为对法益侵害具有不可或缺的重要作用,构成故意伤害罪的共同正犯。

四、结语

综上,本案为一方作为与另一方不作为构成的共同犯罪,负有制止伤害行为义务的李某某与其他以积极行为实施刑法所禁止的伤害他人身体健康行为的被告人基于共同的犯罪故意,相互配合,以致发生危害结果,构成故意伤害罪的共同犯罪。

鉴于司法实践中以作为共犯侵害法益的案件占大多数,我国刑法理论界对于作为的共同犯罪问题讨论相当丰富。而不作为共犯是不作为犯罪和共同犯罪的竞合状态,其构成和认定具有复杂性和特殊性,因此对于不作为共犯问题的理论争议和现实冲突也愈演愈烈。根据本文分析,其概念应厘定为:负有特定作为义务之人,在能够履行作为义务且该履行有避免危害结果发生可能性的情况下,不履行作为义务,实施不作为行为,教唆、帮助他人犯罪的共犯状态。基于不作为的行为形式和共同犯罪的构成理念,清晰界定不作为共犯之概念和外延,探讨不作为共犯的存在前提、框架范围、司法判定,遵循罪刑法定原则,履行刑法对于法益的保护,惩治不作为共犯的对于社会的危害性,这对于刑法理论完善及发展具有一定实践意义,能够在法律存在空白的情况下,为处理此类案件提供有效指引。

参考文献

[1]陈兴良.刑法总论精释[M].3版.北京:人民法院出版社,2016.

骗取贷款罪中"因果关系"的刑法教义学再探讨
——以赖某骗取贷款案为例

高思源①

摘 要:在骗取贷款类案件中,对于信贷人员明知贷款申请资料虚假却仍然发放贷款的情形,司法实践中倾向于对行为人罪责化处理,但多数裁判观点无法解释定罪逻辑。理论界认为此类案件中,银行等金融机构具有自我答责性质,应当对行为人进行出罪。但自我答责理论不完全符合于骗取贷款类案件,也未能够得到司法实践的认可。因此应当对金融类诈骗案件中欺骗行为产生的因果关系进行教义学上的重新解释,区别于一般诈骗类犯罪的基本框架。同时借鉴客观归责理论,对行为人的不法行为进行合适的评价。

关键词:骗取贷款;错误认识;因果关系

一、基本案情:骗取贷款罪中的争议焦点

被告人赖某系河南 A 房地产有限公司的法定代表人,2017 年,因公司资金周转需要,赖某建立 B、C 两个子公司,让 A 公司员工担任法定代表人,两公司并未实际营业。2018 年,赖某虚构了 B 公司向 D 公司购买原料,需要支付贷款 3400 万元的事实,向 Z 县农村商业银行(以下简称农商行)提交虚假的《购销合同书》等申请材料,由 C 公司提供担保。韩某系 Z 县农商行行长以及贷款负责人,同时也是 Z 县农商行贷审会成员。赖某为了取得银行贷款,向韩某行贿。在韩某的授意下,Z 县农商行贷审会通过两笔贷款。赖某在收到上述贷款后,改变贷款用途,将贷款资金实际用于 A 公司的经营中。但由于经营亏损,该笔贷款到期后赖某无力偿还。②

---

①作者简介:高思源,男,汉族,河南驻马店人,郑州大学法学院(知识产权学院)2020 级 2 班本科生。

②本案例来源于笔者 2022 年暑期实习期间真实工作经历。

骗取贷款罪为 2006 年刑法修正案增加罪名,但近年来随着市场经济的活跃,企业借贷更加频繁,骗取贷款罪也成为常见犯罪,在司法实务中也出现大量疑难问题。在本案中,韩某作为非国家工作人员,收受他人财物,为他人谋利,如果达到立案数额,构成非国家工作人员受贿罪。Z 县农商行在经过贷款实质审查的情况下,明知贷款违规,仍然通过集体决策发放贷款,构成违法发放贷款的单位犯罪。基于韩某系 Z 县农商行的行长并有过违法发放贷款的教唆行为,由韩某承担违法发放贷款罪的刑事责任。对于赖某的行为,其为了取得贷款,向非国家工作人员韩某行贿,如果数额达到立案标准,构成行贿罪。其利用空壳公司借贷和担保,虚构经营合同取得银行贷款,并且未能归还贷款,最终给金融机构造成损失。从法条上来看,其似乎构成骗取贷款罪。但赖某的骗贷行为并没有造成银行的错误认识,银行发放贷款是基于韩某做工作导致贷审会的一致同意,并非基于赖某的欺骗手段,不符合欺骗类犯罪中的基本因果关系。因此,赖某是否成立骗取贷款罪存在争议。上述案件在此类案件中具有代表性。此类案件的争议焦点在于,存在银行在明知贷款虚假,仍然发放贷款的情况下,赖某的欺骗行为与银行的发放贷款是否具有因果关系。此问题在骗取贷款类案件中具有代表性,理清争议问题,对于司法实践的正确认定具有重要意义。

二、实证分析:对既往裁判理由的归类

笔者以骗取贷款罪为案由,分别以"未陷入错误认识""没有陷入错误认识"为关键词,在中国裁判文书网上检索案例。排除无关案例以及未有充分证据证明银行陷入错误认识的案例后,对其余案例进行实证分析,对法院在实践中的认定意见进行归类。几乎所有案件中,司法机关都倾向于行为人进行罪责化处理,但面对不完全符合欺骗类犯罪要件的情况,如何解释此罪中的因果关系逻辑,司法机关主要依照以下理由。

(一)弱化对本罪客观方面的"陷入错误认识"的评价

多数法院在裁判过程中,面对辩护人"金融机构没有陷入错误认识"的抗辩,其裁判逻辑为被告人在行为上采用虚构事实隐瞒真相的手段取得银行贷款,并给银行带来重大损失,已经构成骗取贷款罪的事实并且在法条上符合骗取贷款罪的行为要件,至于银行是否陷入错误认识,不影响骗取贷款事实的认定。[①] 此类判决的合理之处在于将骗取贷款的行为定为不法,认为金融机构的错误不是行为人免责的理由。但其生硬的依照法条说理,仅仅将案件事实机械地套用在法条上,只是满足法条外观上的符合性,没有说明欺骗类犯罪的内在要求。其在满足欺骗行为要求的不法后,直接推定为

---

①参见江西省吉安市中级人民法院(2019)赣08 刑终 410 号刑事判决书。

危害结果要求的不法,而缺乏对欺骗行为和危害结果之间的因果关系推定。其没有完全运用本罪的客观要件,没有对"陷入错误认识"这一要素进行合理的解释,是明显不妥的。

（二）重新解释"陷入错误认识的对象"

此种类型存在以下几种情况,但主要的观点是将金融机构和具体的工作人员分开。

（1）将具体信贷人员和具有决策权的人员分开,认为信贷人员不能代表金融机构,行为人在骗取贷款过程中,只有使银行负责人陷入错误认识或足以陷入错误认识,才能够认定为骗取贷款。[①] 在这种逻辑下的判例有三种情况。第一种情况是,信贷人员未陷入错误,但决策者陷入错误认识。信贷员明知贷款不符合条件,但基于自身业绩等因素的考虑,仍然发放贷款,此时行为人的职务行为已经不再符合银行的利益,其明知材料虚假而不汇报,没有尽到必要的义务,最终导致决策者发放贷款,因此成立骗取贷款罪的共犯和违法发放贷款罪,行为人成立骗取贷款罪。此种说理看似解决了被害人的认定问题,但也存在着弊端。银行的贷款分为多种情形,如果贷款数额较大,比如本案中的情形,会提起贷审会讨论,此时贷审会的集体决策可以看作银行意志。但大多数小额贷款则由信贷人员负责,银行的负责人往往不会经手,或者只是简单过目,不会认真审查贷款情况,难以认定其是否受骗。如果仅仅只将负责人的意志看作银行意志,则无法对骗取小额贷款的行为进行处罚,大大增加了行为人规避处罚的机会。第二种情况是,信贷员不知情,但银行的决策者知情,依照上述裁判逻辑,此时判决就不视为银行陷入错误认识,应当追究贷款决策者的违法发放贷款罪,不应追究贷款人的责任。第三种情况是,信贷人员和银行决策者都知情,甚至由决策者指示信贷员发放贷款,各个环节均没有陷入错误认识,也不应当构成骗取贷款罪。在实务中,后两种情形的观点几乎没有法院运用。三种情形进行类比,此类裁判观点也存在着漏洞。如果行为人同时贿赂银行主管人员,或者同时贿赂主管人员和信贷员,其行为的危害程度要高于只贿赂信贷人员,但此时行为人的危害行为却没有得到刑法的评价,不符合罪责刑相适应的原则。将信贷人员和决策者分开的方式还违背民法理论。孙国祥教授认为,银行的工作人员在发放贷款过程中,对外以银行的名义实施职务行为,业务的结果归属银行,因此信贷人员可以视为代表银行。[②] 笔者认同此观点,如果认为只有决策者才能最终代表银行,而否定贷款人的职务行为,将使一般工作人员在日常工作中丧失意思表示属性,不符合民法中的代表理论。同时,实际的贷款过程往往要经过多重程序,由不同信贷员负责不同的流程,何者能够代表银行,何者不能代表银行,在

[①] 参见南昌市东湖区人民法院(2015)东刑初字第 588 号刑事判决书。
[②] 孙国祥:《骗取贷款罪司法认定的误识与匡正》,《法商研究》2016 年第 5 期,第 50—57 页。

实务中难以形成统一的标准,例如在本案中,韩某是 Z 县农商行法定代表人,Z 县农商行贷审会具有最终的贷款决定权,二者谁能真正代表农商行的意志不易评价。将信贷人员具体分为一般人员和决策人员,在共同犯罪方面对于信贷人员的行为认定有了良好的解决,但在后两种情形下,难以对行为人进行合理归责。

(2)将工作人员和金融机构分开,行为虽然未使主管人员陷入错误认识,但是足以使银行陷入错误认识的观点。此类观点是不可取的,首先,银行作为拟制主体,不存在自身的意志,银行的意志主要通过银行的工作人员体现。其次,使单位陷入错误认识难以从刑法上进行界定,究竟是以欺骗手段的合规性认定,还是以一般人的意志考察,难以形成确定的判断。最后,骗取贷款系结果犯,如果仅仅以欺骗行为去推定银行陷入错误认识,而忽视对结果要件的考察,很容易将骗取贷款罪认定为行为犯或危险犯。

(3)以"未陷入错误认识"为理由减少骗贷数额的认定。在诈骗罪的逻辑中,如果被害人没有陷入错误认识,行为人取得财物基于被害人的主动行为而非错误认识,则不认为诈骗犯罪成立。骗取贷款罪与诈骗罪的外观相似,在实务中,也有法院将诈骗罪的裁判逻辑类推至骗取贷款犯罪中,但此种裁判只用于对多次骗取贷款行为中数额的认定,没有作为行为人出罪的理由。[①] 例如,行为人通过欺骗手段取得银行五笔贷款并最终无法偿还,如果其中一笔贷款银行工作人员知情并主动发放,则在判决中此笔贷款不认定于骗取贷款的总额中。此种判决方式借用诈骗类犯罪的基本形式,依据是在金融机构明知的情况下欺诈类犯罪的因果关系不成立。此观点强调构成要件的瑕疵,但忽视行为的不法,在实务中不被作为主要的裁判依据。

从现有判决结果来看,被告人的欺骗行为未完全符合骗取贷款罪的构成要件时,所有裁判均以骗取贷款罪论处。而在被告人多次骗取贷款的情况下,法院又以"被害人未陷入错误认识"为理由减少骗贷数额以及次数的事实认定。在逻辑上,判决结果与欺骗行为的构成要素不相符,在事实上各个法院对于欺骗结果的认定不同,造成相同事实的法律评价不同。因此,对于欺骗行为引起的错误认识结果,应当在刑法规范方面重新进行解释,形成统一的判决标准。

三、理论争议:适用于被害人自我答责的出罪探讨

被害人自我答责,亦称为被害人的自我负责,即在行为过程中,被害人基于自己的认识与意志自陷危险或接受危险时,对行为和结果起到支配作用。在此种情形下,结果的发生属于被害人自我答责领域,应当对被害人予以归责,相应对行为人予以出罪。

---

①参见济南市市中区人民法院(2014)市刑初字第 114 号刑事判决书。

被害人自我答责理论源于德国刑法,其如何与我国司法裁判相适应,一直是刑法学研究的前沿问题之一。被害人自我答责的成立条件应当结合被害人自我决定权、危险接受权以及谨慎义务等因素进行全面考量。冯军教授认为被害人自我答责应当具有如下构成要件:①被害人应当具有认识导致结果发生的危险。②被害人自己引起发生损害的危险的结果。③被害人在自己尽管还能够管理危险时却强化了危险。④法规范上不存在他人应当优先阻止危险现实化的特别义务。① 在满足以上条件时,存在被害人自身对损害结果的优先负责性,排除对于行为人的归责。被害人自我答责不同于责任的划分,它是一种完全肯定或完全否定的判断,行为人产生的责任只能归属于行为人或被害人一方,而不存在两者共同承担责任的情形。

在骗取贷款问题上是否能够适用于自我答责理论,存在一定争议。从理论界的观点来看,孙国祥教授认为,只有行为人的欺骗手段使被害人陷入错误认识才可以视为欺骗行为,如果基于其他原因发放贷款,其行为上具有自我答责性质,应当自担风险。② 笔者认为自我答责理论存在一定缺陷,虽然银行主动发放贷款的行为具有自我答责性质,但在我国司法实践中不能够很好的适用。被害人的自我答责是被害人以自我负责的方式承担了风险,使得他人对该风险的责任归于消失,其要求被害人在自己权利领域具有绝对的支配权,最典型的是物权。关于金融机构和存款之间的关系,国内一直众说纷纭,典型的学说有存款人所有权说、银行所有权说、双重所有权说等。但不管持何种学说,不容忽视的一点是,银行的资金来自存款人,二者属于债务与债权关系,金融机构对于贷款资金不享有绝对的所有权,信贷人员也不享有绝对的处分权。因此,信贷人员处分的内容是否存在于其绝对控制领域存在争议。

从自我答责的要件来看,第一,银行作为被害人,其工作人员是否具有充分认识到危险的可能性难以判断。一般意义上工作人员发放违法贷款即可视为其承担了风险,但在本案中,赖某经营的 A 公司从事房地产开发由于金融政策的限制无法取得贷款,在借贷时,赖某企业发展势头良好,信贷人员不可能完全掌握市场风向,也不能预见到房地产行业将会受到疫情等因素的严重冲击,其是否有能力认识到贷款的潜在危险性往往难以判定。在实务中,很多行为人只是因为征信等原因缺少信贷资格,而并非不具有信贷能力,很多行为人也提供了足额担保,此时行为人伙同银行工作人员取得贷款,信贷人员很难意识到潜在的危险。第二,本罪中的最终危害结果是给银行造成重大损失,对于行为人在贷款时提供足额担保并积极归还贷款,未对银行造成重大损失的,一般不刑法论处。信贷人员发放贷款后,资金就不在银行的掌控范围之内,贷款不能归还的原因主要是市场风险以及行为人自身不合理的投资经营,其损害结果仍然是

---

① 冯军:《刑法中的自我答责》,《中国法学》2006 年第 3 期,第 93–103 页。
② 孙国祥:《骗取贷款罪司法认定的误识与匡正》,《法商研究》2016 年第 5 期,第 50–57 页。

归于行为人自身,信贷人员固然有一定责任,但其违法发放贷款与最终损害结果之间不具有直接的因果关系。第三,对于阻止危险现实化的优先义务,根据《贷款通则》,银行信贷员具有对贷款的安全审查义务,在贷款发放后,仍需要对贷款的资金运用、贷款客户的经营状况等进行追踪,在贷款到期后要积极催缴。但是,由于贷款资金掌握在贷款人的手中,贷款发放后贷款人的合理使用并按期归还贷款的义务更具有优先性。因此,被害人自我答责理论在适用于自然人为被害方时具有一定的可采性,但在贷款案件中,由于贷款资金所有权的复杂性、资金的流动性、市场环境的不稳定性等因素,被害方为银行等金融机构时,自我答责理论并非完全合适。

从责任的分配上来看,被害人自我答责理论不考虑刑事责任的公平分配,而是将责任全部归于某一方承担。将行为人引起的后果归于被害人自我承担,在责任分配上不再对行为人考察。以本罪为例,信贷人员明知行为人采用虚假手段仍然发放贷款,将同时承担骗取贷款的责任以及违法发放贷款的罪名,而行为人的骗贷行为将予以出罪。在此理论下,如果行为人仅仅采用虚构事实、隐瞒真相的手段向银行贷款,将成立骗取贷款罪,但如果行为人与银行人员内外勾结,采用行贿、打招呼、托关系等方法取得贷款,却不以刑法评价。后者的社会危害性显然要大于前者,如果不以犯罪论处,不符合刑法中罪责刑相适应的原则,不利于责任的合理分配。

在司法实践中,基本没有司法机关基于被害人自我答责理论认为行为人不构成犯罪。被害人自我答责一定程度解决了介入因素中的因果关系的评判问题。但其引入到我国的时间较晚,在理论上也存在一定缺陷,与我国的刑法体系以及国情存在一定冲突,在司法实践中也不宜被审判人员认可,因此在现阶段不宜借鉴被害人自我答责理论解决欺骗行为的因果关系认定问题。

四、解决路径:因果关系的教义学再探讨

从立法的目的来看,骗取贷款罪旨在保护银行等金融机构的资金安全,保障正常的贷款秩序。前文中已经否认了信贷人员明知的情况下对行为人出罪的可能,因此,应当对骗取贷款罪中的因果关系在刑法规范上重新认定,以促进裁判规则的完善和统一。

骗取贷款罪起源于贷款诈骗罪,其在客观方面与贷款诈骗罪无显著差别,二者的主要区别在于行为人是否以非法占有为目的,因此对于骗取贷款罪的认定适用于贷款诈骗罪的模型。而贷款诈骗罪系诈骗类犯罪的特殊罪名,适用于一般诈骗罪的构成要件。因此,在司法实务中,骗取贷款罪在客观行为方面按照诈骗类犯罪的一般要件认定。诈骗罪客观要件的基本构造为:"行为人实施欺骗行为—相对人陷入错误认识并处分财物—行为人取得财物,对方遭受重大财产损失"。骗取贷款罪的基本构造为:

"贷款人采取欺骗手段—银行或其他金融机构工作人员陷入错误认识并发放贷款—申领人取得贷款—贷款到期后行为人无法归还,银行或其他金融机构承担相应的财产损失"。① 值得注意的是,在一般的诈骗犯罪中,行为人取得财物往往意味着被害人失去了对所有权的控制,即遭受了重大损失,二者同时发生,其因果关系在于行为人的欺骗行为导致被害人发放贷款并遭受重大损失。而在金融机构为被害方的诈骗犯罪中,行为人取得贷款和银行等金融机构遭受重大损失往往先后发生,行为人取得贷款并不意味着被害人遭受重大损失,并且在取得贷款时危害行为并没有完全完成。《刑法修正案(十一)》删去了骗取贷款罪中"其他严重情节",对于行为人骗取贷款,但提供足额担保并事后归还贷款的情形,不能以骗取贷款罪论处。因此基于错误认识发放贷款并非本罪的最终危害结果,其实害结果在于贷款人未能归还贷款,致使金融机构遭受了重大的损失。在骗取贷款类案件中,存在着两重因果关系,这有些类似于美国刑法中的"双层次因果关系"。"行为人的欺骗行为"和"被害人陷入错误认识并发放贷款"两个要件的因果关系中,不存在对法益的直接侵害,因此骗取贷款罪认定的主要因果关系在于欺骗行为以及不合理利用贷款和重大损失之间,即行为人通过欺骗手段取得贷款,因不合理使用贷款导致金融风险,给银行或其他金融机构造成重大损失。只有这个因果关系成立,骗取贷款罪的欺骗行为和危害结果才真正得到连接。在骗取贷款罪的事实认定中,应当把握主要的因果关系,重点考察欺骗手段和重大损失之间的认定,而不应当以次要因果关系的瑕疵来否认犯罪的成立。

在事实归因之后,应当进行结果归责。我国传统的因果关系理论往往将归因和归责一体化,重视归因而忽视归责。但在存在介入行为的案件中,因果关系更是难以评判,需要运用归责理论,在规范层面上评价。刑法中的介入因素,是指介入实行行为引起危险结果的发展过程之中,能为刑法独立评价的外部客观因素的总称。在前述案例中,韩某的行为对赖某能够取得贷款具有一定帮助作用,其明知赖某采用欺骗手段仍提供帮助,其行为阻断了欺骗行为的构成,对于骗取贷款的因果流产生影响,可以视为介入因素。在对于介入因素的法律评价,司法实践中并无统一的判断标准,国外的相当因果关系说、客观归责等理论都对我国有着一定借鉴意义。笔者认为,在此处可以借鉴大陆法系的客观归责理论。客观归责理论认为,"如果一个行为制造不被容许的风险、实现法所不容许的风险以及属于构成要件的效力范围"②,则可以认定行为具有构成要件的符合性。以本案为例分析骗取贷款罪中的介入因素。客观归责理论第一层次判断行为是否创设了法不允许的危险,赖某的骗取贷款行为给金融机构造成重大

①叶青:《以银行等金融机构为被害方的金融欺诈类犯罪中"因果关系"再探讨》,《中国检察官》2017年第4期,第46-50页。
②周铭川:《风险刑法理论研究》,上海人民出版社2017年版,第160-161页。

的损失,已经形成了法不容许的危险,应当进行刑法意义上的评价。第二层次:"实现法所不被容许的风险,即当结果发生是行为人所制造的风险时,可以将结果归责于行为人",在此处可以适用排除规则:如果行为人实施了法不允许的风险但未实现风险或未实现不被容许的风险,或结果不在注意规范的保护目的的范围之内则不可归责。本案中,韩某的发放贷款行为介入赖某的欺骗行为,但风险的实现是由于赖某的经营风险,此时资金在赖某的掌控范围之内,风险由赖某创设。反而言之,如果韩某受到欺骗,基于错误认识发放贷款,不会影响到最终的危害结果,因此韩某的介入因素也没有创造新的风险。第三个层次:构成要件的效力范围也涉及介入因素问题,如果结果超过构成要件的效力范围,就不可以进行归责。从第三人的职责范围来看,韩某虽有对贷款的风险考察的义务,但在行为人何时给银行造成了危害结果上无法判断。并且赖某合理使用贷款的义务更具有优先性,与案件的实害结果具有更加重要的因果关系。被害人自我答责理论通常被运用于客观归责的第三阶段对行为人予以出罪,此时虽然赖某的取得贷款归因于韩某的故意发放而非欺骗手段,但韩某的介入并没有从根本上影响"实施骗贷行为"和"造成银行重大损失"的关联,韩某是否明知对本案的实害结果影响不大。在目前阶段,我国不应当适用于被害人自我答责对案件评判。① 因此在骗取贷款罪的评价中,笔者认为不应当将骗取贷款罪的危害结果归责于韩某。

综合本案,赖某利用欺骗手段,在不符合贷款条件的情况下利用空壳公司,提供虚假合同取得银行贷款,其欺骗行为以及不合理使用贷款最终给银行带来重大损失,应当以骗取贷款罪追究刑事责任。韩某明知赖某贷款不符合条件,仍然提供帮助行为,帮助赖某成功取得贷款,成立骗取贷款罪的共犯。农商行明知贷款不符合条件,但在韩某的操控下,仍然发放贷款,成立违法发放贷款罪,应当由信贷的负责人、公司的法定代表人韩某承担责任。因此韩某应当成立违法发放贷款罪和骗取贷款罪的共犯,二者为想象竞合关系,应当择一重罪论处。对于行贿罪和非国家工作人员受贿罪的构成,应当结合行贿金额具体认定。

五、结语

《刑法修正案(十一)》删除骗取贷款罪中的"其他严重情节",旨在限制骗取贷款罪的扩大化适用,防止将没有侵犯法益的情形评价为不法。在司法实务中,严格把握入罪标准的同时,也要认真审查出罪标准,避免将创造不法的行为人免于处罚。在骗取贷款罪中,欺骗行为中因果关系的瑕疵对最终的判决结果不应产生实质影响,重要的是欺骗行为与重大损失之间的因果关系。在本案中,赖某以空壳公司担保作为欺骗

---

① 商凤廷:《介入因素下客观归责理论之借鉴》,《中国刑事法杂志》2015 年第 6 期,第 23–42 页。

手段,同时贿赂非国家机关工作人员,将银行的资金置于风险之中,最终造成重大损失,其性质无疑是十分恶劣的,这也是本案应当纳入刑法规制,并最终以骗取贷款罪追究行为人责任的重要因素。

参考文献

[1] 陈洪兵. 骗取贷款罪的准确适用研究[J]. 湖南大学学报(社会科学版),2015,29(5):138-143.

[2] 孙国祥. 骗取贷款罪司法认定的误识与匡正[J]. 法商研究,2016,33(05):50-57.

[3] 高诚刚. 自我答责基准下骗取贷款行为的出罪认定[J]. 浙江工商大学学报,2017(01):44-50.

[4] 林静. 骗取贷款罪的若干问题[J]. 法学杂志,2017(2):134-140.

[5] 张小宁. 骗取贷款罪节制适用的背景及路径[J]. 东南大学学报(哲学社会科学版),2020,22(5):80-92.

[6] 张明楷. 骗取贷款罪的保护法益及其运用[J]. 当代法学,2020(1):50-65.

[7] 叶青. 以银行等金融机构为被害方的金融欺诈类犯罪中"因果关系"再探讨[J]. 中国检察官,2017(4):46-50.

[8] 段蓓. 骗取贷款罪的体系性解读:回归刑法第175条的尝试[J]. 法律适用,2020(17):121-135.

[9] 王志远,张玮琦. 骗取贷款罪的罪质与适用:以信用风险为核心的考察[J]. 江西社会科学,2021(5):192-207.

[10] 张明楷. 骗取贷款罪的构造[J]. 清华法学,2019,13(5):18-35.

[11] 刘德法,李莎莎. 骗取贷款罪删去"其他严重情节"后的理解与适用[J]. 黑龙江省政法管理干部学院学报,2022(4):51-56.

[12] 陈兴良. 从归因到归责:客观归责理论研究[J]. 法学研究,2006(2):70-86.

[13] 高丽丽. 被害人自我答责理论应用于危险接受阻却归责的批驳与反思[J]. 法学杂志,2020(12):131-140.

[14] 冯军. 刑法中的自我答责[J]. 中国法学,2006(3):93-103.

[15] 周铭川. 风险刑法理论研究[M]. 上海:上海人民出版社,2017.

[16] 商凤廷. 介入因素下客观归责理论之借鉴[J]. 中国刑事法杂志,2015(6):23-42.

[17] 高铭暄,马克昌. 刑法学[M]. 北京:北京大学出版社,2018.

虚假广告行为的刑法规制
——以李磊等人诈骗案为例

韩华举①

摘　要:随着社会经济的发展和互联网技术的进步,诈骗的方式也更加多样。其中,在互联网平台投放虚假广告引流来进行诈骗犯罪活动成为一种新型的诈骗手段。本文选取了李磊等人诈骗案为分析对象,针对该类型诈骗案中的罪与非罪的界限,此罪与彼罪的区分进行分析。并且,在涉众诈骗犯罪中如何认定共同犯罪,如何确定每一个犯罪人的犯罪数额,本文进行了进一步的分析。对于公诉机关没有追诉被告人传授犯罪方法罪的原因,本文在法理上予以分析。针对虚假广告发布平台的经营者和审核者应当承担的法律责任,本文进行了充分思考。

关键词:虚假广告;诈骗罪;共同犯罪;民事欺诈;犯罪数额

一、引言

随着社会主义市场经济的发展完善以及互联网技术的快速进步,互联网广告正逐渐成为商家宣传商品和服务的重要工具之一。不论是微信朋友圈,还是打开某个 APP 时的界面,互联网广告无处不在。但与此同时,由于互联网购物无法使消费者在挑选阶段接触到商品的特性,虚假广告行为在互联网领域更加猖獗。在某些时候,部分商家只是通过修改商品评价,一定程度上夸大商品功效等进行虚假宣传,就构成一种不正当竞争的行为。② 这种行为可以通过我国《反不正当竞争法》《广告法》《消费者权益保护法》来进行规制,通过行政处罚或者民事赔偿的方式来对虚假广告行为进行规

---

①作者简介:韩华举,男,汉族,河南驻马店人,郑州大学法学院(知识产权学院)2020 级 5 班本科生。

②《中华人民共和国反不正当竞争法》第八条:经营者不得对其商品的性能、功能、质量、销售状况、用户评价、曾获荣誉等作假或者引人误解的商业宣传,欺骗、误导消费者。经营者不得通过组织虚假交易等方式,帮助其他经营者进行虚假或者引人误解的商业宣传。

制。然而,如果商家或者广告发布者利用广告对商品和服务进行虚假宣传情节严重的,或者虚构事实隐瞒真相等,就有可能涉及虚假广告罪或者诈骗罪等,需要用刑法进行规制。

二、案情介绍

本案系笔者在河南省遂平县人民法院刑事庭实习期间,在实习指导老师的指导下阅卷分析的一起涉案人数较多的电信网络诈骗案。由于本案尚未公开宣判,以下均采用化名。本案基本案情如下:

2020年12月份,李磊(化名)伙同被告人陈伟在广州注册成立了广州青源化妆品有限公司。公司下设销售部、后勤部等部门。陈伟在该公司担任副总经理一职,负责公司的日常运作管理。公司员工配发有电脑、手机、注册微信号等。

该公司分工明确,李磊负责广告引流,委托广告公司制作、发布青源公司销售的化妆品广告,并在广告中植入青源公司事先配发给销售员的微信号,通过广告公司在相关网络平台上推送祛斑化妆品广告,吸引不特定被害人通过微信联系网销部销售人员,网销部销售人员按照诈骗话术,冒充专业美容老师,谎称为被害人一对一私人订制祛斑产品,通过微信向被害人发送虚假的使用祛斑产品成功案例的对比图片、在实验室调配化妆品的摆拍照片,夸大化妆品功效,并谎称正在做优惠活动,优惠名额所剩不多,哄骗被害人以先支付少量定金货到后支付剩余价款的方式,购买价格虚高的化妆品。被害人购买第一单化妆品后,网销部人员便将被害人的基本情况、购买产品情况等信息资料传递给回访部,由回访部人员继续以专业美容老师、顾问等虚假身份,通过微信、电话与被害人联系,按照诈骗话术,以被害人皮肤毛孔堵塞、吸收不好、黑色素沉淀、凝固等各种虚假理由,哄骗被害人继续购买价格更高的所谓更高级的祛斑产品。销售人员哄骗被害人购买的所谓祛斑产品,实际为陈伟向化妆品生产厂家独家定制并独家销售的一般化妆品,向被害人销售的价格是进价的数倍至数十倍。①

三、案件争议焦点归纳

(一)该案行为属于民事上的欺诈行为还是犯罪行为

针对被告人的行为,公诉人认为,被告人李磊等人以非法占有为目的,采用虚构事实,隐瞒真相的方法,以购买化妆品为诱饵,通过无限制夸大产品功效等虚假宣传手

---

① 参见河南省遂平县人民检察院起诉书,遂检刑诉(2022)91号。

段,使被害人对于该公司出售的产品产生错误认识,误以为该化妆品能治疗自己的皮肤问题,从而将部分财产转移给被告人所有,已经构成了诈骗罪,应当以诈骗罪追究该犯罪团伙的刑事责任。

部分被告人的辩护人提出,该公司销售商品仅仅只是正常的市场营销行为。即使有部分夸大宣传的情形,也只是市场交易中的不正当竞争行为,应由市场监督管理部门处理,给予其行政处罚,而不应当追究其刑事责任。在市场经济体系中,商品价格高低是由市场决定的,不能仅仅因为该公司所售卖的化妆品价格过高就认定其具有诈骗的故意。况且,化妆品类商品是清洁、保养、美容、修饰和改变外观的产品,其使用效果因人而异,消费者因自身原因没有起到相应的功效属于正常的现象,不能因此认定被告人虚构事实隐瞒真相,实施了诈骗行为。

(二)该案犯罪嫌疑人是否应以销售伪劣产品罪论处

在本案中公诉机关以诈骗罪对被告人提起公诉。然而,被告人销售假冒化妆品的行为是否触犯了销售伪劣产品罪?如果触犯是应该按照诈骗罪与销售伪劣产品罪的想象竞合择一重处理还是应当按照数罪并罚处理?

(三)该案犯罪嫌疑人是否应以虚假广告罪论处

公诉机关经审理认定,被告人虚构事实,隐瞒真相,无论被害人皮肤出现任何问题都宣称其公司的产品能够治疗被害人的问题,使被害人产生错误认识,并基于该种错误认识处分其财产,将其财产交给被告人占有使用,对于被告人应当以诈骗罪追究其刑事责任。

部分辩护人指出,被告人在互联网平台宣传该公司产品无可厚非,但宣传手段属于虚假广告。行为人通过虚假广告,使自己价值低的商品被他人误认为是价值高的商品,使不能或者难以售出的商品得以售出,从中谋取利润,行为人的主观犯罪目的是非法牟利,并不是直接地非法占有。被告人违反国家规定,利用广告对商品或服务作虚假宣传,情节严重,应当以虚假广告罪追究其刑事责任。

(四)该案的不同犯罪嫌疑人的犯罪数额应当如何认定

检察机关认为,该公司人员以非法占有为目的,以化妆品为诱饵,采用虚构事实隐瞒真相的手段使被害人陷入错误认识,公司分工明确,成员基本固定,有明确的犯罪目的,已经符合《中华人民共和国刑法》第二十六条第二款规定:"三人以上为共同实施犯罪而组成的较为固定的犯罪组织,是犯罪集团。"李磊和陈伟在该犯罪集团中起主要领导作用。对于该集团的首要分子李磊和陈伟,应当按照其所参与的或者组织、指挥的全部犯罪处罚,应当以诈骗所得的全部数额承担刑事责任,对于每一销售组的组长,应当以其所负责的组别的全部犯罪数额承担刑事责任。对于没有领导职务的组员,应当以其各自的诈骗数额承担刑事责任。

针对犯罪数额的认定,部分辩护律师认为,应当扣除犯罪过程中被告人所支付的化妆品的成本部分。因为该部分金额并非被告人的犯罪所得,而是被告人所实际支付的犯罪成本,不应当计算到被告人的犯罪数额里面。对于部门经理的犯罪数额认定,也不应当以其部门成员的全部犯罪数额来认定,因为部门经理在部门中起到的仅仅是管理部门成员的作用,并没有对其他人的诈骗行为产生实质影响,应当以其各自的诈骗数额承担刑事责任。

(五)对于被告人李磊能否追加传授犯罪方法罪

在本案中,公诉机关并没有追诉被告人李磊传授犯罪方法罪,这是笔者根据刑法规定而思考的一个问题。在本案中,被告人李磊以话术单等形式向其公司员工传授犯罪相关方法,是否构成了传授犯罪方法罪,如果构成是否应当对其进行数罪并罚,还是应该按照想象竞合犯择一重处理?

(六)虚假广告发布平台是否应当承担刑事责任或者其他相应责任

在本案中,公诉机关并没有对虚假化妆品广告的发布平台或者其相关的审核人员提起诉讼。那么这是否就意味着在虚假广告诈骗的过程中,发布平台的经营者和应尽到审核义务的责任人就不应当承担刑事责任或者任何的赔偿责任? 这也是本案应当注意的一个重要问题。

四、争议焦点的法理分析

(一)虚假广告民事欺诈行为与犯罪行为的界限

针对争议焦点一,需要从法理上理清楚民事欺诈行为与诈骗犯罪行为的界限,或者说虚假广告行为在何种情况下就构成了刑事犯罪。虚假广告欺诈行为与诈骗罪的界限,可借鉴一般的民事欺诈行为与诈骗罪的界限。

在主观方面,只有诈骗罪才具有非法占有的目的,而民事欺诈包括刑事化的民事欺诈都没有非法占有目的。民事欺诈行为虽然有欺诈的情节,但这种欺诈情节本身是为了促成交易或者在交易中获得良好的机会,当事人还是有履行合同的意思存在。但作为诈骗罪,当事人根本不具有在所谓的交易中履行合同的意思,所谓的交易只是当事人为了达到非法占有他人财产目的的一种说辞,本质上是为了让交易相对人陷入错误认识。

在客观方面,二者的区别表现在行为的欺骗内容和欺骗程度的不同。民事欺诈是个别事实或者局部事实的欺骗,且并没有达到使他人无对价交付财物的程度;而诈骗罪则是整体事实或者全部事实的欺骗,并且达到使他人产生认识错误并处分财物的程度。① 在交易型诈骗中具体表现在交易双方所承担的权利义务不同,体现在所支付对价的质与量上,由此也导致二者非法的程度不同。在民事欺诈上,行为人是支付了一定对价来完成这种交易行为的。尽管在交易的某些环节以次充好、虚假宣传或者虚构事实,但本质上还是支付了一定对价,而且这种对价一般是能满足相对人的需求的。而诈骗罪的行为人根本不会支付对价。行为人所提出来的支付所谓的对价本质上是实现其非法占有目的的一种方法,不具有任何的履行可能性。即使行为人支付了一定的对价,那也是为了掩饰其犯罪行为而支出的必要犯罪成本,根本不具有满足相对人需求的可能性,且对价极低,中间的差价就归行为人所有。双方的权利与义务不具有对称性。②

因本案涉及的虚假广告为医疗医药广告,针对本案的特殊性,要明确这一类广告的发布主体都有哪些。根据我国的《医疗广告管理办法》,非医疗机构禁止发布医疗广告。③ 而本案当事人李磊等人并非取得医疗资格证的医师,所开设的青源公司也并非专业医疗机构,很显然该案当事人是不具备发布祛斑等医疗性质广告的主体资格的。但在本案当中,被告人冒充专业美容指导老师,怀有非法占有的目的,以根本不可能有效果的化妆产品为对价,成本几乎可以忽略不计,根本无法达到被害人预期的护肤美容效果。在本案中被告人推销产品过程中无论客户咨询什么皮肤问题,该公司工作人员都号称可以治疗皮肤问题,很显然已经不是单纯地为了和对方形成民事法律关系合理交易的做法,而是以售卖化妆品为理由,虚构事实隐瞒真相,支付了几乎可以忽略不计的对价,其所发货的产品仅仅只能作为犯罪支出成本对待。被告人不具有真实的交易意图,目的仍在于非法占有对方的财物。故被告人的行为实质上系以销售之名行诈骗之实,其行为符合诈骗罪的构成要件。因此,本案中辩护人主张该行为仅仅只是民事欺诈行为与事实明显不符,难以得到认定。

(二)诈骗罪与虚假广告罪等其他罪名的区别

首先是本案应该以诈骗罪论处还是应该以生产、销售伪劣产品罪论处。针对诈骗罪与销售伪劣产品罪的区别,张明楷教授认为,两个罪名的区别在于保护法益不同。诈骗罪所侵犯的是财产权益,而销售伪劣商品罪所侵犯的是市场经济秩序。一个犯罪行为如果同时侵犯这两个法益的话可以按照想象竞合犯择一重处理。④ 但这种认定

---

① 陈兴良:《民事欺诈和刑事欺诈的界分》,《法治现代化研究》2019 年第 5 期,第 1—12 页。

② 陈曦:《民事欺诈与刑事诈骗的法理辨析与实务认定》,《人民检察》2017 年第 10 期,第 52—54 页。

③ 《医疗广告管理办法》第五条:非医疗机构不得发布医疗广告,医疗机构不得以内部科室名义发布医疗广告。

④ 张明楷:《刑法学(第六版)》,法律出版社 2021 年版,第 1081 页。

是有弊端的。尽管诈骗行为和销售伪劣产品行为都有欺诈性,但两个罪名的欺骗行为也各有侧重。二者的区别主要在于主观方面。诈骗罪主要是想通过一系列使被害人陷入错误认识的手段,从而达到其非法占有的目的。而销售伪劣产品罪主要是有利用伪劣产品进行非法盈利的目的。对于两种罪的区分应从行为人与被害人之间的交易意图分析。一方面要看当事人是否有真实的交易目的。如果没有真实的交易目的,将伪劣产品当作诱饵,连这些伪劣产品都不会交给相对人,缺乏真实交易的基础,那么就应当按诈骗罪论处。另一方面即使当事人表面上有真实的交易目的,还要看行为人所交付的对价的价值和使用价值。如果行为人交付的货物与当事人约定的货物价值相差较大,根本不具有任何使用价值,那么也应当认定行为人根本不具有真实的交易目的。如果交付的货物有较大瑕疵,但具有一定的市场交易价值,虽然不能满足当事人需要,应当认定为破坏市场交易秩序的行为,应当认定为销售伪劣产品罪。①

在本案中,被告人在与被害人交谈时冒充专业美容指导老师,不管被害人出现什么皮肤问题,被告人都声称自己的产品能够解决,根本没有真实的交易意图。而是通过以化妆品为诱导,使被害人陷入错误认识,从而实现非法占有的目的。其所称的交易只是其使得被害人陷入错误认识的一种手段。其所交付的货物与和被害人约定地想要实现的货物价值差距巨大,根本不可能实现与被害人约定的使用价值。因此,在本案中以诈骗罪论处更为合适。

其次是要区分好诈骗罪与虚假广告罪。在本案中,被告人主要是从相关网络平台投放广告来引流,并且虚假广告引流巨大,公司获利丰厚,情节严重,那么是否应当对被告人按虚假广告罪论处。笔者认为诈骗罪与虚假广告罪之间最关键的区别在于欺诈程度的不同,虚假广告罪的行为不一定达到了诈骗财产的程度。如果行为人仅仅是发布了虚假广告并利用虚假广告实现其获得商品或服务利润的目的,那么就不应当按诈骗罪论处。当虚假宣传的欺骗程度没有达到诈骗罪的欺骗程度时,仍应当以虚假广告罪论处。要构成诈骗行为,就必须是在以交易对方的知识、经验为基准的情况下,虚构足以使得一般人陷入错误认识的事实。如果虚假广告的欺诈行为已经足以使得当事人陷入错误认识,那么欺诈行为就同时触犯了诈骗罪和虚假广告罪,应当按想象竞合择一重处罚。②

另外,笔者通过在裁判文书网上检索,发现虚假广告罪并不是一个被广泛适用的罪名。截至 2022 年 10 月 15 日,在裁判文书网上仅检索出 57 篇虚假广告罪判决书,

---

① 黄福涛:《如何区分销售伪劣产品罪与以销售为幌子的诈骗罪》,《人民检察》2009 年第 19 期,第 37-38 页。

② 李雅璇:《虚假广告罪与诈骗罪之竞合问题浅探——以电视直销现象为切入》,《山西警官高等专科学校学报》2009 年第 2 期,第 32 页。

且在很多判决书中,并没有区分好虚假广告罪和诈骗罪。在刘渠井虚假广告罪一案中,被告人低价购进药酒,采用一系列手段对其产品的功效、价值进行虚假宣传,高价卖出获利。在此案中,被告人的手法与该案被告人诈骗罪手法相似,但定罪却不尽相同。法院经审理认为,在此案中,被告人利用广告虚假宣传,情节严重,因此就构成了虚假广告罪。这也反映了虚假广告罪的适用在实践中是有争议的。以侵犯财产的多少为标准作为虚假广告罪的入罪、定罪标准,在一定程度上混淆了与诈骗罪的区别,也不利于惩处虚假广告行为。

本案中被告人明显具有非法占有的目的。这个在前文中已经加以论述。对本案定性的关键是看其欺诈程度的大小。本案中虚假广告的欺诈行为包括虚构工作人员身份,不论商品的实际用途能否满足客户需求,不加以区分地对不同的客户推销同一种商品。其欺诈行为已经达到了诈骗罪的欺诈行为标准。同一不利事实不应重复评价,因此对被告人应按照诈骗罪与虚假广告罪的想象竞合犯择一重处理,应按照诈骗罪处理。

(三)共同犯罪的犯罪数额如何认定

在公诉机关起诉中,对于青源公司的领导者李磊和陈伟认定为犯罪集团的首要分子,应当对该犯罪集团的全部犯罪数额承担刑事责任。首要分子在集团中处于预谋和组织领导的作用,所以对于他们计划范围内的数额必须负全部责任。作为犯罪集团的首要分子,应对其参与组织、指挥的共同犯罪总额承担刑事责任。二人参与公司的引流,进货,销售产品等工作,应当对共同犯罪的总额负责。对于犯罪集团的成员,出于罪责自负和罪责刑相适应的原则,应当采用参与说的标准,各共同犯罪人应当按照本人实际参与的犯罪数额承担责任。对于最底层的销售人员和回访人员,应当按照其业绩来确定其犯罪数额。对于每个部门的部门经理,应认定好每个部门经理的参与程度。如果部门经理直接或间接参与了其所管理组员的诈骗行为,或者为诈骗行为提供话术等帮助,就应该对其所参与的部门成员的业绩负责。如果部门经理仅仅在人员管理上起到一定作用,并没有实质上参与其管理人员的诈骗行为,那么就不应当对其部门成员的犯罪数额承担责任。

针对部分辩护人提出的在犯罪数额认定中扣除被告人在诈骗过程中寄出的化妆品的成本,笔者认为不应当扣除。审理电信网络诈骗犯罪过程中,对于行为人支出的犯罪成本是否从犯罪数额中扣除,应以被害人是否实际占有且符合被害人期待利益为判断标准,被害人实际占有且符合其期待利益的,犯罪成本应予以扣除。[①] 电信网络诈骗犯罪中犯罪成本的扣除认定,应以被害人实际占有且符合被害人期待利益为判断

---

①丘陵,丁志鹏:《论诈骗罪与民事欺诈的区分——兼论计算诈骗数额时是否扣除犯罪成本》,《中国检察官》2015 年第 10 期,第 41—42 页。

标准,这不仅可以深度契合刑法打击犯罪、保护人民的目的,而且也是全面贯彻罪责刑相适应原则的体现,避免因犯罪成本扣除不当导致的裁判不公。[①]

在本案中,被告人所寄给被害人的是一项低价收购进来的根本不能起到治疗被害人皮肤疾病的化妆品,根本不能满足被害人期待利益,因此不应该构成化妆品成本这一部分的数额。

(四)传授犯罪方法罪在司法实践中如何适用

我国《刑法》第二百九十五条规定了传授犯罪方法罪。在本案中,被告人李磊和陈伟制作诈骗话术并分发给基层员工,形式上看是二人在传授诈骗罪的犯罪方法。张明楷教授认为,传授犯罪方法罪是指故意使用各种手段向他人传授犯罪方法的各种行为。该罪侵犯的客体主要是社会秩序的稳定。从主观方面上来看,只要传授者基于故意传授了犯罪方法就可以认定此罪,不要求受教人依据此方法真正实施了该犯罪行为。[②] 在本案中,该犯罪集团的首要分子李磊和陈伟通过分发话术单的形式向底层员工传授诈骗罪的犯罪方法,已经触犯了传授犯罪方法罪。但是二人的这一分发话术单的行为已经在诈骗罪的共同犯罪认定中对被告人进行了不利评价。被告人的诈骗行为与传授犯罪方法的行为实际上是一个行为与目的的牵连关系,即传授犯罪方法是共同犯罪的被告人实施诈骗行为的一个条件。在刑法中同一不利事实不应当重复评价。因此应当按照诈骗罪与传授犯罪方法罪的牵连犯来处理。

在司法实践中,传授犯罪方法罪与共同犯罪往往难以区分。传授犯罪方法罪往往会与共同犯罪中教唆犯产生适用上的矛盾。一般而言,要判断传授人与犯罪行为实施人有没有共同的犯罪故意。具体来讲,教唆犯是使没有犯罪决意的人产生犯意,并以此实施犯罪行为。所以教唆犯教唆行为都应为直接故意。而传授犯罪方法罪则是使得他人实施犯罪行为成为一种具有条件和极大可能性的犯罪,不一定要求被传授者是否真正实施了犯罪行为。而传授者可能是直接故意,也可能是对其传授犯罪行为的发生持一种放任态度,可能是间接故意。[③]

以李某某等诈骗、传授犯罪方法案为例。[④] 在此案中被告人谢某受被告人李某某邀约,通过现场演示、提供电子文本资料等方式,向被告人黄某、陈某等人传授如何在网络游戏中"收购"游戏账号,将游戏玩家带至虚假的网络游戏平台进行交易和实施诈骗游戏玩家充值款的犯罪方法。致使被告人黄某、陈某通过使用该方法伙同被告人李某某等人实施诈骗。可以看出,被告人谢某没有直接教唆被告人实施诈骗行为,也

①张国胜,张阳龙:《电信网络诈骗中犯罪成本扣除的认定》,微信公众号"鹿头社"。
②张明楷:《刑法学(第六版)》,法律出版社 2021 年版,第 1408 页。
③于同志,臧德胜:《网络传授犯罪方法罪的司法认定》,《人民司法》2011 年第 8 期,第 21-24 页。
④四川省遂宁市中级人民法院刑事判决书,(2014)遂中刑终字第 39 号。

没有参与他们的诈骗行为,只是传授了具体的犯罪方法,至于被告人是否实施诈骗行为,谢某实际上是一种放任的态度,没有直接故意。因此在本案中应当以传授犯罪方法罪对谢某定罪量刑,不应当对其按共同犯罪处理。

(五)虚假广告的发布平台责任承担问题

通过本案可以看到,诈骗行为的成功实施中网络平台引流起到了很大的作用。网络平台对于这种欺诈信息的广而告之是诈骗环节中的重要一环,那么网络平台的经营者、广告的发布者应当承担何种责任是一个值得考虑的问题。目前来看,广告发布平台一般承担行政责任和民事责任的居多。我国《广告法》明确规定,对于通过虚假广告进行虚假宣传的,对于广告平台的经营者和发布者,可以没收其广告费用,并处以罚款。如果情节严重的还可以责令其停止广告经营发布的业务。此外,我国《广告法》第四十五条还要求了互联网信息服务提供者对虚假广告的制止义务。[①] 如果广告的发布者和平台的经营者发布虚假广告造成消费者合法权益损害的,应当同时承担民事赔偿责任。在我国《消费者权益保护法》中,也对网络平台经营者提出了要求。网络平台经营者应尽到一定的注意义务,对于没有尽到该义务的网络平台经营者,应当对广告商品的损害承担连带责任。

关于网络产品服务者是否应承担对技术平台上传播违法犯罪信息的责任问题,自"快播案"以来便引发了广泛的思考。很多人认为"技术无罪",网络产品服务者作为技术的提供者,不应当被苛责有罪。[②] 同样,在魏则西一案中,百度的搜索竞价排名业务也引发了人们关于虚假广告的界定、网络平台的责任承担的深度思考。[③] 在互联网时代,技术本身是无罪的,但如果违反了技术中立原则,甚至恶意纵容,那么网络产品服务者就应当承担相应的民事侵权责任,甚至是刑事责任。

那么对于网络平台的经营者和广告的发布者能否追究刑事责任呢。笔者认为要看行为人对于虚假广告的虚假性是否为明知。如果明知该广告是虚假广告而仍在其所管理的平台上发布该广告的,可以按照其犯罪具体情况以诈骗罪或者虚假广告罪处理。如果不知道虚假广告的虚假性,那么也不应当承担刑事责任。对于虚假广告虚假性应知以及明知的判断,不能过于苛责。值得注意的是,这里的明知应当是注意义务,

---

①《中华人民共和国广告法》第四十五条:公共场所的管理者或者电信业务经营者、互联网信息服务提供者对其明知或者应知的利用其场所或者信息传输、发布平台发送、发布违法广告的,应当予以制止。

②陈桂雄:《快播案:技术本无罪,怀璧有罪?》,腾讯网,https://new.qq.com/rain/a/20210312A0914600,2022 年 9 月 12 日访问。

③余瀛波:《魏则西事件十大法律问题:搜索推广法院有无判例》,人民法院网,https://www.chinacourt.org/article/detail/2016/05/id/1851632.shtml,2022 年 9 月 12 日访问。

而非审查义务。互联网信息服务提供者不承担行政法上的审查义务,但承担合理的注意义务。① 对于明显的虚假广告,要予以制止。在本案中,没有找到青源公司发布广告的具体流程,很难推断成本平台和发布者的主观状态,因此在本案中不应当追究平台管理者和广告发布者的刑事责任,否则就属于有罪类推。笔者认为,对此可以参照信息网络传播权中的"红旗原则"来判断。也即广告平台经营者和管理者不能对显而易见的利用虚假广告违法犯罪的现象视而不见,否则就可以追究其刑事责任。如果虚假广告属于广告平台经营者和发布者已经尽到注意义务,已经被确认为虚假广告,广告平台经营者和发布者就是对这种虚假广告可能产生的危害后果出于放任的心态,就应当按照和虚假广告的制作者的共同犯罪来处理。

五、结语

在本案中,公诉机关最终以诈骗罪对被告人提起公诉。但由于案情复杂,涉案人数众多,笔者在实习期间本案尚未审理终结,所以尚未查询到人民法院的最终认定。本文仅是笔者从法理上对该案可能涉及的一些问题进行的分析,难免有不足之处。随着社会主义市场经济的发展与完善,互联网广告越来越成为消费者选择商品的主要信息来源。互联网广告在促进消费,推动宏观经济发展等方面日益发挥着更为重要的作用。但是在市场竞争激烈的今天,有些企业为牟取暴利,无视广告法甚至是刑法的规定,制作并发布虚假广告,利用广告进行不正当竞争。虚假广告违背了广告法要求的"真实性"原则,也破坏了消费者对市场经济的信任,不仅是一种不正当竞争行为,在某种程度上也是违法犯罪的行为。如果放任其发展既不利于推进社会主义市场经济体制的建设,也会对社会主义法治建设产生不利影响。对此,我们不仅要进一步完善相关法律制度的研究,对这种利用虚假广告的犯罪行为进行合理的定性与量刑,对各方责任进行合理界定,运用法治力量打击违法犯罪行为。此外,还要进一步加强法治宣传教育,特别是针对老年人等弱势群体的法治宣传,运用多种载体加强法治宣传教育,提高广大人民群众的防诈骗意识。只有这样,才能在更大程度上打击利用虚假广告的违法犯罪行为。

参考文献

[1]张明楷.刑法学[M].6 版.北京:法律出版社,2021.

[2]杨曙光.对虚假广告罪适用难的理论思考[J].人民检察,2017(13):53-56.

---

① 姚志伟:《平台之治:论网络时代的广告法》,《浙江大学学报(人文社会科学版)》2017 年第 6 期,第 121-133 页。

[3]陈兴良.民事欺诈和刑事欺诈的界分[J].法治现代化研究,2019(5):1-12.

[4]李雅璇.虚假广告罪与诈骗罪之竞合问题浅探:以电视直销现象为切入[J].山西警官高等专科学校学报,2009,17(2):32-34.

[5]孙道萃.虚假广告犯罪的网络化演变与立法修正思路[J].法治研究,2018(2):111-123.

[6]姚辉,王毓莹.论虚假广告的侵权责任承担[J].法律适用,2015(5):2-7.

[7]于同志,臧德胜.网络传授犯罪方法罪的司法认定[J].人民司法,2011(8):21-24,1.

[8]姚志伟.平台之治:论网络时代的广告法[J].浙江大学学报(人文社会科学版),2017,47(06):121-133.

[9]左汀.共同诈骗犯罪案件中的若干问题研究[D].重庆:西南政法大学,2011.

[10]程永睿.虚假广告网络平台刑法规制问题研究[D].武汉:华中师范大学,2020.

[11]邹锦秋.论虚假广告的法律规制[D].重庆:西南政法大学,2006.

张秋英传播淫秽物品牟利案案例分析

——浅谈传播淫秽物品牟利罪

王飞霞①

摘　要:随着互联网的高速发展,传播淫秽物品牟利犯罪的表现形式也开始呈现出多样化的趋势。微信、网盘等网络新媒介的产生让淫秽物品的网络传播更具有快速性、随意性、广泛性。从个案入手,分析张秋英传播淫秽物品牟利罪一案,对案件中具有代表性的争议点进行分析,通过比对不同观点,结合相关法律法规,对传播淫秽物品牟利罪的案件疑难问题进行分析,为司法实践中传播淫秽物品牟利罪提供思路。

关键词:传播;淫秽物品;网络

一、案件简介

2017年9月26日至2018年3月27日期间,被告人张秋英为了增加人气,以便于推销其微信朋友圈经营的男性保健品,先后创建名称为"菲菲休闲娱乐1群(进群加群主)""菲菲休闲娱乐2群(进群加群主)""菲菲休闲娱乐3群进群加群主/禁言"的微信聊天群,在群里转发淫秽视频及链接,并要求每位群成员添加其为好友。经鉴定,被告人在"菲菲休闲娱乐1群(进群加群主)"转发的400个视频系淫秽物品,在"菲菲休闲娱乐2群(进群加群主)"转发的344个视频系淫秽物品,在"菲菲休闲娱乐3群进群加群主/禁言"转发的341个视频系淫秽物品。②

---

①作者简介:王飞霞,女,汉族,山西晋城人,郑州大学法学院(知识产权学院)2020级2班本科生。

②张秋英传播淫秽物品牟利罪,浙江省台州市中级人民法院(2018)浙10刑终804号刑事判决书。

二、裁判要旨

一审检察院以张秋英涉嫌传播淫秽物品牟利罪将本案起诉至法院,一审法院经审理后认为:张秋英主观上不具有牟利性,因此其行为不构成传播淫秽物品牟利罪,而构成传播淫秽物品罪,判处张秋英有期徒刑一年六个月。

一审判决后,检察院提出抗诉,认为传播淫秽物品牟利罪所要求的以牟利为目的,不仅包括通过传播淫秽物品本身的直接牟利,而且包括以传播淫秽物品为手段的间接牟利,故被告人张秋英主观上具有牟利的目的,应认定为传播淫秽物品牟利罪;原判对"牟利"做出不当的限制解释,系适用法律错误,导致量刑畸轻。二审法院审理查明的事实和认定的证据与一审法院相同,但采纳了检察院的抗诉意见,认定原判系定性不当,适用法律错误,致量刑不当,改判被告人张秋英犯传播淫秽物品牟利罪,判处有期徒刑三年,并处罚金人民币五千元。

三、争议问题

(一)张秋英利用淫秽物品招揽顾客,推销合法产品的行为定性

张秋英为了吸引顾客,在朋友圈推销男性保健品,在微信群内发布淫秽视频,对于这种利用淫秽物品促销合法产品的行为该如何认定,实践中存在争议。一种观点认为这种行为属于商业引流,在微信群内传播淫秽物品,其目的只是增加关注度,从而为销售合法产品创造商机。其既没有让被传播者支付信息费,也没有利用微信群作广告赚取广告费,传播淫秽视频的行为本身并不能为其带来利益,故不符合传播淫秽物品牟利罪中"牟利"的认定标准。但也有观点认为传播淫秽物品牟利罪中的"以牟利为目的",不仅包括通过传播淫秽物品本身的直接牟利,而且包括以传播淫秽物品为手段的间接牟利。行为人传播淫秽物品是提高产品关注度、推销产品的一种手段,属于通过以传播淫秽物品为手段而间接牟利。被告人建立微信群并在群内发送淫秽视频及链接的目的是增加微信好友。而被告人在微信朋友圈发布男性保健品的广告,其增加微信好友数量亦是为了增加其朋友圈产品广告的浏览人数,进而推销产品、提高销量,最终目的还是为了牟利。

在现代法治社会中,刑法的谦抑性是其根本原则之一,只有在迫不得已的情况下才能动用刑罚,且能够动用较轻刑罚足以制裁的不应判处较重的刑罚。根据罪刑相适应原则,对传播淫秽物品牟利罪中的"牟利"应作严格解释,以将那些轻微的传播淫秽物品间接牟利的行为,排除在该罪的犯罪构成之外。在本案中,被告人既没有收取信息服务费,也没有通过微信群本身作广告赚取广告费,而只是为了售卖男性保健品,增

加关注度,其所获取的利益来源并非淫秽物品本身且其牟利结果与传播淫秽物品行为之间并不存在直接的、必然的因果关系。其虽然利用淫秽物品招揽顾客,但是所获利益却是直接来源于销售其他合法产品或服务,不宜认定为传播淫秽物品牟利罪。

（二）发布淫秽视频链接行为的定性

我国刑法规定的淫秽物品,是具体描绘性行为或者露骨宣扬色情,并具有诲淫性。并未规定淫秽物品的载体形式,无论载体形式是实物化的,还是电子化的,只要符合该法定标准,就属于淫秽物品。淫秽视频链接是由数字代码构成的,不是直接的图片、视频等载体形式,只具有索引功能,并不具有信息表述功能,既不能具体描述性行为,也不能露骨宣扬色情内容,不具备淫秽物品应具有的诲淫性。但根据淫秽视频链接的工作原理可知,点击者点击淫秽视频链接后,浏览器程序根据链接信息中的网络地址,提供给点击者浏览的是链接所指向的淫秽视频网页,及链接背后所包含的淫秽图片、视频等,其本质仍然是传播淫秽物品的行为。明知是淫秽网站,而建立指向淫秽网页的超链接的行为,在客观上起到传播作用,主观上行为人具有故意,因此应当认定为传播淫秽物品。

淫秽视频链接是否构成淫秽电子信息,应区分其是否为直接链接,即其是否具备直接性。对于从点击链接后不需任何条件,可以直接进入浏览或下载淫秽图片、视频,无需进行其他步骤、手续的,相当于为淫秽物品提供观看通道,在功能上和直接传播淫秽物品具有同等作用,可以认定为传播淫秽物品。对于点击链接后显示的淫秽视频网站,需要进一步缴费后才能观看,用户获取仍然存在障碍,不能直接观看、下载淫秽物品的,不能认定为传播淫秽物品。[①]

（三）在微信群传播淫秽物品的定罪标准

首先,微信群属于虚拟公众场所,张秋英创办的微信群为推销自身产品,具有面向大众传播的信息网络性质,存在面向不特定人群的广泛传播性,具有公众服务性、开放性、平等性等公共空间的特征,造成淫秽电子信息在成员和群组间的大规模传播。其次,群组具有交流性,群组的成员在群内资源共享、相互交流,容易形成更直观的主观感受,也容易受他人教唆和影响产生犯罪冲动,具有较大的社会危害性。

根据《最高人民法院、最高人民检察院关于办理利用互联网、移动通信终端、声讯台制作、复制、出版、贩卖、传播淫秽电子信息刑事案件具体应用法律若干问题的解释》第一条规定,"以牟利为目的,利用互联网、移动通信终端制作、复制、出版、贩卖、传播淫秽电子信息,具有下列情形之一的,依照刑法第三百六十三条第一款的规定,以

---

①马泽恩:《互联网淫秽物品犯罪研究（一）:指向淫秽视频的链接是否属于淫秽物品?》,http://www.sohu.com/a/364783335-120531055,2022年10月26日访问。

制作、复制、出版、贩卖、传播淫秽物品牟利罪定罪处罚:(一)制作、复制、出版、贩卖、传播淫秽电影、表演、动画等视频文件二十个以上的";第二条规定:"第二条实施第一条规定的行为,数量或者数额达到第一条第一款第(一)项至第(六)项规定标准五倍以上的,应当认定为刑法第三百六十三条第一款规定的'情节严重';达到规定标准二十五倍以上的,应当认定为'情节特别严重'"。被告人在微信群中发布了1085个淫秽视频,单就发布的数量而言,其明显达到了刑法意义上的"情节特别严重"。

根据我国《刑法》及相关司法解释,传播淫秽物品牟利罪的入罪标准和"情节严重""情节特别严重"标准十分明确,但是在实践中仍然存在争议。随着计算机技术的发展和网络技术的应用,以网络系统为工具的犯罪的出现,淫秽物品的传播行为也呈现出新的特点。网络存储空间大,传播快捷便利,当事人传播淫秽物品的数量可能一次性达到"情节特别严重"标准,量刑达十年以上,这明显违反了罪责刑相适应原则和刑法的谦抑性原则。新型网络传播淫秽物品犯罪的量刑方法应区别于传统的传播行为,充分考虑网络传播的特点,定罪量刑。《最高人民法院、最高人民检察院关于利用网络云盘制作、复制、贩卖、传播淫秽电子信息牟利行为定罪量刑问题的批复》第二条规定:"对利用网络云盘制作、复制、贩卖、传播淫秽电子信息牟利案件,量刑时,不应单纯考虑制作、复制、贩卖、传播淫秽电子信息的数量,还应充分考虑传播范围、违法所得、行为人一贯表现以及淫秽电子信息、传播对象是否涉及未成年人等情节,综合评估社会危害性,恰当裁量刑罚,确保罪责刑相适应。"这虽然没有对定罪量刑的数额进行改变,但其体现了对于此类案件裁判的态度,体现了刑法的罪责刑相适应原则,给予了法官极大的自由裁量权,为此类案件处理提供了量刑指引。

四、理论分析

(一)传播淫秽物品牟利行为的分析

1. 淫秽物品的界定

我国《刑法》对淫秽物品的界定为——具体描绘性行为和露骨宣扬色情的淫秽性的书刊、影片、录像带、录音带、图片及其他淫秽物品。这表明淫秽物品的本质特征在于其对于性有关的问题做了露骨的描述,具有诲淫性,即与性欲有关、使一般人产生不正常的性冲动、违反所处时代一般的关于性的伦理道德观念的属性。[1] 淫秽物品违背传统道德观念和公众认同感,破坏社会管理秩序,损害公序良俗,这显然具有很强的道德审判性。是否成其为刑法意义上的"淫秽物品"与社会发展、物质文明、道德观念息

---

[1]任留存,戴荃:《网络犯罪办案手册》,法律出版社2021年版,第2505–2561页。

息相关。虽然刑法也规定了科学性和艺术性可以阻却淫秽性,但是其淫秽性的危害与科学艺术性极难评价。淫秽物品类犯罪实际是一种无被害人的犯罪,被规制的也并非淫秽物品本身,而是针对淫秽物品所进行的行为。① 判断一部作品是否为淫秽物品,应在把握淫秽物品实质属性的前提下,坚持整体性、客观性与关联性的判断原则,对作品的整体进行评价,从客观角度看其对性行为的描绘是否露骨、详细,在作品中的比重大小,是否为表现作品的思想、艺术所必需以及是否能被作品的科学性、艺术性、思想性所缓和与淡化。

2. 传播行为的认定

传播,主要是指将淫秽电子信息发送、张贴给他人或者公众,以扩大淫秽电子信息的影响范围,指通过出租(借)、播放、展览、在网络空间中上传、转载等使社会公众或不特定人知悉的方式广泛散布淫秽物品的行为。② 从行为方式看,网络传播淫秽物品的行为一般表现为上传淫秽物品、下载淫秽物品和建立展示淫秽物品的超链接。上传淫秽物品是指将淫秽物品载入互联网并公开的行为,如建立淫秽网站或将淫秽物品上传至淫秽网站、群组中,供他人浏览或下载。他人浏览或下载的次数体现传播的广度和深入,决定了淫秽电子信息传播的危害。下载淫秽物品是指传播者将淫秽电子信息通过互联网发送到特定或不特定多数人的聊天软件、电子邮箱中,用户打开时即可观看。建立淫秽物品的超链接,是指行为人在自己的网页上建立指向淫秽网页的超链接点,使他人可以直接打开网页看到淫秽物品,尤指明知是淫秽网站或网页,而建立指向它的超链接应认定为传播淫秽物品的行为。

3. 牟利行为的分析

“牟利”是构成传播淫秽物品牟利罪的主观目的,也是传播淫秽物品牟利罪与传播淫秽物品罪区别的特点之一。根据传播淫秽物品行为能否直接获取非法利润,可以将牟利目的分为直接牟利与间接牟利两种形式。直接牟利是指只要行为人完成了传播淫秽物品犯罪行为,就能直接获取到非法利润。即网络用户通过支付费用,在网站上浏览、下载、使用相关淫秽信息、文件,或者是表面上为免费而实际上通过线路转换收取高额的网费或短信费用等。间接牟利是指行为人完成了传播淫秽物品犯罪行为后,还需要行为人或第三者实施其他行为才能获取利润。间接牟利是一种更新型、更流行的牟利方式,主要是通过提供免费的淫秽信息文件吸引网络用户,增加网站点击率,提高网站知名度,从而吸引广告商,获取高额广告费。与传统的直接牟利方式不同,间接牟利所获得的利益并非直接来自淫秽物品,而是来自第三方支付的商业广告

---

①邱小平:《表达自由美国宪法第一修正案研究》,北京大学出版社 2005 年版,第 231 页。
②林寿优:《“快播案”中“传播”行为的规范化认定——以法教义学为视角》,《西部法学评论》2007 年第 4 期,第 89-96 页。

收入,淫秽物品传播在其中起到一个推动利益产生的作用。

(二)法定刑争议的思考

结合案例分析不难看出,传播淫秽物品牟利罪入罪标准低,加重情节的标准极易达成。加重情节,一般是淫秽物品数量达到入罪基本数量的若干倍数,而并非行为人的实际收入或实际传播量。行为人只要传播达到一定数量,就极有可能适用中高档法定刑。

淫秽物品犯罪在犯罪学的分类上属于无被害人犯罪,其是否入罪取决于社会物质文明、道德情感乃至宗教观念等的评价。毫无疑问,我国刑法关于传播淫秽物品罪的规定是必要的,具体刑期幅度与世界刑法文化、其他国家的刑法规定还是基本相契合的。[1]传播淫秽物品牟利罪,因具有"牟利"的主观目的,行为人的主观恶性大,其行为的社会危害性明显大于单纯的传播行为,刑法对其的打击力度也明显更大。但这种社会危害性的增加是否与刑法对于传播淫秽物品牟利罪的法定刑相适应仍然值得思考。在有牟利目的,但仅是对社会管理秩序造成了损害,而未损害公民人身权利或财产权利,那么根据刑罚与司法解释的规定适用重刑,显然不太合理。

在现代法治社会中,刑法的品格是谦抑性。司法机关应当在充分遵循罪责刑相适应原则的前提下,适度克减不必要的犯罪认定或抑制不必要的重刑主义倾向。淫秽物品带来的社会危害性不可忽视,但随着社会的开放程度不断提高,对性的理解与认识的不断提高,人们对于传播淫秽物品等风化性犯罪的容忍度增大,立法层面上应当与时俱进,促使其走向轻刑化和非犯罪化的进程。当然,针对未成年人的保护,应予特别强调。

无论是出于刑法谦抑性,还是社会的态度转变,对于传播淫秽物品牟利罪及其新型表现形式,我们都应该谨慎评判,充分考虑传播范围、违法所得、行为人一贯表现以及淫秽电子信息、传播对象是否涉及未成年人等情节,综合评估社会危害性,恰当裁量刑罚。对犯罪行为进行限缩性解释,提高入罪门槛,防止打击面过大。

五、结语

随着电子信息技术的发展,通过网络传播淫秽物品的现象也越来越多。其扰乱国家对淫秽物品的管理秩序,危害广大人民特别是青少年的身心健康,必须坚决依法打击。因此,探讨网络时代传播淫秽物品牟利罪对于防治传播淫秽物品、建设健康的网络文明和维护社会风尚都有重要意义。由于网络传播淫秽物品行为的特殊性,在认定

---

①周娅:《新型网络色情之规范分析——以传播淫秽物品牟利罪为视角》,《江西公安专科学校学报》2007年第3期,第36-41页。

犯罪情节时,除结合法律和司法解释外,还应充分考虑时代变革,充分考量科技发展的特殊性,真正体现刑法的谦抑原则,实现罪责刑的相适统一。

参考文献

[1]最高人民法院刑事审判第一、二、三、四、五庭.刑事审判参考(总第 129 辑)[M]. 北京:法律出版社,2021.

[2]任留存,戴荃.网络犯罪办案手册[M].北京:法律出版社,2021.

关于无意思联络的数人侵权的有关案例分析

——周某触电死亡损害赔偿案

马宇航①

摘　要:在司法实践中存在大量的数人造成的侵权案件,无意思联络的数人侵权占大多数。责任人承担何种责任、责任如何划分、是连带责任还是按份责任,由于难以给出一个统一的、科学的、确定的划分数行为与损害结果之间的原因力的标准。并且无辜的受害人相对于实施了侵权行为的加害人应受到更多的保护,需要对该类案件进行研究,做出适合的裁量。基于周某触电死亡案对无意思联络的数人侵权进行研究和分析是本文的写作目的。

关键词:无意思联络的数人侵权;共同危险行为;共同加害行为;过失行为

一、事实概要②

周某经营窗帘生意,唐某在周某处购置窗帘。在安装时,周某将钢管横握准备进入四楼房间时,钢管不慎与四楼阳台旁的高压电缆线发生触碰,周某因此触电身亡。唐某购买涉案房产后,未经有关部门批准将该房产加层扩建至四层。而涉案高压电力线路架设于唐某对涉案房屋加层扩建之前。

二、相关法律依据

对于无意思联络的数人侵权行为,需要确认侵权人的责任类型,承担责任、主观要件部分,这些都对案件的裁判、责任划分有重要影响。

---

①作者简介:马宇航,男,汉族,陕西西安人,郑州大学法学院(知识产权学院)2020 级 4 班本科生。

②广西壮族自治区高级人民法院(2017)桂民再 302 号判决书。

根据我国《民法典》第一千一百七十一条,二人以上分别实施侵权行为造成同一损害,每个人的侵权行为都足以造成全部损害的,行为人承担连带责任。

根据我国《民法典》第一千一百七十二条,二人以上分别实施侵权行为造成同一损害,能够确定责任大小的,各自承担相应的责任;难以确定责任大小的,平均承担责任。

根据我国《民法典》第一千一百九十三条中承揽人在完成工作过程中造成第三人损害或者自己损害的,定做人不承担侵权责任。但是,定做人对定作、指示或者选任有过错的,应当承担相应的责任。

根据我国《民法典》第一千二百四十条,从事高空、高压、地下挖掘活动或者使用高速轨道运输工具造成他人损害的,经营者应当承担侵权责任;但是,能够证明损害是因受害人故意或者不可抗力造成的,不承担责任。

被侵权人对损害的发生有重大过失的,可以减轻经营者的责任。

三、法院判决

一审法院认为:承揽人周某应充分预见通过房屋外部传递钢管可能存在触电隐患并应积极采取措施避免损失,该事故的发生完全系因周某的疏忽大意所致,应承担较大的过错。供电局作为涉案高压线路的经营者和管理者无过错责任。原告未能提交证据证明定做人对承揽人存在指示过失,对原告要求被告唐某承担赔偿责任的诉请无事实和法律依据。

二审法院审理认为:唐某明知该房屋处在高压电缆之下,却未经任何部门的批准,擅自加建致使房屋存在安全过错,是造成本案触电事故发生的主要原因,一审法院对事故发生的主要原因认定欠妥。

再审法院审理认为:唐某作为存在安全隐患的涉案房屋屋主,未尽到及时提醒并指示预防措施的义务,与周某事故的发生这一损害结果之间具有因果关系,应作为法定赔偿责任主体承担民事侵权赔偿责任。周某在施工时没有采取有效措施避让高压线路,在未对自身人身安全予以保障且未对危险源予以谨慎注意及合理防控的情况下开展线路作业,以致事故发生。供电局作为高压线路的产权人,对电力设施负有监督、检查的职责,但其既没有向事故发生地点的违章盖房者提示危险,也没有及时采取相关措施排除危险,未尽到管理义务,依法应对高压作业后果承担无过错的高度危险责任。

四、本案争议点的不同观点

本案争议在于,周某、唐某、供电局谁负主要责任,应当负连带责任还是平均承担责任。

一审法院认为周某因自身未能预料到应负主要责任,供电局作为涉案高压线路的经营者和管理者承担无过错责任,房子主人唐某没有证据证明其具有过错。二审法院认为唐某是造成事故的主要原因,再审法院认为周某、唐某、供电局都有责任。

五、所引出争议点

(1)"多因一果"人身损害赔偿案件。

(2)无意思联络数人侵权中的因果关系,责任大小和如何划分各主体的责任。

(3)侵权法上因果关系的判断标准。

六、类案检索

(一)王超与赵小华、高伍好等道路交通事故①

2011 年 12 月 17 日 15 时 50 分许,高伍好驾驶空载的牌号为皖 B×××＊＊号重型自卸货车,沿港一路由东向西朱家桥外贸码头方向行驶至港一路与港一路支路交叉的 T 字路口时,车辆前保险杠右端处与沿港一路支路由北向东左转弯至港一路古红涛驾驶的牌号为皖 P×××＊＊号电动自行车左前部发生碰撞,造成古红涛受伤经医院抢救无效死亡,电动车后座乘坐人王超受伤,两车相关部位受损的交通事故。王超为南京工业技术学校 2007 级学生,学制 5 年,事故发生时在校外实习,租住于芜湖市银湖社区。高伍好驾驶的事故车辆实际所有人为赵小华,挂靠润川公司经营。润川公司为该车向人保公司投保了交强险和 50 万元三责险,本案事故发生在保险期限内。事故发生后,赵小华垫付医疗费 4 万元,保险公司支付了 1 万元。

原审法院认为:公民的生命健康受法律保护。一是因本案当事人对芜湖市公安局交警支队大桥大队作出的《道路交通事故认定书》均无异议,故对该责任认定予以确认。王超在本案事故中无责任,其因事故所遭受的损失应当获得赔偿。因高伍好和古红涛对事故承担同等责任,根据《安徽省实施〈中华人民共和国道路交通安全法〉办法》第五十三条的规定,高伍好对王超的损失承担 60% 的赔偿责任;古红涛承担 40% 的赔偿责任。二是皖 B×××＊＊号重型自卸货车在人保公司投保了交强险和 50 万元商业三责险,且在保险期内,故人保公司应在保险责任范围内就高伍好的责任部分履行赔偿责任。赵小华作为实际车主应对王超的损失承担赔偿责任,高伍好作为赵小华的雇佣人员,在驾驶车辆过程中,违反《中华人民共和国道路交通安全法》的相关规

---

① 参见安徽省高级人民法院(2014)皖民一终字第 00019 号。

定,违章行驶,存在重大过错,应当与赵小华承担连带赔偿责任。润川公司作为被挂靠单位,应与挂靠人赵小华承担连带赔偿责任。三是因古红涛在事故中死亡,故其父母古元军、丁贵姐应在继承古红涛遗产的范围内承担赔偿责任。

(二)张惠清、眉山市利民垃圾处理有限公司机动车交通事故责任纠纷①

2007 年 3 月 28 日张惠清搭乘熊志中(已故)驾驶的摩托车与眉山市利民垃圾处理有限公司驾驶员刘佑平驾驶的无牌眉城管自编 27 号垃圾车相撞,造成张惠清受伤的道路交通事故。一审认为,行为人因过错侵害他人民事权益的,应当承担侵权责任。本案眉山市利民垃圾处理有限公司的驾驶员刘佑平驾驶垃圾车与张惠清相撞,致张惠清受伤,张惠清有权请求侵权人承担赔偿责任。交警部门出具事故责任认定书认定,刘佑平和熊志中负事故同等责任,张惠清不负责任。故一审依法确认涉案事故的责任比例为 5∶5,即眉山市利民垃圾处理有限公司对因本次事故给张惠清造成的损失,依法承担 50%的赔偿责任比例。

《最高人民法院关于审理人身损害赔偿案件适用法律若干问题的解释》第三条第一款规定:二人以上共同故意或者共同过失致人损害,或者虽无共同故意、共同过失,但其侵害行为直接结合发生同一损害后果的,构成共同侵权,应当承担连带责任。第三条第二款规定:二人以上没有共同故意或者共同过失,但其分别实施的数个行为间接结合发生同一损害后果的,应当根据过失大小或者原因力比例各自承担相应的赔偿责任。张惠清认为本案应当适用《最高人民法院关于审理人身损害赔偿案件适用法律若干问题的解释》第三条第一款的规定,由共同侵权人眉山市利民垃圾处理有限公司对损失承担连带责任。前述规定是在 2009 年 12 月 26 日《中华人民共和国侵权责任法》实施前,对于共同故意或过失行为致人损害行为和无意思联络的侵权行为共同致人损害责任承担的规定。

《中华人民共和国侵权责任法》第十二条规定:二人以上分别实施侵权行为造成同一损害,能够确定责任大小的,各自承担相应的责任;难以确定责任大小的,平均承担赔偿责任。可见,侵权责任法对此种情形下侵权人担责的归责原则确定为过错原则,《最高人民法院关于审理人身损害赔偿案件适用法律若干问题的解释》第三条与《中华人民共和国侵权责任法》第十二条相冲突,不能再适用。侵权责任法对数人侵权的以主观上有无意思联络为标准,分为有意思联络的共同侵权和无意思联络的数人侵权两类。具体到本案两车相撞造成人员受伤的侵权属于无意思联络的数人侵权,在责任承担上,原则上承担按份责任,故应当按照行为人的过错大小分别承担相应的民事责任。

---

①参见四川省眉山市中级人民法院(2020)川 14 民终 634 号。

本案交通事故已经由交警部门责任认定,由眉山市利民垃圾处理有限公司驾驶员刘佑平和熊志中承担事故同等责任。故一审判由眉山市利民垃圾处理有限公司承担50%赔偿责任并无不当。

(三)李帅铮、冷双机动车交通事故责任纠纷①

2017年7月27日19时52分,原告骑自行车由南向北行驶至盘锦市大洼区田家镇汇美建材市场内路段时,与停在路面上的叉车叉齿上的铁板相撞,致原告受伤。事故当日冷双驾驶张志山所有的叉车(无牌照、无保险)到事故地点,装运被告冷双、张志山共同的货物时,将叉车交于无叉车驾驶资质的李忠鹏进行装卸作业,李忠鹏违章操作,导致原告损害事实的发生。该起事故发生后,原告的骑友王晶晶先将原告于事故现场的自行车推走,后张志山的朋友赵秋成把现场叉车移出,致使交警部门无法对该事故进行责任认定。

根据《特种设备安全监察条例》第二条的规定,本案的叉车属于场(厂)内专用机动车辆。场(厂)内专用机动车辆,是指除道路交通、农用车辆以外仅在工厂厂区、旅游景区、游乐场所等特定区域使用的专用机动车辆。本案从形式上为机动车交通事故责任纠纷,但从损害结果的发生,不是肇事司机一个人过错行为所为,本案属于多因一果致害案件。

根据《最高人民法院关于审理人身损害赔偿案件适用法律若干问题的解释》第三条第二款规定:"二人以上没有共同故意或者共同过失,但其分别实施的数个行为间接结合发生同一损害后果的,应当根据过失大小或者原因力比例各自承担相应的赔偿责任。"本案中,被告冷双在本次事故中虽有违章行为,但其违章行为与本次事故没有因果关系,被告冷双不负本次交通事故责任;但被告冷双开叉车卸货,该货的货主系张志山。被告冷双在卸货完毕,虽然没有导致交通后果的发生,但从本案的证据材料分析,本案系因交通事故引起的侵权关系,从而导致"多因一果",被告冷双作为本案受益人,应对原告受伤后的合理经济损失承担一定的补偿责任即10%的补偿责任。

本案中,被告张志山作为叉车的所有人,未建立特种设备安全生产档案;又作为实际管理人,对肇事叉车疏于管理,致使肇事叉车违规上路行驶;被告张志山对于现场施工未确保安全,又破坏现场致使交警部门无法划清肇事方的责任,被告张志山负事故一项全部的责任及部分主要责任。本案中,被告李忠鹏在驾驶叉车时又提升叉车的高度,仍将具有安全隐患的车辆静止在道路中央,主观上具有过失。涉案车辆在静止的情况下被告李忠鹏进行卸货,卸货后未能采取有效的合理措施,没有将静止的叉车带离安全隐患处,导致车辆(叉车)与逆行的原告驾驶的车辆发生碰撞,致使原告受伤。

①参见辽宁省盘锦市中级人民法院(2019)辽11民终741号。

被告李忠鹏的不当行为与损害事实的发生存在因果关系,其主观上亦存在过失,原告驾车系非正常行驶,主观上亦存在过错。被告李忠鹏作为直接侵权人,导致交通事故后果的发生,应当承担因侵权导致的直接赔偿责任,故在此次事故中应承担30%的侵权责任。纵观本案的案情,主要存在二个侵权行为:一是原告驾驶的机动车逆行导致结果的发生,二是被告张志山对叉车未尽到适当的管理义务,为结果的发生提供条件,被告李忠鹏将静止的叉车提升高度,未带离安全区域,导致结果的发生。这二项行为人共同造成同一损害结果——原告受伤。

七、分析

(一)"多因一果"人身损害赔偿案件

本案是一起典型"多因一果"人身损害赔偿案件,案件基本事实较清楚,然而其复杂性在于案件中各行为与损害后果之间因果关系的认定。现代侵权法以自己责任为一般原则,该原则的核心为行为人对且仅对自己的行为所造成的损害结果负责,其基本要求之一就是侵权责任的成立必须以行为和损害之间存在因果关系为前提。在本案中,存在三方面行为,第一是死者周某疏忽大意的操作行为;第二是定做人唐某的指示过失行为;第三是供电公司管理过失行为。在本案的审理中,一审法院将事故发生的原因归结于死者周某的疏忽大意,二审法院认为事故发生的主要原因在于房主唐某违章建房致使房屋存在安全隐患,再审法院认为事故发生的原因在于死者周某的疏忽大意和房主唐某指示义务的缺失。本案历经一审、二审和再审,三级法院对本案因果关系的认定各有不同,所做出的判决也大相径庭,因果关系的判定是影响案件最终审判结果的一个重要法律因素。

侵权法上的因果关系,是指加害人的行为与损害后果之间的因果关系。对于本案即无意思联络的数人侵权中,每个人行为对由于侵权行为的因果关系更为重要,关系到侵权后果的责任划分以及赔偿问题。

无意思联络类数人侵权是数人侵权的重要类型。侵权类型的命名,主要有无意思联络的数人侵权、无过错联系的数人致害行为及"多因一果"侵权行为。无意思联络的数人侵权、无过错联系的数人致害行为的命名重点在侵权行为之间无共同故意或共同过失,这两个名词也为多数学者所认可。但也有学者持不同看法,认为"无意思联络的数人侵权"或者"无过错联系的数人侵权"范畴过大,在外延上可指称除有意思联络或过错联系之外的所有其他数人侵权,包括共同危险行为、多因一果、多因多果等数人侵权,不符合概念的特质化要求,主张以"多因一果"数人侵权行为指代共同侵权行为之外的数人侵权。"多因一果"侵权行为主要是相对于"一因一果"侵权行为而言的。关于无意思联络数人侵权概念,王利明教授认为是指数个行为人事先并无共同的过错,而因为行为偶然结合致同一受害人遭受同一损害。杨立新教授认为是指数个行为人事先并无共同的意思联络,也无共同过失,只是由于行为客观上的联系,而共同造成同一个损害结果。无意思联络的数人侵权的概念可总结为:两人以上既无共同故意又无共同过失,分别实施了数个行为,相互结合,导致同一受害人同一性质的同一损害。虽然学者对无意思联络数人侵权的定义有所不同,但对无意思联络数人侵权的基本特征认识是一致的:一是存在多个侵权行为人。"两人以上"可以是两个以上的自然人、两个以上的法人,也可以是自然人与法人的结合。二是数个侵权行为人相互之间无意思联络,分别实施侵权行为,存在共同过错。该特征可将无意思联络数人侵权与共同侵权区分开来。三是各行为人的行为或单独或偶然结合而造成他人同一损害。四是侵权结果是不可分割的同一结果。"损害的不可分"是指"法律意义上的不可分,具体而言,是指无法在各侵权人与损害结果之间建立对应的因果关系。与此相对的概念是事实意义上的损害不可分,它是指受害人所受损害在物理意义上的不可分"。

(二)无意思联络数人侵权中的因果关系与责任大小

根据我国《民法典》第一千一百七十一条,二人以上分别实施侵权行为造成同一损害,每个人的侵权行为都足以造成全部损害的,行为人承担连带责任。

根据我国《民法典》第一千一百七十二条,二人以上分别实施侵权行为造成同一损害,能够确定责任大小的,各自承担相应的责任;难以确定责任大小的,平均承担责任。本案符合《民法典》第一千一百七十二条,这三方分别实施行为造成周某死亡,每个人的行为都不足以造成后果的发生,但是当这些行为叠加,才导致了损害结果的发生。在本案中,任何一方的行为都不足以造成损害结果,所以应该采取《民法典》第一千一百七十一条的规定,接下来的问题就是确定三方责任的大小。

就周某的行为,首先周某为唐某承包安装窗帘的项目,属于承揽行为。承揽关系中用人者责任主要规定在《民法典》第一千一百九十三条中"承揽人在完成工作过程中造成第三人损害或者自己损害的,定做人不承担侵权责任。但是,定做人对定作、指示或者选任有过错的,应当承担相应的责任"。根据该法条进行分析,周某损害的造成是由于自己因过失没有预料到高压电的危险而造成的。唐某其实只是指定了一个周某的工作场所,周某应当自己对工作场所进行分析、观察,发现安全隐患,并采取预防措施。唐某也并没有对周某应当如何工作进行指示。所以周某应当为自己的损失负主要责任。

就唐某而言,其实他有两重身份,一是承揽合同的定作人,二是环境(房屋)的所有人、管理人。身为定做人可以不对周某的损失承担赔偿责任,但是身为环境的管理人,他人在唐某同意的基础上,进入唐某管理的环境,因为安全隐患而死亡,唐某应当承担赔偿责任。因为唐某比其他人更了解自己的房屋环境,因此唐某应当为周某因唐某房屋存在的安全隐患而死亡承担一定的责任。

就供电局的行为来说,供电局没有尽到监管义务,供电局作为高压电网的管理人,并且作为政府机关,检查电网情况也是他的职责所在。

根据我国《民法典》第一千二百四十条规定:"从事高空、高压、地下挖掘活动或者使用高速轨道运输工具造成他人损害的,经营者应当承担侵权责任;但是,能够证明损害是因受害人故意或者不可抗力造成的,不承担责任。被侵权人对损害的发生有重大过失的,可以减轻经营者的责任。"所以,供电局也要对周某的死亡承担一定的责任,但是因为唐某存在严重过失,擅自加盖房屋,这可以减轻供电局的责任。

我国《电力法》第五十四条规定:任何单位和个人需要在依法划定的电力设施保护区内进行可能危及电力设施安全的作业时,应当经电力管理部门批准并采取安全措施后,方可进行作业。

第五十五条规定:电力设施与公用工程、绿化工程和其他工程在新建、改建或者扩建中相互妨碍时,有关单位应当按照国家有关规定协商,达成协议后方可施工。

第五十六条规定:电力管理部门依法对电力企业和用户执行电力法律、行政法规的情况进行监督检查。所以唐某和张某均有过错,在双方的责任分配上,考虑到电力管理部门受到过专业的训练,对相关的法律法规了解更加清楚,而唐某是普通民众他可能并不了解施工的规格,距离高压电多少才算是安全的距离。所以在笔者看来电力公司承担的责任可能要更大一些。

(三)侵权法上因果关系的判断标准

1. 大陆法系因果关系判断学说

大陆法系对于因果关系的判定,主要有"条件说""原因说""相当因果关系说""法规目的说"以及日本法上的"义务射程说""危险性关联说"和"盖然性说"等。

2. 英美法系因果关系学说

英美法系对事实上因果关系的主要判定方法是:若无法则和实质要素法则。若无法则含义为"若无行为人之行为,损害结果便不会发生,则行为与结果之间有着事理上的因果关系;若无行为人之行为而损害结果仍然发生,行为与结果之间没有事理上的因果关系"。若无法则能够有效排除因果关系判断上不相干的因素,为各国法院普遍采用。实质要素理论认为当某一行为系某一结果发生的重要因素或实质性因素时,该行为和结果之间具有因果关系。其要点在于只要行为人的行为是损害结果发生的充分条件即"有x发生就必然有Y之发生,而不问其是否符合若无规则"。

3. 本案中因果关系的类型分析

本案是一起典型的"多因一果"无意思联络的数人侵权案件,在因果关系分类上应属于累积因果关系。本案中,供电公司作为电力设施的产权人和电力管控企业,应当对电力设施具有看管维护、消除隐患的义务,应加强电力设施的维护及保养,严格消除安全隐患,加强电力设施的监管,确保电力设施的安全可靠运行。电力能源不同于其他能源,有其特有的专业性和危险性,所以电力设施的维护是一个长久性且专业性较强的工作,电力设施只有加强日常的巡视与维护,并对存在的问题及时进行处理,才能有效地提高其安全性,而在这一案件中供电公司对其产权范围内的危险因素不清楚,安全隐患不明确,没能做好电力设施的日常维护工作,是一种消极的不作为行为,埋下了安全隐患,也存在一定的过错。唐某加盖房屋后在安装窗帘时,对安全隐患没有引起高度重视,存在一定过错。

周某疏忽大意的行为是导致事故发生的直接原因;作为不动产所有权人和承揽合同定作人的唐某未尽安全保障义务和指示义务的行为与本案的损害结果之间是间接的因果关系;供电公司的管理过失与本案的损害结果之间也是间接的因果关系。唐某和供电公司的不作为为触电事故的发生创造了一定的条件,且上述三个行为的损害结果的原因力及后果是可以区分的。

但本案中,任何一个加害人的行为均不能造成全部损害,是每个加害人的行为偶然相结合造成了损害后果。如果唐某制止周某的危险作业行为,周某自己多加小心,或者供电公司尽到管理义务,周某触电死亡的事故也许就能够避免,单纯一个不作为行为均不能导致本案触电死亡事故的发生。唐某定做人指示过失、周某的疏忽大意和供电公司的管理过失之间的关联性是偶然的,并不存在必然联系,综上,根据《民法典》第一千一百七十二条应为累积因果关系。

八、关于本案对无意思联络的数人侵权法律的启示

在本案中,因果关系复杂,难以总结一条万能的法则,清晰的划分责任,注重特定案件中的事实关系所决定的因果关系,而不是一味求助于固守成规的因果关系理论。在本案中我们在划定责任方面可能不仅仅要考虑因果关系,还要考虑受害人的赔偿能否被履行。但也不能给予供电公司过大的责任,不然容易加大电力公司的运营成本,电力设施建设成本,不利于供电局工作的开展,社会基础设施的建设。应当公平的划分责任,由各方进行赔偿。

(1)完善侵权立法对实践中存在争议的问题作明确的规定,对因果关系认定规则作出明确规定,避免由于认识、理解的偏差造成操作中的失误。

(2)最高人民法院发布类型化的因果关系判定指导性案例。

(3)在司法实践中选择合适的因果关系判断理论,但任何理论都有各自的适用语境,每一种学说都有合理之处同时也有局限之处,没有一种学说可以完美地解决所有类型的侵权行为上的因果关系认定,两大法系在适用的理论上均具有多样性,出现两个或多个理论并行使用、互为补充的趋势。

参考文献

[1]王利明.侵权责任法研究[M].北京:中国人民大学出版社,2010:507-508.

[2]张新宝.侵权责任法[M].2版.北京:中国人民大学出版社,2010:44-45.

[3]程啸.侵权责任法[M].北京:法律出版社,2011:238-239.

[4]曹险峰.论"多因一果"的侵权行为:兼论多数人侵权行为体系之建构[J].法律科学,2007:155-163.

[5]潘维大.美国侵权行为法对因果关系之认定[J].东吴大学法律学报,1992:1-40.

关于胎儿侵权损害赔偿请求权的有关案例分析

陈首铮①

摘　要:随着中国特色社会主义法律制度的不断完善,对于各类主体的保护赋予胎儿民事权利能力是其享有一切民事权利的前提和基础。在传统民法理念中,总是把胎儿与出生后的自然人割裂开来,认为只有当胎儿脱离母体而且必须是活体时才能享有民事主体的资格和地位。在长期的司法实践中我们看到传统观点已经不能很好地解决保护胎儿权益的实际问题,社会是不断向前发展的,法律也不是一成不变的,而是应当随着时代发展潮流的变化而变化。针对这一问题,笔者在假期实习实践中与本所的律师进行讨论,通过查阅资料和典型案例,从不同角度分析我国以及世界各国对于胎儿的权益保护,完成本篇案例分析。

关键词:胎儿;民事权利能力;赔偿请求权;民事权利主体

一、事实概要②

2016 年 10 月 18 日,周真真驾驶小型轿车,由东往西逆向行驶至万石石材市场 3 号路转盘处,与正常行驶的二轮摩托车发生相撞,致余龙受伤和车辆损坏的交通事故。交警部门认定周真真负事故的全部责任。事故发生后,余龙于当日被送往宜兴市中医医院住院治疗,被诊断为 L3 压缩性骨折等,后余龙于 2016 年 12 月 9 日出院。

另外,余龙与唐江红于 2010 年 6 月 29 日登记结婚,后分别于 2010 年 12 月 5 日生育儿子余轩、于 2017 年 4 月 10 日生育女儿余好。余龙主张赔偿被扶养人余好生活费 23 789.7 元、精神抚慰金 5000 元。周真真因余好在事故发生时是尚未出生的胎儿而不认可余好的被扶养人生活费,故对余龙主张的被扶养人生活费不予认可。

①作者简介:陈首铮,男,汉族,河南开封人,郑州大学法学院(知识产权学院)2020 级法学 5 班本科生。
②参见宜兴市中级人民法院(2017)苏 0282 民初 6087 号民事判决书。

法院一审判决:余龙主张的残疾赔偿金80 304元及被扶养人生活费15 859.8元和23 789.7元,有相应的鉴定意见书等为证,也不违反法律规定的标准及范围,本院予以支持,但根据规定该被扶养人生活费也应计入残疾赔偿金。

二、相关法律依据

胎儿是否也能享有侵权损害赔偿请求权,就涉及胎儿是否有民事权利能力的问题,而民事权利能力自出生时取得。但如果损害胎儿继承权、接受赠与权等权利,造成损失的,胎儿有权主张赔偿。

《中华人民共和国民法典》第十三条　自然人从出生时起到死亡时止,具有民事权利能力,依法享有民事权利,承担民事义务。

《中华人民共和国民法典》第十六条　涉及遗产继承、接受赠与等胎儿利益保护的,胎儿视为具有民事权利能力。但是,胎儿娩出时为死体的,其民事权利能力自始不存在。

《中华人民共和国民法典侵权责任编》规定的死亡赔偿金、残疾赔偿金等于司法解释规定的死亡赔偿金、残疾赔偿金和被扶养人生活费之和。被扶养人生活费仍是人身损害赔偿的范围。

三、法院判决分析

本案的争点之一是余龙主张的女儿余妤的被扶养人生活费应否支持。

根据民法理论,因自然人的民事权利能力始于出生,胎儿尚未出生,故不能取得权利能力,不能成就民事主体。但是,胎儿是所有自然人生命发育的必经阶段,不仅存在未来需要保护的利益,也存在某些现实利益的保护需要。本案中,余龙因交通事故受伤导致丧失部分劳动能力,而影响其收入进而导致被抚养人生活费减少的情况。余龙的女儿余妤在余龙发生交通事故时虽是尚未出生的胎儿,但余妤出生时为活体,余妤是余龙依法应当承担抚养义务的未成年人,故余龙的收入减少也将导致余妤的利益受损。《中华人民共和国民法典侵权责任编》规定的死亡赔偿金、残疾赔偿金等于司法解释规定的死亡赔偿金、残疾赔偿金和被扶养人生活费之和。因此,被扶养人生活费仍是人身损害赔偿的范围。

法律虽仅遗产继承和接受赠与明确列为赋予胎儿具有民事权利能力的特定情形,但因实践中还有其他涉及胎儿利益保护的情况,故立法者用了"等"字,未限定具体范围。对胎儿利益进行保护既是民法的重要内容,也是人道主义和人性伦理的要求,本院认为余妤的被扶养人生活费也属于法律赋予胎儿具有民事权利能力的特定情形之一,故对余妤的被抚养人生活费,本院予以支持。

四、本案争点的不同观点

原《中华人民共和国民法通则》及其试行意见对于"被抚养人"均指受害者死亡或者致残前实际扶养的自然人。但是,上述法律和司法解释已废止,而2021年1月1日施行的《最高人民法院关于审理人身损害赔偿案件适用法律若干问题的解释》(下称《人损司法解释》)仅侧重强调"扶养义务",《人损司法解释》第二十八条规定:"被扶养人生活费根据扶养人丧失劳动能力程度,按照受诉法院所在地上一年度城镇居民人均消费性支出和农村居民人均年生活消费支出标准计算。被扶养人为未成年人的,计算至十八周岁;被扶养人无劳动能力又无其他生活来源的,计算二十年……被扶养人是指受害人依法应当承担扶养义务的未成年人或者丧失劳动能力又无其他生活来源的成年近亲属。被扶养人还有其他扶养人的,赔偿义务人只赔偿受害人依法应当负担的部分……"由于残疾赔偿金主要是因受害者致残或者丧失劳动能力导致实际收入减少的财产赔偿,那么是否可以扩大解释"被扶养人"含有受害者致残后生育(即使致残时尚未怀孕)的自然人?

有一种观点认为:不应支持事故发生时尚未出生的婴儿的被扶养人生活费,理由在于此时胎儿尚在母体,不具有民事主体资格,不具有相应的民事权利能力,此种情况下支持被扶养人生活费过分加重了赔偿义务人的赔偿负担,但实际上仔细推敲是不成立的。因为侵权行为发生后,受害人有可能会有符合被扶养人条件的家庭成员出生,也有可能会有家庭成员死亡。机会和风险均是存在的,没有任何证据和经验证明受害人会为了多获得一笔被扶养人生活费赔偿而生育一个小孩。笔者认为应支持交通事故发生后受害人生育的子女的被扶养人生活费,因为被扶养人生活费计入残疾赔偿金或死亡赔偿金,该项损失是原告因事故致残后,丧失部分劳动能力进而造成抚养能力减弱所产生的损失。被扶养人的范围,应当根据受害人与被扶养人的法定身份关系来确定,法律并没有规定该项损失仅针对事故发生时,此种损害不因受害人子女在事故发生前还是事故发生后受孕或出生而有不同。

五、所引出争点

(1)未出生的胎儿是否有侵权损害赔偿请求权?

(2)胎儿是否具有权利能力而成为民事主体?

(3)胎儿利益保护的范围如何界定?

六、类案检索

（一）王德钦诉杨德胜、泸州市汽车二队交通事故损害赔偿纠纷案①

2002 年 4 月 27 日,挂靠在被告泸州市汽车二队的被告杨德胜驾驶小货车,从泸州市纳溪区向泸州方向行驶,会车时将同向行走的赶猪人王先强撞倒,王先强经抢救无效死亡。泸州市公安局交通警察支队二大队认定,杨德胜负此次事故的主要责任。在解决杨德胜交通肇事应承担的民事赔偿责任时,被害人王先强的父母曾请求杨德胜和泸州市汽车二队连带赔偿"未生下来的小孩抚养费"。由于王先强至死未婚,没有妻子,且小孩尚未出生,故在杨德胜反对下,未能满足此项赔偿请求。2002 年 10 月 22 日,牟萍生育了原告王德钦。2003 年 1 月,牟颖代理王德钦提起本案诉讼。泸州市江阳区人民法院于 2003 年 5 月 28 日判决:被告杨德胜一次性给付原告王德钦生活费、教育费、其余损失。本案证据证明,原告王德钦与被害人王先强之间存在着父子血缘关系。《中华人民共和国婚姻法》(已废止)第二十五条规定:"非婚生子女享有与婚生子女同等的权利,任何人不得加以危害和歧视。"因此父母对子女的抚养教育义务,是由父母与子女间存在的血缘关系决定的,不因父母之间是否存在婚姻关系而发生实质性变化。《中华人民共和国民法通则》(已废止)第一百一十九条规定:"侵害公民身体造成死亡的,加害人应当向被害人一方支付死者生前扶养的人必要的生活费等费用"。"死者生前扶养的人"既包括死者生前实际扶养的人,也包括应当由死者抚养,但因为死亡事故发生,死者尚未抚养的子女。王德钦出生后,向加害王先强的人主张赔偿,符合这一规定。

（二）李振兰诉华家伟、阳光财产保险股份有限公司宁波市分公司机动车交通事故责任纠纷案②

2013 年 6 月 14 日 16 时 50 分许,被告华家伟驾驶汽车,与同方向由原告李振兰驾驶的电动自行车发生碰撞,造成李振兰受伤及两车受损的交通事故。该事故经宁波市公安局鄞州分局交通警察大队认定:被告华家伟承担事故的主要责任,原告承担事故次要责任。庭审中,原告与被告均认可原告李振兰与被告华家伟各承担损失的 20% 和 80% 的责任。事故发生后,原告前往医院门诊治疗,经诊断为多处挫伤。因检查需要,原告在受伤次日接受了 CT 和 X 射线检查,此时原告已怀孕一个多月。出于胎儿健康考虑,在医生的建议下,原告在该院实行了人流手术。因治疗及终止妊娠,原告先

---

①参见《中华人民共和国最高人民法院公报》。
②参见(2013)甬鄞邱民初字第 186 号民事判决书。

后门诊五次。本院认定原告的护理费及营养费,尽管原告未提交需营养费和护理费的证据,但终止妊娠后需加强营养和需人护理属一般生活常识,本院酌情确定原告需营养一个月,费用计900元、护理费1500元,终止妊娠对原告的精神伤害显而易见,本院确定精神损害抚慰金为5000元。

(三)姜雨岑诉桦甸市人民医院医疗损害责任纠纷案[①]

2012年7月7日20时,姜雨岑母亲徐非非入住桦甸市人民医院待产,医院未告知可能引发的风险,也没有进行必要的特殊告知和风险提示,顺产通知单也没要求签过字。2012年7月9日,徐非非临产,在生产过程中,因为胎儿巨大难产,医生开始过度挤压拉扯胎儿,最后实在生不出来做了侧切。姜雨岑降生后因窒息急救了30分钟,晚上,姜雨岑出现抽搐、面目青紫等症状,儿科医生建议转院,但是院方不给办转院手续。后徐非非自费带着姜雨岑乘坐院方120急救车到吉林大学白求恩第一医院接受救治。后吉林大学白求恩第一医院确诊为:新生儿窒息、新生儿缺血性脑病、新生儿蛛网膜下腔出血,新生儿感染、巨大儿、右侧臂丛神经损伤。原告认为院方因过错造成了姜雨岑的产伤。姜雨岑于2012年7月10日在桦甸市人民医院住院治疗1天。2012年7月10日,在吉林大学白求恩第一医院住院治疗29天,于2012年8月8日出院。姜雨岑先后四次在吉林大学白求恩第一医院门诊复查。原告请求法院:桦甸市人民医院赔偿86 062.15元(其中医疗费31 814.15元,护理费6448元,住院伙食补助费5200元,交通费及住宿费12 600元,精神损害赔偿金30 000元),法院认为患者在诊疗过程中受到损害,医疗机构及其医务人员有过错的,由医疗机构承担赔偿责任,姜雨岑实际护理天数为30天,护理费用应为3720元(30天×124元),其多主张的护理费用,本院不予支持。法院一审判决被告赔偿原告姜雨岑26 413.58元(医疗费26 298.1元,护理费3720元,住院伙食补助费3000元,交通费2200元,合计35 218.1元×75%)。

(四)李甲、杨乙、唐丙、刘丁因诉被申请人三亚市人民政府征收安置 补偿四案[②]

2015年9月30日,三亚市政府决定征收东岸村棚户区改造项目范围内的国有土地上的所有房屋,并发布了征收补偿安置方案。2016年4月11日,三亚市政府发布了拆迁补偿安置补充方案的通知,规定至该方案批准发布之日止,符合方案规定条件的人员,可认定为安置对象。李甲于2016年8月22日出生,2016年9月13日落户在符某户内;杨乙于2016年5月2日出生后,于2016年7月5日随同母亲吕某落户在外祖母李亚娘的户内;唐丙于2016年5月2日出生后,于2016年5月23日随同母亲

---

① 参见(2015)桦民一初字第1119号民事判决书。
② 参见(2018)最高法申7016、7017、7019、7021号。

黄某落户在外祖父黄戊的户内;刘丁于2016年8月2日出生后,于2016年8月19日随同父亲刘某落户在祖母吉关妹的户内。因吉阳区政府未将李甲、杨乙、唐丙、刘丁等人列为安置对象进行补偿,故李甲等人提起诉讼。法院认为:本案中,安置对象的前提是在2016年4月11日之前已经出生的婴、幼儿,尚未出生的胎儿则不在安置对象之列。申请人的出生时间晚于2016年4月11日,不符合补充方案规定的原籍村民认定的条件,不能作为安置对象。

七、分析

(一)争点分析

1. 未出生的胎儿是否有侵权损害赔偿请求权

胎儿利益受到损害享有赔偿的请求权。根据人格权延伸保护理论①,胎儿的这种损害赔偿请求权,在胎儿还没有出生之前是一种潜在的权利,还没有享有这种权利的能力。因此,这种损害赔偿请求权应待其出生后,依法行使。这时,胎儿就不是胎儿,而是一个具有民事权利能力的主体,行使损害赔偿请求权就不再存在任何障碍。由于初生儿具有民事权利能力而不具备民事行为能力,因而在行使侵权损害赔偿请求权的时候,应当由其监护人作为法定代理人,代为行使。如果胎儿出生时为死体,无论是侵权行为致死,还是其他原因所致,胎儿都不能产生损害赔偿请求权,而由受害人即怀孕的母亲享有损害赔偿请求权。因为,胎儿是母体的组成部分,伤害胎儿,就是伤害母亲的身体健康,其母亲产生损害赔偿请求权。

2. 胎儿是否具有权利能力而成为民事主体

关于胎儿的民事权利能力的规定,我国《民法典》第十三条规定:"公民从出生时起到死亡时止,具有民事权利能力,依法享有民事权利,承担民事义务。"这里明确了胎儿绝对不享有民事权利,因为胎儿根本不能被算作是法定的民事主体之一。但是我国《民法典》第一千一百五十五条规定:"遗产分割时,应当保留胎儿的继承份额。胎儿娩出时是死体的,保留的份额按照法定继承办理。"这一法条又限制性地给予了胎儿部分民事权利。其中《民法典》第十六条还规定:"涉及遗产继承、接受赠与等胎儿利益保护的,胎儿视为具有民事权利能力。但是胎儿娩出时为死体的,其民事权利能力自始不存在。"这一法条是对胎儿受遗赠权的规定,同我国《民法典》一千一百五十五条一样,限制性地给予了胎儿一部分民事权利,使法律对胎儿能实现部分利益的保护,这一法条延续且扩大了旧法中对胎儿继承利益的保护,还将利益范围扩大至接受

---

① 杨立新:《保护好人格权是编纂民法典分则的重中之重》,《中国经济报告》2018年第6期,第48-50页。

赠予。接受赠予没有任何负担,纯粹获得收益,是纯获益行为。胎儿民事权利范围扩大至接受赠予,符合社会公序良俗。

综上,胎儿不属于民事主体,母亲才是民事主体,胎儿是自然人出生之前的状态,就不能享有我国《民法典》规定的与然人相关的民事权利。为此,我国《民法典》规定在一定条件下保护胎儿的相关权利,胎儿可享受民事权利,但不具备履行义务的能力,只能给其分配遗产或赠送财产,不能苛加义务。

3. 胎儿利益保护的范围如何界定

当前司法实践中,胎儿利益保护主要涉及继承、接受赠与、损害赔偿和征地补偿等。除了继承,其余几类的范围均引起较大争议。

(1)侵害胎儿身份权、财产权的情形。胎儿的身份权、财产权受到侵害的结果一般在侵害行为发生时即可显现出来,通常表现为以下几点:①胎儿的父亲因他人的不法行为而丧失劳动能力或者死亡,他人以胎儿未出生为由,否认胎儿是被害人的被抚养对象,而拒绝支付抚养费;②在继承开始以后其他的继承人没有法定理由,不给或者少给胎儿保留应当继承的份额;③遗赠利害关系人或者合同当事人以胎儿未出生为由否认遗赠或者合同效力。

对于以上情况,笔者认为,胎儿虽然是还未出生的人,但在成功受孕时起,就已经与其父母和亲属之间形成了一种可期待的权利义务关系。这一权利义务关系也不会因为父亲先于胎儿出生而死亡这一事实而消灭,否则,对胎儿来讲是很不公平的、不人道的,也不符合社会主义法治建设的要求,胎儿出生以后的生活也得不到很好的保障。关于胎儿继承权问题我国法律有明确的规定,也是到目前为止我国法律唯一明确规定的胎儿的明示权利。我国的这一规定和目前世界各国的法律规定基本一致,即在胎儿出生之前,保留胎儿的继承份额,当胎儿出生脱离母体存活以后,再对遗产进行分割,如果胎儿出生时是死体的,为胎儿保留的遗产份额应当按照法定继承进行分配。

(2)侵害胎儿生命健康权的情形。健康权是自然人以保护其机体生理机能正常发挥功能和顺利运作为内容的人格权。胎儿的健康权指:胎儿孕育期间所享有的保障其机体生理机能正常发育的权利。健康权是胎儿能够正常出生的前提条件。作为在母体孕育阶段的胎儿如果其健康权受到侵害,则就会影响胎儿机体生理机能的正常发育,从而可能导致胎儿出生时是死体,或者即使出生时是活体也可能存在着各种缺陷,使得胎儿出生后的生存难度加大,加大父母的抚养负担,同时也会增大社会的负担。那么,当胎儿的健康权受到侵害是否享有损害赔偿请求权呢?

目前我国法律对胎儿健康并没有明确的规定。笔者认为,胎儿的健康权和损害赔偿请求权有以下几点关系:①如果胎儿尚在母体之中时受到外界的侵害,导致其出生后健康受到损害但并没有造成死亡,在这种情况下,当侵害行为与损害结果之间的因果关系确定以后,胎儿出生以后就有权提起健康权受到侵害的损害赔偿诉讼,即享有损害赔偿请求权;②如果胎儿在母体中时受到侵害,出生时是活体,存活一段时间后死亡的,在这种情况下,虽然胎儿出生后只存活了一段时间甚至是很短的一段时间,但是由于其出生而作为一个活人的存在,便具有了一般人的权利能力,可以按照一般自然人受到侵害情形处理;③如果胎儿出生时是死体,无论是第三人的侵权行为还是因为其他原因导致其死亡的,都视为胎儿自始不存在而不享有损害赔偿请求权。在这种情况下,只有受害人即胎儿的母亲才享有损害赔偿请求权。

(3)征地补偿权的情形。我国现有法律法规并没有明确规定未出生的胎儿是否享受征地拆迁补偿安置相应政策。我国《民法典》第十六条也只列举了"遗产继承""接受赠与"这两种情形。根据《民法典》第二百六十一条和《最高人民法院关于审理涉及农村土地承包纠纷案件适用法律问题的解释》第二十二条的规定,土地补偿费等费用的使用、分配办法应当依照法定程序经本集体成员决定。农村集体经济组织或者村民委员会、村民小组,可以依照法律规定的民主议定程序,决定在本集体经济组织内部分配已经收到的土地补偿费。征地补偿安置方案确定时已经具有本集体经济组织成员资格的人,请求支付相应份额的,应予支持。但已报全国人大常委会、国务院备案的地方性法规、自治条例和单行条例、地方政府规章对土地补偿费在农村集体经济组织内部的分配办法另有规定的除外。

根据上述规定,未出生的胎儿是否享受征地拆迁补偿安置相应政策存在以下情形:①如果农村集体经济组织或者村民委员会、村民小组依照法定程序,经本集体成员决定对未出生的胎儿分配土地补偿费的,那么未出生的胎儿享受土地补偿费等征地拆迁补偿安置相应政策;②如果胎儿在征地补偿安置方案确定时尚未出生,农村集体经济组织或者村民委员会、村民小组依照法定程序,经本集体成员决定对未出生的胎儿不予分配土地补偿费的,则未出生的胎儿不享受土地补偿费等征地拆迁补偿安置相应政策;③如果胎儿在征地补偿安置方案确定时已经出生,具有本集体经济组织成员资格,那么其享受土地补偿费等征地拆迁补偿安置相应政策。

(二)我国及国外不同观点

人的民事权利能力始于出生,则出生前之胎儿,尚未成为法律上的人,自不享有权利能力,不得为民事权利主体。但若严格贯彻此一原则,势将对行将出生之胎儿保护不周,有违反人情的可能。因此,从罗马法以来,关于胎儿利益之保护,成为民法一大问题。各国立法例,关于胎儿之保护,目前主要有三种立法主义:

1. 总括的保护主义

即就胎儿利益之保护,一般地将胎儿视为已出生。此为罗马法所采取的主义,《瑞士民法典》第三十一条二款规定:"子女,只要其出生时尚生存,出生前即具有权利能力。"我国台湾地区的民法也是采用此主义,台湾地区"民法典"第七条规定:"胎儿以将来非死产者为限,关于其个人利益之保护,视为既已出生。"

2. 个别的保护主义

即胎儿原则上无权利能力,但对于个别例外情形视为有权利能力。法国、德国、日本均采此主义。其中"例外情形"视为有权利能力,如《德国民法典》第一千九百二十三条第二款规定"在继承开始时尚未出世但是已经受孕者,视为在继承开始之前已出生",第八百四十四条第二款规定"在受害人被害当时第三人虽为尚未出生的胎儿的,亦发生赔偿义务"。《日本民法典》第七百二十一条规定:"胎儿有损害赔偿请求权,视为已出生。"我国《民法典》采纳"个别的保护主义"。我国《民法典》第十六条规定,"涉及遗产继承、接受赠与等胎儿利益保护的,胎儿视为具有民事权利能力。但是,胎儿娩出时为死体的,其民事权利能力自始不存在"。凡涉及胎儿利益保护时,包括遗产继承、对胎儿的侵权损害、赠与或者遗赠等,法律上将胎儿视为具有民事权利能力,其权力和利益由此可以受到法律的保护。条文采用"视为"概念,表明并非一般地赋予胎儿以民事权利能力,只在涉及胎儿利益保护的事项时,才将胎儿作为具有民事权利能力的主体对待。并且,仅使胎儿具有享有民事权利的资格,不能使胎儿承担民事义务。胎儿尚未出生,不可能具有自己行使权利的意思能力。在将胎儿视为具有民事权利能力的情况下,其权利应当由其父母代为行使和保护。胎儿的地位相当于被监护人,胎儿母亲或者父亲的地位相当于监护人,故本条第二款规定,涉及胎儿利益保护的事项,准用民法有关监护制度的规定。在胎儿被视为有民事行为能力的情形中,如胎儿活着出生,则其应继续享有已经取得的民事权利;如胎儿未能活着出生,则应视为胎儿自怀孕之时起,从未有过民事权利能力,其已取得的财产权益,应当适用不当得利规则。

我国《民法典》对胎儿民事权利加以肯定,以条文的形式对胎儿的继承权加以确定。由以上信息我们可以看出我国《民法典》胎儿民事权利的保护是比较完善的,在胎儿接受遗产时可以视为民事主体,但若是胎儿出生即为死体的,该部分财产需要重新分配。

3. 绝对主义

绝对主义即绝对贯彻胎儿不具有民事权利能力的原则,依此立法主义,胎儿不具有权利能力,不得为民事权利主体。1964 年的《苏俄民法典》第四百一十八条、《俄罗斯联邦民法典》第十七条第二款规定:"公民的权利能力自出生之时产生,因其死亡而终止。"

上述三种立法主义,就对胎儿利益的保护而言,总括的保护主义最有力。德、日等国家的学者尚且以个别保护主义对胎儿利益保护不力,主张改采总括的保护主义,保护范围并及于"出生前之损害"。我国裁判实务已有重大进展,于扶养义务人因侵权行为死亡情形,不仅认可胎儿于出生后对加害人有损害赔偿请求权,而且认可尚未出生的胎儿对加害人有损害赔偿请求权。

八、关于保护胎儿损害赔偿请求权的建议

随着生命科学时代的到来,胎儿及其法律保护将成为 21 世纪的"时代课题"。由于胎儿没有民事权利能力,其人身利益一旦受到侵害,无法以民事主体身份获得法律保护。目前,从我国的立法现状来看,关于胎儿财产、健康权益受到侵害之后的损害赔偿请求权方面的保护还存在很多法律缺陷,胎儿侵害案件的裁判情况多有法官自由裁量决定,不确定性较大,为了最大程度保护胎儿的利益,我国需要在立法、司法方面完善对胎儿权利的法律保障,同时还要加强公民法律意识教育,使全社会认识到对胎儿保护的重要性。只有从社会各个方向共同着手,构筑起保护胎儿合法权益的大网,才能更好地完善我国的民法体系,更好地维护每个民事主体的法律权益。

参考文献

[1]谭启平.论民法典第 16 条的限缩解释:以胎儿不能成为征地补偿对象而展开[J].东方法学,2020(4):184-195.

[2]王久志,杨进飞.民法典中胎儿利益保护问题探讨[J].法制博览,2021(10):163-164.

[3]王娟.论民法典中的胎儿利益保护问题[J].法制博览,2018(7):231.

[4]杨国强.论胎儿权益的司法保护:以胎儿的损害赔偿请求权为视角[J].产业与科技论坛,2020,19(16):31-33.

[5]钟林涛.论医疗侵权行为下的人类胎儿权益保护[J].医学与法学,2013,5(4):12-14.

[6]夏雨.论胎儿的民事主体地位[J].湖北大学学报,2009,36(2):113-117.

[7]最高人民法院民事审判第一庭.民事审判指导与参考.第 44 集[M].北京:法律出版社,2011.

机动车交通事故数人侵权责任案例分析

刘东源[①]

摘　要：机动车交通事故数人侵权责任的认定，关键在于正确理解适用我国《民法典》第一千一百六十八条、第一千一百七十条、第一千一百七十一条、第一千一百七十二条。在司法实践中，存在着机动车交通事故数人侵权责任认定混乱的问题。其原因在于法官对法律条文的解读以及相关条文逻辑层次的理解存在着差异。笔者基于司法实践，总结了相关法律条文合理的解释路径，提出了数人侵权责任认定的四层逻辑结构。

关键词：机动车交通事故；数人侵权；侵权责任认定；案例分析

一、典型案例的来源

为了探究法院对于机动车交通事故数人侵权事件的处理情况，笔者借助"北大法宝"进行了案例检索。输入关键词"机动车交通事故、数人侵权"，选择审结年份 2023 年，共检索得到 618 篇案例。根据《最高人民法院关于适用〈中华人民共和国民法典〉时间效力的若干规定》第一条第二款，《民法典》施行前的法律事实引起的民事纠纷案件，适用当时的法律、司法解释的规定，但是法律、司法解释另有规定的除外。故《民法典》施行前的法律事实所引起的民事纠纷案件，法院审理依据是《中华人民共和国侵权责任法》（以下简称《侵权责任法》）。但是《侵权责任法》的第八条、第十条、第十一条被《民法典》第一千一百六十八条、第一千一百七十条、第一千一百七十一条完全吸收，第一千一百七十二条相比于《侵权责任法》第十二条仅删去了"赔偿"两字。所以笔者从 618 篇司法裁判中选取典型案例来说明问题。

[①]作者简介：刘东源，女，汉族，河南周口人，郑州大学法学院（知识产权学院）2020 级 5 班本科生。

二、案例检索

（一）曾明清诉彭友洪、中国平安财产保险股份有限公司成都市蜀都支公司机动车交通事故责任纠纷①

1. 基本案情

2011 年 10 月 10 日 19 时左右，未知名驾驶人驾驶未知号牌货车与横穿马路的曾某某相撞后逃逸；后有未知名驾驶人驾驶未知号牌机动车碾压倒地的曾某某后亦逃逸。19 时 05 分许，彭友洪驾驶自有的川 A211R9 号小型轿车（该车在平安财保蜀都支公司投保了交强险和不计免赔限额为 20 万元的商业三者险）途经事发路段时，由于刹车不及，从已倒在道路中间的曾某某身上碾压过去（其自述碾压部位为曾胸部），随即停车报警。19 时 21 分，医护人员到场，经现场抢救，确定曾某某已无生命体征，出具了死亡证明书，载明曾某某死亡时间为 19 时 34 分。

成都市公安局物证鉴定所出具《尸检报告》，载明检验意见为："推断曾某某的死因为颅脑、胸腹部复合性损伤致死亡，建议进行尸体解剖明确致死方式。"但经彭友洪与曾某某亲属协商，未进行尸体解剖。2011 年 11 月 14 日，交警部门出具《道路交通事故认定书》，以未知名驾驶人肇事后逃逸为由，确定未知名驾驶人均承担事故的全部责任。该《道路交通事故认定书》还载明：彭友洪驾车未确保安全，违反了《中华人民共和国道路交通安全法》第二十二条第一款的规定；由于无法证实曾某某死亡是否因与川 A211R9 号车相撞所致，故不能根据当事人的行为对发生交通事故所起的作用及过错的严重程度确定当事人的责任。

成都市中级人民法院二审认为，在彭友洪驾车碾压曾某某之前，有未知名驾驶人先后驾车与曾某某相撞并逃逸。未知名驾驶人与彭友洪虽无共同故意或共同过失，但每个人分别实施的加害行为都独立构成了对曾某某的侵权，最终造成了曾某某死亡的损害后果，该损害后果具有不可分性，且每个人的加害行为均是发生损害后果的直接原因，即每个人的行为都足以造成曾某某死亡。因此，原判根据《侵权责任法》第十一条"二人以上分别实施侵权行为造成同一损害，每个人的侵权行为都足以造成全部损害的，行为人承担连带责任"之规定，确定彭友洪与肇事逃逸者承担连带赔偿责任并无不当。

2. 思考的问题

该案件后来成为最高人民法院发布的四起侵权纠纷典型案例之一，最高人民法院

---

①参见最高人民法院发布四起侵权纠纷典型案例之四：曾明清诉彭友洪、中国平安财产保险股份有限公司成都市蜀都支公司机动车交通事故责任纠纷案。

指出,从事实层面而言,第三车碾压之时,受害人并未死亡,究竟哪一辆车的行为致受害人死亡无法确定,但根据尸检报告、勘验笔录等证据,可以确认每一辆车的碾压行为均足以造成受害人死亡的后果。该案例阐明了"足以造成全部损害"的"足以"的内涵,且在说理时,也并不是完全的经验法则,而是借助了尸检报告、勘验笔录等证据。

(二)李小虎、朱仙琼机动车交通事故责任纠纷①

1. 基本案情

2014 年 10 月 2 日 20 时 15 分许,罗俊辉驾驶川 A×××××车由天府新区白沙方向沿双简路往太平方向行驶,当行驶至双简路团山村 9 组路段时,与行人李某发生碰撞,后李某又被未知名人驾驶的机动车碰撞,致李某当场死亡。事故发生后,未知名驾驶人逃逸,至今尚未查实。

该案经过了一审、二审和再审。一审法院认为,依照《侵权责任法》第十一条的规定,罗俊辉与本案逃逸车辆的侵权人分别对李某实施侵害行为,二人虽无共同故意或共同过失,但每个人分别实施的加害行为都独立构成了对李某的侵权,最终造成了李某死亡的损害后果,该后果具有不可分性,且每个人的加害行为均是发生损害后果的直接原因,即每个人的行为都足以造成李某的死亡,因此肇事逃逸侵权人与罗俊辉应承担连带赔偿责任。

而二审法院认为,根据现有证据无法证明罗俊辉驾驶车辆与李某发生碰撞的行为足以造成李某死亡的后果,因此不能适用《侵权责任法》第十一条。依照《侵权责任法》第十二条"二人以上分别实施侵权行为造成同一损害,能够确定责任大小的,各自承担相应的责任;难以确定责任大小的,平均承担赔偿责任"的规定,罗俊辉所驾车辆与未知名车辆分别对李某实施侵权行为,造成了李某的死亡,对该后果不能确定各自责任的大小,应平均承担赔偿责任。也就是说,二审法院认为该案不构成累积因果关系,而构成共同因果关系,不承担连带责任,而承担按份责任。

而再审法院推翻了二审判决,维持了一审判决,其理由是,据交管部门出具的《道路交通事故认定书》《司法鉴定书》及照片中载明的罗俊辉驾驶的川 A×××××车在碰撞李某时的车速为 71～79 公里/小时、前保险杠蒙皮损坏、进气格栅损坏、发动机罩盖变形,前风窗玻璃损坏塌陷等情况和罗俊辉在交管部门的陈述"当我第一眼看见那行人时,那个人已经在我车头大约十米的样子,……我看见那个人的时候就马上踩了刹车,但是我不知道踩死刹车没有,因为当时我的脚已经在发抖,人也受了惊吓,车子又向前滑了一段距离才刹住的",能确认罗俊辉首先驾驶车辆撞倒李某,其车速足以单独造成李某死亡的结果。李某被罗俊辉驾车撞倒后,又被逃逸人碰撞并拖行近百米。

---

① 参见(2017)川民再 480 号民事再审判决书。

罗俊辉与逃逸人分别实施的侵权行为都足以造成李某死亡的结果,应当适用《侵权责任法》第十一条的规定。

2. 思考的问题

本案之所以经过一审、二审、再审,是因为法官对于《侵权责任法》第十二条的适用情形的理解存在了分歧,那么如何来理解第十二条的"足以"是一个尤为重要的问题。

(三)中国太平洋财产保险股份有限公司湛江中心支公司与覃美菊、罗李金、中国人民财产保险股份有限公司郑州市分公司、中华联合财产保险股份有限公司机动车交通事故责任纠纷①

1. 基本案情

2019年11月10日20时30分许,覃明相驾驶无号牌二轮摩托车沿680县道从廉江市区往新民镇三角山方向行驶,行至680线道10km+1000m时,碰撞同向前方推粤G×××××号三轮摩托车(因发动机故障)步行的行人陈康娣及三轮摩托车左侧尾部,造成覃明相及二轮摩托车跌倒在道路内,陈康娣受伤。第一阶段事故发生后,跌倒在道路内的覃明相及无号牌二轮摩托车被同向李广福驾驶的粤G×××××号小型普通客车碰撞,接着粤G×××××号小型普通客车的左后角被同向后方罗李金驾驶的粤G×××××号小型轿车的右前角碰撞,造成四车损坏,此是造成覃明相死亡的第二阶段交通事故。廉江市公安局交通警察大队经处理于2020年1月6日作出《道路交通事故认定书》,对于第一阶段交通事故,认定覃明相承担事故的全部责任,陈康娣无责任。对第二阶段交通事故,认定李广福承担事故的主要责任,罗李金承担事故的次要责任,覃明相无责任。

一审法院认为,廉江市公安局交通警察大队经过现场勘查、询问调查作出的《道路交通事故认定书》,认定事实客观真实,与法相符,当事人未提异议,本院予以采信,故认定李广福承担70%的责任,罗李金承担30%的责任。

二审法院认为,在无法确定覃明相在第一阶段已经死亡的情形下,一审判决认定第二阶段的事故是致覃明相死亡的原因,并采纳《道路交通事故认定书》的事故责任比例,认定李广福承担70%的责任,罗李金承担30%的责任,一审法院的这一认定符合生活逻辑和法律规定,并无不当,本院予以维持。故驳回上诉,维持原判。

2. 思考的问题

在无法确定覃明相在第一阶段已经死亡的情形下,一审法院凭借生活逻辑认定第二阶段的事故是致覃明相死亡的原因,这显然是不太妥当。将案例三与上述的案例

---

①参见(2021)粤08民终175号民事二审判决书。

一、二对比得知,前两个案例确定的是,被侵权人的死亡是由于侵权人的侵权行为导致的,不确定的是,侵权人的责任承担方式。此案例中,侵权人的死亡到底是由自己造成的还是由侵权人造成的是不确定的。在这种情况下,法院依据《道路交通事故认定书》判令侵权人承担按份责任是否合理。

(四)中国太平洋财产保险股份有限公司北京分公司与杨静等机动车交通事故责任纠纷①

1. 基本案情

2017 年 8 月 17 日 20 时 10 分,在北京市通州区通房路老槐庄村北口,胡文其驾驶小型轿车(内乘:杨静)头西尾东停在北侧非机动车道内,杨静开车门下车时,适有刘文刚驾驶电动自行车由东向西驶来,电动自行车右侧车把与小型轿车左后车门相撞,造成车辆损坏,刘文刚死亡。此次事故经交管部门认定,杨静违反规定开车门的违法行为,与本起交通事故的发生有因果关系,是事故发生的主要原因;胡文其驾驶小型轿车违反规定临时停车的违法行为,与本起道路交通事故的发生有因果关系,是事故发生的次要原因,刘文刚没有与道路交通事故有关的过错行为。杨静为主要责任,胡文其为次要责任,刘文刚无责任。

一审法院认为,小客车驾驶人胡文其违章停车,乘车人杨静开车门之间在主观上具有共同过失,因此构成共同侵权,胡文其和杨静应对受害人承担连带责任。事故责任与赔偿责任不是一个概念,前者是行政责任,后者为民事责任,民事责任的划分应当根据各行为与损害后果的因果关系及参与度进行确认,不能简单认为事故认定书确定杨静负事故主要责任,胡文其负事故次要责任,二人在民事赔偿时也应当按照事故认定书划分的比例承担按份责任。

二审法院认为,共同侵权以必要的意思联络(包括共同故意和有共同认识意义上的共同过失)为要件,以意思联络为承担连带责任的正当性条件。在本案事故中,胡文其和杨静均应知道将车辆停靠在非机动车道内下车行为违法,亦应知道在非机动车道内停车下车的行为,会妨碍非机动车的通行,危害交通安全,易引发交通事故造成他人受伤,但二人过于自信,均认为不致发生损害,胡文其违法将车辆停靠于非机动车道内让杨静下车,杨静下车时未注意安全,违反规定开车门,致使本次交通事故发生,造成车辆损坏,刘文刚死亡。故胡文其与杨静二人的行为,构成有意思联络的共同侵权。

2. 思考的问题

上诉人主张,本次事故经交管部门确定,胡文其承担事故的次要责任,杨静承担事故主要责任,且该认定已经由人民法院生效判决书进行了确定,因此,本案应当适用上

---

① 参见(2018)京 03 民终 9666 号民事二审判决书。

述《侵权责任法》第十二条《民法典》第一千一百七十二条的规定,由侵权双方按照责任大小各自承担相应责任。被上诉人主张,侵权双方构成共同侵权,应当承担连带责任。双方之间的分歧,在于对《民法典》第一千一百六十八条"共同实施侵权行为"的"共同"的解读以及对《民法典》第一千一百六十八条与第一千一百七十一条逻辑关系的不同理解。

三、对争议争点的分析

(一)正确理解适用"共同实施侵权行为"

《民法典》第一千一百六十八条规定了共同实施侵权行为,共同侵权的成立必须以各行为人主观上具有意思联络为要件,意思联络包含"共同故意"毋庸讳言。但是是否包含"共同过失",对此学界仍然存在着分歧。主要有以下两种观点,共同故意说和共同过错说。共同故意说,持该观点的学者认为,"共同"仅指"共同故意",这样有助于澄清多个侵权行为之间的区别,理清条文之间的逻辑层次,减少适用冲突。共同过错说,持该观点的学者认为,"共同"既包含"共同故意",又包含"共同过失"。而所谓共同过失,是指各个行为人对损害后果都具有共同的可预见性,但因疏忽或者过于自信等原因造成了同一损害后果。数人在协同状态下所实施的侵权行为造成了他人损害,对此应承担连带责任。该解释路径把受害人民事权益的保护放在了更高的法律地位,更有利于救济受害人,顺应了司法实践的现状。在案例四中,一审、二审法院均采用了此种解释路径来论证二被告在主观上存在着共同过失,在客观上其行为存在着协同关联。故二被告构成了共同侵权,应当承担连带责任。

(二)正确理解适用"足以造成全部损害"

《民法典》第一千一百七十一条规定了,二人以上分别实施侵权行为造成同一损害,每个人的侵权行为都足以造成全部损害的行为人承担连带责任。所谓"足以造成全部损害"不等于每个侵权行为都实际造成损害,侵权行为的出现总有一个先后顺序,损害结果往往在第一个侵权行为发生时就已经造成了,而后的侵权行为只是具有造成同样的损害的可能性而已,已经无法现实化地造成损害了,故《民法典》第一千一百七十一条要求的是"足以"而非"必然"。在这样的情况下,法律不再要求对每一个行为人的侵害行为所产生的后果进行深究,而是在立法上推定这些叠加的原因是损害发生的法律上的原因。

对于如何判断"足以",司法实践中采用主观和客观相结合的方法。主观说主要是根据一般的社会经验,注重考察行为本身的危险性;客观说要关注案件的实际发生情形,更加强调每个侵权行为实际造成的损害后果。法院的说理完全依据主观说会导致经验判断的随意性。客观说在一定程度上可以弥补主观说的不足,在经验判断可能出现多种结果的情况下,应当通过结合车速、人车的位置关系、碾压的位置等更为详细具体的案件事实,来认定每个主体分别实施的侵权行为是否足以造成全部的损害。案例二的再审说明"足以造成全部损害"依据了交管部门出具的《道路交通事故认定书》《司法鉴定书》、侵权人当时的车速、侵权人在交管部门的陈述等。采用主客观相结合的说理方式,更易使人信服,且适用法律条文也更加的有理有据。而案例二的二审判决,没有很好地将主客观相结合,来正确判断行为人的行为"足以造成全部损害"更多的是法官的主观经验判断。二审法院认为,两次碾压相距时间极短,根据现有证据无法证明罗俊辉驾驶车辆与李某发生碰撞的行为足以造成李某死亡的后果。来证明"足以"时,一方面依据法官的经验判断,一方面依据各种证据。对于案例二,证据为什么不足以造成李某的死亡,二审法官并没有说明。而案例三在无法确定覃明相在第一阶段已经死亡的情形下,一审法院凭借生活逻辑认定第二阶段的事故是致覃明相死亡的原因,这使经验判断可能会存在随意性,不能很好地符合实际损害。

(三)明确裁判理由对责任大小的确定采用的依据

在数人侵权的责任分担上,《民法典》第一千一百七十二条分为两个部分:第一部分是"能够确定责任大小的,各自承担相应的责任",第二部分是"难以确定责任大小的,平均承担赔偿责任"。采用何种标准认定、能否确认侵权人责任大小决定了法官将如何适用该条文。因此结合司法实践,尊重立法本意,总结出可操作性强的认定标准是统一司法裁判的关键。

通过法院的判决书,可以看到,对于责任大小的确定,有的法院依据原因力,有的法院依据过错大小。但是多个侵权行为直接作用于被侵权人的数人侵权难以区分过错大小,正如案例二,二审法院也很难确定两次碾压行为的责任大小。因而,原因力的直接结合还是间接结合作为能否确定责任大小认定标准更具有操作性。直接结合是指多个侵权行为都是损害发生的直接原因,且多个直接原因的结合才共同造成了损害,单个直接原因并不足以造成损害的发生。原因力的直接结合意味着每个侵权行为都是直接作用于受害人,在此情况下,应适用《民法典》第一千一百七十二条规定,"二人以上分别实施侵权行为造成同一损害,能够确定责任大小的,各自承担相应的责任;难以确定责任大小的,平均承担责任"。原因力的间接结合,是指其中部分原因力直接作用于损害结果,而其他原因力则对损害结果起到间接的作用,直接和间接作用的原因力不满足均"足以造成全部的损害",且此时原因力的结合不存在着共同故意或者共同过失。在此情形下,应适用《民法典》第一千一百七十二条,"二人以上分别实施侵权行为造成同一损害,能够确定责任大小的,各自承担相应的责任,难以确定责任大小的,平均承担责任"。过错的大小是原因力间接结合情形下,进一步认定责任承担比例需要考虑的因素。一般而言,按照重大过失重于一般过失、一般过失重于轻微过失的规则,来确定各侵权人各自的责任份额。

案例三中法院采纳《道路交通事故认定书》的事故责任比例,认定李广福承担70%的责任,罗李金承担30%的责任,存在其不合理之处。受害人在遭受碰撞之前已经由于自己的原因,昏迷在地,不能动弹,无法判断其是否死亡。假设受害人是在遭受第二阶段的碾压之后死亡的,法院首先需要对两个加害人的侵权行为,是否均足以造成被害人的死亡进行说明。若两侵权人的行为均足以造成被害人的死亡,则应当适用《民法典》第一千一百七十一条,"二人以上分别实施侵权行为造成同一损害,每个人的侵权行为都是以造成全部损害的,行为人承担连带责任"。其次,在两侵权人的行为不是均足以造成被害人死亡的情况下,法院应当对两侵权人责任大小的确定进行说明。因为两侵权人的行为是原因力的间接结合,此时再适用《民法典》第一千一百七十二条,"二人以上分别实施侵权行为造成同一损害,能够确定责任大小的,各自承担相应的责任;难以确定责任大小的平均承担责任"。法院的说理部分逻辑并不是层层递进的,而是基于法官的经验判断代替了部分的逻辑论证。同时由于受害人自己造成的损害对其死亡之间也存在一定的原因力,在这种情况下,须考虑交通事故对导致受害人死亡后果的原因力大小来确定承担侵权责任的范围,而不能将责任完全归咎于交通事故的加害方。受害人自己造成的损伤与受害人特殊体质在侵权责任的承担上起了类似的效果,均应酌情减轻加害人的赔偿责任。

案例二的二审判决中,法官认为罗俊辉的碾压行为不足以造成损害后果,两次的碾压行为为原因力的直接结合,应当适用《民法典》第一千一百七十二条,"二人以上分别实施侵权行为造成同一损害,能够确定责任大小的,各自承担相应的责任,难以确定责任大小的,平均承担责任"。二审法院在"足以"的认定上没有很好地结合案情,但其对《民法典》第一千一百七十二条理解与适用逻辑清楚、说理充分。

(四)交通事故认定书不能直接作为责任认定的依据

事故责任与赔偿责任不是一个概念,前者是行政责任,后者为民事责任,民事责任的划分应当根据各行为与损害后果的因果关系及参与度进行确认。在案例四中,上诉人主张,按照交通事故认定书来划分两个侵权人的责任承担比例,但实际上两个侵权人共同实施了侵权行为,应当适用《民法典》第一千一百六十八条,"二人以上共同实施侵权行为,造成他人损害的,应当承担连带责任"。在案例三中,法院则直接采纳了交通事故责任认定书的事故责任比例,一侵权人承担70%的责任,另一侵权人承担30%的责任。

四、数人侵权责任认定规则的逻辑结构

梳理裁判观点,可以发现不同的法院对于机动车交通事故数人侵权案件的审理以

及法条的适用逻辑存在着较大的差异。笔者认为其背后的原因是,没有对《民法典》的相关条文进行逻辑梳理,导致在法律适用时逻辑混乱,说理不清。笔者基于《民法典》第一千一百六十八条"二人以上共同实施侵权行为,造成他人损害的,应当承担连带责任",《民法典》第一千一百七十条"二人以上实施危及他人人身、财产安全的行为,其中一人或者数人的行为造成他人损害,能够确定具体侵权人的,由侵权人承担责任;不能确定具体侵权人的,行为人承担连带责任",《民法典》第一千一百七十一条"二人以上分别实施侵权行为造成同一损害,每个人的侵权行为都足以造成全部损害的,行为人承担连带责任"和《民法典》第一千一百七十二条"二人以上分别实施侵权行为造成同一损害,能够确定责任大小的,各自承担相应的责任;难以确定责任大小的,平均承担责任",对法律条文从逻辑关系上进行四个层次的解读,希望能为法院审理类似案件时的法律适用提供便利。

(一)判断"是否共同实施侵权行为"是责任认定的第一层次

判断是否应当适用《民法典》第一千一百六十八条是责任认定的第一个层次。如前文所述,"共同"的认定应当包含共同故意和共同过失。正如案例四的法院说理,在法院认定两个侵权人由于共同的过失而实施了侵权行为时,两侵权人责任的认定到此结束,应当适用《民法典》第一千一百六十八条,两人承担连带责任。

(二)判断"能不能确定具体侵权人"是责任认定的第二层次

法院在进行第一个层次的判断后,若多个侵权人的行为不构成共同实施侵权行为,再进行第二个层次的判断,若不能确定具体的侵权人,应当适用《民法典》第一千一百七十条,多个侵权人的责任认定到此结束。

(三)判断"是否足以造成全部的损害"是责任认定的第三层次

法院在进行第二个层次的判断后,若能确定具体的侵权人,再进行第三个层次的责任认定。如前所述,如何认定"足以造成全部损害"的"足以"应当采用主客观相结合的判断标准,最高人民法院发布的指导案例一,明确了累积因果关系的"足以造成全部损害"的深刻含义,案例二的再审判决借助了道路交通事故认定书、司法鉴定书、侵权人当时的车速、侵权人在交管部门的陈述等进行说理。若法院判断多个侵权人的侵权行为均足以造成全部的损害,应当适用《民法典》第一千一百七十一条,多个侵权人应当承担连带责任,侵权人的责任认定到此结束。

(四)判断"是否能确认责任的大小"是责任认定的第四层次

法院在进行第三个层次责任认定后,若多个行为人的行为不满足均"足以造成全部的损害",再进行第四个层次的责任认定。如前所述,如何认定"是否能确认责任的大小"应当依据原因力来进行认定,若原因力直接结合,则应当适用《民法典》第一千一百七十二条"难以确定责任大小的,平均承担责任",多个行为人平均承担侵权责任。若原因力间接结合,则应当适用《民法典》第一千一百七十二条"能够确定责任大小的,各自承担相应的责任"。

五、结语

通过梳理多个机动车交通事故数人侵权案件的审理情况,可以看出,司法中存在着法律适用不准确的现象。究其根源仍然在于对《民法典》相关条文存在误解,对相关条文之间的逻辑层次模糊不清,这就会导致部分判决书在说理部分逻辑不严谨。笔者通过对典型案例的分析,总结了适用于司法实践的条文解释路径。在此基础上,提出了法条适用顺序的四层逻辑结构,降低了法律条文的理解难度,提高了法条适用的可操作性。

参考文献

[1]程啸.论无意思联络的数人侵权:以《侵权责任法》第11、12条为中心[J].暨南学报(哲学社会科学版),2011,33(5):65-76.

[2]王泽鉴.侵权行为[M].3版.北京:北京大学出版社,2015:352-353.

[3]刘道远.《民法典》狭义共同侵权规则中"共同实施"的解释[J].河南师范大学学报(哲学社会科学版),2021,48(6):35-43.

[4]李宗录,王运东.机动车交通事故数人侵权责任认定的实证分析[J].青岛科技大学学报(社会科学版),2020,36(1):47-53.

[5]杨立新.论机动车交通事故的基本责任形态[J].河北学刊,2009,29(3):196-202.

房屋租赁合同纠纷案例分析

——张淑碧与李友星房屋租赁合同纠纷案

冯世豪①

摘　要:随着社会主义市场经济建设与城市化的持续推进,地区的商业环境与地价水平也发生巨变,因此产生了长期租赁合同双方的一方当事人因为商业环境与房价变化而对原合同进行新的变更主张,并由此引发了一系列房屋租赁合同纠纷案件。而在对该纠纷进行审理时需要综合考量双方签订时的情况以及合同本身要素,由此得出维护诚实信用原则与最大化协调双方利益的最优结果。本文便是以笔者暑期实习时期经办的一个案例为研究对象,对关于因为情势变更导致房屋租赁合同所存在的商业环境变化而产生的一系列纠纷如何定性与解决,展开研究与探讨。

关键词:家事代理权;情势变更;显失公平;不安抗辩权

一、事实概要

本案的基本事实如下:被告李友星(以下简称被告)与王礼兰(先承租人)于2016年3月8日签订转让协议,将位于新区红山街道鸿运苑街鸿运苑1112号俊峰旅馆以280 000元的价格(另外有5000元的押金,王礼兰已经向房东支付,故而被告需另外向其支付5000元押金)转让给李友星使用,转让协议约定标的主要是两部分,一是将旅馆经营权和所有权转让给李友星,二是旅馆所在房屋系王礼兰向第三人邢美琥(系原告前夫,租赁合同签订时系婚姻存续期间,以下简称第三人)所租借,故而双方约定将该房屋转租给李友星。

被告与第三人于2016年3月8日签订一份八年期合同(房屋租赁期限自2016年3月28日至2024年3月27日),经过双方协定,被告一次性向第三人支付五年期的

---

①作者简介:冯世豪,男,汉族,安徽宣城人,郑州大学法学院(知识产权学院)2020级6班本科生。

租金,而第三人对租金给予了优惠。而被告于2016年3月10日以现金方式给付第三人60 000元,加上原来王礼兰向第三人预支付的租金18 000元,共计78 000元整。

2016年7月7日,第三人因为债务压力急需用钱,主动向被告提出以优惠价格为条件让其提前交三年租金,经双方协商,三年租金为35 800元,被告当天以转账方式给付给第三人租金。

2016年10月21日,第三人主动向被告邀约,续签两年租期(即房屋租赁期变更为2016年3月28日至2026年3月27日),后经过双方协商以现金方式交付两年租金共计15 000元,并在租赁合同上注明十一年房租已结清。

而房屋的共有人即原告张淑碧于2021年12月28日以被告与第三人所签订的合同系因为第三人受债权人即被告胁迫所签订,是以租金抵债,合同约定不具体明确,存在重大错误,且租赁合同是在原告完全不知情的情况下所签订,故而应当认定为无效合同,以此为由向新吴区人民法院提起诉讼,要求法院撤销合同,并且判令被告按照现行市场价格对其给付租金。

二、争议焦点

(1)第三人与被告签订的租赁合同是否对原告具有约束力。
(2)原告诉请的不安抗辩请求权是否成立。
(3)第三人是否受到胁迫与被告签订合同。
(4)合同约定是否不明确,即合同是否存在重大瑕疵。
(5)租赁合同是否显失公平或者因为情势变更而可撤销。

三、案情分析

由于本案尚未有生效判决,故而笔者结合自己所学以及学者观点对本案进行分析。

(一)涉案合同是否对原告具有约束力

而针对争议焦点一,根据当事人双方所提交的证据和双方的法庭陈述,可以确定被告属于善意,因为在被告与第三人签署案涉房屋租赁合同之前,已就案涉房屋与案外人王礼兰进行多年租赁行为,被告亦是从王礼兰手上受让案涉房屋的剩余租期权益,故而被告可以推定认为原告对案涉房屋出租知情且同意。

而且根据我国《民法典》第三百条"共有人按照约定管理共有的动产或者不动产,没有约定或者约定不明确的,各共有人都有管理的权利和义务"的规定可知,共有人有权在不减损共有物并对其他共有权人的合法权益造成损害的前提下,可以对共有物进行合理的管理和使用,以实现共有权人利益最大化。而第三人对案涉房屋的租赁行为属于收益行为,并非对共有财产重大事项的事实处分和法律处分行为,故而属于对共有物的合理使用,无需经过其他共有权人即原告的同意。

综前所述,第三人与被告进行的房屋租赁行为时,被告是可以推定认为原告知道或者应当知道房屋租赁行为的发生,被告为善意第三人,而对于原告以其不知情为由认定案涉房屋租赁合同无效的主张,其不知情是其与第三人共有人内部之间的纠纷,不得因为第三人不履行告知义务,而损害善意第三人的合法权益。

而由于房屋租赁合同签订时间是在原告与第三人夫妻关系存续期间,故而除了共有权人的合理使用可以对原告诉请进行抗辩之外,还可以依据《民法典》第一千零六十条的规定,即夫妻一方因为家庭日常生活需要而实施的民事法律行为,对夫妻双方发生效力,但是夫妻一方与相对方另有约定的除外。夫妻之间对一方可以实施的民事法律行为范围的限制,不得对抗善意相对人。而原告在法庭调查中也表示案涉房屋一直是由第三人进行管理,其从不过问,而且案涉房屋租赁给他人进行旅馆经营也是原告家庭收入的主要来源之一,所以第三人与被告签订房屋租赁合同的行为为其行使家事代理权,故而合同效力及于原告。同时原告向被告主张支付租金的行为本身也是认可案涉房屋租赁合同效力及于其的表现,故而综前所述,案涉房屋租赁合同对原告产生效力。

(二)不安抗辩权适用

而针对争议焦点二即原告主张的不安抗辩权是否成立,我认为原告行使不安抗辩权的主张是属于法律适用错误。根据我国《民法典》第五百二十七条关于不安抗辩权的规定,"应当先履行债务的当事人,有确切证据证明对方有下列情形之一的,可以中止履行。①经营状况严重恶化;②转移财产、抽逃资金,以逃避债务;③丧失商业信誉;④有丧失或者可能丧失履行债务能力的其他情形"。

虽然案涉房屋租赁合同为双务合同,但是案涉当事人所互负的债务是没有确切先后顺序的,案涉房屋租赁合同共分三次签订和修改,每一次是先交付租金再签订合同还是先签订合同再交付租金都存在,没有明确双方谁为先履行义务方。即使对双方当事人的先后履行进行认定,也是被告在向第三人发出租赁房屋合意后并且向其交付租金后再签订房屋租赁合同,所以被告为先履行义务方。而且被告已经在合同签订后分三次将全部租金给付给第三人,所以截止到诉讼前,被告已经完成履行其全部租金给付义务,故而不存在被告作为后履行当事人将有不履行或者不能履行合同的可能性,即不存在先后履行问题,而原告也没有举证证明被告存在不安抗辩权的情形。故而无论是从权利主体还是从权利保护对象均不符合不安抗辩权的适用条件,原告主张属于法律适用错误。

（三）合同签订是否受到胁迫

而针对争议焦点三，原告主张第三人是受到了胁迫而签订的合同，并且希望以《民法典》第一百五十条之规定"一方或者第三人以胁迫手段，使对方在违背真实意思的情况下实施的民事法律行为，受胁迫方有权请求人民法院或者仲裁机构予以撤销"对涉案合同予以撤销。但是原告对于第三人是在受到胁迫之时与被告签订合同的主张并没有相应的证据进行佐证。而对于第三人在庭审中所提出的其是欠了被告的高利贷，被他追债追急了，便无奈之下与被告签订了涉案合同。而且第三人还提出自己因为做生意欠了一大笔高利贷，天天被高利贷主逼得很紧，并且还被非法拘禁，这些高利贷都在去年的扫黑除恶运动中得以解决，他的案子还被当作了无锡市扫黑除恶的典型案例。而当被问及为什么当时不向公安机关举报被告对其的强迫行为，第三人辩称是因为自己念及旧情。而第三人对于其陈述并没有直接证据证明其与被告签订涉案合同是受到了胁迫，而对于其念及旧情而并没有举报被告的说法，也与第三人声称与被告本来素不相识相矛盾，所以在判决中也不应当予以采信，故而综上第三人签订合同时系其自愿而无证据证明其受到胁迫而签订，故而合同不能据此以撤销。

（四）合同是否存在重大瑕疵

而针对争议焦点四，原告主张合同约定是否不明确，存在重大瑕疵。针对该争议焦点，首先需要从两个角度考虑，一个是合同构成要件，另一个是合同履行要件。根据《民法典》第四百七十条规定的合同的主要条款仅仅是对合同的一般条款进行了列举，但是由于合同是基于当事人意思自治的基础上所协定，故而对于经过当事人协定并且充分体现其意思表示的具体明确的合同，即可认定为有效的合同。而涉案的房屋租赁合同当事人的姓名和住所、标的和违约责任均已经明确约定，但是对于价款以及履行方式和期限，并没有作明确约定，而是直接写了所有租金皆宜结清。而对于涉案合同、对于价款以及履行方式的约定，笔者认为由于租金已经一次性结清故而无再明确约定价款和履行方式的必要性，故而合同约定并未存在重大瑕疵。

（五）合同是否因显失公平或者情势变更而可撤销

而对于争议焦点五，原告主张租赁合同是否显失公平或者因为情势变更而可撤销。原告主张涉案房屋租赁合同所约定的价款是在被告趁着第三人急需钱的时候所提出，而且明显低于周边平均租金水平，是显失公平的，并且由于近些年来新区的开发，周边房价激增，所以涉案房屋的所在地商业环境也发生了重大变化，故而该租赁合同不仅仅存在显失公平的情形，也因为情势发生变更而应当可撤销。

《民法典》第一百五十一条规定，一方利用对方处于危困状态、缺乏判断能力等情形，致使民事法律行为成立时显失公平的，受损害方有权请求人民法院或者仲裁机构予以撤销。

而第三人在与被告签订合同时虽然是处于急需用钱的状态,但是其并没有因为处于危困状态而丧失判断能力,而且对于价款均是由第三人主动提出,被告还与第三人进行了讨价还价,所以也可以据此判断第三人并没有丧失判断能力,至于原告所提出的合同所约定的租金明显低于同地段平均租金水平,涉案房屋租赁行为是发生在六年前,当时新区尚未开发,当时新区的租金水平整体偏低,而且由于被告是一次性支付十年租金,所以参照的也应当是当时所约定的租金标准,且对于被告一次性支付所进行的优惠也是属于合理商事行为。而且由于房屋租赁行为是基于合同约定,合同已经生效并且被告已经履行完其给付义务,故而原告以显失公平为由否定被告已经履行的给付义务并且希望增添对方义务,以此获利的行为不应当得到支持。

《民法典》第五百三十三条规定,合同成立后,合同的基础条件发生了当事人在订立合同时无法预见的、不属于商业风险的重大变化,继续履行合同对于当事人一方明显不公平的,受不利影响的当事人可以与对方重新协商;在合理期限内协商不成的,当事人可以请求人民法院或者仲裁机构变更或者解除合同。人民法院或者仲裁机构应当结合案件的实际情况,根据公平原则变更或者解除合同。首先新区开发周围地价上升属于正常的商业环境变迁行为,并非属于第五百三十三条所规定的无可预见的不属于商业风险的重大变化,这是合理的商业风险,如果新区地价暴跌,租金下降,被告也仍然需要向第三人按照合同约定给付租金,这是合理的商事行为风险。而且被告已经履行完其金钱给付义务,虽然由于地价上涨导致第三人与原告方处于不公平的状态,但是这也是合理商业风险限度内,但是这不是法定的显失公平的构成要件。如果原告认为继续履行会严重损害其利益可以与被告协商,让被告适度进行补偿。

综上涉案的房屋租赁合同并不属于因为显失公平或者情势变更而可撤销的法定情形。

故而笔者认为依据现有证据和法庭上双方辩词,可以认定涉案房屋租赁合同应当有效,且由于被告已经履行完成其金钱给付义务,因而无需向原告和第三人额外履行其他义务,即驳回原告诉讼请求。

四、相关理论整理

(一)家事代理权

依据贺剑教授的观点:我国《民法典》第1060条规定,"夫妻一方因家庭日常生活需要而实施的民事法律行为,对夫妻双方发生效力,但是夫妻一方与相对人另有约定的除外。夫妻之间对一方可以实施的民事法律行为范围的限制,不得对抗善意相对人"。基于意思自治原则,夫妻一方以个人名义实施的民事法律行为,与其配偶无关,无法约束后者。但依据本条,夫妻一方(以个人名义)实施的民事法律行为,却对夫妻双方发生效力。这构成意思自治原则,尤其是合同相对性原则的例外,与通常的法定和意定代理也有重大不同。①

我国法定夫妻财产制从财产、管理与债务的三位一体的体系视角加以理解和构建。从财产与债务的基本对应关系来看,共同财产因管理行为而受益,管理行为所产生的费用和支出归由共同财产承担。因对于共同财产采取不同的管理形态(单方管理,专属管理,共同管理),管理人负个人责任,非管理人一方不负个人责任。需共同管理时单方越权管理所形成的债务为个人债务,由其个人以其财产承担清偿责任;仅在该管理行为对夫妻的共同利益有益时,责任财产范围才扩及于非管理人配偶一方在共同财产中的份额。②

而负担行为是日常家事代理的主要适用场景。在实践中,引发争讼者往往为金钱借贷,但也涉及其他类型,如房屋出租、装修、购买或维修家用汽车等。所涉负担行为无须为双务合同,也可以是单务合同,如人情往来中的赠与行为等。③

而本案中根据原告的陈述可知,对于该共同财产为第三人单方管理,且第三人进行的非处分行为也是基于夫妻共同生活所需要而进行的收益性行为,故而应当认定为其行使家事代理权。

(二)共有人对共有物日常管理的单独处理权

关于共有物的日常管理,如日常维护、收益收取等,根据《民法典》第三百条,共有人按照约定管理共有的不动产或者动产;没有约定或者约定不明确的,各共有人都有管理的权利和义务。结合《民法典》第三百零一条关于重大事项采取多数人同意的规定,应认为《民法典》第三百条承认各共有人单独决定共有物日常管理事项的权利。同理,《民法典》第一千零六十二条第二款的"夫妻对共同财产,有平等的处理权"也可以做类似理解。据此,依据《民法典》第三百零七条,夫妻一方就共同共有财产所为之管理行为,对应于"因共有的不动产或者动产产生的债权债务",在对外关系上,夫妻作为共有人享有连带债权、承担连带债务,但是法律另有规定或者第三人知道共有人不具有连带债权债务关系的除外。共同共有人的前述单独处理权与日常家事代理在适用范围上不无重合。但是,后者还包括与夫妻共同财产的日常管理无关的其他财产或人身事项,如夫妻共同财产的取得、各类扶养义务的履行等。在两者重合时,应允许

①贺剑:《〈民法典〉第1060条(日常家事代理)评注》,《南京大学学报(哲学·人文科学·社会科学)》2021年第4期,第102-119,162-163页。
②季红明:《论夫妻共同财产制体系中的管理权模式及其对债务形态的影响——以〈中华人民共和国民法典〉(草案)的完善为中心》,《上海政法学院学报(法治论丛)》2020年第1期,第85-104页。
③参见江苏省睢宁县人民法院(2016)苏0324民初7573号民事判决书。

竞合,法院或当事人有权择一适用。①

(三) 不安抗辩权

《民法典》第五百二十七条授予先给付义务人不安抗辩权,即当合同履行存在先后顺序,先履行方认为对方缺乏或可能缺乏履行债务的能力时,先履行方可以中止履行或者免除违约责任。

根据我国《民法典》的规定,不安抗辩权成立应符合以下条件:

行使不安抗辩权必须是有先后履行顺序的双务合同,该合同须有先后的履行顺序。不安抗辩权是合同的先履行方在其预期利益有不能实现的危险时享有的履行抗辩权,其发生的前提是权利人负有先履行义务。合同双方当事人的债权、债务有对价关系和因果关系,只有先履约一方才能享有不安抗辩权。

行使不安抗辩权必须后履约一方存在法定情形,有难为对待给付的情况,不安抗辩权保护先履约一方是有严格条件的,必须严格符合法定情形,以避免造成当事人滥用不安抗辩权,不利于市场秩序的稳定。有下列情形之一的,可以中止履行:①经营状况严重恶化;②转移财产、抽逃资金,以逃避债务。后履行方的当事人在合同履行期即将到来之前,转移财产,抽逃资金,以逃避债务,其意图是十分明显的。在这种情况下,先履行债务的当事人如果按合同的约定先履行义务,则有可能使自己的债权不能实现,造成自己的损失。因此,先履行债务的当事人可以行使不安抗辩权。③丧失商业信誉;④有丧失或者可能丧失履行债务能力的其他情形。《民法典》的弹性规定使不安抗辩权的适用范围得以扩大,这也是《民法典》为实现立法目的实施的兜底条款。②

行使不安抗辩权一方应当承担举证责任,因为不安抗辩权是对合同效力的法律救济条款,其实施存在一定损害市场交易安全的风险,如果滥用也会导致市场交易安全受损。

履行通知义务行使不安抗辩权而中止履行的一方,应当及时通知对方,以使对方根据实际情况决定是否提供担保以消灭不安抗辩权。

不过,不安抗辩权既未改变合同义务的先后履行顺序,也不影响先给付义务人履行期将率先届满。③ 如果缺乏确定的法律结构,调整不安抗辩权的行使程序与法律效果,势必逆转合同当事人的利益状态。所以,《民法典》第五百二十八条配置了"先给付义务人及时通知""后给付义务人提供担保"等一系列制度,以促使合同履行回归正常轨迹,并以此避免债务关系陷入悬而未决状态。先给付义务人中止履行后,债务关

---

① 贺剑:《〈民法典〉第 1060 条(日常家事代理)评注》,《南京大学学报(哲学·人文科学·社会科学)》2021 年第 4 期,第 102-119,162-163 页。

② 赵承启:《浅议我国的不安抗辩制度》,《法制与社会》2013 年第 33 期,第 44-45 页。

③ 姚源:《不安抗辩权》,《法制博览》2021 年第 15 期,第 61-62 页。

系的悬而未决状态将持续,由此,原本存在先后履行顺序的两项给付义务最终发展为均已届期。此局面既无助于先给付义务人及时"解套"与寻求替代交易,也不利于后给付义务人获得稳定法律预期。所以,《民法典》第五百二十八条授予先给付义务人合同解除权,及时终结因不安抗辩权的持续不稳定状态。[①]

而本案并未出现不安抗辩权适用情形,因为不安抗辩权适用条件是先履行义务人预见后履行义务人无法履行,不能得到其预期利益,故而做出的自我保护措施。而本案中合同签订之日,被告即向第三人履行了租金支付义务,为先履行义务方,第三人的房屋持续处于被告占有使用之下为后履行义务方,故而本案不得适用不安抗辩权。

(四)情势变更

情势是指合同当事人在合同订立之初难以预见,但是又不属于不可抗力、商业风险的与合同有关的客观事实。变更主要是指所发生的"情势"必须达到重大的程度,影响到合同履行基础,如果继续履行合同则会导致当事人双方权利义务失衡。

而徐冰法官认为情势变更原则适用前提的合同基础条件变化,并非"变化"的源头,而是合同外客观事件引起的结果。不可抗力、国家政策、经济危机等,都可能成为引起合同基础条件变化的客观事件。客观事件作用于合同权利义务,造成履行障碍;履行障碍的形态可分为:履行不能、履行艰难、部分履行、迟延履行;障碍程度会进一步影响合同目的;合同目的能否实现将决定合同存废;合同解除、变更或存续,同时伴随责任承担问题。[②] 而该变化也会导致双方签订合同时所依据的客观条件发生重大变化,从而导致合同存续基础改变,使原合同难以继续存续。

情势变更是合同履行过程中因为客观条件变化导致合同继续履行会给一方当事人造成重大损失,明显违背公平原则,而因此可以经过双方协商或者经过法院司法确认变更或者解除合同。而本案中由于被告在合同签订后即履行完其支付义务,故而地价上涨和周边商业环境变化也是正常的商事行为可预见范围,该客观事实也不属于情势变更的客观事实范围。

(五)显失公平

对于显失公平,王磊教授认为显失公平的两个构成要素即意思瑕疵与给付失衡,两者是必须共同符合才构成显失公平,而不能单独适用。

显失公平规则之所以不得单独以意思瑕疵为由否认法律行为的效力,在于其意思瑕疵只是单纯地利用相对人的危困状态,至于相对人产生危困状态的原因为何,与行

①李建星:《〈民法典〉第 528 条(不安抗辩权的效力)评注》,《民商法论丛》2021 年第 1 期,第 183-205 页。

②徐冰:《情势变更原则的具体化构建——规范审判权行使视角下〈民法典〉第 533 条的准确适用》,《法律适用》2022 年第 2 期,第 94-105 页。

为人并无多大关联。也就是意思瑕疵程度较为微弱,尚未达到胁迫、欺诈的程度,否则就不存在援引显失公平的必要性。这解释了显失公平规则受到意思瑕疵原理与给付失衡原理同时支配的原因,因为意思自治尚未遭受诸如胁迫、欺诈般的严重违背,轻微的意思瑕疵不足以成为单独否认法律行为效力的理由,需要给付与对待给付的显著失衡补足价值强度。反之,给付失衡原理通常也不能单独否认法律行为的效力,倘若给付与对待给付的失衡成为否认法律行为效力的理由势必造成市场秩序的破坏。给付失衡原理也需要意思瑕疵原理增强正当性,在给付与对待给付显著失衡的基础去关注其原因,两者协同作用方能否认法律行为的效力。①

而首先当事人在签订合同时是系双方真实意思表示,虽然第三人声称自己是受到了胁迫但是其并没有提供相关证明,并且其供述也存在前后矛盾的情形,故而应该不构成意思瑕疵。虽然合同价款不符合现行租金水平,但是合同是在六年前签订,当时案涉房屋所在地并没有开发,并且也是符合当时租金水平的,而且被告一次性支付十年租金,第三人对其租金进行折扣也属于正常商事行为,故而本案也不应认定为显失公平情形。

五、结语

本案是典型的因为商业环境变化导致合同履行客观条件发生变化,并由此产生的合同关系权利义务纠纷。本案的基础法律关系简单,但是其中由于双方当事人的特殊性而使法律关系复杂化,从而也使在思考与论证本案过程中会涉及诸多民法知识点。本案涉及家事代理权、情势变更、显失公平、不安抗辩权等诸多法律知识,非常适合法学本科生将所学知识运用于实务,并且在法律适用的过程中不断巩固与扩展自己相关知识点,而在思考与论证过程中也有效提升我们的学科思维与专业素养。

而笔者在对本案进行分析的过程中,也借鉴了带教律师的思路与观点,通过自己对案件的理解,逐渐理解和明白律师的办案逻辑,从而学习到了在面对此种案件时应该如何思考、如何进行辩护。虽然我本人是作为辩护方参与案件,但是当我看到案件材料时候的第一反应便是委托人即被告是否存在欺诈或者胁迫情形,因为该合同无论是从支付方式还是从合同标的来看,都存在明显的不符合常理和市场价格的情形,所以如果单纯察看案件事实而不看相关证据的话,按照一般人的理解都会认为被告方存在胁迫情形,而本案的五个争议焦点,其中有三个是直接关于合同是否有效和可撤销的。但是单单看案件材料是不能真正了解事实的真相,只有参加庭审并且仔细观察双方当事人的言行,结合双方所提供的证据才能真正了解事实的真相。庭审过程中主要

---

① 王磊:《论显失公平的规范形态与解释方案》,《北方法学》2022 年第 4 期,第 51-64 页。

发言的是第三人和双方律师,其中笔者仔细观察了第三人,然后再结合案件材料和他们所说慢慢厘清其中的关系,明确当时签订合同并非被告方胁迫或者欺诈所为,而是第三人主动提出,并且第三人不仅和原告共同共有该房屋,还一直是该房屋的实际管理人,所以第三人所做的法律行为应当是合法有效的。故而原告之诉求便没有相应的法律基础,故而应当驳回原告诉求。

在案件办理过程中,会出现案件表面的情况与案件事实不相符合的情形,这就需要我们基于证据去寻找正确的案件事实,案件事实认定清楚则案件便基本完成,以事实为基础然后再辅之以法律为准绳,便可以有效处理个案。而在看到案件之后便会结合己方角度而形成一定立场,不过我们在不断了解案件事实的过程中,也会不断完善自己的思路,最终形成完整的逻辑链。而构建这个逻辑链的前提便是要我们学好专业知识,有良好的专业基础,并且不断参与实务,在实践中积累经验,从而做到知行合一。

参考文献

[1]贺剑.《〈民法典〉第 1060 条(日常家事代理)评注》[J].南京大学学报(哲学·人文科学·社会科学),2021,58(4):102-119,162-163.

[2]季红明.论夫妻共同财产制体系中的管理权模式及其对债务形态的影响:以《中华人民共和国民法典(草案)》的完善为中心[J].上海政法学院学报(法治论丛),2020,35(1):85-104.

[3]赵承启.浅议我国的不安抗辩制度[J].法制与社会,2013(33):44-45.

[4]姚源.不安抗辩权[J].法制博览,2021(15):61-62.

[5]李建星.《民法典》第 528 条(不安抗辩权的效力)评注[J].民商法论丛,2021,72(1):183-205.

[6]徐冰.情势变更原则的具体化构建:规范审判权行使视角下《民法典》第 533 条的准确适用[J].法律适用,2022(2):94-105.

[7]王磊.论显失公平的规范形态与解释方案[J].北方法学,2022,16(4):51-64.

"以房养老"型"套路贷"案例分析

——以高某诉刘某、龙某确认合同无效案为例

徐　琴①

摘　要:在"以房养老"型的"套路贷"骗局中,以抵房借贷行为产生的房屋买卖合同纠纷为典型,其中复合了借贷合同、委托代理、房屋买卖合同三种主要的法律关系,主要表现为出借人与代理人、交易相对人恶意串通,出借人要求借款人提供房屋等不动产作为担保,以委托售房代理权为抵押,且指定受托人代为办理签订合同、收取房款直至办理过户手续等事宜,后代理人依委托权限径直出售房屋并收取售房款,从而损害被代理人合法利益的民事法律行为。在该案件中出现的问题主要有恶意串通行为的判断、抵押权人自行出卖抵押物的行为是否具有正当性以及出卖抵押物所签订的买卖合同的有效性问题。

关键词:合同无效;委托代理;恶意串通;抵押

2022 年 4 月,全国打击整治养老诈骗专项行动部署会召开,时任中央政法委秘书长、全国打击整治养老诈骗专项行动办公室主任陈一新强调,要坚持以习近平新时代中国特色社会主义思想为指导,坚持宣传教育、依法打击、整治规范"三箭齐发",依法严惩养老诈骗违法犯罪,延伸治理侵害老年人合法权益的涉诈乱象问题,为广大老年人安享幸福晚年营造良好社会环境。为此组织开展了为期六个月的全国打击整治养老诈骗专项行动。在暑期实习工作期间,笔者也看到过这样的案例,犯罪分子以老年人为目标实施诈骗,比如将价格低廉的"保健品"以高价出售给老年人。本案为《人民法院报》2021 年 02 月 25 日期第 3 版的内容"人民法院老年人权益保护十大典型案例"之一。

---

① 作者简介:徐琴,女,汉族,湖南永州人,郑州大学法学院(知识产权学院)2020 级 6 班本科生。

一、案件简介

（一）基本案情

2016年4月15日，王某与高某签订了《借款合同》，约定王某出借220万元给高某。2016年5月17日，北京市某公证处根据王某与高某的申请就上述《借款合同》出具《具有强制执行效力的债权文书公证书》。2016年4月15日至18日，王某通过银行转账方式向高某支付220万元。2016年4月15日，高某向北京市某公证处申请就涉案房屋委托龙某全权办理出售和其他相关事项进行公证。2016年4月15日，龙某作为高某的委托代理人为涉案房屋办理抵押登记。2016年8月5日，在某置地公司的居间下，龙某作为高某（甲方）的委托代理人与刘某（乙方）签订《北京市存量房屋买卖合同（经纪成交版）》及《补充协议》，约定高某将涉案房屋以280万元的价格出卖给刘某。2016年8月25日9时46分，王某某向何某光转账支付200万元。同日9时56分，何某光向龙某转账支付200万元。同日9时59分，龙某向王某转账支付200万元。同日10时7分，王某向王某某转账支付200万元。龙某和刘某均主张2016年8月25日9时56分何某光向龙某转账支付的200万元系支付涉案房屋的购房款。2016年10月9日，涉案房屋转移登记至刘某名下。2016年10月24日，龙某自称系刘某亲属，委托中介公司居间寻找涉案房屋买家，并通过微信向中介公司经纪人提供刘某的身份证照片及登记在刘某名下的涉案房屋不动产权证照片。2016年11月14日，刘某为涉案房屋办理了抵押登记，登记的抵押权人为李某航，担保债权数额为270万元。经查，王某某、王某、龙某、何某光、李某航在2016年8月25日之前和之后长期存在大额、密集资金往来。后高某起诉至本院要求判决龙某代理高某与刘某就涉案房屋签订的《存量房屋买卖合同》无效，以及刘某将涉案房屋过户至高某名下，案件相关人物关系图如图1-1所示。

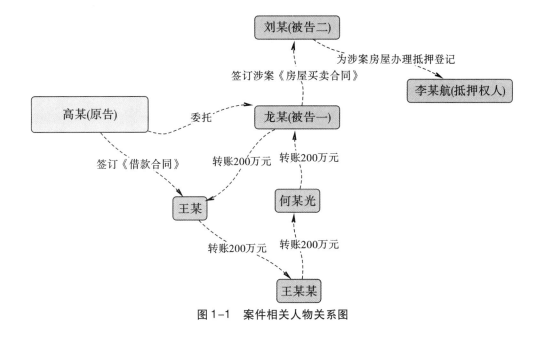

图1-1 案件相关人物关系图

（二）裁判结果

北京市朝阳区人民法院依照《中华人民共和国物权法》第一百九十一条第二款、第一百九十五条,《中华人民共和国担保法》第五十三条,《中华人民共和国合同法》第五十二条第(二)项、第五十八条,《中华人民共和国民事诉讼法》第六十四条、第一百九十六条、第一百九十七条之规定,做出如下判决:

（1）确认被告龙某代理原告高某与被告刘某就涉案房屋订立的房屋买卖合同无效;

（2）被告刘某于本判决生效后七日内协助原告高某将涉案房屋变更登记至原告高某下;

（3）案件受理费29 200元、保全费5000元,由被告刘某、被告龙某负担。

二、提出问题

本案中,原告高某不仅因投资"以房养老"理财项目而背负巨额债务,又在行为人的恶意串通之下失去自有房产。一般而言,金钱损失可在相关刑事案件中通过退赃退赔获得赔偿,但房产因涉及买受人的利益而无法一并处理,投资人需要通过民事诉讼来另行主张权利。本案在审理过程中,主要的争议焦点有二:一是被告刘某、被告龙某买卖涉案房屋是否存在恶意串通;二是被告龙某自行出卖涉案房屋(即抵押物)代原告高某清偿债务的行为是否具有正当性。

（一）关于被告刘某、被告龙某买卖涉案房屋是否存在恶意串通

一般而言，在"以房养老"理财骗局中，行为人之间的恶意串通行为具有较强的隐蔽性，原告难以提供有力的证据予以证明。本案中查明，出借人王某、代理人龙某、房款支付人何某光等人员之间存在大额、密集资金往来，可以认定具有密切的经济利益联系，尤其法院调查银行交易记录查明，刘某、龙某所称的购房款200万元由王某某账户转出，循环一圈后又回到王某某账户，形成一个闭合的资金链，并未发生该笔款项所有权实质性转移，而被告刘某、被告龙某作为买卖双方，本应存在利益冲突，但双方亦存在不符合常理的联系，应当认定以上各方就买卖涉案房屋存在恶意串通，损害了原告高某的合法权益，故应认定房屋买卖合同无效。

（二）关于被告龙某自行出卖涉案房屋（即抵押物）代原告高某清偿债 务的行为是否具有正当性

本案中，王某、龙某和高某所约定的抵押权实现方式，即在抵押合同订立之时就约定抵押权人指定的人可以在债务人不履行到期债务时自行出卖抵押财产使抵押权人优先受偿，往往与以房屋作为抵押物的民间借贷合同如影随行，这也是近年来屡禁不绝的"套路贷"中的一个典型套路。如本案原告高某签订《借款合同》并向公证机构申请办理《具有强制执行效力的债权文书公证书》、全权委托出卖房屋的公证书等，并约定如不能履行还款义务，则受托人可以自行出卖房屋偿还借款，为受托人任意出卖涉案房屋扫清了障碍。在这种情况下，受托人与抵押权人规避了法律所规定的当事人协议、法院非讼程序和诉讼程序三种抵押权法定实现程序，剥夺抵押人议定抵押财产价格的权利，自行决定出卖价格将房屋变卖，变卖过程往往对抵押人完全不公开、不透明，抵押人根本无从知晓抵押财产在何时被以何价格出卖给何人，从而使抵押权人与抵押人的权利完全失衡。这种约定与流质条款具有如下相似特征：

第一，在实现抵押权条件具备前，往往是订立抵押合同时，约定债务人不能清偿债务，则抵押权人取得抵押物所有权或可以处分抵押物。第二，规避了抵押权实现的法定程序。第三，打破了抵押制度框架下抵押人和抵押权人的权利平衡。然而，立法上仅明确禁止了流质条款，对于这种规避实现抵押权法定程序的约定并未禁止，故法院在做出判决时只能采取审慎态度，往往仅将其作为确定合同效力状态的参考性因素，而非决定性因素。如立法或司法解释能够参照流质条款无效的规定，明确该约定无效，则对相关行为予以规范和调整的依据将更加充分，抵押人也不必在举证证明代理人和买受人存在恶意串通上大费周章。

三、理论分析

(一)一般论

对于合同纠纷,首先应判断涉案合同是否有效。依法成立的合同受法律保护,法律规定的合同无效的情形有:①无民事行为能力人签订的合同无效;②行为人与相对人以虚假的意思表示签订的合同无效;③违反法律、行政法规的强制性规定的合同无效;④违背公序良俗的合同无效;⑤行为人与相对人恶意串通,损害他人合法权益的合同无效。

关于抵押权实现的方式和程序,债务人不履行到期债务或者发生当事人约定的实现抵押权的情形,抵押权人可以与抵押人协议以抵押财产折价或者以拍卖、变卖该抵押财产所得的价款优先受偿。协议损害其他债权人利益的,其他债权人可以请求人民法院撤销该协议。

(二)对本案的判断

在本案中,出借人王某、代理人龙某、房款支付人何某光等人员之间存在大额、密集资金往来,经查明存在恶意串通,根据原《合同法》第五十二条第(二)项,即恶意串通,损害国家、集体或者第三人利益的合同无效(现根据《民法典》第一百五十四条,即行为人与相对人恶意串通,损害他人合法权益的民事法律行为无效),可判定该涉案合同无效。

本案案发时《民法典》尚未出台,适用原《物权法》的相关规定。在抵押关系存续期间,抵押人转让抵押财产的,原《物权法》第一百九十一条采取比较严格的规则,即抵押期间,抵押人经抵押权人同意转让抵押财产的,应当将转让所得的价款向抵押权人提前清偿债务或者提存。转让的价款超过债权数额的部分归抵押人所有,不足部分由债务人清偿。抵押期间,抵押人未经抵押权人同意,不得转让抵押财产,但受让人代为清偿债务消灭抵押权的除外。事实上,在财产上设置抵押权,只要抵押权跟随抵押财产一并移转,就能够保障抵押权人的权利。故《民法典》在规定抵押期间转让抵押财产的规则时,改变了原《物权法》的规定,采纳了从宽的规则。

四、案件评析

(一)相关法条

《中华人民共和国民法典》第四百零六条　抵押期间,抵押人可以转让抵押财产。当事人另有约定的,按照其约定。抵押财产转让的,抵押权不受影响。

抵押人转让抵押财产的,应当及时通知抵押权人。抵押权人能够证明抵押财产转让可能损害抵押权的,可以请求抵押人将转让所得的价款向抵押权人提前清偿债务或者提存。转让的价款超过债权数额的部分归抵押人所有,不足部分由债务人清偿。

《中华人民共和国民法典》第四百一十条　债务人不履行到期债务或者发生当事人约定的实现抵押权的情形,抵押权人可以与抵押人协议以抵押财产折价或者以拍卖、变卖该抵押财产所得的价款优先受偿。协议损害其他债权人利益的,其他债权人可以请求人民法院撤销该协议。

抵押权人与抵押人未就抵押权实现方式达成协议的,抵押权人可以请求人民法院拍卖、变卖抵押财产。

抵押财产折价或者变卖的,应当参照市场价格。

《中华人民共和国民法典》第四百一十三条　抵押财产折价或者拍卖、变卖后,其价款超过债权数额的部分归抵押人所有,不足部分由债务人清偿。

《中华人民共和国民法典》第一百五十四条　行为人与相对人恶意串通,损害他人合法权益的民事法律行为无效。

《中华人民共和国民法典》第一百五十七条　民事法律行为无效、被撤销或者确定不发生效力后,行为人因该行为取得的财产,应当予以返还;不能返还或者没有必要返还的,应当折价补偿。有过错的一方应当赔偿对方由此所受到的损失;各方都有过错的,应当各自承担相应的责任。法律另有规定的,依照其规定。

《中华人民共和国民事诉讼法》第六十四条　当事人对自己提出的主张,有责任提供证据。

当事人及其诉讼代理人因客观原因不能自行收集的证据,或者人民法院认为审理案件需要的证据,人民法院应当调查收集。

人民法院应当按照法定程序,全面地、客观地审查核实证据。

《中华人民共和国民事诉讼法》第一百九十六条　申请实现担保物权,由担保物权人以及其他有权请求实现担保物权的人依照物权法等法律,向担保财产所在地或者担保物权登记地基层人民法院提出。

《中华人民共和国民事诉讼法》第一百九十七条　人民法院受理申请后,经审查,符合法律规定的,裁定拍卖、变卖担保财产,当事人依据该裁定可以向人民法院申请执行;不符合法律规定的,裁定驳回申请,当事人可以向人民法院提起诉讼。

(二)相关案例

(1)指导案例33号:瑞士嘉吉国际公司诉福建金石制油有限公司等确认合同无效纠纷案。

裁判要点:债务人将主要财产以明显不合理低价转让给其关联公司,关联公司在明知债务人欠债的情况下,未实际支付对价的,可以认定债务人与其关联公司恶意串通、损害债权人利益,与此相关的财产转让合同应当认定为无效。

（2）经典案例:鲍顺宏诉戴海平、金雪琴民间借贷纠纷案。

裁判要点:公民的合法财产受法律保护,戴海平为多占夫妻财产与戴小芳恶意串通,设立虚假债务,严重损害了金雪琴的合法权益,双方所签订的借款契约无效。

（3）经典案例:郭利滨诉王宇民间借贷纠纷案。

裁判要点:王宇为谋取不当利益,恶意串通,虚设120万元的借款债务,损害第三人的合法利益,其与郭利滨签订的借款合同无效,原调解协议依法应予撤销。

（4）经典案例:郑巍诉陈剑平等抵押房屋买卖合同案。

裁判要点:被告余慧芝、陈剑平事前经过协商,向原告郑巍放贷,事后相互协作,共同配合,在未与郑巍协商的情况下,凭借郑巍事先出具的委托书,完成了将郑巍用作担保还款的抵押房产直接进行过户,上述行为系余慧芝、陈剑平恶意串通的行为,一定程度上损害了郑巍的合法权益。余慧芝、陈剑平为此签订的"房地产买卖合同"系以合法形式掩盖非法目的的合同,依法应为无效。

（三）相关学说

（1）恶意串通行为的构成要件。在判断某一法律行为是否构成恶意串通时,有学者认为,恶意串通行为主要由主观和客观两个因素构成。主观因素为恶意串通,即当事人双方具有共同目的,希望通过订立合同损害国家、集体或者第三人的利益;客观因素为合同损害国家、集体或第三人的利益。还有学者认为要遵循主客观要件相结合的原则,主观上行为人与相对人要具有损害他人利益的故意,客观上存在串通行为而且行为有损害他人利益的可能。恶意串通作为一种背俗行为,其无效事由在于通谋的恶意,与损害对象无关,故无论损害对象是否特定,该行为均属于绝对无效。

有学者认为,应当按照民事法律行为的构造和思维方法分析恶意串通行为的构成要件。其包括三个方面:一是民事法律行为须基于真实的意思表示而成立;二是真实的意思表示须以行为人与相对人恶意串通的方式作出;三是民事法律行为须存在损害他人合法权益的可能。

（2）授权行为与委托的关系。授权行为是指授予代理人代理权的行为,代理权可以通过明示或默示的方式授予,授权行为原则上属于单方法律行为,与基础关系相独立且不受其效力的影响,此即为授权行为的单方性、独立性和无因性。虽然一般情况下委托合同是授权行为的基础,但委托合同并不能完全等同于代理关系,这也导致授权行为与委托合同存在不同。一般而言,委托合同是授权行为的基础,即当事人可以通过委托合同进行授权,在许多情况下,代理权的授予通常是通过委托合同实现的。授权行为与委托合同的区别主要体现在如下几个方面:第一,性质不同。委托合同在性质上属于双方法律关系,它是委托人和受托人之间所形成的一种合同关系,相对于第三人而言,它是一种内部关系。而授权行为属于单方行为,是被代理人向代理人授予代理权的行为,因此,授权行为在效力上通常会涉及第三人的利益。第二,委托合同可成为授权行为的基础,但授权行为具有无因性,即便没有基础关系的存在,授权行为的效力仍然不受影响。第三,受托人或者被代理人是否以委托人的名义行为不同。在委托合同中,受托人既可以直接以自己的名义从事民事活动,也可以以委托人的名义从事民事活动,但在代理制度中,一般而言,代理人只能以被代理人名义进行民事活动,不得以自己的名义从事民事活动。第四,从事的行为范围不同。代理行为必须是具有法律意义的意思表示,而委托关系中的受托人还可以依据委托实施事实行为。第五,效力不同。授权行为的效力只是使代理人享有一定的代理权,并不在当事人之间产生债的关系。但委托合同的本质却是在委托方与受托方之间产生债的法律关系。

(3)抵房借款流行"套路"中借贷合同、委托代理、房屋买卖合同三者的关联性。在认定借贷合同、委托代理、房屋买卖合同事实关联性的基础上,委托售房的代理人与相对人恶意串通,旨在套用被代理人(即借款人)的房屋所有权,对房屋买卖合同效力有何影响? 有三大类主要观点:第一类是无效说,包括三种不同的请求权基础:一是代理人与买受人恶意串通,损害了被代理人的利益。二是滥用代理权,实际上违背了委托人被代理人的意愿,并非基于出卖人的利益而为代理行为,可以推定为无权代理。如果买受人非善意,则不形成表见代理,合同无效。三是由连带责任逆推合同无效后的缔约责任,因为假设合同有效,根据合同相对性原则,不可能存在连带责任的问题。第二类是不成立说,如果查明房屋买卖系民间借贷的担保,则对房屋买卖法律关系不予处理,释明当事人通过民间借贷法律关系主张权利。也有人认为买卖合同不成立,双方没有买卖的意思表示,真实意思表示为担保,故按民间借贷处理。第三类是撤销说,借款人(同时为房屋所有权人、出售人、被代理人)认为房屋买卖合同约定的出售价格明显过低,显失公平,可行使撤销权。

五、结语

在全国开展的"严厉打击养老诈骗,倾力守护'夕阳红'"专项活动中,总结出六大骗局:一是提供虚假养老服务;二是投资虚假养老项目;三是销售虚假养老产品;四是虚假宣称以房养老;五是虚假代办养老保险;六是开展虚假养老帮扶。

近年来,与本案类似的"以房养老"理财骗局事件频发。许多老年人为投资"以房养老"理财项目,将自有房产进行抵押,背负巨额债务,又在行为人的恶意串通之下失去自有房产,导致房财两失。由本案可见,在民间借贷中,"套路贷"的典型模式为:出借人要求借款人提供房屋等不动产作为担保,以委托售房代理权为抵押;出借人指定自己或他人为受托人,代为办理签订合同、收取房款直至办理过户手续等事宜;如果借款人到期未还款,代理人依委托权限径直出售房屋并收取售房款,而且大多数此类纠纷中,售房委托书被公证处公证,有的还办理了抵押登记。人民法院在对"套路贷"采取刑事手段打击的同时,亦应注重通过民事审判依法维护老年人的合法财产权益,保障人民群众老有所养、住有所居,切实享受到国家"以房养老"政策的红利。同时,也提醒老年人,还需时刻保持理性和冷静,审慎选择投融资渠道,以免落入"请君入瓮"的"套路"之中。

在"套路贷"盛行的今天,我们应当提高安全意识,不要轻信"天上掉馅饼"的"好事",同时也应该提醒身边安全意识较低的人,特别是老年人,避免陷入"套路贷"的漩涡之中。

参考文献

[1] 崔建远.合同法总论上卷[M].北京:中国人民大学出版社,2011:308.

[2] 蒋婷婷.恶意串通行为的规范构成[J].西南法律评论,2021(4):15-15.

[3] 朱广新.恶意串通行为无效规定的体系地位与规范构造[J].法学,2018(7):137-139.

[4] 王利明.论民法典代理制度中的授权行为[J].甘肃政法大学学报,2020(5):7.

[5] 李俊晔.代理人与第三人恶意串通签订合同效力的认定:以抵房借款"套路贷"类案为例[J].法律适用,2020(16):83-84.

劳务关系侵权责任案例分析

杨永康①

摘　要:随着社会主义市场经济的进一步发展,提供劳务者受害责任纠纷也变得越来越多,在大多数提供劳务者受害责任纠纷的案件中,争议焦点通常都围绕以下两个内容展开:一是当事人之间法律关系的认定,二是赔偿责任主体的认定。本文所评析的"陈某某与张某某提供劳务者受害责任案"一案,涉及多方当事人,本文通过查阅法院类似案例,并结合该案具体情况,分析了该案中各个当事人之间可能被认定的法律关系,通过分析不同法律关系的特点和认定标准,结合该案的案件事实,从而确定案件中各个当事人之间存在的法律关系;并分析不同法律关系中,各方当事人的责任承担问题,最后结合该案认定的法律关系进而明确案件中各当事人所应承担的民事法律责任。对于在写作过程中发现的相关法律规定不健全、司法过程中认定法律关系困难等问题,笔者提出应当在立法中明确"个人劳务关系"及相关概念的内涵,明确个人劳务关系的认定标准,明确引入公平责任原则作为责任承担的重要补充,不同劳务关系因危险程度等方面的不同,也应当采取不同的归责原则。

关键词:个人劳务关系;提供劳务者受害;承揽关系;赔偿责任

一、案件简介

陈某某与张某某提供劳务者受害责任案[来自中国裁判文书网(2020)鲁1083民初3538号]。

(一)裁判要旨

在个人之间因提供劳务发生的侵权责任纠纷中,提供劳务一方因提供劳务造成自身受到损害的,应根据提供劳务一方与接受劳务一方各自的过错承担相应的责任。在

---

①作者简介:杨永康,男,汉族,河南开封人,郑州大学法学院(知识产权学院)2020级6班本科生。

确定双方责任的具体比例时应从对损害后果发生因果关系上的原因力大小和过错的具体程度与情形等方面进行综合考量。

(二)基本案情

陈某某向临沂市河东区人民法院起诉称:2020年4月22日,被告张某某雇佣原告陈某某到临沂市兰山区义堂镇拆迁大棚,在工作时发生意外,导致原告受伤。双方就赔偿费用问题协商未果,原告遂诉至法院。陈某某诉请:判令被告赔偿原告医疗费、误工费等共计31 029.5元;本案诉讼等费用由被告承担。

张某某辩称,2020年4月22日,被告在劳务市场招聘钢结构施工人员,原告不具备该项操作能力,原告在雇佣期间受伤属实,由于原告无操作经验,不按操作规范导致发生事故,其存有重大过错,应当承担自己的过错责任,原告诉求金额偏高,应当重新计算,被告愿意按照损失总额的60%赔偿原告,应扣除已垫付的10 200元。

临沂市河东区人民法院经审理查明:2020年4月22日,张某某雇佣陈某某在临沂市兰山区义堂镇拆迁大棚,陈某某在拆迁大棚过程中意外掉落,导致受伤。事故发生后,张某某将陈某某送到义堂镇医院做复位治疗,后到临沂市人民医院急诊做复位,最后在临沂商城医院住院治疗12天,共支付住院医疗费5278.9元,陈某某出院后,后续检查费916元,以上共计6194.9元。张某某为其垫付住院费4600元,陈某某住院期间由其妻子张学芳护理。陈某某与张学芳为农村居民。

(三)裁判结果

临沂市河东区人民法院判决:①被告张某某于本判决生效之日起五日内赔偿原告陈某某医疗费、住院伙食补助费、误工费等各项损失共计17 596.32元,扣除被告张某某已垫付的4600元,尚需承担12 996.32元;②驳回原告陈某某的其他诉讼请求。

一审判决作出后,双方均未提出上诉。

二、提出问题

本案是关于提供劳务者受害责任纠纷的一起典型案件。提供劳务者受害责任是指在个人之间存在劳务关系的前提下,提供劳务的一方因劳务关系自身受到伤害的,在提供劳务一方向接受劳务一方主张损害赔偿时,民事责任划分认定。

三、理论分析

(一)案件解读

在个人之间因提供劳务发生的侵权责任纠纷中,提供劳务一方因提供劳务造成自身受到损害的,应根据提供劳务一方与接受劳务一方各自的过错承担相应的责任。"根据双方各自过错承担相应的责任"适用的是《中华人民共和国民法典》第一千一百七十三条过失相抵规则。提供劳务者因劳务自身受到损害的,应当由接受劳务者承担赔偿责任,这符合报偿原则和利益、风险一致原则,但是,如果提供劳务者自身对损害发生也有过错的,应当减轻接受劳务者的责任。在确定双方责任的具体比例时要考虑过错行为对损害后果发生因果关系上的原因力大小和过错的具体程度与情形。应当注意的是,基于劳务关系的特征,不应对提供劳务者过于苛责,除非损害是提供劳务者故意造成,否则只能适度减轻而不能免除接受劳务者的赔偿责任。实务中,接受劳务者的过错主要体现在指示内容、提供的劳动条件、劳动场所、防护设施是否符合要求等方面,提供劳务者的过错主要体现在履行劳务中是否尽到必要和合理的注意义务。另外,对于提供劳务一方因劳务对接受劳务一方造成损害的,虽然《中华人民共和国民法典》第一千一百九十二条未作规定,按照类推适用的原则,也应由双方根据过错各自承担相应的责任。

(二)法条分析

《中华人民共和国民法典》(以下简称《民法典》)第一千一百九十二条规定:个人之间形成劳务关系,提供劳务一方因劳务造成他人损害的,由接受劳务一方承担侵权责任。接受劳务一方承担侵权责任后,可以向有故意或者重大过失的提供劳务一方追偿。提供劳务一方因劳务受到损害的,根据双方各自的过错承担相应的责任。提供劳务期间,因第三人的行为造成提供劳务一方损害的,提供劳务一方有权请求第三人承担侵权责任,也有权请求接受劳务一方给予补偿。接受劳务一方补偿后,可以向第三人追偿。

之前,《中华人民共和国侵权责任法》(以下简称《侵权责任法》2021年1月1日已废止)第三十五条规定"个人之间形成劳务关系,提供劳务一方因劳务造成他人损害的,由接受劳务一方承担侵权责任。提供劳务一方因劳务自己受到损害的,根据双方各自的过错承担相应的责任"。第一次在正式立法中采用了"劳务""劳务关系"等术语。此次《民法典》第一千一百九十二条同样针对劳务关系产生的侵权责任做出进一步的改变和完善,具体如下:

《民法典》第一千一百九十二条将《侵权责任法》第三十五条提供劳务一方因劳务自己受到损害的,根据双方各自的过错承担相应的责任。改为接受劳务一方承担侵权责任后,可以向有故意或者重大过失的提供劳务一方追偿。这一改动,进一步明确了哪种情况下,提供劳务一方可以被追责的明确情形。

同时《民法典》针对因第三人的行为造成损害的相关行为进行了分析,明确责任因第三人的行为造成提供劳务一方损害的,提供劳务一方有权请求第三人承担侵权责任,也有权请求接受劳务一方给予补偿。接受劳务一方补偿后,可以向第三人追偿,更好地保护了提供劳务一方和接受劳务一方的具体合法权益。

（三）相关概念

1. 劳务关系

劳务关系是劳动者与用工者根据口头或书面约定，由劳动者向用工者提供一次性的或者是特定的劳动服务，用工者依约向劳动者支付劳务报酬的一种有偿服务的法律关系。劳务关系是由两个或两个以上的平等主体，通过劳务合同建立的一种民事权利义务关系。该合同可以是书面形式，也可以是口头形式和其他形式。其适用的法律主要是《中华人民共和国民法典》。劳务关系的主体可以是两个自然人或者自然人与单位之间，从法条内容即可看出本条仅调整个人之间形成的劳务关系，本条中"接受劳务一方"仅指自然人，实践中对于个人之间形成雇佣关系的适用，此条也比较好理解。但是对于个人与单位之间形成的雇佣关系如何适用法律，在审判实践中存在着困惑，如单位临时雇人清理垃圾。从法律关系来说，既不属于劳动关系，也不是承揽关系，也不属于本条规定的情形。出现这种情况时，一些基层法院只能把案件作为健康权纠纷处理。立法时将这种情况排除在本条调整之外，也许是出于劳动法调整范围的考虑，但现实中对于这种情况按照《工伤保险条例》调整的既少且难。① 根据最高人民法院出台的《关于审理劳动争议案件适用法律若干问题的解释（三）》第七条"用人单位与其招用的已经依法享受养老保险待遇或领取退休金的人员发生用工争议，向人民法院提起诉讼的，人民法院应当按劳务关系处理"的规定，个人与单位也可以形成劳务关系。因此，建议在《侵权责任法》相关司法解释出台时，将个人与单位之间形成劳务关系的提供劳务一方受害的情形加以规定。

2. 雇佣关系

在正式的法律规范中，同样缺乏关于雇佣关系具体含义的解释。有学者概括为"雇佣关系是指受雇人在一定或不特定的期间内，接受雇用人的指挥与安排，为其提供特定或不特定的劳务，雇用人接受受雇人提供的劳务并依约给付报酬的权利义务关系"。从以上两个概念来看，二者存在相同之处，都涉及一方为另一方提供劳务的实质内容。尤其对于发生在自然人之间的法律关系，二者之间发生了竞合。人民法院出版社出版的《〈中华人民共和国侵权责任法〉条文理解与适用》一书中认为，本条中的"提供劳务一方与接受劳务一方"实际上与"雇员与雇主"在某种层面上含义相同，本条中的"劳务"与"雇佣"含义也无本质差别，只是在不同语境中的内涵和外延有所不同，各有所指。本法实质上是以"提供劳务一方""接受劳务一方""劳务""劳务关系"等术语分别取代了"雇员""雇主""雇佣""雇佣关系"等术语，在我国立法及司法实践

---

① 孟强：《公平责任归责原则的终结——〈民法典〉第1186条的解释论》，《广东社会科学》2021年第1期，第238-252页。

中,二者的含义其实是相通的。笔者认为此解释适时地为司法实务者处理类似案件提供了指点和参考作用。根据这种解释,《侵权责任法》第三十五条则取代了《人身损害赔偿司法解释》第九条中"雇员在从事雇佣活动中致人损害的,雇主应当承担赔偿责任"和第十一条中"雇员在从事雇佣活动中遭受人身损害的,雇主应当承担赔偿责任"的内容,在今后的审判实践中如遇到此类问题,根据"新法优于旧法"的法律适用原则,当雇主是个人的时候,如雇员是因劳务自己受到伤害,不再适用《人身损害赔偿司法解释》第十一条"雇员在从事雇佣活动中遭受人身损害,雇主应当承担赔偿责任"而应适用《侵权责任法》第三十五条"提供劳务一方因劳务自己受到损害的,根据双方各自的过错承担相应的责任"对个人之间因劳务而产生的侵权责任做出规定,从而为解决此类纠纷确立法律依据。但由于《人身损害赔偿司法解释》已经施行多年,群众对雇佣关系这一概念较为熟知,审判人员亦对如何认定雇佣关系积累了一定的经验,现又提出了劳务关系这一概念,对司法实践造成了困扰。对于该条规定的理解与把握,成为当前司法实践中能否正确处理因个人劳务关系或相似法律关系产生的纠纷的首要前提。

(四)责任划分

1. 接受劳务一方的责任构成

《民法典》归责原则上与《侵权责任人法》存在较大差别,直接涉及当事人的责任认定。要更加准确、全面地把握《侵权责任法》第三十五条的法律精神,从而更好地处理司法实践中的相关问题,则必须对归责原则进行比较分析。《侵权责任法》第三十五条规定"个人之间形成劳务关系,提供劳务一方因劳务造成他人损害的,由接受劳务一方承担侵权责任",在归责原则上,接受劳务一方承担无过错责任。接受劳务一方对提供劳务一方造成他人损害,承担赔偿责任的,前提是提供劳务一方的行为是因劳务产生,如果提供劳务一方的行为纯属个人的行为,与劳务无关,那么接受劳务一方无须承担责任。同时,《侵权责任法》并未对故意或重大过失作出明确界定,在司法实践中也留给法官很大的自由裁量权。在具体的案件中对雇员主观上的过错程度,还应当结合侵权行为发生时的情况、损害程度、行为人事中和事后有无采取有效措施防止损害的进一步扩大等因素予以确定。对于提供劳务一方在履行职务过程中因一般过失致人损害的,接受劳务一方承担替代责任后请求行使对提供劳务一方的追偿权的不予支持。我们都知道,单位的工作人员或者个人劳务关系中的劳务方在履行工作职责的时候造成他人损害的,都是由单位或者接受劳务一方承担侵权责任。《民法典》第一千一百九十一条与第一千一百九十二条新增规定,在用人单位或接受劳务一方承担侵权责任后,可以向有故意或者重大过失的工作人员或劳务方进行追偿。

2. 提供劳务一方因劳务自己受到损害的适用过错责任

"提供劳务一方因劳务自己受到损害的"情形在实践中较为常见,人民法院受理的"提供劳务者受害责任纠纷"案件也有较多雇员在从事雇佣活动中遭受人身损害,雇主应当承担赔偿责任。由此可见,雇主对雇员的工伤承担的是无过错责任。适用无过错责任原则,此规定在简化法律程序、提高效率方面起到了积极的作用,同时能够及时救济受害人,有利于正常的生产生活,在司法界得到普遍认同。但随着经济社会的不断发展,因损害造成的赔偿数额也不断攀升,接受劳务一方大多数也是普通百姓,赔偿能力有限,由雇主承担无过错责任,也加大了雇主的经济压力,同时作为雇员也应有防范一般人身损害危险的意识和能力,负有对自身安全注意的义务,出于利益平衡考虑,现行法律规定了"过错责任原则"。否则,对于劳务提供者因劳务受到损害的,不问劳务提供者是否有过错,劳务接受者都得承担责任,不仅显失公平,在实际的救济中,也会因劳务接受者赔偿能力有限而无力承担。《侵权责任法》第三十五条规定:"提供劳务一方因劳务自己受到损害的,根据双方各自的过错承担相应责任。"归责原则发生了重大变化,也是审判实践中最难以把握的一方面。根据本条规定,提供劳务一方因提供劳务致使自己受到伤害的,适用过错责任,即根据提供劳务一方和接受劳务一方各自的过错承担相应的责任。从诉讼的角度来说,这样一来加大了提供劳务一方(雇员)的举证责任,提供劳务一方(雇员)不仅要证明自己是因劳务(从事雇佣活动中)受到伤害的事实,还要举证证明接受劳务一方(雇主)存在过错,如接受劳务一方(雇主)未尽到安全保障义务,未提供安全防护设施、设备设施存在安全隐患、指挥不当等。[①] 作为接受劳务一方以提供劳务一方存在过错抗辩的,也要对自己的主张进行举证。有的文章中认为雇主对受损雇员的责任应以过错推定原则为主,公平责任原则为辅。

3. 第三人侵权行为

《最高人民法院关于审理人身损害赔偿案件适用法律若干问题的解释》第十一条规定:"雇员在从事雇佣活动中遭受人身损害,雇主应当承担赔偿责任。雇佣关系以外的第三人造成雇员人身损害的,赔偿权利人可以请求第三人承担赔偿责任,也可以请求雇主承担赔偿责任。雇主承担赔偿责任后,可以向第三人追偿。"提供劳务一方在提供劳务过程中被第三人侵害的情况,在司法实践中也是经常发生的,而对于雇员因劳务而被第三人伤害的责任承担,在《侵权责任法》中却没有作出相应规定,但在《民法典》中便对相关问题做出了明确规定。提供劳务期间,因第三人的行为造成提供劳务一方损害的,提供劳务一方有权请求第三人承担侵权责任,也有权请求接受劳务一方给予补偿。[②] 接受劳务一方补偿后,可以向第三人追偿。相关法律的明确,更

①庄蓥超、黄志雄:《提供劳务者受害责任纠纷中的关系判定》,《人民司法》2020 年第 29 期,第59—61 页。

②赵喆山:《个人承包经营中的用工关系性质认定》,《法制博览》2020 年第 8 期,第38—40 页。

有助于保护劳务双方的正当权益。

（五）相关问题延伸

1. 提供劳动者责任纠纷案件的审理思路和裁判要点

在提供劳务者受害责任纠纷案件中，法院应当坚持注重保障提供劳务者合法权益，同时兼顾接受劳务方利益平衡和生存发展需求的原则，注重劳务关系与侵权关系裁判之间的协调性。通过此类案件审理，充分发挥引导接受劳务方规范用工形式、提高安全保障意识、完善劳动保护措施的作用，强化防范劳务受害事故发生的导向作用。审理此类案件时，法院应当首先审查权利主体是否适格，再甄别劳务关系的类型并认定接受劳务主体，进而审查提供劳务者是否因劳务受到损害，最后对责任承担作出判定并确定赔偿范围。

（1）个人劳务关系主体的审查要点。个人之间形成劳务关系的，接受劳务方通常以处理自身或家庭事务为主要目的，缔约形式不尽完备。

司法实践中，首先应当初步审查被告是否系劳务关系的相对方即接受劳务方，对此应由提供劳务者承担举证责任：①对于存在书面约定的，依据劳务合同的缔约主体，结合实际履约情况审查主体是否适格；②对于双方未签订书面劳务合同的，应当审查是否有其他证据可证实劳务关系的相对方，如电话录音、短信微信聊天记录、报酬支付凭证、报警记录、询问笔录等；③对于无其他证据可证明存在劳务关系的，应当以一般侵权责任纠纷案件的审理思路进行审查。

（2）个人与非个人之间劳务关系主体的审查要点。提供劳务者主张与法人、非法人组织之间存在劳务关系的，应承担举证责任。法院应当根据双方的书面约定等相关证据，以及实际提供劳务的情况审查主体是否适格。个人与非个人之间形成劳务关系的主要情形包括：

1）个人向劳务用工单位提供临时性劳务。劳务双方没有建立劳动关系的合意，劳务内容具有临时性且并非用工单位的主营业务组成部分，故不构成劳动关系。

2）达到、超过法定退休年龄的劳动者被用工单位聘用。劳动者退休后依法享受养老保险待遇或领取退休金，不再属于劳动法意义上的劳动者。用工单位招用已经达到、超过法定退休年龄或已经享受养老保险待遇或领取退休金的人员，则与之形成劳务关系。

3）劳动关系依法未被确认的其他情形。提供劳务者主张与用工单位间存在劳动关系而申请工伤认定，但经法定程序未确认为劳动关系的，可主张与用工单位建立劳务关系要求单位承担损害赔偿责任。

需要注意的是，在存在多轮承包、发包转手关系的案件中，依据当事人申请或依职权追加相关当事人一并审理为妥，以便查清各方当事人之间的法律关系，避免遗漏必要共同被告。

劳务关系是指平等主体之间形成的一方提供劳务、另一方支付报酬的权利义务关系。从民事案件案由设置来看,提供劳务者受害责任纠纷案件中不仅涵盖一般劳务关系中提供劳务者受害所引发的责任纠纷,亦涉及加工承揽关系以及发包、分包关系中提供劳务者受害所引发的定做人、发包人、分包人责任纠纷。该类纠纷的审理思路有别于一般侵权责任纠纷,审判实践中不宜将其直接纳入生命权、健康权纠纷案由审理。①

一般劳务关系中,对于提供劳务者的损害由劳务双方按照各自过错承担责任,或者按照无过错责任归责原则由接受劳务方承担赔偿责任。然而在承揽关系中则由承揽人独自承担意外风险,定做人仅对定作、指示或者选任上的过失承担责任,两种法律关系中对接受劳务方的责任认定规则并不相同。提供劳务者受害责任纠纷案件中,接受劳务方的主要抗辩理由之一即为否认建立一般劳务关系,主张双方系承揽关系,因此首先需要对劳务双方的基础法律关系进行审查认定。

2.一般劳务关系和承揽关系的区别

(1)存在对提供劳务者的监督管理。劳务关系是平等民事主体之间的权利义务关系,提供劳务者与接受劳务方之间虽不具有人身依附性及从属性,但在劳务活动中提供劳务者受到接受劳务方的监督和管理,此为一般劳务关系区别于承揽、委托等合同关系的特征之一。需要注意的是,这里的监督仅为存在监督的可能,而非实质上必须存在监督的事实,指定工作场所、限定工作时间、提供劳动工具均被认为存在监督可能。

(2)注重工作过程而不论有无特定成果。劳务合同的标的仅为提供的劳务本身,提供劳务者只要按照约定的要求完成劳动,就已经尽到合同义务,而不论这种劳动有无特定的成果。承揽合同的标的物是包含承揽人特定技能的工作成果,承揽合同中定做人所要求的不仅是承揽人以自己的技能、设备从事一定的工作,而且还要求这种工作产生对应成果,并将工作成果交付给定做人,定做人更注重工作成果而非工作过程。

司法实践中,区分一般劳务关系与承揽关系应当审查以下要素:①当事人之间是否存在管理、监督关系;②是否由一方指定工作场所、限定工作时间、提供劳动工具或设备;③是一次性或连续性提供劳务,还是一次性交付劳动成果;④是以劳动时间计付劳动报酬,还是一次性结算劳动报酬;⑤当事人所提供劳动是其独立的业务或者经营活动,还是构成接受方的业务或者经营活动的组成部分。

若当事人之间存在管理、监督关系,由一方指定工作场所、限定工作时间、提供劳动工具或设备,定期计付劳动报酬,另一方提供劳务而不论有无特定成果,所提供的劳

---

① 石冠彬,帅仁策:《民法典侵权责任编(草案)个人用工责任制度的立法解读》,《云南社会科学》2020年第1期,第95-103,187页。

动是接受劳务方生产经营活动的组成部分,应当认定为劳务关系,反之则应为承揽关系。在具体认定时,法院需要充分运用逻辑推理和日常经验进行综合审查分析,不应局限于某一项要素做出判断。①

六、总结

本案是关于提供劳务者受害责任纠纷的一起典型案件。提供劳务者受害责任是指在个人之间存在劳务关系的前提下,提供劳务的一方因劳务关系自身受到伤害的,在提供劳务一方向接受劳务一方主张损害赔偿时,由双方根据各自的过错程度承担相应的民事责任。提供劳务者受害责任与提供劳务者致害责任不同,前者针对的是雇佣关系内部雇主与雇员即提供劳务者与接受劳务者之间的责任分担,而后者针对的是劳务接受者与雇佣关系之外的他人之间的关系。在责任归责原则上,前者适用过错责任原则,而后者适用无过错责任原则。② 本案中,陈某某以提供劳务的方式,按照张某某的安排为其拆迁大棚,双方形成劳务关系,即张某某与陈某某系雇主与雇员的关系,原告陈某某在为被告张某某提供劳务的过程中受伤,由此而产生的纠纷当属提供劳务者受害责任纠纷,适用过错责任原则。张某某作为接受劳务的一方,应对陈某某因提供劳务受伤造成的损失承担相应的赔偿责任。陈某某作为完全民事行为能力人,在从事有危险的作业时,应当尽到安全注意义务,故其对本次事故的发生也应承担相应的责任。

参考文献

[1]孟强.公平责任归责原则的终结:《民法典》第1186条的解释论[J].广东社会科学,2021(1):117-119.

[2]庄鋆超,黄志雄.提供劳务者受害责任纠纷中的关系判定[J].人民司法,2020(29):32-34.

[3]赵喆山.个人承包经营中的用工关系性质认定[J].法制博览,2020(8):11-12.

[4]石冠彬,帅仁策.民法典侵权责任编(草案)个人用工责任制度的立法解读[J].云南社会科学,2020(1):64-65.

[5]杨德敏,张凤娇.论雇佣合同纳入民法典的路径及其必要性[J].江西科技师范大

---

①杨德敏,张凤娇:《论雇佣合同纳入民法典的路径及其必要性》,《江西科技师范大学学报》2020年第1期,第35-42,79页。
②韩丽丽:《区分雇佣关系与承揽关系的难题和方法——以一则二审改判案例为视角》,《法制博览》2020年第3期,第129-130页。

学学报,2020(1):62-53.

[6]韩丽丽.区分雇佣关系与承揽关系的难题和方法:以一则二审改判案例为视角[J].法制博览,2020(3):77-77.

[7]吴桐,胡大武.提供劳务自然人遭受意外伤害的法律适用研究:基于《侵权责任法》第 35 条后句适用的统计分析[J].社会科学研究,2019(6):123-124.

股东身份认定问题案例分析

王一凡①

摘　要:本文通过对一例隐名出资案例进行分析,归纳公司法规定中对于隐名出资下的股东身份认定问题存在的逻辑混乱,对于这一现实中大量存在的实务问题进行阐述,来进一步理解这一具有显著中国特色的纠纷问题,阐述了笔者对于解决这一问题的理解和思路。

关键词:隐名出资;股东身份认定;公司法规定

一、案情简介

(1)案由:股东资格确认纠纷。

(2)当事人:

原告:孟六荣。

被告:郑州凯安置业有限公司。法定代表人:王明军,总经理。

第三人:张明。

(3)当事人主张:原告孟六荣向法院提出诉讼请求:①确认孟六荣享有凯安公司20%的股权(即登记在第三人张明名下的凯安公司的20%的股权归孟六荣所有);②判令被告凯安公司、第三人张明将登记在张明名下的凯安公司20%股权变更登记至孟六荣名下。事实与理由:2015年孟六荣、王明军等共同发起设立凯安公司,孟六荣认缴出资600万元,持有该公司20%的股权,并于2015年12月8日通过其女婿张明及妹夫康某账户向凯安公司实缴出资300万元。2017年6月27日,孟六荣将其持有的凯安公司20%股权交由张明,并办理了工商变更登记手续。股权变更登记手续完成后,孟六荣仍实际行使股东权利,参与公司经营决策。现因张明与孟六荣女儿离

---

①作者简介:王一凡,男,汉族,河南郑州人,郑州大学法学院(知识产权学院)2020级2班本科生。

婚,已经不适宜代持孟六荣的股权,为便于凯安公司经营及原告行使股东权利,故诉至法院。

凯安公司辩称,认可原告的诉讼请求:①凯安公司于2015年8月5日成立,原始股东为王明军、李某、孟六荣、段伟刚、刘冬莲5人,注册资本金为3000万人民币,王明军认缴出资750万元(实缴出资375万元),持有凯安公司25%股权;李某认缴出资750万元(实缴出资375万元),持有凯安公司25%股权;孟六荣认缴出资600万元(实缴出资300万元),持有凯安公司20%股权;段伟刚认缴出资600万元(实缴出资150万元),持有凯安公司20%股权;刘冬莲认缴出资300万元(实缴出资150万元),持有凯安公司10%股权。②2017年6月份,听说原告孟六荣想将名下股权交给张明代持,后在凯安公司其他股东无异议的情况下,凯安公司配合将孟六荣名下20%股权变更登记至张明名下。③原告孟六荣确实一直参与公司的经营、管理和决策。

第三人张明述称:①涉案股权是由张明出资,张明是凯安公司合法股东。原告未向凯安公司出资,不是公司股东。凯安公司成立于2015年8月5日,原有包括原告在内的五名股东均一直未实际出资,公司也未实际运营,直至2015年12月初,公司召开会议同意包括原告在内的三名股东将其股权对外转让,因原告一直未向公司实际出资,故将其拥有的涉案股权以零元转让给张明。张明按公司规定于2015年12月8日通过个人银行账户向凯安公司汇款201万元,其中1万元为公司借款,200万元为投资款,同日,张明通过案外人康某银行账户将其对张明的到期的200万元借款中的100万元汇给凯安公司账户作为张明投资款的一部分,两次汇款均备注有投资款字样;2015年12月9日,凯安公司向张明出具收到300万元投资款和1万元借款的收据各一份;2015年12月10日,凯安公司向张明发放出资证明书,并有法人王明军的签字。故涉案股权是张明出资,原告从未向凯安公司出资,自2015年12月初起原告已不是公司股东。②张明与原告之间是股权转让关系,而非代持股关系。2015年12月初,原告已实际将案涉股权转让给张明,自2015年12月6日起原告已经不是公司股东。张明于2015年12月8日按时足额履行了出资义务,并取得股东资格,参与公司经营管理。自2015年12月10日,公司向张明发放出资证明书已表明股东变更手续一直审批中,直至2017年4月29日的股东大会上提出6月底完成公司各项工商登记变更手续;2017年6月27日委托郑州红雨随心企业管理咨询有限公司(以下简称"红雨公司")办理工商变更手续,经红雨公司审查,原新老股东签订的零元股权转让协议不符合规定,并召集新老股东在2017年6月27日重新签订了股权转让协议并于当日完成了工商登记变更手续。故张明与原告之间从未签订过代持股协议,张明与原告之间是股权转让关系而非代持股关系。③张明一直参与公司经营管理,原告从未参与公司管理决策。2015年12月6日的凯安公司股东出资补充协议内容显示,张明任公司董事会成员、董事会秘书、兼任公司出纳(负责保管公司公章和法人章);2016年1月

8 日,由张明、凯安公司法人王明军和公司会计张战晓签字的《郑州凯安置业有限公司出纳交接明细》;2017 年 4 月 29 日,由张明记录并签字的《郑州凯安置业有限公司会议纪要》。上述材料均能证明张明一直参与公司经营决策和管理,履行股东义务。原告自 2015 年 12 月初起已不是公司股东,未参与公司经营决策和管理。④本案主要涉及股权的所有权,而案涉股权的出资时间是 2015 年 12 月 8 日,由张明出资,双方对出资时间以及出资额没有争议,出资时间距今已经超过四年多,所以股权争议的诉讼时效已过。⑤本案已经由法院审理过,原告在撤诉之后由以完全一样的诉讼请求和事实理由再次起诉,被告认为没有必要,也是在浪费司法资源。综上,原告已于 2015 年 12 月实际将涉案股权转让给张明,张明及时足额履行了出资义务,合法取得股东资格,并一直参与公司经营管理决策,履行了股东义务。原告从未出资,未参与凯安公司经营管理和决策,已于 2015 年 12 月初实际丧失股东资格;张明与原告之间从未签订过代持股协议,不存在代持股关系。请法院查明事实,依法驳回原告的诉讼请求。

(4)法院查明事实:郑州凯安置业有限公司于 2015 年 8 月由王明军、李某、孟六荣、段伟刚、刘冬莲等 5 人发起设立。2015 年 8 月 5 日的公司章程显示:公司注册资本 3000 万元,各股东应于 2035 年 8 月 5 日之前出资到位,均为货币出资,其中孟六荣认缴出资 600 万元,持有公司 20% 的股权。

2015 年 12 月 1 日,孟六荣与张明签订一份《郑州凯安置业有限公司股权转让协议》,主要约定孟六荣将其持有的凯安公司 20% 的股权以 0 元转让给张明。同日,王明军、李某、孟六荣、段伟刚、刘冬莲、张明共同在《放弃优先购买权文件》上签字捺印。

2015 年 12 月 8 日,张明通过其交通银行个人账户向郑州凯安置业有限公司转款 201 万元,案外人康某向郑州凯安置业有限公司转款 100 万元,两笔款项均注明为"投资款";2015 年 12 月 10 日,郑州凯安置业有限公司向张明出具出资证明书,载明收到张明出资款 300 万元,占公司注册资本金的 20% 。

2017 年 6 月 27 日,孟六荣与张明又签订《郑州凯安置业有限公司股权转让协议》一份,主要约定孟六荣将其持有的凯安公司 20% 的股权以 0 元转让给张明。同日,王明军、李某、孟六荣、孙建生、刘冬莲、张明、贾某、宋某共同在《承诺书》上签字捺印,对本次变更登记提交的文件中的签字系本人在现场签署予以认可;王明军、李某、段伟刚、刘冬莲共同签署《放弃优先购买权文件》;公司《章程修改案》显示新股东为王明军、段伟刚、孙建生、张明、贾某、宋某等。

另查明,证人李某、康某、贾某、宋某(李某妻子)、范会若四人(另案证人),郑州凯安置业有限公司的法定代表人王明军、孙建生(本案证人),均分别证明孟六荣系郑州凯安置业有限公司的发起人,孟六荣将其持有的郑州凯安置业有限公司 20% 股权以 0 元转让给张明系由张明代持股份,孟六荣一直行使股东权利,参与公司重大事项的决策和管理。康某证明其向郑州凯安置业有限公司转款 100 万元系受孟六荣指示代为交付股权出资款。

还查明,1998 年 4 月 28 日,张明与范文丽(孟六荣之女)办理结婚登记,双方于 2018 年 12 月 2 日由郑州市中原区人民法院判决离婚。在双方的婚姻存续期间,孟六荣与张明之间存在大量大额资金往来。

(5)法院判决结果:依照《最高人民法院关于适用〈中华人民共和国公司法〉若干问题的规定(三)》第二十四条,《中华人民共和国民事诉讼法》第六十四条规定,判决如下:

一、确认原告孟六荣享有被告郑州凯安置业有限公司 20% 的股权(即登记在第三人张明名下的被告郑州凯安置业有限公司的 20% 的股权归孟六荣所有);

二、被告郑州凯安置业有限公司、第三人张明于本判决生效之日起十日内将登记在张明名下的郑州凯安置业有限公司 20% 股权变更登记至孟六荣名下。

案件受理费 53 800 元,减半收取计 26 900 元,案件申请费 5000 元,以上合计 31 900 元,由被告郑州凯安置业有限公司负担。

二、案情分析

从本案判决结果可以看出,法院倾向于认为,对于隐名出资的实际出资人的股东资格认定,不能简单地仅凭工商登记资料记载和验资报告或出资证明书进行判定。民事主体是否具备有限责任公司的股东身份,应以其是否实际行使了股东的相应权利,以及其他相关当事人是否对其股东身份认可作为认定依据。根据《中华人民共和国公司法》的相关规定,判断股东资格应综合考虑的因素包括:是否与其他股东存在共同投资设立公司的意思表示,该意思表示是否得到了其他股东的同意;是否依照约定实际履行了出资义务;当事人在公司运营过程中是否实际行使了股东权利等。确认股东资格应分为形式证据与实质证据,形式证据包括公司章程、工商注册登记、股东名册、出资证明书;实质证据即实际出资,实际享有股东权利,承担股东义务。

本案中,根据 2015 年 8 月 5 日的公司章程显示:孟六荣为公司的发起人之一,认缴出资 600 万元,持有公司 20% 的股权,法院据此可以认定孟六荣为公司的原始股东。由于公司章程确定各股东应于 2035 年 8 月 5 日之前出资到位,在该出资期限届满之前,不影响孟六荣作为原始股东的身份认定。2015 年 12 月 1 日,孟六荣与张明签订股权转让协议时将其持有的凯安公司 20% 的股权以 0 元转让给张明,以及孟六荣和张明在《放弃优先购买权文件》上进行签字捺印,加之双方于 2017 年 6 月 27 日再次签订内容相同的《郑州凯安置业有限公司股权转让协议》,明显违背常理,据此可以得出案件证据材料后隐藏的本案隐名出资的事实真相。

在双方对隐名出资没有明确书面合同约定的情况下,法院还需通过公司其他股东对实际出资人是否认可、实际出资人是否实际享有并行使了股东权利等事实,来综合判断实际出资人和登记股东之间是否存在事实上的代持股合意。有限责任公司具有一定的人合性质,公司的法定代表人和股东对公司的经营和管理状况最为真实。本案中王明军作为郑州凯安置业有限公司的法定代表人以及原始股东,李某作为公司发起人之一,孙建生、贾某、宋某等作为新股东或股权代持人对郑州凯安置业有限公司自成立至今的经营状况时间上前后承继,也最为了解,均对原告孟六荣的股东身份予以认可;均出庭证实孟六荣的公司股权由第三人张明代持;虽然郑州凯安置业有限公司向第三人张明出具了出资证明书,但张明无法说明出资的确切来源,且孟六荣与张明之间存在大量资金往来,这些都符合股金代付和股权代持的外在表象。综合以上,法院对张明代持孟六荣在郑州凯安置业有限公司中 20% 的股份的事实予以认定,并据此做出判决,判决原告胜诉。

三、理解与认识

(一)隐名出资协议

在我国商事实践中,由于各种原因公司相关文件中的名义股东与实际出资人相分离的情况并不少见,在记名股东的背后还有一个不具备股东形式特征的实际出资人。隐名出资现象多出现在我国的有限公司中,隐名出资人有向公司实际出资的事实,但章程、出资证明书、股东名册和商事登记等书面文件记载的股东是他人。这一现象之所以在我国公司实践中流行,具有复杂的时代性背景与社会原因,诸如国民财富的普遍不透明,财产安全感的不足与产权保护法治不彰,某些地区与行业的贪腐、投资潜规则等,甚至不露富的传统文化与社会心理都促成了这一现象的发生,产生了这一具有中国特色的纠纷问题,而同样的问题在外国却很少见。

在法律允许的隐名出资关系中,隐名出资人与名义股东之间通常存在一份书面或口头的委托合同,或者出于一种默契的默示合同,这种合同本身属于契约关系,但是会与公司组织法发生联系,进而可能发生组织法的效力。委托合同关系的存在使得名义股东区别于冒名股东。如果冒用他人名义出资并将该他人作为股东在公司登记机关登记的,属于侵犯他人姓名权的侵权行为,冒名登记行为人应当承担相应的法律责任;公司、其他股东或者公司债权人以未履行出资义务为由,请求被冒名登记为股东的人承担所有基于股东身份而发生的法律责任的,法院一概不予支持。这其中的隐名出资协议,就是实际出资人与受托的名义股东之间订立的合同,主要内容是由实际出资人出资并实际享有投资权益,以受托人记载或登记为公司股东,为实现前者之投资利益而受托出任公司股东。双方对该合同效力发生争议的,如无《民法典》第一编第六章规定的无效情形的,法院应当认定该合同有效。但实践中确有隐名出资涉嫌规避法律、行政法规的效力性强制规定的,如部分党政干部利用公职之便牟取暴利,以所谓"隐名出资人"的身份参股矿产资源开采、娱乐行业等,对此应当认定无效。其他情况下,当事人向法院起诉请求确认其股东身份的,应当以公司为被告,与案件争议有利害关系的人作为第三人参加诉讼。

(二)隐名出资协议及涉及第三人纠纷的解决

对于隐名出资协议及涉及第三人纠纷的解决,核心问题是确定谁是公司的股东。

(1)隐名出资关系的双方,应当归于契约法来解决。协议的双方就股权投资收益的归属发生争议的,属于双方的意思自治,根据缔约自由的精神,如果没有其他违法情形,协议应当有效,实际出资人可以依照合同约定向名义股东主张相关合同权益。《公司法》第三十二条第二款规定股东名册中的记名,是名义股东用来向公司主张权利或向公司提出抗辩的身份依据,而不是名义股东对抗实际出资人的依据,所以,名义股东不能据此抗辩实际出资人。

(2)与公司、其他股东的关系,归由公司组织法解决。实际出资人对公司请求变更股东、签发出资证明书、记载于股东名册、记载于公司章程并办理登记的,此时实际出资人的要求已经突破了双方合同规定的范围,实际出资人要从幕后走向前台,从公司外部进入公司内部而现身为公司的成员,对于公司的其他股东而言就意味着要接受一位新的成员成为股东群体中的一分子,就属于公司法关注的问题。在成员封闭、相互间具有较强信任关系的有限公司中,尤其需要充分尊重其他股东的意愿。

(3)与公司债权人的关系,受公司组织法和契约法的双重约束。公司债权人以登记于公司登记机关的股东未履行出资义务为由,请求其就公司债务不能清偿的部分在未出资本息范围内承担补充赔偿责任,股东以其仅为名义股东而非实际出资人为由进行抗辩的,法院不予支持。名义股东承担该赔偿责任后,可以向实际出资人追偿。依照反向解释,可以得出公司债权人以实际出资人实际享有投资权益为由主张其承担上述出资责任的,不受支持的推论。类似地,名义股东的债权人请求强制执行其名下的股权以实现债权的,应予支持,实际出资人以自己为实际投资权益享有者为抗辩的,也不予支持。依照反向解释,实际出资人的债权人请求强制执行其实际享有投资权益的"股权"以实现债权的,不予支持,但请求执行实际出资人实际享有的投资权益的除外。

《最高人民法院关于适用〈中华人民共和国公司法〉若干问题的规定(三)》(以下简称《公司法规定(三)》)第二十四条规定:"有限责任公司的实际出资人与名义出资人订立合同,约定由实际出资人出资并享有投资权益,以名义出资人为名义股东,实际出资人与名义股东对该合同效力发生争议的,如无法律规定的无效情形,人民法院应当认定该合同有效。前款规定的实际出资人与名义股东因投资权益的归属发生争议,实际出资人以其实际履行了出资义务为由向名义股东主张权利的,人民法院应予支持。名义股东以公司股东名册记载、公司登记机关登记为由否认实际出资人权利的，人民法院不予支持。实际出资人未经公司其他股东半数以上同意，请求公司变更股东、签发出资证明书、记载于股东名册、记载于公司章程并办理公司登记机关登记的，人民法院不予支持。"可以看到，立场十分鲜明，除非实际出资人完成了"现身"机制——名义股东认可，且经过其他股东过半数同意而转化为股东的，否则名义股东就是股东，实际出资人不是股东。所以条款中称实际出资人而不是实际股东，受托人为名义股东，其被法律承认为公司股东。这一立场，符合公司法作为组织法的要义，体现了商法的外观主义。对于隐名出资关系的双方，归由契约法解决；对于其与公司、其他股东的关系，归由公司法的组织法解决。

但是《公司法规定（三）》第二十五条规定："名义股东将登记于其名下的股权转让、质押或者以其他方式处分，实际出资人以其对于股权享有实际权利为由，请求认定处分股权行为无效的，人民法院可以参照《民法典》第三百一十一条的规定处理。名义股东处分股权造成实际出资人损失，实际出资人请求名义股东承担赔偿责任的，人民法院应予支持。"《民法典》第三百一十一条规定是善意取得，但是，善意取得的前提是无权处分。可是按照《公司法规定（三）》第二十四条，名义股东属于有权处分而非无权处分，有权处分又何来善意取得。第二十五条观念上又强调了实质主义，这使得二十四条与二十五条逻辑上相悖，大量的司法判决分歧也由此而生。为维护司法权威性与统一性，亟待进行统一规定，应该坚持商法的外观主义，采用彻底的名义原则。

（三）两种情况下实际出资人的现身机制

在我国的公司法制实践中，按照公司、其他股东是否知情为标准，存在两种截然不同的隐名出资现象：不完全隐名出资与完全隐名出资。本案即属于前者，虽然实际出资人与名义股东分离，但实际上公司知情，其他股东也知情，唯有公司外部人不知情而已，甚至实际出资人仅仅借用名义股东的身份证件完成股权商事登记与股东名册登记，其余的行为要件如出席股东会等，都由实际出资人亲力亲为，公司与其他股东对此并无异议，包括分红款都是直接交付给实际出资人。这种情况下，实际出资人的现身机制不再受到严格限制，法院可以直接认定实际出资人为公司股东，实质特征的证明功能主要是对内的，因为当事人之间信息比较对称，知己知彼，所以重在考察当事人的内心真实意思表示，据此本案中法院根据实质特征认定原告的股东身份，判决其胜诉。但对于完全隐名出资，实际出资人与名义股东的隐名出资协议属于天知地知你知我知，别人毫无所知，这种情况下，实际出资人的现身机制必须受到严格的限制，尤其是与外部人交易的情况下，应当更强调形式特征的重要性。《全国法院民商事审判工作会议纪要》（简称《九民纪要》）第二十八条确立了不完全隐名出资下其他股东的"默示同意规则"，也即实际出资人能够提供证据证明有限公司过半数的其他股东知道其实际出资的事实，且对其实际行使股东权利未曾提出异议的，对实际出资人提出的登记为公司股东的请求,法院依法予以支持;公司不得以实际出资人的请求不符合《公司法规定(三)》第二十四条的规定为由进行抗辩。这一规定是十分符合我国现实情况的,有益于这一现实问题的解决。在认定股东身份时,形式特征对于股东身份的证明功能主要是对外的,在股东与公司外部第三人的纠纷中,比实质特征更有证明力。这源于双方之间的信息不对称,后者处于劣势,所以重在考察当事人意思表示的外在形式,借助商法的公示主义、外观主义以维护交易安全。其中,商事登记的公信力最强,在同等条件下优先于章程记载的股东名单、持有股权凭证、股东名册记载。实质特征的证明功能主要是对内的,在解决股东与公司之间、股东相互间的内部纠纷时证明力优于形式特征。这是因为当事人之间的信息比较对称,知己知彼,所以重在考察当事人的内心真实意思。其中,签署公司章程反映行为人作为股东的真实意思,优先于认缴出资、出资事实、实际行使股权。

四、结语

总之,对于这一富有中国特色的法律问题的解决,必须结合我国的具体国情。实际出资人要在签订代持股协议时注意合同本身的合法有效,应当在协议中明确双方的权利义务关系,预防违约行为的产生,保护实际出资人的合法权益。立法层面要进一步明确对于代持股协议的规制,虽然我国法律认可其效力,但是对其并未详细规定,因而在法院的裁判中,并没有统一的标准适用于其中,同案不同判的现象仍有存在。公司本身也不应当回避这种现象,可以借助公司章程完善对于隐名股东的规定,促进公司治理的发展。完善名义股东与实际出资人之间的身份转换机制。

参考文献

[1]周友苏.新公司法论[M].北京:法律出版社,2006:223-224.
[2]李建伟.公司法学[M].5版.北京:中国人民大学出版社,2022:231-233.

元宇宙运营主体研究报告

张　羽　刘梦钰①

摘　要:元宇宙是一个诞生于科幻作品中的概念,2021 年 10 月 28 日,马克·扎克伯格正式宣布将"Facebook"公司更名为"Meta"后,元宇宙话题热度飙升。受现实条件制约,元宇宙还远远未达到成熟的形态,存在很大的想象空间和不确定性。目前,对于元宇宙的基本概念与特点的认识各不相同,元宇宙运营主体的发展状态也亟待研究。因此对元宇宙的运营主体进行问题的研究、义务承担的探讨具备必要性。

关键词:元宇宙;元宇宙运营主体;问题研究;义务承担

一、何为元宇宙

元宇宙一词的出现可以追溯到 1992 年科幻作家史蒂文森创作的科幻小说《雪崩》。在史蒂文森的《雪崩》中,元宇宙原意为描述一个荒诞的赛博朋克世界,以此来让人们注意资本主义与无管控的科技进步带来的荒诞世界,但这书中对虚拟科技社会的构想也为大家打开了想象力的大门。

据百度指数统计,自 2021 年 6 月份有记录"元宇宙"相关资讯开始,每日平均有 12 922 条相关资讯头条报道出现,峰值达到了 108 627 条,元宇宙相关话题迅速破圈,市场及社会关注度极高。

经过数十载的发展,元宇宙不仅出现在资本与经济领域,也开始向政治领域扩展。2021 年 3 月,被称为"元宇宙第一股"的 Roblox 正式在纽交所上市;2021 年 10 月,社交媒体巨头 Facebook 宣布将公司改名为 Meta,计划 5 至 10 年内转型成为元宇宙公司;2021 年 10 月,微软在 Microsoft Ignite 大会上也明确宣布了发展元宇宙的举措。同时,腾讯、字节跳动、万兴科技、中青网、网易等国内企业也加快了布局元宇宙的商业步

---

①作者简介:张羽,女,汉族,河南郑州人,郑州大学法学院(知识产权学院)2020 级 6 班本科生。刘梦钰,女,满族,天津人,郑州大学法学院(知识产权学院)2020 级 6 班本科生。

伐,大批互联网企业巨头和其关联企业争相申请注册元宇宙相关商标。[①] 在今年,随着"两会"的进行,已经被热议一年的"元宇宙"也得到了更具有深度的关注,有多名人大代表提交了元宇宙相关的提案,民主党派也积极参与提议。

就目前来说,元宇宙尚未形成统一的标准定义。随着数字技术和互联网的不断发展,人们预期未来数字技术会进一步在人类社会中发展和深入,并试图描绘未来的数字生活发展的形态,随之元宇宙作为具有极大吸引力的想象开始受到关注。因此,规范明确并形成统一的元宇宙概念,有着现实上的必要性与时间上的紧急性。

有互联网专家将元宇宙技术称为"第三代"互联网,认为元宇宙是互联网发展到尽头时承接如今互联网技术的网络技术。[②] 有观点认为元宇宙是实时同步,联系虚拟与现实的下一代互联网,如扎克伯格将其称为实体互联网,马化腾将其称为全真互联网。也有观点认为元宇宙可以看作是当前世界的延伸,是一个脱胎于现实世界,又与之平行、相互影响的在线虚拟世界。[③] 还有观点认为,元宇宙可以看作是当前世界的延伸,既不是平行世界,也不是完全的虚拟世界,而是现实和虚拟的结合,是一个与现实世界平行存在、相互连通、各自精彩的模拟世界。[④] 零碳元宇宙智库 Meta 创始人陈序认为:"元宇宙是人以数字身份参与和生活的可能的数字世界。"[⑤]

我们认为元宇宙是在区块链技术、扩展现实技术、人工智能、虚拟架构、交互机制、加密货币、数字商品、非同质化代币和个人数字替身的基础上联动形成的,以身份、社交、沉浸感、低延迟、多元化、随时随地、经济系统和文明为特点,融合现实与虚拟的互联网应用与社会形态。

就目前的情况来看,当前的"元宇宙"尚属于一种创新性的互联网产品,随着元宇宙产品相关技术持续发展成熟、应用领域逐步扩展,在不远的将来,它将逐渐模糊现实世界与网络虚拟世界的边界,深远地改变全社会的基本形态和基本行为模式,并使自身脱离于单一市场产品的地位,进而成为一种新的社会基础设施。

[①]董月英:《从法律视角看元宇宙发展的六个问题》,《上海证券报》2022 年 2 月 17 日第 8 版。

[②]陈巍:《元宇宙技术在新闻传媒业变革中的应用及展望》,《视听》2022 年第 3 期,第 179－181 页。

[③]东吴研究所:《元宇宙专题报告(二):技术与应用变革掀开互联网新篇章,把握元宇宙时代投资机会》,载东方财富网,https://stock.stockstar.com/IG2021101100000490.shtml,2022 年 1 月 26 日访问。

[④]前沿科技视界:《〈Metaverse〉元宇宙新报告:全真互联掀开互联网新篇章,把握新时代投资机会》,载搜狐网,https://stock.stockstar.com/IG2021101100000490.shtml,2022 年 1 月 26 日访问。

[⑤]京都刑辩研究中心:《"元宇宙"面临的七大法律问题》,载腾讯新闻网,https://new.qq.com/rain/a/20211117A054OD00,2022 年 3 月 27 日访问。

二、元宇宙的特点

元宇宙作为互联网发展的最终形态,有着其自身的鲜明特点:沉浸性、虚拟身份、社会性、虚拟经济。

(一)沉浸性

沉浸式的体验是我们对元宇宙或者对未来互联网的一个本质追求。因为人们不满意现在的互联网体验,要追求沉浸式的体验,所以才提出元宇宙这个概念。以现在的网络游戏为例,玩家追求更加真实,更加直观的体验,想要真正置身于游戏峡谷之中,亲自上场与 NPC 搏杀,有身临其境的游戏体验。但是,受现实条件的制约,我们仅能在声音与视觉上进行体验,距离人们所追求的深度沉浸式游戏尚有遥远的距离。

虽然,我们现有的 VR 能够拥有沉浸式体验的效果,但是就现有的技术来说,我们所能够得到的 VR 产品具有很大的局限性。VR 产品,成本较高,普及较为困难,目前主要应用在军事、工程、医学、文化教育等领域。而且就其本身而言,VR 所带来的沉浸式体验主要集中在视觉和听觉方面,尚不能达到我们所追求的全方位沉浸式体验。也许在不久的将来,我们能够实现触觉或者嗅觉上的沉浸式体验,对于眼前出现的事物,我们可以更为直观地感受到它的触感甚至是嗅到它的味道。这就是元宇宙所带来的极致享受。

沉浸式的体验是元宇宙的第一个追求目标。现在的虚拟现实技术,只能算是元宇宙的雏形。随着技术的发展,我们的视觉、听觉、触觉、嗅觉、味觉在元宇宙里都有可能实现,在未来,第六感也有可能在元宇宙实现。①

(二)虚拟身份

元宇宙的第二个特点便是虚拟身份,或者数字身份。元宇宙作为一个由数据构建起来的与现实世界相对等的虚拟世界,每个进入其中的人都会拥有一个虚拟身份,就像我们现实世界中的身份证一样,它是我们的身份证明,是我们在虚拟世界里的通行证、身份卡。

我们每一个人在未来的元宇宙里边都有一个或者若干个数字身份。以我自己为例,我是一个学生,是一个顾客,但我也是个女儿,是个公民;如果我想,在元宇宙里我也可以是一片叶子、一只鸟……也许,我也可以按照我自己的喜好随时变换成为我想成为的角色。也就是说在未来的元宇宙世界,我可能是各种各样的角色身份,但是这

---

① 龚才春:《中国元宇宙白皮书》2022 年,第 31−32 页。

些都是我,无论哪一个都可以准确地找到我,所以在元宇宙世界我们需要有一个身份的标识,这就是我的虚拟身份。

(三)社会性

在将来的元宇宙世界,我们可以仅凭一部电子产品,任意地、随时随地地进入其中,进行我们想要做的任何事情,而且能够迅速地达到我们欲求的目的。它就像现实世界一样,拥有自己的社会秩序,可以独立运行与经营。在元宇宙世界,我们可以"面对面"地与任何人进行互动,无论古今,不论远近,真正实现"天涯若比邻"的理想状态。

(四)虚拟经济

社交的存在必然会有交易行为的发生,交换是物质世界不断丰富的产物。在元宇宙世界,他作为一个能够独立运行的个体,也将会有交易行为的存在,这就催生了虚拟经济。现有的 Q 币、比特币等就是虚拟经济的产物。

随着虚拟世界的发展,元宇宙将不断成熟,其市场体系也将不断完善,成为一个自主运行良好的经济循环体。在技术的加持下,虚拟经济将与现实世界进行相互融合,实现经济一体化。

三、元宇宙运营主体

元宇宙与未来资产研究智库 MetaZ 创始人、NFT China 首席顾问陈序提出,2021年,可以被称为"元宇宙"元年。"元宇宙"呈现超出想象的爆发力,其背后是相关"元宇宙"要素的"群聚效应",近似 1995 年互联网所经历的"群聚效应"。这里的"群聚效应"离不开元宇宙的相关运营主体的爆发和发展,对于研究什么是元宇宙运营主体,研究好它的范围和分类,对于后续研究好他们的权利、义务和责任至关重要。

元宇宙涉及 AI、XR、5G、数字孪生、大数据、云计算、区块链、虚拟服装、场景化社交、虚拟偶像、智能制造、线上聚会、虚拟土地等诸多方面,元宇宙的运营主体也以从事这些方面经营的主体为限。

(一)区块链框架下的运营主体

区块链是元宇宙发展虚拟世界中必不可缺的一部分,区块链框架下的运营主体很大一部分也是元宇宙发展的主力军。区块链是具有去中心化、开放性、独立性、安全性、匿名性的数据库、技术方案。从科技层面来看,区块链涉及数学、密码学、互联网和计算机编程等很多科学技术问题。从应用视角来看,简单来说,区块链是一个分布式的共享账本和数据库,具有去中心化、不可篡改、全程留痕、可以追溯、集体维护、公开透明等特点。这些特点保证了区块链的"诚实"与"透明",为区块链创造信任奠定基础。而区块链丰富的应用场景,基本上都基于区块链能够解决信息不对称问题,实现多个主体之间的协作信任与一致行动。元宇宙的发展离不开区块链框架下以社交平台、经济平台和内容平台为主的虚拟世界的构成。

1. 区块链框架下的社交平台运营主体

随着不断发展的消费者计算设备、云计算和高速带宽等技术的发展,新冠疫情下人们远程办公和虚拟线上活动的需要,元宇宙社交平台的发展成为时代的大趋势。

Facebook 作为国外最大的社交平台,于 2021 年 10 月 28 日更名为"Meta",即元宇宙。扎克伯格认为,元宇宙是下一个前沿,从现在开始,我们将以元宇宙为先,而不是 Facebook 优先。Facebook 也认为,未来无论是在会议室与同事交谈,还是在遥远的世界各地与朋友闲逛,人们都将通过进入虚拟环境来进行聚集和沟通。这种社交平台向元宇宙发展的大趋势也在国内掀起了热潮。2021 年 11 月 11 日,中国移动通信联合会"元宇宙产业委员会"举办揭牌仪式,宣告国内首家元宇宙行业协会正式成立,成员包括中国移动、中国联通、中国电信等。

2021 中国移动全球合作伙伴大会上,中国移动咪咕公司总经理刘昕发布了元宇宙 MIGU 演进路线图,刘昕表示,咪咕将推动现代生活社交方式的 AR 化,逐步实现 AR 眼镜随时随地的生活化体验,这将成为探索元宇宙的重要入口。① 除了这些老牌的社交运营平台,也有其他的运营平台从元宇宙上进行创新发展,打造出娱乐和社交互动沉浸式空间。Stageverse 就是一个全新元宇宙社交平台,其可提供包括长达两小时"Muse:Simulation Theory"演唱会视频在内的沉浸式内容,该平台支持多名用户从现场多个角度拍摄 360°3D 演唱会,并支持 Oculus Quest、iOS 和 Android 设备。② 虚拟社交演唱会平台有很大的发展前景,2020 年,说唱歌手 Lil Nas X 在元宇宙风格的游戏 Roblox 中举行的一场虚拟演唱会有超过 3000 万粉丝参与。一年一度的 EDM 音乐节明日世界在 2020 年搬到线上举办时,Fortnite 的开发者 Epic Games 旗下的 3D 制作公司 Unreal Engine 参与创建了一个虚拟的音乐节场景。③ 由此可见,区块链框架下的社交平台形式多样且不断创新出新的融合形式,其运营主体亦向多样化发展与增加。

---

① 《证券时报》:《4000 亿巨无霸入局! 中国电信拟采购"元宇宙数字人制作",三大运营商已联合成立元宇宙行业协会》,https://www.163.com/dy/article/GQIDA8MI053469RG.html,2022 年 1 月 26 日访问。

② 93913 虚拟现实:《全新元宇宙社交平台 Stageverse 已上线》,载 https://tech.tom.com/202109/1276624242.html,2022 年 1 月 26 日访问。

③ MMA:《2021 年元宇宙营销时代报告》,载三个皮匠报告网,https://www.sgpjbg.com/baogao/50299.html,2022 年 1 月 26 日访问。

2.区块链框架下的经济运营平台主体

以太坊被认为是元宇宙入口的雏形。以太坊是一个开源的有智能合约功能的公共区块链平台,通过其专用加密货币以太币提供去中心化的以太虚拟机来处理点对点合约。人们可以以太坊的钱包登入,游走在各个小星球,可以参与 NFT 的艺术竞拍、加入区块链游戏:沙盒来买地盖房,当包租公;在 Axie Infinity 养精灵,以太币购买需要的装备,也可以卖出精灵获利,最后再透过稳定币换回美金。① 在元宇宙中的代币强调他们真实地拥有在虚拟世界中的物品,强调数字商品的真实所有权。同时该代币也强调一种受保护的不可替代性,这些都为元宇宙在经济领域的发展提供了基础,相关主体平台已经逐渐应用与发展,有一些品牌已经成功地推出了一些数字商品。百威英博的限量版的 NTF 虚拟马匹可以被整合到虚拟赛马游戏 Zed Run 中;2021 年 7 月,可口可乐发起的含有虚拟服装和品牌纪念图像的虚拟战利品箱活动,为慈善事业筹集了超过 500 000 美元。相关的运营与交易也越来越多,发展前景广阔,其他主体平台也不可避免地会渐渐引用、融合元宇宙的数字商品中。

3.区块链框架下的内容平台主体

此处的内容平台主要指的是在区块链框架下基于 UGC 的内容平台。该平台与社交平台有一定的重合,如 Facebook、抖音等,也包括了其他平台,如视频分享、照片分享、知识分析、社区论坛、微博等。腾讯、百度、字节跳动作为内容开发平台的大户,2018 年,腾讯就推出数字虚拟人"Siren";百度世界 2020 大会上,李彦宏及央视主持人康辉 20 年前的虚拟人亮相;2020 年,字节跳动推出虚拟偶像团体"A–Soul"。世界上最开放、最先进的实时 3D 创作平台 Epic Games 的 Unreal Engine 同样也推出了新的内容。他们专注于创新以及为创作者和出版商提供可访问的数字生态系统,加速了在元宇宙中创造身临其境的体验进程。尤其是近几年元宇宙的爆发式发展,相关内容平台的运营主体都在技术上加紧了在元宇宙上的角逐,未来值得我们期待谁会更胜一筹。

(二)XR 技术下的运营主体

元宇宙强调作为一个平行于现实世界又独立于现实世界的虚拟空间,脑机接口、VR 等科学技术的发展与成熟是必不可少的。XR 包括 VR、AR 和 MR 的发展,它分为多个层次,包括从通过有限传感器输入的虚拟世界到完全沉浸式的虚拟世界。

1.游戏娱乐 XR 的运营主体

XR 带来的高度沉浸感强、私密性高、定制化个人体验等特点使其天然适用于 C 端场景应用,例如游戏、社交、视频娱乐等。基于当前市场热度较高的游戏和影视场景

---

① 及时晴谈金融:《元宇宙到底是什么? 为什么说以太坊是元宇宙的入口?》,载网易新闻网,https://www.163.com/dy/article/GNNMFR8G055292RI.html,2022 年 1 月 26 日访问。

挖掘个性化推荐内容,触发用户购买行为和付费意愿并引发用户黏性和自发传播等行为,打造爆款内容形成流量入口是当前业内 XR 企业的主流模式,并有望在短期内持续解锁直播、购物、旅游等消费场景。2021 年 3 月 10 日"元宇宙概念第一股"Roblox 上市,作为全球最大的互动社区之一及大型多人游戏创作平台,Roblox 积极布局 VR 领域,早在 2016 年就开放了 VR 功能,并逐步实现了 VR 游戏的跨平台、跨设备适配,游戏玩家们可以通过电脑、手机、Xbox、Oculus 等各终端设备体验 VR 游戏。2020 年 4 月美国歌手 Travis Scott 在人气射击生存游戏《堡垒之夜》中举办了一场线上虚拟演唱会,全程使用 XR 技术呈现表演,共吸引了超过 2770 万名玩家前往观看。受此活动影响,《堡垒之夜》手游版在 2020 年 4 月吸金 4400 万美元,安装量增长了 600 万,入围 App Store 手游畅销榜前十,环比增长 89%。游戏娱乐 XR 的应用发展前景广阔,运营主体也不断地发展壮大,构成元宇宙运营主体占比较大的一部分。

2. 生产经营 XR 的运营主体

B 端用户的需求则以更好地服务于生产经营为导向,更关注如何通过 XR 实现降本增效、营销推广等,寻求定制化、专业化解决方案。按照市场渗透率、未来 XR 产业增速及现有 XR 产值来看,XR 在医疗、工业制造以及零售业具有相当大的发展潜力,其中涉及远程培训、实施指导、流程管理以及知识沉淀等场景,XR 都是重要的生产力工具,且不断在更多的场景加速渗透。工业领域,XR 已经成为基于工业互联网、物联网平台实现数字孪生的核心技术之一。以工业软件巨头 PTC 为例,PTC 将其在产品设计、PLM 领域积累的核心优势整合至内部 XR 平台,依托开放生态中的平台软件,推出以数字化映射为基础的整体框架和整套解决方案。数字孪生帮助 PTC 在虚拟空间中构建出与物理世界完全对等的数字镜像,通过收集产品研发、生产制造、商业推广等维度的数据并进行分析,为下一步的产品设计、生产工艺、市场投放等关键环节打下基础。

XR 在医疗行业亦带来了巨大的价值。手术操作训练中,XR 技术可以通过显示、触感、力反馈等设备,使接受培训的医生沉浸在虚拟场景中,进行手术操作和练习,体验真实的临床手术过程,可以有效提高医生诊断病情和制定治疗方案的能力,同时能够大幅降低传统培训中的器材、标本等成本。此外,XR 在远程医疗、诊疗技术提升等方面也将发挥重要作用,解决医疗资源不均的问题。XR 在工业制造、医疗、零售等方面的生产经营,也促进了越来越多的运营主体加入。

四、元宇宙运营主体当前存在的问题

(一)主体运营资格的取得尚无明确规定

2021 年是元宇宙的元年,元宇宙产业项目尚处于起步阶段,对于元宇宙运营主体资格的取得标准仍是一块法律空地。当今时代,经济技术飞速发展,元宇宙作为一个新起之秀,正在以破竹之势飞速崛起,成为各大商家新的角逐场,规范云宇宙市场主体运营资格刻不容缓。

(二)主体领域的局限性

元宇宙运营主体目前大多局限于游戏产业和娱乐产业,娱乐性较强,涉及范围有限。因现实技术的不成熟,元宇宙并不能成为连接虚拟与现实的快速车。元宇宙主体范围还有很大的空间急需探索。

(三)依靠资本维持运作,消耗量大

目前的元宇宙运营主体缺乏自主性,尚未形成能够独立有序运行的数据生态链,需要庞大的资本进行维持。以 Facebook 为例,2021 年 10 月,Facebook 宣布将公司改名为 Meta,计划为 Reality Labs 投资百亿美元,5 至 10 年内转型成为元宇宙公司,助力元宇宙在未来十年覆盖 10 亿人口,承载数千亿美元的数字商务。Facebook 投资百亿也不过是为打开元宇宙的大门,开辟正式通往元宇宙时代的道路。在元宇宙全覆盖的道路上,将是无以计数的资本投入与资本消耗,欲使其形成秩序井然、自主运行良好的新世界,元宇宙运营主体任重而道远。

(四)技术标准不统一,无法形成高效互动

众所周知,区块链、交互、游戏、网络算力、人工智能和物联网技术是支撑元宇宙的六大技术,其中以区块链、交互、游戏和网络算力作为元宇宙的核心技术。元宇宙的发展离不开各种技术的支持,而不同运营主体拥有自己的独特算法和运营手段,各个主体之间为保持自己的核心竞争力,对于所掌握的核心技术进行保密,以防止失去有利的市场竞争地位,这就导致了市场运营主体之间的技术差异,使同种技术之间无法"互通有无"进行良好交流,技术产品质量良莠不齐。由于技术差异的存在,运营主体之间在进行合作时很难进行高质量沟通。技术标准不统一,沟通不到位,信息交流不畅,这对于元宇宙世界来说,就无法成为一个完整整体,无法实现各方面的高效协同运行。

(五)缺乏元宇宙世界相应的监管主体

元宇宙是建立在数据上的宇宙,其数据安全的实现需要元宇宙内外合力。数据是元宇宙的基础元素,除政府等传统的监管主体外,元宇宙内也必须存在相应的监管主体。这种监管主体的存在并不会阻碍元宇宙的发展,也并不与元宇宙的去中心化相冲突。去中心化并不意味着无序,监管主体的存在也不意味着中心化。与元规则和纠纷解决类似,只要符合元宇宙内的群体共识和群体利益,监管主体就可以存在。因此,该问题的核心在于群体共识的形成与可持续发展。

（六）科技公司的资质合法批准标准缺乏：以数据安全为例

元宇宙离不开现实世界的硬件支持，国家与科技公司是提供硬件支持的最主要主体。元宇宙中以数字形式存在的一切，都会存储于现实世界中，元宇宙外的数据安全，就是对科技公司数据安全的要求。

我国《数据安全法》第三十二条规定，任何组织、个人收集数据，应当采取合法、正当的方式，不得窃取或者以其他非法方式获取数据。法律、行政法规对收集、使用数据的目的、范围有规定的，应当在法律、行政法规规定的目的和范围内收集、使用数据；第三十四条规定，法律、行政法规规定提供数据处理相关服务应当取得行政许可的，服务提供者应当依法取得许可；第三十六条规定，非经中华人民共和国主管机关批准，境内的组织、个人不得向外国司法或者执法机构提供存储于中华人民共和国境内的数据。

无论是当下还是未来的元宇宙领域公司，都至少需遵守以上规定，合法合规存储、利用数据。这种数据并不局限于个人的数据，如对于地图而言，我国《地图测绘法》第二十七条及《地图管理条例》第七条要求从事地图编制活动的单位应当依法取得相应的测绘资质证书，并在资质等级许可的范围内开展地图编制工作。元宇宙领域公司如缺乏相应资质，在元宇宙中模拟、获取、披露、使用相应数据，则可能会被认定为违法甚至犯罪。

五、元宇宙运营主体的义务承担

元宇宙的运营主体从本质上来说还是受商业利益驱使的企业，它以盈利作为第一要义。但是，作为社会生活的一分子，元宇宙运营主体应当承担起社会责任，追求社会效益，树立良好的信誉与企业形象，形成自己的优良口碑，打造品牌优势。

（一）数据报送义务

"数据报送"指为了公共利益的需要，数据提供者依据法定的条件与程序，向政府提供相关数据的活动，其目的是协助政府更好地履行公共职能，因此也被称为数据协助或数据提供。[1]

在数字化时代，数据共享成为支撑社会运行和社会治理的重要力量，建设数字城市、智慧城市，离不开企业和政府的高效协作，利用元宇宙平台的数据库，充分发挥互联网、大数据、人工智能、云计算等现代信息技术的优势，在政府决策、风险管控和社会

---

[1] 阎楠楠：《论大数据时代下网络平台数据报送的法律规制》，《西部学刊》2018 年第 11 期，第 94-96 页。

治理等方面,推动决策模式向着依靠大数据的智慧决策转变。① 而企业和政府高效协作的基础便是企业积极、认真、高效地履行数据报送义务。例如,在新冠疫情防控的工作中,互联网平台与网络通信运营商向政府部门所提供的数据就在搜集、发布疫情信息、汇集应急物资信息并高效配送等方面发挥了重要的社会治理作用。② 通过大数据中当事人行程的记录,能够准确定位出当事人的到访地、密接人员与时空伴随者,这对于疫情防控工作提供了巨大的便利,为有效应急预案的出台提供了关键支撑。

在当今大数据时代,数据即资本,企业是国民经济的细胞。企业作为经济细胞体是个"点",通过横向的市场联系而结成"面",又通过国家的纵向管理而构成"体"。企业与国家、社会,密不可分,因此,企业要积极履行数据报送义务,助力数字城市、智慧城市的建设。

(二)安全保障义务

网络平台具备"开启、参与社会交往"及"给他人权益带来潜在危险"两项特征,而网络运营者作为危险源的开启与控制者,应对正在发生的侵权负有排除义务,并对未来的妨害负有审查控制义务。③ 元宇宙作为一个新领域,为其能够独立自主运行,我们需要对用户的权益提供安全保护,以此来稳定我们的受众群体以及使用量。

元宇宙空间的基本支撑主体是众多的元宇宙运营者及其运营的中间平台,而开放、共享、互联的运营平台,也是漩涡的中心和矛盾纠纷的汇合点。④ 因此,元宇宙平台的安全一定程度上也决定了元宇宙世界的整体安全。

元宇宙运营者是平台的经营管理者、规则制定者以及利益获得者,由其承担保障网络平台安全的义务在技术上具有可行性,在规则中具有合理性,在经济方面也具有一定的经济性。具体来讲,由网络运营者承担民法上的保障网络安全的义务有如下几方面的原因:

第一,现有的网络运营平台与用户达成的用户协议多是格式条款,以维护运营者的权益为基本原则,最终解释权归制定者所有,对于自己经营的服务平台具有他人不可替代的控制与编辑能力。第二,元宇宙平台作为服务的提供者,拥有自己的技术保障团队,可以方便快捷地通过技术手段检测并消除平台中那些不能为网络用户所知的安全隐患。第三,元宇宙运营平台作为技术的开发者和提供者,具备保障网络安全的软硬件措施与专业的技术人员,对于自己的产品更加熟悉,同时网络运营者还控制着

---

① 刘岳川,孙芊妍:《我国互联网企业数据报送法律制度的完善》,《学术交流》2021 年第 7 期,第 53-62 页,192 页。

② 李勇坚:《"化危为机"之经验研究 政企合作如何有效提升社会治理能力》,《人民论坛》2020 年第 14 期,第 30-33 页。

③ 王思源:《论网络运营者的安全保障义务》,《当代法学》2017 年第 1 期,第 27-37 页。

④ 周汉华:《论互联网法》,《网络信息法学研究》2017 年第 1 期,第 3-30 页,385 页。

网络平台的总体运行,因而其更容易以较小的成本排除网络平台的安全隐患,制止网络平台中的侵权行为,提高网络平台的整体安全水平。第四,基于收益和风险相一致的考量。平台运营者都是以获取商业利益的目的经营服务平台,不论其所获得收益是有形的还是无形的,是即期的还是潜在的。从危险中获取各种利益者理应被视为负担制止危险义务的人,只要平台运营者经营的服务平台存在安全隐患并从中获取了利益,就应承担相应地排除危险的义务。①

因此,基于现实条件,由元宇宙运营者提供安全保障,在现实上具有便利性、可行性与经济性。

(三)个人信息保护义务

从现实状况来看,现有的网络运营平台与用户达成的用户协议多是格式条款,以维护运营者的权益为基本原则,最终解释权归制定者所有,如果我们不同意平台提出的用户使用协议,我们就无法享受平台提供的服务。从民法的诚信原则来看,网络用户在接受网络平台服务时会产生一种合理的期待,认为适格的网络运营者应当具备保障平台基本安全和用户信息不被窃取的责任与能力。②

就元宇宙运营平台而言,用户充分信任平台,在元宇宙世界自由地驰骋,我们足以认为其能够做好对于用户信息的保护工作;而且,在大数据时代,个人信息已成为各大商家追逐与比拼的资本,对于社会秩序的维护以及资本的保护与再生产,元宇宙平台一定要承担起对于个人信息保护的义务。

(四)对于不法言论的审查义务

网络不是不法之地,在元宇宙自由自在地放飞自我的时候,我们也要遵守法律法规,恪守作为公民的本分。但是,总是有不法分子或极端人员在网络散布不法言论,传播不良信息,元宇宙平台运营者作为经营管理人员,有义务对网络言论的性质与真实性进行考察,充分预见分析不实、不法言论的社会危害性,承担社会责任,合理有效规避网络风险。

六、结语

根据权威机构 Gartner Group(第一家信息技术研究和分析的公司)的预测,在2026 年 25%的人将至少在元宇宙中工作、购物、社交或娱乐一个小时。到了 2026 年全球将有 30%以上的企业机构将拥有自己的元宇宙产品和服务。摩根士丹利预测,

---

①吴汉东:《侵权责任法视野下的网络侵权责任解析》,《中国检察官》2011 年第 3 期,第 73 页。
②吴汉东:《侵权责任法视野下的网络侵权责任解析》,《中国检察官》2011 年第 3 期,第 73 页。

元宇宙 2024 年市场总额将达到 8 万亿美元;花旗银行预测,2030 年元宇宙市场总额将高达 13 万亿美元。作为真实世界的延伸与拓展,元宇宙带来的创新创业的巨大机遇和革命性作用值得期待。根据元宇宙本身的特点及其对运营主体的研究,元宇宙运营主体在运营资质、合法性、监管主体等方面存在着社会风险,需要在数据报送、安全保障、个人信息保护以及不法言论上进行规制,使其承担相应的义务,以共同迎接元宇宙创新创业的新时代。

参考文献

[1]董月英.从法律视角看元宇宙发展的六个问题[N/OL].上海证券报,2022-02-17 [2022-02-17].https://www.sohu.com/a/523302597_120988576.

[2]陈巍.元宇宙技术在新闻传媒业变革中的应用及展望[J].视听,2022(03): 179-181.

[3]东吴研究所.元宇宙专题报告(二):技术与应用变革掀开互联网新篇章,把握元宇宙时代投资机会[EB/OL].(2021-11-12)[2022-01-26].https://stock.stockstar. com/IG2021101100000490.shtml.

[4]前沿科技视界.《Metaverse》元宇宙新报告:全真互联掀开互联网新篇章,把握新时代投资机会[EB/OL].(2021-10-14)[2022-01-26].https://www.sohu.com/a/ 495015722_121117236.

[5]京都刑辩研究中心."元宇宙"面临的七大法律问题[EB/OL].(2021-11-17) [2022-03-27].https://new.qq.com/rain/a/20211117A054OD00.

[6]证券时报.4000 亿巨无霸入局!中国电信拟采购"元宇宙数字人制作",三大运营商已联合成立元宇宙行业协会[EB/OL].(2021-12-06)[2022-01-26].https:// www.163.com/dy/article/GQIDA8MI053469RG.html.

[7]93913 虚拟现实.全新元宇宙社交平台 Stageverse 已上线[EB/OL].(2021-09-23) [2022-01-26].https://tech.tom.com/202109/1276624242.html.

[8]MMA.2021 年元宇宙营销时代报告[EB/OL].(2021-08-31)[2022-01-26]. https://www.sgpjbg.com/baogao/50299.html.

[9]及时晴谈金融.元宇宙到底是什么?为什么说以太坊是元宇宙的入口?[EB/OL]. (2021-11-01)[2022-01-26].https://www.163.com/dy/article/GNNMFR8G055 292RI.html.

[10]阎楠楠.论大数据时代下网络平台数据报送的法律规制[J].西部学刊,2018 (11):94-96.

[11]刘岳川,孙芊妍.我国互联网企业数据报送法律制度的完善[J].学术交流,2021 (7):53-62,192.

[12]李勇坚."化危为机"之经验研究 政企合作如何有效提升社会治理能力[J].人民论坛,2020(14):30-33.

[13]王思源.论网络运营者的安全保障义务[J].当代法学,2017,31(1):27-37.

[14]周汉华.论互联网法[J].网络信息法学研究,2017(1):3-30,385.

[15]吴汉东.侵权责任法视野下的网络侵权责任解析[J].中国检察官,2011(3):73.

公司设立失败下解除发起人协议的法律适用

屈轩麒①

摘　要:有限公司发起人于《出资协议》(发起人协议)签订后的公司设立期间开展经营,在不可抗力事件致使设立程序无限期中止后,仍以设立中公司名义继续经营行为,并于设立程序恢复且公司设立的协议目的客观上可得实现前亏空所有出资;二发起人之一此时诉至法院要求确认解除协议并请求对方返还全部出资。对此,一方面,裁判者应在明确两造间的合伙关系,以及案涉协议的合伙协议实质之基础上,看到合伙协议中合同性的本质属性,在寻求解除规范、直接诉诸《民法典》合同编分则"合伙合同"一章而不得的情况下,就该继续性合同的解除原因寻至合同编通则第五百六十三条第一款第(一)项,并承认法定解除权的产生;另一方面,就解除的法效果,裁判者在我国实证法不纠缠"解除"与"中止"文义差别的语境下,可回到"合伙合同"一章第九百七十八条,亦可从一时性合同解除与继续性合同终止间法效果差异的角度,就合同编通则第五百六十六条之"合同性质"作出解释,殊途同归地驳回原告返还出资之诉请。

关键词:设立中公司;发起人协议;合伙合同;继续性合同;法定解除

一、案情简介及问题概要

(一)案情简介

郑某、易某为设立某培训学校有限公司,签订《出资协议》,约定分别以现金、现物出资。

公司设立期间,二人便开始以设立中公司名义招生办学。

后"双减"政策颁布,培训学校设立登记所必需的《民办学校办学许可证》暂停办

---

①作者简介:屈轩麒,男,汉族,湖南衡阳人,郑州大学法学院(知识产权学院)2020 级 1 班本科生。

理;次年,办理业务得以恢复,二人可继续依《出资协议》约定设立公司。

但此时:①设立中公司已在许可证暂停办理期间,亏空所有出资;②郑、易二人已无合作意愿,均表示不愿再履行《出资协议》。

郑某主张确认解除《出资协议》、返还其全部现金出资;易某对该前述请求均表示反对。

(二)问题概要

对于本案,本文尝试从裁判者的视角出发,于案件材料中梳理出与争议解决有关的、重要的具体案情,明确两造的请求与抗辩,并以解决"是否支持或何以支持原告诉请"这一核心问题为导向,就当事人存在争议的如下几个子问题给出自己的观点:

(1)二发起人之间的法律关系和《出资协议》的法性质为何?

(2)本案的适格当事人?

(3)公司设立失败的原因为何? 能否归责于当事人一方?

(4)《出资协议》是否解除、依何解除、于何时解除?

(5)《出资协议》如若解除,其法效果为何? 能否产生出资款返还的法效果?

二、重点案情梳理

(一)《出资协议》订立的相关事实

2021 年 5 月 27 日,郑某(原告)与易某(被告一)为设立衡阳市高新技术产业开发区博优教育培训学校有限公司(以下简称博优公司),签订《出资协议》。该协议约定:

(1)郑某以现金出资 40 万元,出资比例为 79%(第三条第一款);

(2)易某以实物(场地、装修、教学设备及办公用品等)出资 10 万元,出资比例为 21%(第三条第二款);

(3)郑某为公司的执行董事兼校长,负责公司的日常运营和管理,具体职责包括办理公司设立登记手续、审批日常事项;易某担任公司监事,具体负责事项包括对郑某的运营管理进行必要的协助(第四条第二、三款);

(4)易某原经营的"童学馆"项目("童学馆"系被告二易某咨询服务有限公司所开设经营项目)已销售未上完的课程(截至 2021 年 5 月 31 日剩余 789 455.50 元)由博优公司负责销课;自 2021 年 6 月 1 日起,童学馆的权利和义务由博优公司享有和履行(第五条第四款)。

2021 年 7 月 1 日,郑某与被告易某签订《衡阳市高新技术产业开发区博优教育培训学校共同出资合伙协议》,该协议除对合伙单位名称、合伙人出资方式与数额的约定与《出资协议》一致外,还于第四条、第六条分别对合伙期限和亏损分担办法进行了约定：

"合伙期限：自2021年7月1日起，至2031年7月1日止"（第四条）；

"若项目亏损，甲、乙双方不得互相追讨经济责任，甲、乙双方无条件的以各自出资额为限承担责任"（第六条）。

（二）《民办学校办学许可证》及公司设立登记办理的事实

在学科类培训机构"先证后照"的设立政策下，《民办学校办学许可证》（以下简称《办学许可证》）为博优公司获得设立登记的前置条件。

因而，《出资协议》签订后，易某按照培训机构设立程序，就《办学许可证》办理所需的相关资料进行申办。

在正常申请办理《办学许可证》期间的2021年7月24日，"双减"政策出台。次日，衡阳市高新区教文体局接上级通知要求，自2021年7月25日起暂缓办理《办学许可证》。

（三）博优公司于设立期间开展经营及纠纷产生的事实

自《出资协议》签订后次日起，郑某、易某开始以设立中公司名义对外招生，并于童学馆场地开展素质类和学科类培训经营。

后在"双减"政策颁布、博优公司未获《办学许可证》且未设立登记的情况下，郑某与易某二人仍继续以设立中的博优公司名义招生办学，但此时生源已开始逐渐流失，经营状况每况愈下。

2021年12月，原告40万元现金出资、博优公司经营期间收入已全部亏空，且博优公司仍需要承担包括员工工资在内的销课费用。

当月，郑某向易某提出解除《出资协议》，后者于同月23日在微信聊天中回复称："郑校长，你表示退出经营的决定我们能够理解"。

郑某退出经营后，博优公司在对2022年2月前已销售但未上完的课程进行销课后，再未开展营业，但仍对外负担因销课而产生的债务；郑某也因与易某产生矛盾，于2022年2月14日诉至法院。

2022年3月，《办学许可证》办理恢复，但郑某与易某已无合作意愿，均表示合作基础不在，不愿继续履行《出资协议》。

上述博优公司于设立期间债务和收入的具体数额，郑某、易某提供的账本均不能予以明确，且相互矛盾；二人也均表示不愿申请第三方机构进行清算。

三、起诉状内容简述

（一）原告诉讼请求

（1）确认原告与被告易某已于2021年12月23日解除《出资协议》；

（2）判令二被告返还原告出资款 40 万元，并支付利息 11 600 元（暂计算至 2022 年 2 月 1 日，后续利息计算至实际返还时）；

（3）本案诉讼费用由二被告承担。

（二）原告请求权基础及主要理由

（1）依据《民法典》第五百六十三条第一款第（四）项，由于被告易某怠于办理《办学许可证》导致公司未能设立，构成根本违约，原告享有法定解除权；又因原告已通知被告易某解除合同，依《民法典》第五百六十五条，合同已于 2021 年 12 月 23 日解除；

（2）对于出资返还的主张，原告未明确其请求权基础，但原告认为，其 40 万元出资未遭亏损，博优公司仍有盈余，即博优公司账单上的公司设立费用依据最高人民法院《关于适用〈中华人民共和国公司法〉若干问题的规定（三）》（以下简称《公司法规定（三）》）第四条第三款，应全部由存在过错的被告易某个人承担，而非以原告出资承担；789 455.50 元课时销课费用产生于博优公司成立前，博优公司不具有法律意义上的主体资格，故《出资协议》第五条第四款约定的销课费用承担主体不存在，该条款无法履行属于未生效条款，789 455.50 元的销课费用应由开设"童学馆"项目的被告二，即衡阳易某咨询服务有限公司承担，不应以原告出资承担，二被告应当在《出资协议》解除后共同向其返还 40 万元出资，并依据《民法典》第五百六十六条第二款向其支付资金占有利息。

四、答辩状内容简述

（1）《出资协议》并未约定由答辩人负责办理办学许可证；

（2）答辩人按原告要求，实际履行各项设立程序；在其按正常流程办理《办学许可证》期间，"双减"政策颁布，答辩人多次向教育局咨询，均被告知暂时不能办理；

（3）2021 年 12 月，博优公司财务汇报账上余额已不足以发放当月工资；截至 2022 年 2 月，原告与答辩人所有投资全部亏损，答辩人个人垫付博优公司债务 53 157.8 元。

五、总述——本案分析思路

本案事实实际上涉及先公司交易、公司设立失败时发起人的设立法律责任等问题。但是，原告仅就《出资协议》提出确认解除并返还出资、给付资金占用利息的诉请，被告也未就设立期间的债务承担问题提起反诉。因而，基于司法被动性和解决实际问题的需要，下文将基于原告各项诉请以就双方意见予以回应；同时，在顺序安排上，先就案件实体法律关系予以明确，以回应双方对适格当事人及案件案由的不同意见；其后，再就博优公司未获设立登记的原因进行分析，进而解决与案涉《出资协议》

解除相关的问题;最后,如果确认解除《出资协议》,还须就合同解除的法律效果进行分析,以回答原告能否主张出资返还和利息给付的问题。

六、分述——对原告诉讼请求及双方具体意见的回应

(一)本案法律关系及案由

双方意见:原告未表示对本案法律关系认定的意见,但在案由方面提出本案为"公司设立纠纷";被告则认为其与原告间为合伙关系,本案为"合伙合同纠纷"。

简明结论:本案《出资协议》为发起人协议,其在法性质上属合伙合同;综合考虑当事人诉争的民事法律关系及原告诉讼请求,本案案由为合伙合同纠纷。

理论分析及理由阐释:首先,《公司法规定(三)》第一条规定,"发起人"是为设立公司而签署公司章程、向公司认购出资或者股份并履行公司设立职责的人,其包括"有限公司设立时的股东"。该条实质上是在现行《公司法》对有限公司没有使用"发起人"概念的情况下,对"发起人"概念进行了必要的扩张解释,将"有限公司设立时的股东"纳入了发起人的概念范畴。同时在解释上,公司成立前的设立阶段,发起人之间视同为一种合伙关系,共同受发起人协议的拘束。[①]

而在本案中,原告郑某与被告易某作为博优公司设立成功后第二股东,不仅为设立博优公司共同签署了公司章程,而且还各自向博优公司认购了79%和21%的出资,并且均参与了博优公司的设立活动。因此,二人不论是在形式还是实质上,均属博优公司的发起人,双方之间是为合伙关系。

其次,回到原告诉请中所欲解除的《出资协议》,该协议不仅就拟设立公司的名称、性质以及出资方式进行了约定,也对公司设立登记手续办理职责的承担者以及出资人的权利、义务责任进行了约定,属于有限公司设立阶段由公司将来股东充任发起人而订立的发起人协议。而对于发起人协议的性质,通说观点认为其本质上应界定为合伙合同。[②]

最后,从"公司设立纠纷"本身来看,不能将其望文生义地等同为"因公司设立引发的纠纷"。公司设立纠纷主要涉及先公司合同中合同权利义务由发起人抑或公司承担的问题,以及公司设立失败时,合同责任由谁承担的问题。[③] 前述内容,已经远超本案原告要求确认解除《出资协议》并进而主张财产返还的诉讼请求,依据民事诉讼

---

① 李建伟:《公司法学》,中国人民大学出版社2022年版,第69-70页。
② 施天涛:《公司法论》,法律出版社2018年版,第122页。
③ 人民法院出版社:《最高人民法院民事案件案由适用要点与请求权规范指引(下册)》,人民法院出版社2020年版,第742页。

法处分原则的精神,上述"公司设立纠纷"涉及的内容,不属于本案所要解决的实体法律问题。

退一步而言,从案由本身具有的对当事人诉争法律关系的性质进行概括、反映案件所涉及的民事法律关系的性质以及便于人民法院进行民事案件管理的功能上看,[①]即便本案案由为原告方所称的"公司设立纠纷",法院仍需以本案法律事实为依据,以能够涵摄本案事实的法律规范为准绳,在原告主张的诉讼请求范围内作出裁判。

(二)本案适格当事人

双方意见:原告郑某将衡阳易某咨询服务有限公司(以下简称易某公司)作为本案被告,被告易某则对此表示反对。

简明结论:易某公司并非本案适格当事人。

理论分析及理由阐释:一般来说,判断当事人是否适格,应当以当事人是否为争议的民事法律关系(即本案诉讼标的)的主体为标准,除出现诉讼担当情形和消极确认之诉中将对诉讼标的有确认利益的人认定为适格当事人的例外情形外,只要是起诉状中诉的声明之民事法律关系或民事权利的主体,对于以该民事法律关系或民事权利为诉讼标的提起的诉讼,即为适格当事人[②]。

本案是因确认解除《出资协议》(合伙合同)、请求被告返还出资财产(合伙财产)而产生的确认之诉、给付之诉,诉讼标的是原告郑某与被告易某因设立博优公司而在公司设立阶段形成的合伙合同关系,而易某公司不仅不是该法律关系的主体,对诉讼标的不拥有管理权或处分权,而且就原告确认解除的合伙合同关系不存在反对利益,此外,也不存在依据具体法律规定对本案诉讼标的享有管理权的情形,故本文认为易某公司非本案适格被告。

(三)博优公司尚未完成设立登记的原因

1. 双方意见

原告认为系被告怠于履行办理《办学许可证》义务,致使博优公司未能成功设立;被告则认为系"双减政策"导致《办学许可证》未能办理,进而致使公司未能成功设立。同时,在当前《办学许可证》恢复办理的情况下,双方均表示不愿继续合作设立博优公司。

2. 简明结论

博优公司尚未完成设立登记的原因,一方面在于"双减"政策之下《办学许可证》的暂缓办理,另一方面则在于博优公司《办学许可证》恢复办理后,原、被告双方因不

[①]郭锋,陈龙业,贾玉慧:《修改后〈民事案件案由规定〉的理解与适用》,《人民司法》2021 年第 13 期,第 46 页。

[②]毕玉谦:《民事诉讼法学》,中国政法大学出版社 2021 年版,第 142 页。

再具有设立公司的合意而自动停止设立公司之行为。对此,原、被告双方在主观上均不具有可归责性。

3. 理论分析及理由阐释

博优公司,为本案原、被告拟设立之公司,其未能完成设立登记,属于公司的设立失败(设立不能)。而对于公司设立失败的原因,一般意义上而言,包括两种情形:其一,依据《公司法》第六条,因没有满足法定的设立条件或者没有满足法定的设立程序,而没有获得登记机关注册登记的情形;其二,发起人自动停止设立公司行为的情形,包括发起人之间未能就各种发起事项达成协议,或者因为投资环境发生变化从而达成不设立公司的合意①。

4. 具体到本案事实

被告易某自2021年5月27日签订出资协议后,按照培训机构设立的正常程序,就设立登记所需的《办学许可证》及相关资料进行了申办。在申办《办学许可证》的过程中,"双减"政策出台,衡阳市高新区教文体局进而接到上级通知,暂缓了《办学许可证》的办理,直至次年(2022年)3月才予以恢复。

一方面,在《办学许可证》因"双减"政策客观上暂时不能办理的这一期间,原、被告均因"双减"政策这一双方订立合同时难以预见的客观情事变化而不能继续完成博优公司的设立程序;另一方面,在《办学许可证》客观上恢复办理,博优公司的设立程序也可因《办学许可证》的获得而继续的情况下,本案原、被告之间却已产生矛盾并酿成诉讼,并均不愿再依据《出资协议》继续设立博优公司。

因此,本案博优公司设立失败的原因有二,一为客观设立不能,二为发起人的合意停止。

而对于公司设立失败是否可归责于被告易某,即被告是否存在原告提出的"怠于履行办理《办学许可证》"的情形:第一,《出资协议》以及原、被告双方提交的证据,均不能证明二人就《办学许可证》办理期限、博优公司设立期限存在明确约定,相反,《出资协议》第四条第二款还就原告郑某的"办理公司设立登记手续"的职责予以了明确;第二,不论设立登记的义务人为何,因存在不为履行的正当理由,其不履行行为本身不具有违法性要件,并不构成主观上具有可归责性的迟延履行。

(四)《出资协议》是否解除、依何解除、于何时解除

1. 双方意见

原告郑某诉请确认解除该《出资协议》,请求权基础为《民法典》第五百六十三条第一款第(四)项,并提供证据证明其已于2021年12月23日前向被告发出过解除通

---

① 施天涛:《公司法论》,法律出版社2018年版,第92页。

知,该协议于 2021 年 12 月 23 日已被解除。被告易某则认为合同未解除。

2. 简明结论

应依据《民法典》第五百六十三条第 1 款第(一)项"因不可抗力致使不能实现合同目的",承认本案法定解除权的发生,案涉《出资协议》已于 2021 年 12 月 23 日解除。

3. 理论分析及理由阐释

从案涉合同性质角度来看:不论是原告所欲解除的《出资协议》,还是二人另行签订的《共同出资合伙》,均具有合同性质和组织性质的双重属性。究其二者本质,共属民事合同性质,合同性为其本质属性。①

这一法性质认定的意义便在于回答"是否解除、依何解除"的问题:判断案涉《出资协议》(合伙合同)是否解除,首先应于《民法典》合同编分则"合伙合同"一章中寻求可供原告确认合同解除的合同法规范;在穷尽该章而不得后,再考虑诉诸《合伙企业法》中关于退伙的组织法规范,②或者寻至《民法典》合同编通则(合同法总则)。③考虑到理论和实务中对合伙合同参照适用《合伙企业法》的法律适用技术未能达成共识,而对于《民法典》合同法通则的适用,一方面,《民法典》立法本身延续了《合同法》时代对继续性合同"无差别地适用解除制度"的做法,④另一方面,法典本身的总分结构立法体系为该法律适用方法提供了体系解释上的支撑,故在"合伙合同"规范供给不足的情况下,本文选择适用合同编通则。

本案中,《出资协议》本身虽未约定合伙关系的存续期限,但原、被告双方嗣后订立的《共同出资合伙协议》(与《出资协议》具有相同的发起设立有限公司之目的、相同的合伙合同法律性质)中第四条对于合伙期限的约定,可实现二人对于合伙关系存续期间意思表示的补充,因而难以适用"合伙合同"规范中不定期合伙合同合伙人预告解除权的规定(《民法典》第九百七十六条第三款);又因本案亦不存在符合《民法典》第九百七十七条中合伙合同终止构成要件的事实,故对于是否支持原告请求确认解除《出资协议》的诉请,并不能于《民法典》合同编"合伙合同"一章中寻求法律依据。

同时,本案被告坚持表示其不具有解除合同的合意,本案原告向本院提供的微信聊天记录,亦不能充分证明被告于 2021 年 12 月 23 日对原告退出经营决定所表示的

---

① 王利明:《论合伙协议与合伙组织体的相互关系》,《当代法学》2013 年第 4 期,第 62-64 页。

② 沈倩:《〈民法典〉合同合同解除和终止规则的适用问题》,《浙江万里学院学报》2021 年第 5 期,第 48 页。张静纯:《〈民法典〉合伙合同终止规范体系统合》,《重庆广播电视大学学报》2021 年第 1 期,第 26 页。

③ 王利明:《论民法典对合伙协议与合伙组织体的规范》,《甘肃社会科学》2019 年第 3 期,第 29 页。

④ 王文军:《论继续性合同的解除》,《法商研究》2019 年第 2 期,第 165 页。

"理解"即为解除《出资协议》的意思表示。因此,本案不具有协议解除(《民法典》第五百六十二条)的合意基础,在《出资协议》签订双方亦未约定法定解除权的情形下,应优先考虑本案事实是否涵摄于《民法典》合同编通则第五百六十三条列举的各项单方法定解除合同的要件规范之下。

进而,就《民法典》第五百六十三条在本案的具体适用作进一步分析,需要看到案涉《出资协议》作为以持续履行的债务为内容的继续性合同,相较于一次给付即可实现合同目的的一时性合同,在适用一般法定解除原因时的特殊之处,即:在本案不可抗力事件的发生仅造成合同履行的暂时性、不定期障碍(公司设立登记所需的《办学许可证》暂缓办理),而障碍消除后合同当事人已不具有继续履行合同意愿的情况下,应当承认法定解除权的发生。

一方面,从"不能实现合同目的"的角度看,不可抗力事件的出现虽然只是暂时阻碍了合同的履行,但延期履行已严重影响当事人所追求的合同目的的,足以发生解除权。① 本案原、被告已因延期履行期间共同设立、经营博优公司的事项而关系破裂、不再具有合作意愿,并难以继续二人共同之事业;即使随后《办学许可证》恢复办理,设立登记程序客观上可以继续进行,原、被告双方却因合伙财产丧失且无法就增资或继续履行《出资协议》达成合意而客观上使得该发起人协议保持在目的不能实现的程度状态之下。

另一方面,从不可抗力与履行障碍、合同目的不能实现之间的因果关系上看,本案中,"双减"政策颁布后,高新区教文体局接上级通知,暂缓办理博优公司设立登记所必需的《办学许可证》。该政府行为本身,作为不可抗力事件,已经构成合同履行障碍的直接原因,并作为充分原因导致了博优公司未能按照本案原、被告双方所期待的正常设立程序成功获得设立登记。

综上,在本案《出资协议》的合同目的因经历不可抗力事件的发生而不能实现,当事人对该合伙合同也已无期待的情形下,从平衡当事人利益、赋予其摆脱合同束缚以维护自身权利的角度出发,应当承认法定解除权的发生。

最后,关于"何时解除"的问题,依据《民法典》第五百六十五条,因原告提交的微信聊天记录能够证明其已向合同相对方发出了解除合同、退出经营的通知,故《出资协议》已于该通知到达被告易某时解除。即便被告未对原告退出经营的决定明确表示同意,但基于法定解除权的单纯形成权性质,《出资协议》的解除与被告是否具有解除的意思表示无涉。因此,《出资协议》于 2021 年 12 月 23 日已被单方解除。

(五)《出资协议》解除的法律效果

双方意见:原告方请求确认解除合同,意在为出资返还、资金占有利息的主张做铺

---

① 韩世远:《合同法总论》,法律出版社 2018 年版,第 659 页。

垫;被告则对解除合同本身表示反对,并认为原告的给付请求无法律依据。

1. 简明结论

案涉《出资协议》(合伙合同)的解除,并不能产生出资款返还及资金占用利息给付的法律效果。

2. 理论分析及理由阐释

《出资协议》解除的效果为何,从原告提出的两项请求来看,需要明确的有两项:一为是否导致出资返还,二为原告能否基于《民法典》第五百六十六条第二款所规范的违约责任而主张资金占用利息的给付。

对于原告能否主张资金占用利息的给付,依据上文对《出资协议》"依何解除"的分析,案涉合同并非因违约而解除,并且其解除不可归责于任何合同相对方,故原告主张的违约损害赔偿请求权因案件事实不能够涵摄于第五百六十六条第二款之下而不成立,更不论被告存在不可抗力的免责事由使得原告请求权即便成立也无足行使。所以,案涉《出资协议》的解除不能产生资金占用利息给付的法律效果。

而对于《出资协议》的解除是否产生出资款返还的法律效果,从原告出资的合伙财产属性上看,《民法典》合同编分则"合伙合同"一章第九百七十八条对这一问题提供了最直接的实证法依据。

在理解上,第九百七十八条使用的"终止",在传统民法理论中与"解除"均为债务关系的消灭方式,但是"终止"系针对继续性合同而言,其仅向将来发生效力,"解除"则相对于一时性合同而言,其既对将来发生效力,也对过去发生效力。合伙合同作为典型的继续性合同,严格意义上说,"一般仅存在终止的问题,不存在解除的可能"。[1]但从《民法典》第五百六十三条第二款、第九百七十六条第三款等条款来看,我国《民法典》将合伙合同在内的继续性合同的消灭称为"解除",因而"避免了区分过度的文义纠缠,也回避了继续性合同与一时性合同在某些情况下难于区分的窘境"。[2] 因而,本案《出资协议》已被原告单方解除的事实,符合该规范中"合伙合同终止"的要件特征,故存在适用该规范,并继续讨论是否产生合伙财产返还的前提。

同时,《民法典》第九百七十八条中"合伙财产在支付因终止而产生的费用以及清偿合伙债务后有剩余的"一语,明确了是否经过清算是合伙人要求返还财产的前提条件。并且,第九百七十八条采一般举证责任规制,主张合伙财产分配之人,应举证证明

---

①谢鸿飞,朱广新:《民法典评注:合同编 典型合同与准合同(第四册)》,中国法制出版社 2020 年版,第 550 页。

②朱广新,谢鸿飞:《民法典评注:合同编 通则(第二册)》,中国法制出版社 2020 年版,第 178 页。

合伙财产已经清算,即已经支付了清算费用并清偿了合伙债务。① 而本案中,原、被告不仅就博优公司设立期间债务和收入的具体数额存在争议,且均不能提供一份各方认可且统一完整的账务及相关凭证,而且原告明确表示不愿申请第三方机构进行清算。因此,原告要求返还出资的请求,不具备《民法典》第九百七十八条规定的前提条件。

最后,从合同编通则第五百六十六条出发,亦能得出本案《出资协议》解除不产生出资款返还法律效果的结论。依据第五百六十六条,合同解除后的恢复原状因合同性质而有所差异,此处的"合同性质",包括对一时性合同和继续性合同的区分:前者具有溯及既往的效力,可发生恢复原状的义务;后者"或无恢复原状的可能性,或不宜恢复原状"。② 而原告绕过合伙财产的清算,径行要求被告返还全部出资的请求,实质上是意欲行使恢复原状请求权,这本身与合伙合同之解除不产生恢复原状义务的原理相悖。

七、结语

案涉《出资协议》为发起人协议,属合伙合同,原告郑某、被告易某为该合伙合同关系的当事人,易某咨询公司并非本案适格当事人。

而公司设立失败的原因,在于不可抗力事件导致的客观设立不能和设立障碍消除后发起人的合意停止,两造对此在主观上均不具有可归责性。

进而,依据对《民法典》第五百六十三条第一款第(一)项在必要范围内的扩张解释,从平衡当事人利益、赋予其摆脱合同束缚以维护自身权利的角度出发,应承认本案法定解除权的发生;本案《出资协议》于 2021 年 12 月 23 日已被原告单方解除。

然而,该合伙合同的解除,因不具备《民法典》第九百七十八条所规定的清算前提,同时也不符合继续性合同解除(严格意义上称为"终止")不溯及既往的原理,无足产生出资款返还的法律效果。同时,又因该合同非因违约而解除,且被告存在不可抗力的免责事由,故案涉合同虽已解除,亦不产生资金占用利息给付的法律效果。

参考文献

[1]李建伟.公司法学[M].5 版.北京:中国人民大学出版社,2022.

[2]施天涛.公司法论[M].4 版.北京:法律出版社,2018.

[3]人民法院出版社.最高人民法院民事案件案由适用要点与请求权规范指引(下册)

---

① 谢鸿飞,朱广新:《民法典评注:合同编 典型合同与准合同(第四册)》,中国法制出版社 2020 年版,第 563 页。

② 朱广新,谢鸿飞:《民法典评注:合同编 通则(第二册)》,中国法制出版社 2020 年版,第 210 页。

[M].2 版.北京:人民法院出版社,2020:742.

[4]郭锋,陈龙业,贾玉慧.修改后《民事案件案由规定》的理解与适用[J].人民司法, 2021(13):46.

[5]毕玉谦.民事诉讼法学[M].2 版.北京:中国政法大学出版社,2021:142.

[6]王利明.论合伙协议与合伙组织体的相互关系[J].当代法学,2013,27(4):62-64.

[7]沈倩.《民法典》合伙合同解除和终止规则的适用问题[J].浙江万里学院学报, 2021,34(5):48.

[8]张静纯.《民法典》合伙合同终止规范体系统合[J].重庆广播电视大学学报,2021, 33(1):26.

[9]王利明.论民法典对合伙协议与合伙组织体的规范[J].甘肃社会科学,2019 (3):29.

[10]王文军.论继续性合同的解除[J].法商研究,2019,36(2):165.

[11]韩世远.合同法总论[M].4 版.北京:法律出版社,2018:659.

[12]谢鸿飞,朱广新.民法典评注:合同编 典型合同与准合同(第四册)[M].北京:中 国法制出版社,2020.

[13]朱广新,谢鸿飞.民法典评注:合同编 通则(第二册)[M].北京:中国法制出版 社,2020.

"套贷转贷"案例的涵射分析浅试

——以《民法典》第一百五十七条之解释为基点

屈轩麒①

摘　要：原告在获取商业银行信贷资金后转借给被告，于借款期限届满后不能收回借款，以贷款转贷的借款合同无效为由诉至法院，依我国《民法典》第一百五十七条请求被告返还本金、支付逾期利息。对于该案情简单明了的民间借贷纠纷，本文在尝试运用涵摄的思维方法，剖析要件、来回穿梭于规范与事实之间后，得出原告可向被告主张借款本金返还和信用卡刷卡手续费损失、银行贷款利息损失分担的初步结论，并进而发现原告实际主张之权利，与前述"可主张的权利"之间存在的"错位"。对此，基于处分权主义，裁判者需就原告的逾期利息给付请求重新进行"找法"，明确逾期利息的违约责任属性，并从对第一百五十七条"过错"的解释和"任何人不得因其错误行为而获益"的法理上，就该预期利益之损失非第一百五十七条之"损失"进行说理，最终驳回该项请求。

关键词：套贷转贷；涵摄；处分权主义；逾期利息

一、基本案情

2021 年 3 月 1 日，谢某（被告）以资金周转为由向颜某（原告）提出借款请求。颜某当日即通过其妻周某、其友胡某的信用卡，以刷卡的方式分别向银行贷款 20 万元、5 万元，并转贷给谢某。对此，胡某出具《情况说明》："本人通过信用卡支付的一笔 5 万元借款系帮颜某代付。"

同年 3 月 30 日，颜某为确保收回借款，寻至谢某住宅，要求其出具借条，二人遂发生纠纷。后在派出所民警的调解下，谢某出具借条，载明："今借到颜某人民币贰拾伍

---

①作者简介：屈轩麒，男，汉族，湖南衡阳人，郑州大学法学院（知识产权学院）2020 级 1 班本科生。

万元整,系拿银行卡 2 张到银联户头刷的卡到我账上,承诺 5 月底还清"。借款期限届满,颜某因未能与谢某取得联系并收回借款,以借贷合同无效为由诉至法院。

二、起诉状内容简述

(一)原告诉讼请求

(1)判令被告返还借款本金 25 万元。

(2)判令被告支付因刷卡产生的手续费及利息 7000 元(利息自 2021 年 6 月 1 日起按照贷款市场报价利率标准暂计算至 2021 年 12 月 3 日止,实际利息计算至款项还清之日止)。

(二)原告请求权基础及理由

(1)依据《最高人民法院关于审理民间借贷案件适用法律若干问题的规定》以下简称《民间借贷司法解释》第十三条第一款第(一)项,转贷行为属违法行为,案涉民间借贷合同无效。

(2)依据《民法典》第一百五十七条,①被告因无效合同取得的财产应当予以返还;②因被告逾期还款是造成本案纠纷的直接过错方,被告应承担信用卡刷卡需要支付的手续费及利息。

三、对原告可向被告主张何种权利的分析

(一)案涉借款合同效力

1. 法律行为成立,方存行为效力讨论之余地

依据我国《民法典》第六百七十九条,借款合同系要物合同。故本案中,借款合同于 2021 年 3 月 1 日原告颜某向被告谢某提供 25 万元借款时成立。

2. 法律行为事实上成立,并不必然意味着其在法律上具有完全的效力

依据《民间借贷司法解释》第十三条第一款第(一)项,"套取金融机构贷款转贷的"民间借贷合同无效;解释上,该导致民间借贷合同无效的"套贷转贷"行为,并不要求贷款人主观上具有盈利的目的(原因在于,为了其他企业和个人使用资金的需求而转贷,本身便属于规避监管、扰乱金融秩序的行为,其违背了民间借贷的资金来源应为自有资金的规范要求①)。

①最高人民法院民事审判第一庭:《最高人民法院新民间借贷司法解释理解与适用》,人民法院出版社 2021 年版,第 233 页。

本案中,原告借贷资金并非来源其自有资金,而是来源于银行类金融机构的贷款,系通过信用卡,以向银行贷款的方式取得;其向被告提供借款的行为,属于上述司法解释中套用金融机构贷款转贷的行为。

故本案中因转贷行为而成立的借款合同,自始、当然、确定不发生法律效力。

(二)借款合同无效的法律后果——《民法典》第一百五十七条在本案的适用

本案原告为向被告主张财产返还与损害赔偿,援引《民法典》第一百五十七条为请求权规范基础。为此,须分解该法律规范的要件特征和法律效果,并就案件事实可否涵摄于各项要件之下进行认定,从而判断是否发生《民法典》第一百五十七条所规定的各项无效清算的法律效果①。

1. 财产返还

主要内容包括:

(1)原告颜某向被告请求财产返还的规范基础,为《民法典》第一百五十七条第一句前段之规定,即民事法律行为无效、被撤销或确定不发生效力后,行为人因该行为取得的财产,应当予以返还。此项财产返还请求权,具有两个要件:

1)法律行为无效、被撤销或确定不发生效力。意即本条适用于:①法律行为绝对无效的情形(包括第一百四十四条、一百四十六条、一百五十三条、一百五十四条及其他已对无效后果作了明确规定的强制性规定);②意思表示有瑕疵的法律行为被撤销的情形(包括第一百四十七至一百五十二条);③确定不发生效力的情形(包括第一百四十五条第一款未获法定代理人追认的情形、第一百四十五条第二款被善意相对人撤销的情形、第一百五十八条附生效条件的民事法律行为生效条件未成就的情形、第五百零二条第二款合同因未获审批而最终无效的情形以及法律行为不成立的情形)。

2)行为人因该行为取得财产,该要件有如下要件特征(M):

M_1="行为人"须为法律行为当事人,或因该法律行为取得财产的第三人;

M_2=行为人须"取得"特定财产之占有,发生现实占有的转移;

M_3=财产取得与合同缔结之间须具有因果关系②。

(2)若特定事实该当于《民法典》第一百五十七条第一句的诸规范要件,则发生行为人返还因该行为取得财产的法律效果。

(3)应认定的是,本案事实可否涵摄于上述各要件之下:

1)案涉借款合同属绝对无效情形。本案借款合同因转贷行为而成立,属于因违

---

①王泽鉴:《民法思维:请求权基础理论体系》,北京大学出版社2009年版,第159页。
②叶名怡:《〈民法典〉第157条(法律行为无效之法律后果)评注》,《法学家》2022年第1期,第173–176页。

反对无效后果单独作明确规定的强制性规定而绝对无效的情形(A),可直接依据《民间借贷司法解释》第十三条第一款第(一)项认定合同无效(无须再援引《民法典》第一百五十三条);

2)被告谢某因该借款合同取得财产。本案借款合同系双方法律行为,被告谢某为合同一方当事人(M_1),在原告已向其提供借款的情况下,其客观上已对该笔金钱存在事实上的管领力,主观上亦具有占有的意思,是为发生了现实占有的转移(M_2)。同时,借款合同作为原告向被告所为借款给付的原因行为,其缔结与被告取得财产之间具有法律上的因果关系(M_3)。

(4)综上所述,原告颜某依《民法典》第一百五十七条第一句前段之规定,向被告谢某请求返还其因绝对无效之借款合同而取得的款项 25 万元。

2. 损害赔偿

主要内容包括:

(1)原告颜某向被告请求给付信用卡刷卡手续费及利息的规范基础为第一百五十七条第二句。此项损害赔偿请求权具有三个要件:

1)"损害":受损害方遭受包括所受之损害与所失之利益在内的财产损害;

2)"过错":合同当事人对于民事法律行为无效、被撤销、确定不发生效以及由此造成的损失具有过错;

3)"因果关系":过错方的缔约过错与合同无效,以及对方由此遭受的损害之间有因果关系。①

(2)法律效果:受损害方可以向过错方主张损害赔偿;双方都有过错的,根据各方过错(及原因力)的大小来确定损失分摊的比例。

(3)应认定的是,本案事实能否涵摄于上述要件之下:

1)原告受信用卡刷卡手续费和银行贷款利息的直接损失。本案原告通过信用卡刷卡向银行贷款,这一过程会产生刷卡手续费的交易成本,虽然该交易成本系原告为向被告提供借款所自愿承担的损失,属于"费用"的范畴,但当案涉借款合同无效、原告为向被告提供借款以成立借款合同的费用支出目的丧失时,该费用便成为原告因合同无效所受损害的一部分;②

本案原告提供给被告的借款系通过银行贷款的方式取得,被告在承诺的还款期届满后,迄未履行还款义务;原告未能收回借款,亦不能偿还银行贷款,需要向银行支付贷款产生的利息,该利息为原告所受的直接损失。

---

① 叶名怡:《〈民法典〉第 157 条(法律行为无效之法律后果)评注》,《法学家》2022 年第 1 期,第 186 页。

② 宋质冰:《借款合同无效后利息给付之检讨》,西南政法大学硕士学位论文,2016 年,第 27 页。

2)本案双方当事人对合同无效均存在过错,原告对案涉合同无效有主要过错。本案借款合同无效的原因,在于违反对无效后果单独作明确规定的强制性规范,对此,原告自身不能以不知该强制性规范为由主张对借款合同无效没有过错。同时,原告如欲主张被告存在过错,应就被告明知或应知借款为信贷资金负举证证明责任,而本案原告提供的借条,能够证明被告知道借贷资金来源的事实;对于该事实,被告亦不能以"不知法律"为由作无过错的抗辩。因此,对于借款合同的无效,应认定为原、被告双方均存在过错。

在二人过错的比例上:首先,原告作为借款的提供方,在不存在意思瑕疵的情况下,具有是否缔结合同以及以何种方式提供借款的意思自由;被告作为接受借款的一方,仅就原告的选择表示接受,而未以欺诈、胁迫等方式迫使其作出违背真实意思的表示,因而原告是为本案借款合同的缔约主导方;其次,案涉借款合同在对支付利息没有约定的情况下,为无息借款合同、单务合同,被告虽负有到期返还借款的义务,但该义务与原告提供借款的义务并不构成对价关系,即二人在案涉借款合同中所负的义务本身是不对等的,原告的义务为决定本案合同类型的主给付义务,原告履行主给付义务的方式违反强制性规定,直接导致了案涉借款合同的无效,故原告为合同无效的主要原因方。

综上,双方当事人对案涉借款合同无效均存在主观过错,且原告作为案涉借款合同的缔约主导方、无效的主要原因方,对借款合同的无效有主要过错。

3)双方当事人对借款合同无效的过错,与原告所受直接损失之间具有因果关系。本案原告选择以"套贷转贷"方式向被告提供借款,被告对此未表示异议,且接受了该非源自原告自有资金的借款。不论二人是因"不知法律"而有过失,还是"明知"而有故意,二人基于主观上的过错所完成的"套贷转贷"行为直接导致借款合同因违法而无效。因此,本案中存在"过错—合同无效"的因果关系。

合同无效后,原告为向被告提供借款而自愿支出的费用(刷卡手续费、银行贷款利息),随着借款合同无效而失去意义——原告成立借款合同的费用支出目的没有实现,须向银行支付前述费用,且原告不能依据合法有效的借款合同,向被告主张不履行清偿义务的违约损害赔偿责任。因此,本案中存在"过错—合同无效—损害"的连续因果链条。

(4)综上所述:原告得依《民法典》第一百五十七条第二句后段(不能返还或者没有必要返还的,应当折价补偿。有过错的一方应当赔偿对方由此所受到的损失;各方都有过错的,应当各自承担相应的责任。法律另有规定的,依照其规定),请求根据其与被告的过错大小,共同分担其信用卡刷卡手续费的损失、银行贷款利息的损失。又因原告对案涉借款合同无效有主要过错,故对于前述损失,酌定由原告自行承担70%,其余30%由被告承担。

四、对原告实际主张能否得以支持的分析

（一）原告诉讼请求与请求权基础的"错位"

1."错位"的具体体现

如前文所述，原告基于其援引的《民法典》第一百五十七条，可向被告主张的权利有：借款本金的返还、信用卡刷卡手续费损失的分担、银行贷款利息损失的分担。

然而本案中，原告实际主张的权利，与上述"可主张的权利"之间存在"错位"——原告虽然找到了第一百五十七条且向被告主张了本金的返还、手续费损失的赔偿，但并没有主张银行贷款利息的赔偿；取而代之的，原告主张的利息损失为"自 2021 年 6 月 1 日起按照贷款市场报价利率标准暂计算"的利息，该利息的起算期为被告逾期还款之日（被告谢某承诺在 5 月底还清），计算标准为贷款市场报价利率（LPR）。该利息给付的主张，实际上是《民间借贷司法解释》第二十八条第二款第（一）项所规范的逾期利息，即"自逾期还款之日起参照当时一年期贷款市场报价利率标准计算的利息"。

2.对该"错位"的处理

对于上述"错位"，依据司法的被动性和处分权主义的精神：法院只能在原告主张的事项范围内作出裁判，对于未请求的内容则无权判断，因此：

（1）对于原告未主张的银行贷款利息损失，法院不得主动判断；

（2）对于原告主张的给付"自 2021 年 6 月 1 日起按照贷款市场报价利率标准暂计算至 2021 年 12 月 3 日止"的利息的请求，因原告援引的《民法典》第一百五十七条不能涵摄出支持该诉请的裁判结果，需要重新进行找法并对支持原告诉请与否进行分析判断：

首先，依据《民间借贷司法解释》第二十八条第二款第（一）项，在未约定借期内利率，也未约定逾期利率的情况下，借款人固然可主张逾期利息，但该款同时对逾期利息作了法性质的界定——"逾期还款违约责任"，即逾期利息属于违约责任的系列①；而本案中，借款合同自始无效，原告不存在请求被告给付逾期利息、主张违约责任的合同基础。

其次，即便原告因合同无效，丧失了向被告请求给付逾期利息的合同权利，该"逾期利息"的损失，亦不同于前述贷款利息的损失，不能认定为《民法典》第一百五十七条中的"损失"，不能成为依据第一百五十七条可以主张的"损失"。对于这一点，理由

---

① 崔建远：《论利息之债》，《中州学刊》2022 年第 1 期，第 66-73 页。

有二：第一，正如原告在起诉状中强调的，被告具有逾期还款、酿成诉讼的过错，但该"过错"并非《民法典》第一百五十七条的过错，后者系对民事法律行为无效、被撤销、确定不发生效力以及由此造成的损失的"过错"，且该第一百五十七条的"过错"与原告的"逾期利息损失"并无法律上的因果关系；第二，逾期利息给付的法理，在于以利息来衡量贷款人未能按期收回借款情况下，资金被借款人占有期间贷款人的可得利益，而本案中，原告的借款资金，系通过银行贷款而取得，并非原告的自有资金，在该转贷行为本身已违背"民间借贷的资金来源应为自有资金"的规范要求基础上，若认可原告可主张该借贷资金被借款人占有期间的利益损失，无异于鼓励"套贷转贷"人因该错误行为而获利，不仅与稳定国家金融市场的公共秩序相背，更与诚实信用的基本原则相背。

综上所述，原告主张的逾期利息给付请求，不仅无其请求权基础，更是于法理相背，不能得到法院的支持。

（二）原告对手续费给付主张的举证不能

本案原告向法院提交证据中的借条复印件、信用卡交易明细，能够证明其借款本金返还主张所依据的事实。

但是，在原告提供的其他证据中，并不能找寻到足以证明信用卡刷卡手续费的产生或其具体数额的证据；对此，原告在庭审中亦表示，其不能提供相应证据。因此，依据《最高人民法院关于适用〈中华人民共和国民事诉讼法〉的解释》第九十条，原告对此应承担举证不利的后果，即对于其要求被告给付信用卡刷卡手续费损失的请求，法院将不予支持。

五、结语

上文对本案原告可向被告主张何种权利，以及法院在具体的诉讼中可支持原告何种权利进行了展开。为了清晰、全面地得出本案最终结论，下文将从原告代理人和裁判者的角度，分别就原告如何主张能够在获得法院支持的前提下实现权利救济，以及原告的实际诉请能否得到支持两个方面，进行简要总结。

（一）原告代理人角度

1.以下诉请可在获得法院支持的前提下，为原告实现充分的权利救济

（1）请求判令被告谢某返还因绝对无效之借款合同而取得的款项25万元；

（2）请求判令被告分担原告贷款利息损失2406.25元的30%（利息损失自2021年3月1日起，以借款本金25万元为基数，按照贷款市场报价利率标准3.85%/年，暂计至2021年5月31日，实际利息损失计算至原告清偿全部贷款之日）。

2.理由与请求权基础

（1）案涉借款合同无效，对于被告因该无效借款合同取得占有的财产，原告依《民法典》第一百五十七条第一句前段之规定，享有财产返还请求权；

（2）本案被告在明知所借款项为信贷资金的情况下，仍向原告提供银行账户并接受该借款款项，是为对合同无效"有过错的一方"；在案涉借款合同无效，进而原告为向被告提供借款而自愿承担的银行贷款利息失去其意义，且原告无法基于有效借款合同向被告主张违约损害赔偿的情况下，原告依《民法典》第一百五十七条第二句后段，享有损害赔偿请求权——对于自己贷款利息的损失，可向被告主张与其过错程度相对应的损害赔偿（需要说明的是，在原、被告的过错比例认定上，依据前文的客观分析，若从实事求是的角度出发，原告作为案涉借款合同的缔约主导方、无效的主要原因方，对借款合同的无效有主要过错，因而不论原告代理人要求被告承担多少比例的损失赔偿责任，法官都将酌定由原告自行承担大于50%的损失，而让被告分担其余小于50%部分的损失，其具体数值，由法官自由裁量，故诉请部分主张的30%仅为一种可能情形；当然，若从为委托人争取最大化利益的角度出发，原告代理人诉请被告承担损失的比例不仅可以超过30%，更是可以超过50%，只是后者将难以得到法院支持）。

（二）裁判者角度

结合本文第四部分有关原告对自己实体权利的处分和对部分诉讼请求举证不能的阐述，裁判者应就原告起诉状中的诉讼请求，作出如下判决：

一、被告于本判决发生法律效力之日起十日内返还原告借款本金25万元

适用法律：对原告提出的案涉借款合同无效的意见，依据《民间借贷司法解释》第十三条第一款第（一）项予以采纳；进而，在合同无效的基础上，适用《民法典》第一百五十七条第一句前段之规定，支持原告的财产返还请求。

二、驳回原告的其他诉讼请求

驳回刷卡手续费损失给付请求所适用法律：依据《最高人民法院关于适用〈中华人民共和国民事诉讼法〉的解释》第九十条，对于原告基于其未能提供证据加以证明的事实所提出的诉讼请求，法院不予支持。

驳回利息给付请求的理由总结：原告实际主张的利息，属于《民间借贷司法解释》第二十八条第二款第（一）项所规范的逾期利息，而非其依据《民法典》一百五十七条可主张的贷款利息损失（此为原告诉讼请求与请求权基础的"错位"）；对于原告实际主张的逾期利息，一方面，从逾期利息的违约责任性质上看，原告不存在请求被告给付逾期利息的合同基础；另一方面，因被告逾期还款的"过错"并非《民法典》第一百五十七条第二句要件特征中的"过错"，原告亦不能依据第一百五十七条主张该"逾期利息"，从自己"套贷转贷"的错误行为中获利。

参考文献

[1]最高人民法院民事审判第一庭.最高人民法院新民间借贷司法解释理解与适用[M].北京:人民法院出版社,2021:233.

[2]王泽鉴.民法思维:请求权基础理论体系[M].北京:北京大学出版社,2009:159.

[3]叶名怡.《民法典》第157条(法律行为无效之法律后果)评注[J].法学家,2022(1):172-190.

[4]宋质冰.借款合同无效后利息给付之检讨[D].重庆:西南政法大学,2016:27.

[5]崔建远.论利息之债[J].中州学刊.2022(1):66.

民间借贷和抵押物处置问题案例分析

詹笑天①

摘　要:本案例分析的实体审理阶段基于《委托贷款合同》(主债权债务合同关系)和《最高额抵押合同》《最高额权利质押合同》《保证合同》(从合同关系)展开,讨论常见的法律关系中存在的理论争议。执行阶段分析土地使用权权属纠纷(土地管理部门的登记与法院判决裁定的冲突)、执行中对财产评估错误、特殊情况下暂缓处置抵押物问题。

关键词:最高额担保;复利;实现债权的费用;非基于法律行为的物权变动;财产评估;暂缓处置财产

一、实体审理阶段

(一)案情简介②

被告派拉蒙实业公司因资金需要,向原告提出借款请求,同时被告李强、刘萍、派拉蒙房地产公司、三叠泉矿泉水公司自愿以其所有的房产或土地提供最高额抵押担保,并分别于 2015 年 12 月 14 日签订了三份《最高额抵押合同》。2015 年 12 月 25 日,原告与派拉蒙实业公司、农行九龙支行签订一份《一般委托贷款合同》,原告通过委托农行九龙支行将自有资金人民币 1000 万元借给被告派拉蒙实业公司,借款期限为一年,利息按固定利率,即按合同签订时人民银行公布的同期同档次基准利率基础上浮

---

①作者简介:詹笑天,男,汉族,江西九江人,郑州大学法学院(知识产权学院)2020 级 5 班本科生。

②原告九江市供销社资产经营有限责任公司(以下简称供销社资产经营公司)诉被告九江派拉蒙集团实业有限公司(以下简称派拉蒙实业公司)、李强、刘萍、九江派拉蒙房地产开发有限公司(以下简称派拉蒙房地产公司)、九江庐山三叠泉天然矿泉水有限公司(以下简称三叠泉矿泉水公司)、吴钢、吴琼、九江太平洋百货购物广场有限公司(以下简称太平洋百货公司)及第三人中国农业银行股份有限公司九江九龙支行(以下简称农行九龙支行)借款合同纠纷案。

129.98%,直至借款到期,按季结息。借款人未按合同约定的期限归还借款,从逾期之日起,在约定借款利率基础上上浮30%计收罚息,直至本息清偿为止,借款人未按期支付利息的,从未按期支付之日起按季计收复利,借款到期之日前未按期支付利息的,按合同约定的借款利率计收复利,借款到期之日后,按合同约定的逾期罚息利率计收复利。合同同时对其他权利义务均作了明确约定。同日,原告与被告派拉蒙实业公司、三叠泉矿泉水公司、派拉蒙房地产公司、太平洋百货公司、李强、刘萍、吴钢、吴琼及农行九龙支行《补充协议》,将被告李强、吴钢于2014年12月17日与农行九龙支行签订的《最高额权利质押合同》列入对《一般委托贷款合同》的最高额权利质押担保。补充协议约定,当遇到需要行使担保权的情况时,原告作为委托方,在国家有关法律法规范围内负责行使担保权的方案、措施的制订及实施。同日,被告李强、刘萍、吴钢、吴琼、太平洋百货公司与第三人农行九龙支行签订《保证合同》一份,被告李强、刘萍、吴钢、吴琼、太平洋百货公司自愿为《一般委托贷款合同》项下的债权提供连带责任保证担保。合同签订后,原告通过第三人农行九龙支行于2015年12月30日将自有资金人民币1000万元借给了被告派拉蒙实业公司,2016年4月以前被告派拉蒙实业公司均能按约支付借款利息,2016年4月份开始,被告派拉蒙实业公司便不能正常支付利息,4至6月份仅支付利息1267.26元,7月份以后的利息分文未付。截至2016年12月24日,被告派拉蒙实业公司尚欠原告借款本金人民币1000万元及利息855 686.02元(含罚息、复利)。其间,原告多次与被告派拉蒙实业公司协商未果,现借款期限到期,被告派拉蒙实业公司至今仍未能履行还本付息义务,其他担保人也未能履行担保义务。

此外,一般委托贷款合同还约定"因借款人违约致使委托人采取诉讼或仲裁方式实现债权的,委托人为此支付的律师费、差旅费、执行费评估费及其他实现债权的必要费用由借款人承担",补充协议约定"在行使抵押权(质权及要求承担保证责任)时产生的需要乙方(第三人)承担的一切费用均由甲方(原告)承担"。《保证合同》《最高额抵押合同》《最高额权利质押合同》均约定的担保范围均包括借款本金、利息、罚息、复利、违约金、损害赔偿金以及诉讼费、律师费等实现债权的一切费用。

(二)原告的诉讼请求

(1)请求判令被告派拉蒙实业公司向原告偿还借款本金人民币1000万元,并向原告支付欠付的利息855 686.02元(利息已计算至2016年12月24日,2016年12月25日起的利息按银行同期利率上浮129.98%计算至1000万元借款本金还清之日止)及实现债权所支出的费用(含律师费)40万元;

(2)请求判令被告李强、刘萍、吴钢、吴琼、太平洋百货公司对被告派拉蒙实业公司的上述给付义务承担连带清偿责任;

(3)请求判决原告对被告李强、刘萍所有的九房权证浔字第136405号、九房权证浔字第 1000024135 号、九房权证浔字第 160422 号、九房权证浔字第 077523 号房屋和被告派拉蒙房地产公司所有的瑞房权证溢城字第 201303552 号、瑞房权证溢城字第 201303563 号、瑞房权证溢城字第 201303560 号、瑞房权证溢城字第 201303562 号、瑞房权证溢城字第 201303556 号、瑞房权证溢城字第 201303558 号房屋在 550 万元债权本金、利息及实现债权的费用(含律师费)范围内享有优先受偿权;

(4)请求判决原告对被告三叠泉矿泉水公司所有的九城国用(2013)第 313 号土地及地上建筑物附属物在 300 万元债权本金、利息及实现债权的费用(含律师费)范围内享有优先受偿权;

(5)请求判决原告对被告李强、刘萍所有的位于黄土岭村民复建点东侧德化小区的房屋(见抵押物清单及明细)在 300 万元债权本金、利息及实现债权的费用(含律师费)范围内享有优先受偿权;

(6)请求判决原告对被告李强、吴钢所持有的庐山三叠泉矿泉水公司 70%、30%共计 100%股权在 1000 万元债权本金、利息及实现债权的费用(含律师费)范围内享有优先受偿权;

(7)本案的诉讼费用由被告共同承担。

(三)理论分析

提出问题:是否应该支持原告的诉讼请求?

依据原告提出的诉讼请求和被告的答辩,总结本案的争议焦点为:①本案诉讼主体(原告)是否适格;②本案能否计算罚息和复利;③原告实现债权的费用应否由被告承担。

1.本案诉讼主体(原告)适格

本案中,主债权债务关系的建立,依据的是《一般委托贷款合同》,合同名称中含有"委托"二字,但不能仅仅因为有委托二字就认定原告供销社资产经营公司与农行九龙支行之间仅仅构成委托关系。本案中,原告供销社资产经营公司与农行九龙支行的法律关系应是委托代理关系。

(1)从借贷资金来源上看,本案中,借贷资金来源于供销社资产经营公司。案情中明确,1000 万元借款是供销社资产经营公司的自有资金,只是委托银行将该笔自有资金借贷给他人,银行不是合同的相对方。

(2)从担保合同内容和抵押、质押登记上看,担保合同中明确,被告方向原告供销社资产经营公司承担担保责任,担保合同是主债权债务合同的从合同,如果该借贷合同的债权人不是供销社资产经营公司,为什么被告方要向非债权人承担担保责任?因此,应当合理推定,主债权人是供销社资产经营公司。抵押和权利质押登记进一步明确,抵押权人和质权人均为原告供销社资产经营公司,而非农行九龙支行。

(3)从《一般委托贷款合同》及其补充协议约定内容上看,"因借款人违约致使委托人采取诉讼或仲裁方式实现债权的,委托人为此支付的律师费、差旅费、执行费、评估费及其他实现债权的必要费用由借款人承担"。可见,此处的委托人也就是债权人,借款人就是债务人。"在行使抵押权(质权)及要求承担保证责任时产生的需要乙方农行九龙支行(第三人)承担的一切费用均由甲方供销社资产经营公司(原告)承担"(见补充协议)。可见,该补充协议直接明确了农行九龙支行第三人的身份和供销社资产经营公司作为债权人的身份。

(4)签订《一般委托贷款合同》时,债权人供销社资产经营公司、农行九龙支行和派拉蒙实业公司三方均在场,因此被告派拉蒙实业公司在签订合同时就明知借贷资金的来源,以及供销社资产经营公司与农行九龙支行之间的委托关系。

(5)依据《民法典》第一百六十二条,代理人在代理权限内,以被代理人名义实施的民事法律行为,对被代理人发生效力。本案中,合同涉及三方当事人,显然属于代理关系,而不只是成立了委托关系。代理行为对被代理的供销社资产经营公司发生效力,其具有债权人身份不可否认。

2. 本案应当计算罚息和复利

《保证合同》《最高额抵押合同》《最高额权利质押合同》约定的担保范围均包括借款本金、利息、罚息、复利、违约金、损害赔偿金以及诉讼费、律师费等实现债权的一切费用。

依据《最高人民法院关于审理民间借贷案件适用法律若干问题的规定》第二十五条和第二十八条第一款的规定,出借人请求借款人按照合同约定利率支付利息的,人民法院应予支持,但是双方约定的利率超过合同成立时一年期贷款市场报价利率四倍的除外。前款所称"一年期贷款市场报价利率",是指中国人民银行授权全国银行见同业拆借中心自2019年8月20日起每月发布的一年期贷款市场报价利率。借贷双方对逾期利率有约定的,从其约定,但是以不超过合同成立时一年期贷款市场报价利率四倍为限。本案中,《一般委托贷款合同》中对罚息和复利的计算有明确的约定,对合同内容本身,双方当事人不存在争议。依据《民法典》第一百四十三条的规定,"具备下列条件的民事法律行为有效:(一)行为人具有相应的民事行为能力;(二)意思表示真实;(三)不违反法律、行政法规的强制性规定,不违背公序良俗"。本案中,当事人均具有相应的民事行为能力,且该合同是当事人的真实意思表示,对于罚息和复利条款的约定也不违反法律和行政法规的强制性规定。罚息和复利的利率水平也未超出民间借贷司法解释规定上限。综上所述,该合同条款有效,双方均受合同约束,应当履行合同约定的义务,按照合同约定计算罚息和复利。

但是,司法实践中对于非金融机构主体能否计收复利存在争议。否定者认为,《人民币利率管理规定》适用于金融机构,因此,其规定的以复利方式计收利息属于金融机构的专属性权力。最高人民法院于2015年做出的某判决认为:"复息计算之规定来源于中国人民银行《人民币利率管理规定》，而该规定适用对象仅限于金融机构，故投资公司并不具有向 MY 公司收取复息的权利。"

对此观点反对者颇多。《人民币利率管理规定》并未限制复利的使用主体且复利或单利的选择只是交易主体选择计算利息的一种计算方式，这种方式不违背金融秩序和善良风俗，应当对商主体的意思自治予以充分尊重。北京市高级人民法院在 2021 年做出的某案例中，就支持了投资方关于"收购价格不得低于投资本金加投资本金以 8% 年化收益率（复利）计算的收益"的约定。

而关于最高额担保合同的担保范围，依据《民法典》第四百二十条第一款的规定，为担保债务的履行，债务人或者第三人对一定期间内将要连续发生的债权提供担保财产的，债务人不履行到期债务或者发生当事人约定的实现抵押权的情形，抵押权人有权在最高债权额限度内就该担保财产优先受偿。《最高额权利质押合同》和《最高额抵押合同》的担保人仅在担保的最高额范围内承担担保责任，主债权、利息以及实现债权的费用超出约定的最高额的，对超出部分不承担担保责任。但是，对于《民法典》第四百二十条第一款的规定，存在另一种理解方式，其认为法条中提到"最高债权额限度"，其义为主债权在最高额限度内的，基于该主债务产生的利息、违约金、损害赔偿金和实现债权的费用都应优先受偿。个人认为，该观点错误，法条中"最高债权额限度"应作广义理解，包括利息、违约金、损害赔偿金和实现债权的费用等因债权而生的"债"。唯有如此理解，才能确保担保范围具体明确，担保人才能对担保合同的风险有明确认识，也有利于防范金融风险。

3. 实现债权的费用应当由被告承担

主要内容包括：

（1）依据《一般委托贷款合同》及其补充协议的约定，"因借款人违约致使委托人采取诉讼或仲裁方式实现债权的，委托人为此支付的律师费、差旅费、执行费、评估费及其他实现债权的必要费用由借款人承担"。可见，此处的委托人也就是债权人，借款人就是债务人。合同既然已经明确约定，该约定是双方真实的意思表示，且不违反法律、行政法规的强制性规定，就应当按照合同约定履行义务。关于律师费是否应当由被告承担，从法理上说，原告主张其权利有多种多样的选择，如果未在合同中明确约定支付律师费的义务，被告无需承担律师费。本案中，对于律师费有明确约定，因此原告必须承担支付律师费的义务。

（2）关于"在行使抵押权（质权）及要求承担保证责任时产生的需要乙方农行九龙支行（第三人）承担的一切费用均由甲方供销社资产经营公司（原告）承担"。（见补充协议）如何理解？合同中的该条款约束的是委托人供销社资产经营公司和受托人农行九龙支行之间的委托关系，与《一般委托贷款合同》中对于债务人派拉蒙实业公司和债权人供销社资产经营公司之间的债权债务关系是两个完全不同的法律关系，被告以此抗辩是故意混淆两个不同的法律关系。

（3）虽然原告实现债权的费用应当由被告承担，但是对于截至判决前还未实际发生的实现债权的费用（如执行费、评估费等）不予支持，因该费用还未实际发生，无法确定具体数额。

基于对争议焦点的讨论，对原告诉讼请求应采取如下态度：

（1）对于诉讼请求一。依据双方的合同约定，被告派拉蒙实业公司应当向原告供销社资产经营公司偿还借款本金及利息（包括罚息和复利）。对于实现债权所支出的费用，合同中也有明确约定，但是对于尚未实际发生的实现债权的费用，不予支持。

（2）对于诉讼请求二。被告李强、刘萍、吴钢、吴琼、太平洋百货公司与第三人农行九龙支行签订了《保证合同》一份，被告李强、刘萍、吴钢、吴琼、太平洋百货公司自愿为《一般委托贷款合同》项下的债权提供连带责任保证担保。依据《民法典》第六百八十八条的规定，当事人在保证合同中约定保证人和债务人对债务承担连带责任的，为连带责任保证。连带责任保证的债务人不履行到期债务或者发生当事人约定的情形时，债权人可以请求债务人履行债务，也可以请求保证人在其保证范围内承担保证责任。因此，对于第二项诉讼应予支持。

（3）对于诉讼请求三至六项。《保证合同》《最高额抵押合同》《最高额权利质押合同》约定的担保范围均包括借款本金、利息、罚息、复利、违约金、损害赔偿金以及诉讼费、律师费等实现债权的一切费用。因此，担保人、保证人应当按照合同约定的担保范围承担担保责任。但是，因抵押合同和质押合同都约定了最高额限制，因此抵押合同和质押合同的担保人仅在最高债权额限度内承担担保责任，对于借款本金、利息和实现债权的费用合计超过最高额限度的部分不承担担保责任。

按照《最高额抵押合同》《最高额权利质押合同》的约定，原告供销社资产经营公司就合同约定并已经办理抵押登记的不动产和已经办理质押登记的股权享有优先受偿权。[①]

（4）对于诉讼请求第七项。诉讼费也在合同约定的担保范围内，因此被告方（包括保证人和担保人）应当承担诉讼费。

（5）关于生效判决的履行，依照《民事诉讼法》第二百六十条的规定，被执行人未

[①]《民法典》第四百二十条第一款：为担保债务的履行，债务人或者第三人可以对一定期间内将要连续发生的债权提供担保财产的，债务人不履行到期债务或者发生当事人约定的实现抵押权的情形，抵押权人有权在最高债权额限度内就该担保财产优先受偿。

第四百三十九条：出质人与质权人可以协议设立最高额质权。最高额质权除适用本节有关规定外，参照适用本编第十七章第二节的有关规定。

第四百零二条：不动产抵押自登记时设立。

第四百四十三条第一款：以基金份额、股权出质的，质权自办理出质登记时设立。

按判决、裁定和其他法律文书指定的期间履行给付金钱义务的,应当加倍支付迟延履行期间的债务利息。被执行人未按判决、裁定和其他法律文书指定的期间履行其他义务的,应当支付迟延履行金。

二、执行阶段

(一)案情简介

因债务人没有在判决书指定的期间内履行义务,执行局收到原告(申请执行人)供销社资产经营公司的申请后,依据生效的民事判决书,开始强制执行程序,向被执行人派拉蒙实业公司以及担保人和保证人发放了执行通知书、财产申报通知书,开始调查被执行人名下的财产。不久下达执行裁定书及相应的协助执行通知书,冻结、查封、扣押了被告方名下的财产(执行标的)。

执行局委托具有资质的不动产资产评估公司对执行标的进行了财产评估。依据评估结果,执行局指挥中心决定对执行标的进行网上拍卖,被执行人派拉蒙实业公司及其法定代表人李强名下的不动产被他人通过拍卖程序取得,执行局作出执行裁定书,该执行裁定书已经送达买受人、申请执行人和被执行人。买受人可以持该执行裁定书要求不动产登记管理部门办理变更登记。但是,经各方沟通,执行局发现评估结果可能存在错误,造成被拍卖的不动产价值被严重低估。执行局在与资产评估公司核实后,发现确实存在评估错误,误将该房产的第一、第二层错误评估为第三、第四层的价值。执行局立即下达新的执行裁定书,撤销原执行裁定书,重新评估该批不动产的价值,重新启动拍卖程序。

然而,另一不动产(某片国有土地的国有土地使用权)(执行标的)在被买受人拍卖取得后又出现了问题。买受人要求不动产登记管理机构办理变更登记,而土地管理局拒绝依照生效的执行裁定书的要求为受让人办理变更登记。理由是,该国有土地使用权的原权利人(即派拉蒙房地产公司)取得该国有土地使用权并未缴付土地出让金,该国有土地的使用权要完成变更登记,必须由原权利人缴付国有土地出让金才能办理。未缴付土地出让金的该片土地,属于划拨土地而非出让土地,因此不得转让。事实上,该片出让土地于1996年划拨给派拉蒙房地产公司,派拉蒙房地产公司和市政府签订了一份国有土地出让合同,该合同留存至今。执行局再下执行通知书,勒令土地管理局必须依照生效的执行裁定书为买受人办理该国有土地使用权变更登记,但是最终也没有办理。买受人泰信投资公司无奈,将该国有土地使用权转让给联盛房地产公司,并将其转让通知了人民法院,人民法院执行局下达新的裁定书,联盛房地产公司可以持该执行裁定书向土地管理局要求办理变更登记。很奇怪的是,土地管理局这次非常爽快地为联盛房地产公司办理了变更登记。

最后拍卖的是三叠泉矿泉水公司的土地使用权,因矿泉水公司名下的该片土地在较偏远的地区,因此一拍、二拍均流拍。二拍流拍后,三叠泉矿泉水公司向人民法院执行局递交暂缓处置抵押物的申请和市国有资产经营管理公司的决议一份。三叠泉矿泉水公司向人民法院执行局说明如下情况:因三叠泉矿泉水公司名下的该片土地位置偏僻,因此一拍和二拍均流拍,不宜按照二拍的流拍价格继续启动变卖程序,因为该片土地的价值主要在于该片土地上的水源,三叠泉矿泉水公司已经在本地拥有了一定的知名度,具有品牌价值,单独拍卖该土地使用权将导致资产价值严重贬损。现在三叠泉矿泉水公司积极运作,引入战略投资者——市国有资产经营管理公司,该公司内部已经形成有效决议,将购买三叠泉矿泉水公司大部分股权,成为该公司的控股股东。公司经营状况好转后,将积极、自觉承担判决书确定的义务,保证偿还债务。不久,被执行人三叠泉矿泉水公司与申请执行人供销社资产经营公司签订了和解协议。

因本案尚未执行完毕,执行局下达执行裁定,终结本次执行程序。

(二)理论分析

总结执行阶段的基本案情,大致有三点值得详细分析:①派拉蒙房地产公司名下的国有土地使用权的变更登记争议。②评估错误导致执行程序的反复。③暂缓处置抵押物。

1.应当为受让人办理国有土地使用权变更登记

首先,本案提供的证据目录中有该土地使用权的权证,上面明确记载着该土地的性质为出让土地。本案没有提供在土地管理局查询到的该土地使用权的登记信息,但是根据土地管理局拒绝办理变更登记的说明中可以发现,土地管理局也认可该土地最初就是出让土地而非划拨土地。其次,本案中,派拉蒙房地产公司提供了当年与市政府签订的国有土地出让合同,且按照合理推定,该土地办理了登记手续,因此,无论派拉蒙房地产公司是否缴付了土地出让金,国有土地出让合同成立、生效且有效,并办理了登记手续,派拉蒙房地产公司就已经取得了该土地的使用权,物权变动已然完成。至于派拉蒙房地产公司未按照合同约定缴付土地出让金,属于违约行为,但是违约行为不影响物权的变动。再次,土地管理局主张因派拉蒙房地产公司没有缴付土地出让金,该土地的性质就变为划拨土地,没有任何法律依据。最后,派拉蒙房地产公司未缴付土地出让金长达十几年,在此期间,土地管理局均未能采取必要措施强制派拉蒙房地产公司缴付该土地出让金,是玩忽职守,现在却通过拒绝办理变更登记的方式限制其转让,损害了受让人的利益,是滥用职权。依照《行政诉讼法》第七十条的规定①,其

---

①《行政诉讼法》第七十条　行政行为有下列情形之一的,人民法院判决撤销或者部分撤销,并可以判决被告重新作出行政行为:(一)主要证据不足的;(二)适用法律、法规错误的;(三)违反法定程序的;(四)超越职权的;(五)滥用职权的;(六)明显不当的。

行为属于明显的行政违法。而且,其拒绝配合、承认司法机关的生效裁定,损害了法律权威,破坏法律秩序的统一。当然,依照《民法典》第二百二十九条的规定,因人民法院、仲裁机构的法律文书或者人民政府的征收决定等,导致物权设立、变更、转让或者消灭的,自法律文书或者征收决定等生效时发生效力。受让人自人民法院做出执行裁定之日取得该土地使用权。该物权变动属于非基于法律行为的物权变动。①

2. 对于拍卖标的评估错误应当重新评估

因第一次拍卖前的不动产评估出现重大错误,严重低估了被拍卖的不动产价值,在这种情况下,应当撤销原裁定,恢复到评估拍卖前的状态。因为被拍卖的不动产价值被低估,导致信息错误,拍卖所得价款偏少,既损害申请执行人的利益(被清偿的债务少),也损害被执行人的利益(拍卖同等资产清偿的债务偏少,待承担的责任偏多),因此,重新进行评估和拍卖,不损害任何一方的利益,而且还有利于保护双方的利益。

3. 善意、灵活执行,暂缓处置抵押物

本案执行程序中,出现了暂缓处置抵押物的情形。在执行程序中,被执行人无权要求执行局执行自己某些财产,不得执行其他财产。但是,有时会存在急于执行导致申请执行人和执行人"两败俱伤"的情形,需要灵活处理。比如,在本案中,被执行人三叠泉矿泉水公司主张,单独拍卖其名下的土地使用权会导致公司资产价值贬损,这种贬损,既不利于被执行人,让被执行人深陷债务,甚至面临破产,也不利于让执行人的债权更多地得到实现。在此情形下,为保护双方的利益,双方达成和解,暂缓处置抵押物,更好、更充分地实现资产的价值,这要比"两败俱伤"的立即强制执行效果更好。正如破产法从强调破产清算到重视破产预防,以"救活"债权人为解决债权债务问题的新思路。站在人民法院执行局的角度来说,作为国家公权力机关,依法执行固然体现法律强制性,但是强制性的体现绝不是"僵化执法、粗暴执法"。法谚云:"法律之内,应有天理人情在。"习近平总书记指出应"强调严格执法,让违法者敬法畏法,但绝不是暴力执法、过激执法,要让执法既有力度又有温度""涉及群众的问题,要准确把握社会心态和群众情绪,充分考虑执法对象的切身感受,规范执法言行,推行人性化执法、柔性执法、阳光执法,不要搞粗暴执法、'委托暴力'那一套"②。

---

① 梁慧星,陈华彬:《物权法(第七版)》,法律出版社2020年版,第89页。
② 张文显:《习近平法治思想的政理、法理和哲理》,《政法论坛》2022年第3期,第17-18页。

对"公平责任"作为侵权责任归责原则的探讨
——以实证分析为方法

杨　政①

摘　要:"公平责任"原则首现于《中华人民共和国民法通则》(以下简称《民法通则》),指当事人对于损害结果的发生都没有过错,并无具体条款可作为判断依据时,判决双方分担损失。然而,关于"公平责任"原则是否可以构成民法领域的归责原则在我国法学界向来备受争论,目前存在多种学说。"公平责任"原则是出于衡平损失的原则,体现了法律的人文关怀与司法救济功能。本文认为,出于完善侵权责任体系、规范社会行为、减少受害人损失等方面的考虑,"公平责任"原则应当构成一种归责原则。

关键词:公平责任原则;归责原则;分担损失;侵权责任

一、引言

"公平责任"原则,是指行为人与受害人对损害的发生都没有过错的情况下,出于分担损失的考虑,根据实际情况判决双方各分担一定的责任。有学者认为,"公平责任"这一概念可以追溯到1794年《普鲁士民法典》第四十一至第四十四条对儿童和精神病患者之侵权行为的规定,是出于衡平损失考虑的特殊规定。② 由此可见,该原则自出现之时就被作为一项体现救济功能的原则,意在衡平受害人的实际损失,这也与我国侵权法的救济性特点相契合。尽管该原则构成归责原则的理论并不为法学界认可,但是其在司法实践中起到的作用是我们无法忽视的。既然该原则被如此广泛地实践应用,那我们就应该更多地思考其构成归责原则的合理性。

---

①作者简介:杨政,男,汉族,河南开封人,郑州大学法学院2020级1班本科生。
②王竹:《我国侵权法上"公平责任"源流考》,《甘肃政法学院学报》2008年第2期,第138页。

在我国,"公平责任"原则始于《民法通则》(2021 年 1 月 1 日已废止),①其一百三十二条规定:"当事人对造成损害都没有过错的,可以根据实际情况,由当事人分担民事责任。"该条文在表达上存在一定的错误,有人认为当事人不应当就不存在归责基础的损害结果承担责任。②《侵权责任法》对该原则进行了一定改动,将"分担民事责任"改为"分担损失"。尽管《侵权责任法》依旧没有做出限制"公平责任"原则适用范围的规范,但也体现了侵权法律体系的进步。《民法典》第一千一百八十六条承接前述法典对"公平责任"原则的规定,其将《侵权责任法》第二十四条对"公平责任"原则的规定做出了改动,将"根据实际情况"改为"依照法律的规定",以限制法官在审判过程中的自由裁量权,避免了法官对"公平责任"原则的滥用,为禁止"公平责任"原则的不合理扩张提供了法律基础。

因为侵权法即为规定权益受到侵害后应当由谁承担责任的问题,因此归责原则在侵权责任法中处于核心作用。③ 在我国,"过错责任原则"和"无过错责任原则"构成归责原则的理论受到大多数学者的认同,但是"公平责任"原则是否也构成归责原则却一直是一个争议性问题。有学者认为,侵权责任法应当更多体现救济功能,而非对过错的制裁和惩罚。在"过错责任原则"与"无过错责任原则"作为两项基本的归责原则的基础上,"公平责任"原则应当构成二者之外的一种补充。④ 另有学者认为,"公平责任"原则不属于减轻赔偿责任的规则,而是损害结果发生后判决双方当事人分担损失的一般规则。⑤ 还有学者认为,《民法通则》(2021 年 1 月 1 日已废止)中"分担民事责任"这一表述因双方无过错就无责任而存在不合理性,因此"公平责任"原则不应当构成归责原则。⑥ 也有学者认为,"公平责任"原则因其构成要件中不包含行为人过错这一要件而不存在侵权责任,因此不存在责任的归属问题。⑦

随着社会发展,人们对损害发生后的救济问题越来越关注,损害救济功能在侵权责任法中也发挥着越发重要的作用。有学者认为,侵权责任法主要应当体现救济性而非惩罚性。⑧"公平责任"原则自产生就被认为是衡平损失的原则,这无疑是侵权责任

---

① 程啸:《中国民法典侵权责任编的创新与发展》,《中国法律评论》2020 年第 3 期,第 10 页。

② 杨立新:《侵权法论》,吉林人民出版社 1988 年版,第 276 页

③ 孟强:《公平责任归责原则的终结——〈民法典〉第 1186 条的解释论》,《广东社会科学》2021 年第 1 期,第 238 页。

④ 王利明:《我国侵权责任法的体系构建——以救济法为中心的思考》,《中国法学》2008 年第 4 期,第 6 页。

⑤ 曹险峰:《论公平责任的适用——以对〈侵权责任法〉第 24 条的解释论研读为中心》,《法律科学(西北政法大学学报)》2012 年第 2 期,第 104 页。

⑥ 米健:《关于"公平"归责原则的思考》,《中外法学》1997 年第 1 期,第 8 页。

⑦ 杨立新:《侵权责任形态研究》,《河南省政法管理干部学院学报》2004 年第 1 期,第 6 页。

⑧ 王利明:《我国侵权责任法的体系构建——以救济法为中心的思考》,《中国法学》2008 年第 4 期,第 4 页。

法对损害救济的体现。随着社会变化,侵权案件变得更为频繁且复杂,对于案情的判断变得更加困难。"公平责任"原则作为一项概括性较强的原则,可以解决部分案件由于案情复杂难以归责的问题。同时,"公平责任"原则可以弥补"过错责任原则"和"无过错责任原则"难以涵盖的情况。综上,本文认为"公平责任"原则应当构成一种归责原则。

二、"公平责任"原则不构成归责原则的一般学说

在我国,法学界对归责原则构成的讨论滔滔不绝,但却没有形成一个统一的学说。目前存在:一元说、二元说和三元说。① 一元说认为我国的侵权法归责原则仅有"过错责任原则",其余原则皆是特殊例外,不属于归责原则;二元说认为归责原则除"过错责任原则"外还应包含"无过错责任原则",但并不承认"公平责任"原则的归责原则地位,仅认为其是一种损害分担的特殊救济规定;三元说则认为三种原则都属于归责原则,以"过错责任原则"与"无过错责任原则"构成一般情况,"公平责任"原则构成补充情况。尽管否定"公平责任"原则构成归责原则的观点比比皆是,但大都存在一定的漏洞。下文将结合此类学说的具体观点,加以探讨。

(一)非责任说

非责任说,认为"公平责任"原则的构成要件中不包含行为人过错这一要件,因而不存在侵权责任。在这种解释下,"公平责任"原则不存在侵权责任所以仅仅是当事人对损害结果的合理分担,并非侵权责任所致的赔偿,而是衡平损失的结果。杨立新教授认为,"公平责任"原则是指加害人和受害人都没有过错,在损害事实已经发生的情况下,以公平考虑作为标准,根据实际情况和可能,由双方当事人公平分担损失的侵权责任形态。② 该学说的基础是民事制裁说,③梁慧星教授认为:民事责任即不履行法律义务而应受到的法律制裁。④ 在这种观点的影响下,人们普遍认为民事责任是一种负面的社会评价。因此,当事人在侵权案件中不存在过错时便会对承担责任持有抵抗心理,同时也对"公平责任"原则构成归责原则这一说法自然也持抵抗心理。

该学说认为民事责任是一种负面评价,但是事实并非如此。本文认同民事责任是一种法律后果的观点,魏振瀛先生认为民事责任与民事制裁是两种不同的法律概念:

---

① 王利明:《我国侵权责任法的体系构建——以救济法为中心的思考》,《中国法学》2008年第4期,第6页。

② 杨立新:《侵权责任形态研究》,《河南省政法管理干部学院学报》2004年第1期,第6页。

③ 张保红:《公平责任新论》,《现代法学》2009年第4期,第55页。

④ 梁慧星:《民法总论》,法律出版社2007年版,第84页。

其一,民事责任是违反民事义务所造成的一种法律后果,而民事制裁则是使民事主体承担民事责任的强制措施;其二,二者的产生依据不同,民事责任基于不承担民事义务产生,而民事制裁基于不承担民事责任产生;其三,实现主体不同,民事责任的实现主体是当事人,而民事制裁的实现主体则是司法机关。① 由此可见,简单地认为民事责任是一种负面的社会评价是一种错误的观点。我们可知,民事责任仅仅是要求当事人履行一定的义务,是一种法律后果,并不具有惩罚性,但民事制裁则是强权力要求当事人履行责任。民事制裁可以被认为是民事责任的进阶性结果,强制力更强,对当事人的约束力更大。因此,该学说认为民事责任是负面评价的观点是不合适的。

（二）概念逻辑错误说

该学说认为,基于《民法通则》（现已废止）第一百三十二条之"公平责任"原则的表述存在概念和逻辑上的错误。具体观点如下:

其一,"由当事人分担责任"的表述混淆了民事责任和损失分担。民事责任是依法对行为人行为价值判断的法律后果;而损失分担则是这种法律后果所带来的结果。"公平责任"原则应当是后者的规定,而立法者却错误地在具体规范中采用前者的表述。②

其二,"由当事人分担责任"存在逻辑上的错误。因为"公平责任"原则的一般规定是当事人对损害的发生都无过错,因而"分担责任"也就无从谈起。如果仅由法官自由心证而对当事人强加责任显然不"公平",故一般情况下无过错则无责任。并且分担损失基于责任发生,分担损失因为责任的确实而无存在的基础。所以苛责当事人分担损失并不符合公平的要求。③

显然,这种学说认为无过错则无责任,因此基于责任而发生的分担损失也不合情理。那么,该学说对于"公平责任"原则的理解就出现了误区,分担损失是出于法律的人文关怀,深究当事人行为是否具有责任显然与立法者的意图背道而驰。此外,该学说的观点立足于《民法通则》第一百三十二条,但法律并非一成不变。我国《民法典》已经对"公平责任"原则的表述做出改进,对"由当事人分担责任"这一表述的驳斥自然失效。

（三）一般规则说

该学说认为"公平责任"原则并非归责原则,而是侵权法体系中损失分担的一般规则。曹险峰先生认为"公平责任"原则仅构成一般规则的理由如下:其一,《侵权责

---

①魏振瀛:《论民法典中的民事责任体系:我国民法典应建立新的民事责任体系》,《中外法学》2001年第3期,第353-362页。

②米健:《关于"公平"归责原则的思考》,《中外法学》1997年第1期,第8-9页。

③米健:《关于"公平"归责原则的思考》,《中外法学》1997年第1期,第8-9页。

任法》第二十四条明确地规定了"公平责任"原则是关于分担损失的规定,而非责任分配的规定;其二,《侵权责任法》第二十四条将《民法通则》中"由双方分担赔偿责任"的表述修改为"由双方分担损失",因此可以推定立法者制定这一规定的目的并非规范责任的分担问题;其三,结合我国的立法历史,"公平责任"原则的法条位置始终处于第二章的"责任方式"的位置,与归责原则的位置相差甚远;其四,曾有关于《侵权责任法(草案)》汇报中提出我国侵权责任制度实行过错责任和无过错责任相结合的原则。因此,从立法目的角度来看,公平责任也并非归责原则。

同时,有观点认为"公平责任"原则构成损失分担的一般规则是因为法官的自由裁量权过大,但当事人双方都无过错时,法官便可根据这一原则判定双方分担损失。一旦承认"公平责任"原则构成归责原则,那么法官扩张的自由裁量权势必会侵犯其余归责原则的地位。[①] 因此,"公平责任"原则不应构成归责原则,只能作为一般性的分担损失规则。

尽管上述观点希望通过对立法者的目的分析来说明"公平责任"原则构成归责原则的不正当性,然而却忽视了立法者对归责原则表述的模糊性。"过错责任原则"与"无过错责任原则"固然是我国重要的侵权法律体系构成部分,但"公平责任"原则有其独立的适用范围,可以补充其他两种原则难以覆盖的情况。此外,我国的侵权法律体系依旧处于起步阶段,对于归责原则的思考依旧存在很大的进步空间。

至于法官的自由裁量权问题,我国立法者也做出了改进,即在《民法典》第一千一百八十六条中将"根据实际情况"的表述改为"依照法律的规定"。这一改动极大程度上限制了法官的自由裁量权,也避免了"公平责任"原则对"过错责任原则"和"无过错责任原则"的侵蚀。

三、"公平责任"原则构成归责原则的一般学说

尽管"公平责任"原则是否应当构成归责原则的争论依旧在持续,但是我国的社会环境日趋复杂,确立一个科学有效的侵权法律体系十分有必要。

在我国,认为侵权法律体系的归责原则应当采用三元说的学者以王利明教授为主,其观点如下:首先,自"公平责任"原则在《民法通则》中出现以来,人民法院的使用过程中大量援引该条文,在实践过程中使其发展成为一项归责原则;其次,我国的侵权法应当是一种救济法,无论是"过错责任原则"还是"无过错责任原则"的救济功能都

---

①陈本寒,陈英:《公平责任归责原则的再探讨——兼评我国〈侵权责任法〉第 24 条的理解与适用》,《法学评论》2012 年第 2 期,第 136–140 页。

无法与"公平责任"原则相比,在司法实践过程中"公平责任"原则也体现了其独有的调和功能。① 因此,将"公平责任"原则作为一项归责原则是合理且必要的。此外,另有学者提出"公平责任"原则可以以原因责任为归责基础,不以"公平"为归责基础。原因责任,即为只要行为造成损害结果,即应承担相应的责任。尽管大陆法系在近代已经将原因责任基本废除,但原因责任依旧有其存在空间。②

王立明教授认为侵权责任法应当是一种救济法,侵权责任法以保护受害人和惩罚加害人的主要功能,但应当以保护受害人的救济功能为主,因此"公平责任"原则以其对受害人的救济功能构成归责原则的基础。并且原则责任构成"公平责任"的归责基础也反驳了非责任说。

四、案例适用统计

(一)法律文书统计

截至 2022 年 10 月,以"公平责任"为关键词在裁判文书网中进行全文检索,共检索到 8788 篇文书。其中,民事案由的文书共 8051 篇,占总数的 91.61%。由此可见,"公平责任"所发挥效用的领域依旧是民事纠纷,在刑事、行政纠纷中鲜有提及。

(二)审判层级统计

审理案件的法院,最高法院共审理案件 13 例,高级法院审理 353 例,中级法院审理 4525 例,基层法院审理 3886 例。

(三)审判地域及法院统计

最高人民法院(13)、北京市(372)、天津市(84)、河北省(460)、山西省(290)、内蒙古自治区(172)、辽宁省(349)、吉林省(181)、黑龙江省(140)、上海市(83)、江苏省(402)、安徽省(378)、福建省(268)、江西省(199)、山东省(771)、河南省(698)、湖北省(365)、湖南省(383)、广东省(693)、广西壮族自治区(490)、海南省(32)、重庆市(127)、四川省(393)、贵州省(246)、云南省(373)、西藏自治区(3)、陕西省(187)、甘肃省(140)、青海省(19)、宁夏回族自治区(88)、新疆维吾尔自治区(65)、新疆维吾尔自治区高级人民法院生产建设兵团分院(25)。

(四)审判年份统计

2004(1)、2006(1)、2007(3)、2008(3)、2009(5)、2010(16)、2011(10)、2012

---

① 王利明:《我国侵权责任法的体系构建——以救济法为中心的思考》,《中国法学》2008 年第 4 期,第 5 页。

② 张保红:《公平责任新论》,《现代法学》2009 年第 4 期,第 56 页。

（29）、2013（112）、2014（570）、2015（736）、2016（833）、2017（1224）、2018（1179）、2 019（1342）、2020（1446）、2021（1048）、2022（230）。

（五）统计数据分析

由裁判文书网收集的数据可知,适用"公平责任"原则的案件大多是民事案件,其中部分涉及刑事、行政案由的部分也包含了民事纠纷部分。这就意味着"公平责任"原则并非强制性规定,而是一种体现司法救济与人文关怀功能的归责原则。在这一原则的缓冲下,侵权责任归责原则体系中便有了一个缓冲部分,可以有效解决一些当事人损失严重而无法得到赔偿的问题。

从法院层级与审判地域来看,最高法院对此类案件亦有关注,同时高级人民法院也承担一部分审理。但是,"公平责任"原则适用最多的法院依旧是中级人民法院和基层人民法院。这也充分证明,适用"公平责任"原则的案件大多属于常规的民事纠纷,并不复杂,案件标的额也较小。同时,"公平责任"原则在我国的司法实践中具有普遍适用的作用,这也意味着"公平责任"原则在司法实践中可以起到良好解决纠纷的作用。

最后,根据适用"公平责任"原则的案件在年份的分布情况来看。2004年"公平责任"原则被最早适用,此后保持了一段"无人问津"的时间。但在此之后,"公平责任"原则的适用呈递增趋势,也充分显示了"公平责任"原则近年来的认可度和适用频率越来越高。尽管受疫情原因影响,2021年与2022年"公平责任"原则的认可度和适用频率有所下降,但"公平责任"原则的适用依旧保持着较高的频率。

五、适用案例分析

（一）管前根、沈水凤因申请诉中财产保全损害责任纠纷再审审查与审判监督民事案

争议焦点:沈水凤是否应当根据公平责任分摊管前根的损失

案件裁判:最高人民法院认为,《中华人民共和国侵权责任法》第二十四条是平衡利益、分配损害的规则,公平责任的适用范围应予以必要的限制,否则会导致过错责任和无过错责任无法发挥应有的预防损害之规范功能,软化侵权责任归责原则的体系构成。本案中,沈水凤申请财产保全的行为系基于其诉讼请求以及各方在案件审理过程中达成的《和解协议》,既不具有客观不法性,也不属于应当适用公平责任的情形。另外,管前根主张沈水凤对其提起诉讼导致其名誉权损失请求给予赔偿。该主张与本案因沈水凤申请财产保全造成其财产损失并非同一法律关系,故对管前根该项主张不予评判。

分析:近年来,"公平责任"原则在司法实践中被大量适用,这也导致"公平责任"原则有被滥用的倾向。最高法院同样出于对"公平责任"原则被滥用的考虑,在本案中做出"公平责任的适用范围应予以必要的限制,否则会导致过错责任和无过错责任无法发挥应有的预防损害之规范功能,软化侵权责任归责原则的体系构成"的判决,这表明"公平责任"原则不能成为部分法院解决纠纷的惯用工具,而是应当加以限制以防止滥用。

(二)郭淑贞、李蕾财产损害赔偿纠纷案

争议焦点:二审判决适用无过错责任原则是否属于适用法律错误

案件裁判:二审法院认定被申请人对郭淑贞、李蕾、李乐于2009年5月方占有案涉房产,不存在明显主观过错,继而依据公平责任原则,酌定被申请人就其占有案涉房产的合法性出现瑕疵的期间,按案涉房产在该期间租金30%的金额,分担郭淑贞、李蕾、李乐的损失,属依据在案证据证明的全案事实行使自由裁量权,具有事实和法律依据。最高法院认为本案二审判决适用的并非无过错原则,而主要是基于公平原则的考量,以三七开的比例判由被申请人分担郭淑贞、李蕾、李乐的租金损失,并无显著不当。郭淑贞、李蕾、李乐主张被申请人赔偿修复费用,但未提供充分证据证明相关费用是因被申请人的侵权行为所致,故二审判决未予支持,处理结果并无不公。

分析:在司法实践工作中存在诸多的复杂案情,例如本案中在当事人不存在明显主观错误的情况下,适用过错责任和无过错责任都不合法理,而当事人遭受的损失无处获得补偿,因而"公平责任"的适用就很有必要。这一案件充分证明最高法院对"公平责任"原则在司法实践中的适用亦持肯定态度,认为"公平责任"原则可以解决一些过错责任和无过错责任无法解决的纠纷。因而,"公平责任"在归责原则体系的构建中亦可起到补充的作用。

六、"公平责任"原则构成归责原则的必要性

社会的高速发展伴随着的是复杂的问题,因此我们应当确立特有的法律体系。尽管大多数学者并不认同"公平责任"原则构成归责原则,但本文认为为解决一些复杂的案情,更加完整的侵权法律体系应当被设立,而"公平责任"原则也应当被纳入归责原则体系之中。

1.独立的适用空间

归责原则二元说认为"过错责任原则"和"无过错责任原则"即构成完整的侵权法归责体系,但如此难以涵盖复杂的侵权案件,因此将"公平责任"原则纳入其中作为一种补充性的归责原则十分必要。由于我国众多的人口和复杂的社会组成,繁多复杂的纠纷仅依靠两种归责原则难以完全解决,若当事人双方并无过错,且无法使用"无过

错责任原则"时,"公平责任"原则便有了用武之地。"公平责任"原则可以作为一种弹性制度来缓冲"过错责任原则"和"无过错责任原则"中间存在的空白领域,①避免在纠纷解决中存在无法可引的情况。

2. 体现侵权法的救济性

前文已述,王立明教授认为侵权责任法应当是一种救济法。其观点如下:首先,侵权责任法作为民法体系的有机组成,应当和以惩罚功能为主的刑法相区别,尽管其有一定的惩罚功能,但还是要以救济功能为主;其次,侵权法是在权利和法益受到损害时提供救济的法律,通过提供救济来确保私权利不受侵害;再次,从侵权法的发展来看,其补偿功能日益突出;最后,为强化对受害人的保护,侵权法应该被定义为救济法。

3. "公平责任"原则在对受害人的救济中发挥着重要作用

当加害人无过错且无法适用"无过错责任原则"时,受害人的权益便要依靠"公平责任"原则来保障,这样显然是违背法律的人文关怀精神的,同时也不利于社会秩序的稳定。因而,一个可以规范"过错责任原则"和"无过错责任原则"之间的"灰色地带"的规则十分必要,因为如果过分强调无过错加害人承担赔偿责任的不合理性显然对同样无过错的受害人不公平。同时,加害人也并非承担完全的赔偿责任,而是由法官根据其能力合理地判定其承担一定的赔偿责任,这样在减少受害人的损失的同时也不会过于损害加害人的利益。同时,自"公平责任"原则被规定以来就被法官大量援引,这也充分证明了"公平责任"原则存在的合理性和解决纠纷的高效性。

七、结语

现实生活中,当事人对于损害的发生都没有过错的情况比比皆是。当受害人经济情况不足以承担损失时,加害人承担一部分的损失也在情理之中,毕竟加害结果的直接来源是加害人的行为。关于归责原则的争论还在进行,尽管"公平责任"原则目前还不被通说认可,但是其在司法实践中的作用是我们无法否定的。无论是日益复杂的案件情况,还是社会制度的变化,都迫使着我们做出改变。《侵权责任法》第二十四条更正了《民法通则》第一百三十二条"分担民事责任"的错误表达,但依旧存在可以利用的漏洞,这也直接导致"公平责任"原则的滥用。因此,《民法典》第一千一百八十六条对于"公平责任"原则规定的改动尽管只是几个字的改动,但无疑也标志着司法进步的体现,"依照法律的规定"这一改动极好地限制了法官对"公平责任"原则滥用的同时,也防止了"过错责任原则"遭到侵蚀。这也意味着法制并非一成不变的事物,法制是同社会一同变化的,正如互联网的发展带来的新法律规范,这一切都是法制的

---

① 尹志强:《〈民法典〉公平责任的理解与适用》,《社会科学研究》2020 年第 5 期,第 17-26 页。

演变历程。法制在不断向前推进的过程中也为我们向着社会主义道路前进提供了保障。

参考文献

[1]王竹.我国侵权法上"公平责任"源流考[J].甘肃政法学院学报,2008(2):138-144.

[2]程啸.中国民法典侵权责任编的创新与发展[J].中国法律评论,2020(3):46-61.

[3]杨立新.侵权法论[M].长春:吉林人民出版社,1988:276.

[4]孟强.公平责任归责原则的终结:《民法典》第1186条的解释论[J].广东社会科学,2021(1):238-252.

[5]王利明.我国侵权责任法的体系构建:以救济法为中心的思考[J].中国法学,2008(4):3-15.

[6]曹险峰.论公平责任的适用:以对《侵权责任法》第24条的解释论研读为中心[J].法律科学(西北政法大学学报),2012,30(2):104-111.

[7]米健.关于"公平"归责原则的思考[J].中外法学,1997(1):4-10.

[8]杨立新.侵权责任形态研究[J].河南省政法管理干部学院学报,2004(1):1-13.

[9]张保红.公平责任新论[J].现代法学,2009,31(4):52-59.

[10]梁慧星.民法总论[M].北京:法律出版社,2007:84.

[11]魏振瀛.论民法典中的民事责任体系:我国民法典应建立新的民事责任体系[J].中外法学,2001(3):353-362.

[12]陈本寒,陈英.公平责任归责原则的再探讨:兼评我国《侵权责任法》第24条的理解与适用[J].法学评论,2012,30(2):136-140.

[13]尹志强.《民法典》公平责任的理解与适用[J].社会科学研究,2020(5):17-26.

《民法典》视域下股权让与担保效力确定

方清正[①]

摘　要:《民法典》第三百八十八条吸收"非典型性担保"的概念与《最高人民法院关于适用〈中华人民共和国民法典〉有关担保制度的解释》第六十八条对股权让与担保效力的详细阐明,为股权让与担保的合法性和担保物权效力提供了立法归依并以司法解释的形式予以明确。民法典视域下的股权让与担保效力的法理基础融合了"担保权构造论"和"股权二分论",将股权的财产权属性和人身权属性分别从民法和公司法领域予以调整,债权人仅就股权之财产权属性享有"担保权益",而股权之人身权属性仍受公司法有关人合性保护规定限制,并不实际享有股东资格。此亦符合司法实践演变之趋势。股权让与担保的设立需要登记公示产生对抗效力,亦须尊重公司其他股东知情权并保障其优先购买权。顾及第三人,股权让与担保债权人对公司其他债权人无需承担瑕疵出资义务,股权让与担保与其他担保物权的优先顺位遵照民法典规定,按照登记先后顺序受偿,标的公司破产时可要求债务人另行担保,债务人破产时需根据《破产法》之可撤销情形认定效力。此外,在动产与权利统一登记的背景下,为解决涉税问题应参照股权质押登记系统构建股权让与担保登记备案制度。

关键词:股权让与担保;担保权构造论;股权二分论

一、问题的提出

股权让与担保是指股权让与人(债务人或第三人)为担保债权,将其持有的标的股权通过变更登记转让给股权受让人(债权人),待债务清偿后,再转让回股权让与人,若债权期限届满未获清偿,则股权受让人有权就该股权优先受偿的非典型性担保形式。其作为让与担保的一种,具有债权实现性强、融资灵活便捷等功能优势。

---

①作者简介:方清正,男,汉族,河南洛阳人,郑州大学法学院(知识产权学院)2020级2班本科生。

近年来股权让与担保的司法实践蓬勃发展,但由于规范体系的残缺且无法在传统的物债二分体系中寻找其法理归依,股权让与担保的效力一直处于争议状态,难以形成统一的裁判逻辑,亟须对其效力进行认定。2017年9月《最高人民法院民二庭第四次法官会议纪要》首次统一裁判共识,肯定了让与担保系双方真实意思表示,并不违反法律、行政法规的强制性规定,应当认定为有效,并参照适用对担保物权的规定,股权受让人享有优先受偿权,但仅为名义股东,标的股权的实际人身权益仍由股权让与人享有①。2019年11月《全国法院民商事审判工作会议纪要》(以下简称《九民纪要》)进一步明确了归属型清偿无效,但不影响股权让与担保有效,当事人约定清算型清偿②。2020年1月1日颁布的《民法典》第三百八十八条吸收了"其他具有担保功能的合同"的非典型性担保类型③,首次以立法形式认可了意定创设担保物权的效力,为股权让与担保的合法性提供了立法依据。基于此,2021年1月1日施行的《最高人民法院关于适用〈中华人民共和国民法典〉有关担保制度的解释》(下文简称《担保解释》)第六十八条亦以司法解释的形式第一次对让与担保的效力进行了详细的阐明,释明让与担保有效,法院应参照《民法典》关于担保物权之规则进行裁判,确认了

---

①参见《最高人民法院民二庭第四次法官会议纪要》第一条:"认定一个协议是股权转让、股权让与担保还是股权质押,不能仅仅看合同的形式或名称,而要探究当事人的真实意思表示。如果当事人的真实意思是通过转让标的物的方式为主合同提供担保,则此种合同属于让与担保合同,而非股权转让或股权质押。让与担保合同是双方的真实意思表示,不违反法律、行政法规的强制性规定,依法应当认定合同有效。在已经完成股权变更登记的情况下,可以参照最相近的担保物权的规定,认定其具有物权效力。在主债务期限届满后仍未履行的情况下,名义上的股权受让人对变价后的股权价值享有优先受偿权,但原则上无权对股权进行使用收益,不能享有公司法规定的股东所享有的参与决策、选任管理者、分取红利的权利。"

②参见《全国法院民商事审判工作会议纪要》(2019年9月11日通过,下文简称《九民纪要》)第七十一条:"债务人或者第三人与债权人订立合同,约定将财产形式上转让至债权人名下,债务人到期清偿债务,债权人将该财产返还给债务人或第三人,债务人到期没有清偿债务,债权人可以对财产拍卖、变卖、折价偿还债权的,人民法院应当认定合同有效。合同如果约定债务人到期没有清偿债务,财产归债权人所有的,人民法院应当认定该部分约定无效,但不影响合同其他部分的效力。

当事人根据上述合同约定,已经完成财产权利变动的公示方式转让至债权人名下,债务人到期没有清偿债务,债权人请求确认财产归其所有的,人民法院不予支持,但债权人请求参照法律关于担保物权的规定对财产拍卖、变卖、折价优先偿还其债权的,人民法院依法予以支持。债务人因到期没有清偿债务,请求对该财产拍卖、变卖、折价偿还所欠债权人合同项下债务的,人民法院亦应依法予以支持。"

③参见《中华人民共和国民法典》(自2020年1月1日施行)第三百八十八条。

《民法典》颁布后股权让与担保之担保物权效力①。至此,股权让与担保的合法性和担保物权性质已为立法明确,不应再有争议。

但与其他仅属于财产权的所有权不同的是,股权不仅具备财产权属性,还兼具人身权属性,与股东资格的实际行使,有限公司的人合性保护、第三人的利害关系等问题密切相关,无法简单适用担保物权之规定,还要受到《公司法》的公司内部治理规范之调整。在动产与权利担保统一的目标背景下②,股权让与担保中股权让与人与股权受让人的股东权利如何划分和如何行使,又如何与有限公司的人合性保护相平衡,股权让与人的瑕疵出资责任如何承担和如何兼顾公司外部第三人信赖利益等问题,仍需进一步确定。

二、股权让与担保效力确定的法理基础

(一)功能主义进路下的"担保权构造论"

由于股权让与担保中转让股权的法律形式所产生的法律效力并不完全符合双方当事人进行担保的实质经济目的,故如何通过法理解释构造其效力以平衡双方当事人、公司与其他股东以及第三人的利益是学界一直以来争论不休的难题。让与担保的法律构造在学理上存在"所有权构造论"和"担保权构造论"两类主要观点的分野。

"所有权构造论"是形式主义进路下的构造论,以德国法为典型代表,形式主义严

---

①参见《最高人民法院关于适用〈中华人民共和国民法典〉有关担保制度的解释》(自 2021 年 1 月 1 日施行,下文简称《担保解释》)第六十八条:"债务人或者第三人与债权人约定将财产形式上转移至债权人名下,债务人不履行到期债务,债权人有权对财产折价或者以拍卖、变卖该财产所得价款偿还债务的,人民法院应当认定该约定有效。当事人已经完成财产权利变动的公示,债务人不履行到期债务,债权人请求参照民法典关于担保物权的有关规定就该财产优先受偿的,人民法院应予支持。

债务人或者第三人与债权人约定将财产形式上转移至债权人名下,债务人不履行到期债务,财产归债权人所有的,人民法院应当认定该约定无效,但是不影响当事人有关提供担保的意思表示的效力。当事人已经完成财产权利变动的公示,债务人不履行到期债务,债权人请求对该财产享有所有权的,人民法院不予支持;债权人请求参照民法典关于担保物权的规定对财产折价或者以拍卖、变卖该财产所得的价款优先受偿的,人民法院应予支持;债务人履行债务后请求返还财产,或者请求对财产折价或者以拍卖、变卖所得的价款清偿债务的,人民法院应予支持。

债务人与债权人约定将财产转移至债权人名下,在一定期间后再由债务人或者其指定的第三人以交易本金加上溢价款回购,债务人到期不履行回购义务,财产归债权人所有的,人民法院应当参照第二款规定处理。回购对象自始不存在的,人民法院应当依照《民法典》第一百四十六条第二款的规定,按照其实际构成的法律关系处理。"

②《国务院关于实施动产和权利担保统一登记的决定》(自 2021 年 1 月 1 日施行,下文简称决定)第一条:在全国范围内实施动产和权利担保统一登记。

格贯彻物、债二分以及物权法定的体系原则,只允许民商事主体选用法定担保物权的类型,禁止自行创设意定担保物权。"所有权构造论"以信托行为理论的信托行为＝所有权转移＋债权的约束(信托目的)的逻辑为基础,认为让与担保中让与的就是标的物完整的所有权,须通过物权转移条件进行移转。在信托行为理论中,双方当事人进行担保的实质经济目的与所设计的转让股权并回购的法律形式意思表示相统一,所有权完整地来回转移也是双方当事人的真实意思表示。我国《民法典》颁布之前的担保物权体系也严格遵循形式主义的制度模式,但形式主义本身的限制,也导致其与股权这一根植于英美法的土壤,兼具财产权属性和人身权属性,区别于物、债二分体系的特殊权利难以进行兼容,使当事人之间权利义务严重失衡,也因此造成了其效力认定的困境。

采用功能主义进路的"担保权构造论"则以美国法为典型代表,透视让与的法律形式,直指担保的实质目的,在英美不存在物权法定限制的实用主义制度环境下,通过登记对具备担保功能的交易进行权利公示后,即产生"担保权益"。"担保权构造论"认为标的物的所有权的让与只是为了达到担保这一实质经济目的的法律形式,所有权从始至终都没有发生转移,即让与的法律形式仅在"名义上"发挥法律效果,该"名义所有权"实际为掌控对标的所有权进行清算型清偿权利的变价权,当债务人无法清偿债务时,作为"名义所有权人"的债权人依变价权进行清算,之后对标的物的价值在债权范围内优先受偿,多退少补。

我国《民法典》在传统形式主义的立法模式下,兼容吸收了功能主义的制度优势。这就为股权让与担保的效力确定奠定了立法基础。股权让与担保作为《民法典》第三百八十八条承认的非典型性合同,若具备相应的公示方式,应当产生"担保权益"之法律效果。

(二)"担保权构造论"和"股权二分论"的融合

与一般所有权不同,由于股权具有获取投资回报的财产权属性和参与公司决策管理的人身权属性,而规范两种权利属性的又分别为关注财产权益的担保制度和注重人合性保护的公司制度这两种具有不同价值追求的制度予以规制,这就造成了股权权利移转效力难以确定的根本矛盾。若不解构股权的两个权利属性,不解决如何解构之问题,在股权让与担保当中股权移转效力也难以确定。

在我国立法对让与担保采用担保权构造论的功能主义进路下,权利转让之不完整性已必然导致股权本身权利的解构。而股权作为一种自成一体的独立权利类型,其如何进行解构,学界可谓百家争鸣。对此,有学者根据法律状态区分股权享有和股权行使,其法律效力区别在于,通过静态和动态分别确定权利的归属和实现权利的内容,在归属上债权人享有股权为静态,在股权的行使上对第三人之效力为动态。有学者提出股权权能分离的观点,认为股权虽然被定性为一种独立权利,但其所有权、表决权、分红权等各种权能可以进行分离。股东可以通过将权能暂时分离来实现股权的整体最大化效益。但股权权能作为对公司行使股权的实现权利目的之手段,只能在公司内部行使,难以对外进行公示以保障公司外部第三人的利益。故更有勇于创新之学者再进一步,开创股权利益分离理论,强调权利背后所代表之利益可以突破僵化的法律关系进行分离,而权利只是保护利益的一种工具,虽然股权难以分割,但法律可以通过单纯设定义务的方式来保护他人利益。有学者采用股权二分理论,认为股权的财产性权利和股东资格能够相互分离进行处分,分别适用相应的规范,避免民法与公司法的不同价值追求在股权这一捆绑性权利上产生争议,即股权让与担保合同签订后,根据民法,股权的财产性权利发生变动,但股东资格的转让并不随之生效,仍然要受公司法及公司章程对股权转让的限制。相比较而言,股权二分论的区分模式更为成熟,更能够平衡双方当事人、公司与其他股东以及第三人的利益,已逐步为立法和司法所采纳①。

因而,融合"担保权构造论"和"股权二分论",在股权让与担保中,股权的财产和人身权属性被民法和公司法予以分别规范,对于股权让与担保实质经济目的的财产权属性,受让人参照担保物权相关规定具有"担保权益",经物权变动公示获得优先受偿权,在债权期限届满未受清偿时享有清算权;对于股权让与担保法律形式手段的人身权属性,受让人仅在名义上具有股东资格的权利外观,让与人实际享有并参与公司决策管理。即除受让人享有在担保目的内支配股权交换价值的"价值权"以外,让与人保留其余所有权利属性。据此,股权让与担保中名实股东分离,而产生股东资格之股权也因此而无法维持独立权利之概念,名义股东享有之股权被功能化为担保权,不再具有物权之归属意义,"名义股东"亦不具有确定实际行使股权权能的股东身份的功能。

三、股权让与担保的司法实践演变

在中国裁判文书网以"股权让与担保"为关键词进行搜索②并进行分析总结,统计时间截至 2022 年 10 月 18 日:

---

① 参见《中华人民共和国公司法》(2018 年 10 月 26 日第四次修正,下文简称《公司法》)第七十五条:"自然人股东死亡后,其合法继承人可以继承股东资格;但是,公司章程另有规定的除外。"当事人可特殊约定只可继承财产性权利。《最高人民法院关于适用〈中华人民共和国公司法〉若干问题的规定(三)》(自 2011 年 2 月 16 日施行)第二十四条:"当事人依法履行出资义务或者依法继受取得股权后,公司未根据公司法第三十二条、第三十三条的规定签发出资证明书、记载于股东名册并办理公司登记机关登记,当事人请求公司履行上述义务的,人民法院应予支持。"
② 由于文书中涉及股权让与担保之表述皆涉及合法性之认定,故对分析样本不予限缩和剔除。

　　首先,在案件数量上,近年股权让与担保案件数量呈逐年上升趋势。其次,关于股权让与担保的效力,因同属让与担保类型纠纷,虽然大多数股权让与担保被以"符合让与担保的法律特征,是一种"非典型担保①"或"特殊的担保类型②"而予以判定合法,但股权让与担保早期亦存在被司法判决以"与担保法中关于流质契约的规定相冲突,违反了法律的禁止性规定③""有悖物权法定原则④""不存在公示手段或存在通谋虚伪意思表示"等理由一刀切认定让与担保约定无效的情形,又由于立法规范的缺位及部分法官对于前述事实的不同理解,导致同案不同判和难以确定股权让与担保的实行效力⑤的困境迟迟无法解决,严重影响司法权威和公信力,随着《九民纪要》达成统一裁判逻辑的共识作为指导之后,股权让与担保的有效性已不存在争议⑥。最后,在对让与担保之法理基础的认识层面,司法实践所采之裁判逻辑逐渐从所有权构造说向担保权构造说转变。

　　从2019年的胡雅奇与西藏信托有限公司等股东资格确认纠纷一案⑦入选最高人民法院年度十大公司法典型案例,可以窥见我国司法实践对股权让与担保的最新审判指导方向。首先,关于股权让与担保的效力,股权让与担保未违反法律强制性规定,双方也并非通谋虚伪表示,应为有效;其次,最高人民法院对让与担保的法理认定采担保权构造论,认为股权让与担保属于非典型担保物权,只是在形式上体现为所有权的移转;就股权让与担保的公示效力而言,最高人民法院认为股权让与担保权亦应采取登记对抗主义,即须完成物权变动公示方具有对抗第三人的物权效力,但即使股权让与担保未完成物权公示、不具有物权效力,股权让与担保合同亦有效;最后,在法律效果的问题上,最高人民法院认可了股权让与担保的清算型清偿债权实现方式,债权人的优先受偿权得到肯定。

①参见辽宁省高级人民法院(2016)辽民终84号民事判决书。
②参见浙江省象山县人民法院(2015)甬象商初字第258号民事判决书。
③参见辽宁省高级人民法院(2016)辽民申1115号民事判决书。
④参见银川市兴庆区人民法院(2017)宁0104民初174、175号民事判决书。
⑤参见最高人民法院港丰集团有限公司与深圳市国融投资控股有限公司、长城融资担保有限公司等合同纠纷申诉、申请民事裁定书。
⑥参见广东省高级人民法院(2019)粤民终275号。
⑦原告胡雅奇与第三人西藏信托公司缔约零对价股权转让协议并办理变更登记,同时签订零对价回购补充协议,目的是担保第三人西藏信托公司的债权实现,使第三人取得名义股东地位,在债务不能清偿时,第三人可依其股东身份取得股权清算的主动权。本案法院认为,有限公司股权中包含财产权属性及人身权属性,而股权让与担保本身仅涉及其中的财产权部分,但不应影响实际股东人身权利的行使。原告并不因此完全丧失股东身份,故本案原告仍为博源公司的实际股东并行使相应的股东权利,而第三人作为名义股东,其权利的行使应受到实际股东权利的合理限制。故判决确认胡雅奇系持有北京博源工贸有限责任公司80%股权的实际股东。

四、股权让与担保优先受偿效力取得的条件

(一)登记产生对抗效力

我国物权的变动通过登记或者交付实现,由于股权兼具财产权和人身权,所以必须考虑我国民法关于财产权变动的登记或交付规则。根据《担保解释》第六十八条"参照民法典关于担保物权的有关规定"①,股权让与担保在满足公示要件后,才产生对抗效力第三人的效力,债权人因而享有优先受偿权。我国《公司法》亦规定"公司应当将股东的姓名或者名称向公司登记机关登记;登记事项发生变更的,应当办理变更登记。未经登记或者变更登记的,不得对抗第三人。②"股权本身所具有的登记制度使股权让与担保天然的满足公示要件。但股权的登记制度又比一般财产权复杂,有内部股东名册变更和外部股东登记变更两种制度安排。又《九民纪要》第八条规定,当事人之间转让有限责任公司股权,受让人以其姓名或者名称已记载于股东名册为由主张其已经取得股权的,人民法院依法予以支持,但法律、行政法规规定应当办理批准手续生效的股权转让除外。未向公司登记机关办理股权变更登记的,不得对抗善意相对人③。故股权让与担保股权之转移根据两种登记制度分别产生对内和对外的优先受偿权,内部股东名册变更登记属对内生效要件,满足外部股东登记变更之对外公示才享有对抗第三人的优先受偿权效力。

(二)尊重其他股东的知情权产生让与担保效力

因为股权人身权益的转让关乎对有限责任公司人合性的保护,所以股权让与担保之设立还应该考虑公司法的限制。《公司法》第七十一条规定,"股东向股东以外的人

---

①参见《担保解释》第六十八条。

②参见《公司法》第三十二条:"有限责任公司应当置备股东名册,记载下列事项:

(一)股东的姓名或者名称及住所;

(二)股东的出资额;

(三)出资证明书编号。

记载于股东名册的股东,可以依股东名册主张行使股东权利。

公司应当将股东的姓名或者名称向公司登记机关登记;登记事项发生变更的,应当办理变更登记。未经登记或者变更登记的,不得对抗第三人。"

③参见《九民纪要》第八条:"当事人之间转让有限责任公司股权,受让人以其姓名或者名称已记载于股东名册为由主张其已经取得股权的,人民法院依法予以支持,但法律、行政法规规定应当办理批准手续生效的股权转让除外。未向公司登记机关办理股权变更登记的,不得对抗善意相对人。"

转让股权,应当经其他股东过半数同意",且"在同等条件下,其他股东有优先购买权"。① 新修订的《公司法》草案第八十五条虽然删去了有关股东同意的形式内容,但其他股东具有优先购买权之实质仍未改变。鉴于此维护有限公司人合性之规定,股权让与担保依据"担保权构造论"和"股权二分论"效力重构之实现,必须建立在其他股东对该担保设计知情的前提下,即股权让与担保的双方当事人对于股权让与担保的约定必须披露给公司及其他股东,其他股东才能暂时"放弃"行使优先购买权以达成股权让与担保的约定设计,但这并不意味着其他股东认可股权受让人(债权人)成为公司的股东,股权让与人仍实际享有并行使股东权利,股权受让人(债权人)仅为名义股东。因此,其他股东亦应尊重双方当事人之意思自治,不能实际行使优先购买权。若公司其他股东选择行使优先购买权。如果公司及其他股东并不知情股权转让实为股权让与担保之法律形式,在双方当事人自行办理完股权变更手续之后,在股权让与担保期间,当事人之间的法律关系只能参照适用股权代持有关规定,股权权利表面上由股权受让人(债权人)行使,股权让与人根据股权代持协议作为隐名股东行使股东权利。而这显然与股权让与担保之设计目的相背离。故股权让与担保的设立应尊重其他股东的知情权。

(三)实现优先受偿时保障其他股东的优先购买权

当股权让与担保之债权期限届满未获清偿时,基于禁止流质约款之强制规定,债权人仅可以通过清算型清偿实现债权,通过拍卖、变卖股权,就股权价值折价受偿。尽管如此,由于股权具有人身权的特殊属性,采取清算型清偿仍然受到公司法对有限公司人合性保护的限制,即虽然在股权让与担保设立时公司其他股东基于尊重双方当事人的意思自治而放弃行使优先购买权,但该放弃行使优先购买权并不意味着公司其他股东接受第三人实际成为公司股东,根据人合性保护的目的解释,应当在债权人就股权让与担保行使优先受偿权时保障公司其他股东能够重新行使优先购买权。

---

① 参见《公司法》第七十一条:"有限责任公司的股东之间可以相互转让其全部或者部分股权。

股东向股东以外的人转让股权,应当经其他股东过半数同意。股东应就其股权转让事项书面通知其他股东征求同意,其他股东自接到书面通知之日起满三十日未答复的,视为同意转让。其他股东半数以上不同意转让的,不同意的股东应当购买该转让的股权;不购买的,视为同意转让。

经股东同意转让的股权,在同等条件下,其他股东有优先购买权。两个以上股东主张行使优先购买权的,协商确定各自的购买比例;协商不成的,按照转让时各自的出资比例行使优先购买权。

公司章程对股权转让另有规定的,从其规定。"

五、股权让与担保对第三人的效力

(一)名义股东无需为公司债权人承担瑕疵出资责任

对于名义股东是否需要承担股权让与人的瑕疵出资责任,学界曾众说纷纭。有学者认为名义股东因登记而具有商事外观并为保护第三人信赖利益而负有补足出资的责任。有学者认为该问题如何处理取决于公司及公司债权人的知情情况,如果公司对股权让与担保的事实知情并且同意债权人不承担出资责任的,则债权人无须承担;对于公司债权人来说,其因为公司股东登记而产生了信赖关系,有权要求名义股东(债权人)以未出资的本息金额为限对公司债务承担补充责任。该问题选择何种路径进行解决根本上取决于商事外观主义如何适用。

商事外观主义是依据商行为人的行为外观认定其效果意思的立法原则和理论,用于调整商事交易活动,降低交易成本,保障交易安全,它的适用范围原则上应当仅限于交易范畴,在权利人与非交易第三人之间的权利冲突等非交易场合不能适用。在股权交易直接对向外部第三人的情况下,外部第三人可以依据股东登记产生信赖关系,故名义股东利用其所有权外观擅自对外处分股权并办理登记,第三人可以依照善意取得制度取得股权,以保护第三人的信赖利益。但是公司作为具有独立人格和财产的法人,其他债权人对向的当事人是公司这一独立个体,并没有因股东登记而产生对名义股东的信赖关系,公司是以独立财产独立对外承担责任,股东债务与公司债务并无必然联系。故股权让与人的瑕疵出资责任应由公司对内追责,而在前文公司及其他股东知情股权让与担保的条件下,应当由公司追究作为实际股东的股权让与人之责任。因此,非交易场合必须谨慎适用外观主义,否则可能会对外观权利人施加过分的义务负担,有失公平。《九民纪要》指出,外观主义实质上是一种针对例外情形的规定,即当第三人根据意思表示和对权利外观的信赖而进行商事交易时才适用该规定,根本目的是维护交易安全[1]。《担保解释》第六十九条免除债权人补足出资责任的规定也体现了对商事外观主义采限制解释的观点。故针对名义股东(债权人)与公司债权人的利益冲突,债权人承担股权让与人的瑕疵出资责任已被免除[2]。

---

[1]参见《全国法院民商事审判工作会议纪要》引言。
[2]参见《最高人民法院关于适用〈中华人民共和国民法典〉有关担保制度的解释》第六十九条:"股东以将其股权转移至债权人名下的方式为债务履行提供担保,公司或者公司的债权人以股东未履行或者未全面履行出资义务、抽逃出资等为由,请求作为名义股东的债权人与股东承担连带责任的,人民法院不予支持。"

(二)名义股东优先受偿权与法定担保物权人按登记顺序清偿

在《民法典》采纳"担保权构造论"的功能主义进路对股权让与担保进行效力重构的背景下,股权让与担保中转让的股权仅作为"担保性财产权利"使部分持不同观点的学者认为股权让与担保已然丧失其自身优势,其功能作用在当前的效力状态下几乎与股权质押相同。尤其将登记转让名义股东与当事人股权质押登记相比,这实际上是抹杀了股权让与担保的独立价值。尽管在重构后效力状态的股权让与担保中,名义股东仅具有股东身份的外观,并不享有知情权、监督权、表决权和提案权等公司决策管理权,但除却股权质押复杂严格的行权程序,名义股东更加看重的是让与担保期间对标的股权的风险控制,和债权期限届满未清偿时对股权交换价值直接处置的权利保障,还有特殊情形下通过股权让与担保进行融资的优势。但由于股权让与担保与股权质押不同,是非典型担保,二者可能出现权利竞存冲突的问题,如何处理其优先顺位,实务上曾有不同的观点。在《民法典》颁布实施前,有法官认为,由于让与担保并未被法律明文规定,故其优先顺位应置于已经登记公示的法定担保物权之后。也有法官认为经各方当事人确认并经名义股东同意,将为担保标的公司债权已设立让与担保的股权又出质给第三人,质权人对标的股权应优先于名义股东受偿①。但《民法典》颁布实施以后,股权让与担保在登记机关办理股权变更登记后应适用《民法典》第四百一十四条,已登记的让与担保应当与法定担保物权居于同一效力顺位,根据登记顺序进行清偿。

(三)破产时股权让与担保对第三人效力的确定

1. 标的公司破产时债权人有权要求提供新担保

破产区分标的公司破产和债务人破产两种情形。针对目标公司破产,由于名义股东并不与标的公司的债权直接发生关系,标的公司的财产应当优先偿还公司债务,但因标的公司的破产会导致标的股权价值严重受损,以享有"股权担保权益"为目的之债权人有权要求债务人另行提供新担保以填补其担保价值,若债务人无法再提供等价担保,债权人有权要求债务人提前清偿。

2. 债务人破产时债权人效力据情形确定

为了防止公司破产时股东与他人恶意串通设定股权让与担保,损害标的公司债权人权益的情况,《破产法》规定若股权让与担保的设定时间在破产申请的前一年内,债

①最高人民法院(2019)最高法民终 133 号。

务人的破产管理人有权请求人民法院予以撤销①。若不属于撤销情形或未被申请撤销，则债权人仍可根据股权让与担保对标的股权价值享有优先受偿权。

（四）股权让与担保的税务效力②

当前关于股权让与担保的立法、司法和学理研究主要集中在股权让与担保的司法适用、法律构造及构造适用之内外效力等法律方面的分析，较少涉及股权让与担保在实务过程中的税务效力。实际上，股权让与担保面临着缴纳高额税款的风险，若无特殊规定，根据股权让与担保之股权转让及回转而应缴纳的个人或企业所得税额远超出双方当事人设立股权让与担保之本意。商事主体、学界及实务界通常认为股权让与担保的交易成本低或者操作便捷之优势，实际上是相关部门"弹性执法"为股权让与担保提供的"灰色优势"。尽管股权让与担保的高额税负之合理性存疑，但为避免纳税问题之影响，仍需通过公示制度明确股权让与担保之实，以区分股权转让。因此，应构建类似股权质押之股权让与担保登记备案制度。

事实上，当前市场监督管理局已具备股权让与担保登记系统的基础。现有的股权出质登记办法和完备的股权质押系统（如河南省企业登记全程电子化服务平台）足以支持直接增添建立股权让与担保登记系统，只需在股权质押登记项下增设股权让与担保选项即可。国务院于2020年12月29日颁布的《动产和权利担保统一登记办法》决定自2021年1月1日起，在全国范围内实施动产和权利担保统一登记，纳入统一登记范围的动产和权利担保，由当事人通过中国人民银行征信中心（以下简称征信中心）动产融资统一登记公示系统自主办理登记，虽然其中并未提及让与担保这一类型③，

---

①参见《企业破产法》第三十一条："人民法院受理破产申请前一年内，涉及债务人财产的下列行为，管理人有权请求人民法院予以撤销：

（一）无偿转让财产的；

（二）以明显不合理的价格进行交易的；

（三）对没有财产担保的债务提供财产担保的；

（四）对未到期的债务提前清偿的；

（五）放弃债权的。"

②股权让与担保的股权转让和回转在实务过程中有关缴纳税款的法律效果。

③参见《国务院关于实施动产和权利担保统一登记的决定》第二条："纳入动产和权利担保统一登记范围的担保类型包括：

（一）生产设备、原材料、半成品、产品抵押；

（二）应收账款质押；

（三）存款单、仓单、提单质押；

（四）融资租赁；

（五）保理；

（六）所有权保留；

（七）其他可以登记的动产和权利担保，但机动车抵押、船舶抵押、航空器抵押、债券质押、基金份额质押、股权质押、知识产权中的财产权质押除外。"

但在构建股权让与担保登记备案制度的系统基础已然具备的条件下,鉴于股权之特殊性,可以预见将股权让与担保纳入登记范围已仅为政策或时间问题。且已发布政策指示未来亦会逐步将股权质押登记并入中国人民银行征信中心,故本文认为可以在股权质押登记系统转移的同时建构股权让与担保登记,一步到位。

六、结语

股权让与担保由于担保增信、融资便捷等优势,在人民大众的创业热情下,颇受青睐。《民法典》第三百八十八条吸收"其他具有担保功能的合同"之规定,为让与担保等非典型担保提供了立法上的容身之所,《担保解释》第六十九条明确定性股权让与担保之"股权"为担保物权。但由于股权不仅具有民法调整的财产权属性,还兼具公司法限制的人身权属性,从而更具复杂性和冲突性。故即使在《民法典》视域下,仍需对股权让与担保效力做进一步认定。依据"担保权构造论"和"股权二分论",司法实践亦做相同趋势之演变,就优先受偿效力取得的条件,股权让与担保内部股东名册变更登记产生对内效力,公示产生对抗外部第三人之效力,且需保障其他股东的知情权才能使公司其他股东暂时放弃行使优先购买权而实现股权让与担保的设计,实现优先受偿时亦需保障其他股东的优先购买权以维护有限公司的人合性。就股权让与担保对第三人的效力而言,应注意商事外观主义的适用范围原则上应当仅限于交易范畴,公司作为法人以独立财产对公司债权人承担债务,而名义股东与公司债权人并无直接法律关系,故无需承担瑕疵出资责任,而已登记的让与担保应当与法定担保物权居于同一效力顺位,根据登记顺序对标的股权的担保权人进行清偿。破产情形区分标的公司破产与债务人破产,若标的公司破产,由于股权价值严重受损,则债权人有权要求债务人另行提供担保,无法足额担保时可以就受损股权提前受偿。若债务人破产,则依据《破产法》可撤销情形之规定认定股权让与担保效力。同时,此前研究较少涉及股权让与担保纳税问题,故应通过构建登记备案制度减免股权让与担保可能的高额税负,借鉴股权质押登记制度,融入动产和权利担保统一登记系统。

参考文献

[1]姚辉,李付雷."理性他者"的依归:让与担保实践争议探源与启示[J].中国人民大学学报,2018,32(6):101-113.

[2]谢在全:《民法物权论》(下册)[M].北京:中国政法大学出版社,2011:1106-1107.

[3]谢在全:《民法物权论》(下册)[M].北京:中国政法大学出版社,2011:1107-1108.

[4]杨祥.让与担保合法化之信托路径[J].西部法学评论,2014(5):1-14.

[5]王利明.担保制度的现代化:对《民法典》第388条第1款的评析[J].法学家,2021
(1):30-39,192.

[6]BRIDGE MICHAEL G,MACDONALD RODERICK A,SIMMONDS RALPH L,et al.
Formalism,Functionalism,and Understanding the Law of Secured Transactions[J].
McGill Law Journal,1999(44):567-569.

[7]谢鸿飞.民法典担保规则的再体系化:以《民法典各分编(草案)二审稿》为分析对
象[J].社会科学研究,2019(6):48-59.

[8]刘国栋.《民法典》视域下股权让与担保的解释论路径[J].北方法学,2021,15
(5):5-15.

[9]江平,孔祥俊.论股权[J].中国法学,1994(1):73-82.

[10]蔡立东.股权让与担保纠纷裁判逻辑的实证研究[J].中国法学,2018(6):
239-257.

[11]裴国玺.论股权权能的分离趋势[J].晟典律师评论,2007(1):79-88.

[12]周游.股权的利益结构及其分离实现机理[J].北方法学,2018,12(3):30-43.

[13]蔡元庆.股权二分论下的有限责任公司股权转让[J].北方法学,2014,8(1):
50-59.

[14]高圣平.动产让与担保的立法论[J].中外法学,2017,29(5):1193-1213.

[15]庄鸿山.股权二分论下股权让与担保的规范构造[J].南海法学,2022,6(1):
33-47.

[16]向逢春.让与担保制度研究[M].北京:法律出版社,2014:15-16.

[17]李建伟,罗锦荣.有限公司股权登记的对抗力研究[J].法学家,2019(4):145-
159,195-196.

[18]葛伟军.股权让与担保的内外关系与权利界分[J].财经法学,2020(6):36-50.

[19]崔建远.论外观主义的运用边界[J].清华法学,2019,13(5):5-17.

[20]崔建远.《物权:规范与学说·以中国物权法的解释论为中心》[M].北京:清华大
学出版社,2011:736.

[21]蒋桥生.让与担保之优先受偿权的裁判规则[J].人民司法,2020(4):51-55.

[22]龙俊.民法典中的动产和权利担保体系[J].法学研究,2020,42(6):22-42.

[23]高圣平,曹明哲.股权让与担保效力的解释论:基于裁判的分析与展开[J].人民
司法(应用),2018(28):16-23.

[24]王贺.股权让与担保法律构成的检视与完善[J].甘肃政法学院学报,2020(3):
87-102.

[25]廖仕梅,张静静.股权让与担保的涉税问题研究[J].税务研究,2022(4):82-89.

试述我国"自甘风险"的认定

——以宋某与周某健康权纠纷的判决为考察中心

刘淑洁①

摘　要：自甘风险作为民事侵权的免责事由之一，其重要意义在司法实践中不言而喻。我国民法典也明确规定了自甘风险规则，根据民法典的规定，自甘风险规则主要适用于文体活动领域。自甘风险入典，使文体活动中侵权责任的划分更加合理，减轻了人们参加文体活动的心理负担，不但让文体活动中发生的意外的赔偿纠纷处理有法可依，而且在各方主体责任承担上也更加公平合理，责任范围更加明晰，告别了过去的"受伤即有理"。让法、理、情更加相融相通。

关键词：自甘风险；自愿性；文体活动；公平责任

70 多岁的宋某为羽毛球运动爱好者，自 2015 年起就自发参加过多场羽毛球比赛。2020 年 4 月 28 日 9 时，宋某、周某与案外 4 人等羽毛球爱好者在朝阳区红领巾公园进行羽毛球"3V3"比赛。比赛过程中，宋某被周某击打的羽毛球击中右眼。事发后，宋某由周某陪同到医院就诊，被诊断为右眼人工晶体脱位、前房积血等。同年 7 月 6 日，医院出具诊断证明显示：宋某术前右眼视神经萎缩，术后 5 周验光右眼最佳矫正视力为 0.05。后双方因医药费、护理费、住院伙食补助费等各项费用分担协商无果，故原告宋某将被告周某起诉至法院。庭审中，原告表示，被告明知其年纪大、反应慢、眼睛受过伤，仍未履行注意义务，选择向原告大力扣球，致使原告右眼受伤，接近失明，构成重大过失。退一步讲，即使被告行为不构成重大过失，也应适用公平责任，由双方分担损失。但被告对此不予认可，称原告已经七十多岁，眼睛也曾受过伤，受伤前原告已经连续参加三场比赛，其应知道自身身体条件是否适宜继续参加比赛及其风险。且事发时被告位于场地的中后场位置，没有重力扣杀，是平打过去的，被告没有过错，不

---

①作者简介：刘淑洁，女，汉族，河南周口人，郑州大学法学院（知识产权学院）2020 级 1 班本科生。

应承担责任。此外,在法庭调查中,原告表示,被告没有对其受伤存在故意。法院认为,羽毛球是典型的对抗性体育运动项目,除扭伤、拉伤等比较典型的风险外,较为突出的风险即为参赛者容易被羽毛球击中。原告作为多年参与羽毛球运动的爱好者,对于自身和其他参赛者的能力以及此项运动的危险,应当有所认知和预见,但仍自愿参加比赛,应认定为"自甘冒险"的行为。在这种情况下,只有被告存在故意或重大过失时,才需承担侵权损害赔偿责任,否则无需担责。北京市朝阳区人民法院经审理认为:原告自愿参加具有一定风险的对抗性竞技比赛,将自身置于潜在危险之中,应认定为自甘冒险的行为,且被告不存在故意或重大过失,故根据《中华人民共和国民法典》(以下简称《民法典》)第一千一百七十六条第一款的规定,于 2021 年 1 月 4 日一审判决驳回了原告的全部诉讼请求。

本案是《民法典》实行后,首例适用《民法典》第一千一百七十六条作出判决的案件。《民法典》实行前,关于"自甘风险"没有明确的法律规定,导致在文体活动中的责任划分产生了分歧。在《民法典》实行后,"自甘风险"规则得到了明确的法律规定,统一了责任划分的基准和裁判规则,告别了过去的"受伤即有理"。这个案件引发了人们的思考:《民法典》实行后,司法实践中应如何认定自甘风险?

一、何为自甘风险

在大陆法系国家和许多英美法系国家,自甘风险都是侵权行为免责事由之一。在民法典实行之前,我国并无"自甘风险"的法律规定,这也是造成司法裁判不统一的主要原因。我国《民法典》中也增加了自甘风险规则,那么到底何为"自甘风险"?梁慧星教授认为:"考虑到参加体育竞赛都有风险,因此,体育竞赛当中,运动员相互之间所发生的损害,原则上是免责的,这在法律上的依据,就是美国法律有一句话——自甘冒险。"也有学者指出,自甘风险,顾名思义,就是自愿冒险,愿意承担因危险发生而造成的后果。另有人建议需将自甘风险定义为:即受害人自愿参加具有一定风险的活动,因其他参加者或者活动组织者的行为等造成损害,受害人不得请求只具有一般过失的其他参加者,或者不具有过失的活动组织者承担侵权责任的免责事由。

自甘风险,或称自甘冒险、自冒风险,这一概念与侵权责任法一样古老,它起源自罗马法谚"对自愿者不构成伤害",即如果一个人自愿从事一项具有危险的工作,那么他就不能就该危险性工作而造成的自身伤害请求赔偿。"甘",即自愿、乐意;"风险",即有可能发生的危险。所以,严格按照字面意思解释,"自甘风险"即自愿承受可能发生的危险。我国《民法典》关于"自甘风险"的规定:自愿参加具有一定风险的文体活动,因其他参加者的行为受到损害的,受害人不得请求其他参加者承担侵权责任;但是,其他参加者对损害的发生有故意或者重大过失的除外。以此为基础,将"自甘风险"适用于侵权责任即是指,在受害人已经认识到某项文体活动可能发生危险的情况下,仍自愿参加该项活动,则由此造成的危险后果除其他参加者对该损害的发生有故意或重大过失外,应由受害人本人承受,即不能再请求他人承担损害赔偿责任。

二、自甘风险的构成要件

在该案中,法院认为,羽毛球是典型的对抗性体育运动项目,除扭伤、拉伤等比较典型的风险外,较为突出的风险即为参赛者容易被羽毛球击中。原告作为多年参与羽毛球运动的爱好者,对于自身和其他参赛者的能力以及此项运动的危险,应当有所认知和预见,但仍自愿参加比赛,且砸中原告的羽毛球是被告在比赛过程中处于正常的比赛行为打出的,被告在比赛中并无故意或重大过失致使原告被砸中。故应认定原告的行为为"自甘风险"的行为。据此可以概括出法院认为原告构成自甘风险主要有以下几点原因:①原告对在羽毛球这项对抗性体育运动项目中可能被羽毛球砸中这一损害后果具有认知和预见;②原告在认识到可能发生的损害后果后仍自愿参加;③加害人无故意或重大过失致使受害人损害。

自甘风险作为侵权责任的免责事由之一,其在司法实践中有着重要的意义。其作为抗辩事由,应有加害人承担举证责任,分析自甘风险的构成要件不仅能够使加害人的举证责任更加明确,而且对法官正确地裁判也具有一定的帮助意义。

对自甘风险的构成要件,学者们有着不同的看法。王利明教授认为自甘风险需要具备以下要件:第一,受害人必须完全意识到特殊活动的异常风险;第二,受害人自愿参与了极可能造成损害后果的危险活动;第三,受害人的损害与其过错之间存在一定的因果关系;第四,行为人并非故意或重大过失造成了受害人的损害。杨立新教授认为根据《民法典》第一千一百七十六条第一款的规定,自甘风险的构成要件有以下几个:一是组织者组织的活动是具有一定风险的文体活动;二是受害人对该种文体活动具有的一定风险有认识,但是自愿参加;三是受害人参加此活动因其他参加者的行为受到损害,该文体活动参与者的行为与受害人的损害之间有因果关系;四是文体活动的其他参加者没有故意或重大过失。

虽然两位学者对自甘风险构成要件的表述有些不同,但其实质含义是没有太大差别的。在王利明教授看来,损害的发生与受害人自己的行为之间也具有一定的因果关系,这种因果关系是损害发生的因果关系。即受害人明知所参加的活动具有一定的风险,可能会使自己受到损害,但仍自愿参加。也就是说,如果受害人没有选择参加该具有一定风险的行为,则不会发生相应的损害后果。这一要件也是必要的,因为如果受害人只是对损害的扩大具有过错,而对于损害的发生本身没有过错,那么就不应减轻或免除行为人的责任。综上,构成自甘风险必须满足以下要件:一是受害人已认识到了所参加的文体活动具有一定的风险;二是受害人自愿参加具有一定风险的文体活动;三是受害人因其他参加者的行为受到损害;四是受害人所遭受的损害的发生与其过错之间存在一定的因果关系;五是其他参加者不存在故意或重大过失。

(一)受害人已认识到了所参加的文体活动具有一定的风险

文体活动即文艺和体育活动的总称,其范围非常广泛。但自甘风险中的文体活动应是指具有一定危险性的文体活动,包括足球、篮球、羽毛球、拳击等体育运动;骑行、爬野山等户外探险运动等。该种危险性应是极易发生的、不可控的,是某项文体活动内在的、固有的危险性。即该风险是活动的组成部分,与活动不可分离,不是参与者能够控制的。例如,对于拳击等具有较强身体对抗性的项目,参与者无论如何都不可避免地会受到一定的身体伤害。对于下棋、舞蹈表演等活动,也存在一定的被棋子砸到或者被其他舞者撞到的危险,但这些危险是可以通过参加者的注意避免的,所以这些危险并不属于固有的、不可避免的危险,也就当然不适用于"自甘风险"。并且受害人对这种危险已有认知,这种认知不仅包括对危险性的认知,还应包括对可能造成的损害后果的认知。另外,当某种危险的发生概率较小时,也不能认定构成"自甘风险"。例如,在乘坐公交车发生事故而造成受害人损害的情况下,就不能认定受害人能够认识到公交车有发生事故可能性,就具此认定构成"自甘风险"。这是因为,虽然受害人能够认识到公交车有发生事故的风险,但是这种风险只是小概率事件,即虽然有可能,但一般情况下是不会发生的,发生事故的情况只是意外。在这种意义上,也就意味着危险发生的概率越高,表明其受害人承担风险的可能性就越大。

(二)受害人自愿参加具有一定风险的文体活动

受害人的自愿应当是在没有受到任何威胁的情况下,在认识到某项活动具有危险性后出于自己内心真实的意愿而同意参加该项文体活动。因此,如果受害人在认识到某项活动可能造成的损害后果后,由于不愿承担该后果而拒绝参加,但其他参加者却在知晓其不同意参加后以各种方法威胁、逼迫其作出同意参加的意思表示,而后造成受害人在活动过程中损害的,就不能适用"自甘风险"规则来划分责任。因为,此时受害人的"同意"并非其内心的真实意愿,也即并非"自愿",所以不能适用"自甘风险"。

(三)受害人因其他参加者的行为受到损害

"自甘风险"作为侵权责任的免责事由之一,自然包含着"受害人因其他参加者的行为受到损害"这一要件。如果受害人的损害根本不是行为人的行为导致的,那就不会发生受害人与行为人因责任划分而产生的纠纷。换言之,正是因为在受害人的损害与行为人的行为之间的因果关系这一连结要素,才使得行为人与受害人之间的责任划分成为一个值得法律研究的问题。

(四)受害人所遭受的损害的发生与其过错之间存在一定的因果关系

如前所述,受害人是在认识到某项文体活动可能发生的危险以及损害后果后,仍自愿参加该项活动,其后在活动过程中遭受到损害。所以,受害人在认识到危险后,如果没有参加就不会发生其后的损害后果。这也意味着,受害人所遭受的损害与其过错之间存在一定的因果关系。

(五)其他参加者不存在故意或重大过失

即使以上要件都满足,但缺乏这一要件,行为人仍要承担赔偿责任,只是可能会根据情节酌情减轻行为人的责任。如果行为人具有故意或者重大过失,而且又是因为其行为导致了受害人的损害,则行为人完全具有可责难性,理应对其侵权行为承担侵权责任。但如果行为人不是出于故意或者重大过失,其行为是在进行文体活动时必要且适当的行为,则行为人就不具有承担责任的基础,也即应由受害人自行承担损害后果。

三、自甘风险与相关概念的区别

(一)自甘风险与公平原则的区别

《侵权责任法》第二十四条规定:"受害人和行为人对损害的发生都没有过错的,可以根据实际情况,由双方分担损失。"《民法典》第一千一百八十六条规定:"受害人和行为人对损害的发生都没有过错的,依照法律的规定由双方分担损失。"与《侵权责任法》相比,《民法典》此次规定将"可以根据实际情况,由双方分担损失"改为"依照法律的规定由双方分担损失"。此处的"法律"应作狭义解释,即仅指全国人民代表大会及其常务委员会制定的法律,不包括法规、规章等。但是具体哪些条款属于《民法典》第一千一百八十六条中的"法律规定",学者们则意见不一。程啸教授认为适用公平责任的情形有以下五种:一是因紧急避险致人损害的;二是见义勇为而遭受损害的;三是完全民事行为能力人陷入无意思状态或者失去控制致人损害的;四是第三人致劳务提供者损害的;五是高空抛物或高空坠落物致人损害的。张新宝教授认为,只有第三和第五项的规定才是现行法律关于公平责任的规定。孟强教授则认为只有后四项适用公平责任的规定。但是无论公平责任具体适用范围如何,《民法典》中用语的变化,无疑限定了公平责任的适用范围,这也为公平责任与自甘风险的区别提供了新方向。

根据该条规定可以将公平分担损失的适用条件归纳为:一是受害人对损害的发生没有过错;二是行为人对损害的发生没有过错;三是必须按照法律的规定适用,没有法律的具体规定即不得适用。由此可见,自甘风险与公平分担损失原则在适用上的最大区别就是受害人自己对损害的发生是否具有过错。在自甘风险中,受害人已经认识到其参加的文体活动具有一定的风险,但其仍自愿参加,这在一定程度上就表明其自愿承担可能发生的风险带来的不利后果,也即受害人本身对损害的发生具有一定的过错。但在公平分担损失原则的适用上,法律明确规定了受害人对损害的发生并不具有过错。

(二)自甘风险与受害人同意的区别

程啸教授认为,受害人同意是指,受害人就他人特定行为的发生或者他人对自己权益造成的特定损害后果予以同意并表现在外部。依据我国《民法典》的规定,受害人同意的情形一般是在医疗损害责任中,《民法典》第一千二百一十九条规定:"医务人员在诊疗活动中应当向患者说明病情和医疗措施。需要实施手术、特殊检查、特殊治疗的,医务人员应当及时向患者具体说明医疗风险、替代医疗方案等情况,并取得其明确同意;不能或者不宜向患者说明的,应当向患者的近亲属说明,并取得其明确同意。医务人员未尽到前款义务,造成患者损害的,医疗机构应当承担赔偿责任。"

所谓受害人同意,简单来说就是指,受害人自愿同意他人对其人身或财产施加某种损害。认定受害人同意时,需要注意以下问题:一是时间,受害人同意是在损害发生前明示或默示作出的;二是行为,通常情况下受害人同意应当有明确的依据,即受害人有具体的行为表明其同意他人对自己的身体或财产施加某种损害;三是受害人的同意必须是其真实的内心意思,同意的意思表示是其自愿作出的,不存在受胁迫的情形。其与自甘风险的区别有:一是两者的适用范围不同,自甘风险主要适用于文体活动,而受害人同意不仅适用于文体活动领域,在其他领域也可适用,其适用范围比较广泛;二是受害人对危险的认识程度不同,在自甘风险中,受害人对文体活动具有的危险性及其可能发生的损害均有一定的认识,但对可能发生的损害的类型则不具有认识,而在受害人同意中,受害人对可能发生的损害类型具有一定的认识;三是损害的发生是否符合受害人的意愿不同,在自甘风险中,受害人并不希望发生损害后果,但在受害人同意中,损害的发生是符合受害人意愿的;四是行为人的主观要件对侵权责任的影响不同,在自甘风险中,行为人的故意或重大过失是行为人承担责任的要件,而在受害人同意中,行为人对损害结果的发生是有认识的,也即行为人主观上存在故意,只是因为受害人的同意而使行为人免责。

四、结语

自甘风险的规定对受害人和其他参加人在文体活动中的责任划分更加明确,这不仅有利用对其他参加者的合法权益进行保护,而且还能提醒活动参加者加强对自身的保护。自甘风险入典,体育比赛中的责任划分将得到进一步明确,这不仅有利于全民健身的推进,更体现出立法者的睿智和理性。诚然,我国是一个讲究善良、淳厚、人情味的国家,但天平稍作倾斜,看似对弱者带来抚慰,其实是一种对公平公正的冒犯。规则有刚直,人心方理智,让体育活动的参与者对规则有起码的尊重,对风险意识有清晰的认识,对危险后果能勇于面对,对是非黑白有明确的判断,进而提升社会运行的畅通度,建立人与人之间的信任感和安全感。

参考文献

[1]韩煦.自甘风险规则:规范分析与适用[J].人民司法,2020(31):46-50.

[2]杨立新.自甘风险:本土化的概念定义、类型结构与法律适用[J].东方法学,2021(4):107-120.

[3]王利明.论受害人自甘冒险[J].比较法研究,2019(2):1-12.

[4]程啸.中国民法典侵权责任编的创新与发展[J].中国法律评论,2020(3):46-61.

[5]张新宝."公平责任"的再定位[J].商法研究,2021(5):3-18.

[6]孟强.公平责任归责原则的终结:《民法典》第1186条的解释论[J].广东社会科学,2021(1):238-252.

[7]程啸.论侵权行为法中受害人的同意[J].中国人民大学学报,2004(4):110-116.

直播带货侵权责任探讨

——以王林林与北京快手科技有限公司等网络购物纠纷案为例

刘梓涵①

摘　要：在科技的迅速发展推动下，我国网络直播营销已经进入快速发展期。以网络媒体为平台，直播带货几乎成为各个商家的必备销售渠道。在网络电商蓬勃发展的同时，其中网络平台监管、消费者权益保障问题也日渐暴露。本文通过对王林林与北京快手科技有限公司等网络购物纠纷案的分析，旨在为解决网络直播营销行为的性质的辨析提供思路，促进网络直播营销的规范化发展。

关键词：网络直播营销；虚假宣传；侵权责任

我国的网络直播营销始于 2016 年，从初期对于流量变现的尝试，至 2019 年的"直播电商元年"，我国网络直播营销已经进入快速发展期。直播电商规模井喷式增长，这一新兴业态拉动社交、电商等平台的流量势能，助推传统媒体转型，直播带货几乎成为各大平台的标配，发展至今其产业链日趋完整化、多元化。直播带货的优势使得其在营销界蒸蒸日上：①成本低：相较于线下商铺来说，网络直播营销利用网络优势，省去了高额的场地、装修等费用，还可以实现"在家带货"，在时间、地点上较为灵活，对商家来说十分便捷。②受众广：通过直播平台的流量，可以为商家吸引到来自全国各地的用户，而传统线下开店模式，只能吸引到本地甚至本商圈的客户。同时，直播带货也避免了特殊时期的空间限制。③商品展现更真实：与普通的网络购物相比，直播销售更进一步，他能通过视频将商品动态地展现在消费者面前，而不是可能具有欺骗性的图片。尤其是在食品、化妆品、服装领域，用户通过直播能够更为直观地看到商品，相比图片更具有真实性。但由于在网络直播中，主播、平台和消费者不能面对面接触，商品也不能由消费者自己感知判断，在消费者的合法权益受到侵犯后不能找到有效的

---

①作者简介：刘梓涵，女，汉族，河南周口人，郑州大学法学院（知识产权学院）2020 级 1 班本科生。

途径解决,这也成为消费者不敢在网络平台中购物的顾虑。本文以王林林与北京快手科技有限公司等网络购物纠纷案为例,探讨在侵权中主播和直播平台应当承担的责任,以期规范网络直播环境。

一、案情简介

2019 年 5 月 28 日,许智怡使用其本人的快手账号进行直播活动。在直播中其表明有一个自己的二手苹果手机想要转让,此时,王林林正在观看其直播,之后王林林添加了许智怡的微信号,双方就该二手手机进行了沟通。其间许智怡提供了手机照片和序列号,王林林在确认无误后,付款买入。王林林收到手机之后,发现手机系统、分辨率、屏幕、输入法等与正品不符,要求退款退货。许智怡表示拒绝,后将王林林微信拉黑。2019 年 6 月 9 日,王林林向快手公司对外公示的投诉举报邮箱发送电子邮件,投诉许智怡在直播间内售卖假货、欺诈用户,并就相关事实进行描述。2019 年 6 月 11 日,快手公司将许智怡的快手账号封停十五日。后王林林得知许智怡的快手账号已解封再次进行直播活动,她又向快手公司投诉,快手公司于 2019 年 12 月 13 日将许智怡的快手账号永久封停。王林林诉求如下:①判令解除原告王林林与被告许智怡之间的网络购物合同,被告许智怡退还原告王林林货款并赔偿货款的三倍;②判令被告许智怡、被告快手公司赔偿原告合理开支;③本案诉讼费用由被告许智怡承担。

二、案情分析

该案件涉及商家与消费者、商家与平台以及平台与消费者之间的关系,争议焦点为:①被告许智怡直播带货行为的性质认定及其应承担何种法律责任;②被告快手公司应承担何种法律责任。本文将从以下几个方面予以探讨:

(一)电商直播类型的划分

1. 自营式直播

在自营式直播带货过程中,参与的主体有商家、平台以及消费者。在自营式的情况下,直播营销人员实际上是商家本人或其职员,例如某品牌在直播平台上直播带货,该主播不是品牌代言人,其只是在履行其本职工作,与商家视为一体,那么在此时直播营销人员与消费者直接订立买卖合同,此时发生纠纷则需适用《民法典》中合同编的内容。在该种模式下,带货行为通常被认定为职务委托代理,主播行为并不会对外直接产生法律关系。

在消费者与商家之间,二者通过买卖订立合同,其实质就是将线下的交易转移到网络,其间的纠纷应受《民法典》合同编的调整。同时,由于销售渠道的特殊性(即通过网络进行交易),商家也会受到《广告法》《电商法》等法律的规制。

在平台和消费者之间,在一般场景中其二者仅是平台的用户协议下建立起的法律关系,消费者如果想看平台内的直播内容,必须接受平台协议。

在商家和平台之间,分为两种情况:一是在淘宝、拼多多等专门销售商品的平台中,此时商家的行为属于营销行为,平台为商家提供营销的"场所",平台通过收取服务费的方式获得利益;二是在抖音、快手、小红书等短视频平台或社交平台进行的直播带货中,商家并不直接在平台与消费者进行交易,仅在该平台上对商品进行介绍、宣传,而交易在跳转的链接中或者通过私下交易完成销售。

2. 助营式直播

助营式直播带货是指主播和经营者签订合同,帮助经营者销售商品的销售模式,也就是说主播所销售的商品由第三方提供。在该模式中,涉及的主体有主播、消费者、商家、平台。就主播承担的责任而言,若以其本人身份对外承接商业合作,那么主播就成为责任承担主体;若其隶属于某一 MCN 机构(即 Multi-Channel Network,俗称网红孵化中心,专门培养和扶持网红达人的经纪公司或者机构),由 MCN 机构与商家签订合同决定业务内容,此时主播虽以自己的身份和形象对外直播,但最终责任承担主体还是其隶属的 MCN 机构。

主播与消费者的关系,消费者作为受众既是直播内容的接受者,也是商品的购买者,因此包含两种法律关系:一是主播对商品的介绍和宣传可能构成广告行为,主播有作为广告代言人的可能性。例如商家邀请流量明星坐镇直播间或直接合作让其作为主播,对商品进行试用或宣传,将明星本人与商品相联系,提高商品的知名度和说服力,吸引消费者。在这种情况下,主播由于其具有一定的影响力,与商家是合作关系,自身具有一定的独立性,其收入与销量挂钩。二是主播对商品的介绍仅是为了吸引消费者,其并不会参与到买卖合同当中,其推广行为是为了提供合同订立机会,成为商家和消费者之间的媒介。在这种情况下,MCN 机构与商家是合作关系,主播与 MCN 机构是隶属关系,在工作中主播要接受机构的安排,自主性较低。

3. 公益式直播

由于受到新冠疫情影响,全国各地的生产经营存在一定时期的暂停,经济流动和收入受到较大冲击。为了加快复工,帮助商户拓展新销售渠道,提升销售效率,助力乡村振兴,政府官员、明星主播坐镇直播间,充分发挥自媒体平台优势和传播优势,帮助带动消费,这是直播营销中的一种特殊形式。

在王林林与北京快手科技有限公司等网络购物纠纷案中,许智怡销售的案涉手机是自己的产品,代表自己的意志进行销售,是为自己"带货",故属于自营式销售。

(二)许智怡在销售过程中的身份认定

依据中国消费者协会在 2020 年 3 月 31 日发布的《直播电商购物消费者满意度在

线调查报告》数据,38.5%的消费者认为网络直播营销中的主播就是商品或服务的经营者;30.8%的消费者认为主播不是经营者;30.7%的消费者表示不知道主播在直播购物中的角色。由此可见,消费者在购物时并不能准确认识到主播的真实身份,因此维权难、诉讼主体错误问题频频发生。

根据我国《电子商务法》第九条第一款规定,本法所称电子商务经营者,是指通过互联网等信息网络从事销售商品或者提供服务的经营活动的自然人、法人和非法人组织。《〈电子商务法〉重点条文理解与适用(三)》规定:电子商务经营者是从事经营活动的市场主体,即商事主体。商事主体需要具备两个要件:一是交易目的的营利性,以此区别于参与交易的消费者及其他非经营用户;二是交易具有经常性和一定的持续性。偶尔从事交易活动的主体即使以营利为目的也通常不会被当作经营者,如出售自用闲置物品。电子商务经营者是通过互联网等信息网络从事经营活动的市场主体,这里应当理解为只要通过互联网等信息网络达成交易,就属于电子商务经营活动,而不需要全部活动都通过网络进行。电子商务经营者从事的经营活动既包括销售商品,也包括提供服务。这里所说的提供服务应作广义的理解,不仅包括作为交易标的本身的服务,也包括为当事人的交易提供支付、物流、推广、咨询等相关服务。电子商务经营者的存在形态可以是自然人、法人、非法人组织①。在本案中,被告许智怡的快手账号于2019年3月27日注册快手小店,该店是许代另一商家注册,日常经营模式是在快手平台进行直播,然后通过第三方链接将客户引流至淘宝、有赞平台进行销售,销售产品的范围是家用清洁、日常零食等小商品,销售行为持续了一定的时间。而且,在王林林所参与的直播中均能在直播页面看到"小黄车"。许智怡在直播间中挂"小黄车"的行为说明其有通过直播宣传进行商品销售的主观意图。在其自述中,许智怡表明其一旦导流销售成功可以获得相应提成收入,此点也能印证许智怡具有销售意图。对于销售苹果手机,仅有一次的私下销售是否影响许智怡的身份认定?在本案中,王林林长时间关注许智怡的直播,是一名"老粉",在购买许智怡的手机时未多加考虑,有很大成分的信任加成。因此许智怡销售此部手机与其之前经销售积累的流量密不可分,与单纯一次在网上销售不同,仅以一次销售苹果手机为由而改变其身份不具有合理性,故许智怡应当具有经营者的身份。

其次,许智怡是否构成广告代言人值得商榷。中国广告协会在其2020年6月发布的《网络直播营销行为规范》中指出:"网络直播营销活动的诸多要素带有明显广告活动功能和特点",似乎广告协会倾向于将网络直播营销行为认定为商业广告。七部门于2021年5月24日联合发布《网络直播营销管理办法(试行)》,其中规定"直播间

---

① 参见国家市场监督管理总局网络交易监督管理司网站,https://www.samr.gov.cn/wljys/wlscjg/201906/t20190626_302876.html,2022年8月27日访问。

运营者、直播营销人员发布的直播内容构成商业广告的,应当履行广告发布者、广告经营者或者广告代言人的责任和义务。"言下之意即网络直播营销行为不能一概被认定为商业广告,但具体对于其性质界定却是模糊不清。最后是国家市场监管总局所起草的《互联网广告管理办法(公开征求意见稿)》,对于网络直播营销的法律属性也同样采取模糊态度。我国《广告法》中所规定的广告代言人是指在广告中以自己的名义或形象对商品或者服务作推荐证明的人,但不包括广告主,且广告代言人可以是自然人、法人或者其他组织。将直播带货一概认定为商业广告,部分经营者就会在其宣传与实物不符时以要约邀请为借口拒绝承担法律责任。

直播营销作为一种新型销售方式,其宣传与传统的商业广告还有一定的区别。在传统的商业广告中,广告宣传是静态的,荐证和交易在时空上是分离的,这种情况往往被认为是要约邀请。而在直播宣传中,主播会对商品的价格、品质、特点、使用体验等进行详细的介绍,并且与观众进行实时互动。在某些大品牌商品的直播中,明星、网红坐镇成为直播吸引消费者的一个关键,在很多时候,商品宣传本身的效果已经被减弱,消费者更多是为主播本人的流量而消费,且交易和宣传几乎同时进行。主播直播是希望观众能和商家订立买卖合同,观众一下订单合同即成立,所以将直播营销认定为要约较为合适。基于此,初步认为,如果在网络直播营销行为中,直播营销人员的行为属于为满足消费者知情权而进行披露的信息,例如,商品或服务的名称、规格、型号、等级、价格、使用方法、制作方法、注意事项等信息,则不构成商业广告,除此之外的直播营销行为,例如有目的、有计划、有说服力的宣传,则应当属于商业广告的范畴,应当适用广告法等法律规范进行规制。在本案中,许智怡仅告诉王林林案涉手机的总容量、版本、型号、序列号等信息,仅是为客观说明产品基本信息,满足消费者知情权,未采用夸张、渲染等手段,故该行为不属于商业广告的范畴。

(三)许智怡的带货行为是否构成经营行为

经营行为是指从事商品经营或者营利性服务的活动。经营行为有两个构成要素:一是行为的内容是提供商品或者服务;二是行为以获利为目的,即提供商品或者服务是为了盈利。在网络直播带货中,通常有两种营销方式。一种是直接销售,另一种是通过跳转第三方链接进行销售。前者普遍是在淘宝、拼多多等专门购物网站上进行直播销售,后者则为在其他社交平台、短视频平台上进行宣传,在直播间插入第三方链接,供消费者点击进入另一平台进行交易。在本案中,许智怡在直播间中持续挂出"小黄车",使用其主播身份进行直播对外展示商品信息进行引流,又以商品销售者身份私下交易进行了出售商品行为。关键在于,许智怡持续性的经营行为所销售的商品为家用清洁、身体护理、日常零食等小商品,销售模式为在其中设置第三方跳转链接将用户导流至淘宝、有赞平台进行销售。原、被告之间的交易行为是由于许智怡在直播过程中突然想到自己有一部闲置手机想要转让,于是就向粉丝随口提出,且原、被告是在微信进行私下交易,该行为是否属于经营行为? 根据王林林自述,其在购买案涉手机前已经长时间关注许智怡的直播,在观看许智怡关于案涉手机的直播后在短时间内就与其达成了交易,可见王林林对许智怡心存信赖,属于"流量变现"。在网络直播购物模式下,若主播开设网店并销售自己所有的商品,直接与消费者订立买卖合同,应对商品的质量性能等承担买卖合同关系中的主、从合同义务,并遵循电子商务合同订立的特殊规则。许智怡利用其直播取得粉丝的信任,利用其流量影响进行销售,提供二手手机,并具有将商品销售并获取利益的意图,故其行为构成经营行为。

（四）许智怡销售手机的行为是否构成欺诈

我国《消费者权益保护法》指出:经营者提供商品或者服务有欺诈行为,是消费者请求惩罚性赔偿的前提条件。《河南省实施〈中华人民共和国消费者权益保护法〉办法》第四十九条第一款规定,"经营者故意告知消费者虚假情况,或者故意隐瞒真实情况,诱使消费者购买商品或者接受服务的,为欺诈行为。"但是,对欺诈行为的统一界定处于法律空缺。在《消费者权益保护法》中规定欺诈行为,多用来适用惩罚性赔偿制度,而不是民法赔偿中的"填平",因此,《消费者权益保护法》中的欺诈行为应不同于民法中的含义。民法中与《消费者权益保护法》中的欺诈,存在以下几个不同点:①民法中欺诈的构成有两个要素,一是行为人有欺诈行为,二是受欺诈人做出的错误意思表示是由于受欺诈而使然,需要有行为人和受欺诈人双方的意思表示构成,而《消费者权益保护法》由于消费者处于弱势地位,对经营者的规制更加严格,对消费者进行倾斜保护,其中的欺诈行为仅由经营者单方做出虚假陈述、隐瞒等欺诈行为即可构成,不需要消费者因欺诈而做出不真实的意思表示;②民法中的欺诈人既可以是相对人,也可以是第三人,而《消费者权益保护法》主要规制经营者和消费者之间的法律关系,并且在经营者侵权时对其的惩罚更加严厉,因此要求欺诈人是商品或服务的提供者,即与消费者相对的经营者;③在民法中,因欺诈损害他人合法权益的行为是无效行为,因欺诈使对方在违背其真实意思的情况下做出的民事法律行为是可撤销的行为;而对于《消费者权益保护法》中的欺诈行为,消费者可以请求退一赔三的惩罚性赔偿,同时又产生经营者的行政法律责任。《消费者权益保护法》在其第五十五条中规定了"经营者提供商品或者服务有欺诈行为的,应当按照消费者的要求增加赔偿其受到的损失"。可见,在《消费者权益保护法》中,欺诈行为只强调经营者有欺诈行为即可,而不要求消费者对经营者的欺诈行为陷入错误认识或者做出错误意思表示,体现了《消费者权益保护法》对消费者的倾斜保护。在本案中,许智怡声称其在使用涉案苹果手机半个月后才在直播间宣传想要转让,并称其使用过程中涉案手机功能没有异常,可以推定许智怡对涉案手机的状况较为了解。而在王林林收到手机后,出现手机反应迟钝、有卡顿现象、在关机状态下同时按住音量下键和"Home"键,开机画面会显示安卓标志,手机屏幕也与正品有较大差别。该手机的状况明显表明其不是正品 iPhone XS

Max 手机,与交易之前拍摄的案涉手机页面信息不符,许智怡已经使用手机两个月,对此应当明知。但在直播过程中,许智怡谎称其为正品 iPhone XS Max 手机,存在隐瞒事实的主观故意,导致王林林陷入错误认识,与其进行交易,故许智怡的行为构成欺诈。

(五)快手公司应当承担的法律责任

在该案中快手公司并不是直接作为交易的平台,而是许智怡通过快手平台进行商品宣传,在微信中进行私下交易,快手公司与王林林之间没有买卖关系,快手公司仅为订立买卖合同提供了媒介服务,扮演了居间人的角色,只有在快手公司违反了居间人义务,如未就有关订立合同的事项向王林林如实报告,或故意隐瞒与订立合同有关的重要事实或者提供虚假信息等情况下才有赔偿义务。《消费者权益保护法》规定网络交易平台需要承担责任的主要是以下情况:①若网络交易平台不能提供销售者或者服务者的真实名称、地址和有效联系方式的,消费者也可以向网络交易平台提供者要求赔偿;网络交易平台先行赔付之后,可以向经营者追偿;②网络交易平台提供者明知或者应知销售者或者服务者利用其平台侵害消费者合法权益,未采取必要措施的,依法与该销售者或者服务者承担连带责任;③网络交易平台做出更有利于消费者的承诺的,应承担承诺的责任。比如平台承诺在本平台购买的商品出现问题,本平台无条件先行赔付。

《消费者权益保护法》第四十四条规定:"网络交易平台提供者明知或者应知销售者或者服务者利用其平台侵害消费者合法权益,未采取必要措施的,依法与该销售者或者服务者承担连带责任。"

可见,我国立法基本是以过错责任作为中介型网络交易平台的归责原则。首先,平台要对入驻其平台的经营者身份和产品质量进行审核、监督,此时平台有两个身份:一是网络服务提供者,二是市场秩序监督者。由此,平台要承担审核义务和安全保障义务。过错责任原则是侵权法最基本的归责原则。在过错责任原则下,任何人只要尽到了法定义务,主观上没有故意或者过失,就不用对损害后果承担责任。在网络时代,直播平台用户数量庞大,我们不能要求平台必须对每个直播内容都进行细致审查,直播平台和行业的良性运行需要进行社会监督。在网络交易平台的归责原则中,责任承担的方式类似于著作权中的"避风港原则",即网络服务提供者在收到权利人关于平台中的内容、行为侵犯其合法利益的通知时,必须在合理的时间采取适当措施,例如删除侵权内容、制止侵权行为,否则就应当与侵权人承担连带责任。这种责任承担方式的设定是为了保护平台的利益,以免其承担过大的运营压力,是平衡平台方、经营者和消费者之间利益的一个权宜之计,维护实质公平。

本案中,快手公司严禁主播不使用平台交易功能,引导消费者进行站外交易,如通过口播、引导进入个人主页等获得联系方式进行站外交易,将其视为扰乱平台管理秩序的行为。快手直播规范条例中,明确规定将销售假冒伪劣产品列为违规行为,快手直播间亦有禁止私下交易及私下交易的相关风险提示。2019 年 6 月 9 日,王林林向快手公司投诉许智怡在直播间内售卖假货、欺诈用户,并就相关事实进行描述。2019年 6 月 11 日,快手公司将许智怡的快手账号封停十五日。后王林林发现许智怡的快手账号已解封仍在进行直播活动,再次向快手公司投诉,快手公司于 2019 年 12 月 13日将许智怡的快手账号永久封停。可以看出,快手公司作为直播平台已经尽到了事前提示和事后监督义务,故快手公司不应承担赔偿责任。

三、结语

综上,经营者许智怡的经营行为构成欺诈,故应当解除原告王林林与被告许智怡之间的网络购物合同,被告许智怡退还原告王林林货款并赔偿货款的三倍,并赔偿原告的合理开支。由于快手公司尽到了合理的注意义务,主观上没有故意或过失,故不应当承担赔偿责任。

在网络购物中,经营者侵犯消费者权益的案件时常发生,如果无法界定网络直播营销行为的性质以及明确各个主体的义务和责任,那么消费者在自己的权益被侵害后,或无法判断自己应当向何者主张权利,或主张权利后直播营销人员与商家常常相互推诿、扯皮,消费者面临权益被侵犯后无处主张、无人负责、举证困难等维权困境。因此界定网络直播营销的性质及各个主体之间的责任关系,能有效规避侵犯消费者权益现象的发生,发生侵权行为后对消费者维权作出积极有效的意识引导,为消费者应当向何者主张权利提供指引,切实保障消费者权益被侵犯后得到有效救济,打造更加和谐的消费者购物空间。

参考文献

[1]曾昭旺.自媒体 KOL 营销中的广告可识别问题研究[J].浙江理工大学学报(社会科学版),2019,42(5):563-568.

[2]王义收.网络直播带货民事责任研究[D].赣州:江西理工大学,2022.

[3]王新鹏.论我国网络直播监管体制的完善[J].电子政务,2019(4):46-56.

[4]宋志超.电商直播中虚假陈述的法律规制[D].北京:中央民族大学,2021.

[5]马丽丽.网络直播营销中主播法律责任问题研究[D].吉林:吉林大学,2022.

[6]刁倩.直播带货主播法律地位与责任辨析[C].上海法学研究,2021,22:154-163.

[7]肖斌.《消费者权益保护法》中"欺诈行为"的认定[J].河北法学,2015,33(10):80-88.

超市违反安全保障义务的认定

——以"老人超市拿鸡蛋被拦猝死案"为例

杨　荟①

摘　要:2022 年 1 月 22 日,最高人民法院与中央广播电视总台共同评出"新时代推动法治进程 2021 年度十大案件及十大提名案件","老人拿鸡蛋被拦猝死案"入选十大提名案件。本文结合该案件,从侵权的认定、自助行为、安全保障义务公平责任等方面入手,解析二审判决中"任何人都不能将自身应承担的风险转嫁他人,不是所有损害都应由他人来赔偿填补,损害发生如果不具有法定原因,不能随意要求他人承担侵权赔偿责任"的深刻内涵。《民法典》新增的抗辩事由"自助行为"很大程度上保障和维护了行为自由,我们在遇到紧急情况时,可以通过自己的力量维护自身合法权益,并且有法可依。本案从平衡权益保护和行为自由的角度,重申了杜绝公平责任"和稀泥"及结果责任主义的价值导向。

关键词:自助行为;安全保障义务;公平原则;权益保护;行为自由

一、案件事实摘要

事情起因系老人谷文斌在购买了不新鲜的鸡蛋而与超市交涉退货无果,于是在 2020 年 6 月 13 日下午,谷某进入辉田超市,后挑选一些鸡蛋放入购物袋中,并将个别鸡蛋放入了自己裤子的口袋,超市员工罗红霞看到了这一行为。因此罗红霞在谷某将其他物品结完账离开时,叫住了他,监控录像显示谷某再次返回超市内,多名辉田超市员工开始与谷某进行交谈,辉田超市员工周玉兰拉扯着谷某的衣服袖子并跟随谷某走。但走至冰柜旁时,谷某突然倒地。超市员工周玉红及时拨打 110、120。其间也有两名路过的顾客对谷某进行胸外按压。之后,120 工作人员到达现场对谷某进行急救并将谷某送至南通市中医院抢救,遗憾的是抢救未能成功。故谷某的家人依法提起诉讼。

---

①作者简介:杨荟,女,汉族,河南新乡人,郑州大学法学院(知识产权学院)2020 级 2 班本科生。

在一审中,原告主张适用公平责任原则,超市应当按照 50% 的比例赔偿。一审法院认为,行为人因过错侵害他人民事权益,应当承担侵权责任。辉田超市作为经营性的超市,在其合理限度范围内可以对顾客的不当行为进行劝导。本案中,辉田超市发现谷某的不当行为后,辉田超市员工和谷某之间有言语上的交流,辉田超市员工虽然用手拉住了谷某的衣袖,但超市工作人员的行为是自助行为,是权利人对合法权利的自我保护,其制止行为属于合理范围。故对于谷阳、杜永华主张辉田超市存在的违法行为,一审法院不予采信。根据居民死亡医学证明书的记载,谷某死亡原因系心肌梗死。谷某的死亡系其自身疾病发展所致,其病发突然,辉田超市员工亦拨打了 110、120,已尽到安全保障义务和基本的救助义务。故本案中辉田超市及其员工不存在侵权行为,且辉田超市及其员工的行为与谷某死亡之间亦无因果关系。因而对于谷阳、杜永华的诉讼请求,一审法院不予支持。

原告在二审中提出,超市员工在谷某倒地后 20 分钟才拨打 120,辉田超市没有尽到基本的救助义务,辉田超市存在侵权行为。二审法院认为,当前社会风险和损害无处不在,《侵权责任法》不能给所有的损害提供救济。《侵权责任法》须权衡和协调两种基本价值:保护合法权益和维护行为自由。相对于特定的受害人而言,行为自由关乎每个人的利益。只有法律保护每个人不被任意地要求承担责任时,才能避免动辄得咎,民事主体的行为自由才能得到充分保护,民事主体的人格才能全面发展。当损害发生后,如果不具有法律规定的理由,受害人不能随意要求他人承担责任,不能将自身应承担的风险转嫁他人承担。由于辉田超市对谷某因争执倒地不构成侵权,在谷某倒地后也尽到了安全保障义务,一审认定辉田超市不应承担赔偿责任正确,二审法院予以支持。[①]

二、案件相关问题提出

(1)辉田超市是否应对谷某因争执倒地猝死承担侵权责任。
(2)辉田超市在谷某倒地后是否尽到安全保障义务和基本的救助义务。
(3)公平责任原则如何适用。

三、关于问题的理论分析

(一)辉田超市是否应对谷某因争执倒地猝死承担侵权责任

本案系因受害人藏匿两只鸡蛋未结账引发的纠纷。判断辉田超市是否应当承担

---

① 参见江苏省南通市中级人民法院(2021)苏 06 民终 189 号。

侵权责任可从侵权行为的构成要件即行为人的过错、行为的违法性、行为与损害后果之间的因果关系展开分析。

1. 首先关于辉田超市是否存在过错的问题

过错是加害人主观上的一种可归责的心理状态,有故意和过失两种心理状态。判断行为人的过错应看行为人对损害的结果是否具有可预见性以及对于损害结果的心理状态。超市员工与谷某无冤无仇、素未相识,不存在故意将其置于死地的可能。过失是因不注意而没有预见行为的结果或者是虽然预见了但是并未予以注意的心理状态。由于谷某突发心脏病,超市员工也没有预见的可能,且在谷某倒地后,超市员工拨打了110、120。主要争议点在于其拨打120的时间是在谷某晕倒后接近20分钟,但在此期间,也有人对谷某进行了心肺复苏。另外,超市对于老人偷藏鸡蛋的行为进行合理、冷静地劝阻属于人之常情,所有公民、法人、自然人都能够在合理限度内保护自己的利益不受侵犯的权利,所以超市的劝阻行为并无过错,属于既无故意又无过失。另外在本案中,超市员工在发现谷某的不当行为后,主要通过拉住衣袖、语言交流的方式与其交涉,并无大幅度或者过激的动作,属于正常行为。反观谷某,在被拦住返回超市时,采取相对隐蔽的方式将鸡蛋放至超市置物柜上,并对员工的交涉采取回避的态度。辉田超市员工与谷某素不相识,对其突发疾病倒地无法预见,不存在故意,其采用理性的行为进行劝阻已经尽到了注意义务,也不存在过失。在谷某因抢救无效死亡后,超市员工与其家人一样为谷某的离世而伤心难过,并不希望此悲剧发生,因此对谷某倒地死亡不存在主观过错。

2. 关于辉田超市的劝阻行为是否违法的问题

本案中,超市员工对老人进行拉扯衣袖、言语劝阻行为是否具有违法性可以结合违法阻却事由进行分析。合法权益受到侵害时,通常应当通过公力来救济,但在特定条件下也允许当事人进行私力救济,自助行为是其中一个典型。[①]

"行为人为了维护因碰撞而受伤害一方的合法权益,劝阻另一方不要离开碰撞现场且没有超过合理限度的,属于合法行为。被劝阻人因自身疾病发生猝死,其近亲属请求行为人承担侵权责任的,人民法院不予支持。"[②]因此,是否违法的关键点即为是否超过合理限度。笔者认为此合理限度应该指的是符合一般大众认知的,相对人之间的摩擦比较轻微,正常情况下不会造成一定的损害发生,但由于某些不可预知的原因造成损害的发生,且另一方处于与受害方直接接触,对于避免损害的发生能够及时给予救助的"前线",已经尽到了一般理性人的注意义务,这便是没有超过合理限度。因

---

① 于飞:《"老人超市拿鸡蛋被拦猝死案"二审判决书评析》,《人民法院报》2021年4月8日,第5版。

② 参见《最高人民法院第142号指导案例》。

此,只要未超过合理限度,即使是他人阻拦不当行为人也是被法律认可的。本案中,辉田超市作为谷某不当行为的直接利益相关方,其员工拉扯谷某衣袖,继续与谷某交谈,对谷某进行劝阻,超市制止其不当行为的举措更具有正当性,更应受到法律的保护。超市员工劝阻行为没有超过合理限度,是正当的,也并不具有违法性,应认定为合法的自助行为。

3. 关于劝阻行为与损害后果是否存在因果关系的问题

对于因果关系,我国采取相当性因果关系理论,判断行为与损害后果的因果关系不仅应满足必要性,还应从相当性因果关系理论进行分析。先考察加害人的行为是否为损害发生的条件,再次依法律价值判断加害人的行为是否为损害发生的条件。在运用相当性因果关系理论时,首先要检验条件关系是否存在,检验方式为"若无,则不",该案中,若无超市员工的劝阻行为,谷某则不会死亡的结论显然是不成立的。谷某自身心脏的原因是其所具有的一个"威胁"因素,随时有可能突发。客观来说,即使在超市没有发生此令人痛惜的结果,日后也有可能在其他地方发生。从条件的相当性上进行分析,超市员工的正常劝阻行为在一般情况下是不会致人死亡的,谷某死亡的首要原因是自己身体的因素。

虽然辉田超市员工的劝阻确实诱发了谷某情绪波动而突然倒地,但这属于事实上的因果关系,与法律上的因果关系并不相同。本案中,从辉田超市员工与谷某交涉到谷某倒地,前后不到 3 分钟。辉田超市员工的劝阻方式、内容和时长均在合理限度内。故从社会一般认知观念来看,超市员工的劝阻行为通常并不会造成被劝阻人突发疾病倒地。根据谷阳、杜永华陈述,谷某有高血压等基础病史,其倒地原因主要在于自身身体状况,超市员工对此具有不可预见性。综上,辉田超市员工的劝阻行为与谷某倒地之间不具有相当性,不能认定为存在法律上的因果关系。辉田超市拨打 110 后,已有群众对谷某进行心肺复苏胸外按压抢救,仍未能挽救其生命。即使辉田超市第一时间拨打120,按照通常行驶时间,120 急救中心人员需要 14 分钟方能到达现场施救,也难以挽回谷某的生命。因此辉田超市在事发近 19 分钟时拨打 120 与谷某的死亡后果之间亦不具有法律上的因果关系。

(二)辉田超市在谷某倒地后是否尽到安全保障义务和基本的救助义务

《中华人民共和国侵权责任法》第三十七条以及《中华人民共和国消费者权益保护法》第十八条第二款规定"宾馆、商场、餐馆、银行、机场、车站、港口、影剧院等经营场所的经营者,应当对消费者尽到安全保障义务。"尽管辉田超市对谷某的倒地不具有过错,但作为经营者对经营管理场所的消费者仍应尽到安全保障义务。安全保障义务是指经营者对消费者的人身和财产安全的必要注意和照顾义务,包括事故发生后的救助义务。最高人民法院第140 号指导性案例裁判要旨指出"公共场所经营管理者的安全保障义务,应限于合理限度范围内,与其管理和控制能力相适应"。确定安全保障义务的范围,应符合社会公众对安全保障的一般期待,既要为受害人提供必要的保护,也要避免对安全保障义务人苛以过重责任。本案中,超市是否尽到了与其管理和控制能力相适应的安全保障义务?首先,在谷某倒地后,辉田超市员工第一时间拨打了110报警求助。从110接处警记录的内容可知,辉田超市员工报警求助时不仅客观描述了纠纷的原因和过程,还如实陈述了谷某晕倒的事实。在接处警民警提示下,辉田超市员工又迅速拨打120抢救。因此,从本案的发生原因和发展过程来看,虽然辉田超市拨打120系在谷某倒地后近19分钟,但鉴于谷某倒地前双方发生纠纷,谷某倒地又具有突发性,辉田超市员工难以对谷某身体状况进行判断的情况下,通过拨打110处理纠纷,符合一般公众的社会认知,具有合理性。

安全保障义务的合理限度范围应当根据与义务人所从事的营业或者其他活动相适应的安全保障义务的必要性和可能性,从侵权行为的性质和力度、义务人的安全保障能力以及发生侵权行为前后所采取的防范措施、制止侵权行为的状况等方面,并结合案件具体情况,例如义务人的实际行为是否符合法律法规、规章或者特定操作规程的要求,是否属于同类社会活动或者一个诚信善良的从业者应当达到的注意程度予以认定。[①] 在本案中,谷某自身具有心脏问题,在日常的生活中自身应当多加注意,更不应当做出在超市偷拿鸡蛋的行为,其本身也具有一定的过错,超市在此事故中已经尽到与其管理和控制能力相适应的安全保障义务。

但我认为法院在超市是否尽到安全保障义务和基本的救助义务的认定中存在欠妥之处。一般社会成员的认知应该都是救人要紧,在询问同学以及家人后得知他们在遇到争执中对方突然倒地的情况下,都会先拨打120,再拨打110。但法院认为,即使辉田超市第一时间拨打120,按照通常行驶时间,120急救中心人员需要14分钟方能到达现场施救,也难以挽回谷某的生命。这一点笔者不太赞同,对此存在一些疑问。如果一位患有重症可能是不治之症的病人,我们明知道他的生命已经无法挽救,难道就放任不管了吗?虽然在心搏骤停后的4至6分钟是黄金抢救时间,救护车赶到需要14分钟,那就不需要争分夺秒的抢救了吗?这时可能有些人会提出,老人偷鸡蛋在先,错误在他自身,自己应当承担全部责任。在我国,生命权是法律首先保障的基本权利,尽管有些人罪恶深重、令人深恶痛绝,我国死刑适用却谨慎再谨慎。所以,不论一个人犯的错误或大或小,我们都不应该将其生命权置于不顾之地。该案件中的老人在晕倒后有路过的顾客对其进行了心肺复苏,但是仍未将其生命拯救回来,十分令人痛惜。但以上这些问题仅为笔者的疑问,法院如此判决肯定是综合考量多方面因素后得出的结果,超市员工首先选择了拨打110也完全有可能是因为紧张或者其他原因。不

---

①何建:《公共场所管理人的安全保障义务应限于合理限度范围内》,《人民法院报》2021年3月25日,第7版。

论是110还是120,都能体现超市的积极救助行为,仅凭时间先后并不能体现出超市是否履行安全保障义务。因此,结合法理情理,法院认定超市尽到了安全保障义务是没有争议的。

(三)公平责任原则如何适用

法定分担损失义务往往被称为"公平原则",其在司法中的运用主要是解决损害的分担,而不是责任的分担。《民法典》编纂期间,出现了"郑州劝阻吸烟案""彭宇案"等一些广受社会关注的案件,对于公平责任的相关问题又被重新提出。《侵权责任法》第二十四条规定的公平责任原则的适用类型主要有见义勇为、紧急避险、无行为能力人或限制行为能力人致人损害、完全民事行为能力人暂时没有意识或者失去控制致人损害、高空抛物致人损害五种情形。但在司法实践中则不然,由于《侵权责任法》第二十四条的漏洞存在的裁判风险,以公平责任原则为由草率结案的法官大有人在。[1] 以及由于适用类型的扩张、适用条件的单一、法律后果的不确定导致了公平责任原则被滥用。

《民法典》一千一百八十六条[2]将原来《侵权责任法》第二十四条[3]进行修改,将原来的"根据实际情况"改为"依照法律的规定",修改后的法条限缩适用公平责任,防止本条被滥用。即在法律有明确规定的情况下,可以直接适用公平责任,不可随意扩大解释和适用。也使得法官只能依据法律的规定,而不能自行决定根据所谓的实际情况来适用公平责任,只要法律没有明文规定为公平责任,就不能以公平责任来分摊责任。若利用不好公平责任原则,容易造成公平责任原则、过错责任原则以及无过错责任原则的边界混乱,造成司法混乱和判决不公平的局面,从而会使得社会秩序紊乱。[4] 对于公平责任原则要谨慎适用,严格把握案件具体细节。刚开始分析此案例时因为受原告诉求的影响,笔者认为可以将它放到对公平责任的"依法"探究中,代入"郑州劝阻吸烟案"一审判决中的思维,适用《民法典》第一千一百八十六条,超市应当给予原告适当的赔偿。但是现在看来,当时的认识是错误的。该案件涉及的情形,并没有法律规定其可以适用公平责任原则,因此是不符合要件的。超市出于对谷某家属的关怀以及他们对于谷某生命丧失的悲痛,可以给予其适当的补偿,但是不能让超市对于损害结果承担责任。

---

①李娜:《论我国公平责任原则的适用与完善》,《法制博览》2020年第2期,第181-182页。
②《民法典》第一千一百八十六条:受害人和行为人对损害的发生都没有过错的,依照法律的规定由双方分担损失。
③《侵权责任法》第二十四条:受害人和行为人对损害的发生都没有过错的,可以根据实际情况,由双方分担损失。
④刘雅娴:《侵权行为的公平责任原则探究》,《法制博览》2022第15期,第52-54页。

四、权益保护和行为自由的平衡

二审判决书指出"当前社会风险和损害无处不在,侵权责任法不能给所有的损害提供救济。侵权责任法须权衡和协调两种基本价值:保护合法权益和维护行为自由。相对于特定的受害人而言,行为自由关乎每个人的利益。只有法律保护每个人不被任意地要求承担责任时,才能避免动辄得咎,民事主体的行为自由才能得到充分保护,民事主体的人格才能全面发展。当损害发生后,如果不具有法律规定的理由,受害人不能随意要求他人承担责任,不能将自身承担的风险转嫁给他人承担"。在我国以往的民事立法及司法中,有过分注重权益保护而忽略行为自由的倾向,其中一个典型表现就是公平责任或公平分担损失规则的泛滥。① 《民法典》一千一百八十六条对侵权责任法中公平原则的修改,将"根据实际情况"改为"依照法律规定",反映出立法意在破除无原则地在当事人之间分担损失。

抗辩事由是在《侵权责任法》中,当事人针对承担民事责任所提出的,其最早产生于英美法系,随后被逐步引入大陆法系。侵权责任的抗辩事由包括依法执行职务、正当防卫、紧急避险、第三人过错、不可抗力等。这些都是对权益保护和行为自由的平衡。与本案相关的,2021 年《民法典》第一千一百七十七条中新增的"自助行为"规定:合法权益受侵害,情况紧急,来不及请求公力救济,不立即实施扣留侵权人的财物等合理措施,难以弥补损害的,可以合理范围内自助私力救济,但是,之后应立即请求国家机关处理。② 该新增的法条其目的是保护特殊情况下的当事人的利益,由于公法救济需要一定的时间,当事人去请求国家机关代为行使权利之时,自己的某些合法权益可能会在这同一时间丧失,得不到及时有效的保护。按照中国传统的观点,我们在遇到自己的权利受到侵犯时,首先会进行自我保护措施以维护自己的利益,这是符合常理的,我们一直将这一行为作为公序良俗来看待。在《民法典》的编纂中,将这一"常理"合法化,将更有利于实现公平正义,也更加人性化地应对特殊情况,不仅能够体现法律的权威性也能够体现出法律的人情味。

自助行为的目的要件是行为人实施自助行为的目的以保护自己的合法权益,对于非法利益,不得采取自助方式进行自我保护。情势要件是自助行为必须于情势紧急而无法求助公权力救济之时为之。对象要件是自助行为必须是针对侵权人采取措施。限度要件是对侵权人实施自助行为,所采取的措施必须合理且不得超过必要限度,以

---

① 于飞:《"老人超市拿鸡蛋被拦猝死案"二审判决书评析》,《人民法院报》2021 年 4 月 8 日,第 5 版。

② 参见《中华人民共和国民法典》第一千一百一十七条。

足以保护债权人的权益为限。该案中超市的劝阻行为显然满足自助行为的各个要件，属于法律所允许的自助行为，因此超市可以将自助行为作为其抗辩事由而主张不承担责任。

五、结语

法院经审理后认为，谷文斌的突然离世对于其家人无疑是一次沉重的打击。法院惋惜谷文斌的突然离世，也理解其配偶丧夫之痛，儿子丧父之痛，但在本案中被告是否应对谷文斌的死亡承担责任、承担何种责任以及责任大小应由法律作出评判。且法院在判决中声明，《侵权责任法》不能给所有的损害提供救济。《侵权责任法》须权衡和协调两种基本价值：保护合法权益和维护行为自由。且当下司法实践不再一味强调有损害就要有人来填补，也不再受"人死为大"等法律外观念的影响，而是致力于追求权益保护和行为自由之间的平衡。如果该案因为谷某的死亡就必须要让超市承担责任，那么我们谁还会敢与侵害自己合法权益的事情说"不"呢？

笔者认为，我们应该懂得拿起法律的武器来保护自己的合法权益，应当摒弃"以牙还牙，以眼还眼"的思想。本案中的谷某因为上次与超市发生纠纷，心理不平衡就去偷拿，最终导致自己生命的丧失，着实令人惋惜。他完全可以通过与超市协商或者法律途径来避免悲剧的发生。同时，也希望该超市能够学会遇到有人突然倒地的情况先拨打120。

公平责任不应成为"和稀泥"的法律依据，任何人都不能将自身应承担的风险转嫁他人，不是所有损害都应由他人来赔偿填补，损害发生如果不具有法定原因，不能随意要求他人承担侵权赔偿责任。新增的抗辩事由"自助行为"很大程度上保障和维护了行为自由，我们在遇到紧急情况时，可以用自己的力量维护自身合法权益，并且有法可依。最后，愿法律的圆愈来愈完美。

参考文献

[1]何建.公共场所管理人的安全保障义务应限于合理限度范围内[N].人民法院报，2021-03-25(7).

[2]李娜.论我国公平责任原则的适用与完善[J].法制博览,2020(2):181-182.

[3]刘雅娴.侵权行为的公平责任原则探究[J].法制博览,2022(5):52-54.

医疗损害责任纠纷案例分析

张嘉迪①

摘　要:近几年来,医疗损害责任纠纷案件数量呈不断上升的趋势,医患关系日益紧张,患者与医疗机构之间的矛盾不断加剧。本文通过对一则涉及出生缺陷的医疗损害责任纠纷案例进行分析,进一步引出公平责任原则的演变和现状,并对公平责任原则在医疗损害责任纠纷案件中的适用进行评价。对医疗损害责任应如何确定提出建议,以期能够更好地解决医疗纠纷,缓和医患关系。

关键词:医患关系;医疗损害责任;公平责任原则

一、案件简介

1984 年,原告田间的母亲在被告蚌埠医学院第一附属医院产下男婴(田间)。2003 年 9 月,原告田间被诊断为脑发育不良或脑发育不全。原告方认为田间脑发育不良与被告的接生措施有因果关系,故向法院提起诉讼,要求被告进行侵权责任赔偿。

一审、二审法院认定,根据田间母亲分娩过程的病历资料等,认定被告医疗过错行为和田间系早产儿因素都可能导致脑发育不全,基于公平原则,酌定双方承担同等责任。二审判决被告支付原告田间护理费 1 112 220 元,与一审判决护理费金额 1 109 600 元相差不大,二审判决予以维持。同时要求被告支付原告 4 万元精神抚恤金。双方各负担一半的鉴定费。

双方均向最高人民法院申请再审。再审申请人田间认为适用"公平原则"有误、护理费计算有误等,再审申请人蚌埠医学院第一附属医院主张本案已经超过诉讼时效,且认为蚌埠医学院第一附属医院的诊疗行为没有过错、与原告脑发育不良无因果关系。最高人民法院认为原告和被告再审申请不符合再审条件。裁定驳回田间、蚌埠

---

①作者简介:张嘉迪,女,汉族,河南许昌人,郑州大学法学院(知识产权学院)2020 级 1 班本科生。

医学院第一附属医院的再审申请①。

二、本案的争议焦点

（1）是否超过诉讼时效。

（2）被告是否存在医疗过错。

（3）原告所受损害是否与被告医疗行为之间存在因果关系。

（4）关于费用赔偿计算问题。

三、对争点的理论分析

（一）未超过诉讼时效

本案最终判决生效时间为 2017 年,关于诉讼时效的规定仍适用《中华人民共和国民法通则》(2021 年 1 月 1 日已废止)第一百三十五条、一百三十六条、一百三十七条的规定:向人民法院请求保护民事权利的诉讼时效期间为二年,法律另有规定的除外。下列的诉讼时效期间为一年:①身体受到伤害要求赔偿的;②出售质量不合格的商品未声明的;③延付或者拒付租金的;④寄存财物被丢失或者损毁的。诉讼时效期间从知道或者应当知道权利被侵害时起计算。但是,从权利被侵害之日起超过二十年的,人民法院不予保护。有特殊情况的,人民法院可以延长诉讼时效期间。

田间于 2002 年 12 月 2 日在蚌埠医学院第一附属医院复印部分病历材料,于 2003 年 9 月分别至多家医院就诊,诊断为脑发育不良或脑发育不全,才知道田间脑发育不良与蚌埠医学院第一附属医院的接生措施有因果关系,故应认定田间自 2003 年 3 月方才知道其权利受损害的事实,其诉讼时效的期间应从其知道权力被侵害时计算,即从 2003 年 3 月起开始计算,其于 2003 年 10 月 28 日起诉,并未超过一年诉讼时效期限。

（二）被告是否存在医疗过错无法确定

本案就蚌埠医学院第一附属医院是否存在诊疗过错等,进行了三次鉴定。分别是南京医学会作出的医疗事故技术鉴定、山东金剑司法鉴定中心和南京金陵司法鉴定所出具的司法鉴定意见。

第一个鉴定意见虽系原审法院委托,但该鉴定在一审法院向南京医学会释明应按照田间诉讼请求方向进行鉴定,并告知其相应的法律后果,南京医学会仍坚持医疗事

①详细参见(2017)最高法民申 3336 号。

故鉴定,该鉴定与医疗损害赔偿鉴定的判断标准不完全相同,并不能解决本案争议的医疗过错和因果关系等问题。

后两个鉴定意见均系一方当事人在法院已经准予启动鉴定程序后单方委托的鉴定。由于本案因鉴定项目、次数较多已历经十余年,且一审法院后两次委托医疗损害赔偿鉴定,鉴定机构均未予受理,致使重新鉴定程序客观上已难以继续启动,因此二审法院不再委托鉴定。

综上,原告未能提出确凿的证据证明被告蚌埠医学院第一附属医院存在医疗诊断过错,鉴定意见也相互之间存在矛盾,无法证明被告具有过错,所以不能认定被告蚌埠医学院第一附属医院有过错行为。被告蚌埠医学院第一附属医院也没有充分证据证明自己的诊疗行为与原告脑发育不全结果没有关联性。因此,对于被告是否存在医疗过错行为,受各方因素限制,并没有定论。

(三)被告行为与原告损害可能具有一定的关联

二审法院考虑三份鉴定意见存在矛盾均不予认定的情况下,根据田间母亲分娩过程的病历资料等,认定蚌埠医学院第一附属医院医疗过错行为和田间是早产儿因素都可能导致脑发育不全,酌定双方承担同等责任,符合公平原则中当事人合理承担民事责任以及司法过程中维持民事主体之间利益均衡的要求。

公平原则的适用条件:①一方必须有致人损害的行为或者是受益人。因为有致人损害的行为,才有可能适用公平责任原则。如果一方是受益人,那么,分担损失就是受益的代价。②有实际发生的较严重的损害。损害包括财产损失和人身损害,这种损害必须达到严重程度,才可以适用公平责任救济。如何确定损害程度是否严重,并无统一的标准,由法官在个案中根据实际情况予以判断。如果只是较小的损失,则不需要通过法律救济,而由受害人自己承担损失,这并不违背公平理念。③受害人的损失(损害)与行为人的行为有一定的因果关系。因果关系的存在,是行为人分担损失的正当性基础。当然,这种行为不一定是造成损失的唯一原因,损失也可能是多种因素综合作用的结果。④双方当事人都没有过错,并且案件不能适用无过错责任原则。具体适用时要注意公平责任与无过错责任的区别。公平责任原则只有在双方当事人均无过错的情况下才能适用,双方当事人都应当举证证明自己没有过错,法院应当对此予以认定。

在本案中,法院适用公平原则,因为鉴定报告无法证明被告蚌埠医学院第一附属医院存在医疗诊断过错,原告也无法提供足够的证据确定被告有错,双方都没有过错。但损害确实发生也存在,双方行为均可能与原告损害具有因果关系,基于公平原则和考虑到双方的利益,判处被告承担一定的损害赔偿责任。

(四)关于赔偿费用计算的问题

根据《最高人民法院关于审理人身损害赔偿案件适用法律若干问题的解释》第二

十一条第二款之规定,护理人员没有收入或者雇佣护工的,参照当地护工从事同等级别护理的劳务报酬标准计算。田间主张护理费标准参照安徽省 2013 年职工平均工资计算缺乏法律依据,但一审判决每天 76 元的金额偏低。二审判决依照安徽省 2013 年居民服务和其他服务业在岗职工年平均工资计算,并结合《人身损害护理依赖程度评定》(GA/T800-2008)标准和"属大部分护理依赖"的鉴定意见,二审法院酌定折算比例为 75%,计算出田间的护理费应当为 1 112 220 元,与一审判决护理费金额 1 109 600 元相差不大,二审判决予以维持并无不当。根据《最高人民法院关于确定民事侵权精神损害赔偿责任若干问题的解释》第十条、第十一条的规定,精神损害的赔偿数额应考虑侵权人的过错程度,侵权行为造成的后果,侵权人的获利情况,受诉法院所在地平均生活水平以及受害人对损害事实和损害后果的发生有无过错等因素,结合本案实际情况,原审判决由蚌埠医学院第一附属医院支付 4 万元精神抚慰金并无不当。根据《诉讼费用交纳办法》第十二条的规定,诉讼过程中因鉴定等发生的依法应当由当事人负担的费用,人民法院根据谁主张谁负担的原则决定由当事人直接支付给有关机构或者单位,本案中田间与蚌埠医学院第一附属医院都申请鉴定,因此判决双方各负担一半的鉴定费适当。

四、类似案例检索与分析

(一)孙朝臣与郑州瑞龙医院、王春萍医疗损害责任纠纷①

2014 年 6 月 16 日,原告因病在被告郑州瑞龙医院住院治疗,术后原告形成脑脊液漏,引流管放置时间过长,导致脑脊液漏合并颅内感染。后原告转院至郑州大学第一附属医院三次住院治疗,花去医疗费近 30 万元。原告后申请医疗事故鉴定,鉴定结论为属于三级丙等医疗事故,医院承担次要责任。

原告认为郑州瑞龙医院违反医疗规范与常规,被告王春萍执业地点为郑州市骨科医院,其到郑州瑞龙医院手术,属于非法手术,并且手术不成功,造成原告终身残疾。由于二被告极度不负责任,延误了患者治疗时机,给原告造成严重的损害后果。原告要求被告承担 40% 的次要责任,请求判令被告郑州瑞龙医院赔偿原告各项损失共计 50 万元,被告王春萍承担连带赔偿责任。在诉讼过程中,原告变更诉讼请求为:请求判令被告郑州瑞龙医院赔偿 27.9783 万元,被告王春萍赔偿 2 万元,不再要求二被告承担连带责任。后原告再次变更诉讼请求为:请求判令被告郑州瑞龙医院赔偿 10 万元。

---

①详细参见(2015)荥民初字第 772 号、(2016)豫 01 民终 7557 号。

这也是一个医疗损害纠纷案件,但在本案中,申请医疗事故鉴定,得到了明确的结果,并不像前述案件中,经过三次鉴定,仍未得到明确的结果确定被告蚌埠医学院第一附属医院存在过错,只是基于公平原则,判处被告及与原告一定的损害赔偿。但本案明确被告郑州瑞龙医院有过错,并且该过错与原告所遭受的损害之间有因果关系。所以过错与因果关系不再是本案争议焦点,本案主要争议焦点是承担责任比例问题,法院最终支持原告诉讼请求,酌情确定被告就原告主张的合理损失承担40%的赔偿责任。但被告王春萍系履行职务行为,在本案中依法不应承担赔偿责任。

(二)周勇、宫玉兰、周梨、周娟与郑州大学第一附属医院医疗损害纠纷①

从2010年4月27日至2010年11月2日,原告近亲属周明亮因肝门部胆管癌、皮肤黄疸先后四次入被告郑大一附院住院治疗。2010年4月27日,患者住院治疗。2010年4月29日,被告为患者实施手术,根据患者情况,被告本应为患者选择肝内外胆管空肠内引流手术的首选方案,但被告违反诊疗技术规范,为患者选择了经皮肝穿置管内、外引流手术的次选方案,导致患者术后长期带管、大量胆汁流失、胆道感染。且被告实施该医疗行为之前,未请普外科会诊、未尽病情说明义务。后患者第二次入被告处住院治疗,2010年7月31日,被告为患者更换引流管时出现"术中抽出大量淡红色、浓臭液体伴食糜"的情况,亦说明被告第一次手术后患者存在大量肠内容物经内引流管返流到胆管,造成胆管内严重感染。2010年10月,患者因内置引流管导致的十二指肠梗阻第三次入被告处住院治疗,其间,被告为患者实施十二指肠支架植入手术,实施该医疗行为之前,被告未请普外科会诊、未查明梗阻原因,未尽病情说明义务。该手术实施后23天后,患者再次发生十二指肠梗阻。2010年11月患者第四次入被告处住院治疗,其间,医院未尽到诊疗职责,出现多次失误判断,并且没有及时请神经内科进行诊断,11月11日16时35分才经神经内科专家会诊后转往神经内科,被告延误患者治疗34个小时,错过脑梗死治疗的最佳时间,最终导致患者死亡。

根据《民法典》一千二百一十八条和一千二百二十条等规定,法院审判认定:被告未完全尽到职责。被告对患者病情变化的认识方面,以及在患者病情恶化后的处理及治疗方面均存在一定的过失,该过失行为与患者周明亮的最终死亡之间有一定的因果关系。本案中,关于过错与因果关系认定也分得清楚,原告提供的证据可以证明被告郑州大学第一附属医院确实存在医疗诊断错误。

(三)赵丽丽与河南省人民医院医疗损害责任纠纷②

原告于2016年8月23日入住被告医院,后被被告医院诊断为卵巢癌和子宫内膜

①详细参见(2013)二七民一初字第1460号、(2015)郑民四终字第730号。
②详细参见(2017)豫0105民初5208号、(2018)豫01民终14902号。

癌,并进行了手术治疗。在被告医院治疗结束后,原告出院,并转至复旦大学附属肿瘤医院做进一步治疗。理切片做进一步的会诊后,诊断为卵巢子宫内膜样肿瘤和子宫内膜异位及输卵管上皮化伴部分区不典型增生。原告认为,该结论与被告的结论和手术治疗部位、情况不完全一致。原告认为,被告对原告的治疗存在过度治疗和过错行为,给原告的身体健康造成了巨大伤害,故诉至法院。而被告辩称,自己对患者诊疗过程中,严格遵守诊疗规范和操作规章,不存在任何过错。是否存在过错是本案的争议点之一,但原告并未给出足够证据证明被告存在过错,故法院对原告要求被告赔偿原告的诉讼请求,不予支持。可见,在医疗损害责任纠纷案件中,原告需要提供足够的证据证明被告存在过错,以及该过错与最终的损害结果具有因果关系。证明是否存在过错责任便是这类案件主要焦点。

五、关于抗辩事由的理论分析

抗辩事由,是指被告针对原告的诉讼请求而提出的证明原告的诉讼请求不成立或不完全成立的事实。在侵权法中,抗辩事由是针对承担民事责任的请求而提出来的,所以,又称为免责事由或减轻责任事由。

在医疗损害纠纷中,可以用到的抗辩事由就是受害者同意。受害人同意是指由于受害人明确表示自愿承担某种损害结果,行为人在其所表示的自愿承担的损害结果的范围内对其实施侵害,而不承担民事责任。

"受害人同意"原则能否作为侵权责任的抗辩理由,各国法律规定不一。在大陆法系国家中,德国民法规定,受害人的同意不管是以明示的或者默示的方式表示出来,只要不违反法律和违背社会公德,都可以作为一种正当理由而使加害人免除民事责任。而法国民法则认为,受害人的同意并不能完全否定加害人的过错。因为任何一个合理的人都不会实施不法行为,即使这些行为是得到受害人同意的。在这种情况下,受害人的同意"视为受害人与加害人具有共同过错,因此可以减轻乃至免除加害人的赔偿责任。这实质上是用过错责任理论处理此类案件达到与德国民法的有关规定殊途同归的效果"。在英美法系国家中,关于侵权行为责任的免除,"一人不得就其同意之事项起诉,是为基本原则。所谓'同意',须表意人有同意能力,不逾越同意范围且无诈欺行为为限。雇用人或公开营业之人不得预先与受雇人约定免除侵权行为责任"。

我国《民法典》没有明确规定"受害人同意"原则可以成为侵权责任的抗辩理由。但手术术前签订的同意书,也可以认为是一种"受害人同意"。但是"受害人同意"不得违反法律的强制性或禁止性规定、不得违背风序良俗。相关学者也认为"限于当时医疗水平难以发现"和"胎儿父母自身有过错"等理由也可视为抗辩理由。本案被告虽然没有以此原因作为抗辩事由,但仍有说明的必要。

六、关于公平责任原则的理论分析

我国《民法典》第一千一百八十六条对原《侵权责任法》第二十四条作出重大修正,将"可以根据实际情况,由双方分担损失"修订为"依照法律的规定由双方分担损失"。

《民法典》第一千一百八十六条规定受害人和行为人对损害的发生都没有过错的,依照法律的规定由双方分担损失。严格限定了公平责任原则的适用情形,根据《民法典》之规定,法官对于公平责任原则的适用不再拥有过大的自由裁量权,仅能根据全国人大及其常务委员会制定的法律文件作为公平责任原则的适用依据,该法律包括《民法典》及其他有效的单行法,但最高人民法院等机关作出的司法解释、部门规章、地方政府性规范文件等在内的具有法律效力的文件均不属于公平责任原则的适用情形。《民法典》规定了五项侵权责任适用公平责任的情形,分别是:

(1)自然原因引起的紧急避险:《民法典》第一百八十二条第二款规定:"危险由自然原因引起的,紧急避险人不承担民事责任,可以给予适当补偿。"

(2)见义勇为受益人对受害人的补偿责任:《民法典》第一百八十三条:"因保护他人民事权益使自己受到损害的,由侵权人承担民事责任,受益人可以给予适当补偿。没有侵权人、侵权人逃逸或者无力承担民事责任、受害人请求补偿的,受益人应当给予适当补偿。"

(3)完全民事行为能力人丧失意识侵权责任:《民法典》第一千一百九十条第一款规定:"完全民事行为能力人对自己的行为暂时没有意识或者失去控制造成他人损害有过错的,应当承担侵权责任;没有过错的,根据行为人的经济状况对受害人适当补偿。"

(4)提供劳务方因第三方侵权,接受劳务方的补偿责任:《民法典》第一千一百九十二条第二款规定:"提供劳务期间,因第三人的行为造成提供劳务一方损害的,提供劳务一方有权请求第三人承担侵权责任,也有权请求接受劳务一方给予补偿。接受劳务一方补偿后,可以向第三人追偿。"

(5)不明抛掷物、坠落物致害,可能加害方的补偿责任:《民法典》第一千二百五十四条第一款规定:"禁止从建筑物中抛掷物品。从建筑物中抛掷物品或者从建筑物上坠落的物品造成他人损害的,由侵权人依法承担侵权责任;经调查难以确定具体侵权人的,除能够证明自己不是侵权人的外,由可能加害的建筑物使用人给予补偿。可能加害的建筑物使用人补偿后,有权向侵权人追偿。"

公平责任原则在法律的一次次修改与完善中不断演进,《侵权责任法》第二十四条的规定,对于维护社会稳定也起到了积极的作用,在双方无过错前提下,根据实际情况由双方承担责任,但该规定并没有对其适用范围进行严格限制,法官的自由裁量权过大,不可避免地也导致公平责任原则的滥用。在医疗损害纠纷中也同样如此,即使双方均无过失,法官为维护社会的稳定性,也会适用公平责任让医疗机构补偿受损失的患者及其家属,让患者及其家属心里得到平衡。公平责任原则被赋予强烈的道德色彩,"好人做事好人担"的现象频出不穷,《民法典》第一千一百八十六条把公平责任原则的适用具体到特定法定情形,限定公平责任原则适用于法律规定的具体列举情形,有利于司法实践统一裁判尺度,同时有助于提升社会公众对于自身行为的预判,防止产生类似指引案例一审判决"好人担责"现象。

基于本案中原告田间与被告蚌埠医学院第一附属医院的相关情节,笔者将对在无过失医疗损害责任纠纷方面公平责任原则的使用进行说明。早年间,公平责任原则在无过失医疗损害责任纠纷案件中也被频繁适用,但司法适用并没有统一的标准,出现了司法混乱和补偿标准不一致等现象。而医疗行为具有高风险性、高专业性和高度复杂性,我们的法律规定和司法裁判应当在患者利益的合法保护与正当医疗行为的责任豁免间保持平衡。换言之,司法判决应当树立一个正确的价值导向,必须反对公平责任在无过失医疗损害责任纠纷案件中的适用。而目前《民法典》关于公平责任原则的适用规定的具体情形中并没有医疗损害方面的内容,相关案例使用公平责任原则的情况也不断减少,这无疑是对公平责任原则在医疗损害责任纠纷案件中滥用的有效矫正。

七、结语

笔者认为法官最终判处被告蚌埠医学院第一附属医院承担护理费、精神赔偿费用和部分鉴定费等费用,是出于一定的人文关怀,更多是站在道德层面的审判。本案并没有证据证明被告有过错或者存在医疗诊断事故,而且,假设本案被告在医疗诊断过程中存在过错,也无法证明被告的过错就与原告田间的脑发育不良存在直接必然的因果关系。两个争议焦点都无法明确,但法官基于公平责任原则和法律温情,最终还是判处被告给原告进行赔偿,此做法具有一定的合理性。

但也引人深思,公平责任原则的适用到底以什么为界限,如何避免其滥用?虽然《民法典》中对公平责任原则的适用范围进行了具体限制,但司法实践中并不仅仅局限于法律已经规定的几种情形,只要法官通过审查,排除了适用过错责任原则和无过错责任原则的可能性,同时案件又符合适用公平责任原则的三个条件,就可以依据公平的理念予以判决。但不可否认,《民法典》对于公平责任原则的规定很大程度上遏制了公平原则在司法实践中的滥用,是我国立法的一个重大进步。但也有不少学者认为,该举存在矫枉过正的嫌疑,不利于保护受害人的权益和对受害人进行救济,这也使我们认识到我国在医疗损害方面的救济措施应进一步完善,将转嫁于无过错行为人承担的救济归还于社会救济本身,加大建立无过失医疗损害责任纠纷中联动的损失分摊机制,最大可能地满足受害人的需要。

最后要强调的是,在医疗纠纷事件中,医疗机构与患者应加强沟通,毕竟在医疗服务过程中,医疗纠纷是无法避免的。医疗机构应加强人员教育,发生纠纷及纠纷隐患时在做好医患沟通的同时及时报告,由专业的沟通处理人员尽早介入,引导患方理性处理。医疗纠纷解决的终极目标不是息诉罢访,而是修复医患关系、改善医疗服务、促进医疗质量。有效的医患沟通不仅能够提高患者对医疗行为及医学知识的知晓和理解,还能缓解矛盾,避免纠纷扩大,既可以有效处理已形成的医疗纠纷、减轻对患者及家属的再次伤害,又有利于挽回医院声誉、增进医患信任、构建和谐医患关系。

参考文献

[1]张璁璟,郭耿虹.无过失医疗损害责任纠纷案中公平责任适用的实证研究[J].医学与法学,2019,11(6):68-72.

[2]李和平,李岩.公平责任的滥用与《民法典》侵权编的应对[J].西南石油大学学报(社会科学版),2021,23(6):64-71.

[3]祝文静,霍增辉,乔荣.出生缺陷的医疗损害责任研究[J].医学与社会,2020,33(11):123-128.

[4]晏英.医疗纠纷调解促进式倾听模式构建[J].医学与哲学,2018,39(2A):5-8.

[5]郑晓剑.公平责任、损失分担与民法典的科学性:《民法典》第1186条之"来龙"与"去脉"[J].法学评论,2022,40(1):90-104.

[6]徐华.浅析医疗行为适用"公平责任"原则的局限性[J].安徽广播电视大学学报,2004(1):20-22.

建设施工合同纠纷案例分析

张萱萱①

摘　要:随着社会经济的发展,建设施工领域中出现了新型的问题,商品住房施工合同效力的认定随着相关的司法解释完善发生了变化,是否能突破合同的相对性也需要具体分析。每个案件都有其特性,特别是在尊重当事人意思自治的市场经济时代,政府和国家需要在宏观的调制手段与商事自治原则中寻找新的平衡点。

关键词:合同效力;意思自治;违法分包;优先受偿权

一、案情简介

甲公司与乙公司未经招投标,于 2014 年 8 月签订建设工程施工合同。合同约定:甲公司作为施工方,承建乙公司开发的商品住宅项目;合同总价暂定 1 亿元;主体结构完成,乙公司 10 日内支付合同价款的 40%,二次结构完成,乙公司 10 日内支付合同价款的 20%;如乙公司未按约支付工程款,应按照应付工程款的月利率 3% 计息赔偿甲公司。合同签订后甲公司以联合施工的名义将部分工程转包给丙。合同签订后,甲公司开始施工,于 2015 年 7 月完成项目工程主体施工,但乙公司未按合同约定支付工程款,甲公司停止施工。后经双方协商,甲公司于 2016 年 12 月复工,但至 2017 年 8 月完成项目工程二次结构施工,乙公司仍未支付工程款,甲公司再次停止施工。甲公司停止施工后,乙公司直接找到丙进行施工,并向其先后支付了数千万工程款。其后甲公司于 2018 年 6 月向当地人民法院起诉,要求乙公司支付工程款及利息。

二、案件争议焦点

(1)本案中未经招投标项目签订建设工程施工合同是否有效。

---

①作者简介:张萱萱,女,回族,郑州大学法学院 2020 级 1 班本科生。

（2）违法分包、转包行为是否导致建设施工总包合同无效。

（3）是否在应给予甲公司工程款的范围内先行扣除已经支付给丙的工程款。

（4）丙是否就工程价款享有优先受偿权。

三、案件争议焦点分析

（一）未经招投标项目签订建设工程施工合同是否有效

2000年5月1号，经国务院批准国家发改委发布并实施的《工程建设项目招标范围和规模标准规定》（国家发展计划委员会第3号令）①第三条、第七条规定了的必须进行招标的关系社会公共利益、公众安全的大型公用事业项目。商品住宅项目在当时属于必须进行招投标的项目。也就是在当时，我国无论是民营投资还是国营投资的商品住宅项目，项目的勘察、设计、施工、监理以及与工程建设有关的重要设备、材料等的采购，达到一定的标准，均必须经过招投标的，并且根据《建设工程施工合同纠纷司法解释（三）》第一条："建设工程施工合同具有下列情形之一的，应当根据合同法第五十二条第（五）项的规定，认定无效：（一）承包人未取得建筑施工企业资质或者超越资质等级的；（二）没有资质的实际施工人借用有资质的建筑施工企业名义的；（三）建设工程必须进行招标而未招标或者中标无效的。"②因此检索到的一些最高人民法院的司法案例也证明上述观点。但是伴随着经济的发展，法律条款也有所调整。2018年3月27日国家发改委发布的《必须招标工程的项目规定》和2018年6月发布并实施的《必须招标的基础设施和公共事业项目范围》规定，把原国家发展计划委员会第3号令规定的12项必须招标的项目压缩到能源、交通、水利、城建、通信等5大类，其中将

---

①《工程建设项目招标范围和规模标准规定》（国家发展计划委员会第3号令）第三条："关系社会公共利益、公众安全的公用事业项目的范围包括：（一）供水、供电、供气、供热等市政工程项目；（二）科技、教育、文化等项目；（三）体育、旅游等项目；（四）卫生、社会福利等项目；（五）商品住宅，包括经济适用住房；（六）其他公用事业项目。第七条 本规定第二条至第六条规定范围内的各类工程建设项目，包括项目的勘察、设计、施工、监理以及与工程建设有关的重要设备、材料等的采购，达到下列标准之一的，必须进行招标：（一）施工单项合同估算价在200万元人民币以上的；（二）重要设备、材料等货物的采购，单项合同估算价在100万元人民币以上的；（三）勘察、设计、监理等服务的采购，单项合同估算价在50万元人民币以上的；（四）单项合同估算价低于第（一）、（二）、（三）项规定的标准，但项目总投资额在3000万元人民币以上的。"

②现参照《最高人民法院关于审理建设工程施工合同纠纷案件适用法律问题的解释（三）》第一条。

商品住宅项目删除①。因此在上述新规实施后,房地产企业可以自由选择发包形式,对于民营企业、民间资本投资的商品住宅项目没有经过招投标的过程签订的合同不会导致合同无效。

结合本案,建设工层施工合同是在新规实施前签订并施工完成的,按照"法不溯及既往"的原则,当时签订并施工的项目适用当时的法律法规,应当认定为无效合同,但是最高人民法院相关判例中认定为有效合同的解释是"将商品房住宅项目从必须进行招投标项目的范围内排出,体现了进一步转化政府职能,规范监督市场秩序,优化投资环境,简化办事程序的立法本意。案例中的合同签订于新规出台前,根据法律不溯及既往的一般性原则,应适用行为时的法律和法规给予认定合同效力,但是如果在法院终审判决前,新颁布的法律和行政法规认定合同有效,而原有法律和行政法规认定合同无效,根据从宽例外和持续性行为例外的基本法理,应适用新颁布的法律行政法规的规定认定合同效力,就案例中的合同是双方真实意思表示,为维护市场交易安全,维护交易和合同意思自治,不违背社会公共利益和公共安全的前提下,应认为有效合同"。在相关案例检索中,最高人民法院对此有认定为有效合同的,也有认定为无效合同的。现在的司法观点并不统一,但是从现在社会经济的发展,包括从近些年出现的司法案例来看,最高人民法院认定此类为有效合同逐渐形成一种趋势。

在支持合同有效的判决中,法院认为从具体法律条文的法律规制看,《招标投标法》第三条规定必须进行招标的建设工程,其最主要的立法目的和功能就在于规制两个方面,一是规制大型基础设施、公用事业等关系社会公共利益、公众安全的项目建设,强调的是诸如民生工程等"公共事务"范畴;二是规制国有资金或使用国际组织、外国政府借款、援助资金等公共资金的使用效益,防止在民生工程等工程项目中的该类公共资金被滥用,杜绝腐败。故对于上述两个方面规制的载体工程项目不能作无限扩大解释②。故在本案中,双方当事人作为纯粹的市场民事主体,乙公司作为一般的民营房地产企业和发包人,甲公司作为具备相应建筑施工企业资质的建筑企业,双方签订的标准施工合同,是当事人双方的真实意思表示,涉案项目为一般的商品住宅,不具备大型基础设施、公用事业的同等级属性,不存在侵害社会公共利益的行为,也未涉及国有资金适用和存在使用国际组织或者外国政府贷款、援助的情形,故案涉合同应

---

①《必须招标的基础设施和公共事业项目范围》第二条:"不属于《必须招标的工程项目规定》第二条、第三条规定情形的大型基础设施、公用事业等关系社会公共利益、公众安全的项目,必须招标的具体范围包括:(一)煤炭、石油、天然气、电力、新能源等能源基础设施项目;(二)铁路、公路、管道、水运,以及公共航空和A1级通用机场等交通运输基础设施项目;(三)电信枢纽、通信信息网络等通信基础设施项目;(四)防洪、灌溉、排涝、引(供)水等水利基础设施项目;(五)城市轨道交通等城建项目。"

②宏润建设集团股份有限公司、中山市华联实业开发有限公司建设工程施工合同纠纷二审民事判决书:(2016)粤20民终1542号。

属有效合同。

(二)违法分包、转包行为是否导致建设施工总包合同无效

在签订建设施工承包合同后,承包商将其中的一栋楼的建设整体转包给第三人丙,根据《建设工程质量管理条例》第七十八条第二款规定,违法分别包括四种情形:(一)总承包单位将建设工程分包给不具备相应资质条件的单位的;(二)建设工程总承包合同中未有约定,又未经建设单位认可,承包单位将其承包的部分建设工程交由其他单位完成的;(三)施工总承包单位将建设工程主体结构的施工分包给其他单位的;(四)分包单位将其承包的建设工程再分包的,分包合同无效。《最高人民法院关于审理建设工程施工合同纠纷案件适用法律问题的解释》第四条规定,承包人非法转包、违法分包建设工程或者没有资质的实际施工人借用有资质的建筑施工企业名义与他人签订建设工程施工合同的行为无效。由案情可知,甲和乙并未在建设施工合同中约定分包事项,乙公司也未就分包行为予以明示,所以甲公司以联合施工的名义与丙签订的施工合同当然无效,甲和丙之间自始不存在权利义务关系,但是甲乙之间签订的建设施工合同应当有效,不应该扩大化解释。虽然现在没有明确的对该规定作出解释,但是从文意上来看,无效的合同应是指多层分包合同无效,而不是指总包合同。如果扩大化解释,那么在建设施工领域将会导致大量的无效合同存在,将不利于市场的稳定与发展,同时也会出现发包方与承包方因恶意致使合同无效的情况。故在本案中承包方违法分包转包行为不影响总包合同的效力,甲公司可以依据合同向乙公司主张相关的权力,乙公司也应当承担相应的责任。

(三)是否在应给予甲公司工程款的范围内先行扣除已经支付给丙的
工程款

建筑施工总包合同签订的主体是甲公司与乙公司,而且合同中也明确约定了乙公司应当将工程款支付给甲公司,权利义务是在双方之间产生的,按照《最高人民法院关于审理建设工程施工合同纠纷案件适用法律问题的解释(一)》(简称《建设工程施工合同适用法律解释(一)》)第四十三条的规定:实际施工人以转包人、违法分包人为被告起诉的,人民法院应当依法受理。实际施工人以发包人为被告主张权利的,人民法院应当追加转包人或者违法分包人为本案第三人,在查明发包人欠付转包人或者违法分包人建设工程价款的数额后,判决发包人在欠付建设工程价款范围内对实际施工人承担责任。此时实际施工人可以突破合同的相对性,实践中转包或违法分包的承包人即实际施工人向转包人、违法分包人主张权利时往往因多种原因受阻,其权利往往不能及时实现,而实际施工人主张权利渠道不畅又会直接导致建筑工人的工资不能得到及时发放。这是实际债权人能突破合同相对性的现实原因。在丰磊公司诉桂丙胜执行异议之诉案的案例要旨中指出:发包人在欠付工程价款范围内对实际施工人承担

付款责任的前提是,各方当事人已经依据合同相对方之间的合同完成了结算且均存在欠付款项。该合同相对性的突破是以肯定各自之间的合同相对性为基础的、有条件的突破。

而在本案中,并不能推导出乙公司支付丙的工程款是甲公司应得工程款的一部分。因此,在甲公司不予认可时,是不能扣除已经支付给丙的工程款。在该案中不能突破合同的相对性,乙公司违反合同约定把工程款支付给丙,相关的不利责任也当由乙公司自行承担。

(四)丙是否就工程价款享有优先受偿权

建设工程价款优先受偿权是赋予承包人的一项法定权利,该权利设立的宗旨是保障发包人逾期不支付工程款的情况下,承包人能够及时获得工程款,本意是保障承包人的利益。据前述《建设工程施工合同纠纷案件适用法律解释(一)》。

目前,最高人民法院与陕西省内相关法院在司法实践中,对于实际施工人是否享有建设工程价款优先受偿权有两种观点。观点一:实际施工人不享有建设工程价款优先受偿权,其认为《民法典》第八百零七条仅规定了承包人享有优先受偿权,而承包人这里仅指与发包人订立合同的相对方,并不能做扩张解释①。同时,《建设工程施工合同适用法律解释(一)》第二十六条仅赋予实际施工人突破合同相对性向发包人主张工程款的权利,但该权利并不包括建设工程价款优先受偿权,两者并不能等同。并且,《全国民事审判工作会议纪要(2011年)》第29条明确说明"因违法分包、转包等导致建设工程合同无效的,实际施工人请求依据《合同法》第二百八十六条规定对建设工程行使优先受偿权的,不予支持。"故裁判观点认为只有与发包人订立建设工程施工合同的承包人,才能依照《民法典》第八百零七条的规定就工程折价或者拍卖价款优先受偿。观点二:实际施工人有权就建设工程价款优先受偿,因为法律就工程项目设立优先受偿权的目的,在于保障工人的劳动收入,建设工程由承包人组织工人劳动建设而成,承包人享有工程价款的优先受偿权即工人劳动权利得以保障,其是以保障人权为基本出发点。因此在承包人与实际施工人主体相分离的情况下,需要判断实际施工人和建筑施工企业谁是承包人,谁就享有工程价款请求权和优先受偿权。而此处的承包人并非法律层面的承包人概念,是指工程的具体实施主体,即应区分实际承包人与名义承包人,只有与工人利益密切相关的施工主体,才是立法本意保护的承包人。在具体实践中,名义承包人并不参与项目的实际施工,甚至并不组织工人施工建设,全

---

① 《中华人民共和国民法典》第八百零七条:"发包人未按照约定支付价款的,承包人可以催告发包人在合理期限内支付价款。发包人逾期不支付的,除根据建设工程的性质不宜折价、拍卖外,承包人可以与发包人协议将该工程折价,也可以请求人民法院将该工程依法拍卖。建设工程的价款就该工程折价或者拍卖的价款优先受偿。"

部工程均由实际承包人完成,实际承包人负责工人工资的发放、人员的安排等,只有实际施工人享有建设工程价款优先受偿权才能保障工人的劳动权利,若仅指名义承包人,则显然与立法本意不相符。其裁判观点认为在发包人同意或者认可挂靠存在的情形下,挂靠人作为没有资质的实际施工人借用有资质的建筑施工企业(被挂靠人)的名义,与发包人订立了建设工程施工合同。挂靠人是实际承包人,也是名义承包人,被挂靠人是名义承包人,两者与发包人属于同一建设工程施工合同的双方当事人,认定挂靠人享有主张工程价款请求权和优先受偿权,更符合法律保护工程价款请求权和设立优先受偿权的目的。

通过案例检索发现,70%的案件认为只有与发包人签订施工合同的承包人才能行使优先受偿权,实际施工人也不享有优先受偿权。因为实际施工人与发包人没有事实上的合同关系。由于《建设工程司法解释(一)》第三十五条仅认可了"与发包人订立建设工程施工合同的承包人"享有建设工程价款优先受偿权,实际施工人并不直接享有该权利,故在此情形下,实际施工人无权主张建设工程价款优先受偿权。倘若允许其适用优先受偿权增强其受偿效力,一方面等于变相鼓励了违法分包转包行为;另一方面也对发包人的其他合法债权人也不公平。因此,前述合法分包人尚且不享有优先权,违法分包人、转包人及其他实际施工人,也不应享有优先权。

而在诉讼中,要想实际施工人能够享有建设工程价款优先受偿权,前提是能够充分论证实际施工人的施工身份,只有建设单位认可或通过实际施工的相关证据材料,如施工图纸、工人工资发放、监理会议纪要签字等,证明实际施工人的施工身份,进而证明建设单位与实际施工人之间属于事实上的建设工程施工合同关系,才能够基于法律目的主张建设工程价款优先受偿权。

四、案件反思

招标是政府的一项行政监督职能,是政府进行市场规制的一项手段。当前我国正处于经济转型升级的关键时期,各种挑战日益严峻,例如供求失衡、无序竞争、社会不良行为泛滥,在市场经济体制下,必然要发挥市场在资源配置中的决定性作用,强调市场机制的运行。而对于招标机构来说,存在着"管办不分"的问题,招标管理职能和招标代理机构互相错位、互相越位,致使招标程序违反了公平竞争的原则,这让一些民办企业招标提高了成本与门槛。2018年,国家提出了政府"放管服"改革,要求政府精简职能,再加之当时的市场环境强调意思自治,鼓励积极参与市场竞争,并且鼓励引导民办中小企业的发展并激发其活力。故对于建设施工中民营投资的商品住宅项目不应再"一刀切管理",应让其在合理的限度内发挥积极性,并鼓励探索出适合发展的道路。所以,2018年3月27日国家发改委发布的《必须招标工程的项目规定》和2018

年6月发布并实施的《必须招标的基础设施和公共事业项目范围》规定,把原国家发展计划委员会第3号令规定的12项必须招标的项目压缩到能源、交通、水利、城建、通信等五大类,其中将商品住宅项目删除,该行为是对时代发展的有效回应,更是对民企投资的提振。这既反映了尊重商事主体意思自治的立法本意,也体现了适应更为开放与自由的商业环境的立法趋势。

参考文献

[1]全国人大常委会办公厅.民法典[M].北京:中国民主法制出版社,2021.

对我国彩礼返还规则的思考分析

周　雪①

摘　要:婚约财产纠纷是指订立婚约的男女双方因解除婚约向对方索还彩礼,因而产生的财产纠纷。现实生活中,婚约虽然并非结婚的必经程序,但仍然是一种重要的民事习惯并对人们的社会生活产生重要影响。婚约作为一种民事习惯,有其产生的社会基础和历史文化背景。订立了婚约的男女俗称未婚夫妻。按我国的民间婚俗,订婚的男女往往会有一些财物往来,俗称彩礼。彩礼也逐渐成为确立男女双方恋爱关系的一种象征。虽然婚约对当事人并无法律上的约束力,解除婚约也不需要诉诸法律程序,但因解除婚约往往会产生向对方索还彩礼的情况,因而产生财产纠纷。从法律角度来讲,赠送彩礼可以当作是一种无偿赠与行为,但究其内涵而言,实际是附有解除条件的赠与行为,即当婚约未解除时,赠与行为继续有效,彩礼归受赠人所有,而婚约解除时,赠与行为则失去法律效力,当事人之间的权利义务关系当然解除,赠与财产归属于赠与人,受赠人应当返还财产。

关键词:婚约;彩礼返还;婚约财产纠纷

一、案件简介

王金萍、朱涛婚约财产纠纷一案:原告朱涛与被告王金萍经人介绍相识,2016年5月份双方订婚,被告收取原告彩礼十二万元,后双方于2016年9月解除婚约。2018年12月19日,被告出具欠条,载明"退还彩礼十二万元,2016年12月已退八万元整,余四万元于2019年年底一次性还清"。2020年1月6日被告再次出具欠条,载明"今欠朱涛肆万元整,定于2020年年底还清"。截至目前,被告仍未退还彩礼四万元。诉讼过程中,原告不同意被告分期退还彩礼的意见,要求一次性退还。

---

①作者简介:周雪,汉族,新疆哈密人,郑州大学法学院(知识产权学院)2020级2班本科生。

二、婚约财产纠纷的相关问题

（一）彩礼存在的必要性分析

1. 经济意义

彩礼最典型的功能就是作为一种财产转移工具，这种转移包括横向和纵向两方面。具体说来，男女双方缔结婚姻，男方给付女方一定数量的彩礼，这就实现了彩礼在两个家庭（族）之间的转移。另一方面，多数男方在结婚之时尚不具备经济能力，彩礼一般来自父母，因此又包含了财富在不同家庭之间的转移。女方或者说是女方家庭在拿到这笔彩礼钱之后，这笔钱在一定程度上可以作为对女方父母的补偿，女方出嫁，从此便是夫家的人，对自己的亲生父母不再履行养老和送终的义务，出于人情伦常，需要对父母多年的养育之恩以及在女方出嫁后，对女方家庭所丧失的劳动力给予补偿①。这被称为彩礼的偿付功能。不过，随着社会的发展和独生子女数量的增加，这种偿付功能日渐弱化，呈现出向资助功能的转变，②这是说，如今的女方父母一般不再如过去一样，将男方给付的彩礼全然"占为己有"，而是会拿出一些（甚至全部）返还给男女双方，作为对他们组建新家庭的资助。此外，彩礼还有保障男女双方婚后生活质量的作用，尤其是在男方家庭多兄弟而家庭又不富裕的情况下。

2. 象征意义

彩礼源于婚俗，而后定为制度，具有一种庄严的仪式感，彩礼不仅表达了男方对这桩婚事的重视和诚意，同时也增强了女方的信任和安全感，还是婚约关系存在的证明，更重要的是对婚姻缔结的担保。古代法律最初并未对彩礼设有数量和形式的硬性规定，只是肯定了聘礼这一古老的婚姻仪式所具有的证明意义，同时强调了婚姻的神圣性。但是，按照传统的婚姻观念，婚姻缔结必须遵循"父母之命，媒妁之言"的规定，因此，在男女双方选择结婚对象时，更为注重的是其所给予的彩礼价值。最终会使得彩礼中的财产属性被放大，婚姻演变为了身份、等级、阶层、利益交换的较量。随着时代发展，我国将婚姻自由原则规定为根本原则，严格遵循当事人的意思表示。但现如今仍存在一些地方将彩礼作为婚姻成立的标志，而不以是否登记（领证）或置办婚宴论。在一定程度上，彩礼的多寡可以直接反映出男方家当的好坏，由此产生了以彩礼择偶以及攀比之风。在其他条件都相同的情况下，谁出的彩礼高，谁就能成为最后的"如意郎君"；对于女方而言，谁要的彩礼高，谁的腰板就挺得比别人直。若是要不到彩礼

---

① 王静：《彩礼的法律属性研究》，《湖北函授大学学报》2015 年第 13 期，第 87-89 页。
② 方军，陈奇：《多中心治理理论视阈下农村高额彩礼治理模式探赜》，《青海社会科学》2017 年第 3 期，第 111-116 页。

或是要的彩礼很低,则就是嫁了个穷人家,在亲人好友面前抬不起头来。这在一定程度上就导致了婚姻由"看人"变成了"看物",异化了婚姻的本质,女方若借机索要高额彩礼,还可能导致男方因没钱而娶不上媳妇。这一点,在越是不发达的、地理环境封闭和民众思想保守的地区,表现得越明显,而在一些发达地区,由于理念的更新,尤其是男女平等思想贯彻较好的地方,往往只会象征性地要一些彩礼,或者完全不要。

3. 文化意义

彩礼作为民间习俗历史悠久,早在我国西周时期婚姻六礼中就有纳征制度,至于唐代,《唐律疏议·户婚》中记载承认聘财是婚约成立的事实要件。对彩礼的研究,可以见证中国历朝历代中婚姻制度的变迁,其影响超越国界,随着对外交往传播到中亚、东南亚等国家①。

4. 其他功能

例如惩罚功能,在民间习俗中,有男方若无故解除婚事,彩礼一分不得要求返还,而女方若解除婚事,则要全部返还彩礼的不成文"规定"。这有助于保证婚约的稳定性,使当事人尤其是男方不敢轻易反悔。彩礼还能作为拒婚的一种借口。

(二)彩礼返还的情形

1. 解除婚约

若当事人双方没有过错,根据附解除条件赠与的法律特征,当事人双方附有条件给付对方的财物,皆应全额返还。根据过错程度,若双方已同居或发生了性关系,女方无故毁约的,可返还50% ~80%,男方无故毁约的,返还控制在50%以下;按夫妻关系同居生活并已生育子女的,男方无故毁约,提出彩礼返还的,返还40%以下;女方无故毁约的,返还50% ~60%;男方隐瞒禁止结婚的疾病、采取欺骗手段的,返还50%以下;隐瞒其他疾病造成不能成婚的,返还80%以下;男方打骂女方造成不能成婚的,返还60%以下。

2. 借婚约或婚姻索取财物

女方非出于结婚的目的,完全是为了借婚约索取财物,彩礼一到手就提出解除婚约或制造事端迫使男方提出解除婚约,应全额返还。对于已结婚的,若没有同居生活,应全额返还,虽已同居生活,但未生育子女,且婚姻未到二年,可返还60% ~80%,若双方已生育,且婚姻已逾二年,原有的借婚姻索取财物之目的,此时已没有实际意义,世上没有哪个借婚姻索取财物之人愿以生儿育女,且共同生活二年为代价,此时离婚可不考虑彩礼的返还,若男方确实困难,为婚姻又欠下巨债②,可适用《民法典》(于

---

①许航:《〈民法典〉下的彩礼返还问题研究》,《邯郸职业技术学院学报》2022年第2期,第15-21,32页。

②岳超:《结婚彩礼法律问题研究》,《法制博览(中旬刊)》2013第2期,第160-161页。

2021 年 1 月 1 日生效)以救济。

3. 包办、买卖婚姻

包办婚姻指第三人(包括父母)违反婚姻自由原则,包办强迫他人婚姻的违法行为。买卖婚姻指第三人(包括父母)以索取大量财物为目的,包办强迫他人婚姻的违法行为。此为借合形式掩盖非法目的,为无效民事行为,彩礼应予以追缴,另一方给予相同数额的罚款。

4. 离婚

当事人结婚后离婚,附解除条件赠与行为已生效,民事法律关系已完成,已没有解除赠与的条件,当然也没有依此返还彩礼的问题。对于结婚未满二年,且没有生育子女,因给付彩礼造成男方生活困难、负债,根据男方生活困难的程度、女方的实际情况适当返还彩礼。

(三)彩礼返还等问题的完善

婚约财产是男女订婚的物质体现,以结婚为目的和接受财产之后,在订婚男女之间存在婚约关系与财产关系,若一方想要解除婚约应当告知对方要解除婚约的意思表示,同时表明对相关财产的处理方法,婚约即可视为被解除①。婚约在我国普遍存在,婚约解除后彩礼归属纠纷日益增多,我国现行法律并不承认婚约关系具有法律上的约束力,但也并非无视这一客观事实的存在。尽管如此,仍然存在一些问题需要完善。

1. 关于彩礼返还请求权主体

彩礼返还纠纷中的返还请求权主体是指参与到该案中的被告、原告和第三人。诉讼活动合法有效的前提之一就是案件中的诉讼主体符合法定的要求,因此必须保证彩礼返还请求权的主体准确恰当。

首先是原告,原告指的是当事人为了保障自己的利益,以个人名义向法院提起诉讼来保障自己合法权益的当事人,作为原告,必须是具有一定民事行为能力的自然人,且与诉讼具有直接的利害关系。在婚约财产纠纷案件中,与案件存在直接利害关系的关系人包括:①缔结婚约的双方当事人。因二者缔结婚约,从而产生了彩礼,彩礼是为了保障二者后期能够履行婚约并组建家庭而给付的,因此,婚约双方当事人是彩礼纠纷案件中最直接的利害关系人。②婚约双方当事人的父母。在一般情况下,双方当事人并不能够承担起彩礼的数额,都是由双方当事人的父母予以给付的,因此,从彩礼的给付者和接受者来看,双方父母在彩礼纠纷中的利害关系更加直接,因此,如果彩礼中的部分或全部都是由婚约双方当事人的父母所给予的,那么其父母就有资格作为诉讼原告,但如果彩礼与双方父母无任何直接关系,就不符合作为原告的适格条件。当然,

---

① 王和平:《婚约财产纠纷案件的诉讼主体应是解除婚约的男女》,《法律适用(国家法官学院学报)》2001 年第 11 期,第 65 页。

关于双方当事人父母能否作为原告是存在争议的。③实际给付彩礼的当事人。如果彩礼既不是由婚约双方当事人给付，也不是由双方当事人父母给付的，那么实际给付彩礼的当事人也可以向法院提起诉讼。

其次，关于被告。被告的认定范围相对广泛，只要原告认为他人对自己的合法权益造成侵犯，需要追究民事责任的当事人都可以作为被告。一般来说，被告都是对原告权益造成侵犯的人，在认定被告的过程中也存在着是否适格的问题。检验被告是否适格的关键条件就是与彩礼有没有利害关系。被告包括：①婚约当事人。婚约当事人肯定存在利害关系，因此都适格被告条件，因而不管当事人是否占有彩礼，都适格被告条件，被告应根据最终法院判决将彩礼返还或进行相应补偿。②婚姻双方当事人的父母。需要结合实际情况分析双方当事人父母是否适格被告，如果从婚约缔结到婚约结束期间，当事人的父母对彩礼的财产进行了占有、处分、管理，那么当事人父母便适格，被告双方父母并未对他进行占有、处分、管理，那么，当事人父母不适格被告标志标准，无须出庭参与诉讼。关于双方当事人父母是否符合适格被告标准是存在争议的。

最后，关于诉讼主体的确定需要尊重当事人选择。在彩礼纠纷案件中的原告、被告可以是缔结婚姻双方的当事人，也可以是当事人的父母或实际给付彩礼的当事人，因此发起诉讼和接受诉讼的可以是一个人或者多个人。在彩礼纠纷的法律实践中，应根据彩礼的给予和接受的关系来确定是否存在共同被告或共同原告，当婚约无法履行时，双方父母必然知情，因此当因婚约纠纷发起诉讼时，可以推定为其他关系人已知实际情况。因而，无论是一人或多人发起诉讼，对案件并不会产生实际影响，法院应该以尊重当事人意愿为基础，根据当事人的意向来做出决定。

2. 完善彩礼返还规则

彩礼给付在现实生活中表现为一种男女双方家庭之间财物的往来，在婚约形式相对完备的时期，彩礼给付需遵循一定的程序，财物也多为实物给付，一般都是现实传递，因此，能够相对容易地从双方家庭的其他财物往来中区分开来①。但如今，婚约形式在很多地区已经简化，多保留其敦促男女双方家庭缔结秦晋之好的实质内核，而简略纳征程序上的要求，对于彩礼，双方家庭大多是口头协商，财物形式也多为货币给付，大多都会选择通过银行转账，一旦出现纠纷时，往往难以将彩礼从双方家庭的其他财物往来中进行区分。因此，在处理这类纠纷时，要争取做到法律上的认定尽可能接近客观事实，综合多种因素进行考量。

首先，关于"非婚同居"。在现实生活中，很多男女双方在没有进行合法婚姻登记的前提下，共同生活多年，共同育有孩子，尤其是在传统观念的影响下，很多女性为了

①张莉,张丹:《婚约形式简化下彩礼返还问题的处理》,《人民司法》2009 年第 12 期,第 64-66 页。

男性的事业发展以及家庭付出了大量的时间,男方支付的彩礼也已经花完,在这种前提下,男方要求女方返还彩礼,对女性的权益造成了严重的侵害。但我国法律如今缺少对非婚同居的认可,应从立法角度结合我国实际现状,对非婚同居关系的彩礼返还作出相应的规定,从而准确合理地对男女双方当事人的合法权益进行相应的法律保障。

其次,是关于"共同生活"的认定。彩礼本身是男方基于习俗无偿赠与女方的财产,目的是与女方缔结婚姻关系。在双方没有共同生活时且男方没有过错的情况下,不能仅仅因为男方不愿意与女方成婚遭受彩礼损失。且女方在与男方共同生活之前解除婚约,虽然对女方有一定的损失伤害,但是这可以认为是谈恋爱的正常风险。根据《最高人民法院关于适用〈中华人民共和国民法典〉婚姻家庭编的解释(一)》(以下简称《婚姻家庭编司法解释(一)》)规定,男女双方已经进行合法结婚登记,但没有共同生活的,男方可以依法行使彩礼返还请求权,女方应当返还彩礼。彩礼在一定程度上可以被视为保证结婚的定金,既有保障婚约履行作用,又有保护女方意义。而关于共同生活的界定,应当从两个角度进行界定:第一是从质的角度,男女双方需要居住在共同的场所内,生活上互相帮助和照顾,精神上互相勉励,为维持婚姻关系作出共同努力;而且,男女双方在共同居住期间需要有正常的夫妻生活。第二,在量的角度,共同生活必须持续达到一定的时间。关于生活一定的时间也应当确定。在一定意义上,彩礼给付属于附解除条件的赠与,是双方以缔约婚姻关系为目的而给予的财产,如果在婚约存续期间或者在建立婚姻关系之后,双方没有为建立稳定的婚姻关系而付出共同的努力,可以视为男方给予彩礼的最终目的并未达到,男女双方最终没有形成长久稳定的婚姻关系,因此以建立长久婚姻关系为目的而给予的彩礼应当由女方给予返还。共同生活在三年以上,通过时间长短去判断双方是否为建立婚姻关系而付出努力,如果共同生活时间较短,则存在女方以结婚为名义向男方索要钱财的可能,如果男女双方共同生活三年以上,这免去了女方以婚姻的名义骗取钱财的可能性[1]。根据共同生活程度,是否怀孕生育的情节决定彩礼返还比例,能够对女性损失给予一定程度弥补,也更能体现公平合理。

最后,是关于"生活困难"的标准。根据我国《婚姻家庭编司法解释(一)》规定,男方由于支付彩礼而导致生活困难,在双方选择离婚时,女方应该将彩礼返还男方,这是我国法律对已经建立婚姻关系判定彩礼返还的特殊情况,应当注重对特殊情况进行考量。生活困难主要包括绝对困难和相对困难,绝对困难指的是日常生活和生产活动遭受了重大挫折,从而导致无法维持自身劳动力活动,或者是当事人衣食住行等基本生活得不到有效保障,处于无法满足基本的衣食住行的现状。相对可能觉得是男方支

---

①姚美娇:《我国彩礼返还规则的完善》,吉林大学硕士学位论文,2021 年。

付彩礼之后,生活发生了重大变化,由于支付数额相对较大,导致支付后的生活发生了断崖式下降,根据我国最高人民法院的解释认定相对困难是以绝对不能为参照。

3. 关于彩礼返还的限制条件

首先,需要明确诉讼时效。诉讼时效也是消灭时效,在诉讼时效内,权利人可以选择是否行使权利,但如果行使权利涉及他人权利,就会受到限制,这是诉讼时效的宗旨。男方要求女方返还彩礼,法律上属于债权纠纷的一种,因此,债权享有的是请求权,需要从法律层面对债权人诉讼时效作出相应规定。关于对彩礼返还请求权诉讼时效起算点,按照我国《民法典》相关规定,从彩礼给予方知道或应当知道自身权利受到侵害之日开始算起。对男方提出请求返还彩礼的不同情况进行说明:①如果双方没有合法登记结婚,在此种情形下,应当自男方得知不能建立婚姻关系之日起起算;②双方办理婚姻登记之后离婚的,男方提出返还彩礼请求的有效诉讼时间是自离婚之日起起算;③其中一方死亡的,男方要求返还彩礼的起算时间是自一方死亡之日起;④关于无效婚姻或婚姻可撤销法律关系的,从婚姻被判定为无效或婚姻关系撤销之日起起算。

其次,关于过错责任的相关知识。关于过错责任,根据我国《婚姻家庭编司法解释(一)》将是否办理合法婚姻登记手续作为判定的主要标准,并未将男女双方过错引入判定彩礼返还纠纷的范畴。根据《民法典》第一千零七十九条规定,其中列举了五种经调解无效准予离婚的情形,前三种情形为有过错,后两种情形为无过错,但《婚姻家庭编司法解释(一)》中却并未对过错因素进行考量,这显然存在缺陷。根据我国现有法律规定,仅对婚姻关系进行保障,但并未对婚约关系进行保护,缺少科学合理的婚约损害赔偿相关制度,如果在婚约关系中,一方由于过错导致婚约关系解除,这对无过错方相对不公平。彩礼的概念是由我国民俗习惯约定俗成的,民间惯常的做法是由解除方承担相应责任,这也是将过错因素引入返还彩礼请求权影响因素的重要依据。男方行使彩礼返还请求权的限制条件之一是在婚约关系中无过错,男方过错程度与返还彩礼的数额和比例有直接关系。如果婚姻关系解除,没有建立婚姻关系是由男方的过错因素而造成的,在这种情况下,男方依然要求女方返还彩礼,无疑是对女性权益的重大伤害,在制定彩礼返还规则中,将过错因素纳入考量范围,可以根据我国《民法典》中对离婚情形的判定作为依据。

最后,要重视弱势群体的权益保护。彩礼返还纠纷相对比较复杂,由于缺少法律明文规定和标准,在司法实践中处理该类案件存在许多困难,为更好解决和处理彩礼返还纠纷案件,塑造良好的社会风尚,同时为了保护弱势群体妇女的合法权益,应建立弱势权益保护机制,将女方权益受损的相关因素作为判定财力返还案件处理的重要考量。女方权益受损主要从以下两个角度进行分析:第一,是否有孩子,男方要求女方返还彩礼应该将所生育子女的数量、年龄、扶养情况等因素进行综合考量。所以孩子越多,说明女方权益受损的程度越大,归还彩礼的比例应减少;男女双方离婚时,孩子归女方所有,女方带着孩子在未来婚姻市场上贬值程度增加再婚成本相应较高,因此返还彩礼的比例应该减少;第二,是否怀孕流产。该因素与是否生育子女因素相同,如果女方怀孕并生下孩子,原则上由男女双方共同抚养孩子。在共同居住期间怀孕流产现状相对较多,怀孕流产会对女方身体造成损伤,甚至在未来婚恋市场上产生不良影响,这些损失都应在返还彩礼上统筹考虑,只有这样,才能充分保障彩礼的法律效果和社会效果的发挥。

三、结语

在我国某些地方存在这样的习俗:彩礼给付以后,男方若反悔,则不能要回彩礼;女方反悔则应当返还彩礼。这种情况下,彩礼存在着促使双方履行婚约的作用。在该习俗中,女方反悔则没有损失,而男方反悔则失去彩礼礼金,存在着男方和女方的事实上的不平等。

对于整个社会而言,在彩礼风俗与法律存在冲突的地方,法律可以起到移风易俗的作用,促进男女平等。而返还彩礼的意义在于,在一定程度上可以保护双方的合法权益不受侵害。对于个人,在确立婚姻关系的过程中,男女双方都可以遵照法律在彩礼方面规定的行为模式和权利义务分配关系来保护自己的利益,同时也应对对方的利益予以尊重。遵循同一行为模式可以减少纠纷的发生,有利于纠纷的解决。办理结婚登记可以在一定程度上保护女方获得的彩礼利益。若只举行婚礼而没有办理登记,法律对女方持有彩礼利益的保护就很弱。男方也应当知道,如果和女方感情破裂,自己在哪些情况下可以要求女方返还彩礼。

参考文献

[1]王静.彩礼的法律属性研究[J].湖北函授大学学报.2015,28(13):87-89.

[2]方军,陈奇.多中心治理理论视阈下农村高额彩礼治理模式探赜[J].青海社会科学,2017(3):111-116.

[3]许航.《民法典》下的彩礼返还问题研究[J].邯郸职业技术学院学报,2022,35(2):15-21,32.

[4]岳超.结婚彩礼法律问题研究[J].法制博览(中旬刊),2013(2):160-161.

[5]王和平.婚约财产纠纷案件的诉讼主体应是解除婚约的男女[J].法律适用(国家法官学院学报),2001(11):65.

[6]张莉,张丹.婚约形式简化下彩礼返还问题的处理[J].人民司法,2009,575(12):64-66.

[7]姚美娇.我国彩礼返还规则的完善[D].长春:吉林大学,2021.

从典型案例浅析未成年人激情犯罪

欧阳亦帆①

摘 要:未成年人是一个特殊的社会群体,由于正处于向成年转化过渡时期,他们的心智基本成熟、独立,但对社会的认识尚浅,再加上周边环境的影响,很容易走上犯罪的歧路。未成年人犯罪一直以来都是社会所关注的热点问题,其中包括未成年激情犯罪。近年来,各类刑事案件的报道层出不穷,未成年人激情犯罪逐年上升,引起了社会各界的广泛关注。笔者通过对未成年人激情犯罪的案例分析,浅析未成年人激情犯罪产生的原因、各国法律对未成年人激情犯罪的规定以及预防未成年人激情犯罪的措施。

关键词:未成年人;激情犯罪

一、案情简介

某市第一高中的学生丁某(17岁)和王某(15岁)在学校内发生争吵,后经同学劝阻分开。第二天,丁某认为自己在和王某的吵架中吃了亏,便打算带社会上的朋友李某(13岁)去找王某讨说法,为了不让自己再次吃亏,丁某决定带一把匕首在包里以防万一。

次日放学后,丁某和李某在回家路上将王某拦住,声称要讨个说法,三人随即发生争执。争执过程中,丁某扇了王某一巴掌,遭到王某的激烈反抗,从而爆发肢体冲突。混乱纠缠中,李某认为自己打不过王某还反被王某打伤,有伤自尊,故怒火中烧,遂从丁某包中拿出匕首,趁王某挨打时插空一刺,正中王某左眼,随后又朝王某肚子上扎了一刀。

后经医院检查发现:王某左眼丧失视觉,脾脏被扎破导致大出血,经抢救后才脱离

---

①作者简介:欧阳亦帆,女,汉族,江西萍乡人,郑州大学法学院(知识产权学院)2020级3班本科生。

生命危险,但丧失大部分劳动能力。

二、案例分析

(一)丁某(17岁)和李某(13岁)的责任承担

1. 丁某和李某在本案中都需承担刑事责任

根据《中华人民共和国刑法》第十七条第一款,"已满十六周岁的人犯罪,应当负刑事责任",丁某的行为违反刑法,构成犯罪,并且其年龄已超过十六周岁,需对本次犯罪活动负刑事责任。

李某虽只有十三岁,但根据《中华人民共和国刑法》第十七条第三款,"已满十二周岁不满十四周岁的人,犯故意杀人、故意伤害罪,致人死亡或者以特别残忍手段致人重伤造成严重残疾,情节恶劣,经最高人民检察院核准追诉的,应当负刑事责任",由于李某在本案中直接造成受害人王某严重残疾,且使其丧失大部分劳动能力,经最高人民检察院核准追诉后,应当负刑事责任。

但是,鉴于两人都未满十八周岁,属未成年人范畴,应当从轻或减轻处罚。

2. 李某系本案主犯,丁某系本案从犯

由于李某和丁某基于共同的犯罪故意,对受害人王某实施了共同的犯罪行为,根据《中华人民共和国刑法》第二十五条,二人属于共同犯罪。

最终造成王某严重受伤并且残疾的是李某使用匕首捅刺的行为,因此,李某在本次案件中起主要作用,是犯罪结果的直接造成人。根据《中华人民共和国刑法》第二十六条第一款,"组织、领导犯罪集团进行犯罪活动的或者在共同犯罪中起主要作用的,是主犯",可判断李某为主犯。

丁某在本案中提供帮助行为,即作案工具——匕首(物质性帮助)是丁某所携带的。丁某虽没有和李某事先商议由李某用匕首伤害王某,但其已经和李某进行了共同的犯罪活动,且明知携带匕首可能会导致受害人王某受伤,而放任此危害结果发生。根据《中华人民共和国刑法》第二十七条规定,应当认定丁某为本案从犯。

3. 丁某和李某的犯罪行为判定为寻衅滋事罪和故意伤害罪

根据《中华人民共和国刑法》第二百三十四条第一款,"故意伤害他人身体的,处三年以下有期徒刑、拘役或者管制"。二人与受害人王某爆发冲突并最终导致其受伤的行为属于故意伤害他人身体并且造成了严重的后果,故判定为故意伤害罪。

丁某和李某出于不健康动机,在放学路上故意拦截并且殴打受害人王某的行为,根据《中华人民共和国刑法》第二百九十三条,应当依法判定为寻衅滋事罪。

4. 丁某和李某需要先承担民事赔偿责任后承担刑事责任

根据《中华人民共和国刑法》第三十六条第一款,"由于犯罪行为而使被害人遭受经济损失的,对犯罪分子除依法给予刑事处罚外,并应根据情况判处赔偿经济损失"。丁某和李某的行为致使受害人王某残疾,对其造成了经济损失,应当赔偿经济损失,且需先承担民事赔偿责任之后再承担刑事责任。

本案中二人的共同犯罪活动造成了受害人王某残疾的严重后果,依据《中华人民共和国民法典》第一千一百七十九条,"侵害他人造成人身损害的,应当赔偿医疗费、护理费、交通费、营养费、住院伙食补助费等为治疗和康复支出的合理费用,以及因误工减少的收入。造成残疾的,还应当赔偿辅助器具费和残疾赔偿金;造成死亡的,还应当赔偿丧葬费和死亡赔偿金",应当赔偿受害人王某法律规定的损失。

如果受害人王某受到的损失难以确定,或者丁某和李某与受害者王某之间就赔偿内容产生分歧,可根据《中华人民共和国民法典》第一千一百八十二条,向人民法院提起诉讼,由人民法院根据实际情况确定赔偿数额。

(二)如何分析丁某和李某的犯罪主观方面

在本案件中,我们不难认识到案件的发展为有层次的递进,分为第一阶段与第二阶段。第一阶段是二人达成意思表示一致,去找王某报仇即寻衅滋事的阶段;第二阶段是在寻衅滋事的过程中三人发生肢体冲突,产生犯罪结果即故意伤害的阶段。

第一阶段也即寻衅滋事阶段中,丁某和李某的主观方面属于犯罪故意中"直接故意"。犯罪故意中的"直接故意"的构成要素为"明知会"和"希望"。结合案件来看,丁某是以报复为目的开展寻衅滋事行为,在整个案件中是明知后果且"希望"达到报复目的,并且丁某、李某二人在寻衅滋事阶段达成一致,寻衅滋事的主观方面就是故意的。总而言之,二人在第一阶段主观人为性极强。

第二阶段也即故意伤害阶段中,丁某参与殴打王某的全过程,"明知"自己的殴打行为会为王某带来人身伤害,也"希望"王某能够在殴打之中受伤然后屈服,从而满足自己报复的目的,带有很强的故意性,因此属于犯罪故意中的"直接故意"。

但是,对于李某的犯罪主观方面可以说十分复杂。从案件描述的遣词用句判断,李某属于未满14周岁的未成年人,正处于青春期,情绪的自我控制能力较弱,并且是"社会人士",受教育水平低,更容易沾染不良习气,情绪起伏较同龄人也会更大。同时,李某事先并未与丁某商议在施暴中使用匕首,可以说其无用匕首故意伤害的犯罪预谋。站在李某的犯罪心理分析,李某和丁某联手施暴于王某,在李某的心中,二人对一人,且自己是"社会人士",己方理应处于上风,但事实上二人打不过王某反而被打。结合李某的身份与社会背景,他觉得打不过王某让自己丢了脸面,恼羞成怒,因此激情犯罪的可能性更大。所以笔者认为李某的行为属于"间接故意"。

从概念上讲,激情是一种强烈的情感表现方式,是行为人强烈的、激动而短促的情绪状态,如狂喜、暴怒、痛苦、绝望等情感。所谓激情犯罪,是指处于激情状态下的行为人没有预谋,临时起意,所做出的杀人、伤害等暴力性犯罪行为。这种犯罪心态是明知

自己的行为会造成危害结果的发生,仍然放任危害结果的发生。可以认为激情犯罪中的几个特征皆符合李某的作案过程:

首先,从犯罪主体来看,激情犯罪的罪犯情绪容易受波动,自我意志控制不强,认识能力较弱。这些缺陷与罪犯的受教育水平和社会地位有较密切的联系。在面临冲突的时候,他们相对一般行为人较难想到更理智的方法。前文中分析的李某的性格特征和社会地位,符合情绪容易波动等犯罪前期设定。

其次,从犯罪起因来看,激情犯罪的起因具有偶然性和突发性,激情犯罪的犯罪人从犯意产生到犯罪实施,往往只是经过较短的时间,没有对犯罪实施进行安排,更没有考虑犯罪后果,从起因到行为,激情犯罪的产生在时间上更有连贯性。李某最开始没有周密地计划过如果打不过王某就拿匕首捅刺,并且在李某心中自己和丁某处于上风地位,没有料想到自己打不过王某,在整个纠缠过程中颠覆了李某对于犯罪活动进程的预设,中期阶段具有偶然性。

最后,从犯罪行为来看,罪犯的行为通常表现为直接的、严重的暴力性行为,且手段具有不可控性,犯罪对象往往是对被害者生命健康权的侵害。从行为后果上看,危害结果往往比较恶劣、严重。李某所造成的结果配适与激情犯罪的犯罪行为和犯罪后果。

综上所述,李某属于激情犯罪、属于"间接故意"。

（三）本案例中如何判断正当防卫

根据《中华人民共和国刑法》第二十条,正当防卫是指"为了使国家、公共利益、本人或者他人的人身、财产和其他权利免受正在进行的不法侵害,而采取的制止不法侵害"的行为。对于王某而言,其于放学路上被丁某和李某拦截并且被打,针对二人正在进行的不法侵害行为的还手属于正当防卫。

而李某和丁某的行为属于非法侵害王某的生命健康权,所遭受的王某的反抗并非不法侵害,而且从案件中不难得知,王某在纠缠的过程中有段时间处于上风,从而使李某恼羞成怒,出手伤害。因此,李某和丁某的行为不属于正当防卫。

如果在案件的进程中,丁、李二人联手也不能用武力使王某屈服,二人最终放弃侵害,出现了例如退让逃避、宣布不再斗殴或认输,而王某仍然继续攻击,穷追不舍,最终导致李某使用匕首捅伤王某,则已经放弃侵害行为的一方就具备正当防卫的资格。所以在本案件中正当防卫的判断具有波动性。

三、观点

激情犯罪在犯罪学上的定义为"突如其来且强烈的情绪刺激而形成的犯罪",具有诱因简单、突发性强、暴力性强、后果严重等特征。

随着社会的不断发展、未成年人激情犯罪问题的凸显,社会对这一问题的关注与热度不断上升。时至今日,未成年人激情犯罪问题已经成为社会治理的热点问题之一。分析未成年人激情犯罪的成因、寻找预防未成年人激情犯罪的措施,对保护未成年人健康成长、促进社会和谐安定具有重要意义。

（一）未成年人激情犯罪的原因

从客观方面来看,未成年人正处于生长发育的第二个高峰期,内分泌旺盛,情绪起伏较成年人来说更大。未成年人的精力和体力往往充足到过剩,一旦形成堆积,遇到诱发激情状态的因素便会迅速爆发。而随着社会的发展,人民的生活水平日益提高,由于良好的伙食,未成年人的身体已经约等同于成年人的体格,拥有的力气也足以造成刑法所规定的危害后果。因此,如果未成年人进入激情状态,很有可能造成激情犯罪。

从主观方面来看,未成年人处于幼年与成年的转化过渡时期,心智尚不完全成熟,意志力较弱,对社会的认识仍处于萌芽阶段,人生观、世界观、价值观还在慢慢形成,极其容易受到外界因素的影响。同时,我国学业压力较大,社会舆论环境较为严紧,未成年人的心理问题难以得到解决,从而影响他们对自身行为和周围事物的判断。再加上法律意识的淡薄,未成年人在面对挑起激情的事件时往往难以控制住自己的情绪和行动,最终导致悲剧的发生。

（二）各国对于未成年人激情犯罪的规定

纵观各国刑法,几乎所有英美法系和大陆法系国家都对激情犯罪有相关的规定。如德国《刑法典》第二百一十三条规定:"非行为人的责任,而是因为被害人对其个人或家属进行虐待或重大侮辱,致行为人当场义愤杀人,或具有其他减轻情节的,处一年以上十年以下自由刑。"加拿大等英美法系国家的刑法中则明确规定了"激情杀人",且细致规定了判定这种情形的具体条件。需要注意的是,各国立法都使用的是义愤、激愤、愤怒等概念,没有笼统使用激情的概念。

综合各国对于激情犯罪的规定,我们可以得知刑法中的激情犯罪属于减轻处罚的量刑情节。但是,司法实践中对于激情犯罪刑事责任的认定较为复杂,并非一切激情犯罪都可作为减轻处罚的情节。犯罪学意义上的激情犯罪并不等同于刑法上的激情犯罪。如果行为人是由于被害人的不当言行而产生激情,从而导致实施犯罪,则应当根据刑法规定从轻、减轻处罚。如果行为人实施犯罪的原因不能归责于受害人,则不属于激情犯罪减轻处罚的适用范围。

遗憾的是,我国刑法没有关于"激情犯罪"的具体规定,只有借鉴这一概念的立法参照,司法实践中对于激情犯罪的处理较为混乱。从我国对故意杀人案件、故意伤害案件等暴力性案件的重视来看,为了推进法治事业的有序发展,提高人民对法治的信赖与认可,可以在刑法中作出相关规定。

(三)未成年人激情犯罪的预防对策

预防未成年人激情犯罪,最重要的就是加强未成年人的知法、懂法、守法的法治思想。大多数未成年人的法律意识薄弱,在激情状态下更加难以第一时间想到保护自己的法律法规。学校需积极开展普法教育,社会需加大力度进行普法宣传,促使未成年人在遇到言语纠纷或是肢体打斗等危险时,能够及时、理智地选择用法律的武器维护自己的合法权益,有效化解矛盾,而非使用暴力解决问题。

预防未成年人激情犯罪,必须从小树立未成年人健康的生活态度,锻炼未成年人的心理承受能力。父母、老师不应一味地注重未成年人的成绩,而忽略未成年人的心理健康。家庭和学校应当承担起应有的责任,为未成年人提供系统的心理教育和生命教育,培养未成年人的同理心、共情能力和对生命的敬畏之心,教育其学会运用辩证思维理性地分析自己所面临的问题,调节并控制自己的情绪变化,学会相互理解。这有利于未成年人树立良好的心理、生活心态,强化自我控制情绪的能力,进而减少未成年人激情犯罪的发生。

预防未成年人激情犯罪,还需要全社会形成合力,共同关注未成年人的成长过程,例如开设心理咨询机构和心理教育课程,提高心理咨询、心理治疗的水平等。社会不应当再笼统地把未成年人的心理问题统一归类为"叛逆期",对此不管不顾,理所应当地认为是正常生理现象,而是应当高度重视未成年人的心理健康,营造有利于未成年人身心健康成长的社会环境,保障未成年人能够人格独立、协调发展;同时精准治疗、对症下药,尽早发现未成年人心理不良倾向的苗头,及时针对不同情况加以正确纠正和指导,引导未成年人走上正途。

参考文献

[1]齐文远.刑法学[M].北京:北京大学出版社,2007.

[2]陈航.对激情犯罪立法的比较研究[J].法学评论,1995(6):3-4.

[3]杨庆民,袁志.激情犯罪浅议[J].青少年犯罪问题,1994(5):24-26.

[4]夏勇.解读中外"激情犯罪":"药家鑫杀人案"引出的话题[J].法学,2011(5):127-133.

[5]孙涛,陈征.未成年人激情犯罪的原因与预防[J].法制博览,2019(26):266.

[6]魏蔚.青少年激情犯罪的预防[D].南昌:南昌大学,2013.

[7]伍凌翔,刘春燕,贺川.犯罪学上关于激情犯罪刑事责任的研究与解析[J].法制博览,2022(23):77-79.

饲养动物损害责任纠纷案件的分析

杨子涵①

摘　要:在因饲养动物招致的损害纠纷中,受害人应当举证损害的存在,在完整的证明过程中最难的举证为动物饲养人或管理者的确定。存在受害人过错、第三人过错的情形中也对动物饲养人或管理者有举证责任要求。除此之外,损害覆盖的范围也需要在个案中界定。

关键词:饲养动物损害责任;动物饲养人或管理者;第三人;重大过失

一、事实概要

2021 年 3 月 17 日,原告毕红生、毕亚琦家中被一只猫闯入,原告二人在驱赶该猫的过程中分别被咬伤和抓伤手,毕红生认为该猫属于楼上邻居老太太,遂找到老太太将猫带走,后原告二人报警,被告李俊先在派出所的询问笔录中承认自养宠物抓伤原告并承诺三日内进行赔偿,原告二人即至石景山中医院接种了狂犬疫苗。但原告就该部分医药费用主张被告承担赔偿义务时,遭到了被告的明确拒绝,于是原告向北京市石景山区人民法院提起诉讼,要求被告李俊先承担侵权责任并对原告二人的损失进行赔偿。

在一审辩论环节中,被告辩称闯入原告家中并抓伤原告的猫是流浪猫,与被告并无干系,其只是基于邻居帮忙才在原告找上门时去原告家查看并把猫带走。一审法院根据李俊先在派出所所作认可作案猫为其收养的流浪猫的笔录内容认定其系涉案猫的饲养人和管理人,符合《中华人民共和国民法典》第一千二百四十五条规定的情

---

①作者简介:杨子涵,女,汉族,河南南阳人,郑州大学法学院 2020 级 3 班本科生。

形①,且不存在免除及减轻其责任的事由。一审判决被告李俊先承担侵权责任,赔偿损失②。被告不服一审审判结果,遂向北京市第一中级人民法院提起上诉。

上诉人(原审被告)辩称一审证据采纳片面,事实认定不清;上诉人在派出所所作笔录不属实,不能代表其真实意思;主张被上诉人(原审原告)存在故意伤害和虐待情形,才招致损害发生。二审中当事人没有提交新证据,上诉法院经审查认为一审查明的事实属实,适用法律正确,应予维持,判决驳回上诉,维持原判③。

二、争点

(1)如何确定被告为涉案猫的饲养人或管理人?
(2)本案中被告是否存在抗辩事由?

三、关于争点的判决要旨

(一)一般论

首先,法院认为,原告二人的损害由涉案猫造成,涉案猫的饲养人或者管理人责任的承担应适用《中华人民共和国民法典》第一千二百四十五条的规定,根据该条规定,动物的饲养人或者管理人承担的是无过错责任,动物具有较高的危险性,危险在于其内在的,不可预测的致害性。动物饲养人或者管理人未尽到管理职责以致动物致他人损害的,承担无过错责任。

关于争点一,法院认为,被告在派出所所作笔录中承认其收养了作案猫并对涉案猫进行饲养和管理,虽然被告之后辩称其在作笔录时身体状况不佳,笔录内容不代表其真实意思,且主张抓伤原告二人的作案猫与其所指之猫并非同一,作案猫为流浪猫,其并不是作案猫的饲养人和管理人,但被告并未提交任何证据能够证明其主张。在派出所作笔录时民警也向被告宣读所作笔录,被告确认无误并签字,因此被告笔录内容不实的主张不能得到认可。被告对该流浪猫的照管,不仅局限于单纯的投喂行为,也认可之前收养并照管过该流浪猫,故应认定被告是该流浪猫的管理人,在该流浪猫造成他人损害后,被告应当承担侵权责任。

关于争点二,法院认为,流浪猫误入原告二人居住的房屋,影响到了他人的正常生

---

①《中华人民共和国民法典》第一千二百四十五条:饲养的动物造成他人损害的,动物饲养人或者管理人应当承担侵权责任;但是,能够证明损害是因被侵权人故意或者重大过失造成的,可以不承担或者减轻责任。
②参见北京市石景山区人民法院(2021)京0107民初10554号民事判决书。
③参见北京市第一中级人民法院(2021)京01民终8605号民事判决书。

活,原告二人有权维护自己的居住生活安全,对误入其居室内流浪猫采取的驱离行为,主观不存在恶意,客观上不存在重大过失的行为,并不构成过错行为。且被告无证据证明原告二人存在故意伤害、虐待等情形,因此被告不具有免责事由。

(二)对本案的判决

法院认为,被告主张其不是作案猫的饲养人或者管理人,原告存在主观故意的证据不足、理由不成立。被告未尽到对动物的管理职责,应承担动物致人损害的无过错责任。原告主观不存在故意或者重大过失,被告不具有免责事由。被告出于善心照管和饲养流浪猫,法院认可其善举,但其仍应依法承担饲养动物致人损害的无过错责任。根据实际情况,法院判决被告对原告二人的涉案损失承担全部赔偿责任。

四、评析

(一)类案检索

1.赵某诉尚某某饲养动物损害责任案①

原告赵某与被告尚某某同住在北京市丰台区某小区。2018 年 8 月 24 日 7 时许,赵某在小区 10 号楼北侧路散步时被尚某某的两只狗惊吓后倒地,导致赵某腰椎骨折。事发当日,尚某某陪同赵某前往丰台医院就诊并支付该部分医疗费用三百余元。次日,因就诊及赔偿问题未能与尚某某达成一致,原告方报警,四合庄派出所认定"尚某某在本市丰台区某小区存在无证养犬、未拴狗链遛狗的行为",给予尚某某行政收缴所养犬只的处罚。后赵某将尚某某诉至法院,请求被告赔偿原告医疗费、护理费等费用。

法院经审理认为:饲养动物造成他人损害的,动物饲养人或者管理人应当承担侵权责任,但能够证明损害是因被侵权人故意或者重大过失造成的,可以不承担或者减轻责任。尚某某违反饲养犬类的相关管理规定,无证养犬,未拴狗链遛狗,造成赵某受到狗的惊吓后摔伤,尚某某作为动物饲养人应当对由此给赵某造成的损害承担侵权赔偿责任。

饲养动物损害责任纠纷案件中,饲养动物虽未直接接触受害人,但因其追赶、逼近等危险动作导致受害人摔倒受伤的,应认定受害人损害与饲养动物之间存在因果关系。动物饲养人或管理人不能举证证明受害人对损害的发生存在故意或者重大过失的,应当承担全部的侵权责任。饲养动物并未和第三人的身体产生直接接触的情况下,第三人因受到饲养动物惊吓而避让,因此给受害人造成损害的,尽管饲养动物并没

---

①参见丰台法院第一批弘扬社会主义核心价值观典型示范案例之七:赵某诉尚某某饲养动物损害责任纠纷案——未拴狗链致人伤害承担侵权责任案,城市宠物管理呼唤新风尚:遛狗请拴绳。

有直接造成损害后果的发生、受害人的损害后果距离饲养动物的惊吓较为遥远,但因为符合社会常理而具有相当性,应当认定受害人的损害与饲养动物的惊吓之间存在因果关系。受到饲养动物惊吓后避让而致人损害的间接侵权中,除了饲养动物的惊吓,还有其他因素的介入共同作用造成受害人损害的,动物饲养人或者管理人承担与饲养动物惊吓原因力相适应的责任份额。

伴随宠物文化的兴起,公共场所的文明养犬行为应该引发公民的重视,本案中被告无证养狗,在小区内遛狗又不牵绳,肆意放纵饲养的宠物,不仅容易产生纠纷,也会影响邻里关系,本案通过利用司法裁判对不文明的社会主体行为予以纠正和规范,营造和谐友善的社会环境。

2. 张玉凤与祁存等饲养动物损害责任纠纷案①

2019年4月13日,徐东源饲养的大型犬只从犬舍里蹿出,扑倒撕咬其邻居张玉凤颈部。徐东源将犬只嘴掰开,并与张玉凤家人将张玉凤送至医院进行治疗,张玉凤作为原告将徐东源、祁存告上法庭,要求被告二人共同承担侵权责任,并对原告进行赔偿。

本案争点一在于被告祁存是否属于涉案犬只的饲养人或者管理人,二在于被告的赔偿范围。关于争点一,法院认为,本案证据显示,案发时被告徐东源与祁存已解除夫妻关系,在无该身份关系、无证据证明祁存长期居住于该处又无明确双方共同饲养的意思表示的情况下,本院无法认定祁存系共同饲养人。原告要求其承担责任之请求,本院不予支持。关于争点二,本院认为,张玉凤在被狗咬伤后,新发脑梗死、脑出血、颈动脉夹层,伤前已有冠心病、原发性高血压、高血脂、血糖异常等基础病史,对上述疾病进行系统治疗,检查、治疗项目多应属正常,这些费用也属被告赔偿范围之内。但原告在已具备出院条件、病情不存在危机情形且中日友好医院国际部也并非针对其病情后续治疗的专科医院、针对其病情有普通医院可替代的情况下,选择入住费用明显高于普通医院的中日友好医院国际部缺乏合理性、正当性,对于明显高出普通医院所需的检查、治疗费用应认定为原告扩大损失,该部分费用由原告自行承担。

关于本案,法院认为动物饲养人没有对饲养的犬只采取安全管理措施,导致受害人被犬只咬伤。饲养的犬只扑倒咬伤受害人的行为与受害人受侵害后果之间存在一定的因果关系,动物饲养人应当承担侵权责任。法院最终判决被告赔偿原告合理范围内的医疗费用以及其他损失,对于非涉案犬只饲养人或者管理人的被告不承担任何责任,不作损害赔偿。

3. 左强诉王玉银、白牧等健康权纠纷案②

2011年,左某骑电动自行车搭载爱人吴某,因受小区楼道口突然出来的宠物狗惊

---

① 参见(2021)京03民终11450号民事判决书。
② 参见(2014)二中民四终字第204号民事判决书。

吓,吴某翻掉下车,造成左某摔伤致10级伤残。该宠物狗登记在白某名下,实际由王某饲养。

本案的实务要点在于——受饲养动物惊吓而致人损害的间接侵权中,动物饲养人或管理人应承担与饲养动物惊吓原因力相适应的责任份额。

法院认为:①白某虽系致害宠物狗在公安机关登记的养犬人,但其并非该宠物狗实际饲养人。依《侵权责任法》第七十八条规定,饲养动物造成他人损害的应由动物饲养人或管理人承担侵权责任,故白某不承担责任。王某作为宠物狗实际饲养人,应对左某承担侵权损害赔偿责任。②因动物行为存在不可预知性,尤其是犬类动物存在攻击性和传染疫病危险,一般人会对其产生恐惧、紧张、害怕心理。尽管本案宠物狗体型较小,但仍具有一定危险性,同时,当宠物狗从楼道中跑出来时,王某并未采取安全措施,导致吴某因此受惊吓造成本案事故,侵权因果关系存在。③吴某受狗惊吓从车上翻掉下来,其避让不当亦系左某受伤原因之一。左某骑电动车在居民区载人、事发时小区路面状况是否平坦、左某骑车速度及其在慌乱中采取的何种避让行为,都会导致其身体失去平衡而摔倒,与左某受伤有一定作用。故宠物狗惊吓与左某所受损害之间不具有完全的因果关系,双方均具有过错,法院综合考虑双方过错因素作出相应责任分担,判决王某赔偿左某损失的25%即3万余元。

（二）对争点的分析

1. 关于动物饲养人或者管理人的认定

本案涉案猫为流浪猫,很难认定其饲养人或者管理人,本案被告也以此为由进行抗辩,但法院认为,被告承认自己收养该流浪猫,并为其做绝育手术,对该猫进行照顾和投喂,被告的行为已经足以认定其为作案猫的饲养人和管理人。

动物的饲养人,就是指动物的所有人。饲养的动物,是指人工喂养和管束的动物,家养的动物、动物园中的动物都属于饲养的动物。动物的管理人,就是指实际控制和管束动物的人。管理人根据某种法律关系直接占有动物,不但实际控制和管束动物,而且应有意从动物身上获益。辅助占有人和无因管理人不是管理人。理论和实践中确定责任主体的原则,一是所有权标准,即在动物在明确被人或组织所有的状态下,其所有人为责任主体,对该动物一切所为负责。二是实际控制标准,即对动物有实际控制能力的人。动物致害责任属危险责任,只有开启危险源、控制危险源并从中获益的人被要求承担此种责任才具有合理性。

对于被遗弃或逃逸动物损害责任主体的认定规定在《中华人民共和国侵权责任法》第八十二条:遗弃、逃逸的动物在遗弃、逃逸期间造成他人损害的,由原动物饲养人或者管理人承担侵权责任。遗弃的动物,是指动物原主人主动放弃所有权的动物。逃逸的动物,是指在原主人意志外丧失占有的动物。多数观点认为对于遗弃、逃逸动物致害,由其所有人承担侵权责任。本条将丧失对动物的占有划分为遗弃、逃逸两种类型,无论是饲养人或者管理人主动放弃对动物的占有,还是被动丧失对动物的占有,只要客观上造成动物离开饲养人或者管理人管控范围,造成他人损害的,都应当由原饲养人或者管理人承担侵权责任。主要理由是:对于遗弃的动物,尽管原主人放弃了对该动物事实上的管领和权利,但鉴于动物自身的危险属性,且基于动物原主人对社会公共安全的注意义务以及法价值上倾向被侵权人的考量,其仍应就动物之不当管束所造成的损失进行补偿。对于逃逸动物,非基于原主人意志而脱离原主人控制,其所有权仍属原主人,在其对他人造成侵权时理应由原主人承担损害赔偿责任。①

在本案中,被告对涉案猫具有实际控制能力,且涉案猫是由于被告看管不利才从家中跑出闯入原告二人的居室,引起损害发生,被告应该被认定为涉案猫的饲养人或者管理人,对涉案猫造成的损害承担无过错责任。

2. 关于抗辩事由

在饲养动物损害责任纠纷案件中,法定的免责事由有两类:一是受害人的故意或重大过失②。但要注意的是,受害人的一般过失不能作为减轻责任的事由;违反管理规定,未对动物采取安全措施和禁止饲养的烈性犬等危险动物造成他人损害的情形不能免责。二是动物园已经尽到管理职责的③。《中华人民共和国民法典》第一千二百五十条规定的第三人过错并不是免责事由,虽然受害者可以直接向第三人索赔或者动物饲养人或管理者赔偿后可以向第三人追偿,但第一顺位承担侵权责任的仍然是动物饲养人或管理者,动物饲养人或管理者并不能以第三人过错为抗辩事由。④

关于遗弃、逃逸动物责任是否具有抗辩事由的问题,有不同的观点。有的观点认为,遗弃、逃逸动物致害属于无过错责任,不可免除责任,但受害人故意引起损害的,可适用过失相抵原则;有的观点认为,在受害人具有过错或者第三人行为导致损害以及不可抗力的情形下,可以减轻或者免除原饲养人或者管理人的责任。还有的观点建议区分动物的类型,如果被遗弃或逃逸的动物是禁止饲养的危险动物,此时要适用《民法典》第一千二百四十七条的规定,免责事由要严格限制,受害人过错不能导致责任的减轻或免除;如果被遗弃或逃逸的动物是动物园的动物,则适用《民法典》第一千一

---

① 最高人民法院民法典贯彻实施工作领导小组:《中华人民共和国民法典侵权责任编理解与适用》,人民法院出版社 2020 年版,第 667—668 页。

②《中华人民共和国民法典》第一千二百四十五条:饲养的动物造成他人损害的,动物饲养人或者管理人应当承担侵权责任;但是,能够证明损害是因被侵权人故意或者重大过失造成的,可以不承担或者减轻责任。

③《中华人民共和国民法典》第一千二百四十八条:动物园的动物造成他人损害的,动物园应当承担侵权责任;但是,能够证明尽到管理职责的,不承担侵权责任。

④《中华人民共和国民法典》第一千二百五十条:因第三人的过错致使动物造成他人损害的,被侵权人可以向动物饲养人或者管理人请求赔偿,也可以向第三人请求赔偿。动物饲养人或者管理人赔偿后,有权向第三人追偿。

百七十三条和第一千一百七十四条,受害人的故意或过失(包括轻过失)都可以导致责任的减轻或免除;如果被遗弃或逃逸的是其他动物,则适用《民法典》第一千二百四十五条,即受害人的故意或重大过失都可以导致责任的减轻或免除。我们认为,本条适用无过错责任原则,减免责事由则应视逃逸、遗弃的动物具体情形分别根据第九章其他条文予以确定。例如,遗弃、逃逸的动物属于危险动物或者动物园动物,则适用《民法典》第一千二百四十七条、第一千二百四十八条的规定确定减免责事由。如果第三人的行为导致损害的,动物原饲养人或者管理人承担责任后,可以向第三人追偿,但其不能免除责任,仍应当承担放弃对动物占有或者过失造成动物逃逸的导致动物致害的责任。①

在本案中,被告辩称原告二人对流浪猫存在伤害、虐待行为,但未向法庭提供可被认定该事实的证据。流浪猫误入原告二人居住的房屋,影响到了他人的正常生活,原告二人有权维护自己的居住生活安全,对误入其居室内流浪猫采取的驱离行为,主观不存在恶意,客观上不存在重大过失的行为,并不构成过错行为。被告仅以事后发现该流浪猫存在伤情,即认为原告二人存在故意伤害流浪猫的行为且被告无证据证明原告二人存在故意伤害、虐待等情形,因此被告不具有免责事由。

五、饲养动物致人损害的责任承担

本案中对被告适用的是无过错原则。我国法律之所以对饲养动物此类侵权行为确定适用无过错责任原则,主要是基于以下三方面的考虑:一是"谁引发风险谁担责",动物具有一定的危险性,属于法律上的危险源。动物的饲养人或管理人最能有效地控制动物的危险性,因而其具有审慎管理被饲养动物的作为义务,损害事实的发生即可视为饲养人或管理人未履行自身的管理义务,因此其需承担侵权责任。二是根据"谁受益谁担责"的权利义务一致性原则,应当由动物的饲养人或管理人承担侵权责任。饲养动物具有明显的利益属性,饲养行为本身可能产生精神上的宽慰与愉悦,也可能由此获取经济利益。因此,为了权利与义务的平衡和更好地保护受害人利益,饲养人或管理人也应当承担相应的赔偿责任。三是适用过错推定责任原则或无过错责任原则,可以更好地保护受害人的权益。一般情况下,动物的饲养人或管理人更了解动物的习性,更容易控制动物的危险性,而被侵权人处于被动的受害者地位和弱势的取证地位。通过适用过错推定原则或者无过错责任归责原则,可以使受害人免于举证证明饲养动物的饲养人或管理人有过错,改变其在诉讼等维权活动中的被动地位。

①最高人民法院民法典贯彻实施工作领导小组:《中华人民共和国民法典侵权责任编理解与适用》,人民法院出版社 2020 年版,第 668-669 页。

考虑到饲养动物侵权的情形,饲养人对饲养动物具有高度的排他性支配,同时,在侵权事实发生过程中,被侵权人通常处于被动承受的地位,因此,饲养动物侵权适用无过错责任更为妥当。在完成形势判断之后,从实质的个案角度,为了救济特殊情形下负担过重的无过错责任承担者,如果被侵权人对损害存在故意或重大过失的场合,那么才例外地排除无过错的动物饲养人承担赔偿责任。

关于饲养动物遗弃、逃逸被人占有后致人损害的责任承担,《民法典》对此无具体规定。家畜、家禽以及狗、猫等宠物无论是被原饲养人或者管理人主动遗弃还是被动逃逸,都难以回归野生状态。因为人类饲养这些动物已久,它们已完全被驯化,有的已失去了野生的本性,有的丧失了野外生存能力。这类动物如果已经被他人占有、饲养,则所有权变化后,饲养人或者管理人转移为新占有人,对于该类动物致人损害,从《民法典》第一千二百四十五条饲养动物致人损害一般条款规定出发,应当由新饲养人或者管理人,也就是占有人承担责任。如存在动物逃逸后又受到他人支配、强制、挑唆等造成损害而非动物自身主动造成损害的,则应当结合《民法典》第一千二百四十五条、第一千二百四十六条、第一千二百五十条的规定综合判断。

实践中存在流浪猫狗虽没有固定所有者或者管理者,但有爱心人士作为喂养者定期或者不定期喂养,如该类动物致害,则流浪猫狗的喂养者是否应当承担责任的问题,也有不同认识。为了增强对爱心人士照顾流浪动物行为的规范和管理,我们认为,不应对流浪动物的喂养者过于苛责,不应认定其属于喂养期间的所有者或者管理者,对流浪动物致害承担责任。

关于遗弃、逃逸动物无法找到原所有人或者管理人的责任承担问题,主流观点为应当有负责安全保卫义务的主体承担责任,即无主动物无法找到原所有人、饲养人或者管理人的,也无照管、喂养者的,如果在特定区域范围内被侵害,则应当由负责安保义务的单位和个人承担责任。比如,(2018)鲁05民终748号上诉人山东绿地泉物业服务有限公司河口分公司(以下简称绿地泉公司)与被上诉人王某某健康权纠纷案。二审法院认为,对于无主动物致害,找不到原饲养人、管理人的,小区物业公司对所服务的小区实施管理时,应该尽到合理限度范围内的安全保障义务,应当承担责任。绿地泉公司作为小区的物业管理单位,负有维持小区居民正常生活秩序的管理义务,其疏于防范,导致流浪狗在小区内出没并咬伤王某某,且其并未举证证明该狗的饲养人或管理人是谁,一审法院酌情判决绿地泉公司对王某某承担50%的补充赔偿责任并无不当。①

近年来,随着我国社会经济的飞速发展,越来越多的家庭迎来了新的家庭成

①最高人民法院民法典贯彻实施工作领导小组:《中华人民共和国民法典侵权责任编理解与适用》,人民法院出版社2020年版,第670-671页。

员——宠物,宠物数量的增加引发了更多因饲养宠物产生的纠纷。在社会治理体系中,人民法院的审判职能起到重要的价值引领作用。尤其在纷繁复杂的民事活动领域,司法裁判是最直接、最有效地明确规则和塑造共识的方式,也是提升国家治理能力现代化的重要途径。法院的判决意在倡导"谁引发风险谁担责""谁受益谁担责"的社会价值理念。

本案在涉案动物饲养人或者管理人的认定上也给社会公众以启示。确定责任主体绝不仅以所有权为标准,动物饲养人或者管理人并不局限于动物的所有人,占有人出于无因管理占有流浪动物为合法占有,合法占有流浪动物的人因其对动物的直接控制而负有管理义务,属于"动物管理人"的范畴,应当承担侵权赔偿责任。对于流浪猫狗等被遗弃的动物,善意喂养人的善意值得肯定,但一旦喂养行为达到一定限度,足以被认定为对动物具有实际控制权,行为人就必须负起责任,为该动物的危险损害承担无过错责任。

饲养动物损害责任纠纷是社会治理的一个重大版块,关系到社会的和谐与稳定。《民法典》侵权责任编对相关情形规定得相当详细,在司法实践中,各级法院应当遵循立法精神,做到有法必依,平等执法,保障司法公平和社会和谐稳定。

参考文献

[1]张真.饲养动物致人损害,责任如何承担?[J].人民之友,2022(11):57.

[2]李卓谦.饲养动物对他人造成损害,责任如何划分?[N].民主与法制时报,2021-12-02(08).

[3]邹丽梅,邢雨.民法典时代饲养动物侵权责任主体探析[J].开封文化艺术职业学院学报,2021,41(10):218-219.

[4]郑鸽.论饲养动物致害责任[D].沈阳:辽宁师范大学,2021.

[5]任治廷.流浪宠物侵权责任研究[D].西宁:青海师范大学,2021.

[6]闫锐.论饲养动物侵权责任主体认定规则[J].南方论刊,2020(9):60-62.

[7]王强.饲养动物归责体系在侵权责任法中的全息式探究:解析二元的立体层级化担责模式[J].山东社会科学,2020(8):129-134.

[8]林志辉.《中华人民共和国侵权责任法》饲养动物致人损害责任:问题与建议[J].前沿,2019(6):74-80.

司法实践中合同解除条件成立的认定

——以瑰丽公司与神旺公司合同纠纷为例

张五建①

摘 要:合同的解除规则对于合同双方当事人来说都是影响其自身利益的重大因素,例如在房屋租赁合同中解除规则的理解与适用对于有效平衡出租人和承租人之间的利益关系,促进房屋租赁市场有序发展具有深远意义。我国《民法典》中对合同关系的解除问题仅仅设置了几个简单的条文,在司法实践中合同解除条件的认定往往比较困难,因此双方当事人就此往往纠纷不断。本文立足于司法实践,从瑰丽公司与神旺公司房屋租赁合同纠纷一案出发,对房屋租赁合同解除条件的认定进行分析讨论,以期更好地理解合同的解除规则及其适用。

关键词:合同;房屋租赁;单方解除;协议解除

一、基本事实概要

2017 年 11 月 15 日,瑰丽公司(乙方),与神旺公司(甲方)签订了《商务中心租赁合同》,约定神旺公司将其所有的位于四川省成都市天府大道北段 869 号 1 栋 2 单元部分楼层及商铺租赁给瑰丽公司。该合同 2-1 条载明"该物业的产权性质和规划用途为:商业办公用房";第 2-2 条载明"乙方承诺:租赁该物业作为酒店及相关业务使用";12-2 条载明"除本合同明确约定的情形外,双方均不得解除本合同"。

该合同签订后,瑰丽公司按照合同约定交付租金及物业管理费,神旺公司于 2018 年 3 月 1 日将租赁物业交付给了瑰丽公司。2018 年 4 月 19 日,神旺公司向瑰丽公司发出《关于解除〈商务中心租赁合同〉的通知函》,因公司发展需要意欲解除租赁合同。瑰丽公司于 4 月 24 日向神旺公司发出回复函,称其无权单方解除合同。

---

①作者简介:张五建,男,汉族,河南郑州人,郑州大学法学院(知识产权学院)2020 级 3 班本科生。

2018 年 4 月 19 日至 2018 年 6 月 14 日,瑰丽公司、神旺公司就案涉合同是否解除事宜,以邮件进行磋商。2018 年 5 月 8 日,瑰丽公司向神旺公司发出邮件,将《终止合同协议》发送给神旺公司,并请神旺公司就相关问题与瑰丽公司法务部门进行协商洽谈,但神旺公司并未协商。2018 年 6 月 14 日,瑰丽公司向神旺公司发出《关于要求纠正〈商务中心租赁合同〉项下违约行为继续履约的通知函》,要求神旺公司继续履行合同,如神旺希望解除合同,需向瑰丽公司支付违约金,否则合同继续履行。

后瑰丽公司向法院提起诉讼要求神旺公司继续履行租赁合同,一审判决瑰丽公司胜诉,后神旺公司不服提起上诉。

二、争议焦点

神旺公司与瑰丽公司签订的《商务中心租赁合同》应否解除。

三、关于争议焦点的判决要旨

对本案的判决:

一审认定事实:2018 年 4 月 19 日,神旺公司向瑰丽公司发出《关于解除〈商务中心租赁合同〉的通知函》,载明"现基于我司发展战略及目前实际需要,我司特向贵司致函如下:①我司现决定,自 2018 年 4 月 20 日起与贵司解除《商务中心租赁合同》,……"瑰丽公司于 4 月 24 日向神旺公司发出回复函,其中第 2 条载明"在《商务中心租赁合同》约定的解除条件未达成的情况下,神旺无权根据通知函单方解除《商务中心租赁合同》,……"

2018 年 4 月 19 日至 2018 年 6 月 14 日,瑰丽公司、神旺公司就案涉合同是否解除事宜,以邮件进行磋商。2018 年 5 月 8 日,瑰丽公司向神旺公司周某某发出邮件,将瑰丽公司法务部门草拟的《商务中心租赁合同终止协议》发送给神旺公司,并请神旺公司就相关问题与瑰丽公司法务部门进行协商洽谈。神旺公司并未协商。

2018 年 6 月 14 日,瑰丽公司向神旺公司发出《关于要求纠正〈商务中心租赁合同〉项下违约行为继续履约的通知函》,该函件载明:"①《商务中心租赁合同》是对双方均具有法律约束力的合法有效的合同。并明确约定'除本合同明确约定的情形外,双方均不得解除本合同'。②瑰丽不存在任何违约情形,神旺向瑰丽发送的结束合同通知函无法律依据或合同依据。神旺不享有单方解除合同的权利。③……如神旺希望解除《商业中心租赁合同》,神旺需向瑰丽支付人民币 52 005 400.79 元作为补偿……④如果神旺未能在 2018 年 6 月 19 日之前向瑰丽支付上述款项,或向瑰丽发送通知表明其愿意继续履行《商务中心租赁合同》,由此造成的全部法律后果将由神旺承担。"

二审中,当事人均未提交新证据。二审对一审查明的案件事实予以确认。

二审认为,神旺公司与瑰丽公司签订的《商务中心租赁合同》,是双方真实意思表示,不违反法律法规的强制性规定,应属合法有效,对双方当事人均有约束力,双方当事人均应按照合同约定履行自己的义务。根据合同法第九十三条、第九十四条规定,合同当事人可以协商一致或者在符合合同约定或法律规定情形下解除合同。本案中,神旺公司在一、二审诉讼中均表示,案涉《商务中心租赁合同》因双方之间协商达成了解除的合意而已解除,神旺公司向法院举示了包括2018年5月1日瑰丽公司原法定代表人邱某所发的邮件等证据予以佐证。二审法院认为从双方当事人之间有关的往来邮件内容看,双方之间就案涉房屋租赁合同的解除问题进行过磋商,但瑰丽公司在磋商过程中并未明确表明同意解除合同。瑰丽公司在2018年6月14日向神旺公司发出的《关于要求纠正〈商务中心租赁合同〉项下违约行为继续履约的通知函》表明,只有神旺公司在2018年6月19日之前支付其各种补偿金合计52 005 400.79元,其才同意解除合同。瑰丽公司该项同意解除合同的意思表示,应理解为一种附条件解除合同的意思表示,也即其以神旺公司于特定日期之前向其支付固定金额的补偿金作为生效条件的意思表示。现神旺公司并未按照该条件向瑰丽公司支付价款,不能视为瑰丽公司同意解除合同。因此,神旺公司与瑰丽公司之间并未就案涉租赁合同的解除达成合意,神旺公司主张双方之间因协商达成合意导致合同解除,缺乏事实和法律基础,二审法院不予支持。双方当事人均应按照案涉租赁合同的约定继续履行,瑰丽公司要求神旺公司继续履行合同的请求于法有据,一审法院予以支持并无不当。

四、对本案的评析

(一) 理论观点

1. 单方解除和协议解除

单方解除,是指解除权人行使解除权将合同解除的行为。它不必经过对方当事人的同意,只要解除权人将解除合同的意思表示直接通知对方,或经过人民法院、仲裁机构向对方主张,即可发生合同解除的效果。

协议解除,是指当事人双方通过协商同意将合同解除的行为。它不以解除权的存在为必要,解除行为也不是解除权的行使。其具有与一般解除相同的属性,但也有其特点,如解除的条件为双方当事人协商同意,并不因此损害国家利益和社会公共利益,解除行为是当事人的合意行为,即双方当事人只需要协商一致即可解除合同。

2. 单方解除合同的情形

(1)因不可抗力致使不能实现合同目的。不可抗力致使合同目的不能实现,该合同失去意义,应归于消灭。不可抗力是指当事人在订立合同时不能预见,对其发生和后果不能避免并不能克服的事件,包括自然灾害、战争、社会异常事件等。

(2)在履行期限届满之前,当事人一方明确表示或者以自己的行为表明不履行主要债务。此即债务人拒绝履行,也称毁约,包括明示毁约和默示毁约。此时债权人有单方解除合同的权力。作为合同解除条件,它一是要求债务人有过错,二是拒绝行为违法(无合法理由),三是有履行能力。

(3)当事人一方迟延履行主要债务,经催告后在合理期限内仍未履行。此即债务人迟延履行。根据合同的性质和当事人的意思表示,履行期限在合同的内容中非属特别重要时,即使债务人在履行期届满后履行,也不致使合同目的落空。在此情况下,原则上不允许当事人立即解除合同,而应由债权人向债务人发出履行催告,给予一定的履行宽限期。债务人在该履行宽限期届满时仍未履行的,债权人有权解除合同。

(4)当事人一方迟延履行债务或者有其他违约行为致使不能实现合同目的。对某些合同而言,履行期限至为重要,如债务人不按期履行,合同目的即不能实现,于此情形,债权人有权解除合同。其他违约行为致使合同目的不能实现时,也应如此。

(5)法律规定的其他情形。法律针对某些具体合同规定了特别法定解除条件的,从其规定。

(二)对本案的评析

1. 神旺公司发出的合同解除行为是无效的,合同不应解除

合同解除权是形成权,合同一旦解除对双方当事人权利义务影响巨大,故无论是法定解除权还是约定解除权的行使,都必须具备一定的条件。根据《中华人民共和国合同法》(现已废止)第九十六条第一款规定:"当事人一方依照本法第九十三条第二款、第九十四条的规定主张解除合同的,应当通知对方。合同自通知到达对方时解除。对方有异议的,可以请求人民法院或者仲裁机构确认解除合同的效力。"最高人民法院《关于适用〈中华人民共和国合同法〉若干问题的解释(二)》第二十四条:"当事人对合同法第九十六条、第九十九条规定的合同解除或者债务抵销虽有异议,但在约定的异议期限届满后才提出异议并向人民法院起诉的,人民法院不予支持;当事人没有约定异议期间,在解除合同或者债务抵销通知到达之日起三个月以后才向人民法院起诉的,人民法院不予支持。"最高人民法院研究室对《关于适用〈中华人民共和国合同法〉若干问题的解释(二)》第二十四条理解与适用的请示的答复中表示,"当事人根据《合同法》第九十六条的规定通知对方要求解除合同的,必须具备《合同法》第九十三条或者第九十四条规定的条件,才能发生解除合同的法律效力"。根据本案已查明事实,神旺公司发出解除合同的通知,并非九十三条双方协商解除的情形,也并不存在九十四条规定的情况,且神旺公司2018年4月13日发出《关于解除〈商务中心租赁合同〉的通知函》,瑰丽公司于2018年7月9日起诉至一审法院,在《关于适用〈中华人

民共和国合同法〉若干问题的解释（二）》第二十四条规定的三个月期限之内，故神旺公司发出解除合同的行为，既不符合法定解除的情形，也不属于行使合同约定解除权的情形。故神旺公司发出《关于解除〈商务中心租赁合同〉的通知函》，仅具有终止合同履行的意思表示，并不具备解除合同的法律效力。

2. 双方邮件进行磋商后，虽瑰丽公司曾发函表示协商解除合同，但神旺公司并未与之达成一致意见，不构成合同实际解除效果

根据已查明事实，2018 年 4 月 19 日后，神旺公司通过邮件来往，与瑰丽公司就合同解除进行过磋商。磋商过程中，瑰丽公司曾回复该公司法务部门将与神旺公司就合同解除进行协商，且草拟了《商务中心租赁合同终止协议》。但因神旺公司与瑰丽公司并未就《商务中心租赁合同终止协议》达成一致，故 2018 年 6 月 14 日瑰丽公司向神旺公司发出《关于要求纠正〈商务中心租赁合同〉项下违约行为继续履约的通知函》。在该信函中，瑰丽公司明确表示，如果神旺公司未能在 2018 年 6 月 19 日之前向瑰丽公司支付 52 005 400.79 元作为赔偿，则瑰丽公司要求神旺公司继续履行合同。由此可见，瑰丽公司与神旺公司并未就解除合同达成过合意，且瑰丽公司在解除权异议期内向法院提起诉讼要求神旺公司继续履行合同，故双方邮件进行磋商的过程，不具有合同实际解除的效果。

3. 该租赁合同不属于《中华人民共和国合同法》第一百一十条规定的情形

神旺公司抗辩称，本案案涉合同存在在法律上不能履行且案涉合同债务标的不适于强制执行的情形，符合《中华人民共和国合同法》第一百一十条第一项、第二项的规定，应当排除瑰丽公司请求继续履行合同的权利。神旺公司认为，首先，根据《中华人民共和国城乡规划法》《四川省城乡规划条例》《成都市城乡规划条例》和成都市城乡建设委员会于 2017 年 4 月 21 日发布的《关于进一步加强商业、办公类建设项目管理的通知》等法律法规关于"商业、办公类建设项目应当严格按照规划用地性质及规划许可开发、建设、销售、使用，严禁擅自改变为居住用途""对商业、办公类建设项目，开发企业和中介机构不得以任何方式违规宣传房屋可以用于居住，不得出现酒店式公寓、商务公寓等违规宣传用语"，本案中案涉物业的规划用途是"办公"，属于"商务金融用地"，而瑰丽公司承租案涉物业的目的是用于酒店经营，属于"旅馆用地"，酒店和办公分属于"办公用房"和"服务业用房"两个不同类别之下，案涉合同的继续履行是以侵害行政法益为代价的，将来也可能受到包括但不限于责令改正的行政处罚而无法继续履行，故本案案涉合同在法律上不能履行。其次，本案案涉合同的债务标的也不适于强制履行，瑰丽公司概括性提出要求人民法院判决继续履行合同，但没有明确继续履行的具体内容，因履行事项不明无法强制执行。且案涉合同的目的是承租物业用于酒店经营，合同周期超过十五年，与普通住房租赁有显著区别，瑰丽公司为达到经营酒店之目的需要神旺公司及第三方物业公司在良好商业氛围和充分信赖基础上全力配合及协助才有可能实现,且合同协助义务有明显的人身依附性,不适宜强制执行。

神旺公司的抗辩,显然不能成立,原因如下:根据《中华人民共和国合同法》第一百零七条,"当事人一方不履行合同义务或者履行合同义务不符合约定的,应当承担继续履行、采取补救措施或者赔偿损失等违约责任"。而根据《中华人民共和国合同法》第一百一十条,"当事人一方不履行非金钱债务或者履行非金钱债务不符合约定的,对方可以要求履行,但有下列情形之一的除外:(一)法律上或者事实上不能履行;(二)债务的标的不适于强制履行或者履行费用过高;(三)债权人在合理期限内未要求履行"。

(1)并非属于"法律或者事实上不能履行"。所谓法律上不能履行,是指双方在订立合同时可以履行的,但在合同实际履行的时候,法律和法规禁止这样的履行行为。如前所述,案涉合同未违反效力性强制性规定,合法有效,神旺公司抗辩中涉及的相关规章制度,均非法律法规的效力性强制性规定,而神旺公司关于履行合同会被有权机关进行行政处罚等抗辩,也均非法律上不能履行的情形。即使案涉租赁合同对于物业的使用违反了规划用途,但并未侵害国家、集体或者他人利益,不违反效力性强制规范,合同不必然因此无效。在诉讼过程中,神旺公司亦表示有合法途径变更房屋用途,因此不能认定属于法律上不能履行的情形。至于因经营酒店需要变更房屋用途产生的相关费用,可由双方另行协商解决。且经二审查证,案涉租赁合同约定租赁标的物业用于"酒店"经营,神旺公司主张该物业的规划用途为"办公"用房,其主要的依据为其单方委托并依据其单方提供资料所形成的《房屋建筑面积测绘成果报告》,无法从其举示的证据认定案涉物业的规划用途确定为"办公"用房。

故本案不存在法律上不能履行的情形。至于事实上的履行不能,是指合同当事方没有履行合同的能力,根据一、二审已查明事实,案涉物业并未损毁、灭失,且仍旧登记在神旺公司名下,神旺公司对案涉物业有实际控制权,故神旺公司有交付该物业给瑰丽公司进行酒店经营的基础和条件,故本案亦不存在事实上的履行不能。据此,神旺公司关于本案符合《中华人民共和国合同法》第一百一十条第一项规定情形的主张不成立。

(2)并非属于"不适于强制履行"。本案为房屋租赁合同纠纷,承租人的主要义务为支付租金及按照合同约定将租赁业务用于酒店经营,而出租人的主要义务为交付物业以及办理相关行政许可手续。如前所述,案涉物业登记在神旺公司名下,神旺公司对该物业有控制权,可以将该物业交由瑰丽公司进行装修以用于酒店经营。且2018年3月,案涉物业已交由瑰丽公司进行装修,并完成了样板间的装修工作。至于在履行过程中,神旺公司是否怠于履行合同义务、是否存在不配合办理行政许可等情形而造成违约,瑰丽公司有根据合同约定及相关法律规定追究其违约责任的权利,神旺公司提出基于经营规划的调整案涉物业将用于出售而非出租,并非本案债务标的不能强制履行的情形,即使神旺公司将案涉物业出售给第三方,按照案涉合同 11-1 条"租赁期内,若甲方出售该物业的,甲方应保证该物业出售后受让人继续履行本合同的各项约定直至合同期限届满,同等条件下乙方享有优先购买权"的约定,神旺公司也可继续履行合同。

此外神旺公司抗辩瑰丽公司概括性提出要求人民法院判决继续履行合同,但没有明确继续履行的具体内容,因履行事项不明无法强制执行的理由也不成立,瑰丽公司要求继续履行合同,合同中对于租赁事项有详尽规定,履行内容具体明确。同时神旺公司提出合同具有明显的人身依附性的抗辩也不成立,神旺公司在合同中的主要义务即提供租赁场所,瑰丽公司按时缴纳租金等费用,并不具有人身依附性。且即使神旺公司因发展需要出售该物业,按照合同中相关条款规定,神旺公司也应当保证瑰丽公司能够继续履行本合同的各项约定。

综上所述,神旺公司与瑰丽公司签订的《商务中心租赁合同》基于双方真实的意思表示,双方未达成协议解除合同,且合同并非属于"法律或者事实上不能履行"也并非属于"不适于强制履行",合同真实有效,继续履行。

五、分析案例心得

通过查阅公开文书了解了瑰丽公司与神旺公司合同纠纷一案的案件基本事实,并且通过仔细阅读一、二审判决以及相关法律文书了解了这个案件的情况,总结出本案的争议焦点为神旺公司与瑰丽公司签订的《商务中心租赁合同》应否解除。虽然神旺公司最先发出解除合同的意思表示,但其并不属于法律规定的具有单方解除权的情形,也不存在因合同中条款约定而获得单方解除权的情形,故并不具有合同解除的法律效力。且后续与瑰丽公司协商合同是否协议解除时未达成一致意见,故合同的协议解除不成立,《商务中心租赁合同》不应解除,依法有效。且合同后续履行中不存在法律或者事实上不能履行的情形,神旺公司应依法继续履行合同。

通过分析本案,笔者深刻认识到将课本上学习的理论知识应用于现实发生的具体案例时存在很多问题需要我们去一一解决。在分析具体案例时,需要仔细甄别各种现实情况所对应的具体法律问题,将现实具体案情中隐藏的法律模型提取出来然后带回具体的案件情况进行具体分析,这种能力对于我们来说是至关重要的。通过分析这个案例,将学到的理论知识应用于现实情况进行实践,让笔者受益颇深。

参考文献

[1]王茜.房屋租赁合同解除规则研究[D].重庆:西南政法大学,2019.

[2]李晓钰.合同解除制度研究[D].重庆:西南政法大学,2015.

［3］王闯.论合同的单方解除权［D］.石家庄:河北经贸大学,2022.

［4］杨梅.合同法定解除条件研究:以合同法第94条为视角［D］.郑州:郑州大学,2016.

［5］杨心雨.房屋租赁合同承租人违约解除的司法运用［J］.新疆开放大学学报,2022,26(3),64-67.

［6］申哲涵.违约方合同解除问题研究:以房屋租赁合同为例［D］.包头:内蒙古科技大学,2022.

［7］曾海潮.论违约方合同解除权的适用条件:以《民法典》第580条为中心［D］.成都:西华大学,2022.

［8］包思聪.论合同法第一百一十条但书规定的适用条件、法律效果及相关的损害赔偿［D］.上海:华东政法大学,2016.

针对有效辩护问题的案例分析

申 奥①

摘 要:随着我国刑事辩护制度的不断发展,有效辩护的问题逐渐引起了法学界的关注。我国法律就律师的从业资格、律师的职业伦理、律师接受委托从事刑事辩护、法律援助等问题确立了一系列规则,使得律师辩护制度逐步得到了完善。然而,迄今为止,我国仍然有70%左右的刑事被告人无法获得律师的帮助,这些被告人只能依靠自行辩护的方式来行使法定诉讼权利。而在那些有律师辩护的案件中,律师的辩护水平也是参差不齐的。由于律师的法律素养无法得到普遍的保障,加上律师界普遍采取事先全额收费的做法,因此,委托人对于辩护律师的制约力不强,辩护律师不尽职、不尽责的情况屡有发生。尤其是那些提供法律援助的辩护律师,由于所能获得的律师费用很少,加上法律援助机构普遍缺少有效的监管措施,更是难以为被告人提供高质量的法律服务。

关键词:有效辩护;法律权利;律师辩护制度

对于律师在辩护中不尽职、不尽责的情况,法学界通常将其视为"无效的辩护"。作为一种制度,无效辩护制度是美国所独有的一种诉讼制度。根据这一制度,对于律师不尽职、不尽责并造成一定消极后果的辩护活动,上级法院可以将其宣告为"无效辩护",并可以据此作出撤销原判、发回重审的裁决。这样,律师的无效辩护就与下级法院的程序错误一起,成为上级法院宣告下级法院的裁判无效的依据。不仅如此,根据美国宪法所确立的被告人"获得律师帮助"的宪法权利,美国联邦最高法院推导出被告人享有"获得有效辩护"权利的内容。既然获得有效辩护属于一项宪法权利,那么,律师做出无效辩护的行为就属于一种侵害被告人宪法权利的行为,上级法院就更应做出程序性制裁了。

有效辩护既是程序意义上也是实体效果意义上的,有效辩护意味着辩护权的行使

---

①作者简介:申奥,男,汉族,河南信阳人,郑州大学法学院2020级5班本科生。

是有效且充分的,被告人想说的话得到充分表达,被告人没有想到的也通过专业律师得到了充分的表达,被告人有尊严地获得了审判,判决结果是在个人想法得到充分表达后得出的,是公平的。实体效果上的有效辩护是指有效辩护达到"积极效果的辩护",这里所说的"积极效果"可以是指说服法官接受了律师的辩护意见,要么作出了无罪判决,要么在量刑上作出了宽大的处理,要么将某一非法证据排除于法庭之外。但有效辩护并不局限于无罪辩护,最大限度地罪轻辩护也是有效辩护的一种。辩护的最终结果并不单一指向于最终获得无罪判决,无罪判决的获得往往是多方面因素,包括犯罪嫌疑人无客观的犯罪事实、控方的错误和辩护人的努力。最大限度地罪轻辩护也是达到了"积极效果的辩护",律师接受委托后,在法律框架下取得有利于被告人的实体效果,包括撤案、不批捕、不羁押、不诉、法定的或酌情的从轻或减轻情节的认定都视为有效辩护。[①]

一、案情简介

被告人被控合同诈骗罪、诈骗罪一审有期徒刑十一年;二审撤销一罪,改判有期徒刑一年半,实现了有效辩护。案情简介如下:

合同诈骗罪部分:2011 年下半年,被害人宋某某与被告人口头约定购买某牌洋葱种子,宋某某分别在 2011 年 10 月份及 2012 年 1 月份汇给被告人种子款 7.8 万元。2012 年 2 月份,宋某某及妻子张某某因耕种需要多次要求被告人交付种子或退还货款,被告人未能交付种子并拒绝退款。之后,被告人拒接电话和不回复任何短信。宋某某和张某某报案后,2012 年 2 月 23 日,张某某和警察到被告人在某宾馆房间门口给其打电话,被告人谎称自己在外地,后被警察在宾馆房间内抓获。2012 年 2 月 28 日,被告人退还宋某某种子款人民币 7.8 万元。

2011 年 10 月份,A 公司与被告人口头约定购买 1000 桶某牌洋葱种子,A 公司 2011 年 10 月份及 2011 年 12 月份分两次给被告人汇款 26 万元。2012 年 2 月份,在 A 公司多次催要下,被告人仍未能交付种子。被告人拒接电话后,A 公司向公安机关报案。2012 年 5 月 5 日,被告人退还 A 公司洋葱种子款人民币 26 万元,A 公司对被告人的行为表示谅解。

诈骗罪部分:2012 年 4 月 25 日,被告人以 B 公司(2011 年 12 月 3 日被吊销营业

---

①冀祥德:《刑事辩护准入制度与有效辩护及普遍辩护》,《清华法学》2012 年第 4 期,第 116-131 页。尹晓红:《获得律师的有效辩护是获得辩护权的核心——对宪法第 125 条获得辩护条款的法解释》,《河北法学》2013 年第 5 期,第 6 页。何金容:《美国无效辩护制度对我国的借鉴》,《法制博览》2019 年第 22 期,第 2 页。

执照)法定代表人的名义与被害人周某签订草原承包合同,合同中约定被告人将其公司承包的草场转租给周某,租期为 14 年,并约定合同价款包含 4 台喷灌机及相关设备。合同签订后,周某向被告人支付了 200 万元承包费。2012 年 12 月份,放置在周某承包草场中的 4 台喷灌机被李某和 C 公司的工作人员拉走。之后,被告人失去联系。经查实,其中 3 台喷灌机系 C 公司所有,另一台喷灌机系李某所有。经某价格认证中心价格鉴定,该四台指针式喷灌机价格合计人民币 87.4187 万元。

另查明,被告人称李某欠其人民币 20 万元,2012 年 2 月 28 日,被告人退还宋某某的 7.8 万元系李某代为交至公安机关。综上,能够证明被告人与李某平时有经济往来,但因李某已死亡,导致被告人与李某的经济往来情况无法查实。

一审法院经审理认为:被告人以非法占有为目的,在签订、履行合同过程中,骗取宋某某财物后逃匿,数额较大,其行为构成合同诈骗罪。以非法占有为目的,骗取周某人民币 75.9607 万元,数额特别巨大,其行为构成诈骗罪。

二、问题及解析思路

(一)与合同诈骗罪、诈骗罪相关的法律规定

《刑法》第二百二十四条【合同诈骗罪】 有下列情形之一,以非法占有为目的,在签订、履行合同过程中,骗取对方当事人财物,数额较大的,处三年以下有期徒刑或者拘役,并处或者单处罚金;数额巨大或者有其他严重情节的,处三年以上十年以下有期徒刑,并处罚金;数额特别巨大或者有其他特别严重情节的,处十年以上有期徒刑或者无期徒刑,并处罚金或者没收财产:(一)以虚构的单位或者冒用他人名义签订合同的;(二)以伪造、变造、作废的票据或者其他虚假的产权证明作担保的;(三)没有实际履行能力,以先履行小额合同或者部分履行合同的方法,诱骗对方当事人继续签订和履行合同的;(四)收受对方当事人给付的货物、货款、预付款或者担保财产后逃匿的;(五)以其他方法骗取对方当事人财物的。

在此需要强调的是,为了避免该条第五款沦为"兜底性条款",扩大刑法的打击力度,本款所称的"其他方法"应与其他四款所规定情形的条件、程度相当。

《刑法》第二百六十六条【诈骗罪】 诈骗公私财物,数额较大的,处三年以下有期徒刑、拘役或者管制,并处或者单处罚金;数额巨大或者有其他严重情节的,处三年以上十年以下有期徒刑,并处罚金;数额特别巨大或者有其他特别严重情节的,处十年以上有期徒刑或者无期徒刑,并处罚金或者没收财产。本法另有规定的,依照规定。

《最高人民法院、最高人民检察院关于办理诈骗刑事案件具体应用法律若干问题的解释》第一条规定,诈骗公私财物价值三千元至一万元以上、三万元至十万元以上、五十万元以上的,应当分别认定为《刑法》第二百六十六条规定的"数额较大""数额巨

大""数额特别巨大"。各省、自治区、直辖市高级人民法院、人民检察院可以结合本地区经济社会发展状况，在前款规定的数额幅度内，共同研究确定本地区执行的具体数额标准，报最高人民法院、最高人民检察院备案。

最高人民检察院、公安部《关于公安机关管辖的刑事案件立案追诉标准的规定（二）》第七十七条规定，以非法占有为目的，在签订、履行合同过程中，骗取对方当事人财物，数额在二万元以上的，应予立案追诉。

根据上述法律规定可知，构成诈骗罪、合同诈骗罪，要求行为人客观上实施了虚构事实与隐瞒真相以骗取对方数额较大财物的行为；主观上具有非法占有他人财物的目的。具体而言，即行为人以非法占有为目的实施了隐瞒真相、虚构事实的行为；被害人因此产生错误认识从而"自愿"处分财产；行为人获得财产；受害人失去财产与行为人获得财产之间具有刑法上的因果关系。

（二）如何认定合同诈骗罪中的"合同"

合同诈骗罪侵犯的法益是公私财物所有权和国家合同管理制度，该罪中的"合同"必须能够体现一定的市场秩序，只有那些涉及社会主义市场经济秩序的合同才能成为合同诈骗罪中的合同。以口头形式约定的合同，只要发生在生产经营、流通领域，双方就货物的名称、数量、价格、交货条款等内容达成协议，并有证据证明确实存在合同关系的，应认定为合同诈骗罪中的合同。

（三）诈骗罪、合同诈骗罪的出罪事由

根据相关的法律规定及司法解释，结合相关案例进行整理，诈骗罪、合同诈骗罪的出罪事由应从以下几方面认定：

首先，应分析行为人是否具有非法占有的目的。非法占有的目的是行为人主观的心理状态，任何人均无法深入其内心来确认这种状态，只能通过外在的表现及行为来推断行为人的主观心理状态。对此可从以下方面进行考量：行为人是否有逃避偿还款物的行为，例如行为人是否取得款物后立即携款逃匿或者将财物转移、隐匿，拒不返还；或者将财物用于赌博、挥霍等，致使无法返还等；行为人与所谓的受害人之间是否存在经济往来；行为人未履行合同的应着重审查未履行的原因，对于签订合同时有履行能力，但因经营不善等客观原因导致无法依约履行的，应排除在合同诈骗罪之外；对于履行困难或不能履行的，应着重审查行为人是否存在真实的履行行为、是否积极创造履行能力、对于继续履行合同的态度等从而排除非法占有目的。

在此需要强调的是，在审理涉嫌诈骗类的案件时，应明确厘清民事欺诈与刑事诈骗的界限。一般而言，民事欺诈的行为人是希望以"虚构、隐瞒"的欺骗行为促成合同的成立与生效，并通过履行合同的行为取得相应的利益，通常有实际履行的行为；而合同诈骗罪的行为人则希望以欺骗的手段直接取得对方的某种处分、支付，从而非法占有对方处分、支付行为所指向的财物、取得利益,通常无实际履行行为或履行极少的合同义务。根据刑法"谦抑性"的要求,能通过民事途径进行救济的权利便无需上升到刑事高度,故不应将所有存在合同欺诈的行为均认定为犯罪。

(四)是否构成合同诈骗罪、诈骗罪

就本案而言,针对洋葱种子案(合同诈骗罪)部分,从合同诈骗罪的犯罪构成角度被告人主观无故意诈骗 A 公司和宋某某之目的,行为上亦未付诸实施诈骗之举。针对喷灌机案(诈骗罪)部分,从诈骗罪的犯罪构成角度其行为不具有非法处置喷灌机的行为,且主观上没有诈骗周某的故意,而所谓承包合同应为未生效之合同,即名为承包实为借贷内容。辩护人认为,被告人两个行为均为民事法律关系所应调整的民事行为,能通过民事途径进行救济,根据刑法的"谦抑性"原则,其行为无需上升到刑事高度。

就喷灌机案而言定其诈骗罪完全依附于所谓的承包合同最后条款,而结合二审证据及当庭查明事实看,承包合同除前所述外最多为周某为实现债权而签订的尚未生效的抵押使用权,其无论为承包关系还是抵押关系均无法证实喷灌机所有权转移这一内容,而以其所有权无法转移导致上诉人构成诈骗亦从刑法犯罪构成学上无法解释得通,更为关键的是上诉人根本没有主观诈骗周某之故意,结合庭审证据借贷关系真相大白。

综上,辩护人认为上诉人两个行为均为民事法律关系所调整的民事行为,即不构成刑法意义上的合同诈骗罪及诈骗罪,恳请贵院本着达到证据确实、充分证明标准的原则,客观评判此案判处上诉人不构成犯罪为宜。

(五)类案:(2016)鄂 0624 刑初 10 号

裁判要点:鄢某通过申请改变土地用途,将涉案土地转让给某公司意在获利,无非法占有国有划拨建设用地使用权补偿款 2 093 300 元的故意,故其行为不构成诈骗罪。

本案中公诉机关指控被告人鄢某实施了两个欺诈行为。即鄢某明知其仅享有原某磷肥厂 6584.7 平方米工业用地使用权以及 1398.9 平方米租赁土地使用权,其分别在向县政府递交改变土地使用性质申请文件中、县国土资源局工作人员对鄢某提供申请变更土地性质的相关资料进行审查时以及与某房地产公司法人代表黄某签订协议时共三次谎称其拥有原某磷肥厂的约 39 000 平方米土地使用权;二是在该宗地块招拍挂过程中,鄢某向土地交易中心出具了一份收到某房地产公司 418 万元房产和地上附着物补偿款的虚假证明。

国土资源局作为管理土地资源的职能部门,对辖区内土地资源权属进行管理是其基本职责之一。事实上,该局工作人员在对鄢某向县政府递交的改变土地使用性质申请资料进行审查时,已发现鄢某不拥有原某磷肥厂的全部土地资产,但却未对鄢某申

请变更土地权属、性质、面积及企业破产清算相关资料进行核实,即委托评估机构对原南漳县磷肥厂33 153.5平方米国有划拨土地进行国有建设用地使用权收回评估。在评估结束后,该局工作人员即起草了关于公开出让原磷肥厂国有建设用地使用权的请示,改变了之前认定鄂某只有该宗土地中部分土地使用权、只能部分补偿事实,明确提出将划拨国有建设用地土地使用权补偿款2 851 200元补偿给某肥业公司。该局工作人员的渎职行为,是该局陷入错误认识、"自愿"处分财物的直接原因。鄂某的欺诈行为,尚不足以使国土资源部门陷入错误认识。

被告人鄂某及原某磷肥厂职工在涉案土地上购买有房屋,经评估价值为320.31万元(其中职工住房5处,价值63.46万元),鄂某购买的机器设备及地上其他附着物评估为98万元,共计418.31万元(属于鄂某所有地上附着物价值354.85万元),鄂某及原某磷肥厂职工作为所有权人,在国土部门将涉案土地收储并挂牌转让时有权获得地上房屋及其他附着物补偿,其出具收到某公司418万元的地上附着物补偿款的虚假证明,与其取得划拨国有建设用地土地使用权补偿款2 851 200元无直接因果关系。

三、无效辩护类案分析

(一)案例介绍

2012年4月5日,北京某中级人民法院受理了检察机关提起公诉的被告人谢某强奸、抢劫案以及被告人李某故意伤害案,对这两起可能判处死刑的案件,当地法律援助中心指派某律师事务所周姓律师担任谢某案件的指定辩护人,指派该周姓律师与其助理陈律师担任李某案件的指定辩护人。在谢某案件的庭审中,周律师的辩护意见是,被告人系主动投案且认罪态度较好,此次犯罪系初犯、偶犯,请求法院对其从轻处罚。在李某案件中,辩护人的辩护意见是,被告人系初犯、偶犯,建议法院从轻处罚。一审法院分别对两起案件作出判决,判处被告人谢某死刑,判处被告人李某死刑,缓期两年执行。第一份判决书认为被告人谢某"这种随机选择作案目标并施以暴力侵害的行为,足以证明谢某的人身危险性和主观恶性极大""社会影响极为恶劣""对被害人身体的暴力行为极其残忍",因此"对于辩护人提出的请求对谢某从轻处罚的辩护意见,本院不予采纳"。而在第二份判决中,一审法院"对于辩护人所提主要辩护意见,本院酌予采纳"。

两被告人上诉后,二审法院经不开庭审理,均认为"本案在原审人民法院的审判过程中存在违反法律规定的诉讼程序的情形,可能影响到公正审判",故作出撤销原判、发回重审的裁定。

一审法院经过核实,认为上述两起案件被发回重审的直接原因都是辩护律师在开庭前没有按照规定会见被告人,而在李某案件的辩护中,出席庭审的陈姓律师庭后提交的辩护意见不是其当庭发表的辩护意见,而是由未出庭的周律师早先写好的书面辩护意见。一审法院认为,由于两位律师在上述两起案件的审理过程中,没有按照规定在开庭前会见被告人,"一方面致使该两起可能判处死刑案件被告人的合法权益,特别是辩护权,没有得到充分保障,导致律师的辩护工作流于形式,可能影响案件的公正审判";另一方面,"律师接受法律援助中心指派后,未在开庭前征得被告人同意认可其担任指定辩护人,致使律师此后进行的一切辩护工作及其参与的审判工作,均归于无效,严重地浪费了司法资源"。

据此,北京某中级人民法院提出司法建议书,建议相关部门采取措施,进一步加强对律师刑事辩护执业行为的监督规范。司法建议书提出的有关措施包括:一是涉案律师所在的律师事务所应"反思你所对所属律师在管理培训工作方面的不足",建立健全规章制度,避免类似情况再次发生;二是建议法律援助中心对指定辩护律师加大监督力度,探索创新管理考核机制,对于严重不负责任造成严重后果的律师,"应逐步建立淘汰退出机制";三是建议律师协会加大对于律师在职业道德、执业纪律以及专业知识方面教育培训力度,使律师自觉规范自身执业行为,同时建立与司法机关的信息沟通机制,"推广优秀刑辩律师成功经验""总结律师辩护工作的不足及失误",形成律师行业的激励与惩戒机制;四是建议司法行政机关强化监督管理力度,指导制定完善规章制度,落实对于律师的依法管理。

当地法律援助中心经过调查核实,确认了法院司法建议书提出的基本事实,认定周姓律师在未会见被告人谢某的情况下,直接于2012年4月24日和2012年5月18日出庭辩护,"仅在开庭前与受援人进行了简单的交流",在案件宣判后,该律师"在案卷中编写了一份会见笔录,隐瞒了未会见被告人的事实"。而在办理李某案过程中,律师事务所在接到法律援助中心分配的指定辩护任务后,安排周律师主办该案件,陈律师协助办理。在办理过程中,周律师不仅没有会见被告人,还在开庭时以生病为由将案件交予陈律师单独出庭。据此,法律援助中心作出了对司法建议书的复函,并采取了以下措施:一是鉴于周律师积极检讨,承认错误,主动退回谢某案的补贴,放弃李某案的补贴,中心决定不再发放上述案件的补贴,责令周律师退出中心志愿律师队伍,不再向其指派法律援助案件;二是中心将进一步加大和规范对志愿律师和律师事务所的管理力度;三是建议司法局与高级法院建立法律援助工作协商机制,并希望与北京某中级人民法院率先建立和恢复合作机制。

(二)无效辩护制度

1. 概念

对于律师在辩护中不尽职、不尽责的情况,法学界常将其视为无效的辩护。无效辩护制度是美国所独有的一种诉讼制度。根据该制度,对于律师不尽职、不尽责并造成一定消极后果的辩护活动,上级法院可以将其宣告为"无效辩护",并可以据此作出撤销原判、发回重审的裁决。至此,律师的无效辩护就与下级法院的程序错误,并列为上级法院宣告下级法院的裁判无效的理由。

2. 发展过程

美国联邦宪法第六修正案规定,在任何刑事诉讼中,被告人都享有获得律师帮助的权利。但是被告人仅仅有获得律师帮助的权利还是不够的,法院有必要保障被告人获得有效辩护的权利。在1932年的鲍威尔诉亚拉巴马州一案的判决中,联邦最高法院第一次承认被告人享有"获得律师有效帮助"的宪法权利。

根据这一判决,最高法院认定:"如果其所投入的时间或其他情况使律师不能为案件的准备和审理提供有效帮助的话,则州政府的这一责任不应被认为已经完成。"美国联邦最高法院据此推导出被告人享有"获得有效辩护"权利的内容。既然辩护属于一项宪法权利,那么,律师做出无效辩护的行为就属于一种侵害被告人宪法权利的行为,上级法院就更应做出程序性制裁了。①

但是,对于"无效辩护"的标准,这些法院却有着各不相同的理解。直到1984年,联邦最高法院在斯特里克兰诉华盛顿州案中,才对无效辩护的标准做出了权威的解释。

(三)无效辩护的构成

表面上看,只要律师辩护没有达到有效辩护的标准,就构成了无效辩护。这其实是一种不正确的认识。有效辩护主要是一种法律理念,其本身不存在完全明确的标准,因此,对于"违反有效辩护标准"的行为就无法进行准确的界定。可以说,无效辩护并不是违反有效辩护标准的必然结果,没有达到有效辩护的标准,并不必然导致无效辩护。一般而言,完整意义上的"无效辩护"同时由三个要素构成:一是律师没有进行尽职尽责的辩护,或者在辩护过程中存在重大的过错或者瑕疵;二是司法机关没有采纳律师的辩护意见,或者对委托人作出了不利的裁决;三是律师辩护的过错或瑕疵与委托人受到的不利裁判之间存在因果关系。②

在前面的案例中,律师在辩护中存在明显的过错,要么在法庭审理之前没有会见在押的被告人,要么在接受法律援助任务后未经允许将案件转交一名律师助理,没有尽到出庭辩护的义务,这显然是不尽职、不尽责的行为,违反了法律援助律师所应履行的基本义务。但是,仅仅有不忠实履行辩护职责的行为本身,并不必然构成一种无效

---

①陈瑞华:《刑事诉讼中的有效辩护问题》,《苏州大学学报(哲学社会科学版)》2014年第5期,第12页。汪家宝:《论中国刑事司法语境下的有效辩护问题》,《河南财经政法大学学报》2014年第5期,第11页。

②熊秋红:《有效辩护、无效辩护的国际标准和本土化思考》,《中国刑事法杂志》2014年第6期,第7页。张德雨:《无效辩护制度研究》,辽宁大学硕士学位论文,2014年。

辩护。假如律师存在这样的行为,但一审法院仍然作出了无罪判决或者其他有利于被告人的裁判,那么,二审法院一般就不会将律师的辩护认定为无效辩护。相反,正如前述案例所显示的那样,律师不仅怠于履行职责,而且还导致委托人受到被定罪判刑的不利结果,这才构成一种真正的无效辩护。换言之,无效辩护的成立通常要以案件发生了不利于委托人的裁判结果作为前提条件,仅仅存在律师辩护的过错或者瑕疵,而没有发生不利于委托人的诉讼结果,通常不构成无效辩护。

一般而言,无效辩护是由被告方提出的抗辩事由,也理应由被告方对无效辩护的成立承担证明责任。但是,在我国的刑事诉讼制度中,被告人能够获得律师辩护的案件尚且只占较小的比例,再为被告人施加证明案件系属无效辩护的责任,就显然会使其承担更为沉重的负担。因此,被告方即便要承担证明案件系属无效辩护的责任,也不需要达到最高的证明标准,而只要达到优势证据的程度就足够了。具体说来,被告方需要提供证据证明的是无效辩护成立的三项条件:一是律师辩护存在缺陷或者瑕疵;二是案件招致对委托人不利的诉讼后果;三是律师怠于履行职责与委托人受到不利裁决结果之间存在因果关系。其中,对第二个条件的证明相对比较容易一些,被告方需要着力证明的是第一个和第三个成立条件。为减轻被告方的证明责任,也为了对律师的辩护活动作出实质性的严格规范,有必要对律师辩护存在特别严重缺陷的情形作出概括性列举。只要律师辩护出现了这些具体情形之一,而下级法院又作出了不利于委托人的裁决,那么,法院和司法行政机关就应自动认定为律师辩护存在缺陷或者过错,也可以直接认定该项过错与不利裁决结果之间存在因果关系,从而免除被告方对第一和第三项条件的证明责任。例如,律师辩护存在以下缺陷或者过错之一的,就可以直接认定为无效辩护,而可以免除被告方对这些过错同裁决结果存在因果关系的证明责任:一是接受委托或者指定担任辩护人的律师,以前从来没有从事过刑事辩护业务的;二是律师法庭审理之前没有会见过在押嫌疑人、被告人的;三是律师在开庭前没有进行过查阅、摘抄、复制案卷材料的;四是案件出现了法定的无罪辩护事由,律师没有进行过调查取证的;五是律师没有与委托人进行沟通和协商,当庭与委托人发生辩护观点冲突的;六是两名律师同时担任同一委托人的辩护人,没有与委托人进行协商和沟通,当庭提出不一致的辩护意见的;七是接受委托或者指定担任辩护人的律师,没有亲自出庭辩护,未经委托人同意或者法律援助部门许可,委派另一名律师出庭辩护的;八是律师没有完整参加法庭审理过程,中途退出法庭的,等等。[①]

---

①陈瑞华:《有效辩护问题的再思考》,《当代法学》2017 年第 6 期,第 11 页。姚茂然:《庭前会议中律师有效辩护问题研究》,《经济与社会发展研究》2021 年第 3 期,第 266-277 页。

四、有效辩护与诉讼活动

我国有效辩护制度作为刑事诉讼的重要组成部分,对于查清案件事实有着不可或缺的重要作用。在刑事案件的侦查过程中一直都是侦查机关主导,在案件事实的查明过程中难免与真相产生偏差,而被追诉人及其辩护人在诉讼过程中提出的有效辩护,则是从被告方的角度提出的与侦查公诉机关不同的事实,能从维护犯罪嫌疑人、被告人的利益角度收集犯罪嫌疑人、被告人无罪、罪轻的证据,从而有利于发现案件的事实,更加有助于审判机关准确地查明案件的事实真相,促进法官作出正确合法合理的裁判,在一定的程度上维护了被告人的实体权利。

刑事诉讼是在国家强制力机关的主导下进行的诉讼活动,司法机关在案件的侦查和审理过程中,通过采取各种强制措施,限制、剥夺犯罪嫌疑人的人身和财产的权利,使得犯罪嫌疑人、被告人既不能全面深入的了解案情,也无法收集有利于自己的情况和材料,从而难以行使自我辩护的权利。①

被追诉人、辩护律师行使辩护权则是对犯罪嫌疑人、被告人自身权利的一种行使和保障,促进了控辩双方在诉讼地位上的平等。在案件审判过程中,被追诉人、辩护律师通过有效辩护,利用自身的法律知识积累,充分使用诉讼权利,在庭审过程中摆出有力的证据进行举证质证,充分参与诉讼过程,使辩护达到充分、有效的效果,促使法官做出有利于被告一方的判决。可以说,有效辩护有效地约束了司法机关的权力,加强了对犯罪嫌疑人的权利保障。

正义是法律制度所要实现的最高理想和目标,也是人们用来评价和判断一种法律制度具有正当根据的价值标准。正义是刑事诉讼程序的价值目标,而实现控辩平等是刑事诉讼机制的本质要求,控辩双方在力量上的不平等完全可以通过法律手段加以扭正。

我国刑事诉讼法以法律规定的形式规定了被追诉人、辩护人有辩护的权利,而辩护人的有效辩护、理性的论证不仅强化了辩护权,充分保障辩方的权利,也缩小控辩双方地位和力量悬殊的影响,确保双方享有平等的法律地位,更促使裁判者居中裁判做出客观的判断,从而影响裁判结果的形成,达到实现程序正义的目标。可以说有效辩护对促进程序正义有着极其重要的积极作用。

在刑事案件的审理过程中,法官作为裁判者,应处于中立地位,在刑事诉讼的职能主要是听取控辩双方的意见,查明案件的事实,合理恰当地适用法律法规,对案件居中做出裁判,而非仅听信一方之言,片面采纳控方或辩方任何一方的陈述和辩论对案件下定论。

---

① 刘萌:《论中国律师无效辩护的程序性法律后果》,西南财经大学硕士学位论文,2017 年。

辩护律师作为被追诉人、被告人的权利的维护者,应积极行使辩护权利,站在被告人的立场,收集例如无罪、罪轻等有利于被告人的证据,并在庭审过程中呈现,进行有力的举证质证,对案件事实的发现有一定的帮助,能在法庭上灵活应对控方不利于被追诉人的指控,从而能对公正裁判的作出产生积极的影响。若辩护人在庭审上所做的有效辩护,提出的辩护意见或证据切实合乎案件实情,法官应对其予以采纳,若法官对提出的辩护意见或证据不予采纳时,则必须在裁判文书中说明不予采纳的理由。这样不但促使司法审判发展的公正,也为律师有效辩护的作用起到了保障的作用。①

五、有效辩护的实践发展

我国采取职权主义与当事人主义相结合的刑事诉讼模式,但实践中,我国的刑事诉讼模式接近职权主义诉讼模式,要实现有效辩护,其外部环境首先必须加强构建平衡的控辩关系,要完善现行的诉讼构造,加强控辩审三方的有效制衡。对于公诉方,必须防止检方将监督关系与控审关系混为一谈,对侦查机关的侦查行为、司法机关的审判行为进行有利有效监督,检察院作为侦查机关的自侦案件,则应当将权力分散,将对于自身行为的监督权交予上级,由上级检察院对其侦查行为进行监督。检察机关不再自己监督整个审判活动,其权力受到了专门监督部门的制约,也就保证了法官的中立,控辩双方的平衡。作为中立审判者的法官,对侦查部门侦查程序中侵犯公民权利事件以及侦查程序是否合法也应当作出合理裁判,经过最终裁判的侦查行为如有实体或程序上的不合法,必须予以纠正。对于律师,应当赋予律师与控方同步的、充分和宽泛的调查取证权,完整的辩护权,从而实现控辩均衡,真正做到控辩审三方有效制衡,确保被追诉人的辩护权的行使,作出有效的辩护。②

为避免法官在庭审前形成对案件先入为主的印象,在庭审中仅只走个过场,或在对犯罪事实的认定有重要影响的法庭调查阶段,只听取公诉方有选择地宣读案卷材料,仅就已有的证据材料有选择地听取辩护律师的意见等情况的发生,我国刑事诉讼中可借鉴起诉书一本主义,即公诉机关在起诉时,除公诉书以外,不得向法院附带任何可能导致法官预断的证据或其他文书。防止法官庭前产生预断,在庭审过程中,法官应重视辩护律师作出的有效辩护,对于辩护律师在庭审过程中提出的收集到的犯罪嫌疑人、被告人无罪、罪轻的证据,要予以重视和审查,结合控辩双方的证据和辩词,公正

①韦志明:《论有效辩护》,《哈尔滨学院学报》2006年第5期,第95-99页。闵春雷:《认罪认罚案件中的有效辩护》,《当代法学》2017年第4期,第11页。
②王喆,闵春雷:《美国死刑有效辩护制度及其启示》,《东北师大学报(哲学社会科学版)》2012年第6期,第4页。

地对事实作出判断认定并作出裁判,使庭审不再流于形式,有效辩护的作用得到充分的发挥,从而促成公正判决的作出。

为避免司法机关滥用职权追究律师行使责任,我们要依据情况赋予律师刑事辩护豁免权,一般包括:一是确保刑事诉讼案件中辩护律师的人身自由和权利不受法律侵害,不得随意拘留、逮捕辩护律师或者以其他方式打击、追究辩护律师的法律责任。二是律师在庭审中发表的合法合理的辩护言论不受法律追究,司法机关不得以律师发表的言论过于激烈为由,将辩护律师驱逐出庭,保障律师正常地行使辩护权。只有严格辩护律师的入罪条件,降低刑事案件中有效辩护的辩护风险,才能提高律师参与刑事案件辩护的积极性,最终达到提高辩护有效性的目的。

六、结语

确立有效辩护的理念,并建立一套旨在规范律师辩护的质量控制体系,这是中国未来刑事辩护制度发展的必由之路。或许,作为一种制度,无论是无效辩护制度还是有效辩护制度,都不一定完全适合于中国的刑事法制,但是,作为一种理念,有效辩护所蕴含的确保被告人获得高质量的法律帮助的原则,却是中国未来刑事司法改革的一项重要目标。

参考文献

[1]陈瑞华.刑事诉讼中的有效辩护问题[J].苏州大学学报(哲学社会科学版),2014(5):12.

[2]闵春雷.认罪认罚案件中的有效辩护[J].当代法学,2017,31(4):11.

[3]冀祥德.刑事辩护准入制度与有效辩护及普遍辩护[J].清华法学,2012,6(4):116-131.

[4]王喆,闵春雷.美国死刑有效辩护制度及其启示[J].东北师大学报(哲学社会科学版),2012(6):4.

[5]陈瑞华.有效辩护问题的再思考[J].当代法学,2017,31(6):11.

[6]韦志明.论有效辩护[J].哈尔滨学院学报,2006(5):95-99.

[7]姚茂然.庭前会议中律师有效辩护问题研究[J].经济与社会发展研究,2021(3):266-277.

[8]尹晓红.获得律师的有效辩护是获得辩护权的核心:对宪法第125条获得辩护条款的法解释[J].河北法学,2013,31(5):6.

[9]何金容.美国无效辩护制度对我国的借鉴[J].法制博览,2019(22):2.

[10]汪家宝.论中国刑事司法语境下的有效辩护问题[J].河南财经政法大学学报,

2014,29(5):11.

[11]熊秋红.有效辩护、无效辩护的国际标准和本土化思考[J].中国刑事法杂志,
    2014(6):7.

[12]张德雨.无效辩护制度研究[D].沈阳:辽宁大学,2014.

[13]刘萌.论中国律师无效辩护的程序性法律后果[D].重庆:西南财经大学,2017.

电信网络诈骗的司法实践问题研究

——基于王帅、孙波诈骗案二审的案例分析

张　羽①

摘　要:近年来,电信网络诈骗犯罪呈现持续多发、高发态势,呈跨境化、专业化、集团化的特点,不法分子利用通信工具、互联网等手段,严重侵害人民群众财产安全和其他合法权益。现以王帅、孙波诈骗案二审的案件为例,更加全面地了解电信网络诈骗犯罪的立法现状、司法现状及其在司法实践中的相关问题。

关键词:电信网络诈骗犯罪;立法现状;司法现状;司法实践

一、案件简介

河南省登封市人民法院审理登封市人民检察院指控被告人王帅、孙波、刘会林、张胜利、孟小华、贺青、曹瑞芳、史晓敏犯诈骗罪一案,于 2020 年 11 月 6 日作出(2020)豫 0185 刑初 154 号刑事判决。宣判后,原审被告人王帅、孙波、刘会林、张胜利不服,分别提出上诉。

2017 年 3 月至 2018 年 6 月期间,被告人王帅、孙波、刘会林、张胜利、孟小华、史晓敏、贺青、曹瑞芳等人,依托黄清森、赵冰冰(二人已判决)等人成立上海森洋投资咨询有限公司郑州分公司(以下简称森洋郑州分公司)。该公司以 8、18、20 等楼层事业部为单位,组织大量人员,通过微信、QQ 等聊天工具添加不特定好友,以高额收益为诱饵,采取隐瞒、欺骗手段骗取被害人信任,从而骗取荐股服务费。其中,被告人王帅筹建、管理运营 20 楼,任职期间 20 楼业绩总计 139.6 余万元;被告人孙波任 20 楼销售经理、合规专员,负责 20 楼销售工作,任职期间 20 楼业绩总计 215.3 余万元;被告人刘会林作为 8 楼层经理,任职期间 8 楼业绩总计 439 余万元;被告人张胜利作为 8 楼销售经理,负责管理的部分业务团队业绩总计 266.4 余万元;被告人孟小华为 18 楼卓

---

①作者简介:张羽,女,汉族,河南郑州人,郑州大学法学院(知识产权学院)2020 级 6 班本科生。

越队业务员,个人业绩47.3余万元;被告人贺青为21楼超神队业务员,个人业绩16.3余万元;被告人曹瑞芳为21楼恒星队业务员,个人业绩16.2余万元;被告人史晓敏为18楼火焰队业务员,个人业绩14.8余万元。

被告人孟小华、曹瑞芳、史晓敏分别于2019年8月22日、6月17日到登封市公安局投案。

另认定,被告人孟小华、贺青、曹瑞芳、史晓敏、孙波分别退缴违法所得人民币50 000元、15 000元、15 000元、15 000元、5000元。

上述事实,有一审法庭查证属实的被告人王帅、孙波、刘会林、张胜利、孟小华、贺青、曹瑞芳、史晓敏供述,同案人黄清森、杨会停、申照宇、运丰收、温杰、朱亚洲、冯会堂、张鹏、吴高垒、郑道坤、吴思伟、文裕鹏、孙铭、杨雷、邢晓松、高培培、刘军、师燕华供述,被害人刘某、周某、徐某、董某、陈某陈述,上海森洋客户登记表,辨认笔录,微信聊天记录,上海森洋协议书,转账记录截图,销售经典话术、辅助号培训、森洋客户问题聚集及服务标准等材料,森洋郑州分公司薪酬管理规定及工资明细,搜查笔录、提取笔录、扣押决定书及扣押清单、发还清单,分公司登记申请书、营业执照、股东信息、公司章程等资料,中国证券监督管理委员会上海监管局沪证监函〔2018〕38号函、中国证券监督管理委员会河南监管局豫证监函〔2018〕218号函,现场勘验笔录及照片,鉴定报告,刑事判决书,到案经过,户籍证明等证据证明。

根据上述事实和证据,原判认定被告人王帅犯诈骗罪,判处有期徒刑十年零六个月,并处罚金人民币250 000元;被告人孙波犯诈骗罪,判处有期徒刑十年,并处罚金人民币250 000元;被告人刘会林犯诈骗罪,判处有期徒刑十年零六个月,并处罚金人民币250 000元;被告人张胜利犯诈骗罪,判处有期徒刑六年,并处罚金人民币50 000元;被告人孟小华犯诈骗罪,单处罚金人民币30 000;被告人贺青犯诈骗罪,单处罚金人民币20 000元;被告人曹瑞芳犯诈骗罪,单处罚金人民币20 000元;被告人史晓敏犯诈骗罪,单处罚金人民币20 000元;案发后退缴的违法所得100 000元依法追缴并发还被害人,剩余赃款依法继续追缴后发还被害人。

二、提出问题

(1)关于本案定性问题;

(2)关于主、从犯问题;

(3)关于犯罪形态问题;

(4)关于量刑问题。

三、理论分析

(一)电信网络诈骗的立法现状

电信网络诈骗是一种新型犯罪,《刑法》中现有的罪名都很难对该类行为做出适格评价,我国仍只是通过司法解释来探索治理新模式,成效不够明显。在2011年11月由最高人民法院、最高人民检察院出台的《关于办理诈骗刑事案件具体应用法律若干问题的解释》(以下简称《诈骗刑事案件解释》)中,重新界定了诈骗罪定罪量刑的数额标准,并且明确了可予以从严惩处的诈骗犯罪的具体情形,其中就包括了通过电信网络方式进行诈骗的犯罪行为,并对此类犯罪的定罪量刑,惩处建议等相关司法认定给出相应适用标准。在2015年11月1日起施行的《刑法修正案(九)》及最高人民法院、最高人民检察院《关于执行〈中华人民共和国刑法〉确定罪名的补充规定(六)》对新增的相关电信网络诈骗犯罪如拒不履行网络安全管理义务罪、非法利用信息网络罪、帮助信息网络犯罪活动罪实现了法条和罪名之间的整合。在2016年12月20日最高人民法院、最高人民检察院、公安部联合发布了《关于办理电信网络诈骗等刑事案件适用法律若干问题的意见》(以下简称《意见》),2021年6月22日,最高人民法院、最高人民检察院、公安部《关于办理电信网络诈骗等刑事案件适用法律若干问题的意见(二)》(以下简称《意见(二)》),在《诈骗刑事案件解释》的基础上进一步对定罪、量刑、惩处建议等相关司法认定给出相应适用标准,明确打击电信网络诈骗的法律标准,统一执法尺度。但是,就整体而言我国的刑法与司法解释并未就电信网络诈骗犯罪形成体系。

(二)电信网络诈骗的司法现状

由于电信网络诈骗犯罪在我国现行刑法没有单列罪名,因此对于电信网络诈骗犯罪通常按照传统诈骗罪的规定进行认定,如:诈骗罪、招摇撞骗罪、合同诈骗罪等。虽然通过现有刑法罪名和司法解释对电信诈骗犯罪的定罪量刑可以进行规范,但是在实践中,由于此类犯罪具有的特殊性,如果延续传统罪名关于定罪处罚的理念,则容易导致部分案件罪名认定不统一、罪责刑不适应等相关问题。

我国现行刑法体系下,传统诈骗犯罪的刑事责任评价标准为"数额+(升格刑)情节",以数额为中心标准,情节依附于数额。但电信网络诈骗犯罪较之传统诈骗罪的本质特征之外,还呈现出一些新特点,比如诈骗手法多样、不断升级且使用的工具越来越高科技;诈骗对象逐渐向跨境跨区域发展;大量职业的、专门的取款人出现,使得有关取证、定性、追赃等关键性事实问题的认定变得十分困难等。因此,此类犯罪的刑事责任评价要素则应更多,例如行为人实施诈骗的次数,被害人人数,造成的社会影响,等等,均属于其刑事责任的评价要素。然而,我国现行刑事体系中对此方面重视不足,在对电信网络诈骗犯罪进行刑事责任评价时表现出明显的滞后性。

学界通说认为,诈骗罪的犯罪构成如下:行为人实施欺骗行为—受骗者陷入或者强化认识错误—受骗者基于错误认识处分(交付)财产行为人或第三者取得财产所有权—被害人遭受财产损失。理论如此,司法实践却存在着众多疑难问题,包括如何界定财产损失,所谓的"财产",其内涵又是什么。这些都是诈骗罪的司法实践难题,无论是在立法层面,抑或司法层面,都需要不断地去完善。

(三)电信网络诈骗的司法实践问题

1.既遂未遂问题

电信诈骗犯罪以电信网络为依托,具有迅捷性、非当面性等特点,是诈骗犯罪的特殊形式,与一般的诈骗犯罪既有相似又有差别。加之,学界对于诈骗犯罪的既遂标准尚存在争论,易造成实践的不统一。界定电信诈骗犯罪的既遂标准在实践中有重要意义。我国《刑法》第二百六十六条规定,诈骗罪是指以非法占有为目的,用虚构事实或者隐瞒真相的方法,骗取数额较大的公私财物的行为。由此可见,骗取数额较大的公私财物是构成诈骗罪的要件之一。那么,条文中"骗取数额较大的公私财物"的"骗取"作何理解? 从字面意思来讲就是"骗"且"取",不仅要有"欺骗",还要有"取得","欺骗"的目的就是为了"取得","取得"的实现方式就是通过"欺骗",如果没有实现"取得"这一目的、产生"取得"这一结果,那么"骗取"就是不完整的,或者说就不是我们通常理解上的"骗取"。因此,非法占有控制财物的犯罪结果是否发生是认定诈骗罪既遂未遂的重要标准。另外,1996年最高人民法院《关于审理诈骗案件具体应用法律的若干问题的解释》规定,已经着手实施诈骗行为,只是由于行为人意志以外的原因而未获取财物的,是诈骗未遂。由此可见,《关于审理诈骗案件具体应用法律的若干问题的解释》明确规定了"未获取财物是未遂"。电信诈骗犯罪是诈骗犯罪的一种特殊形式,在电信诈骗犯罪中,只要被害人的财产一汇入指定账户,犯罪分子实际支配钱款的,即可认定为既遂;如果未汇入指定账户的,则为未遂。

2011年最高人民法院、最高人民检察院《关于办理诈骗刑事案件具体应用法律若干问题的解释》第五条规定,诈骗未遂,以数额巨大的财物为诈骗目标的,或者具有其他严重情节的,应当定罪处罚。利用发送短信、拨打电话、互联网等电信技术手段对不特定多数人实施诈骗,诈骗数额难以查证,但具有下列情形之一的,应当认定为《刑法》第二百六十六条规定的"其他严重情节",以诈骗罪(未遂)定罪处罚:①发送诈骗信息五千条以上的;②拨打诈骗电话五百人次以上的;③诈骗手段恶劣、危害严重的。实施前款规定行为,数量达到前款第①②项规定标准十倍以上的,或者诈骗手段特别恶劣、危害特别严重的。对此款规定,有学者解读为,从公安机关查处电信诈骗罪犯的实践来看,其难点主要在于证据查处难、取证难。因此,要严厉打击电信诈骗,就需要通过司法解释及时解决电信诈骗中遇到的证据难以认定问题。为此,司法解释针对诈骗行为查处难、取证难,诈骗数额往往难以查清的实际,根据刑法总则有关犯罪未遂的规定,专门规定了电信诈骗未遂的基本类型。在诈骗数额难为证实的情况下,采取这种特殊的定罪标准,将大大提高电信诈骗被定罪判刑的风险,定能起到良好的预防效果。笔者赞同上述看法,认为理解和适用这三种类型,应把握以下几个问题:①适用这三种未遂类型的首要前提是"利用发送短信、拨打电话、互联网等电信技术手段对不特定多数人实施诈骗",必须是以电信技术手段为犯罪媒介,如果采取其他手段而非利用电信网络技术实施诈骗的,就只可能成立一般诈骗罪。第二个条件是"诈骗数额难以查证",如果数额能够查证的话,那就是诈骗既遂,也就没有讨论的意义了。第三个条件是必须"发送诈骗信息五千条以上;拨打诈骗电话五百人次以上;诈骗手段恶劣、危害严重的"。在电信诈骗犯罪中,短信和电话形式是最为常见的两种诈骗手段,因此,《关于办理诈骗刑事案件具体应用法律若干问题的解释》明确规定了具体条数和人次数,同时,通过一个兜底条款,将利用互联网建立虚假网站、植入木马程序等情形纳入处罚范围。②这三种类型的未遂与一般诈骗未遂的适用范围是不相一致的。《关于办理诈骗刑事案件具体应用法律若干问题的解释》第五条第一款规定一般诈骗未遂有两种情形,即"以数额巨大的财物为诈骗目标的""或者具有其他严重情节的"。而电信诈骗三种类型的未遂只能以"其他严重情节"一种来认定,适用范围远远小于一般诈骗未遂。

2. 共犯问题

当前电信诈骗犯罪以多人作案、集团作案为主。根据《刑法》第二十六条第三款的规定,对组织、领导犯罪集团的首要分子,按照集团所犯的全部罪行处罚。电信网络诈骗犯罪一般是多人共同参与,分工配合完成,环节较多,流程较长。同时,电信网络诈骗犯罪又不是孤立的一类犯罪,通常又衍生出扰乱无线电通信管理秩序,侵犯公民个人信息,掩饰、隐瞒犯罪所得、犯罪所得收益等上下游关联犯罪,形成以诈骗为中心的系列犯罪产业链。《意见》以列举的方式,明确了当前为电信网络诈骗活动提供帮助的五大团伙的八种主要行为方式,即"菜商"(提供公民个人信息)、"车商"(帮助转取款)、"卡商"(提供银行卡、电话卡)、技术支持(提供网络、通讯、资金结算等帮助)、生活保障(提供食宿、交通等帮助)。明确规定了明知他人实施电信网络诈骗犯罪而实施这些行为的,以诈骗共同犯罪论处。

司法实践中,在诈骗实行犯尚未归案的情况下,上述被告人先行到案后,往往否认其具有明知故意。为此,《意见》规定了认定"明知他人实施电信网络诈骗犯罪"的审查判断标准,即综合判断标准,以方便司法操作。即应当结合被告人的认知能力,既往经历,行为次数和手段,与他人关系,获利情况,是否曾因电信网络诈骗受过处罚,是否故意规避调查等主客观因素进行综合分析认定。这样可以有效应对电信网络诈骗犯罪不断发展、变种的态势,防止挂一漏万,而且也留下司法裁量权的空间和余地。此外,《意见》专门对"蛇头"和"编剧"的刑事责任予以明确。"蛇头"是指专门在境内组织招募"话务员"前往境外实施诈骗,并从中获利的人员。"蛇头"的大量存在,是境外电信诈骗窝点屡打不绝的重要因素之一。"编剧"是指专门制作、提供诈骗方案、术语清单、语音包、信息等的人员。这两类人员虽不直接实施具体诈骗行为,但他们对于诈骗犯罪提供了不可或缺的人力资源和智力支持,从其行为本身已经足以认定其主观上对于他人实施诈骗犯罪是明知的,应当承担相应的刑事责任。故《意见》将这两类行为直接规定为共同犯罪。需要强调的是,这两类人员只能在一个案件中,按照共同犯罪处理。同时,应当认定为主犯而不宜认定为从犯。

3. 电信网络诈骗犯罪的数额标准

刑法保护的财产是价值相对较大的财产,诈骗犯罪的构成标准之一,即诈骗公私财物"数额较大"。最高人民法院、最高人民检察院《关于办理诈骗刑事案件具体应用法律若干问题的解释》(以下简称《解释》)规定,诈骗财物价值3千元至1万元以上、3万元至10万元以上的,应当分别认定为诈骗"数额较大"和"数额巨大",由各地在此幅度内各自确定具体数额标准。如此规定的初衷,主要是考虑到全国各地经济发展水平各异,对于诈骗这一侵财犯罪的量刑必然产生一定程度的影响,但电信网络诈骗犯罪往往具有跨区域的特点。实践中,一个诈骗窝点长期进行电信诈骗,犯罪对象是不特定的,犯罪行为实施地和犯罪结果发生地相分离,被骗人往往遍及全国各地。而各地由于经济社会发展不平衡,各自确定的数额差距较大,如诈骗"数额巨大"的标准,有的省份掌握在10万元,有的省份掌握在5万元,一个案件被指定在不同的省份审理,容易出现同案不同判的现象,影响法律权威,埋下诉讼隐患,而且难以把从严惩处的要求落到实处。

考虑到办案实际困难,《意见》采取数额标准和数量标准并行,既可根据犯罪分子的诈骗数额,也可根据其实际拨打诈骗电话、发送诈骗信息的数量来定罪量刑,确保更准确、全面、客观地反映犯罪分子的罪行,进而体现罪责刑相适应。为此,《意见》规定,诈骗数额虽难以查证,但查明发送诈骗信息五千条以上、拨打诈骗电话五百人次以上的,应当认定为《刑法》第二百六十六条规定的"其他严重情节",以诈骗罪(未遂)定罪处罚。

实践中适用这一规定需要注意:①按照数额标准和数量标准并行原则,往往会出现在同一个案件里面,认定被告人构成诈骗罪,同时既遂、未遂交叉存在的情况。对此如何处理?《意见》规定,分别达到不同量刑幅度的,依照处罚较重的规定处罚;达到同一量刑幅度的,以诈骗罪既遂处罚,以确保打击有力。比如一个被告,查明其针对现实的某被害人实际骗得7千元,在3年以下有期徒刑的量刑幅度内考虑,就构成既遂;另外查明其还拨打了诈骗电话8000多次,在3年以上10年以下有期徒刑的量刑幅度内考虑,就构成了未遂。那么,就应当依照处罚较重的规定,以拨打电话次数为依据来认定为诈骗未遂,在3年以上10年以下量刑幅度内处罚。②对"拨打诈骗电话"实行累计计算原则。即在计算"电话次数"和"信息条数"时,不论是否拨出还是接听回拨电话,不论是否反复拨打、接听同一电话号码,不论是否反复向同一人发送多条诈骗信息,一律累计计算为拨打电话次数和发送短信条数。这样规定,符合电信网络新型犯罪特征,符合办案实际需要,符合依法从严惩处的精神。

实践当中,一些不法分子的反侦查能力越来越强,有的频繁更换电话卡,有的作案后销毁作案工具、设备,有的使用带有断电自毁数据等功能的设备,给侦查取证工作带来极大困难。对于犯罪分子有意毁灭或者隐匿罪证而导致难以查证、直接认定拨打诈骗电话次数、发送诈骗短信条数的情况,《意见》从实际需要出发,规定可以根据经查证属实的日拨打人次数、日发送信息条数,结合被告人实施犯罪的时间、被告人供述等相关证据,综合予以认定拨打诈骗电话、发送诈骗信息的数量。首先,侦查机关应当查明犯罪嫌疑人实施诈骗过程中的日拨打电话人次数和日发送信息条数,这一基本数据是不能推定的,是要用客观证据来直接证明的。当然,具体过程中可以取样认定,但应尽可能精确选择,保证样本具有无可争议的代表性和典型性。如可能有争议,则应就低认定拨打电话人次数和发送信息条数。其次,侦查机关应当查明犯罪嫌疑人实施犯罪的总体时间。这个证据可以根据现有证据以及嫌疑人的供述就低推算,但不能大体估算。再次,结合犯罪嫌疑人的供述等在案证据,用查明的日拨打电话人次数、发送信息条数,乘以查明的犯罪嫌疑人实施诈骗的时间,综合得出总拨打电话人次数或发送信息条数。如侦查人员端掉诈骗窝点时,提取到最近10天的拨打电话电子数据,大体每天次数在150次左右。据在案证据,可以证明这个窝点运行时间有2个月。可以先按照提取数据的平均值150次,或者考虑犯罪嫌疑人供述和辩解(犯罪嫌疑人供述每天拨打约120次)的差异,按照最低值120次认定为日拨打人次数,用120次乘以60天,认定总的拨打电话次数为7200人次。

四、争点分析

(一)关于本案定性问题

上海森洋投资咨询有限公司郑州分公司不具备足够实力提供荐股服务,各上诉人参与公司不同层次管理,通过业务员添加不特定客户的微信号、QQ号,并推送虚假的股票信息、虚假股票交易截图及聊天记录,假冒客户身份聊天等方式,获取被害人信任,使被害人陷入具有高额利润的错误认识,从而缴纳服务费用,各上诉人、原审被告人对销售人员上述行为明知,诈骗故意明显,符合诈骗罪构成,应以诈骗罪定罪处罚。

(二)关于各上诉人身份、职务问题

各上诉人在公司的身份、职务虽与涉案公司工商档案不符,但上诉人、同案人在侦查阶段供述、证人证言相互印证,证明王帅参与筹建、管理运营 20 楼,孙波任 20 楼销售总监、合规专员,负责销售工作,刘会林系 8 楼层经理,张胜利系 8 楼销售经理之一,各上诉人均实际履行了相应管理职责,原判认定各上诉人在公司的身份、职务并无不当。

(三)关于主、从犯问题

王帅、刘会林实际分别负责 20 楼和 8 楼的经营管理,二人行为积极、作用突出,系主犯;孙波作为 20 楼销售总监、合规专员,按照公司及上级要求和安排从事业务,在犯罪过程中处于从属地位,系从犯。

(四)关于犯罪形态问题

本案系电信诈骗共同犯罪,张胜利自入职至离职期间,其所在团队持续实施诈骗行为,已具备诈骗罪全部构成要件,系诈骗既遂。

(五)关于鉴定意见问题

本案中,法定鉴定机构接受侦查机关委托,根据侦查机关移送的证据材料,依法出具鉴定意见,该鉴定意见经法庭质证、认证,与在案的相关证据能够印证,可以作为证据使用,原判依此认定涉案数额并无不当。

(六)关于量刑问题

综合考虑四上诉人在诈骗中的作用、诈骗数额等情节,原判对四上诉人量刑过重。

五、结论

综上,关于孙波系从犯,原判对王帅、孙波、刘会林、张胜利量刑过重的上诉理由、辩护意见成立,其他上诉理由、辩护意见不能成立。

上诉人(原审被告人)王帅、孙波、刘会林、张胜利及原审被告人孟小华、史晓敏、贺青、曹瑞芳以非法占有为目的,采用虚构事实、隐瞒真相的方法,骗取他人财物,其行为均构成诈骗罪,且系共同犯罪。其中,被告人王帅、孙波、刘会林、张胜利诈骗数额特别巨大;被告人孟小华、史晓敏、贺青、曹瑞芳诈骗数额巨大,依法均应予处罚。原审判决认定事实清楚,定罪正确,对原审被告人孟小华、史晓敏、贺青、曹瑞芳量刑适当。审判程序合法。但认定孙波系主犯不当,对王帅、孙波、刘会林、张胜利量刑过重。关于孙波系从犯,原判对王帅、孙波、刘会林、张胜利量刑过重的上诉理由、辩护意见予以采纳,其他上诉理由、辩护意见不予采纳。上诉人王帅、孙波、刘会林、张胜利诈骗数额特别巨大,对四人依法均应在十年以上有期徒刑或者无期徒刑,并处罚金或者没收财产

的量刑幅度内判处刑罚。鉴于王帅曾因犯罪被判处刑罚,可酌情从重处罚;孙波、张胜利系从犯,对二人应减轻处罚;王帅、孙波、刘会林、张胜利到案后如实供述自己的罪行,是坦白,可以从轻处罚。

电信网络诈骗不仅损害了人民群众的切身利益,同时也严重扰乱市场秩序,给国家经济的发展带来不可估量的损失,严重阻碍了我国构建社会主义和谐社会的进程,因此打击电信网络诈骗是公安机关一项长期而艰巨的任务。诈骗罪作为传统型侵犯财产罪,历来为我国刑法惩治的重点之一,应引起我们足够的重视,相应的,电信网络诈骗犯罪的相关司法实践问题也应及时得到分析与解决,以适应新形势下的要求。

参考文献

[1]全国人大常委会法制工作委员会.中华人民共和国刑法[M].北京:中国民主法制出版社,2021.

据李某受贿一案研究赃款赃物的孳息和收益问题

霍　然①

摘　要：自党的十八大以来，基于对腐败犯罪"零容忍"的刑事政策，我国有关部门部署落实了一系列的境外追逃追赃工作，取得了十分显著的战果，追回了数额庞大的腐败资产。但是，在肯定这些成绩的同时，还需要注意到，我国在腐败犯罪应没收财产认定工作中，仍存在着一些亟待解决的问题。如我国现有法律、司法解释等刑事司法规范尚未对贪污贿赂犯罪目的财物孳息的定性与处置做出统一明确规定，导致实务界及理论界对该部孳息在能否纳入犯罪数额计量及如何定性等适用法律上存在争议。贪污贿赂犯罪目的财物之孳息有其物权法理基础，国家工作人员利用职务上的便利非法侵吞、窃取、骗取或者非法收受贪污贿赂犯罪目的财物孳息严重破坏政法系统政治生态。完善贪污贿赂犯罪目的财物孳息适用法律规范，应坚持以维护刑法的稳定性为原则，先后以指导性案例、司法解释等方法依次推进，最终决定有无必要修改刑法。

关键词：受贿；赃款赃物；孳息；收益

一、案件简介

被告人李某，男，19××年××月出生，原系某市人民检察院检察长、某省人民检察院政治部主任、副检察长；2005 年至 2021 年期间，被告人李某利用其职务上的便利以及职权和地位形成的便利条件，为深圳某投资合伙企业委派代表徐某、××市某建筑工程有限公司法定代表人冯某等 8 人在企业经营、承揽工程、安排工作等方面谋取利益，非法收受财物共计人民币 2135.2783 万元。案发后，被告人李某退缴全部违法所得 2135.2783 万元。具体事实如下：

（1）2016 年，被告人李某利用其担任某省人民检察院副检察长的职务便利，给时任某经济开发区管委会主任崔某打招呼，为深圳某投资合伙企业与某进口物资公共保

---

① 作者简介：霍然，女，汉族，河南焦作人，郑州大学法学院（知识产权学院）2020 级 6 班本科生。

税中心集团有限公司债转股事宜提供帮助,通过特定关系人梁某先后 2 次以转账的方式收受深圳某投资合伙企业委派代表徐某共计人民币 1000 万元。

(2)2015 年至 2019 年,被告人李某利用其担任某省人民检察院副检察长的职务便利,给时任××市某集团有限公司党委书记、董事长王某打招呼,为××市某建筑工程有限公司法定代表人冯某承揽某市某水利工程项目提供帮助。2015 年上半年,李某将其所有的位于某市某区的房屋以 500 万元的价格出售给冯某,李某以高于市场价格385.7125 万元出售房屋。2017 年 1 月至 2019 年 1 月,李某将其所有的位于某市某区的房屋以 500 万元的价格出售给冯某,李某以高于市场价格约 211 万元出售该房屋。上述两套房屋李某实际出售价格明显高于市场价格共计人民币约 597 万元。

(3)2011 年至 2021 年,被告人李某利用其担任某省人民检察院副检察长的职务便利,为罪犯张某在服刑期间违规会见、减刑等方面提供帮助。2012 年,李某通过其妻子于某先后 2 次在家中收受罪犯张某前妻熊某共计人民币 200 万元,收受罪犯张某儿子陈某 2 万美元、折合人民币约 12 万元。2011 年至 2021 年期间,李某通过其妻子于某先后 15 次在家中等地收受熊某共计 39 万元的购物卡。

(4)2013 年,被告人李某利用其担任某省人民检察院副检察长的职务便利,给时任某市市委书记郑某打招呼,为景某实际控制的某有限公司开发的某市房地产项目土地规划变更提供帮助。2011 年春节前至 2019 年春节前,李某先后 9 次在某小区收受景某共计人民币 150 万元。

(5)2009 年春节前至 2011 年,被告人李某利用其担任某市人民检察院检察长和某省人民检察院政治部主任的职务便利,为某市煤矿商人赵某的女儿录用为某市某区人民检察院事业编干警等方面提供帮助。李某先后 3 次在某市人民检察院附近等地收受赵某共计人民币 35 万元。

(6)2020 年,被告人李某利用其担任某省人民检察院副检察长的职权和地位形成的便利条件,通过时任某省自然资源厅党组书记刘某职务上的行为,为某市煤矿商人赵某请托的某煤业有限公司办理采矿许可证续期事宜提供帮助。2020 年 1 月至 5月,李某先后 3 次在某小区门口等地收受赵某共计人民币 70 万元。

(7)2005 年,被告人李某利用其担任某市人民检察院检察长的职务便利,为某省某有限公司法定代表人司某承揽某市人民检察院职务犯罪预防培训教育中心项目提供帮助。2005 年至 2010 年期间,李某先后 6 次在其办公室收受司某共计人民币 21万元。

(8)2020 年,被告人李某利用其担任某省人民检察院副检察长的职权和地位形成的便利条件,受某酒店有限公司董事长闫某之托,利用时任某市某区委书记陈某职务上的行为便利,为某区市场监督管理局副局长成某职务调整提供帮助。2020 年 3 月李某在其办公室收受闫某人民币 10 万元。

二、提出问题

（1）被告人李某身为国家工作人员，不收敛、不收手，政治问题与经济问题交织，严重破坏政法系统政治生态，其利用职务上的便利，以及职权和地位形成的便利条件，为他人谋取利益的行为该如何进行定罪量刑？

（2）赃款赃物是否存在孳息或其他收益的问题该如何解决？

三、理论分析

被告人李某身为国家工作人员，利用职务上的便利，以及职权和地位形成的便利条件，为他人谋取利益，多次非法收受他人财物约2135万元，数额特别巨大，其行为已构成受贿罪。案件中第一，从重情节：①李某收受贿赂2135.2783万元，数额特别巨大，在党的十八大后依然不收敛、不收手，收受贿赂1866.6945万元，占总数额的87.42%；②李某身为司法机关领导干部，为罪犯张某（因犯强奸罪、故意毁损文物罪等数罪并罚，已被执行死刑）在隔离审查期间违规会见、减刑提供帮助，社会危害十分严重，影响极其恶劣；③李某为他人在职务调整中提供帮助，谋取不正当利益。第二，从宽情节：①李某具有坦白情节，主动交代大部分未被掌握的受贿事实，主动交代未被掌握的受贿金额1883.6945万元，占总金额的88.22%；②认罪认罚，愿意缴纳罚金；③全部退缴违法所得。被告人李某归案后如实供述自己的罪行，主动交代办案机关尚未掌握的大部分受贿犯罪事实，系坦白，可以从轻处罚。综合被告人李某犯罪的事实、犯罪的性质、情节和对于社会的危害程度，依照《中华人民共和国刑法》第三百八十五条第一款、第三百八十八条、第三百八十六条、第三百八十三条第一款第（三）项、第二款、第三款、第五十二条、第五十三条第一款、第六十七条第三款、第六十四条及《中华人民共和国刑事诉讼法》第十五条之规定，应当判决：

（1）被告人李某犯受贿罪，判处有期徒刑并处罚金。

（2）被告人李某违法所得2135.2783万元，依法予以没收。

我国相关现行刑事司法规范《中华人民共和国刑法》第六十四条："犯罪分子违法所得的一切财物，应当予以追缴或者责令退赔。"《中华人民共和国刑事诉讼法》第二百四十五条第三款："人民法院作出的判决，应当对查封、扣押、冻结的财物及其孳息作出处理。"最高人民法院关于适用《中华人民共和国刑事诉讼法》的解释第四百四十三条："被告人将依法应当追缴的涉案财物用于投资或者置业的，对因此形成的财产及其收益，应当追缴。被告人将依法应当追缴的涉案财物与其他合法财产共同用于投资或者置业的，对因此形成的财产中与涉案财物对应的份额及其收益，应当追缴。"最高人民法院《关于刑事裁判涉财产部分执行的若干规定》第十条："对赃款赃物及其收益,人民法院应当一并追缴。被执行人将赃款赃物投资或者置业,对因此形成的财产及其收益,人民法院应予追缴。被执行人将赃款赃物与其他合法财产共同投资或者置业,对因此形成的财产中与赃款赃物对应的份额及其收益,人民法院应予追缴。"

对于赃款赃物孳息及其他收益问题,贪污贿赂犯罪行为人以获取财物为其主要犯罪目的,我国现行刑事司法规范对贪污贿赂犯罪目的财物孳息能否纳入犯罪数额、如何定性等法律适用问题规定不合理且未能统一,司法实务部门对贪污贿赂犯罪目的财物孳息在其定性与归责上也存在争议。①

对于刑事追缴没收的对象能否给予孳息,存有不同观点。主张消极说之学者认为,"没收因犯罪所得之物,指以该物因与犯罪直接关系者为限。换言之,亦即指由于犯罪而直接所得之物为限,并不包含利用该物而间接所得之物。例如,违反狩猎法而捕得之雌雄山狸一对,于饲养中雌狸产生子狸四双,此子狸并非因违反狩猎法直接获得之物,而系于饲养母狸中间接而获取者,与犯罪并无直接关系,故不能没收"②。

主张积极说之学者认为,"以没收因犯罪所得物之主旨,在不使犯人因犯罪而有利得。故虽由于事后之情形而增加其物之价值者,亦得没收之。物之天然孳息,并非因利用犯罪所得之物而间接获得者,应视为原物之自然增加价值。上例捕获之狸,不论母狸于捕获时已否怀胎,于其饲养时产生之小狸,自可视为自然之增值,而一并没收之"③。我国大陆亦有学者持积极说,"从广义的角度,违法所得不仅包括通过违法犯罪行为获得的财物,也包括这些财物可能发生的天然孳息、法定孳息以及利用该财物而经营所获得的财产性利益"④。

学者李长坤认为,对孳息的没收应区分犯罪所得之物与供犯罪所用之物加以对待。对于犯罪所得之物,为最大限度地挽回被害方损失以及"任何人不得从犯罪中得利"的原则,应当对其孳息予以追缴后发还。我国刑事法律对此亦持许可的态度。⑤

在低价购房受贿犯罪中升值孳息认定上,有学者提出,低价购房所生孳息的认定和处理要区别不同的情况予以对待。首先,如果购房人确属于真实购房,依照市场规则预先交付定金,后签订购房合同,也支付了房款,只是购买的价格明显低于市场价格,这种情形一旦认定为低价购房受贿犯罪,其购买时明显低于市场价格的部分按照受贿犯罪数额认定为违法所得,依法应收缴,至于所购房子因为后期升值所带来的收

①张明正:《贪污贿赂犯罪目的财务孳息适用法律问题研究》,2018 第二届全国检察官阅读征文活动获奖文选,最高人民检察院法律政策研究室,专题资料汇编。

②柯庆贤:《刑法专题研究》,(台北)三民书局 1998 年版,第 292 页。

③洪福增:《刑法之理论与实践》,五南图书出版公司 1987 年版,第 467-468 页。

④赵秉志:《中国刑法实用》,河南人民出版社 2001 年版,第 235 页

⑤李长坤:《刑事涉案财物处理制度研究》,华东政法大学博士学位论文,2010 年。

益不应认定为违法所得的孳息。其次,如果购买人起初并不打算真实购房,只是想利用职权事先预定房号,既不交付定金或房款,或者只象征性地交少量钱,更不签订购房合同,待房子升值一段时期后再转卖房子(房号)。对于这种情形,除了低于市场价格部分认定为受贿数额外,房子(房号)转卖所获得的利润应该被认定为违法所得的孳息依法予以收缴。因为,在这种情形下,购房人完全是以自身的权力为筹码,进行虚假的购房,上演"空手套白狼"的行为,而开发商基于购房人的职权等因素考虑,往往也不得不将房子(房号)进行"销控",这就在购房人与开发商之间形成了典型的"权钱交易",刑法对于这种虚假的购房行为(也有人称为"官员炒楼花")进行严厉的惩处,也是法意之所在。①

四、结语

没收腐败财产的法理根据在于任何人都不能因自己的违法行为而受益。没收不法所得的性质在我国现有司法生态与法律语境中都宜理解为不侧重惩罚性的"恢复性制裁"。因此,在认定应没收腐败资产的工作中,构建立法、司法以及刑事政策方面的多种机制,科学合理地区分合法财产与违法所得。这样做不仅对于保障公民的合法财产权的不受侵犯具有重要意义,也是约束国家权力的客观要求,更是推进国家治理腐败犯罪的治理能力与治理体系现代化的必由之路。

参考文献

[1]融昊.法教义学视野下应没收腐败财产认定问题的探析[J].中共南宁市委党校学报,2018,20(4):28-34.

[2]柯庆贤.刑法专题研究[M].台北:三民书局,1998:292.

[3]洪福增.刑法之理论与实践[M].台北:五南图书出版公司,1987:467-468.

[4]赵秉志.中国刑法实用[M].郑州:河南人民出版社,2001:235.

[5]李长坤.刑事涉案财物处理制度研究[D].上海:华东政法大学,2010.

[6]顾超,曾令平.低价购房受贿犯罪中升值孳息认定应区别对待[N].检察日报,2011-04-13(3).

[7]涂尔干.社会分工论[M].渠东,译.北京:生活·读书·新知三联书店,2000.

[8]融昊.法教义学视野下应没收腐败财产认定问题的探析[J].中共南宁市委党校学报,2018,20(4):28-34.

①顾超,曾令平:《低价购房受贿犯罪中升值孳息认定应区别对待》,《检察日报》2011年4月13日,第3版。

共同共有人擅自处分共同共有物的定罪量刑问题
——以贺某盗窃案为例

徐雅婷[①]

摘　要:在共同共有人擅自处分共同共有物的案件中,此行为共同共有人既符合民法中的无权处分行为,也有可能构成刑法中的财产犯罪,判断罪与非罪的界限主要取决于该行为是否符合刑事构成要件。理论上对此类行为刑事违法性讨论集中于盗窃罪、侵占罪和诈骗罪,对于具体犯罪数额的确定不能脱离实践,应结合具体案情进行灵活判断。

关键词:无权处分;共同共有;刑民交叉

一、案情概要

被告人贺某1于2016年至2017年间,在其母李某、其弟贺某2不知情的情况下,通过使用假公证、伪造虚假房屋所有权证等方式,先后将其父(已逝)两处房产及其母李某一处房产过户到本人名下,并将上述房产抵押借款1700万元。经鉴定,涉案的3套房屋市场价格合计2402.02万元。[②]

二、法院判决

本院认为:被告人贺某1以非法占有为目的,秘密窃取他人财物,其行为已构成盗窃罪,且数额特别巨大,依法应予惩处。北京市人民检察院第二分院指控被告人贺某1犯盗窃罪的事实清楚,证据确实、充分,指控的罪名成立。关于北京市人民检察院第

---

①作者简介:徐雅婷,女,汉族,江西上饶人,郑州大学法学院(知识产权学院)2020级6班本科生。
②(2019)京02刑初72号。

二分院指控被告人贺某 1 犯伪造国家机关证件罪一节,经查,贺某 1 伪造涉案房产的所有权证书,是为掩盖其过户涉案房产的犯罪事实,该行为被之前所犯盗窃罪吸收,不宜单独评价,故公诉机关指控贺某 1 犯伪造国家机关证件罪本院不再另行评价。鉴于贺某 1 主动投案,并能如实供述所犯罪行,有自首情节,且系窃取近亲属财物,获得谅解,对其不予关押不致再危害社会,且对所在社区不会产生重大不良影响,故本院依法对其减轻处罚并适用缓刑,辩护人的相关辩护意见,本院予以采纳。判决如下:

(1)被告人贺某 1 犯盗窃罪,判处有期徒刑三年,缓刑三年,并处罚金人民币三千元(缓刑考验期限从判决确定之日起计算;罚金自判决书发生法律效力后一个月内缴纳)。

(2)继续追缴被告人贺某 1 的违法所得。

三、争点分析

本案案涉不动产为犯罪嫌疑人亡父名下的遗产和其母名下的房产,根据我国1987 年 10 月《最高人民法院关于继承开始时继承人未表示放弃继承遗产又未分割的可按析产案件处理问题的批复》,在继承开始后,各继承人都没有表示放弃继承,应视为均已接受继承,遗产应归各继承人共同共有。1988 年 4 月《最高人民法院关于贯彻执行〈中华人民共和国民法通则〉若干问题的意见(试行)》第一百七十七条规定:"继承开始后,继承人未明确表示放弃继承的,视为接受继承,遗产未分割的,即为共同共有。"虽然 2018 年 12 月最高人民法院废止了该解释,但是目前我国学界的通说与实践都将未进行分割的遗产定性为共同共有。[①] 本案在学界上值得探讨的问题较多,本文主要探讨共同共有人未经其他共有人同意擅自处分共同共有物的定罪量刑问题。

(一)私自处分共同共有物是否构成犯罪

1. 学界观点

(1)不构成犯罪,此行为仅构成民法上的无权处分行为。作为共同共有人,每个共有人都对物享有所有权,本案中贺某 1 未经其他共有人许可私自将房屋过户到自己名下并进行抵押,根据我国《民法典》第三百零一条:处分共有的不动产或者动产以及对共有的不动产或者动产作重大修缮、变更性质或者用途的,应当经占份额三分之二以上的按份共有人或者全体共同共有人同意,但是共有人之间另有约定的除外。显然,犯罪嫌疑人的行为属于民法中的无权处分行为,其效力在民法上属于效力待定,其他共有人可以进行追认,若第三人为善意第三人已经取得权利,其他共有人无法主张抵

---

①房绍坤:《论遗产共有的类型定位》,《求索》2022 年第 2 期,第 12—20 页。

押无效的,可以向行为人主张损失赔偿,本案运用民法即可以实现权利救济,不需要进行刑事追究。

(2)构成盗窃罪。我国通说认为:"对于共有财物的使用、处分应经全体共有人的同意,如果未经他人的同意而擅自窃取、盗卖共有财物的等于盗窃他人财物。"①不动产也可以成为盗窃罪的犯罪对象。② 我国通论观点认为,盗窃罪的犯罪客体是公私财产所有权,盗窃行为的指向对象通常是他人所有的财物。擅自处分共同共有物的行为人对共同共有物也尚有部分所有权,既然如此其能否成为盗窃罪的犯罪对象,部分所有权即意味着行为人利用秘密窃取的手段对共有物进行使用、处分时侵犯了其他共有人对于共有物的所有权,故共同共有物也能成为盗窃罪的犯罪对象。本案中贺某1未与其他共有人商讨私自伪造证书将房子过户至自己名下并将房子进行抵押,客观上符合以秘密窃取方式盗取公私财物,主观上具有非法占有目的,构成盗窃罪。

(3)构成侵占罪。有学者认为此种行为构成侵占罪,如我国台湾地区有学者指出:"在平行对等之共同持有支配关系中支配管领地位相同之各个共同持有人之间彼此不告而取之行为不成立盗窃罪。只能成立侵占罪。"③在共有财产未分割前,每个共有人都既占有自己的财物,同时又占有着他人的财物,若擅自处分共同共有物,就是将他人交由自己占有的部分财物侵占了,此时无疑构成侵占罪,而非盗窃罪。④

(4)构成竞合的盗窃罪说。有学者认为,"一方面由于对共同共有财产的处分,必须经过全体共有人的同意,未经他人同意而擅自窃取、盗卖共有物的,等于盗窃他人财物,因此构成盗窃罪;另一方面处分人的行为也有处分自己占有财产的性质,所以也能成立侵占罪,二者之间构成想象竞合关系。根据想象竞合犯从一重罪处罚的处理原则,盗窃罪的法定刑比侵占罪重,因此最终成立盗窃罪。"⑤

(5)构成诈骗罪。本案中的共同共有物为不动产,共同共有人实际取得房屋所有权是通过伪造国家机关证件的方式。房屋不动产交付实行法定登记制度,房管局具有不动产法定登记职能,具有处分房产的权限,贺某1通过伪造国家机关证件的方式欺骗了房管局,房管局因此交付了房产,而其他共同共有人因为此行为而受到实际损害,受骗人处分被害人(第三者)的财产,受骗人本人没有财产损失,被害人则没有受骗,⑥

---

① 高铭暄,王作富:《新中国刑法的理论与实践》,河北人民出版社1988年版,第584页。

② 杨兴培:《龚某盗卖其父房产一案之我见——兼谈不动产可以成为盗窃罪之对象》,《政治与法律》2012年第3期,第127-133页。

③ 林山田:《刑法特论》(上册),(台北)三民书局1978年版,第212页。

④ 唐煜枫,李忠:《浅析盗窃共有财产之定性》,《理论界》2006年第6期,第76-78页。

⑤ 周洁:《共同占有人擅自处分占有物行为的定性考量》,《法学杂志》2017年第6期,第91-99页。

⑥ 张明楷:《三角诈骗的类型》,《法学评论》2017年第1期,第9-26页。

这显然是典型的三角诈骗案。

2. 结合本案进行具体分析

本案属于刑民交叉的问题,关于贺某1的行为是否构成刑事犯罪,主要在于讨论无权处分行为的刑事违法性。首先,所谓无权处分与财产犯罪的区别,基本是一个假问题。无权处分行为可能构成财产犯罪,财产犯罪也可能是无权处分行为,所谓界限也只是财产犯罪和非财产犯罪的界限。凡是成立财产犯罪要件的行为就构成犯罪。①本案中贺某1的行为已经符合刑事犯罪的构成要件,使用民法进行规制并不合适,理应纳入刑法的调整范畴。其次,事后追认行为不能成为违法阻却事由。其他共有人事后对该共有人的行为的追认,在刑法上并不承认此追认,犯罪嫌疑人的行为对社会公共秩序造成了破坏,此行为不能因被害人事后的承诺就不予追究,这并非只是对被害人个人利益的损害。综上所述,本案贺某1的行为由刑法进行规制比较妥当。

对于盗窃、侵占抑或是盗窃和侵占罪的想象竞合罪的区分主要取决于该共同共有物实际处于谁的支配之下。盗窃罪和侵占罪最主要的区别在于,一个是将他人占有变为自己所有,另一个是合法占有变为自己非法所有。在民法领域,占有可以是事实也可以是权利,而刑法中所说的占有只包含事实中的占有,财物的占有归于事实上的支配者。②侵占罪中的合法占有也应是事实上的占有,如张某将某物交由李某保管,后未告知李某私自将物取回造成李某的财产损失,此行为会被认定为盗窃罪而非侵占罪。上述学界针对侵占罪中关于所有共有人都占有共有物的论述仅指所有共有人对该共有物享有占有权,刑法中的占有并不是指占有权,故关于处分共同共有物构成侵占罪的行为应当进行分类讨论。一是行为人可以一个人支配使用共有物,此时可认定行为人对物具有事实上的占有构成侵占罪,二是多个行为人共同支配使用共有物,此时也可认定行为人对共有物具有事实上的占有构成侵占罪,三是由其他共有人支配使用该共有物,此时行为人处分共有物的行为应当构成盗窃罪。在本案中,证明权利归属的房产证一直在贺某2手中,由于不动产的特殊性,可以据此认定房子的实际支配权并不在贺某1的手中,而应当在持有房产证的贺某2手中,即使贺某1为房屋的共同共有人,根据社会一般观念,也不会认定其对该房屋具有事实上的占有,综上所述,贺某1的行为不构成侵占罪。

对于盗窃罪和诈骗罪的区分,盗窃罪是以秘密窃取的方式违反当事人的意愿取得物,而诈骗罪是通过隐瞒真相等方式使受骗方主动交付物。本案中偷盗房屋所有权证时贺某1就已经取得了房屋的实际支配权,伪造国家机关证件欺骗房产局的行为是为

①张明楷:《无权处分与财产犯罪》,《人民检察》2012年第7期,第5-12页。
②李阳阳:《刑法中占有的观念化与检讨:事实的占有之回归》,《甘肃政法学院学报》2019年第4期,第121-132页。

了在形式上合法,并不能就此认定房管局具有交付房屋的能力,此行为应被盗窃罪的行为吸收,被害人并非自愿交付物,故将本案认定为盗窃罪更为合适。

(二)犯罪数额如何确定

对案件的定性完成以后,另一个问题也呼之欲出,具体盗窃数额是确定是否达到成立犯罪数额及确定适用刑罚幅度的标准。盗取物为共同共有物,最主要的问题就在于具体盗窃数额是否应当去除行为人自身的份额。

1. 学界观点

主要有以下观点:

(1)按全部盗窃数额计算。某一共有人将共有财产非法据为己有,侵犯了其他共有人的利益。根据我国《民法典》的规定,对共同共有物的处分应当经过全体共有人的同意,任何一人都不能对共有物进行单独处分,由此得出任一共有人对共有物都不享有所有权,私自对共有物的处分无疑侵犯了整体的所有权。[1] 并且共同共有人对共有财产均没有确定的份额,在盗窃行为发生时,其行为指向整体的共有财物,在财物没有实际分割时,共有物是作为一个财产权利的载体而存在的。故应当针对全部盗窃数额进行计算。

(2)扣除行为人的份额进行计算。根据理论上的通论观点及司法实践中的实际操作,盗窃罪的客体被认定为他人财产所有权,只有他人的财产所有权受到侵犯且数额较大才构成犯罪。对共同共有物实施的盗窃行为,只有扣除了自己的份额以后,才侵犯他人的财产所有权。若对不进行数额的扣除计算,会导致打击面过大,量刑适用不准确,将犯罪嫌疑人自身的权利也变为了被侵犯的权利的一部分,这并不合理。[2]

2. 结合本案具体分析

本案中盗取物作为一个整体无法分割,行为人行为时盗取的是完整的财物,行为人对盗取物并不享有所有权,但是作为继承人,根据《民法典》第一千一百三十条:同一顺位的继承人继承遗产的份额,一般应当均等。本案可根据此法条确认行为人的份额,扣取行为人的份额而后进行定罪量刑。

对于盗取共同共有物的具体数额确定问题,理论始终不能脱离实践,民法作为刑法实施的前置法,对共同共有的定义是不区分具体份额的共有关系。若想要扣取行为人的份额再对盗窃数额进行计算,需要解决的第一个问题就是应该扣取多少份额,平均分配并不合适,共同共有人也可以事后对财产进行分割,但事后的行为是无助于案发时的份额确定的。无法解决这个问题就无法将扣取份额在实践中运用。在实践中可灵活结合具体案情进行具体分析。

---

[1]陈愿峰:《涉及共有财产的定罪之争》,《公民与法(法学版)》2012年第8期,第48-50页。
[2]唐煜枫、李忠:《浅析盗窃共有财产之定性》,《理论界》2006年第6期,第76-78页。

（三）其他问题

本案由于犯罪嫌疑人贺某1对其母名下的房产也进行了私自过户,其构成盗窃罪是确定无疑的,对于其亡父名下的两处房产,通过上述分析也应被归于盗窃数额中。本案的特殊之处还在于此为亲属相盗的问题,根据《最高人民法院、最高人民检察院关于办理盗窃刑事案件适用法律若干问题的解释》第八条规定:偷拿家庭成员或者近亲属的财物,获得谅解的,一般可不认为是犯罪;追究刑事责任的,应当酌情从宽。本案中的贺某1取得了其弟和其母的谅解,根据此司法解释,不宜再对其进行刑事责任的追究。

四、由本案引发的思考

刑民交叉的问题在学界中探讨得比较多,部分学者认为只需要符合刑法的构成要件就不需要考虑其他法律的规定,也有学者认为,刑法需要以其他法律为前置法,在其他法律规定的基础上确定刑法的标准。虽然观点各异,但寻找法秩序的统一是所有学者都认可的,为了维护法秩序的统一,作为"第二道防线"的刑法,当然应该在其他法律的基础上进行考虑,此处的考虑并非指不运用刑法进行规制,而是指综合其他法律的规定进行考虑,比如刑法中的占有就是以民法中的占有规定为基础。

对于共同共有人擅自处分共同共有物的定罪量刑问题需要通过对不同情况的分析进行讨论。值得注意的是,共同共有关系一般是基于信赖关系形成的①,如本案中共有关系的形成就是基于共同共有人的亲属关系,对于此种特殊关系的财产类犯罪,相比于普通的财产类犯罪社会危害性更小,在量刑时可以比照普通的财产类犯罪进行从轻处罚。

参考文献

[1]房绍坤.论遗产共有的类型定位[J].求索,2022(2):12-20.

[2]高铭暄,王作富.新中国刑法的理论与实践[M].石家庄:河北人民出版社,1988:584.

[3]蔡福华."非法占有目的"之误解与纠正[J].海峡法学,2022,24(3):12-19,121.

[4]杨兴培.龚某盗卖其父房产一案之我见:兼谈不动产可以成为盗窃罪之对象[J].政治与法律,2012(3):127-133.

[5]刘明祥.论刑法中的占有[J].法商研究(中南政法学院学报),2000(3):35-45.

---

① 贾宇驰:《论共同共有中"共同关系"的界定》,《西部学刊》2019年第17期,第107-109页。

［6］唐煜枫,李忠.浅析盗窃共有财产之定性［J］.理论界,2006(6):76-77.

［7］周洁.共同占有人擅自处分占有物行为的定性考量［J］.法学杂志,2017,38(6):91-99.

［8］张明楷.无权处分与财产犯罪［J］.人民检察,2012(7):5-12.

［9］李阳阳.刑法中占有的观念化与检讨:事实的占有之回归［J］.甘肃政法学院学报,2019(4):121-132.

［10］赵昊宏.一起偷卖房产案争议焦点浅析及思考［J］.中国检察官,2018(10):3-8.

［11］贾宇驰.论共同共有中"共同关系"的界定［J］.西部学刊,2019(17):107-109.

［12］陈伟,谢可君.无权处分行为中财产犯罪的性质认定:以"司机盗卖房产案"为切入［J］.西部法学评论,2016(3):21-31.

［13］姜文智,刘艳红.无权处分行为的刑事违法性研究［J］.山东法官培训学院学报,2022,38(4):92-113.

对亲属户内盗窃共同犯罪问题的思考

周欣欣[①]

摘　要:实习中,所在检察院受理的"安阳市林州市张某、牛某盗窃案"令笔者印象深刻,涉及亲属相盗中共同犯罪处罚的争议问题,具有研究意义。我国现有刑法和有关司法解释仅对亲属相盗行为的单独犯罪作出笼统性规定,并无有关亲属协同非亲属共同犯罪情形的规定,因此在实践中存在诸多问题。第一,在司法实务中,亲属相盗往往在室内进行,入户盗窃同时侵害公民住宅安宁权和财产权,社会危害性严重,并且对入户情节的认定在司法实务中存疑。第二,在亲属和非亲属盗窃共同犯罪中,被害人不谅解的情形下构成盗窃罪无疑,依照现有司法解释,享有亲属身份的人享有优待政策,但区别对待的处理方式有违背现代法治国理念之嫌,值得在刑法理论上进一步思考和深究。本文拟围绕上述问题展开。

关键词:盗窃;入户盗窃;亲属相盗;共同犯罪

一、案件基本问题

(一)案情简介

张某欲盗窃变卖自己家中物品,找牛某过来帮忙。随后,张某拿钥匙开门带牛某进入自己家中,将家中的电器、粉条等物品盗窃后卖掉,所得钱财用于两人挥霍。经价格认证中心认定:张某和牛某盗窃的电器、粉条等涉案赃物的价格合计人民币6764元。张某家属发现财物被盗后报警,强烈要求处置张某、牛某二人的犯罪行为。

(二)案件分歧

本案中,在被害人不谅解二人的情况下,二行为人成立盗窃罪不存在争议,本案的分歧点在于犯罪行为是否构成"入户"型盗窃,以及对张、牛二人的处罚是否应当区别对待。

---

① 作者简介:周欣欣,女,汉族,河南安阳人,郑州大学法学院2020级6班本科生。

1. 构成入户型盗窃与否

针对本案张某、牛某是否构成入户型盗窃,主要有以下三种意见:

第一种意见认为:本案中张某和牛某的入户方式并非非法。非法进入是指以秘密、暴力等方式侵犯公民住宅安宁权,张某带牛某进入自己家中并未采取破坏性手段,与秘密、暴力方式入户相比,主观恶性、客观危险性都更低,没有被评价为"非法"的必要。二人行为是否满足入户盗窃中"入"的要求存疑,应当以普通的盗窃罪论。

第二种意见认为:本案中张某是涉案户的生活成员,张某进入该户并未破坏"户"的相对封闭性,反而受"户"的保护,是"户"所包容的亲属,张某进入该"户"未侵害入户盗窃相较于普通盗窃所着重保护的法益。张某和牛某的身份不同,社会危害性和人身危险性存在差异。因此牛某构成入户盗窃,而张某被认为是普通的盗窃。

第三种意见认为:本案中张某和牛某的入户动机即为盗窃,入户目的即非法。二人虽采用平和方式入户,符合形式合法性要件,但潜在的危险是客观存在的,住宅安宁权和财产权均面临着被侵犯的现实。二人实施了入户盗窃的行为,符合入户盗窃的非法性要件,因此二行为人均构成入户盗窃。

2. 在处罚上张某享有亲属优待与否

在张、牛二人是否应当区别对待,即张某是否应当享有亲属优待的问题上,主要有以下两种观点:

一种观点认为,对于被害人的亲属与他人共同盗窃财物的行为应当依法追究刑事责任。在处罚上,对有亲属身份的人和无亲属身份的人应当区别对待。即对无亲属身份的人按照普通的犯罪量刑,而对有亲属身份的人可以适当减轻或从轻处罚。

另一种观点认为,与他人共同盗窃自家或近亲属财物的,如果区别对待会导致法律上的不平等,盗窃的事实是行为人共同参与实施,盗窃的结果也是共同造成,若区别对待将不足以公平打击犯罪,违背现代法治的基本精神。

二、争点一:"入户盗窃"问题分析

(一)入户盗窃概述

盗窃罪侵犯公民的财产权利,具有严重的社会危害性,入户盗窃作为其中重要的加重情节,更是刑法严厉打击的对象。根据2013年4月2日最高法、最高检《关于办理盗窃刑事案件适用法律若干问题的解释》第三条规定:非法进入供他人家庭生活,与外界相对隔离的住所盗窃的,应当认定为"入户盗窃"。

入户盗窃在我国刑事犯罪中的比例居高不下,具有一定的人身危险性和局势紧迫性。有学者指出,入户盗窃不仅侵犯公民的财产权利,还侵犯了"户"的居住平稳,侵犯公民住宅的安宁权。① 在传统理念中,家是我们赖以生存的安全堡垒,一旦行为人进入家中实施犯罪,会给公民的人身安全感带来严重冲击。因此,作为盗窃罪中的一种形态,它的设立不仅是对公民财产权的保护,更着重强化对公民生活安全感的保护。② 实践中,入户盗窃的表现形式多样,入户方式有暴力型、欺瞒型以及临时起意等,对于不同入户方式实施的盗窃行为构成入户型盗窃与否在学理上存在争议。此外,对于夫妻、父母子女、同胞兄弟姐妹等共同生活成员之间实施的盗窃是否构成犯罪,在世界各地的学界及实务界观点也不尽相同。③

(二)有关入户盗窃的本案适用问题

至今,本案尚未办结,仍处于审查起诉阶段。对本案第一个争点的三种不同处理意见反映了对入户盗窃法理性质的不同理解。相较而言,我更认同第一种处理意见,张某、牛某二人不应以入户型盗窃论处。

从立法本意角度而言,入户盗窃侵犯多重法益,现实危险性更大,故入罪门槛低,惩罚较重。根据《最高人民法院、最高人民检察院关于办理盗窃刑事案件适用法律若干问题的解释》第三条的规定,非法进入供他人家庭生活、与外界相对隔离的住所盗窃的,应当认定为"入户盗窃"。刑法将入户盗窃独立入罪,区别于一般盗窃行为,主要从三个角度考量:其一,入户盗窃在侵犯被害人财产权的同时还侵犯了住宅的安宁权,并对被害人的人身安全造成严重威胁,是对双重法益的侵害;其二,入户盗窃转化为抢劫或其他严重暴力犯罪的可能性较大;其三,入户盗窃的行为人往往具有较大的人身危险性。而在本案中,张某、牛某二人进入涉案房屋盗窃物品的行为并不符合上述三种因素,所侵害的法益内容并无区别于一般的盗窃行为,没有评价为入户型盗窃的必要。

(三)入户盗窃的其他疑难问题分析

司法实务中,案情的戏剧程度往往超出公民的想象。在调查上述案件行为人张某的犯罪前科时发现,张某作为牛某的朋友,曾受邀同牛某一起在牛某居住的出租屋中休息,张某趁牛某睡着,临时起意将牛某价值三千元的手机盗窃变卖。在该案中,又涉及入户盗窃罪中有关"户"的认定和入户目的认定的问题。

1."户"的认定

最高人民法院印发的《全国法院维护农村稳定刑事审判工作座谈会纪要》中明确提出,最高法《关于审理盗窃案件具体应用法律若干问题的解释》第四条中"入户盗窃"的"户",是指家庭及其成员与外界相对隔离的生活场所,包括封闭的院落、为家庭

---

① 温登平:《论"入户盗窃"中的"户"》,《四川警察学报》2015 年第 27 期,第 91-98 页。
② 郎胜:《刑法修正案(八)解读》,《国家检察官学院学报》2011 年第 2 期,第 149-160 页。
③ 韩梅:《关于入户盗窃的特点与司法认定分析》,《法制博览》2017 年第 36 期,第 184 页。

生活租用的房屋、牧民的帐篷以及渔民作为家庭生活场所的渔船等。根据不同特征，可将"户"分为两类：

其一，依据事发时涉案"户"是否正在被使用，可分为"正在使用说"和"不需使用说"。"正在使用说"认为，"户"是正在或可能正在供他人家庭生活、与外界相对隔离的住所，既包括住所内有人的情形，也包括使用者一时外出随时可能回来的情形①。"不需使用说"认为，不要求住所内一直有人居住或行为时被害人在住所中，理由如下：第一，暂时无人居住的住所同样具有"户"的特征；第二，对暂时无人居住的住所实施的盗窃，同样侵犯公民的财产权和居住安宁；第三，在行为人入户实施盗窃行为时，户内是否有人并不影响"入户盗窃"的成立和认定。② 本文更赞同后者观点。

其二，根据是否需要等同解释入户盗窃、入户抢劫中的"户"，有"对比延伸说""对比等同说"两种观点。"对比延伸说"认为，"入户"属于抢劫罪的法定刑升格条件，但在盗窃罪中只是定罪要件，因此入户盗窃中"户"的范围应比入户抢劫中的"户"更宽泛，进而将"户"从家庭生活领域延伸至工作领域，强调与外界的隔离性。如集体宿舍、宾馆旅社、临时工棚、办公室不宜作为入户抢劫中的"户"，但可作为入户盗窃的"户"③。"对比等同说"认为，在同一部刑法典中，入户抢劫中的"户"和入户盗窃中的"户"应是同一含义，其范围也应相同。④ 本文更赞同前者观点。

2. 入户目的的认定问题

2012 年 4 月 4 日施行的《最高人民法院关于审理盗窃案件具体应用法律若干问题的解释》第三条第二款规定：非法进入供他人家庭生活，与外界相对隔离的住所盗窃的，应当认定为"入户盗窃"。入户型盗窃区别于对于其中的"违法"要素应当如何认定，是学理上值得探讨的问题。

行为人在入户前或入户时的目的是否具有非法性，以及非法目的为盗窃故意还是任何犯罪目的均可，这一问题在学界存在争议，主要有以下观点：第一种观点认为，不论行为人入户方式是临时起意、欺瞒型等，只要客观上实施了盗窃的行为即侵犯了刑法所保护的法益，应以入户盗窃论处。第二种观点认为，入户盗窃必须在入户前或入户时有具体盗窃故意的犯意，具有主客观违法的统一，才能以入户盗窃定罪量刑，反之则构成一般盗窃。第三种观点认为，行为人在入户前或入户时非法目的，具体目的包括抢劫、强奸、放火等，行为人主观上基于某一非法目的，客观上实施了入户盗窃行为，

---

①熊亚文：《盗窃罪法益：立法变迁与司法抉择》，《政治与法律》2015 年第 10 期，第 61-73 页。

②温登平：《论"入户盗窃"中的"户"》，《四川警察学报》2015 年第 27 期，第 91-98 页。

③周莉：《"入户盗窃"立法修正解读》，《河北公安警察职业学院学报》2012 年第 1 期，第 32-35 页。宋文涛，高雨林：《对"入户盗窃"中的"户"应作延伸理解》，《检察日报》2011 年 9 月 21 日，第 3 版。

④高国华：《盗窃罪新解》，《江苏大学学报（社会科学版）》2012 年第 4 期，第 78-82 页。李勇，邓毅丞：《如何理解修正后的盗窃罪具体罪状》，《检察日报》2011 年 6 月 6 日，第 3 版。

即以入户盗窃论处。

相较之下，我更认同第三种观点。从设立入户盗窃的初衷来看，入户盗窃同时侵犯了被害人的诸多法益，包括财产权、隐私权、住宅安宁权，非法入户行为不论出于何种目的，均会对以上法益造成危害或产生危险；其次，行为人以抢劫或强奸目的入户，因入户无人转化为盗窃，一事不二罚，应当整体评价为入户盗窃。

三、争点二:"亲属相盗"共同犯罪问题分析

(一)亲属相盗问题的社会基础

亲属相盗是一种特殊的盗窃行为，既属于法律问题，也同样是社会中的道德与伦理问题。家庭是社会的一个最基本单位，家庭内部的稳定融洽影响社会的稳定和谐。早在西周时期，我国就有关于亲属盗窃的相关规定。《唐律》中也提到:同居卑幼，私辄用财者，不以窃盗论。[1] 从古代开始，我国就注重家庭伦理道德及亲情关系。发生在亲属之间的盗窃，被害者往往会基于亲情关系选择谅解行为人，不希望其受到刑事处罚，同时也不希望司法机关的介入，因此一般这种亲属相盗行为原则上不以犯罪论处。

家庭成员内部盗窃所造成的社会危害性相对较小，因此法律对其采取了区别对待、酌情从宽的优待政策。亲属相盗的相关法律规定是法治的要求，也是法律人性化的体现。目前我国《刑法》没有对亲属盗窃做出具体规定，只在司法解释中做原则规定，其解释笼统，导致亲属相盗案件的处理陷入困境，争议不断。

(二)亲属身份范围

我国关于亲属相盗中的"亲属"的界定为近亲属和家庭成员。民法中对于"近亲属"限定在以下范围:父母、配偶、兄弟姐妹、子女、外祖父母、祖父母、外孙子女、孙子女。刑事诉讼法进一步限制了"近亲属"的范围，仅包括父、母、夫、妻、同胞兄弟姐妹、子、女。有学者认为，刑事诉讼法规定的范围太小，将外祖父母等关系排除在亲属相盗中亲属身份之外的规定并不合理。原因在于:民法规定的近亲属之间往往经济联系密切，亲属相盗不应将其排出于外。[2]

关于家庭成员的范围，我国法律尚无明确规定。有学者认为，近亲属和家庭成员之间存在重叠。具体认定中应当符合以下三个标准:第一，家庭成员须以一定范围内的亲属关系为前提。第二，家庭成员必须长期共同生活在一起，具有稳定性。第三，家

①曹旅宁:《论秦律中所见的家族法》,《学术研究》2002年第4期,第105-110页。
②鲁昕:《家庭伦理背景下的亲属相盗立法原理刍议》,《中国青年政治学院学报》2010年第6期,第78-82页。

庭成员之间存在法定的权利义务关系。但是,值得一提的是,也有学者认为,刑法有关司法解释中的家庭成员是指近亲属外的、与行为人共同生活的人。

(三)亲属相盗共同犯罪的处理规则

1.亲属抢劫的处理

在亲属抢劫上,最高人民法院刑事审判庭主办的《刑事审判参考》发布第 134 号案例"明安华抢劫案"也对子女进入父母居室内抢劫的能否认定为"入户抢劫"作出指导。同时,在亲属抢劫的司法解释中,对于行为人与非亲属共同劫取家庭成员或近亲属财产的情形做出了规定,即根据最高人民法院印发《关于审理抢劫、抢夺刑事案件适用法律若干问题的意见》第七条第三款:为个人使用,以暴力、胁迫等手段取得家庭成员或近亲属财产的,一般不以抢劫罪定罪处罚,构成其他犯罪的,依照刑法的相关规定处理;教唆或者伙同他人采取暴力、胁迫等手段劫取家庭成员或者近亲属财产的,可以抢劫罪定罪处罚。由此可见,如果行为人单独劫取家庭成员或近亲属财物可以从宽适用抢劫罪的规定,如果行为人与非亲属共同劫取家庭成员或近亲属财物的则应当按照普通的认定规则进行,一般不能享受亲属身份带来的优待。

2.亲属相盗的处理

亲属相盗的司法解释中只涉及单独犯罪的情形,并无规定亲属相盗的共同犯罪人应当如何定性的问题,裁判文书网等电子数据库中也未检索到有关亲属相盗共同犯罪的参考案例。当亲属相盗涉及共同犯罪的问题时,是否应当参照亲属抢劫的司法解释中的规定处理,应当对共同犯罪人如何定性成为刑法理论上有待考量和深究的问题。

在对亲属相盗的处理中:一种观点认为,对于被害人的亲属与他人共同盗窃财物的行为应当依法追究刑事责任。在处罚上,对有亲属身份的人和无亲属身份的人应当区别对待。即对无亲属身份的人按照普通的犯罪量刑,而对有亲属身份的人可以适当减轻或从轻处罚。

另一种观点认为,与他人共同盗窃自家或近亲属财物的,如果区别对待会导致法律上的不平等,盗窃的事实是行为人共同参与实施,盗窃的结果也是共同造成,若区别对待将不足以公平打击犯罪,违背现代法治国的基本精神。

(四)亲属相盗问题的本案适用问题

根据最高人民法院、最高人民检察院《关于办理盗窃刑事案件适用法律若干问题的解释》法释〔2013〕8 号第八条:"偷拿家庭成员或者近亲属的财物,获得谅解的,一般可不认为是犯罪;追究刑事责任的,应当酌情从宽。"依照我国《刑法》和现有司法解释的规定,本案张某享有亲属相盗的特殊优待,根据共同犯罪中"违法身份连带,责任身份个别"的规定,张某、牛某二人应当区别处罚。

在笔者看来,现有司法解释的规定显然是不完善、不合理的。本案张某与牛某一同进入被害人居室内,盗窃的事实是二行为人共同参与实施的,盗窃结果也是二人共同参与的结果,行为人需对整个结果负责。刑法面前人人平等,若只对牛某以入户盗窃论而不以入户盗窃定罪处罚张某,将不足以公平打击犯罪,违背现代法治国理念。

就本案来看,经现场勘查及询问被害人了解到,行为人张某常年好吃懒做,盗窃前科累累,已多次盗窃变卖自己及亲属家中财物,被害人即行为人张某的家属明确表示不谅解,强烈要求严肃依法处理。张某伙同他人盗窃的行为已严重威胁到其近亲属及社会的财产安全、人身安全。我国法律中目前只有关于亲属盗窃的单独犯罪规定,并未涉及共同犯罪的情形,在共同犯罪案件中单就行为人张某的亲属身份而对其给予优待,将张、牛二人区别对待,显失公平,有违司法秩序。

综上,现有《刑法》及司法解释应当对亲属相盗做出进一步规定。在此问题的解决上,可以求助司法解释,参照有关亲属抢劫的司法解释,补充亲属相盗的司法解释,将亲属相盗共同犯罪不再给予拥有亲属身份的人优待,以此实现公平打击犯罪。也有学者认为,应当引入在刑法中增设亲属相盗,具体增设内容为:盗窃亲属或家庭成员的财产,告诉的才处理,将"与外人串通联合盗窃亲属财物的"规定为严重的例外情形。①相较而言,本文更认同后者的观点。

(五)有关入户盗窃的其他争议问题

首先,我国司法解释中对亲属相盗犯罪的规定仅有"确有必要追究刑事责任"这一个条件且并没有对其进行具体的解释,在司法实践中可操作性不强。其次,家庭成员往往对家庭财产占有一定的份额,对犯罪数额如何确定,在司法实务中存在困境。此外,在"亲属"范围上,如姻亲关系、同居亲属的盗窃情形在实践中存在界定难题。这些都使得司法实务操作中存在很多疑难问题,有待进一步研讨和解决,本文的研究重点不在此,不作过多论述。

四、结语

"无规矩不方圆",建立并维护良好的社会秩序一直是人类孜孜以求的美好愿景。在实习中发现,有关盗窃罪的犯罪主体具有一定的特殊性,多数为误入歧途的年轻人,一般没有受到过良好的教育,没有固定的职业,更没有相关的法律知识。法治之路任重道远,需要我们共同前行。

---

①翟金:《论亲属之间的盗窃行为》,《法制与社会》2015 年第 20 期第 70 页,74 页。曹杰:《家庭成员内部盗窃问题思考》,郑州大学硕士学位论文,2016 年。

参考文献

[1]孙洁.亲属相盗行为的刑法规制[D].北京:中国政法大学,2021.

[2]宁东.论"入户盗窃"的"入户"[J].濮阳职业技术学院学报,2021,34(03):67-70,88.

[3]陈彦.入户盗窃的入罪标准及犯罪形态[J].西部学刊,2021(1):68-70.

[4]张萌.论我国刑法中的亲属相盗及其完善[J].西部学刊,2020(24):92-95.

[5]孙之愚.特殊盗窃行为司法认定研究[D].哈尔滨:哈尔滨商业大学,2020.

[6]赵志伟.论入户抢劫的司法认定[D].北京:北京交通大学,2020.

[7]张楚薇.入户盗窃的司法认定[D].南昌:南昌大学,2020.

[8]赵天水.入户盗窃罪适用中的疑难问题[J].东北农业大学学报(社会科学版),2020,18(1):44-51.

[9]王俊丹.特殊盗窃行为司法认定研究[D].乌鲁木齐:新疆大学,2019.

[10]武萌.亲属相盗的刑事责任[D].郑州:郑州大学,2019.

[11]卢冲.入户盗窃实务探析[D].西安:西北政法大学,2018.

[12]谢紫惠."入户盗窃"中的争议问题分析[D].重庆:西南政法大学,2018.

[13]吴悦容.亲属相盗行为的司法适用问题研究[J].商,2016(19):228.

[14]曹杰.家庭成员内部盗窃问题思考[D].郑州:郑州大学,2016.

[15]叶雪.亲属相盗从宽处理问题研究[D].湘潭:湘潭大学,2016.

[16]翟金.论亲属之间的盗窃行为[J].法制与社会,2015(20):70,74.

[17]黄理.亲属间犯罪刑事责任问题研究[D].重庆:西南政法大学,2015.

[18]雷杰.浅议亲属间盗窃罪及立法建议[J].商品与质量,2010(S6):104.

[19]张宪明.亲属相盗的相关刑法问题研究[D].重庆:西南政法大学,2010.

[20]鲁昕.中国封建社会亲属相盗立法的伦理分析[J].齐鲁学刊,2009(4):98-102.

[21]申世涛.罪刑法定原则下的亲属相盗问题[J].湖州师范学院学报,2008(3):91-93.

[22]代伯亮.盗窃罪相关疑难问题研究[D].开封:河南大学,2008.

[23]黄学冲,陆健.盗窃近亲属财物"确有追究刑事责任必要"之认定[J].人民检察,2004(6):57.

故意杀人罪与故意伤害(致死)罪界定研究
——以刘晓华故意杀人案为例

孟　醒[①]

摘　要:故意杀人罪和故意伤害罪都是我国刑法中侵犯公民人身权利的犯罪,人身危险性强,造成后果严重。因二者在很多方面具有相似性,在司法实践中往往对于二者的区别和认定存在较大难度,极易产生混淆。要正确区分两个罪名,其目的在于把关于故意杀人罪与故意伤害罪的法学理论运用到实际各种司法办案中,准确解决实践中两种犯罪的定罪量刑问题,维护法律的公平与正义,同时也能最大限度地保护当事人的合法权益,提高办案质量。在司法实践中,界定两罪的关键在于主观要件的区分,具体来讲要分析案件起因、当事人之间的关系、作案工具及其来源、打击部位、打击行为节制程度、事后处理行为以及被告人陈述几个方面。本文以刘晓华故意杀人案为分析导引,结合司法实践和类案检索,剖析故意杀人罪和故意伤害(致死)罪的基本构成要件,探究两个罪名的联系和区别,深层次学习和理解故意杀人罪与故意伤害(致死)罪的界限。

关键词:故意杀人罪;故意伤害(致死)罪;司法实践;界定

一、案件简介及争议焦点

(一)事实概要

2007 年 8 月 24 日,被告人刘晓华与被害人魏某登记结婚,婚后育有一女。2016年,魏某因突发脑出血导致左侧身体半身不遂,平日由刘晓华进行照料。2019 年 1 月 24 日 22 时许,被告人刘晓华在本市市南区宁夏路××户其住处卧室内,因家庭琐事与魏某发生激烈争执,后刘晓华到厨房拿菜刀返回卧室,向魏某头颅后枕部、额顶部、面

---

①作者简介:孟醒,女,河南漯河人,郑州大学法学院(知识产权学院)2020 级 6 班本科生。

部等部位连砍二十余刀,致其多发创伤致失血性休克死亡。案发后,被告人刘晓华多次拨打110报警电话及120急救电话,未离开案发现场,后被当场抓获。经司法鉴定,被告人刘晓华系限定刑事责任能力。经法医鉴定:死者魏某符合生前遭锐器作用致多发创伤致失血性休克死亡。

公诉机关认为被告人刘晓华故意杀人,其行为触犯了《中华人民共和国刑法》第二百三十二条,应当以故意杀人罪追究其刑事责任。被告人刘晓华系限定刑事责任能力,适用《中华人民共和国刑法》第十八条。

被告人刘晓华当庭辩解称,其丈夫魏某因脑梗长期需要其照顾,魏某没有工作,家庭开支主要靠其工资收入,压力很大。案发时,因魏某说其母亲去世,其没有在家摆灵位,不孝顺,二人为此发生争吵,其记不清拿的什么东西打过魏某,没有杀人的故意。辩护人的辩护意见是:①被告人刘晓华主观上并无杀人的犯意,其行为应认定为故意伤害致人死亡;②案发后,刘晓华曾拨打110报警电话及打120急救电话,且到案后如实供述自己的罪行,应当认定为自首;③刘晓华系限定刑事责任能力人;④系初犯、偶犯;⑤本案属于家庭矛盾引发的激情犯罪。

(二)争议焦点

经分析归纳,本案争议焦点为:被告人刘晓华主观上是否有杀人的故意,应以故意杀人罪还是故意伤害(致人死亡)罪追究其刑事责任。

二、关于争点的判决要旨

本案围绕被告人刘晓华主观上是否具有杀人的故意,应否以故意杀人罪追究其刑事责任的问题进行了分析。《中华人民共和国刑法》第二百三十二条规定:"故意杀人的,处死刑、无期徒刑或者十年以上有期徒刑;情节较轻的,处三年以上十年以下有期徒刑。"第二百三十四条规定:"故意伤害他人身体的,处三年以下有期徒刑、拘役或者管制。犯前款罪,致人重伤的,处三年以上十年以下有期徒刑;致人死亡或者以特别残忍手段致人重伤造成严重残疾的,处十年以上有期徒刑、无期徒刑或者死刑。本法另有规定的,依照规定。"在司法实践中,正确区分故意杀人罪与故意伤害(致人死亡)罪,准确认定被告人的行为构成故意杀人罪还是故意伤害(致人死亡)罪对最终量刑起到至关重要的作用。从犯罪构成分析,故意杀人罪与故意伤害(致人死亡)罪的区别在于:第一,客观要件。前罪在客观方面表现为实施了非法侵害他人身体的行为,致使被侵害人失去生命;后罪表现为实施了非法侵害他人生命的行为。第二,主体要件。两罪没有区别,主体为一般主体。第三,客体要件。前罪侵犯的客体是他人的生命权;后罪侵犯的是他人的身体健康权。第四,主观要件。前罪被告人主观上意图剥夺他人生命,希望或者放任他人死亡结果的发生;后罪被告人主观上意图损害他人身体健康,并非剥夺他人的生命。在司法实践中，区分故意杀人罪与故意伤害（致人死亡）罪应遵循主客观一致的原则，操作的关键在于主观要件的区分。判断被告人主观故意的内容，不能仅根据被告人的供述或者案件的某一事实认定，应在全面收集案件证据的情况下，综合分析案情继而认定被告人主观故意的内容。

三、对本案的判决

法院认为，被告人刘晓华故意杀人，致一人死亡，其行为构成故意杀人罪，依法应予处罚。被告人刘晓华及其辩护人提出的其主观上没有杀人故意的辩解辩护意见。经查，被告人刘晓华案发时持菜刀向被害人要害部位猛砍二十余刀，且事后将丧失自救能力的被害人独自留在卧室，致被害人失血性休克死亡，其主观上非法剥夺他人生命意图明显，应当认定为具有杀人的故意。案经合议庭评议，报审委会研究，依照《中华人民共和国刑法》第二百三十二条、第十八条第三款、第六十七条第一款、第四十五条、第四十七条和第六十四条的规定，判决如下："一、被告人刘晓华犯故意杀人罪，判处有期徒刑十年。（刑期从判决执行之日起计算。判决执行以前先行羁押的，羁押一日折抵刑期一日，即自2019年1月26日起至2029年1月25日止）；二、随案移送的菜刀1把予以没收；华为牌手机1部发还被告人刘晓华。"

四、对争点的分析

本案主要围绕被告人刘晓华是否具有杀人的故意，是否应以故意杀人罪追究被告人刘晓华的刑事责任这一争议焦点进行的讨论分析。其中公诉机关认为被告人刘晓华故意杀人，触犯了《中华人民共和国刑法》第二百三十二条，应当以故意杀人罪追究其刑事责任。但被告人刘晓华辩护人的辩护意见称，被告人刘晓华主观上并无杀人的犯意，行为应认定为故意伤害致人死亡，并且案发后，刘晓华曾拨打110报警电话和120急救电话，且到案后如实供述自己的罪行，以及刘晓华系限定刑事责任能力人，初犯、偶犯，应从轻处罚。本案中被告人刘晓华案发时持菜刀向被害人头颅后枕部、额顶部、面部等要害部位猛砍二十余刀，且事后将丧失自救能力的被害人独自留在卧室，致被害人多发创伤致失血性休克死亡，其主观上非法剥夺他人生命意图明显，应当认定为具有杀人的故意，以故意杀人罪追究其刑事责任。

五、类案检索

(一)杨观宝故意伤害案①

被告人杨观宝与被害人郑某 1 系同居关系。2018 年以来,因被告人杨观宝生意投资失败,二人时常发生吵架。2019 年 3 月 20 日 22 时许,被告人杨观宝在其位于苍南县家中,再次因家庭琐事而与被害人郑某 1 发生争吵。争吵过程中,被告人杨观宝用拳头击打郑某 1 头部致其摔倒在地昏迷,但未及时拨打急救电话,直至郑某 1 昏迷半小时后才在赶来的家属郑某 2 陪同下将郑某 1 送医抢救。当日,被害人郑某 1 在医院抢救无效死亡。经法医鉴定,头部的外伤、情绪急剧波动等情况可诱发被害人郑某 1 冠状动脉粥样硬化性心脏病发作死亡。公诉机关认为,被告人杨观宝的行为已触犯《中华人民共和国刑法》第二百三十四条第二款,应当以故意伤害罪追究其刑事责任。附带民事诉讼原告人李某、郑某某诉称被害人郑某 1 与被告人杨观宝之间存在隐性债务高达数百万元,其在主观方面具有故意杀人的动机和目的,在客观方面,被告人对被害人郑某 1 明显存在故意拖延、延误抢救的事实行为,系故意杀人,应依法严惩。其委托诉讼代理人提出,被告人杨观宝的行为应定性为故意杀人罪。被告人杨观宝在拳击被害人郑某 1 倒地之后的行为表现,其在具备多种救治措施并已经采取多种救治措施的情况下,却故意延误拨打 120 急救电话,最终导致郑某 1 死亡的结果,其行为应属于间接故意的故意杀人罪。法院认为,被告人杨观宝故意伤害他人身体,致人死亡,其行为已构成故意伤害罪。公诉机关指控成立,予以支持。被告人杨观宝案发后明知他人报警而在现场等候抓捕,且能够如实供述犯罪事实,具有自首情节,予以从轻处罚。辩护人从轻处罚的辩护意见,予以采纳。依照《中华人民共和国刑法》第二百三十四条第二款、第六十七条第一款之规定,判决被告人杨观宝犯故意伤害罪,判处有期徒刑十年。

(二)高某故意伤害案②

2017 年 7 月,被告人高某和任某甲发展为情人关系,同年 9 月份高某发现自己怀孕后与任某甲发生争执,后便联系不到任某甲,高某生下孩子后多次去任某甲父亲任某乙家里问询任某甲的联系方式,但一直未果。2018 年 10 月 14 日高某骑电动车带着打火机和事先放在电动车前篓里装有汽油的健力宝桶去了中阳县宁乡镇梁山上 4 号任某乙租住的院子里,停好电动车进了任某乙住的窑洞,与任某乙的妻子王某及两

---

① 参见浙江省苍南县人民法院(2019)浙 0327 刑初 907 号刑事判决书。
② 参见山西省中阳县人民法院(2019)晋 1129 刑初 17 号刑事判决书。

个孙子发生争吵并相互拉扯,任某乙进屋后拉拽高某让她出去,任某乙也跟着出去,两人在院子里相互撕扯,之后高某从其骑的电动车前篓里拿出装有汽油的健力宝桶,任某乙看见后就过去抢健力宝桶,抢下后把里面的汽油往地上倒,高某又过去抢,后高某捡起健力宝桶把桶内剩余的汽油泼在任某乙身上,并用装在口袋里的打火机点燃,致使任某乙烧伤。经鉴定,被害人任某乙双手、双手腕、右上肢及颈部烧伤面积损伤程度构成轻伤一级;头面部烧伤面积损伤程度构成轻伤二级。案发后,被告人高某的家属提出高某患有精神疾病,经鉴定,高某患精神分裂症,属于限制(部分)刑事责任能力。另查明,任某乙于2019年10月19日死亡。中阳县人民检察院指控被告人高某犯故意杀人、故意毁坏财物罪向法院提起公诉。被告人高某的辩护人对公诉机关指控被告人高某泼汽油致任某乙轻伤的行为构成故意杀人罪罪名有异议,从本案的起因及被告人在任某乙家的行为看,被告人高某并没有杀人的故意,结合本案中被害人任某乙受伤情况,最重的部位在手部和躯干部,被害人任某乙已死亡的事实无证据证明与被告人高某的行为有关,故不应认定故意伤害致人死亡,应以故意伤害致人轻伤定罪处罚。法院认为,被告人高某故意伤害他人身体,致人轻伤,其行为已构成故意伤害罪。公诉机关指控被告人高某犯故意杀人罪罪名不当,应予纠正。被告人高某故意毁坏他人财物,其行为又构成故意毁坏财物罪,公诉机关指控被告人犯故意毁坏财物罪的犯罪事实清楚,证据确实充分,指控罪名成立,本院予以支持。被告人高某一人犯数罪,应数罪并罚。根据被告人高某犯罪的性质、情节及对社会的危害程度,依照《中华人民共和国刑法》第二百三十四条第一款、第二百七十五条、第六十九条第一款、第十八条第三款之规定,判决被告人高某犯故意伤害罪,判处有期徒刑二年;犯故意毁坏财物罪,判处有期徒刑一年,数罪并罚,决定执行有期徒刑二年六个月。

(三)王兴良故意伤害案①

被告人王兴良与被害人穆某某系夫妻关系,在新泰市煤矿医院经营食堂。2019年8月12日晚,在该食堂内,因家庭琐事,王兴良与穆某某发生争执,王兴良殴打穆某某,将穆某某推倒后致其后脑着地,并骂穆某某"滚",后穆某某立即带着次女王某1跑至该医院急诊室走廊时趴倒在地;王兴良随即追至,并将穆某某拖拽至急诊室外的水泥空地,王兴良与穆某某厮打,王兴良用手抓住穆某某头部将其后脑部位往地上猛磕,急诊室医务人员将两人拉开。穆某某将王某1留在急诊室;王兴良随即将穆某某带至家中,两人继续争吵,王兴良又用矿泉水瓶击打穆某某头部后右侧等部位;后王兴良将王某1带回家,穆某某陪着王某1在最西边房间睡觉,王兴良在最东边房间睡觉。次日清晨,王某1发现穆某某口吐白沫,后经王兴良送医,穆某某抢救无效死亡。穆某

_____

① 参见山东省新泰市人民法院(2019)鲁0982刑初657号刑事判决书。

某符合颈部损伤致脊髓硬脊膜周围出血、脊髓水肿、中央管管腔变扁继发脑水肿并枕骨大孔疝形成而死亡。案发后,王兴良主动电话报警未接通,后委托穆某报警,并在新泰市翟镇煤矿医院急诊室外等待且被抓获。公诉机关认为,被告人王兴良故意伤害他人身体致人死亡,其行为触犯了《中华人民共和国刑法》第二百三十四条第二款之规定,应当以故意伤害罪追究刑事责任。被害人穆某某之母王某某的诉讼代理人提出的代理意见为,应当以故意杀人罪追究被告人王兴良的刑事责任;被告人王兴良虽主动报警,但不构成自首。法院认为,被告人王兴良故意伤害他人身体致一人死亡,其行为构成故意伤害罪。公诉机关指控的罪名及犯罪事实成立,本院予以支持。被告人王兴良有故意伤害罪的犯罪前科,酌情从重处罚。被告人王兴良主动电话报警未接通后委托他人报警,并在医院等候,视为具有到案主动性,后如实供述主要犯罪事实,是自首,对其可从轻处罚。辩护人相应的辩护意见能够成立,予以采纳;诉讼代理人提出"被告人王兴良虽主动报警,但不构成自首"的代理意见不予采纳。诉讼代理人提出"应当以故意杀人罪追究被告人王兴良的刑事责任"的代理意见及辩护人提出"被害人有过错"的辩护意见与审理查明不符,不予采纳。根据本案的犯罪事实、性质、情节和社会危害程度,依据《中华人民共和国刑法》第二百三十四条第二款、第六十七条第一款之规定,判决被告人王兴良犯故意伤害罪,判处有期徒刑十四年零六个月。

(四)苏凯故意杀人案①

2019年6月23日10时许,在成都市双流区合力达西部食品城9栋2单元28号"凤姐食品经营部"内,被害人梁某与被告人苏凯的母亲因未采购到本应预留的香烟而发生争吵。随即苏凯与梁某发生争吵、对峙,并拿着菜刀追赶梁某。双方被劝开后,苏凯驾驶其家中的川A×××××黑色哈弗汽车驶出该食品城地下停车场并遇见站在路边的梁某。苏凯为泄愤径行驾车加速撞向梁某且撞到路边停放的其他车辆后才停车。梁某当时受伤被压在该哈弗汽车下,后经抢救无效死亡。经鉴定,梁某死因符合车辆撞击、挤压致创伤性休克死亡。苏凯撞车后便下车,并留在案发现场直至被民警抓获。另查明,被害人梁某亲属收到被告人苏凯的家属代为赔偿的经济损失,并表示对苏凯的行为予以谅解;被苏凯驾车撞击的三辆车的车主均获得苏凯家属的赔偿。四川省成都市人民检察院认为被告人苏凯因纠纷故意驾车加速撞击被害人梁某,致其死亡,应以故意杀人罪追究被告人苏凯的刑事责任。被告人苏凯及其辩护人对指控事实和证据不持异议,但认为苏凯无杀人的主观故意,其行为构成故意伤害(致人死亡)罪。法院认为,被告人苏凯因琐事纠纷,故意驾车加速撞击被害人梁某并致其死亡,其行为已构成故意杀人罪。苏凯明知他人报警而留在现场等待,无拒捕行为,并如实供述其罪

①参见四川省成都市中级人民法院(2019)川01刑初234号刑事判决书。

行,系自首,依法可以从轻或减轻处罚。苏凯委托其家属赔偿了被害人亲属的经济损失并取得谅解,可酌情对其从轻处罚。依照《中华人民共和国刑法》第二百三十二条、第六十七条第一款、第五十七条第一款之规定,判决被告人苏凯犯故意杀人罪,判处无期徒刑,剥夺政治权利终身。

六、对比分析

通过类案检索得到了与刘晓华故意杀人案争议焦点类似的四件案例,分别涉及故意伤害罪和故意杀人罪。①杨观宝故意伤害案中,被告人杨观宝与被害人郑某1因家庭琐事纠缠、打斗,杨观宝拳击郑某1头部,其作为成年人,应当知道该行为会导致他人头部受伤或倒地摔伤,但其仍然实施该拳击行为,其主观上具有伤害他人身体的故意,且郑某1的心脏病发作死亡与杨观宝的伤害行为具有直接的因果关系,杨观宝应当对郑某1的死亡承担故意伤害致人死亡的刑事责任,其行为已构成故意伤害罪且致人死亡。②高某故意伤害案,被告人高某称当时任某乙用剪刀捅其,其要走,任不让走,其才泼汽油并点燃,以及辩护人所提被告人高某并没有杀人的故意,结合本案中被害人任某乙受伤情况,最重的部位在手部和躯干部,被害人任某乙已死亡的事实并无证据证明与被告人高某的行为有关,对被告人应以故意伤害致人轻伤定罪处罚。③王兴良故意伤害案中,被告人王兴良与被害人穆某某系夫妻关系,因家庭琐事发生争执,王兴良殴打穆某某,将穆某某推倒后致其后脑着地,后又用手抓住穆某某头部将其后脑部位往地上猛磕,又用矿泉水瓶击打穆某某头部后右侧等部位。穆某某符合颈部损伤致脊髓硬脊膜周围出血、脊髓水肿、中央管管腔变扁继发脑水肿并枕骨大孔疝形成而死亡。案发后王兴良主动电话报警未接通,后委托穆某报警,并在医院急诊室外等待且被抓获,鉴于王兴良并无致人死亡的主观故意且及时采取救助措施,被定性为故意伤害罪。④苏凯故意杀人案中,苏凯为了泄愤而故意驾车加速撞击被害人梁某且没有刹车而直至车辆被撞停,在案证据足以认定苏凯为泄愤而故意驾车加速撞击被害人并致其死亡的事实。苏凯作为心智健全的成年人,其主观上应当知晓驾车撞击他人可能导致死亡结果的发生,仍恣意为之,且为泄愤便驾车加速撞击梁某直至车辆被迫停下并致梁某死亡,其行为符合故意杀人罪的构成要件,应当以故意杀人罪定性。

(一)故意杀人和故意伤害(致人死亡)罪的界定标准

在司法实践中,区分故意杀人罪与故意伤害(致人死亡)罪应遵循主客观一致的原则,操作的关键在于主观要件的区分。判断被告人主观故意的内容,不能仅根据被告人的供述或者案件的某一事实认定,应在全面收集案件证据的情况下,综合分析案情继而认定被告人主观故意的内容。

(1)案件起因。起因关系到被告人实施犯罪行为时的动机,被告人与被害人之间是琐事引发,冲动下的本能反应,还是蓄谋已久,经过周密严谨的计划而实施的,等等,一些细节都是故意伤害致人死亡与故意杀人的界定标准。

(2)当事人之间的关系。关系密切或者初次相识的被告人与被害人,一般存在杀人动机的可能性比积怨已久的可能性要小。

(3)作案工具及其来源。作案工具的危险性是认定被告人主观故意的一个重要因素。枪械、刀具显然比普通棍棒、砖头更具危险性,使用枪械、刀具对一个人实施打击发生被害人生命被剥夺的可能性更大。如果作案工具由被告人事先准备比现场临时寻找所具有杀人动机的可能性更大。

(4)打击部位。使用凶器打击要害部位显然比非要害部位更容易发生剥夺被害人生命的可能性。要害部位通常考虑胸腹部、头颈部等易致命的部位。

(5)打击行为的节制程度。被告人打击次数为无限度的较有限度打击具有杀人故意的可能性更大。

(6)事后处理行为。被告人实施致害行为后,对被害人置之不理的相较于对被害人尽力救助的具有杀人故意的可能性更大。

(7)被告人的供述。被告人案发后的供述,存在隐瞒真实意图的可能性,故不能仅依据口供认定被告人的主观故意,应根据其他证据判断被告人供述的合理性和真实性。

以上几方面因素有助于法院认定被告人在实施加害行为时的主观故意的内容,但任何一个案件都不能机械地根据某一方面因素来判定,应全面分析各个方面的具体情况后进行综合论证。

(二)故意杀人罪和故意伤害(致人死亡)罪界定的相关法理观点

故意杀人罪和故意伤害(致死)罪在审判实践中比较难区分,由于案件千姿百态、错综复杂,有些犯罪嫌疑人还会狡猾抵赖、避重就轻,甚至拒不供述,更重要的是会把杀人的故意辩解成只具有伤害的故意。应当在全面掌握案情的基础上,逐个分析所有证据,尤其在认定行为人犯罪故意的内容时,要做到主观见之于客观,客观反映出主观,坚持主客观相统一。既要通过缜密分析案件的起因来研究行为人的犯罪动机和目的,也要考虑行为人使用的作案工具、击打部位及强度,加害有无节制,造成的结果以及对结果的反映,等等,正确定罪量刑。

1.目的说

思想往往指导着行动。就故意杀人罪和故意伤害罪来说,犯罪行为的性质主要取决于犯罪的目的,行为人是否具有剥夺他人生命的主观意图尤为重要。尽管故意伤害致死出现了与故意杀人一样的后果,但从根本上分析,故意伤害致死中死亡结果的发生与行为人的本意是相违背的,而故意杀人中被害人死亡正合行为人之意。持"目的说"观点的学者认为,区分故意伤害罪与故意杀人罪,是要根据行为人的犯罪目的来认定、判断的。其强调犯罪目的是整个犯罪过程的起点,它贯穿于犯罪活动的始终,最后实现在犯罪结果上。故意伤害致死中行为人的犯罪目的,并非要剥夺对方的生命,由于暴力行为已在客观上危害了生命,又不可预测或出乎意料地发生了致人死亡的后果,可以确定的是被害人的死亡是行为人本意之外的。犯罪目的在认定故意杀人罪和故意伤害致人死亡罪中非常重要,该观点认为两种罪之所以能区分开来,就是因为二者具有杀人和伤害目的两种不同的内在属性,继而又由内在属性决定与之相适应的行为方式及造成的符合规律的结果。

2. 故意说

故意是认识因素与意志因素的统一,其中认识因素表现为明知自己的行为会发生危害结果。但有时也会出现将"应当知道"等同于"明知"的情况,均认为属于故意。要严格区分犯罪的故意和一般意义上的故意,因为犯罪的故意表现为对自己实施的加害行为及其结果有认识,并持希望或放任态度,但一般意义上的故意表现为行为人虽有意识地实施了某种行为,但却不是上述犯罪故意的表现内容。持"故意说"观点的学者认为,要根据犯罪故意的实际内容来区分故意杀人罪与故意伤害罪。明知自己的行为会导致死亡结果发生,仍希望或者放任结果发生的,就具有剥夺他人生命的故意,不论是否造成被害人死亡,行为的性质都应定为故意杀人。一开始就只有伤害他人健康的故意,即使造成了被害人死亡的结果,也只能定为故意伤害(致人死亡)罪。这种观点比较符合犯罪构成理论。因为明知自己的行为会引发他人死亡的结果,且放任或希望这种死亡结果发生的时候,就是故意杀人,虽会出现因行为人意志以外的原因而没有发生死亡的结果,只是对他人的身体造成一定程度的伤害,亦不影响其故意杀人的本质。

3. 工具或打击部位说

该观点有的学者称之为"客观事实说",即区分故意杀人罪和故意伤害罪,应当以案件的客观事实为标准。因为有些犯罪嫌疑人自始至终都不承认自己具有杀人目的,只有客观存在的案件事实才是其无法抵赖的客观标准。

七、结语

本次笔者在河南省漯河市人民检察院第一检察部实习的十周期间,参与办理的刑事案件中故意杀人和故意伤害案占据较大的比例。在不少案件的办理过程中,公安机关、检察机关、法院以及被害人及其代理人、辩护人对于案件中应以故意杀人还是故意伤害致人死亡罪追究被告人(犯罪嫌疑人)的刑事责任具有较大的分歧。在实习过程中,笔者也就具体的案件和指导老师进行了激烈的讨论。通过探讨和查阅大量相关文献资料,笔者更加深入地学习到了故意杀人罪和故意伤害致人死亡罪的界定标准和方法,也能够对于同类型刑事案件的定罪量刑作出简单判断和分析。因案件的保密性,本次案例分析并未采用笔者实习期间接触到的真实案例,而借用中国裁判文书网上发布的相关案例。

本案中被告人刘晓华和被害人系夫妻关系,因琐事争执并持菜刀向被害人头颅后枕部、额顶部、面部等要害部位连砍二十余刀,且事后将丧失自救能力的被害人独自留在卧室,致被害人多发创伤致失血性休克死亡,其主观上非法剥夺他人生命意图明显,应当认定为具有杀人的故意,以故意杀人罪追究其刑事责任。

据统计,这两类案件的数量占侵犯公民人身权利类案件的比例较大。实践中不难发现,故意杀人罪和故意伤害罪的区分和定性仍有较大难度,不少情况下检察院和法院在二者罪名认定上也会产生很大的分歧。我国刑法之所以确定罪刑法定原则与罪责刑相适应原则,目的就在于对犯罪的惩罚能公平公正。这就要求我们无论从理论上还是实践中,对故意杀人罪与故意伤害罪进行区分。要正确区分两个罪名,其目的在于把关于故意杀人罪与故意伤害罪的法学理论运用到实际的各种司法办案中,准确解决实践中两种犯罪的定罪量刑问题,维护法律的公平与正义,同时也能最大限度地保护当事人的合法权益,提高办案质量。通过对案例的研究分析,正确区分此罪与彼罪,对二者的区别联系进行深入分析研究,通过类比、举一反三、深入浅出的说理论证,以期对一个死亡危害结果发生后该如何定罪量刑具有指导意义,对司法实践中办理此类案件有所帮助。

参考文献

[1]李燕.(间接)故意杀人罪和故意伤害(致死)罪比较研究:付万鑫致人死亡案的法律分析[D].兰州:兰州大学,2017.

[2]吴雨桐.论故意杀人罪和故意伤害致人死亡罪的界定标准[J].中外企业家,2015(23):202.

个人信息保护公益诉讼起诉主体的关系研究

唐　琳①

摘　要:数字经济时代,公民的个人信息保护成为人权保护的一个重要延伸。针对《个人信息保护法》出台后个人信息保护实践中的问题,本文以检察公益诉讼的深入开展为背景,参考域外立法,结合中国国情,研究个人信息保护公益诉讼中适格主体的权能及其起诉顺位,进而确定其具体范围。在功能定位上,现阶段检察机关是个人信息保护公益诉讼的先锋军和主力军,应重点发挥其与监管部门的配合与衔接的优势;消费者组织作为个人信息保护与消费者权益保护融合的中心,其在消费者个人信息保护的领域作用突出;社会组织作为民意代表,需牢牢把握公益诉讼中社会公众利益的保护,且具有技术上的专业性。三者之间的关系应是在检察机关统筹发力的基础上,各自发挥独特优势协调互补,形成多元共治的个人信息保护新格局。

关键词:个人信息保护;公益诉讼;起诉主体;起诉顺位

一、引言

(一)问题的提出

随着信息时代传输技术的深度发展与信息交互的速度加快,每个人不仅生活在现实实体环境中,同时也在网络世界拥有自己的活动空间,这使得个人信息与网络之间形成一种紧密的连接。以使用手机移动客户端为例,随着网络立法进程的加快,一方面要求实名制注册,另一方面又对网络平台提出了相应的用户信息保护的要求。就用户个人信息的传播途径而言,通常在按照网站要求填写个人信息后,用户自身对其个人信息的去向如何就无从知晓了。

因此,私益诉讼往往是在个人信息侵权行为产生一定的实害结果后才后知后觉开

---

①作者简介:唐琳,女,汉族,山东威海人,郑州大学法学院(知识产权学院)2019级2班本科生。

始启动,具有明显的滞后性。基于个人信息侵害的虚拟性、隐蔽性以及个人信息交互的快速性,私益诉讼的优缺点都很显著。其优点在于对每个受害者个体而言,其对于自身利益受损而进行权益保护的动机最直接,利害相关性最高,维权积极性最强;但缺点是,私益诉讼的个人力量对于庞杂的个人信息侵害方式、手段等导致的信息不对称问题使得个人发现信息受侵害的事实困难,而在提起个人信息侵权时也缺乏证据,进而提高私益诉讼发挥作用的门槛。2021 年,《个人信息保护法》的出台明确为个人信息侵权的救济采用公益诉讼的方式提供了法律依据,但由于《个人信息保护法》第七十条对于个人信息保护公益诉讼只作出原则性的规定,随着理论的发展与实务的开展,新的问题应运而生,其中,具有一定的代表性的就是个人信息保护公益诉讼的主体构造问题。法条对于适格的起诉主体仅是概括性、指引性规定,那么如何厘清适格起诉主体的关系以及准确厘定各个主体的职能定位,以便于根据各个起诉主体的职能发挥多元主体的整体功能,推动个人信息保护公益诉讼制度的立法目的实现,这是本文旨在解决的中心问题。

综上,对于个人信息的保护,公益诉讼比私益诉讼更具优势,而《个人信息保护法》第七章所规定的救济制度层次清晰,但是也并不能否认公益诉讼在实际运用中存在一定的缺陷,这也涉及"个人信息保护"与"消费者"不同类型公益诉讼的关系问题。一个诉讼的启动是需要适格的起诉主体或者说是原告以一定的事实和理由按照法律规定的程序和标准提出。暂且不讨论提起个人信息保护公益诉讼的诸多条件,只就其启动程序而言,起诉主体在发现问题后及时提起诉讼才能发挥其作用,若主体提起诉讼的渠道不畅通,则会面临侵权事件愈演愈烈而起诉主体力不从心的困境。可以预见的是,未来个人信息保护的诉讼模式是在公益诉讼的基础上逐步吸收私益诉讼的优势,逐渐实现公益性诉讼实施权与私益性诉讼实施权的交互与融合,这也需要厘清主体的具体标准与其功能定位。

(二)研究综述

目前我国尚无专门研究个人信息保护公益诉讼的起诉主体关系与功能协调的文章,但存在对于个人信息保护民事公益诉讼起诉主体即原告整体的研究文章,对于个人信息保护公益诉讼起诉主体的关系顺位的探讨及基于此的作用协调与功能定位尚属于诉讼法较新的领域。基于实践的发展,其中个人信息保护民事公益诉讼及其起诉主体受到较多关注,2022 年 4 月,最高人民法院发布《民法典颁布后人格权司法保护典型民事案例》,其中"非法买卖个人信息民事公益诉讼案"成为《民法典》实施后首例个人信息保护民事公益诉讼案件①。学者在研究此问题上也有更多的观点冲突。

①最高法人民法院:《民法典颁布后人格权司法保护典型民事案例》https://www.court.gov.cn/zixun-xiangqing-354261.html,2022 年 8 月 11 日访问。

其中,最为突出的是有关于《个人信息保护法》第七十条的规定中是否明确法定起诉主体之间的关系即顺位问题,检察机关在提起个人信息保护公益诉讼上是否处于第一顺位的优先性,主要有以下两种观点:有学者对该问题持肯定答案①,认为按照《个人信息保护法》第七十条的表述,是明确将检察机关置于提起诉讼的法定主体的第一顺位,是一个探讨新类型公益诉讼的机会。有学者对于该问题持否定答案②,认为《个人信息保护法》虽然实质上提升了检察机关作为公益诉讼起诉主体的顺位,在个人信息保护领域的公益诉讼中破除了其作为补充性起诉主体,但三者的关系应理解为是并列关系,不分先后,即检察机关在提起个人信息保护公益诉讼上并无优先性,而其他机关也不必要在检察机关不提起诉讼的情形下才有权起诉。追根溯源,对这一问题观点上的分歧源于对《个人信息保护法》所规定的起诉主体之间的关系以及其功能定位的不同认识。那么随着实践的发展,究竟检察机关在起诉主体中处于何种地位,而其他法定的起诉主体在其中又扮演何种角色,相互之间是否存在先后顺序,这些问题应当在实际案例的基础上廓清。因此,笔者认为研究个人信息保护公益诉讼的起诉主体顺位问题首先要厘清起诉主体各自的相位与权能,以便于更好地应对信息时代个人信息保护的严峻态势,正面回应保护个人信息这一时点议题。

下文围绕"个人信息保护公益诉讼起诉主体的关系"这一核心问题展开,通过发现理论上和实践中我国个人信息保护公益诉讼起诉主体的相关问题,借鉴域外经验,分析问题成因,并以廓清我国个人信息保护公益诉讼主体功能定位与关系为思路进行解决,进一步厘清作为起诉主体的组织范围,最后展望我国个人信息保护公益诉讼起诉主体的多元化发展。

二、我国个人信息保护公益诉讼起诉主体的研究现状

(一)我国个人信息保护公益诉讼起诉主体的法律依据

有关我国法律对于个人信息保护公益诉讼起诉主体的规定,可以拆解为个人信息保护法律体系和我国公益诉讼法律体系两个方面。就个人信息保护立法现状而言,立法形式由过去的分散式在《个人信息保护法》出台后走向统一。《个人信息保护法》是我国第一部专门针对个人信息保护的系统性、综合性法律,其中对于个人信息保护领域各参与主体的职责以及法律责任等方面进行了创新规定,加强了我国个人信息安全

①张陈果:《个人信息保护民事公益诉讼的程序逻辑与规范解释——兼论个人信息保护的"消费者化"》,《国家检察官学院学报》2021年第29期,第72-84页。
②李晓倩:《个人信息保护民事公益诉讼的原告适格——以〈个人信息保护法〉第70条的解释论为中心》,《吉林大学社会科学学报》2022第5期,第20-29,235页。

的法治保障,在世界范围具有领先水平①。其中,关于公益诉讼起诉主体的规定是《个人信息保护法》第七十条:"人民检察院、法律规定的消费者组织和由国家网信部门确定的组织可以依法向人民法院提起诉讼。"一方面,就起诉主体予以明确规定且并无规定"等"意味着法定的起诉主体仅有三类主体,未预留其他主体的发展空间。另一方面,就我国公益诉讼的相关立法与司法解释而言,根据《中华人民共和国民事诉讼法》第五十五条的"法律规定的机关和有关组织"对民事公益诉讼原告仅作了原则性规定,不同类型的公益诉讼还需依据具体的单行法和相应的司法解释,例如消费者公益诉讼的起诉主体还需依据《消费者公益诉讼解释》的规定。对于个人信息保护立法而言,公益诉讼是个人信息侵权救济的一种方式,但不是唯一的方式。而在公益诉讼领域,个人信息保护也是独立于其他种类的公益诉讼的一种新型公益诉讼。两者的联动,促进了新理论的诞生,也是科学有效解决公民信息安全,加强新兴领域立法的重要体现。两大法律体系的交汇就构成了有关个人信息保护公益诉讼制度及其构造的法律依据。有关于《个人信息保护法》第七十条和《民事诉讼法》第五十五条的关系问题,根据"法的效力四维观"②,由于两者的属事效力不同,学界普遍的观点是两者构成特别法和一般法的关系,《个人信息保护法》在解决个人信息保护公益诉讼的语境中应优先适用。

(二)各主体提起诉讼的实践现状

近年来,检察机关在个人信息保护公益诉讼的工作方面如火如荼地开展着。在《个人信息保护法》出台之前,2020年,检察机关已办理网络侵害个人信息保护公益诉讼案件约470件;2021年,办理数量上升至800余件,同比增长1.7倍③。自《个人信息保护法》出台后,我国个人信息保护领域的公益诉讼案例仍以检察公益诉讼为主,检察机关办理的个人信息保护领域的公益诉讼案件达2000余件,同比增长三倍④。而其他两类机关由于法律依据并不完善,所以在针对个人信息保护提起公益诉讼上也难以发挥相应作用,在《个人信息保护法》出台后官方并未公布相关案例也证明了这一点。

不可否认的是,目前检察机关是实践中个人信息保护公益诉讼的主力军,在起诉

①张新宝、赖成宇:《个人信息保护公益诉讼制度的理解与适用》,《国家检察官学院学报》2021第5期,第55~74页。

②汪全盛:《"特别法"与"一般法"之关系及适用问题探讨》,《法律科学(西北政法学院学报)》2006年第6期,第50~54页。

③张军:《最高人民检察院工作报告——2021年3月8日在第十三届全国人民代表大会第四次会议上》,https://www.spp.gov.cn/spp/gzbg/202103/t20210315_512731.shtml,2022年3月5日访问。

④最高人民检察院:《检察机关2021年办理个人信息保护领域公益诉讼案件2000余件,同比上升近3倍!》,https://mp.weixin.qq.com/s/GoT4RoRce6o_rHtKNo87sg,2022年3月15日访问。

的数量和质量上均是个中翘楚,这与检察机关在个人信息保护公益诉讼的起诉顺位提升有关,但归根结底还在于检察机关在实践中提起该类诉讼的优势突出,相较于后两者面临的阻力较小。就目前状况而言,与之相对的消费者组织和国家网信部门授权的组织在实践中真正承担起个人信息保护公益诉讼的职能还很困难,不仅有实践中的种种壁垒,在理论上也缺少相应的支撑,导致无法将《个人信息保护法》第七十条规定的多元化主体的构造的优势发挥出来,很大程度限制了个人信息保护公益诉讼的实际效能。

基于现实考量,最大程度发挥检察机关在针对个人信息的公私融合性、技术性、隐匿性上的优势,同时强调发挥消费者组织和国家网信部门确定的组织的独特权能以织牢个人信息保护公益诉讼这张保护网,这是实践中面临的重要问题。

三、比较法视野下个人信息保护公益诉讼起诉主体的体系构架

(一)域外个人信息保护公益诉讼起诉主体的构造模式

1. 以检察机关作为起诉主体——以德国、法国民事诉讼法为例

在大陆法系国家,检察机关也被国家赋予代表社会公众利益承担起诉的职能。例如《法国民事诉讼法》明确规定"除法律有特别规定之情形外,在事实妨害公共秩序时,检察院得为维护公共秩序,进行诉讼"。《德国民事诉讼法》也有类似规定,检察机关对涉及国家、社会公共利益的重大案件可提起民事诉讼①。从性质上来讲,这类由检察机关提起的民事诉讼与我国检察公益诉讼性质相仿。从合法性来讲,检察机关作为国家机关,我国宪法明确规定检察机关的性质是法律监督机关,而个人信息保护也是与社会公共利益紧密相连的,这需要检察机关进行监督。我国检察机关一直领跑公益诉讼,检察机关不宜作为民事公益诉讼起诉主体的旧观点应当逐渐摒弃,其理论基础诸如检察机关的角色冲突导致原被告地位不对等已经与实践中检察机关在面对强大的网络侵权者奋力与之对抗的实践脱节。因此,实践中以检察机关作为起诉主体是具有客观基础,符合个人信息发展变化的规律,也有充足的法律依据和域外实例。

2. 以非营利组织体作为起诉主体——以欧盟立法为例

在世界范围内,欧盟的数据立法处于前列,最具代表性的是其在2018年正式生效的《一般数据保护条例》(General Data Protection Regulation, GDPR)被誉为"史上最严数据保护条例"。根据GDPR第八十条的规定,非营利机构、组织或协会有权接受数据主体的委托代表其行使诉权和在特殊情况下不经授权直接行使,且诉权内容包含获

①孙佑海:《对修改后的〈民事诉讼法〉中公益诉讼制度的理解》,《法学杂志》2012年第12期,第89—93页。

得赔偿的权利①。上述主体需满足以下条件方有资格接收数据主体委托:第一,组织体的成立、设立须依照成员国的法律;第二,组织体的章程目标是维护公共利益;第三,要求具备积极代表数据主体起诉保护其数据安全与自由的条件,以保证其有相关经验。None Of Your Business(NOYB)作为全球最早开展个人数据保护的组织之一,在GDPR出台前已经在数据隐私保护上积累了经验,专攻涉及范围广、影响力大的商业活动中的数据隐私侵权案件。该组织在 GDPR 生效后立即开始针对最具代表性的社交媒体提出个人数据保护诉讼,Facebook、Google、Instagram 均是其被告。在已有的裁判中,法院认定 NOYB 符合 GDPR 第八十条规定的"依法成立、非营利性、章程目标是实现公共利益、为保护数据主体权利积极起诉"的要求。

3. 以消费者团体和非营利民间团体作为起诉主体——以韩国立法为例

2020 年 1 月 9 日,韩国国会通过了《个人信息保护法》,该法作为韩国在个人信息保护领域的专门法律,与我国《个人信息保护法》在维护公民个人信息这一个议题上有共通之处。其中,涉及起诉主体的是韩国《个人信息保护法》的第七章,允许在满足特定条件下相关团体向法院提起集体诉讼,请求个人信息处理者停止侵害行为。在该法的五十一条对有权起诉的社会组织进行明确规定,主要分为两类,分别为消费者团体和非营利民间团体。其中消费者团体需满足依法登记、章程目标以长期促进信息主体权益、团体会员人数达标、登记时长满三年。而非营利民间团体,有不同标准和要求:被侵权主体数量达到标准、章程明确规定保护个人信息且有三年以上相关活动的实际成绩、团体成员数量达标、在规定机关登记。比照韩国的《消费者基本法》可以发现与这部《个人信息保护法》在起诉主体的适格要求上有相似之处。

(二)域外立法及实践对我国起诉主体的启示

1. 检察机关作为先锋力量的益进之路

对于检察机关而言,个人信息保护公益诉讼是一个新兴领域,也是一个新的发力点。作为领军者,检察机关在《个人信息保护法》出台前就发布了典型案例,这反映出检察机关积极拓展公益诉讼领域的态度和未来检察机关业务开展的方向。从"积极"角度上来说,在开展个人信息保护公益诉讼这一新兴公益诉讼中要紧扣实践,参考域外经验,建构中国特色社会主义的民事公益诉讼制度,针对我国司法实践和个人信息保护形势充分探索推进检察机关在重点领域,针对重点人群为保护对象,开展检察公益诉讼工作。从"稳妥"的态度上,立足检察机关优势凸显的当下,利用自身在公益诉讼中的诉讼专业实力,基于其他主体未有法律法规及司法解释的明确规定的现状,应

---

①Regulation(EU)2016/679 of the European Parliament and of the Council of 27 April 2016 on the protection of natural persons with regard to the processing of personal data and on the free movement of such data,and repealing Directive 95/46/EC (General Data Protection Regulation)(OJL 119,45,2016,p.1)。

当进一步总结经验,深度挖掘个人信息侵权的侵权逻辑,进行源头治理、长效治理,联合其他网络监管部门群策群力,加强司法协作,以召开听证会的方式收集社会组织和公众的意见以及促进消费者组织和其他专门性社会组织参与个人信息保护的事业中来。

2."法律规定的消费者组织"和"国家网信部门规定的组织"资质确定的借鉴

在欧盟的个人数据保障立法中,数据主体可以通过提起私人诉讼的方式来保护自己的数据权益,也可以选择 GDPR 提供的代表诉讼。相较于私益诉讼,以 NOYB 为代表的专业组织一方面可以利用丰富的资源与更大的影响力保障数据主体的权利,使Google 等科技寡头依法利用所收集的个人数据,把其对数据的利用置于司法监督之下,是保障个人数据安全与行业利益的更长远的举措。此外,由非营利组织进行诉讼,可以有效避免数据主体个人提起诉讼而导致的滥诉问题,切实提高司法效率。

消费者团体和从事个人信息保护业务的专业团体作为有专业队伍和一定经验的团体组织可以更有效地实现对社会个人信息侵权事件的社会监督,进而打击从中牟利的侵权者,约束个人信息持有者、使用者规范自身行为,来弥补公权力对此介入困难而导致的监管不足。此外,韩国《个人信息保护法》对于两类非官方组织的资质准入规定的具体详细,就保障社会公共利益发挥其专业性补强检察机关的功能这一角度而言,对于我国消费者组织和"国家网信部门确定的组织"作为适格起诉主体的具体条件制定具有重要的参考价值。

四、我国个人信息保护公益诉讼起诉主体现存问题及成因检视

就本文研究的对象而言,三类主体只有检察机关足够明确,其他两类在实践中的适用还需明确其具体范围。关于法定的消费者组织的范围由《个人信息保护法》将其转介给其他法律予以明确,而目前有没有法律进行进一步规定,"消费者组织"作为法定起诉主体适格标准为何的问题就此引发。而"国家网信部门确定的组织"涉及司法权与行政权的界限问题,相较于"消费者组织"依据法律确定的主体,是通过行政授权的方式,这是民事公益诉讼中的一大创举①。主体的明确由于立法相对缺失还需要借鉴域外的个人信息保护公益诉讼制度的规定予以完善,这是析明主体的权能、解决主体关系问题的必经之路。

---

① 李晓倩:《个人信息保护民事公益诉讼的原告适格——以〈个人信息保护法〉第70条的解释论为中心》,《吉林大学社会科学学报》2022第5期,第20-29,235页。

五、检察机关在起诉主体中的顺位争议及诉权行使的困境

(一)检察机关提起诉讼的顺位不清

根据我国《民事诉讼法》第五十八条规定,检察机关在公益诉讼领域发挥作用应保持一定的谦抑性,只有在法定的机关和组织不起诉的前提下才能提起诉讼,这是考虑到检察机关在介入民事诉讼程序中成为当事人的合理性以及与检察机关其他权能的冲突,在立法时将其作为补充性的起诉主体予以规定。而在实践发展中,不论是环境公益诉讼还是消费者公益诉讼,由检察机关提起公益诉讼已经成为近几年的趋势,而《个人信息保护法》出台后,考虑我国网络信息安全的急迫形势,检察机关也在个人信息保护公益诉讼领域作出重要部署,屡次发布文件推进这一新型公益诉讼的开展。在此种情况下,对于检察机关在提起个人信息保护公益诉讼中的顺位问题也应当基于专门立法和实践进行讨论和解释。由于《个人信息保护法》第七十条作为特别法应当优先于《民事诉讼法》第五十八条一般法的适用,因此,应当以《个人信息保护法》这一特别法中的规定来确定检察机关在提起该新型公益诉讼中的顺位。此后,检察机关在提起个人信息保护的过程中将突破原来的补充性地位,可以直接提起诉讼。但是笔者认为,也不能直接理解为检察机关在个人信息保护公益诉讼的提起上处于第一顺位,即其他组织必须在检察机关未提起诉讼的前提下才能提起,这不利于充分发挥其他主体在其中发挥应有的功能,与立法者展望未来建构三大起诉主体的目的相违背。

由此可知,检察机关在提起个人信息保护公益诉讼上并非具有法定的优先性,检察机关仍应该力所能及地促进其他主体作用的发挥,三大起诉主体在起诉顺位上应是并列关系,至少并无法律上的差别。这样的理解既是符合实践中检察机关将提起公益诉讼作为法律监督之外的核心权能,也为进一步释放消费者组织和国家网信部门确定的组织承担起诉的责任,形成多元化的个人信息保护公益诉讼起诉主体的结构,以综合利用不同主体各自的优势进行查漏补缺。

(二)检察机关作为起诉主体现存的障碍

在明确检察机关顺位提升后,值得深入探讨的是检察机关在提起该类特殊公益诉讼中面临哪些困境,这些问题一方面成为当下检察机关进一步提升个人信息公益诉讼质效的拦路虎,另一方面也抑制了其他适格原告对此领域探索的积极性与主动性。以下是检察机关当前履行诉讼实施权面临的问题。

首先,相关案源发现渠道单一,调查取证困难。检察机关在发现案源的渠道上被《最高人民法院、最高人民检察院关于检察公益诉讼案件适用法律若干问题的解释》限制为"在履行职责中发现",这就导致案件线索的发现有赖于检察机关内部各部门

在履职中的工作内容,一定程度上会阻碍检察机关从外部各行各业收集线索,无法全面地获取案源,不利于其在个人信息保护这一新领域公益诉讼的长期发展。加之个人信息侵权行为多与互联网、大数据等高新科技相关联,具有"跨区划、匿名化、涉众型、全链条"等特点,检察机关内部在处理技术专业性较强的个人信息保护类案件时难免力不从心,这会导致获取的有效线索不足,调查取证办案效率也会大打折扣。个人信息保护公益诉讼不能仅靠检察机关,而是全社会共同的责任,只有扩大案源收集渠道,才能保证没有个人信息侵权者成为漏网之鱼。

其次,检察机关在公益诉讼诉前程序的支持起诉相对缺失,挤压其他主体的诉讼实施权实施。在检察机关在公益诉讼领域内被异化,自检察机关成为提起公益诉讼的主力军后,其对于支持起诉这一诉前程序显然弱化[1]。值得思考的是,存在于个人信息保护公益诉讼中,在检察机关的起诉顺位提升的前提下,支持起诉制度应当如何契合这一新语境,以改变其他适格主体没有起诉尝试的旧土壤,激发多元主体的活力。

最后,在个人信息保护领域内,监管机关较多,彼此权责交叉,合力不足。个人信息保护作为检查公益诉讼的新领域,检察机关在调查取证时难免经验不足,检察一体化的办案优势尚待挖掘。个人信息保护是法律与信息时代紧密结合,在人权保护上与时俱进的新主题。在日常生活和工作中,个人信息无处不在,导致其侵权方式与主体多种多样,涉及诸多行业,部分案件侵权信息量巨大,且案情复杂,受害群体广泛,因此需要互联网企业加强平台自身监管能力,有效防治互联网企业非法获取个人信息进行消费欺诈等问题。

数据显示,自《个人信息保护法》颁布实施后,检察机关在个人信息保护这一新兴公益诉讼领域办理的案件稳步提升,但其在程序制度上仍有待于进一步完善和突破,与实体问题的解决相结合,切实提高诉讼质量,长效解决潜在的个人信息侵权问题。

(三)消费者组织提起诉讼的多维阻力

1. 消费者组织作为起诉主体的功能定位

早在《个人信息保护法》出台前,就存在消费者组织提起个人信息保护民事公益诉讼的先例,例如"江苏省消费者权益保护委员会诉北京百度网讯科技有限公司违法获取消费者个人信息案"[2],由此可见,消费者组织作为适格主体起诉贴合实践。对于《个人信息保护法》相较于《个人信息保护法(草案)》一审稿、二审稿增设了"法律规

---

① 张嘉军,武文浩:《异化与重塑:检察民事公益诉讼支持起诉制度研究》,《中州学刊》2022年第9期,第49-57页。
② 江苏省消费者权益保护委员会诉北京百度网讯科技有限公司违法获取消费者个人信息案,江苏省南京市中级人民法院民事裁定书(2018)苏01民初1号。

定的消费者组织"这一主体体现了立法者的现实考量。但这也导致学界对于个人信息保护公益诉讼的性质认定以及其与消费者公益诉讼两者的关系问题的争议,目前也存在个人信息保护的"消费者化"问题,个人信息保护与消费者保护的重合是立法者决定增加"法定的消费者组织"这一主体的关键考量。在个人信息保护公益诉讼的初步探索中,借鉴其他类型的公益诉讼尤其是消费者公益诉讼在解决"落地难"的问题上是合理且必要的,接下来准确认定其作为起诉主体的功能定位有助于发挥其应有的作用,实现其补足《消费者权益保护法》无力触及的个人信息领域的消费者权益的目标。

自《个人信息保护法》出台(2021 年 8 月 20 日第十三届全国人民代表大会常务委员会第三十次会议通过)至 2023 年已有近两年的时间,从我国公益诉讼的发展历程而言,处于新型公益诉讼发展与问题凸显的关键期。上文提及的现实中消费者组织作为起诉主体的实践案例缺失除了反映了目前对于"法律规定的消费者组织"尚未明确具体到落地实施的标准,也投射出公益诉讼在以消费者组织作为主体一直存在的问题。那么相比其他主体,消费者组织在公益诉讼的优势究竟有哪些方面? 针对个人信息保护的必要性又体现在何处?

消费者组织成为法定的公益诉讼主体其渊源在于消费者这一群体及其权益保护的重要性。商品以及服务的提供构成经济发展的重要链条,而消费者正是出于这些链条中的关键一环也是最终环节。若消费者权益保护受损,直接受到不利影响的是具体个体,间接辐射到的是整个行业甚至区域经济。正因如此,身处信息时代,许多消费者的个人信息披露成为完成交易的必须一步,一面是基于国家安全,另一面是基于私人交易的自愿性。立法者基于个人信息保护主体理论的分析,结合已有的实践案例,认为消费者的个人信息保护迫在眉睫,因此将消费者组织定位为专攻消费者群体个人信息保护公益诉讼的起诉主体。综上,消费者组织在提起公益诉讼中主要发挥优势作用的领域应为消费者权益与个人信息保护交会的领域。据此要求其在消费者保护上应具有一定的经验与专业性,具体的规定现在还缺少相关法律的进一步指明。

2. 法定的消费者组织范围的厘定

确定适格的消费者组织是实现其在消费者权益和个人信息安全保障两大领域关键作用的前提条件。由于《个人信息保护法》第七十条并未指明满足何种具体条件的消费者组织才可以提起诉讼,因此需要适当借鉴消费者公益诉讼中的规定,又要在此基础上突出个人信息领域内消费者权益保护的特殊性与专业性。

学界对于《消费者权益保护法》(以下简称《消保法》)规定的消费者组织的范围较普遍的观点认为范围规定的过于狭窄,随着消费者公益诉讼的进一步发展,这种限制过多的主体范围显然不能适应实践的与时俱进。具体有以下几点原因:第一,《民事诉讼法》第五十八条中"法律规定的机关和有关组织"作为提起民事公益诉讼的适格起诉主体,而《消保法》却将其限定为消费者协会,作为官方组织排除其他民间的消费者组织,但责任意识明显不强,积极性不高,其他更具优势的消费者组织却因无主体资格无权提起诉讼,这种现状属实令人担忧,在建构个人信息保护公益诉讼中的适格消费者组织时也必须将其考虑在内。第二,将消费者协会①进行再次限制,只有省级消协才有权提起诉讼,这显然是不切合实际的。我国市县一级的消费者基数大,权益保护形势严峻,但在提起公益诉讼上受限,这无疑是不利于立法规定消费者组织作为起诉主体的目的实现。

有的学者对以上问题做出了解释,分析消费者组织作为起诉主体限制之所以严格限制是为了提高门槛避免浪费司法资源,市县级消费者协会能力有限且避免冲突等原因②。以上确实是影响立法者如此限制的因素,但客观上导致消费者组织在提起诉讼中的被动性,而增强了其他起诉主体在消费者公益诉讼中的作用,这与增设这一主体的初衷似乎是相悖的,未来适格的消费者协会如果继续处于"半僵尸"状态,如何既考虑其作为非主流主体介入的适当性又发挥其应有的作用也是学界必须面对的问题。

笔者认为,基于法律体系的统一,讨论个人信息保护公益诉讼中的消费者组织的确定,在当下先延续《消费者权益保护法》谨慎的"省级以上消费者协会"这一规定的基础上,随着消费公益诉讼进一步成熟也应增加"等"以外的规定回应《个人信息保护法》第七十条"转介条款"所赋予的"消费者组织"在个人信息保护公益诉讼上的更多可能性。未来,在更多消费者组织符合提起诉讼的实质条件即具备一定能力和专业度时,可以通过其他法律增设,由此实现消费者组织作为公益诉讼起诉主体内在的融合与多层级发展。

(四)国家网信部门确定的组织作为专业性主体的新探索

1.国家网信部门确定的组织作为起诉主体的正当性

值得关注的是,在个人信息保护公益诉讼中,履行个人信息保护职责的部门作为管理个人信息的一大主体在起诉主体设计中被最终颁布的《个人信息保护法》排除在外,这无疑是基于现实考量,因此其蕴含的专业性需要由其他专业组织承担。依笔者之见,国家网信部门确定的组织作为起诉主体的正当性有以下几点原因。

首先,选择符合一定条件的社会组织作为起诉主体体现了个人信息保护公益诉讼的"公共利益"属性,而民事公益诉讼则更需要公众参与、更应体现公共意志契合了社会组织的非官方性。公益诉讼实为社会公共利益,也应有体现社会公众价值取向的主

---

①本文所称"消费者协会"即更名前的"消费者权益保护委员会"。
②李晓倩:《个人信息保护民事公益诉讼的原告适格——以〈个人信息保护法〉第70条的解释论为中心》,《吉林大学社会科学学报》2022第5期,第20-29,235页。

体参与。在程序法中,对于社会影响大的案件的处理上通常获得更多重视,需要更为谨慎的解决,例如提高审级的方式来确保解决多方利益冲突,以降低做出引发社会争议的决策的风险。相较于官方组织介入社会组织的参与更贴近社会公众的利益需求。

社会组织应有相关经验与专业性,由于个人信息的复杂多变,在起诉主体的构造中应当包含具有一定专业性、技术性的存在,在众多社会组织中不乏在个人信息保护领域深耕的成熟组织,而这正是适格的社会组织应当具备的资格。

以"国家网信部门规定"这一授权方式平衡了公权力与私权力的矛盾,有效制约公权力行使。相较于检察机关以及消费者协会这一官方组织,社会组织属于民间组织,代表了社会公众的利益,而行使诉权通常体现公权力的意志,采用国家网信部门授权的方式一定程度上体现出"公私协力"的立法格局。

2. 国家网信部门确定的组织的范围及功能明确

在明确国家网信部门确定的组织时,首先要明确授权机关国家网信部门的具体范围和授权程序,再对于其具体范围比照授权社会组织的规定进行讨论。

其一,明确网信部门的具体范围以及在个人信息保护中的功能定位。从《个人信息保护法》第六十条立法整体上对于负有个人信息保护和监督管理职责的建构,将其定位为"负责统筹协调"个人信息保护和监管的专门机关。依照《网信部门行政执法程序规定(征求意见稿)》(以下简称《规定(征求意见稿)》),其中第一条中明确指出:"根据《个人信息保护法》等法律行政法规制定本规定",这反映出此次《规定(征求意见稿)》的制定有部分原因为了回应《个人信息保护法》赋予其的新的职权定位。根据《规定(征求意见稿)》第二条"本规定所称网信部门,是指国家互联网信息办公室和地方互联网信息办公室",明确了国家网信部门的功能定位,是对其按照标准确定的社会组织在起诉主体中权能的依据。

其二,国家网信部门作为授权机关的层级限定。从文义解释和体系解释角度看,国家网信部门并不当然包括地方网信部门,而是强调"国家"即国家级网信部门对应的国家互联网信息办公室,如果想要包含地方网信部门则应当采用与《规定(征求意见稿)》中"网信部门"相同的表述,而不是强调"国家网信部门"。从提起个人信息保护公益诉讼这一最终职能而言,国家网信部门显然对于个人信息保护和监管工作处于统筹全局的地位,作为授权机构有更高的层级限制更为妥当。

其三,"确定"的标准与范围。关于标准问题,首先是层级,比照《民事诉讼法》与《环境保护法》中有关"社会组织"资格的确定,作为民间组织不宜按照《消保法》的规定对于层级有过高的要求,因此以市级以上人民政府登记的社会组织作为准入门槛较为适宜。其次是业务范围的限制,参考提起环境公益诉讼的组织可以限定为"专门从事个人信息保护活动连续五年以上",一方面要求其业务范围应包含个人信息保护,另一方面要求具有个人信息保护一定的实践经验。当然,目前符合要求的组织相对稀缺,但随着个人信息保护事业的进一步建设,希望该类组织能如雨后春笋般涌现出来。最后,适格的社会组织应遵法守法,不能有违法记录,否则没有公信力担当维权者这一社会责任。

在确定社会组织时始终围绕"国家网信部门确定的组织"这一起诉主体在其中所起的个人信息保护的专业作用,具有优异的专业性,符合国家网信办统筹监管个人信息保护工作的要求,属于三主体中的"专业担当"。

六、展望我国个人信息保护公益诉讼主体的优化路径

(一)发挥检察机关带头作用,总结先进经验

近年来,随着监察体制的逐渐完善,检察机关的权能进一步分化,其法律监督的职责在公益诉讼领域得到充分体现,一方面源于制度建设的支持,另一方面在于检察机关自身具有的强大的组织以及保障证据的收集、调取以及运用的能力。检察机关开展检察公益诉讼贯彻党的十九届四中全会精神和全国人大常委会授权决定,结合办案经验,积极、稳妥探索个人信息保护公益诉讼这一新领域公益诉讼。最大程度发挥其优势,针对其在诉讼实施上的关键问题进行解决是推进其在个人信息保护公益诉讼中更上一层楼的题中之义。

其一,加快专业化队伍建设,提高办案素质和能力。与个人信息保护的专业性相对应的是检察队伍民联的专业技术和办案难度有所提升,如果不优化队伍,提高整体专业素质,未来面对更为复杂的公益诉讼类型时将会有更大挑战。

其二,形成监管合力,加强与职能部门的协作配合。检察机关在民事检察公益诉讼中的一贯定位是公共利益的代表者、诉讼的协助者、起诉的兜底者[①]。检察机关也需要借助"外脑"即公安、工信部门的专业技术力量,运用科技手段应对科技侵权才是科学有效的。

其三,完善相关制度和理论依据,检察机关提起个人信息保护公益诉讼的起诉条件、诉讼请求等实体规定和具体程序规定尚应当参考其他类型的公益诉讼以及比较法的经验予以完善。

(二)强化消费者组织维权责任意识,督促其切实履行职能

要想发挥消费者组织在个人信息保护与消费者权益保护中的最大效用,在明确其范围为"省级以上消费者权益保护委员会"的基础上应当从源头激发起提起诉讼的积

---

①庄永廉,李浩,胡卫列,梁田,常锋:《如何做好新时代公益诉讼检察工作》,《人民检察》2019年第 23 期,第 41-48 页。

极性,解决相关消费者协会客观上经费不足,经验欠缺的阻碍,又要对于其主观上责任意识不强和履职能力低下予以关注。

首先,克服畏难情绪,积极提起诉讼,承担应有责任。目前以消费者协会为起诉主体的公益诉讼案例罕见,主要原因在于其经验不足不敢尝试,故将压力转嫁给检察机关似乎风险成本更低,因此形成了"不作为—缺少经验—经验不足继续不作为"的恶性循环。法定的消费者组织必须正视其在公益诉讼中的作用,破除其自主选择是否起诉的模糊观念,在享受政府财政支持的基础上必须履行相应的社会责任。

其次,应当明确消费者组织的职能定位,重点强调其在消费者个人信息保护上的优势作用,补强其他主体在消费者个人信息保护上的相对劣势。之所以规定消费者组织作为适格主体提起诉讼,是基于消费者权益保护的重要性与迫切性,增强消费动力,盘活社会主义市场经济受疫情影响的困局。因此,必须督促消费者组织积极发挥其优势,守护消费者的个人信息安全。

最后,可以采取全国通报的方式,宣传鼓励先进的、批评不作为的消费者组织等方式激发其积极性,释放活力,为消费者权益保护公益诉讼与个人信息保护公益诉讼的进一步融合奠定基础。

(三)保障国家网信部门确定的组织诉权行使,建立激励机制

基于社会组织的民间属性,在多元主体中应体现公众参与原则,积极回应民众诉求,以社会组织为桥梁形成社会公众与国家网信部门就个人信息保护的沟通渠道。为此,应找准国家网信部门确定的组织在提起个人信息保护公益诉讼中的发力点。

科学界定"个人信息保护"业务范围,关注核心功能。由于目前国家网信部门还未对有权提起诉讼的社会组织的标准予以明确,基于"从事个人信息保护的业务"这一关键要求如何落实,应具体分析其设立宗旨与主要的业务范围。严格遵循维护个人信息安全的宗旨予以限定,此外还需强调组织的技术专业性。

设定激励机制,调动社会组织为个人信息保护贡献力量的积极性。可参照我国《公益律师奖励办法》中对于提起公益诉讼的主体进行各种形式的奖励。制定相关法律规定,对于个人信息保护案件进行分级,级别越高越复杂涉及公众利益越大,积极起诉的社会组织应享受更多奖励。

减免诉讼费用,降低起诉成本,为社会组织发挥功能提供经济支撑。对于逐渐降低公益诉讼中社会组织的起诉成本问题不仅是个人信息保护公益诉讼所面临的,能够提起公益诉讼的社会组织不能以此营利,而高昂的个人信息鉴定费用和复杂的程序费用足够使一部分符合资质的社会组织望而却步。针对个人信息保护的特殊性,参考德

国"诉讼费用额度确定"制度,当起诉主体无力支付费用时可以依法向法院申请降低诉讼费①;在我国的环境公益诉讼领域的司法解释中也存在类似规定②。

七、结语

2022年10月16日至10月22日,中国共产党第二十次全国代表大会在京召开,党的二十大报告强调:"必须更好发挥法治固根本、稳预期、利长远的保障作用,在法治轨道上全面建设社会主义现代化国家。"就互联网信息技术迅疾发展,推动信息领域的法治保护,维护广大人民的"云端安全"也是依法治国的重要方面。检察机关在公益诉讼领域作为"社会公共利益的代表",正积极稳妥推进个人信息保护公益诉讼的工作,针对在个人信息保护上专业力量不足,应加强队伍建设,同时保持一定的谦抑性,保留消费者组织和国家网信部门确定的组织等其他起诉主体发挥优势的空间,发挥制度设计的优势。而消费者组织和国家网信部门确定的组织应当明确各自的定位,基于此确定其具体的资质,有关法律和司法解释应当对于《个人信息保护法》第七十条的规定有所回应,尽快明确两主体的范围,不至于使其因为缺少法律依据而降低积极性,实现其应有的意义与价值。

在未来,公益诉讼实施权与私益诉讼实施权的进一步融合趋势下,在检察机关处于强势地位的情况下,必须激发其他主体的活力,进一步展望未来公民提起个人信息保护公益诉讼的可能性。通过精准定位检察机关、法律规定的消费者组织与国家网信部门确定的组织权能以及关系,构成个人信息保护公益诉讼多元起诉主体的中国特色的进阶之路,符合当代中国法治建设在科学立法上的现实需求,为个人信息保护的整体防御建立司法保障。

参考文献

[1] 张陈果.个人信息保护民事公益诉讼的程序逻辑与规范解释:兼论个人信息保护的"消费者化"[J].国家检察官学院学报,2021,29(6):72-84.

[2] 李晓倩.个人信息保护民事公益诉讼的原告适格:以《个人信息保护法》第70条的解释论为中心[J].吉林大学社会科学学报,2022,62(5):20-29,235.

[3] 张新宝,赖成宇.个人信息保护公益诉讼制度的理解与适用[J].国家检察官学院

---

① 郭雪慧:《社会组织提起环境民事公益诉讼研究——以激励机制为视角》,《浙江大学学报(人文社会科学版)》2019年第3期,第218页。

② 《最高人民法院关于审理环境民事公益诉讼案件适用法律若干问题的解释》第二十二至二十四条、《最高人民法院关于审理消费民事公益诉讼案件适用法律若干问题的解释》第十八条。

学报,2021,29(5):55-74.

[4]郭峻维.个人信息保护民事公益诉讼起诉主体研究[D].长春:吉林大学,2022.

[5]张嘉军,武文浩.异化与重塑:检察民事公益诉讼支持起诉制度研究[J].中州学刊,2022(9):49-57.

[6]向恭谱.我国个人信息保护民事公益诉讼起诉主体研究[D].重庆:西南政法大学,2020.

[7]张军.坚持以习近平法治思想为引领为书写法治中国建设新篇章贡献检察力量[J].求是,2021(5):35-41.

[8]庄永廉,李浩,胡卫列,等.如何做好新时代公益诉讼检察工作[J].人民检察,2019(23):41-48.

[9]郭雪慧.社会组织提起环境民事公益诉讼研究:以激励机制为视角[J].浙江大学学报(人文社会科学版),2019,49(3):214-226.

"张三防卫案"案例分析

尚沐蓉①

摘　要:防卫挑拨是指故意地挑逗对方进行不法侵害而借机加害于不法侵害人的行为。在司法实践中,往往会出现当事人以表面的正当防卫行为来掩盖其目的的非法性的情况。对于防卫挑拨行为的规制存在着诸多争议。通过鉴定式案例的分析方法以及比较法的思路,根据不同的学说观点分析防卫挑拨的逻辑构成。就防卫挑拨的罪与非罪问题,主流的观点是不构成违法阻却事由,亦即成立其行为所掩盖的具体意图所指向的罪名。

关键词:防卫挑拨;正当防卫;故意伤害罪

一、案件简介

汽修厂的学徒张三对脾气暴躁、经常打骂自己的师傅李四心怀不满,想找个机会报复李四。在一次修车过程中,张三一边哼着口哨,一边随意散漫地工作,把零件扔得到处都是,对李四的呵斥报以白眼。张三希望通过这样的行为举止,引起李四发火,在李四打骂自己的时候好趁机反击。李四果然非常生气,用正在装垃圾的铁簸箕来打张三,张三于是按照原计划,用手里的锤子来格挡,致李四胳膊骨折(轻伤)。

二、提出问题

张三是否应当承担刑事责任?

---

①作者简介:尚沐蓉,女,汉族,河南人,郑州大学法学院(知识产权学院)2020 级 1 班本科生。

三、理论分析

(一)鉴定式案例分析

预审查:张三挑拨李四,致使李四准备殴打自己,从而经过防卫导致李四轻伤的行为涉嫌《刑法》第二百三十四条故意伤害罪。

《刑法》第二百三十四条 故意伤害他人身体的,处三年以下有期徒刑、拘役或者管制。

《刑法》第二十条 为了使国家、公共利益、本人或者他人的人身、财产和其他权利免受正在进行的不法侵害,而采取的制止不法侵害的行为,对不法侵害人造成损害的,属于正当防卫,不负刑事责任。

《刑法》第十四条 明知自己的行为会发生危害社会的结果,并且希望或者放任这种结果发生,因而构成犯罪的,是故意犯罪。

1.构成要件的该当性

主要包括客观和主观两部分。

(1)客观构成要件。包括以下几个方面:

1)行为对象为他人身体。"他人身体",首先要求伤害自己身体的行为不构成故意伤害罪;自伤行为侵犯了国家或社会法益而触犯刑法规范时,可能构成其他犯罪。他人的身体不包括假肢、假发与假牙,但是,已经成为身体组成部分的人工骨、镶入的牙齿,也是身体的一部分。毁坏尸体的行为,不成立故意伤害罪。基于同样的理由,伤害胎儿身体的,也不构成本罪。① 本案中,张三用手里的锤子来格挡,致李四胳膊骨折(轻伤),构成伤害他人身体的行为。

2)伤害行为。伤害,一般是指非法损害他人身体健康的行为。伤害在刑法理论上存在分歧:第一种观点认为,伤害是指对身体完整性的(包括身体外形)的侵害;第二种观点认为,伤害是指造成生理机能障碍;第三种观点认为伤害是指造成生理机能的障碍以及身体外形的重大变化。应当认为,只有侵害了他人生理机能(包括精神机能)的行为才是伤害行为。伤害行为既可以是作为,也可以是不作为。② 张三在李四拿着铁簸箕要来打自己的时候,用手里的锤子来格挡,从而造成李四胳膊骨折(轻伤)的行为属于作为,并损害了李四的生理机能,因此,张三用锤子格挡的行为构成伤害行为。

3)行为结果为造成他人轻伤以上。根据《公安机关办理伤害案件规定》第二十八

---

① 张明楷:《刑法学(第六版)》(下),法律出版社2021年版,第1116-1117页。
② 张明楷:《刑法学(第六版)》(下),法律出版社2021年版,第1117-1118页。

条:"被害人伤情构成轻伤、重伤或者死亡,需要追究犯罪嫌疑人刑事责任的,依照《中华人民共和国刑事诉讼法》的有关规定办理。"第二十九条:"根据《中华人民共和国刑法》第十三条及《中华人民共和国刑事诉讼法》第十五条第一项规定,对故意伤害他人致轻伤,情节显著轻微、危害不大,不认为是犯罪的,以及被害人伤情达不到轻伤的,应当依法予以治安管理处罚。"①因此,张三用锤子格挡致使李四胳膊骨折(轻伤)的行为,构成故意伤害罪的形态。

4)因果关系与客观归责。我国传统刑法理论所讨论的因果关系,是指危害行为与危害结果之间的一种引起与被引起的关系,这种关系不以人的意志为转移。在刑法理论中,关于因果关系的学说主要有:条件说、相当因果关系说、客观归责说等。本案中,张三的行为不管根据何种学说,均可认定为具有因果关系。

第一,条件说。条件说认为,行为与结果之间存在"没有前者就没有后者"的条件关系时,前者就是后者的原因。条件关系是指实行行为与结果之间的关系,因此,即使预备行为产生了结果,也不存在因果关系。本案中,张三为了激怒李四,而采取行为挑衅的方法,当李四拿着簸箕准备打张三时,张三用锤子格挡,使李四胳膊骨折(轻伤),如果没有张三的挑衅行为,李四就不会拿着簸箕去打张三,更不会使张三做出名为防卫,实为伤害的行为。因此张三的伤害行为与李四的骨折结果之间具有因果关系。

第二,相当因果关系说。相当因果关系说认为,根据一般社会生活经验,在通常情况下,某种行为产生某种结果被认为是相当的场合,行为与结果之间就具有因果关系。"相当"是指该行为产生该结果在日常生活中是一般的、正常的,而不是特殊的、异常的。关于相当性的判断基础,理论上有三种学说:客观说主张以行为时的一切客观事实作为基础进行判断;主观说主张以行为人认识到或可能认识到的事实为基础进行判断;折中说主张以一般人能认识到的以及行为人特别认识到的事实为基础进行判断。由于折中说与主观说一样,使因果关系的有无取决于行为人与一般人认识的有无,这与因果关系的客观性相矛盾,因此,客观说成为有力的学说。本案中,张三使用锤子格挡,事实上造成了李四胳膊骨折(轻伤)的结果,因此符合相当因果说,具有因果关系。

第三,客观归责说。客观归责理论将因果关系与归责问题相区别,因果关系以条件说为前提,在与结果有条件关系的行为中,只有当行为制造了不被允许的危险,而且该危险是在符合构成要件的结果中实现(或在构成要件的保护范围内实现)时,才能将该结果归责于行为。所以,实行客观归责必须具备三个条件:一是行为制造了不被允许的危险;二是行为实现了不被允许的危险;三是结果没有超出构成要件的保护范围。本案中,张三挑衅激怒李四,目的就是为了以防卫的名义实行伤害的行为,为李四制造了不被允许的危险。张三通过格挡,造成李四胳膊骨折(轻伤),也构成行为实现

---

①《公安机关办理伤害案件规定》,2006年2月1日颁布执行。

了不被允许的危险,并且在故意伤害罪构成要件的保护范围之内。因此,张三的行为与李四的轻伤结果之间具有因果关系。[①]

(2)主观构成要件。《中华人民共和国刑法》第十四条规定:"明知自己的行为会发生危害社会的结果,并且希望或者放任这种结果发生,因而构成犯罪的,是故意犯罪。故意犯罪,应当负刑事责任。"本案中,张三激怒李四,致使李四用簸箕打向张三,从而导致张三造成李四轻伤的结果。张三明知自己的行为可能会造成李四受伤的结果,并且希望这种结果发生,构成故意伤害既遂。

2.违法性

没有违法阻却事由,张三的行为不构成正当防卫。

(1)从正当防卫的构成要件进行分析。主要从以下几方面考虑:

1)防卫意图。防卫意图是正当防卫的主观要件,它是指防卫人意识到不法侵害正在进行,为了保护国家、公共利益、本人或者他人的人身、财产和其他权利,而决意制止正在进行的不法侵害的心理状态。从概念上判断,防卫意图包括两个方面的内容:一是对于正在进行的不法侵害的意识,即正当防卫的认识要素。二是对于制止正在进行不法侵害的决议,即正当防卫的意志因素。认识因素包括三个方面:防卫起因、防卫客体和防卫时间。对防卫起因的认识,需为不法侵害。但是作为防卫起因的不法侵害,只要具有客观上的危害就可以对其实行正当防卫,不以主观上具有罪过为必要。防卫客体是不法侵害人。对不法侵害人的认识,不以认识不法侵害人的年龄和刑事责任能力为必要。防卫时间是不法侵害之正在进行,防卫人必须具有对不法侵害之正在进行的认识,且该正在进行的不法侵害具有一定的紧迫性。正当防卫的意志就是内部意识事实向制止正在进行的不法侵害,以保护公共利益和其他合法权益的外部行为的转化。[②] 本案中,张三格挡的目的是伤害李四,而不是出于防卫的目的,并且李四的行为是在张三的挑拨下才进行的,张三对于李四的行为早有准备,因此对于张三来说,李四的行为不具有紧迫性,故不具有防卫意图。

2)防卫起因。不法侵害是正当防卫的起因,但并不是一切不法侵害都可以构成正当防卫。不法侵害必须具备两个特征:一是社会危害性,二是紧迫性。所谓社会危害性,是指某一行为直接侵害国家、公共利益、本人或者他人的人身、财产和其他权利,具有不法的性质。所谓侵害紧迫性,一般来说是指那些带有暴力性和破坏性的不法行为,对我国刑法所保护的社会主义社会关系造成的侵害具有一定的紧迫性。[③] 本案中,李四使用铁簸箕打张三的行为属于对张三人身的侵害,因此具有一定的社会危害

---

①张明楷:《刑法学(第六版)》(上),法律出版社 2021 年版,第 223-229 页。

②陈兴良:《正当防卫论(第三版)》,中国人民大学出版社 2017 年版,第 74-89 页。

③陈兴良:《正当防卫论(第三版)》,中国人民大学出版社 2017 年版,第 90-91 页。

性,但是由于张三对于李四的行为早有预见,且李四的行为是在张三的挑拨下进行的,张三并非是因为不得已才用锤子格挡,且在此情况下,可以推定张三并不希望由司法机关对李四的行为进行处理,因此张三的行为不具有防卫起因。

3)防卫客体。正当防卫的客体有人和物之分。根据本案的案件事实,只讨论人之作为防卫客体。正当防卫的客体之所以主要是不法侵害人的人身,就是因为不法侵害是人的积极作为,它通过人的一定的外部身体动作来实现不法侵害人的侵害意图。① 从防卫客体上说,张三是针对李四的行为做出的格挡,从而导致李四受伤,从客观上看,具有防卫客体。

4)防卫时间。正当防卫是为制止不法侵害而采取的还击行为,必须面临着正在进行的不法侵害才能实行。所谓不法侵害之正在进行,是指不法侵害处于实行阶段,这个实行阶段可以表述为已经发生并且尚未结束。犯罪的实行行为是从着手开始的,着手的认定是防卫时间判定的重要因素。在我国刑法理论中,着手的判定主要有主观说和客观说,但不管是主观说还是客观说,都存在着对事先预防认定的可能,因此应该采取主客观相一致的学说。从主观和客观相统一的观点出发,只有当不法侵害人以犯罪之故意,完成犯罪的预备行为以后,开始直接实行我国刑法分则所规定的犯罪行为,是不法侵害的着手。在这种情况下,可以对其实行正当防卫。② 本案中,李四拿着簸箕向张三走来的行为属于着手,且处于实行阶段,因此处于防卫时间。

5)防卫限度。正当防卫必须在防卫限度内进行,否则构成防卫过当。我国刑法对正当防卫的防卫限度以"必要限度"四字概括之。③ 关于"必要限度"的认定,在下面的争议焦点分析中有详细的论证,在此不做叙述。本案中,张三的行为超过防卫限度。

综上所述,张三的行为属于防卫挑拨行为,不属于正当防卫,不具有违法阻却事由。

(2)从被害人承诺进行分析。被害人请求或者许可行为人侵害其法益,表明其放弃了该法益,放弃了对该法益的保护。既然如此,法律就没有必要予以保护;损害被放弃的法益的行为,就没有侵害法益,因而没有违法性。当然,该说法并不是绝对的,有些犯罪行为即使受到承诺,也不能阻却违法性。被害人承诺既可以作为阻却构成要件符合性事由,又可以作为违法阻却事由。当"违反被害人意志"是犯罪的构成要件时,被害人承诺可以作为阻却构成性要件;在没有明确"违反被害人意志"是否属于构成要件要素的一些犯罪中,被害人承诺既可能是阻却构成要件符合性的事由,也可能是

---

①陈兴良:《正当防卫论(第三版)》,中国人民大学出版社 2017 年版,第 110–111 页。
②陈兴良:《正当防卫论(第三版)》,中国人民大学出版社 2017 年版,第 128–130 页。
③陈兴良:《正当防卫论(第三版)》,中国人民大学出版社 2017 年版,第 144 页。

违法阻却事由。因此,判断被害人承诺是否属于违法阻却事由需要具备以下要件:

1)承诺者对被侵害的法益具有处分权限(承诺范围)。对于国家、公共利益与他人利益,不存在被害人承诺的问题,故只有承诺侵害自己的法益时,才有可能阻却违法。

2)承诺者必须对所承诺的事项的意义、范围具有理解能力(承诺能力)。可以肯定的是,没有辨认控制能力的精神病人,缺乏承诺能力。

3)承诺者不仅承诺行为,而且承诺行为的结果(承诺对象)。只有当法益主体承诺法益侵害的结果时,才能认为其放弃了自己的法益。

4)承诺必须出于被害人的真实意志,戏言性的承诺、基于强制或者威压做出的承诺,不阻却违法。

本案中,张三在伤害李四前,首先,李四并没有做出明确的承诺——张三可以侵犯他的法益;其次,也不能推定出李四做出了被害人承诺。这是因为,李四与张三是师徒关系,在平常的李四对张三的打骂中,张三并没有本案中的举动,以承受为主,故张三的行为是不在李四的预期之内的,因此不能推定出李四做出了被害人承诺。

3.责任

本案不存在责任阻却事由。

4.结论

张三故意激怒李四,希望以正当防卫的手段伤害李四的行为为防卫挑拨行为,构成故意伤害罪。

(二)争议焦点

本案中,对于张三的行为,可以从以下两个方面来讨论:

1.张三的行为不构成正当防卫

主要内容包括:

(1)防卫意图缺失。正当防卫是公民的一项权利,他首先要满足主客观相一致的原则,否则便不构成正当防卫。正当防卫的主观要求就是防卫意图,即防卫人在实施防卫行为时对其防卫行为以及行为的结果所具有的心理态度。防卫意图包括两个方面,即防卫认识和防卫目的。防卫认识是指防卫人面临正在进行的不法侵害时,对不法侵害及防卫行为的各方面因素的认识。防卫目的,即防卫人在防卫认识的基础上,进而决定实施防卫行为,并希望通过防卫行为达到某种结果的心理愿望。它包括两个层次的内容:一是给不法侵害人造成损害;二是制止不法侵害,保护国家、公共利益、本人或者他人人身、财产和其他权利。无论是缺少防卫认识还是防卫目的,均不能形成防卫意图。作为判断正当防卫的主观要件,防卫意图对正当防卫的成立十分必要。①本案中,张三的行为并非为制止不法侵害,而是为了伤害李四,李四的行为也是在张三的挑衅行为下才实施的,因此张三的行为的防卫意图缺失,属于防卫挑拨,不构成正当防卫。

关于防卫挑拨,在刑法理论上,把故意地挑逗对方进行不法侵害而借机加害于不法侵害人的行为,称为防卫挑拨。在防卫挑拨中,虽然存在着一定的不法侵害,挑拨人也实行了所谓正当防卫,形式上符合正当防卫的客观条件。但由于该不法侵害是挑拨人通过挑逗故意诱发的,其主观上具有犯罪意图而没有防卫意图,客观上实施了犯罪行为。挑拨人所挑逗起来的侵害虽然是不法的,但具有上当受骗的性质。而且,由于挑拨人事先已经做好了充分的思想准备和物质准备,可能以正当防卫为由对对方造成重大的人身伤亡。所以,防卫挑拨具有严重的社会危害性,是预谋性的犯罪,应当按照其行为的性质依法论处。②《关于依法适用正当防卫制度的指导意见》第八条也指出:"准确把握正当防卫的意图条件。正当防卫必须是为了使国家、公共利益、本人或者他人的人身、财产和其他权利免受不法侵害。对于故意以语言、行为等挑动对方侵害自己再予以反击的防卫挑拨,不应认定为防卫行为。"③当然,行为人实行防卫挑拨并不意味着丧失了正当防卫的权利,当被调拨人的不法侵害明显超出了挑拨人的预料,对挑拨人的利益以及国家、社会的利益存在着重大的威胁时,防卫挑拨人仍然具有正当防卫的权利。

(2)社会相当说。根据"社会相当说",防卫挑拨不构成正当防卫。"社会相当说"认为,防卫挑拨因不具有社会相当性而排斥正当防卫。代表的学者有大谷实教授等,指出正当防卫不可罚的宗旨在于通过对紧急不法的侵害行为的反击来确认法的存在,由此而实现维持社会秩序的目的。因此,防卫行为判断,即便符合正当防卫的形式要件,但违法性实质上是成立的,主要表现为社会相当性的欠缺,即行为违反法确认的利益,并非用来确证法的地位,如果将这种行为作为正当防卫的话,反而会引起法秩序的混乱。所以,在正当防卫没有社会相当性的时候,即便其完全符合正当防卫的形式,也不应认为是正当防卫。该说又认为,在自招侵害的场合,侵害的发生是行为人故意产生的,希望看到的,行为人并发挥维护法秩序的作用,所以说是缺乏社会相当性的。④ 但是社会相当性本身极具抽象性,无法在实践中被明确认定,其产生的效果是十分微弱的。

---

①陈妮:《防卫意图在我国正当防卫制度中的必要性》,《中共山西省委党校学报》2002 年第 1 期,第 47—48 页。

②陈兴良:《正当防卫论(第三版)》,中国人民大学出版社 2017 年版,第 49 页。

③最高人民法院、最高人民检察院、公安部《关于依法适用正当防卫制度的指导意见》(2020 年)。

④[日]大谷实:《刑法讲义总论新版第 2 版》,黎宏,译,中国人民大学出版社 2008 年版,第 265 页。

（3）权利滥用说。"权利滥用说"认为，刑法上的正当防卫权利若被滥用，权利就不再存在。防卫挑拨行为利用正当防卫权利，乘机加害对方，这种权利不是在行使，而是在糟蹋权利，不再是正当防卫。在日本刑法学界，大多学者都持这一见解，如大塚仁教授认为，"故意挑拨是滥用权利的表现，为了侵害对方都不惜牺牲正当防卫权利，这样的人不值得拥有防卫权，这种行为不是正当防卫"。该观点认为，挑拨行为不仅侵害被挑拨方的利益，而且会影响挑拨人自己的防卫行为性质。在防卫挑拨行为的前提下，由于行为人滥用权利，因此不能以正当防卫进行抗辩。但是权力滥用学说也有一定的弊端，权利滥用的概念十分抽象模糊，其界定也是一件困难的事情。①

（4）个人保护原则。个人保全原理，是指法律允许个人采取各种必要的防卫性保护措施，或者说，受到不法侵害行为攻击的个人可以采取必要手段保全自己。如果行为人有意挑起事端，以便在正当防卫的幌子下对攻击者进行侵害，那么对挑拨者与被挑拨者的行为都应当追究刑事责任。在这种防卫挑拨中，挑拨者具有侵害他人的行为和故意，这本身就是对法秩序效力的否定，因此其不能援引法保护原则进行辩护。此外，由于挑拨者是故意将自己的法益陷入危险境地，因此其也不能援引个人保护原则进行辩护。② 本案中，张三故意挑起冲突，将自己置于不利境地的行为不符合个人保护原则。

（5）法确证说。根据法确证说，在由被攻击者自己的违法挑拨行为所招致的攻击的场合，正当防卫被限制或者被否定。首先，被攻击者有意图地挑拨攻击时，正当防卫被否定。对有意图的挑拨者没有保护的必要性，而且违法的挑拨者不能确证法秩序。其次，非意图的（未必的故意或者过失）但有责地挑拨的场合，正当防卫虽然不完全被否认，但法确证的利益减少，正当防卫的正当化范围受到限制。③ 本案中，张三的行为为意图式挑拨，根据法确证说，正当防卫被否定。

（6）优越的利益保护原理。挑拨者面对的侵害，是与对方共同引起的侵害，既然如此，挑拨者不仅不处于优越的地位，而且自己利益的保护性只能后退。

1）一般来说，在挑拨者旨在引起对方的不法侵害进而以正当防卫作为杀害或者伤害对方的借口的情况下，挑拨者的法益要保护性完全丧失，因而不存在正当防卫的权利。

2）在一般性的防卫挑拨中，当对方的侵害行为与自己的挑拨行为相当的情况下，挑拨者并不存在优于对方的利益，因此，缺乏"正对不正"这种正当防卫的前提。挑拨者充其量只能单纯地防御或者制止（当然也可以逃避），而不能攻击对方。

---

①李碧辉：《正当防卫中防卫意图要件否定之提倡》，华东政法大学硕士学位论文，2016 年。
②欧阳本祺：《正当防卫认定标准的困境与出路》，《法商研究》2013 年第 5 期，第 119–127 页。
③张明楷：《刑法学》，法律出版社 2021 年版，第 267 页。

3)如果挑拨行为相对轻微,而对方的不法侵害严重,即挑拨者的利益虽然减少,但对方的利益更为减少时,则可以允许挑拨者进行适度的防卫,但仍然不同于通常的正当防卫。如果挑拨行为极为轻微,而对方实施杀害等重大侵害,则挑拨者的防卫就几乎与普通的正当防卫相同。从另一角度来说,即使挑拨行为是不法侵害,但如果对方的防卫行为明显过当时,挑拨者当然可以对故意的过当行为进行防卫。

4)如果挑拨行为本身就是正在进行的不法侵害,对方对挑拨者的攻击属于正当防卫,挑拨者当然不能再进行正当防卫。由上可知,正当防卫首先要满足"正对不正",本案中,张三故意激怒李四,在李四拿着铁簸箕过来时用锤子格挡的行为属于张三有意为之,并非"正"的举动,不满足"正对不正"这一条件的限制。张三在选择激怒李四以达到伤害李四的行为属于自动放弃防卫权利,此时,李四作为被挑拨者处于受保护的优越地位。且李四使用铁簸箕并不构成严重的不法侵害,因此张三的行为根据优越的利益保护原则完全阻却正当防卫。但是,法益衡量原理存在着一定的缺陷。首先,即使挑拨人的被保护性降低,其法益仍然存在,并不意味着可以直接侵害挑拨人。其次,这种个人法益程度高低对比的论证路径可能存在内在矛盾。因为不借助法益衡量原理所反对的超个人的法秩序因素无法解释不法侵害人的被保护性降低。因为不法侵害人是不法的侵害人,而这即是从违反法秩序的角度阐述的。再次,法益性质上,正当防卫时可能无法进行法益衡量。因为正当防卫是正对不正,法益性质不同,不存在衡量的前提。最后,具体的法益衡量程度也根本无法准确计算。[1]

(7)行为并非不法侵害。正当防卫发生的前提之一是,行为人防卫的是不法侵害。近来有学者认为防卫挑拨引起的攻击行为不是不法侵害。防卫者因事前意图惹起不法侵害,在后阶段负有退避义务,防卫权不再如同一般防卫者。按照这种观点,本案中,张三的挑拨行为引起的李四的侵害不属于不法侵害,因此不构成正当防卫,应当承担法律责任。

(8)行为不具有急迫性。"急迫"是指没有时间请求国家机关按照法律程序来恢复、预防侵害法益的条件,需从客观上来看,侵害法益的危险迫在眉睫。如果单从客观情状上来看,"意图式挑拨"导致被挑拨人立刻进行反击行为,当然符合急迫性。因此,一般认为急迫性应当是纯依靠客观来决定的,行为人是否预测到将遭受侵害,对于所谓的急迫性没有任何的关系。以往,大家依照此观点来思考急迫性问题,几乎没有任何质疑。但是,在行为人预测到将会受到侵害,且采取相对的迎击姿态的时候,虽然在客观形式上可以预见到法益侵害具有急迫性,但是实际上法益受到侵害危险的可能性在最后达到极低或者根本不可能。也就是说,在客观形式上,看似将会遭受急迫侵

---

[1]王钢:《正当防卫的正当性依据及其限度》,《中外法学》2018年第6期,第1589-1613页。

害的人,相反是在等待机会侵害实施侵害之人,故在现实上,并不会有法益遭受侵害之虞。① 因此急迫性并不是和行为人的主观面向无关。正如日本最高法院 1977 年 7 月 21 日(《刑集》第 31 卷第 4 号第 747 页)认为:在预料到侵害的时候,"不仅在未能避免所预期的侵害的场合,在出于利用该机会积极地向对方实施加害行为的意思而对侵害进行反击的时候,应当说,就已经不符合侵害的紧迫性要件了"②很明显,在本案中,张三预测到李四一定会对他进行一定的行为,并且采取相对的迎击姿态,此时,李四的行为不具有"急迫性"。因此张三的行为不构成正当防卫。

2. 构成正当防卫,但是具有违法阻却事由。内容包括:

(1)原因违法行为说。原因违法行为学说是指,虽然挑拨者仍有正当防卫权,若挑拨者行正当防卫权其行为并非违法,在这个点上并没有刑事责任可言,但防卫行为之前的挑拨行为,其造成防卫行为因而使对方受害,所以从原因的挑拨行为透过防卫行为来使对方受害的整个过程来看,必须负刑事责任。③"原因违法行为说"的特点是看重挑拨防卫人将自己的正当防卫行为作为侵害对方利益的"工具",具有间接正犯的构成形式。"原因违法行为说"认为,即便不存在法律确认的利益即恢复社会正义,但只要存在某种受法律保护的法益,就能够行使正当防卫权,因而主张防卫权的绝对性,将防卫行为与挑拨行为分开评价。④ 本案中,按照"原因违法行为说",承认张三的行为属于正当防卫,但是他要为其挑拨行为承担相应的刑事责任。

但是,原因违法行为理论的问题是:首先,以上论证以原因行为违法为前提,但挑拨行为完全可能不违法。那么,"为什么原因行为的挑拨行为合法,基于应当合法的防卫行为惹起的结果同时也能奠定既遂的违法性。"⑤其次,原因违法行为使着手前置化。为了避免和责任主义的冲突,将着手认定在有责任的原因行为。"以挑拨防卫为手段的侵害行为的实行着手,从挑拨行为开始"⑥,但是,这样即使被挑拨人没有任何反应时,也可能被认定为未遂犯。最后,原因违法行为理论难以解释挑拨行为与防卫行为不成比例的场合。"对防卫人,仅仅能够肯定对原因行为的刑事责任(例如名誉毁损或侮辱),对防卫行为的结果的责任(杀人或者伤害),就不能做出充分说明"⑦。

(2)特别认知。特别认知是阻却正当防卫的一种情形。在本案中是指张三在伤害行为发生之前一直受到李四的责骂,二人为师徒关系。因此,张三对于其挑衅行为

①〔日〕川端博:《刑法总论》,余振华,译,(台北)元照出版有限公司 2008 年版,第 147 页。
②〔日〕大谷实:《刑法讲义总论》,黎宏,译,中国人民大学出版社 2008 年版,第 255 页。
③储陈城:《防卫挑拨之正当防卫权丧失与限制》,《刑事法判解》2014 年第 1 期,第 31-42 页。
④黎宏:《论正当防卫的主观条件》,《法商研究》2007 年第 2 期,第 63-75 页。
⑤〔日〕曾根威彦:《刑法総論(第四版)》,弘文堂,2008 年版,第 103 页。
⑥黎宏:《刑法总论问题思考》,中国人民大学出版社 2007 年版,第 313 页。
⑦〔日〕松宫孝明:《刑法总论讲义》(第 4 版),钱叶六,译,中国人民大学出版社 2013 年版,第 106 页。

必然会激怒李四有着足够的信心。首先,从法益衡量的角度,特别认知使得挑拨人的法益要保护性降低,特别认知下的挑拨行为是引起防卫情状的原因。正当防卫是由攻击行为引起的,而防卫挑拨则一般以"挑拨行为+攻击行为"引起防卫行为作为判断。如果在这种结构中,挑拨行为相对攻击行为完全具有可归责性,挑拨人就应当承担退避义务。典型的正当防卫情形中防卫情状的引起应当归责于攻击行为,而防卫挑拨中则应当归责于挑拨行为。① "挑拨行为使侵害者丧失抑制自己实施侵害的能力,或使规范无法期待侵害者不去实施侵害,挑拨者才是法益冲突的真正操控手。"②

其次,从社会团结义务角度来说,防卫挑拨也明显超出了社会团结义务的限度。"无知之幕"背后,自利理性人会认为故意的防卫挑拨与不成比例的挑拨后防卫之所以阻却正当防卫是因为它们超出了社会团结义务的限度。但是,在挑拨人具有特别认知的场合,例如挑拨人明知对方暴躁易怒、之前有过过节而对方吃过亏时,特别认知具有赋予社会团结义务的效力,挑拨人本应当谨守义务不要引起法益冲突状况。但如果挑拨人不遵守团结义务而在有特别认知的前提下挑拨对方,此时即使在第三人看起来是日常无危险行为,但具体情境中对被挑拨人来说却是挑拨行为。③ 由此,张三对于李四的特殊认知阻却正当防卫,张三应当承担刑事责任。

四、结语

综上所述,上述学说都存在着各种各样的争议和问题,即便是《指导意见》中明确规定了防卫挑拨行为,仍有学者不同意其观点。但是,本案中张三的行为无论是按照哪一种学说,都应当构成防卫挑拨行为,按故意伤害罪论处。

参考文献

[1]张明楷.刑法学[M].6版.北京:法律出版社,2021.

[2]中国法制出版社.规范性文件 公安机关办理伤害案件规定[M].北京:中国法制出版社,2006.

[3]陈兴良.正当防卫论[M].3版.北京:中国人民大学出版社,2017.

[4]陈妮.防卫意图在我国正当防卫制度中的必要性[J].中共山西省委党校学报,2002(1):47-48.

---

① 蔡燊:《防卫挑拨的违法性根据与判断标准——以功利主义与罗尔斯的对立为视角》,《甘肃政法大学学报》2021年第2期,第85-100页。

② 陈璇:《克服正当防卫判断中的"道德洁癖"》,《清华法学》2016年第2期,第53-73页。

③ 蔡燊:《防卫挑拨的违法性根据与判断标准——以功利主义与罗尔斯的对立为视角》,《甘肃政法大学学报》2021年第2期,第85-100页。

[5]大谷实.刑法讲义总论[M].3 版.黎宏,译.北京:中国人民大学出版社.

[6]李碧辉.正当防卫中防卫意图要件否定之提倡[D].上海:华东政法大学,2016.

[7]欧阳本祺.正当防卫认定标准的困境与出路[J].法商研究,2013,30(5):119-127.

[8]王钢.正当防卫的正当性依据及其限度[J].中外法学,2018,30(6):1589-1613.

[9]川端博.刑法总论[M].余振华,译.台北:元照出版有限公司,147.

[10]储陈城.防卫挑拨之正当防卫权丧失与限制[J].刑事法判解,2014,15(1):31-42.

[11]黎宏.论正当防卫的主观条件[J].法商研究,2007,118(2):63-75.

[12]黎宏.刑法总论问题思考[M].北京:中国人民大学出版社,2007.

[13]松宫孝明.刑法总论讲义[M].4 版.钱叶六,译.北京:中国人民大学出版社,2013.

[14]蔡桑.防卫挑拨的违法性根据与判断标准:以功利主义与罗尔斯的对立为视角[J].甘肃政法大学学报,2021,175(2):85-100.

[15]陈璇.克服正当防卫判断中的"道德洁癖"[J].清华法学,2016,10(2):53-73.

谭某某、王某某等人帮助信息网络犯罪活动罪案例分析

谭琳萍①

摘　要：近年来，我国信息技术应用广泛，数字经济飞速发展，信息网络犯罪案件随之快速增长。由于疫情影响，在国民经济整体下行的大背景下，帮助信息网络犯罪活动罪主体逐渐呈现低龄化，问题突出，同时国家也在逐渐增强对帮信罪的打击，而随着相关犯罪手段不断翻新，信息网络犯罪的链条性、跨地域性、涉众性愈演愈烈，打击难度大，对于帮助信息网络犯罪活动罪的程序规则必须与时俱进，认定标准必须合理。本文通过谭某某、王某某等人帮助信息网络犯罪活动罪一案争议焦点的分析，引申出对该罪"明知"的认定规则、罪量要素的把握以及对青年群体的法治教育等问题的思考。

关键词：帮助信息网络犯罪活动罪；认定标准；明知

一、案情简介

2022年3月，谭某某（28岁）经朋友蔡某（29岁）的介绍，在恩施市龙凤坝一处废旧的廉租房内进行"跑分"活动，即将自己的银行卡号及密码、微信与支付宝账号及密码等提供给房内的操作员，以供境外的一些电信网络诈骗团伙进行洗钱，为其犯罪提供便利，每次根据跑分金额的不同，谭某某能拿到相应的提成。谭某某在进行第一次跑分活动之后还陆续参加了两次跑分活动，其间还介绍了王某某、张某某、胡某某等人一起参与跑分活动。经公安机关调查核实，谭某某曾用其名下的光大银行卡、工商银行卡参与四次跑分累计二十万元，王某某（20岁）曾用其名下的兴业银行卡参与三次跑分累计十五万元，此外还包括胡某某（19岁）累计跑分十万元、张某某（21岁）累计

---

①作者简介：谭琳萍，女，土家族，湖北恩施人，郑州大学法学院（知识产权学院）2020级1班本科生。

跑分九万元、龙某某(20岁)累计跑分七万元。

二、争议焦点

(1)谭某某、王某某等人的犯罪如何分析?

(2)如何分析谭某某、王某某等人的犯罪主观方面?

(3)本案例中是否存在主从犯之分?

(4)本案例中如何判断情节轻重?

三、案例分析

(一)谭某某、王某某等人的犯罪分析

1.谭某某、王某某在本案中都需承担刑事责任

根据《中华人民共和国刑法》第十七条第一款可知:本案的所有犯罪嫌疑人都已年满十六周岁,对自己的行为活动有清晰的认知且都能够辨认和控制自己的行为,视为完全刑事责任能力人,对自己的违法犯罪行为应当负刑事责任。

2.谭某某、王某某等人的犯罪行为判定为帮助信息网络犯罪活动罪

根据《中华人民共和国刑法》第二百八十七条之二,谭某某、王某某等人将自己的银行卡账户、密码等信息提供给他人,明知他人会利用信息网络实施犯罪活动,在进行第一次跑分活动之后,仍向他人提供银行卡等支付结算工具,为犯罪提供帮助,且数额较大,情节严重,其侵害的犯罪客体为社会公共管理秩序下的网络秩序,为电信诈骗团伙提供帮助,侵害了被诈骗人的利益,其行为已构成帮助信息网络犯罪活动罪。

(二)谭某某、王某某等人的犯罪主观方面

1.谭某某的犯罪主观方面系明知且故意

在谭某某经蔡某第一次介绍去跑分之后,就较为熟悉整个跑分的流程了,为谋取违法犯罪所得,其之后不仅继续参与跑分活动,甚至还帮助犯罪团伙拉人,介绍其认识的人去参与跑分活动,由此可知,谭某某对自己的跑分活动以及他人的行为知道且应当知道是属于违法犯罪行为,但是其却纵容甚至帮助该行为。

2."明知"要件是判断帮助信息网络犯罪活动罪是否成立的关键要素

从证据法视角上看,推论和推定是两种含义不同的研究手段,推论的具体概念指的是利用当前已存的证据,综合运用逻辑研究和经验评判的手段,来对"明知"展开具体确认。"明知"包括"知道"和"应当知道",所以案件中无证据能直接证明被告人具有主观故意的意念时,司法机关能通过客观的推论方法对"明知"的认定问题进行推

定,在辩方未能给出相反且合法、可靠、证明性强的证据证明其"确不知"时,法院可认定被告人应当知道,即认定其"明知"。主观明知不要求意思联络,网络犯罪的帮助行为与被帮助对象之间往往是"心照不宣",虽无意思联络,但对被帮助对象的行为性质是有认知的。明确知道被帮助对象实施网络犯罪的当然属于明知,知道被帮助对象是利用其实施网络犯罪但不知道其具体性质的,不影响主观明知的认定,而且主观明知应当限定为相对具体的认知,不要求达到确知的程度。在互联网信息高度发达的今天,如果将可能性认知纳入主观明知的范畴,则绝大多数网络服务提供者都可能成为犯罪主体,如境外赌博网站、诈骗网站必须利用电信线路接入境内,对此相关电信服务提供者无疑具有这一可能性认知,但若据此便推定主观明知,进而适用帮助信息网络犯罪活动罪,明显不妥。

3. 本案中行为人主观上符合明知要件

虽然王某某、龙某某、张某某、胡某某可能只是为了蝇头小利而向他人一再提供银行卡等支付结算工具,并不明确知道其行为将会造成的严重后果。但是就本罪而言,现有法律、司法解释有推定明知的情形。2019 年 10 月 21 日,最高人民法院、最高人民检察院联合发布了《关于办理非法利用信息网络、帮助信息网络犯罪活动等刑事案件适用法律若干问题的解释》(以下简称《帮助信息网络犯罪活动司法解释》),《帮助信息网络犯罪活动司法解释》第十一条:"为他人实施犯罪提供技术支持或者帮助,具有下列情形之一的,可以认定行为人明知他人利用信息网络实施犯罪,但是有相反证据的除外……(四)提供专门用于违法犯罪的程序、工具或者其他技术支持、帮助的……"所以即便其四人并不确切其行为的严重后果,从法律层面上也是推定其主观方面明知是犯罪行为的。此外,司法实践中,认定行为人主观上是否"明知",可以结合其对他人所从事活动的认知情况,之间往来、联络的情况,收取费用的情况等证据,综合审查判断。如《最高人民法院、最高人民检察院、公安部关于办理网络赌博犯罪案件适用法律若干问题的意见》规定,行为人收到行政主管机关书面等方式的告知后,仍然实施帮助行为的;为赌博网站提供互联网接入、服务器托管、网络存储空间、通讯传输通道、投放广告、软件开发、技术支持、资金支付结算等服务,收取服务费明显异常的;在执法人员调查时,通过销毁、修改数据、账本等方式故意规避调查或者向犯罪嫌疑人通风报信的,以及有其他证据证明行为人明知的行为的,即可认定行为人符合"明知"主观条件。结合本案实际情况,王某某等四人参与跑分的犯罪行为,在主观上是符合明知条件的。

(三)本案例中是否存在主从犯之分

帮助信息网络犯罪活动罪属于帮助行为的独立入罪,即将本属帮助犯的部分行为独立定罪处罚。之所以对网络帮助行为独立入罪处罚,"旨在有效地抑制某种严重犯罪,而将具有类型性地侵害法益抽象危险性的行为设置独立的构成要件与法定刑,以摆脱对下游犯罪成罪与否(如罪量)及刑罚轻重的依赖"。

本罪属于帮助犯的量刑规则。首先,《刑法》第二百八十七条并没有规定一个可以独立于被帮助的他人而成立的罪名。成立本罪,客观上所要求的"技术支持",只能是针对"他人的犯罪"即《刑法》所规定的侵害法益行为。在被支持的他人没有实施犯罪的时候,至少从罪刑法定的角度看,不能成立本罪。其次,独立法定刑并不是本条规定独立罪名根据。正犯与帮助犯是有关共犯(广义共犯)类型的区分,与有无独立法定刑无关。即便是在成立条件上从属于正犯的帮助犯,也是犯罪,并不影响其具有独立法定刑原则,换言之,是不是具有独立法定刑,与行为性质到底是正犯还是共犯无关。而在本案中,虽然王某某等四人是经谭某某介绍过来才参与跑分活动,并不因此就区分为主从犯,此情节只能影响最终的量刑,谭某某与王某某等人实则为共犯。

(四)本案例中如何判断情节轻重

根据《帮助信息网络犯罪活动司法解释》,对《刑法》第二百八十七条之二第一款的规定,明知他人利用信息网络实施犯罪,而为其提供帮助,情节严重的,构成犯罪。对情节严重的认定,主要可结合行为人所帮助的具体网络犯罪的性质、危害后果,其帮助行为在相关网络犯罪中起到的实际作用,帮助行为非法获利的数额等情况综合考量。在本案中,谭某某在经蔡某某介绍之后进行第一次跑分获取利益,随后不知悔改不仅自己多次进行跑分,还介绍他人来通过违法犯罪行为获取利益,当属情节严重,在量刑方面应当比另外四人都要重,而另外四人仅仅是自己参与跑分活动,则应当按照其名下的银行卡上的跑分金额的多少来区分情节轻重,进而影响量刑环节。

四、本案的启示

(一)对于本案中犯罪嫌疑人的主观上明知的认定标准

需要纠正以往过于倚重行为人所作口供笔录来认定"明知",要在坚持主客观相一致原则基础上来认定。由于明知属于行为人主观意志,而实践中对于主观是否存在明知的证明比较困难,行为人于主观是否存在明知的证明比较困难,行为人在出售银行卡之初是否具有主观上明知故意,估计只有行为人心里最清楚。而人人都具有避重就轻的心理趋势,在被抓时,所作口供基本上都表示自己主观上不明知,侦查机关所收集的客观证据往往也很难证明行为人主观存在明知,所以导致侦查机关一般只能靠"反复"给行为人做口供,最后片面地倚重行为人的口供来证明认定主观明知。如所做口供笔录——问:你在银行开卡时,银行工作人员有无告知办理的银行卡不得出租、出售、出借等,否则需要承担法律责任? 答:告知过。问:既然告知过所办银行卡不得出租、出售、出借,为何你还要把你的银行卡借给、卖给×××? 答:因为当时想着赚点钱补贴家用。问:你当时有没有想过,你提供给他人银行卡可能会被用于犯罪? 答:想过,当时我觉得流入到我提供的银行卡中的钱来历不明,可能是涉嫌违法犯罪的钱,但是我抱有侥幸心理。上述口供是笔者参与办理的帮助信息网络犯罪活动罪案件中几乎所有被告人在面对侦查员的讯问时常会作出的回答,而正是这样的回答导致主观明知认定不证自破。正所谓成也口供,败也口供。在《关于"断卡"行动中有关法律适用问题的会议纪要》(以下称《会议纪要2022》)出台之前,大部分的司法机关在认定行为人主观明知时,简单地将行为人泛化的可能性认知解释为明知。换言之,就是行为人对被帮助对象是否实施具体犯罪活动并不是明确知道的,而是凭感觉推测、认为被帮助对象好像、可能会实施犯罪活动,而司法机关则根据行为人口供,就将行为人的这种可能性的认知与帮助信息网络犯罪活动罪中的明知画等号,进而认定行为人构成帮助信息网络犯罪活动罪。在《会议纪要2022》出台后,就不能再以行为人只要认识到被帮助对象可能实施犯罪就认定行为人主观上存在"明知",因为这种标准过于宽泛,打击过于扩大。所以今后在认定行为人主观明知时,要求行为人主观上对被帮助对象是否可能实施犯罪活动有相对具体的认知,既最起码要知道被帮助的对象准备或者正在实施犯罪活动,至于被助的对象准备或者正在实施犯罪活动、被帮助的对象最终利用信息网络实施了何种犯罪行为,在所不问,不要求行为人确切知道。

纠正仅以行为人有出售"两卡"行为就直接认定"明知"。以往只要发现行为人有向他人出售银行卡的行为,且该银行卡被用于实施犯罪活动,就直接判定行为人主观上存在"明知"。原因是行为人在开卡时被明确告知所办理的银行卡不能出租、出售、出借,而行为人仍然违反银行管理规定出租、出售、出借所办银行卡,所以主观上对被帮助的对象实施犯罪活动具有天然的帮助性和知晓性。因此,行为人所出租、出借、出售的银行卡只要被用于犯罪,就被直接认定行为人具有主观上"明知"。《会议纪要2022》重申:避免简单客观归罪。言简意赅,明确行为人即使出售银行卡,也不能直接认定行为人主观上具有"明知",要有客观证据予以证明行为人对被帮助对象利用信息网络实施犯罪有相对具体的认知,而仅仅出售银行卡就是一个违法行为,该违法行为并不等于行为人对被帮助对象实施犯罪活动有具体认识,不能直接画等号。

存在亲友关系等信赖基础,要审慎认定"明知"。显然亲友之间的借卡行为往往是不存在利益交换,而存在利益交换的借卡、售卡行为往往发生在陌生人之间。所以,对于存在亲友关系等信赖基础的借卡行为,一般情况下不能轻易认定行为人主观上具有"明知",不轻易认定是指结合客观证据和事实,不足以证明行为人主观上具有"明知"的情况下,则应当认定行为人无罪,毕竟存在特殊的亲友关系。但是,如果客观证据和事实足以证明行为人主观上具有"明知",则应当认定行为人构成犯罪。因此,《会议纪要2022》所谓的审慎认定"明知",并不代表只要存在亲友等特殊关系,就直接一律不予认定行为人主观上具有"明知"而无罪,反而是提出了更高的要求,即对存在特殊亲友关系的案件,既不能过于片面地认定"明知",也不能过于武断地认定行为人不明知,而是综合审慎考虑。

(二)帮助信息网络犯罪活动罪与掩饰、隐瞒犯罪所得、犯罪所得收益罪的联系与区别

对比两个罪名的构成要件不难发现,二者的区别主要有以下几个方面:一是主观故意不同。帮助信息网络犯罪活动罪和掩饰、隐瞒犯罪所得、犯罪所得收益罪都要求主观"明知",但是对"明知"的程度要求不同。帮信罪要求行为人对确切知道他人实施信息网络犯罪或知道他人可能实施信息网络犯罪或知道他人可能实施信息网络犯罪,是概括的明知,只需要知道自己与他人都是在从事非法行为即可;而掩饰、隐瞒犯罪所得、犯罪所得收益罪对上游犯罪的明知程度并没有特别要求,因为上游犯罪已经既遂,行为人的明知程度对是否构成该罪没有影响。二是客观方面不同。帮信罪的行为对象是正在实施中或者即将实施信息网络犯罪行为,行为不仅可以是提供支付结算方式用以转移上游犯罪的资金、钱款及相应收益,而且可以是一系列其他技术性行为用以帮助上游犯罪的完成,掩饰、隐瞒犯罪所得、犯罪所得收益罪的行为对象是犯罪所得及其产生的收益;二者行为发生的时间节点不同,前者行为发生的时间节点通常是上游犯罪着手实施以后到行为实施完毕之前,即上游犯罪所实施的犯罪行为尚未取得赃款、赃物之前,而后者行为发生的时间节点的上游犯罪既遂之后,即上游犯罪所实施的犯罪行为已经取得赃款、赃物。三是客体不同,帮信罪侵犯的客体为公共秩序,增设该罪是为了更准确、有效地打击各种网络犯罪帮助行为,保护公民人身权利、财产权利和社会公共秩序,维护信息网络秩序,保障网络信息健康发展;后者侵犯的客体是司法机关的正常活动,使得赃款、赃物被转移,使得司法机关难以利用赃款、赃物证明犯罪人的犯罪事实,妨害司法机关的正常活动。

(三)对于按金额衡量量刑标准有待改进

网络犯罪的帮助行为相较于传统的帮助行为,其对于完成犯罪起着越来越大的决定性作用,根据《帮助信息网络犯罪活动司法解释》对《刑法》第二百八十七条之二第一款的规定,明知他人利用信息网络实施犯罪,而为其提供帮助,"情节严重"的,构成犯罪。对情节严重的认定,主要可结合行为人所帮助的具体网络犯罪的性质、危害后果,其帮助行为在相关网络犯罪中起到的实际作用,帮助行为非法获利的数额等情况综合考量。按此解释则可推知王某某等四人的量刑轻重区分表现在其参与跑分金额的多少,但是其实嫌疑人每次跑分的金额具有偶然性。例如,王某某今日想去通过跑分得到提成,将银行卡等支付结算工具提供给跑分操作员,刚好处于上游犯罪的电信诈骗团伙今日行动顺利,将被骗人的所有积蓄都骗到此银行卡上,但其实在此之前王某某并不知道今天流入自己银行卡上的非法资金将会有多少,自己将会得到多少提

成。所以流入犯罪嫌疑人卡上的非法资金具有一定程度的偶然性，有的人可能运气好跑分一次的金额就有二十万，而有的人运气不好参与四次跑分之后银行卡上累计流水才十万，如此还按照金额量刑多少有失公允。实践中还存在依据被帮助对象的数量和信用卡数量来把握罪量要素。

（四）应当继续加强对大众的普法教育

就本次在检察院实习所了解到的情况来看，帮助信息网络犯罪活动罪的主体呈现年轻化，大多数是"00后"，刚刚步入社会的年轻人，本案中也是如此，王某某等人青春正好的年纪便留下了案底，仅仅是因为一念之差，为获得一点蝇头小利，抱着侥幸心理。近几年来，国家持续加大了打击电信诈骗的力度，所以对于电信网络诈骗罪的帮助犯或者说是下游犯罪的打击力度也在不断加大。从实践的情况来看，网络犯罪大多是为了直接或者间接获取经济利益。由于网络自身的特点，网络犯罪行为人要最终获得犯罪收益，往往需要借助第三方支付等各种网络支付结算服务提供者，以完成收款、转账、取现等活动。实践中甚至有一些人员，专门为网络诈骗集团提供收付款、转账、结算、现金提取服务等帮助。刑法修正案（九）增加对为他人利用信息网络实施犯罪提供"支付结算帮助"，就是针对的这种情况，这一规定有利于切断网络犯罪的资金流动。但是偏偏就有如此多的年轻人，贪图小利，无意之间成为网络犯罪的帮助犯。据可靠调查数据分析显示，帮助信息网络犯罪活动罪目前已成为各类刑事犯罪中起诉人数排名第三的罪名，这在一定程度上反映出公民法律意识淡薄，这类人群集中在18岁至22岁低学历低收入群体，多数人系初犯没有犯罪前科。但同时帮助信息网络犯罪活动罪打击难度也大，该罪犯罪团伙内部不同层级、成员之间往往不曾谋面，平时主要通过网络以代号、暗语等方式联系，看似联系松散，实则心照不宣、协作紧密。但是即便是这样也不能放松警惕，在加强打击犯罪力度的同时更重要的是提高公民法律意识，充分发挥群众的主观能动性才能从源头上遏制犯罪悲剧的发生。

参考文献

[1]冀洋.帮助信息网络犯罪的证明简化及其限制[J].法学评论,2022,40（4）：94-103.

浅析骗取贷款罪与合同诈骗罪之分

——以江苏省无锡市人民检察院指控原审被告人刘孝义犯合同诈骗罪、原审被告人张磊犯骗取贷款罪一案为例

刘梦钰①

摘　要:随着经济的发展,市场诱惑也不断增多,从而金融经济类犯罪不论是在数量上,还是犯罪类型上也在不断地增加。合同诈骗罪是指以非法占有为目的,在签订、履行合同过程中,采取虚构事实或者隐瞒真相等欺骗手段,骗取对方当事人财物,数额较大的行为。因此在犯罪手段与犯罪类别多样化的今天,明晰法律上"非法占有目的"的认定标准,分析骗取贷款罪与合同诈骗罪的区别,对于犯罪嫌疑人罪名的确定以及区分此罪与彼罪等具有很高的现实意义。

关键词:骗取贷款罪;非法占有目的;合同诈骗罪

一、事实概要

2013 年下半年,被告人刘孝义向被告人张磊隐瞒聚鑫源公司有巨额债务需要偿还及自己炒作期货亏损的事实,请求张磊为聚鑫源公司从光大银行长春分行贷款人民币(以下所涉币种均为人民币)3.5 亿元,未果。2014 年 3 月至 5 月间,为帮助聚鑫源公司取得贷款,经他人介绍,被告人张磊与招商银行无锡分行的侯某商定,通过委托定向投资模式为聚鑫源公司融资。即先由光大银行长春分行以同业存款方式将 3.5 亿元资金存入招商银行无锡分行,招商银行无锡分行再根据与光大银行长春分行签订的相关协议、指令,通过中山证券有限责任公司(以下简称中山证券)将 3.5 亿元转至平安银行深圳分行,向聚鑫源公司发放贷款。被告人张磊在将其伪造的聚鑫源公司符合光大银行长春分行贷款资质的尽职调查报告、授信批复等资料提供给侯某后,又将其私自加盖了由刘孝义事先伪造的光大银行长春分行相关印章的《委托定向投资业务

---

①作者简介:刘梦钰,女,满族,天津人,郑州大学法学院(知识产权学院)2020 级 6 班本科生。

合作总协议》(以下简称《委托定向投资协议》)、《投资指令》及制作的虚假《情况说明》等材料提供给侯某。光大银行长春分行的3.5亿元资金转至平安银行深圳分行后,被告人刘孝义等人携带伪造的《粮食购销合同》等与平安银行深圳分行签订了《委托贷款合同》,取得了3.5亿元贷款资金。资金到账后,刘孝义除用于支付贷款利息、张磊等人的好处费及归还其他银行贷款外,其余钱款被其用于偿还个人高息民间借贷及炒作期货亏损。至案发时,被告人刘孝义及聚鑫源公司尚有345 135 000元贷款无法偿还。被告人张磊归案后如实供述了涉案犯罪事实。公安机关查封了聚鑫源公司房产、土地,冻结了聚鑫源公司等银行账户资金共计18 685 237.2元。

二、争议焦点

(1)犯罪嫌疑人刘孝义是否存在具有非法占有的目的;
(2)被告人刘孝义的犯罪行为构成骗取贷款罪还是合同诈骗罪。

三、关于争点的判决要旨

(一)一般论

一审无锡市中级人民法院判决认为,被告人刘孝义作为聚鑫源公司的法定代表人,以非法占有为目的,采取私刻银行印章、提供虚假采购合同等证明文件的方式,在他人帮助下与银行签订贷款协议,骗取银行贷款,数额特别巨大,刘孝义系聚鑫源公司直接负责的主管人员,其行为构成合同诈骗罪。被告人张磊提供虚假的证明文件帮助刘孝义为聚鑫源公司骗取银行贷款,给银行造成重大损失,其行为已构成骗取贷款罪。张磊归案后能够如实供述自己的主要犯罪事实,且在庭审中自愿认罪,可予以从轻处罚。最后依法对被告人刘孝义以合同诈骗罪判处无期徒刑,剥夺政治权利终身,并处没收个人全部财产;对被告人张磊以骗取贷款罪,判处有期徒刑六年,并处罚金人民币一百万元。已追缴的赃款赃物发还被害单位,由扣押机关无锡市公安局直属分局依法处理;尚未追缴的赃款继续予以追缴,无法追缴的责令被告人刘孝义、张磊予以退赔,并发还被害单位。

之后被告人刘孝义对判决不服进行了上诉,主要上诉理由为:原判认定其构成合同诈骗罪的事实不清,证据不足,不能成立。首先,原判据以认定其伪造多枚光大银行长春分行印章、指使他人伪造聚鑫源公司相关采购合同等事实的证据不足;其次,涉案骗取贷款的行为均系张磊等人具体操作经办,其本人并不知情,原判认定其发起并参与实施骗取贷款犯罪行为的证据不足;再次,聚鑫源公司对涉案3.5亿元贷款具有相应偿还能力,且虚构聚鑫源公司采购合同与贷款被骗取之间无刑法上的因果关系,原判认定其具有非法占有故意证据不足。

被告人刘孝义辩护人提出的主要辩护意见为：

（1）原审判决仅分别依据张磊的供述和许某的证言认定刘孝义事先伪造多枚银行印章及采购合同的事实不能成立。

（2）涉案贷款方式系张磊与侯某、朱某等人商议确定,刘孝义未参与商议,对此并不知情。贷款的操作也系张磊等人负责实施,刘孝义未参与张磊等人骗取贷款的行为,不能把刘孝义发起、参与贷款作为认定其构成犯罪的理由。

（3）本案中被欺骗的对象是招商银行无锡分行,该行基于盖有虚假光大银行长春分行印章的《委托定向投资协议》及《投资指令》而产生错误认识,造成3.5亿元资金被骗取的损害后果。一审判决将被害人招商银行无锡分行扩大为包括光大银行长春分行、平安银行深圳分行在内的三家银行与事实不符。

（4）聚鑫源公司在申请3.5亿元贷款时具有相应偿还能力,3.5亿元贷款资金的用途与聚鑫源公司生产经营有直接关联,聚鑫源公司在取得贷款后,刘孝义没有逃匿、挥霍、隐匿资金或将资金用于犯罪活动等情形,不具有非法占有主观故意。原判认定其构成合同诈骗罪明显错误。此外,基于相同事实,原判对原审被告人张磊和上诉人刘孝义做出不同认定,亦属不当。综上,原判认定刘孝义犯合同诈骗罪的事实不清,证据不足,请求二审法院改判刘孝义无罪。

关于上诉人刘孝义及其辩护人提出涉案贷款的操作系由张磊等人具体负责实施,刘孝义并未参与张磊等人骗取贷款行为的辩解和辩护意见。经查,为获取3.5亿元贷款资金,上诉人刘孝义安排聚鑫源公司员工伪造合同金额共计4亿余元的购粮合同,虚构了贷款的用途。在最初向光大银行长春分行贷款未果后,又介绍刘某与张磊相识继续进行贷款操作,在此过程中,刘孝义接送侯某到光大银行长春分行签约,还安排乔某将盖有虚假印章的《委托定向投资协议》等送至无锡交给侯某。光大银行长春分行的3.5亿元资金汇转至平安银行深圳分行后,其携带伪造的购粮合同等资料至深圳与平安银行深圳分行签订了相关贷款合同,取得了3.5亿元资金。上诉人刘孝义虽未参与原审被告人张磊虚构银行间同业存款,隐瞒通过银行间委托定向投资模式为聚鑫源公司取得贷款的商定,但上述过程系在其骗取犯意支配和参与下完成。上诉人刘孝义及其辩护人提出的该上诉理由及辩护意见与事实不符,不能成立,本院不予采纳。

关于上诉人刘孝义及其辩护人提出刘孝义及聚鑫源公司对3.5亿元贷款具有相应偿还能力,不具有非法占有主观故意,不构成犯罪的辩解和辩护意见。经查,在案证人证言及书证等证据证实,2013年以后聚鑫源公司和新良公司的经营基本处于停滞状态,利润情况为零或负值;聚鑫源公司及刘孝义有巨额银行贷款和民间借贷需要偿还;2013年6月聚鑫源公司的房屋、土地等资产总价值4000余万元,且已作为向其他银行贷款的抵押物。上诉人刘孝义作为聚鑫源公司实际控制人对上述情况应当明知。

在此情况下,上诉人刘孝义向原审被告人张磊隐瞒聚鑫源公司的真实情况,在张磊帮助下通过欺骗手段为聚鑫源公司获取了 3.5 亿元贷款资金。资金到达聚鑫源公司账户后,除部分被上诉人刘孝义用于支付贷款利息及原审被告人张磊等人的好处费外,其余绝大部分被其用于归还公司银行贷款、高息民间借贷及炒作期货亏损。根据 3.5 亿元贷款资金的用途及聚鑫源公司的实际经营状况,应当认定聚鑫源公司及上诉人刘孝义具有非法占有的主观故意。上诉人刘孝义及其辩护人提出的该辩解和辩护意见与事实和法律不符,不能成立,本院不予采纳。

关于上诉人刘孝义的辩护人提出原判认定刘孝义的行为构成合同诈骗罪定性错误的辩护意见。经查,聚鑫源公司、上诉人刘孝义通过由原审被告人张磊等人伪造银行《尽职调查报告》《授信批复》《粮食购销合同》等证明文件,签订虚假《委托定向投资协议》《投资指令》等合同的方式,骗取光大银行长春分行的 3.5 亿元贷款资金,其行为已构成犯罪。根据法律规定聚鑫源公司的上述行为已构成合同诈骗罪。上诉人刘孝义作为聚鑫源公司直接负责的主管人员,其行为亦应以合同诈骗罪进行评价。虽然聚鑫源公司未被司法机关以合同诈骗罪追究刑事责任,但不影响上诉人刘孝义承担合同诈骗单位犯罪的刑事责任。上诉人刘孝义的辩护人提出的该辩护意见与法律不符,不能成立,本院不予采纳。

(二)对本案的判决

法院认为,刘孝义作为聚鑫源公司法定代表人,以非法占有为目的,在他人帮助下通过提供虚假采购合同等证明文件的方式,为聚鑫源公司骗取银行贷款,数额特别巨大,刘孝义系聚鑫源公司直接负责的主管人员,其行为已构成合同诈骗罪。原审被告人张磊提供虚假的证明文件帮助上诉人刘孝义为聚鑫源公司骗取银行贷款,给银行造成重大损失,其行为已构成骗取贷款罪。原审被告人张磊归案后能够如实供述自己的主要犯罪事实,可依法予以从轻处罚。江苏省人民检察院出庭履行职务检察员关于本案事实认定、原审被告人张磊的定罪及上诉人刘孝义、原审被告人张磊量刑的意见与事实和法律相符,本院予以采纳。审法院判决事实清楚,证据确实、充分,定罪准确,量刑适当,审判程序合法,依法裁定:一、驳回上诉,维持原判;二、本裁定为终审裁定。

四、对本案的评析

(一)类案检索——刘致安合同诈骗罪一案①

以骗取贷款罪为关键词,在中国裁判文书网进行检索,本案的争议焦点在于被告

---

① 新疆维吾尔自治区高级人民法院(2020)新刑终 72 号,刘致安合同诈骗罪二审刑事裁定书。

人刘致安的犯罪行为构成骗取贷款罪还是合同诈骗罪之争,与本案具有高度贴合性,故采纳本案。

被告人刘致安系巴州财汇融资担保有限责任公司(以下简称巴州财汇公司)董事长。2016年10月,该公司与被害单位新疆欧亚在线金融信息服务有限公司(以下简称欧亚在线公司)签订合作协议,约定合作推荐融资客户,欧亚在线公司负责提供贷款资金,巴州财汇公司负责提供借款人及借款人的借款资料,并对借款提供担保。2017年4月至8月,刘致安以帮助巴州舒扬商贸有限公司等23家企业和梁某等5名自然人借款为名,骗取上述单位及个人的借款资料,后又通过伪造上述公司印章、模仿公司法定代表人及个人签名、指定收款人等手段与欧亚在线公司签订借款协议,骗取欧亚在线公司的信任,欧亚在线公司发放借款共计人民币2365万元(以下币种未特别注明,均为人民币),刘致安未将该借款给付巴州舒扬商贸有限公司、梁某等借款人,而是用于归还个人债务。案发前,刘致安支付欧亚在线公司业务保证金234万元,归还贷款本金及利息共计444.6037万元,现尚欠1686.3963万未归还。

刘致安主张:其没有想骗取2365万元,是想以此扩大业务发展赢利,赃款从未藏匿或用于挥霍,其不存在非法占有的目的。

书证、鉴定意见以及刘致安供述等证据相互印证证明,刘致安通过伪造公章和签字的方式冒用借款申请人身份与出借人签订合同骗取借款,用于偿还个人巨额债务,明知没有归还能力仍然多次骗取借款,认定刘致安具有非法占有目的证据客观、真实,能够形成完整的证据锁链,足以认定。法院认为,刘致安以非法占有为目的,以巴州财汇公司向欧亚在线公司推荐借款客户并提供担保为名,骗取企业和自然人的借款申请资料,通过伪造借款申请人公章和签字、指定其控制的借款人授权账户,冒用借款申请人名义与欧亚金融平台线上投资人、欧亚在线公司签订借款合同,其明知没有归还能力仍多次伪造签章办理借款展期手续,累计骗取欧亚金融平台线上投资人借款达2365万元,其行为不构成骗取贷款罪(具有非法占有的目的,骗取对象非银行或者其他金融机构的财产权),构成合同诈骗罪,且数额特别巨大。

(二)重点问题的解决——争议焦点的分析

1.非法占有的故意的判断——被告人刘孝义是否存在非法占有的故意

目前我国国内理论与实务界对于"非法占有目的的"的概念尚未形成统一的意见,我国刑法对于"非法占有目的"理解受到日本刑法关于"非法占有目的"概念理解的影响,目前我国对于此概念的理解可以大致分为四种观点。①

刘明祥教授在《财产罪比较研究》的观点为"非法获利说",只要是行为人合同的

---

① 李兴扬:《论合同诈骗罪之"非法占有目的"的认定》,河北经贸大学法学系硕士学位论文,2022年,第3页。

签订过程中或者是在当事人想要按照约定履行合同过程中,行为人只要主观上当时就具有采取不合法手段控制属于他人所属财物,并基于此获得不正当的利益,在此类情况下该观点就认为行为人此时主观上必然具有"非法占有目的"。①

高铭暄教授与马克昌教授所主编的《刑法学》在书中观点为"非法所有说",认为行为人采取不正当、非法手段将他人财物占有以后,行为人并非只是单纯地享受占有权,而是享有完全的所有权权能,行为人作为一个完全所有权人的身份出现。②

张明楷教授主编的《刑法学》教材中的观点为"不法所有说",该学说认为"非法占有目的"是指排除权利人,将他人的财物作为自己的财物进行支配,并遵从财物的用途进行利用、处分的意思。"非法占有目的"由"排除意思"与"利用意思"构成。③ 这也与大陆法系中折中说相一致。

黎宏教授在《论财产犯中的占有》认同"非法占用说"观点,认为对于"非法占有目的"概念的理解要立足于民法中占有概念的理解,只要行为的危害行为侵害到了他人的财物,行为人只要目前是处于占有他人的客观情况,而非无需考虑行为人是否具有将其看作所有物的意思表示,不需要考虑行为人后续对于非法占有他人财物主观上有无对于财物进行利用的意思。④

笔者来看,张明楷教授的观点与我国法律中关于"非法占有的目的"的理解与适用更加贴合。

关于被告人刘孝义是否具有非法占有的故意问题。经查,聚鑫源公司诈骗银行贷款3.5亿元,办理贷款时被告人刘孝义用伪造的购粮合同虚构贷款用途;贷款前,由被告人刘孝义任法定代表人的聚鑫源公司和新良公司的经营基本处于停滞状态,利润情况为零或负值;被告人刘孝义和聚鑫源公司有巨额银行贷款和民间借贷需要偿还;2013年6月聚鑫源公司的房屋、土地等资产总价值4000余万元,且已作为向其他银行贷款的抵押物;3.5亿元贷款到达聚鑫源公司账户后,除部分被用于支付贷款利息及同案被告人张磊等人的好处费以及其他银行贷款外,其余绝大部分被用于归还其个人的高息民间借贷及炒作期货亏空。该事实有评估报告、各银行贷款资料、相关期货公司账户资料、物证鉴定意见及证人许立楠、王新宇、贺毅等众多的证言笔录证实,被告人刘孝义和同案被告人张磊对上述的基本事实也予以供认,证据间能够相互印证。被告人刘孝义隐瞒聚鑫源公司巨额债务情况,通过欺骗手段获取3.5亿元贷款资金,根据该贷款资金的用途及聚鑫源公司的实际经营状况,足以认定聚鑫源公司和刘孝义

---

① 同上。
② 同上。
③ 张明楷:《刑法学》,法律出版社2020年版,第957页。
④ 黎宏:《论财产犯中的占有》,《中国法学》2009年第1期,第110-124页,转引自李兴扬:《论合同诈骗罪之"非法占有目的"的认定》,河北经贸大学法学系硕士学位论文,2022年版,第4页。

具有非法占有的主观故意,而且其行为达到了"排除意思"与"利用意思"。

2.骗取贷款罪与合同诈骗罪之分——被告人刘孝义的犯罪行为构成的罪名

骗取贷款罪是指以虚构事实或者隐瞒真相的欺骗手段,取得银行或者其他金融机构贷款,给银行或者其他金融机构造成重大损失或者有其他严重情节的行为。

合同诈骗罪是指以非法占有为目的,在签订、履行合同过程中,实施虚构事实或者隐瞒真相等欺骗手段,骗取对方当事人的财物,数额较大,从而构成的犯罪。二者的区别在于:

(1)侵犯客体不同。尽管两者都侵犯复杂客体,都包括侵犯财产所有权,但骗取贷款罪侵犯的主要客体是金融管理秩序,其次是银行或者其他金融机构的财产权(包括所有权、使用权、处分权),而合同诈骗罪侵犯的客体主要是经济合同管理秩序。

(2)犯罪对象不同。骗取贷款罪的犯罪对象是银行或者其他金融机构的贷款,而合同诈骗罪的犯罪对象是对方当事人的财物,包括银行或者其他金融机构的贷款。

(3)犯罪主观方面的不同。合同诈骗罪与骗取贷款罪的区别在于:是否具有非法占有的目的,这是区分二者的最重要一点。《刑法》第一百七十五条之一款对于骗取贷款罪的概念规定可以总结出,犯罪主体在主观方面需要达到"故意"的要求,也就是犯罪主体明知自己的条件不符合银行或者金融机构的贷款要求,仍然通过虚构、造假等手段提供贷款材料,进而来获取贷款。《刑法》第一百七十五条之一款并没有对骗取贷款罪的犯罪目的进行明确的规定,但是目前法学界对这一犯罪主观要件的研究结论并不统一,笔者认为骗取贷款罪的犯罪主体骗取贷款主要目的是非法使用①。

根据河南省高级人民法院、河南省人民检察院、河南省公安厅《关于办理合同诈骗刑事案件若干问题的座谈会纪要(2020)》:司法实践中对于行为人通过合同诈骗方法非法获取资金,造成数额较大资金不能返还并具有下列情形之一且没有相反证据的,可以认定为具有非法占有目的:①没有履行合同的条件而骗取他人财物不返还的;②无正当理由以明显低于市场的价格变卖货物,导致不能归还货款的;③抽逃转移资金、隐匿财产以逃避返还财物的;④隐匿销毁账目的,或者通过假破产、假倒闭以逃避返还财物的;⑤携款逃匿的;⑥没有履行能力故意制造违约或者肆意认定违约,多次骗取保证金和违约金的;⑦收到对方财物后不履行合同义务,主要用于赌博、高利贷等非法活动导致财物不能归还的;⑧已经严重资不抵债,行为人仍将骗取的资金用于高风险的投资项目,如炒股、炒期货等活动造成资金客观上无法归还的;⑨其他非法占有资金拒不返还的行为。

根据《刑法》第二百二十四条对于合同诈骗罪的规定,明确了犯罪主体在主观方面必须满足"以非法占有为目的",也就是犯罪主体的非法占有的目的产生于签订、履

①孙国祥:《骗取贷款罪司法认定的误识与匡正》,《法商研究》2016年第5期,第50-57页。

行合同之前,或签订、履行合同过程之中。关于认定合同诈骗罪中犯罪主体的"以非法占有为目的"的主观要件,根据2005年高憬宏、杨万明主编的《基层人民法院法官培训教材(实务卷·刑事审判篇)》,其中明确认定了判断"以非法占有为目的"的8个方面①。也因此,合同诈骗罪犯的主观犯罪构成要件需要满足直接故意这一条件,不仅希望而且追求对他人财产的非法使用。

由此可见:骗取贷款罪和合同诈骗罪在主观层面的最大区别是犯罪主体是否存在"以非法占有为目的",只有符合这一要求才有可能构成合同诈骗罪。而且骗取贷款罪犯罪主体的主观故意包括直接故意和间接故意,而合同诈骗罪的主观故意只能是直接故意。

经查,被告人刘孝义和聚鑫源公司通过同案被告人张磊等人伪造银行《尽职调查报告》《授信批复》《粮食购销合同》等证明文件,签订虚假《委托定向投资协议》《投资指令》等合同的方式,骗取光大银行长春分行的3.5亿元贷款资金。资金到账后,上诉人刘孝义除支付贷款利息486.5万元外,支付原审被告人张磊好处费2000万元、刘某好处费850万元、归还其他银行贷款7800万元,其余钱款被其用于归还个人高息民间借贷及炒作期货致亏空。至案发时,聚鑫源公司尚有3.45135亿元贷款无法偿还。因被告人刘孝义作为聚鑫源公司法定代表人,以非法占有为目的,在他人帮助下,以提供虚假证明文件等手段,为聚鑫源公司骗取银行贷款数额特别巨大,被告人刘孝义作为聚鑫源公司直接负责的主管人员,因此其犯罪行为构成合同诈骗罪。

五、关于本案的评析总结

刑事案件具有其自身的特殊性,因此作为法律职业者,在办理刑事案件时,我们必须要足够严谨,对他人的人生负责。

在此案中,被告人刘孝义通过非法手段,伪造银行《尽职调查报告》《授信批复》《粮食购销合同》等证明文件,签订虚假《委托定向投资协议》《投资指令》等合同,骗取了光大银行长春分行的3.5亿元贷款资金。资金到账后,刘孝义除支付贷款利息、张磊等人的好处费以及归还其他银行贷款外,其余钱款被其用于归还个人高息民间借贷及炒作期货致亏空。至案发时,聚鑫源公司尚有3.45135亿元贷款无法偿还。其行为足以认定其存在非法占有的故意。而骗取贷款罪与诈骗罪的区分要点就在于:骗取贷款罪不存在非法占有的目的,因被告人刘孝义通过非法手段,伪造虚假材料,除用于公司开支外,其余钱款归个人使用,具有非法占有的故意,因此其作为聚鑫源公司法

---

①高憬宏,杨万明:《基层人民法院法官培训教材(实务卷·刑事审判篇)》,人民法院出版社2005年版,第231−235页。

定代表人构成合同诈骗罪。

目前在我国,"非法占有目的"的情形根据司法实践已经被法律予以明确规定。例如 2010 年发布、2022 年修改后施行的《最高人民法院关于审理非法集资刑事案件具体应用法律若干问题的解释》第七条对集资诈骗案件中如何认定非法占有目的做了规定:"使用诈骗方法非法集资,具有下列情形之一的,可以认定为'以非法占有为目的':(一)集资后不用于生产经营活动或者用于生产经营活动与筹集资金规模明显不成比例,致使集资款不能返还的;(二)肆意挥霍集资款,致使集资款不能返还的;(三)携带集资款逃匿的;(四)将集资款用于违法犯罪活动的;(五)抽逃、转移资金、隐匿财产,逃避返还资金的;(六)隐匿、销毁账目,或者搞假破产、假倒闭,逃避返还资金的;(七)拒不交代资金去向,逃避返还资金的;(八)其他可以认定非法占有目的的情形。"

法律的明确规定对于我们办理刑事案件,对犯罪嫌疑人的犯罪行为认定具有很大的帮助性。在分析犯罪嫌疑人的构罪与否,罪名认定以及量刑标准等方面,法律的明确规定更有利于我们进行司法裁定,也更有利于保护案件当事人双方的合法权益。

近年来,随着经济技术的发展,许多新型诈骗方式不断涌现,电信网络诈骗,以销售"养老产品"为名侵害老年人合法权益的案件不胜其数,我们应加强普法宣传,使人民群众深刻了解违法犯罪的严重后果,树立法律的威严,建设社会主义法治中国,营造清朗的网络空间与规范的市场秩序,增加人民的幸福感。

参考文献

[1]张明楷.刑法学[M].北京:法律出版社,2020.

[2]李兴扬.论合同诈骗罪之"非法占有目的"的认定[D].石家庄:河北经贸大学,2022.

[3]张勇.存贷犯罪刑法理论与实务[M].上海:上海人民出版社,2012.

[4]孙国祥.骗取贷款罪司法认定的误识与匡正[J].法商研究,2016,33(5):50-57.

[5]高憬宏,杨万明.基层人民法院法官培训教材(实务卷·刑事审判篇)[M].北京:人民法院出版社,2005:231-235.

韩昆、陈双等组织卖淫、协助卖淫案案例分析

代晨曦①

摘　要: 本文通过比较与案例分析的方式对组织卖淫罪的从犯与协助组织卖淫罪的区分,以及协助组织卖淫罪是否应当区分主从犯进行了一定的分析,认为组织卖淫罪与协助组织卖淫罪均应区分主从犯,并适用刑法总则关于从犯处罚的规定。组织卖淫罪的从犯与协助组织卖淫罪相区分时的重要因素在于是否实施策划、控制行为,实施策划、控制行为的为组织卖淫罪的从犯,否则为协助组织卖淫罪。一般具体参与人员行为性质的认定应当结合特定案件事实,注重分析其参与组织卖淫具体活动的主观方面,以其在卖淫组织中的地位和分工为标准进行认定。

关键词: 组织卖淫罪;协助组织卖淫罪;帮助犯

一、案件概况

2018 年 9 月,上诉人韩昆、陈双、罗俭波三人经商议后决定共同出资入股经营位于楚雄市永安路"××大酒店"二楼的"××足疗会所",三人还商定各自持有出资总额 33.3% 的股份,罗俭波又将其持有的股份转让了一半给上诉人杨林。之后,××足疗会所招募多名卖淫女到会所从事卖淫活动,会所通过对卖淫女统一安排住宿进行编号管理、专人招嫖、统一定价、统一收取嫖资等方式组织卖淫,并按约定的抽成比例向卖淫女支付报酬。其间,韩昆负责外部关系的疏通以及与各大酒店负责人进行对接,陈双负责财务管理、发放收入提成以及对外围团队进行管理,罗俭波负责日常管理及培训销售工作,杨林负责收取嫖资、报时、向陈双汇报会所每天的营业情况以及向卖淫女发放提成等工作。上诉人邓科、童祖银、程江、罗彬、朱元斌、陈建龙、金红梅及原审被告人程毅、李正军、李兴华、李冠杰、李彦姬受雇佣负责为××足疗会所招揽嫖客,为嫖客

---

①作者简介:代晨曦,女,汉族,河南驻马店人,郑州大学法学院(知识产权学院)2020 级 4 班本科生。

介绍服务内容、价格并带卖淫女给嫖客挑选,邓科同时还负责对卖淫女进行管理,原审被告人李金莲受雇佣负责记录嫖客的消费套餐,卖淫女上钟、下钟时间,收取嫖资。2019 年 1 月 1 日至 4 月 5 日,韩昆、陈双、罗俭波、杨林在邓科、童祖银、程江、罗彬、程毅、李正军、李兴华、朱元斌、李冠杰、陈建龙、李彦姬、金红梅、李金莲等人的协助下,在××足疗会所进行组织卖淫犯罪活动。

一审法院认定被告人韩昆、陈双、罗俭波、杨林犯组织卖淫罪;认定被告人邓科、罗彬、童祖银、程江、程毅、李正军、李兴华、朱元斌犯协助组织卖淫罪;李冠杰、陈建龙、李彦姬、金红梅、李金莲犯协助组织卖淫罪①。宣判后,一审被告人韩昆、陈双、罗俭波、杨林、邓科、童祖银、程江、罗彬、朱元斌、陈建龙、金红梅不服,向云南省楚雄彝族自治州中级人民法院提出上诉。

原审被告人罗俭波上诉提出,其虽然是共同出资人,但其没有起主要作用,原判主刑和罚金刑量过重,请求二审法院从轻判处。原审被告人杨林上诉提出,其不是出资人,其行为构成协助组织卖淫罪。

二审法院认为,上诉人韩昆、陈双、罗俭波在三人共同出资经营的××足疗会所内组织多名妇女进行卖淫活动,上诉人杨林受让罗俭波股份,积极参与组织卖淫活动,四上诉人的行为均已构成组织卖淫罪,且系组织卖淫犯罪集团,应依法惩处,在组织卖淫共同犯罪中,韩昆、陈双、罗俭波系主犯,杨林系从犯,对杨林可从轻或减轻处罚②。

二、争点

(1)被告人罗俭波是否在组织卖淫中起主要作用。
(2)被告人杨林犯组织卖淫罪还是协助组织卖淫罪。

三、关于争点的判决要旨

(一)一般论

关于争点一,二审法院认为韩昆、陈双、罗俭波在三人共同出资经营的××足疗会所内组织多名妇女进行卖淫活动,其行为构成组织卖淫罪③。

关于争点二,二审法院认为上诉人杨林向罗俭波购买股份,积极参与组织卖淫活动,四上诉人的行为均已构成组织卖淫罪,且系组织卖淫犯罪集团,应依法惩处,在组

---

①参见云南省楚雄市人民法院(2019)云 2301 刑初 486 号刑事判决书。
②参见云南省楚雄彝族自治州中级人民法院(2020)云 23 刑终 130 号刑事判决书。
③参见云南省楚雄彝族自治州中级人民法院(2020)云 23 刑终 130 号刑事判决书。

织卖淫共同犯罪中,韩昆、陈双、罗俭波系主犯,杨林系从犯。

（二）对本案的判决

上诉人韩昆、陈双、罗俭波、杨林犯组织卖淫罪。邓科、罗彬、童祖银、程江、朱元斌、陈建龙、程毅、李正军、李兴华、李冠杰、李彦姬、金红梅、李金莲犯协助组织卖淫罪。

四、评析

（一）类案检索

1. 李正辉、刘百花组织卖淫、协助组织卖淫案。[①]

2016 年 1 月开始,被告人李正辉为谋取非法利益,招募、纠集人员在长沙市成立发卡招嫖卖淫团伙,安排陶支等人在酒店、宾馆发放招嫖卡片,招募贺某及被告人刘百花等人负责接派单及记账工作,雇佣被告人易军及李龙辉、易焕新、贺恭、易永灵、易雄、李勇、易荣、朱晖等人担任团伙内运送卖淫女的司机,并先后招募卖淫女柳某、鄢某、李某 2、杨某、郭某 2、谭某 2、陈某 4、覃某、杨某某（未成年人）、李某 3 等人,进行组织卖淫犯罪活动。被告人李正辉团伙接到嫖客的招嫖电话（俗称"接单"）或王某等其他发卡招嫖团伙转派的嫖客信息后,组织、安排卖淫女（俗称"派单"）由司机运送至嫖客住宿的酒店、宾馆房间卖淫。卖淫女将收取的嫖资扣除自己的违法所得后,自己或通过司机将剩余的嫖资以现金、微信及支付宝转账等方式上交给被告人李正辉,再由其予以分配。团伙内的司机还需要负责望风,以确保卖淫女的安全。贺恭于 2016 年 8 月加入被告人李正辉团伙担任司机接送卖淫女,2017 年 10 月开始负责接派单并记录团伙内招嫖卖淫的账目。贺恭于 2018 年 3 月被公安机关抓获后,被告人李正辉安排被告人刘百花接替贺某的工作。李龙辉、易焕新均于 2017 年 10 月左右加入团伙并担任司机接送卖淫女。被告人易军于 2017 年 5 月左右加入团伙并担任司机接送卖淫女谭某 2 卖淫,并于 2018 年 1 月离开。经鉴定,2016 年 1 月至 2018 年 9 月 6 日期间,被告人李正辉团伙非法获利人民币 5 823 943.62 元。

法院认为,上诉人李正辉、刘百花伙同他人组织他人卖淫,其行为均已构成组织卖淫罪,且上诉人李正辉组织卖淫人员累计达 10 人以上,非法获利达人民币 100 万元以上,属情节严重,并具有组织未成年人卖淫的情节;原审被告人易军明知他人组织卖淫,仍为他人提供运送人员、收取嫖资等协助,其行为已构成协助组织卖淫罪。

2. 张洪波、易飞协助组织卖淫案。[②]

2019 年 5 月,刘兆正等人在长沙市开福区丽枫酒店开设房间,组织卖淫团伙进行

---

①参见湖南省长沙市中级人民法院（2020）湘 01 刑终 53 号刑事判决书。

②湖南省长沙市中级人民法院（2020）湘 01 刑终 901 号刑事判决书。

卖淫嫖娼活动,并聘请周长根负责外围关系,聘请被告人张洪波负责财务,收取嫖资以及登记报表、算账、发放提成、分配卖淫嫖娼房间等日常管理工作。该团伙中被告人罗秀颜负责协助管理,介绍卖淫女。被告人易飞、刘海坤等人负责接待前来嫖娼的客人,将客人带到技师房挑选卖淫女、收取嫖资等工作。被告人易飞还负责管理该卖淫组织微信群。被告人张梦庭接受被告人张洪波的委托协助其对该卖淫组织进行管理,负责记录每次卖淫嫖娼活动的时间以及记录该团伙卖淫的收入等活动。该卖淫组织招募詹某、刘某1等十余名妇女在长沙市开福区丽枫酒店从事卖淫活动,并通过发卡及微信群招揽嫖娼人员,同时该卖淫组织制定了卖淫嫖娼活动的服务内容、工作流程、收费及提成标准等规章制度,并建立了"好好学习、天天向上""丽枫K歌酒店"等工作业务群以便其从事卖淫嫖娼活动。

法院认为,上诉人张洪波明知他人实施组织卖淫犯罪活动而充当管账人;上诉人易飞、刘海坤、张梦庭及原审被告人罗秀颜明知他人实施组织卖淫犯罪活动而提供协助行为,其行为已构成协助组织卖淫罪。在协助组织卖淫共同犯罪中,张洪波起主要作用,系主犯;易飞、刘海坤、张梦庭及罗秀颜起次要作用,系从犯。

3. 周建华、梁少清等组织卖淫、协助组织卖淫案。①

2019年起,被告人周建华租赁了某场所经营香华足浴、租赁了某场所经营喜尚休闲会所,并在该二场所组织卖淫女从事卖淫活动。

在经营香华足浴过程中,被告人周建华雇请了被告人梁少青负责香华足浴的全面管理工作,雇请了被告人谯守云、张富奎、聂颖为部长,负责向嫖客推介卖淫项目、带客、订房、介绍和安排技师提供卖淫服务,雇请被告人李俊为保安,负责望风报信对抗公安机关检查,偶尔为嫖客订房。香华足浴的全部营业收入均由被告人周建华收取、分配。经统计,在香华足浴提供卖淫服务的卖淫女共9人,香华足浴非法获利人民币405 562元。

在经营喜尚休闲会所过程中,被告人周建华雇请了被告人赖学远负责喜尚休闲会所的全面管理,包括向嫖客推介卖淫项目、带客、订房、介绍和安排技师提供卖淫服务等。喜尚休闲会所的全部营业收入均由被告人周建华收取、分配。经统计,仅2020年4月,喜尚休闲会所提供卖淫服务的卖淫女共10人,喜尚休闲会所非法获利为人民币10 272元。

法院认为,关于上诉人谯守云、赖学远、张富奎、聂颖的定性问题,经查,现有证据足以证实赖学远负责喜尚会所的全面管理工作,谯守云、张富奎、聂颖在香华会所负责向嫖客推介卖淫项目、安排技师提供卖淫服务等,均实施了组织、管理卖淫活动的行为,原判认定其四人构成组织卖淫罪,理据充分。上诉人周建华、梁少青、赖学远、谯守

---

① 广东省中山市中级人民法院(2021)粤20刑终452号刑事判决书。

云、张富奎、聂颖结伙组织他人卖淫,其行为均已构成组织卖淫罪,其中周建华、赖学远所犯组织卖淫罪属情节严重;原审被告人李俊协助组织他人卖淫,其行为已构成协助组织卖淫罪,均应依法惩处。上诉人周建华在组织卖淫共同犯罪中起主要作用,是主犯;上诉人梁少青、赖学远、谯守云、张富奎、聂颖在组织卖淫共同犯罪中起次要作用,是从犯。

上述三个类似案例均涉及组织卖淫罪和协助组织卖淫罪,三个案件的被告人之间都存在组织卖淫的基本分工,三个案件中都有卖淫场所现场负责人,第一个案件中为李正辉,第二个案件中为张洪波,第三个案件中为梁少青和赖学远,主要工作为全面负责整个卖淫场所的日常运营与管理;都有专门人员发布招嫖信息,招揽嫖客等;都有专门人员负责管理卖淫人员,包括安排服务、计算及发放提成、考勤等。

上述三个案例也存在明显不同,最明显的是第一个和第三个案例都是组织卖淫罪的主犯出资设立卖淫场所后,雇佣他人实施组织卖淫行为,案件当事人的定罪同时涉及组织卖淫罪和协助组织卖淫罪;第二个案例中的各被告都是被雇佣参与组织卖淫活动,案件当事人的定罪仅涉及协助组织卖淫罪。三个案例中,前两个案例的分工更为复杂、明确,且有较为明确的规章制度,第三个案例的犯罪团伙规模较小,内部分工较为模糊,涉案金额也较小。

三个类似案例都印证了组织卖淫与协助组织卖淫行为之间存在内在联系,协助组织卖淫罪的成立以组织卖淫罪的成立为前提。且组织卖淫罪和协助组织卖淫罪的成立都要以存在"组织"行为为前提,最为明显的组织行为就是组织者设立卖淫场所后,通过雇佣或者其他方式纠集数人,通过分工协作,各自承担不同的任务,实现为嫖娼者提供卖淫服务并谋取利益的目的。

但是本文主要目的在于分析协助组织卖淫罪是否应当区分主从犯,以及组织卖淫罪的从犯与协助组织卖淫罪的区分。上述三个类似案例与本文选取的韩昆案相比,都存在不够典型的问题。第一个案例虽然同时涉及组织卖淫罪和协助组织卖淫罪的定性,以及组织卖淫罪主从犯的认定,但是由于犯罪组织规模较小,内部分工较为简单,各个犯罪人员的行为性质较为明确,且犯罪人员针对法院对其行为性质的认定并未提出异议,仅对诉讼程序的合法性以及刘百花属从犯还是协从犯提出异议,对本文分析无意义;第二个案例仅涉及协助组织卖淫罪的定罪量刑,被告人也只对主从犯的认定和情节轻重提出了异议,并无太多学理价值;第三个案例中各被告人在组织卖淫活动中的分工结构较为简单,不够典型,参考价值不大,且被告人提出的异议集中于程序瑕疵以及情节轻重的认定,与本文所要讨论的组织卖淫罪的从犯与协助组织卖淫罪的区分和协助组织卖淫罪的主从犯的区分不符。

与三个类似案例相比,本文所选取的韩昆案既涉及组织卖淫罪的定罪量刑,又涉及协助组织卖淫罪的定罪量刑,以及两罪主从犯的区分,涉案人数较多,构成犯罪集团,韩昆负责外部关系的疏通以及与各大酒店负责人进行对接,陈双负责××足疗会所的财务管理、发放收入提成以及对外围团队进行管理,罗俭波负责××足疗会所的日常管理及培训销售工作,杨林负责收取嫖资、报时、向陈双汇报会所每天的营业情况以及向卖淫女发放提成等工作。邓科、童祖银等人受雇佣负责为××足疗会所招揽嫖客、为嫖客介绍服务内容、价格并带卖淫女给嫖客挑选,邓科同时还负责对卖淫女进行管理。组织内部分工明确、层次清晰、工种多样,大致涵盖了组织卖淫罪与协助组织卖淫罪的各类人员构成,具有典型性,对本文的分析具有十分重要的参考价值。此外,韩昆案中,杨林提出其构成协助组织卖淫罪而不是组织卖淫罪的从犯,与本文所要讨论的组织卖淫罪的从犯与协助组织卖淫罪的区分相符合。

(二)对争点的分析

1. 被告人罗俭波是否在组织卖淫中起主要作用

《中华人民共和国刑法》第三百五十八条第一款规定:组织、强迫他人卖淫的,处五年以上十年以下有期徒刑,并处罚金;情节严重的,处十年以上有期徒刑或者无期徒刑,并处罚金或者没收财产。"组织"他人卖淫,主要是指通过纠集、控制一些卖淫的人员进行卖淫,或者以雇佣、招募、容留等手段,组织、诱骗他人卖淫,从中牟利的行为。"组织者"指的是犯罪集团的首要分子,临时纠合在一起进行组织卖淫活动的不法分子,纠集、控制几个卖淫人员从事卖淫活动的个人。

在本案中,被告人韩昆、陈双、罗俭波三人经商议后决定共同出资入股经营位于楚雄市永安路"××大酒店"二楼的"××足疗会所",三人还商定各自持有出资总额33.3%的股份,虽然被告人罗俭波又将其持有的股份转让了一半给上诉人杨林,但还持有××足疗会所的股份,是出资人之一,且罗俭波负责××足疗会所的日常管理及培训销售工作。被告人罗俭波既出资设立了卖淫场所,又实施了组织他人卖淫的行为,属于卖淫集团的首要分子,因此应当认定罗俭波、韩昆、陈双、杨林在卖淫组织中起重要作用,韩昆、陈双、罗俭波是组织卖淫罪的主犯,杨林是从犯。

2. 被告人杨林犯组织卖淫罪还是协助组织卖淫罪

"组织"他人卖淫,主要是指通过纠集、控制一些卖淫的人员进行卖淫,或者以雇佣、招募、容留等手段,组织、诱骗他人卖淫,从中牟利的行为;协助组织卖淫是指为组织卖淫的人招募、运送人员或者有其他协助组织他人卖淫行为的行为。

在本案中,被告人罗俭波将其持有的股份转让了一半给被告人杨林,杨林在卖淫组织中负责收取嫖资、报时、向陈双汇报会所每天的营业情况以及向卖淫女发放提成等工作。杨林从罗俭波手中购买股份,是会所的出资人之一,且积极参与组织卖淫活动,从卖淫活动中获利,符合组织卖淫罪的构成要件,因此应当认定为组织卖淫罪。

(三)关于组织卖淫罪和协助组织卖淫罪

1.组织卖淫罪

《中华人民共和国刑法》第三百五十八条第一款规定:组织、强迫他人卖淫的,处五年以上十年以下有期徒刑,并处罚金;情节严重的,处十年以上有期徒刑或者无期徒刑,并处罚金或者没收财产。

第一,本罪的犯罪主体必须是卖淫活动的组织者,或者以其他方式组织他人卖淫的人,可以是几个人,也可以是一个人,关键要看其在卖淫活动中是否起组织者的作用。这里所说的组织者,有的是犯罪集团的首要分子,有的是临时纠合在一起进行组织卖淫活动的不法分子,有的是纠集、控制几个卖淫人员从事卖淫活动的个人。第二,在主观上,组织他人卖淫罪是故意犯罪,行为人组织他人卖淫的行为必须是出于故意。第三,在客观方面,行为人必须实施了组织卖淫的行为,至于其本人是否参与卖淫、嫖娼,组织者是否设置固定的卖淫场所、组织卖淫者人数多少、规模大小,不影响组织卖淫行为的认定①。这里所说的"组织",通常表现为以下两种形式:一是行为人设置卖淫场所,或者以发廊、旅店、饭店、按摩房、出租屋等为名设置变相卖淫场所,招募一些卖淫人员在此进行卖淫活动。二是行为人自己没有开设固定的场所,但组织、操纵他所控制的卖淫人员有组织地进行卖淫活动。例如,一些按摩院、发廊、酒店的老板,公然唆使服务人员同顾客到店外进行卖淫、嫖娼活动,从中收取钱财;或者以提供服务为名,向顾客提供各种名义的陪伴女郎,实际上是提供卖淫妇女进行卖淫活动。犯罪分子也会利用新技术的发展组织卖淫活动,当前通过手机短信、微信等新手段组织卖淫也成为组织卖淫的一种新的犯罪形式。无论以上哪种形式,行为人均构成组织他人卖淫罪。第四,本罪侵犯的客体是社会治安管理秩序,组织的对象必须是多人,而不是一个人,如果是一个人则不能构成组织他人卖淫罪。"他人",既包括妇女,也包括男性。

2.协助组织卖淫罪

《中华人民共和国刑法》第三百五十八条第四款规定了"协助组织卖淫罪":为组织卖淫的人招募、运送人员或者有其他协助组织他人卖淫行为的,处五年以下有期徒刑,并处罚金;情节严重的,处五年以上十年以下有期徒刑,并处罚金。"协助组织他人卖淫",是指为组织卖淫的人招募、运送人员或者有其他协助行为的。"招募",是指协助组织卖淫者招雇、招聘、募集人员;"运送",是指为组织卖淫者通过提供交通工具接送、输送所招募的人员的行为。"其他协助组织他人卖淫行为",是指在组织他人卖淫的活动中,起协助、帮助作用的其他行为,如为组织卖淫者充当保镖、打手,为组织卖淫活动看门望哨或者管账等。协助组织他人卖淫和活动,也是组织他人卖淫活动的一

---

① 《最高人民法院、最高人民检察院关于办理组织、强迫、引诱、容留、介绍卖淫刑事案件适用法律若干问题的解释》第一条。

个环节,但其行为的性质、所起的作用与组织卖淫者具有很大的不同。《最高人民法院、最高人民检察院关于办理组织、强迫、引诱、容留、介绍卖淫刑事案件适用法律若干问题的解释》第四条规定,明知他人实施组织卖淫犯罪活动而为其招募、运送人员或者充当保镖、打手、管账人等,依照《刑法》第三百五十八条第四款的规定,以协助组织卖淫罪定罪处罚,不以组织卖淫罪的从犯论处。在具有营业执照的会所、洗浴中心等经营场所担任保洁员、收银员、保安等,从事一般服务性、劳务性工作,仅领取正常薪酬,且无上述协助组织卖淫行为的,不认定为协助组织卖淫罪。

3. 协助组织卖淫罪与组织卖淫罪的关系

协助组织卖淫罪与组织卖淫罪是两个关系密切的犯罪,只有在组织卖淫行为构成犯罪的前提下,协助组织行为才构成协助组织卖淫罪,因此协助组织卖淫罪与组织卖淫罪之间存在着依附和被依附的关系。

由于协助组织卖淫原本表现为帮助行为,故协助组织卖淫与组织卖淫的区分,主要是指协助组织卖淫罪与组织卖淫罪的从犯(帮助犯)的区分[1]。这就涉及组织卖淫罪与协助组织卖淫罪是否区分主从犯的问题。

对于这个问题,有学者认为"从协助组织卖淫罪的立法意图看,无非就是对组织卖淫罪从犯的特别规定。如果组织卖淫罪仍有从犯,规定本罪就变得多余。鉴于'组织'一词已隐含主犯、首要分子之意,与从犯的概念相悖,而'协助组织'几乎与从犯等义,与主犯的概念不容,甚至可断言为:组织卖淫罪没有从犯,协助组织卖淫罪没有主犯"[2]。但是根据《中华人民共和国刑法》第二十七条第一款对从犯的规定"在共同犯罪中起次要或辅助作用的,是从犯"可知,从犯包括起次要作用的从犯和起辅助作用的从犯,即帮助犯。而协助组织卖淫的行为体现为对组织卖淫罪的帮助行为,所以仅能将协助组织卖淫罪视为对组织卖淫罪的帮助犯的特殊规定,该学者的观点属于以偏概全,忽视了起次要作用的从犯和起辅助作用的从犯的区别。

对于组织卖淫罪是否区分主从犯,多数学者和司法实践都是持肯定态度的。虽然张明楷认为没有必要全面肯定组织卖淫罪的从犯,对于在组织卖淫罪中起次要作用或者帮助作用的行为,均认定为协助组织卖淫罪,既不违反罪刑法定原则,也能充分实现罪刑相适应原则(因为《刑法》第三百五十八条第四款对协助组织卖淫罪所规定的法定刑并不轻),但是其否定的也仅仅是全面肯定组织卖淫罪从犯的观点,并非否定组织卖淫罪区分主从犯的观点。

对于协助组织卖淫罪是否区分主从犯的问题,有学者认为"不能在组织卖淫罪的

---

① 张明楷:《协助组织卖淫罪的重要问题》,《中国刑事法杂志》2021 年第 5 期,第 9 页。

② 郑伟:《就这样动摇了共同犯罪的根基——论组织卖淫罪与协助组织卖淫罪的怪异切分》,《法学》2009 年第 12 期,第 90 页。

范围内讨论协助组织卖淫罪有无主犯,而是要以协助组织卖淫罪作为评价对象,判断协助行为本身的有无主从之分。如果多人共同实施了协助组织卖淫的行为,起主要作用的行为人,当然是本罪的主犯"①。根据《最高人民法院、最高人民检察院关于办理组织、强迫、引诱、容留、介绍卖淫刑事案件适用法律若干问题的解释》的规定可知,协助组织卖淫的行为包括在明知他人实施组织卖淫犯罪活动的情况下为其招募、运送人员或者充当保镖、打手、管账人等,对于这类行为,在现实中不乏犯罪分子成立专门的培训机构、运输组织等运送卖淫人员,在这些组织、机构内部就会有主从犯之分。张明楷也认为"如果不承认协助组织卖淫罪存在从犯,就导致对协助组织卖淫罪的参与人之间的处罚不协调"②。

综上所述,组织卖淫罪与协助组织卖淫罪均需区分主从犯。对于协助组织卖淫罪和组织卖淫罪的从犯的区分,由于组织卖淫行为涉及对内管理、对外经营各种复杂的人、财、物等方面的关系,行为人不但要有效控制卖淫者并与嫖娼者打交道,同时还要注意逃避公安机关的查处。这就决定了组织卖淫罪通常很难由一个人实施,在大多数情况下都是由多人共同实施的,而且在这些人员之间还往往有着明确的分工,发挥着不同的作用。有学者总结除《最高人民法院、最高人民检察院关于办理组织、强迫、引诱、客留、介绍卖淫刑事案件适用法律若干问题的解释》及《最高人民法院、最高人民检察院关于执行〈全国人民代表大会常务委员会关于严禁卖淫嫖娼的决定〉的若干问题的解答》中所列举的招募、雇佣、纠集、引诱、运送、保镖、打手、管账人之外,受雇参加组织卖淫活动的人员较为常见的有:卖淫场所现场负责人,如总经理等,主要工作为全面负责整个卖淫场所的日常运营与管理,场所内所有工作人员均听其指挥与管理;客服人员,主要工作为利用手机、电脑等通信工具,发布招嫖信息,招揽嫖客,陪同嫖客挑选卖淫人员、介绍卖淫服务等;卖淫人员的管理者,主要工作为管理卖淫人员,包括安排服务、计算及发放提成、考勤等;普通服务人员,如望风、带人、登记客服姓名、发放手牌、记录上下钟时间、催钟、收取嫖资等③。

对于这类行为的认定有学者认为"对卖淫人的卖淫活动直接进行编排、调度的行为人才是组织卖淫罪的行为人,其中起主要作用的是主犯,起次要作用的是从犯。如果不是对卖淫人的卖淫活动直接进行编排、调度,而是在外围协助组织者进行其他的行为,如为直接组织者招募、雇佣、输送卖淫人,为组织者充当管账人,提供反调查信息,为组织者提供犯罪活动的资金等,都不能认定为组织卖淫罪,而是协助组织卖淫

---

①茹士春:《论帮助行为单独定罪》,《中国刑事法杂志》2011 年第 1 期,第 29 页。
②张明楷:《协助组织卖淫罪的重要问题》,《中国刑事法杂志》2021 年第 5 期,第 19 页。
③陈兵:《组织、协助组织卖淫罪相关问题实证研究》,《人民司法》2020 年第 19 期,第 34 页。

罪"①,"在组织卖淫犯罪中虽起策划、控制作用,但在多名组织卖淫者中处于从属地位,发挥次要作用或听命于人的行为人,仍应当以从犯论处"。结合组织卖淫罪与协助组织卖淫罪的罪名和罪状来看,认定"组织"与"帮助"行为应当以行为人在卖淫组织中的地位和分工为依据。

对于组织卖淫活动中的一般具体参与者的行为的认定,主观方面应当作为重要的判断因素,因为一般组织者对卖淫活动持积极地促进态度,多为出资者和管理者,并渴望从组织卖淫活动中谋取暴利,而一般具体参与者对卖淫活动大多持消极地放任的态度,其主观上虽具有共同组织卖淫活动之故意,但其主观恶性及客观行为的社会危害性一般小于多为犯意发起者及犯罪纠集者的出资人、经营者、决策人等。除此之外,还有学者提出"认定这些卖淫嫖娼活动环节的一般具体参与者是组织卖淫团伙成员(组织卖淫团伙圈内的人)还是组织卖淫团伙成员之外的人(组织卖淫团伙圈外的人),关键是分析判断这些人是否参与了卖淫收入分配或者说其收入多少是否直接与卖淫次数、嫖资多少挂钩"②,不可否认卖淫收入分配是区分组织卖淫行为与协助组织卖淫行为的重要因素,但是所有卖淫组织的参与者都是为了金钱利益而参与到具体的卖淫活动中去的,因此并不是所有参与组织卖淫的具体环节并从中获得经济利益的行为人都应当被认定为组织卖淫罪,如有些服务生虽参与具体环节,但其获得的经济利益主要来自管理者的奖励,与卖淫次数、嫖资多少并不相关,此时就不能认定其参与了卖淫收入的分配,也不宜因为其因参与组织卖淫的具体环节获取了经济利益就认定其为组织卖淫罪,应当认定其为协助组织卖淫罪。

(四)对本案的评析

在本案中,被告人韩昆、陈双、罗俭波、杨林是出资人,韩昆负责外部关系的疏通以及与各大酒店负责人进行对接,陈双负责财务管理、发放收入提成以及对外围团队进行管理,罗俭波负责日常管理及培训销售工作,杨林负责收取嫖资、报时、向陈双汇报会所每天的营业情况以及向卖淫女发放提成等工作;邓科同时还负责对卖淫女进行管理,原审被告人李金莲受雇佣负责记录嫖客的消费套餐、卖淫女上钟和下钟时间、收取嫖资;其余被告人负责招揽嫖客、为嫖客介绍服务内容、价格并带卖淫女给嫖客挑选。

二审判决韩昆、陈双、罗俭波是组织卖淫罪的主犯,杨林是组织卖淫罪的从犯,其他被告人构成协助组织卖淫罪。对于杨林的判决二审法院没有给出明确的评析,且笔者认为其判决是不恰当的,在本案中杨林作为出资人参与组织卖淫活动,其行为与其他三个出资人虽有不同,但其主观意图也是通过积极地促进卖淫活动获取暴利,与其

---

① 周海洋:《卖淫相关犯罪探究》,《山东警察学院学报》2007 年 9 月第 5 期,第 40 页。
② 古加锦:《组织卖淫罪从犯与协助组织卖淫罪的界限新探》,《时代法学》2018 年 12 月第 6 期,第 61 页。

他出资人无异,其受让罗俭波一半的股份,在犯罪集团中地位不低于罗俭波,四人属于分工协作关系而非杨林协助其余三人,或其行为仅起次要作用,因此杨林同样应该是组织卖淫罪的主犯而非从犯。

参考文献

[1]最高人民法院,最高人民检察院.关于办理组织、强迫、引诱、容留、介绍卖淫刑事案件适用法律若干问题的解释[J].中华人民共和国最高人民法院公报,2017(9):8-10.

[2]最高人民法院,最高人民检察院.关于执行《全国人民代表大会常务委员会关于严禁卖淫嫖娼的决定》的若干问题的解答[J].中华人民共和国最高人民法院公报,1993(1):19-20.

论非法吸收公众存款罪与集资诈骗罪的界分

——以对实习期间齐某某案的分析切入

张子杨①

摘　要：非法吸收公众存款罪与集资诈骗罪的区分，要综合考虑客体是否涉及公私财产所有权、客观上是否存在诈骗行为、主观上是否有非法占有目的来判断。其中在判断是否有非法占有目的时，不能仅仅依照现有的规定，而且要结合具体案情，主客观相统一进行判断。另外，也可以从信任法益角度出发，结合加害人与被害人间的行为互动进行判断，前后行为分别涉及这两个罪名时，可以按包括的一罪处理。

关键词：集资诈骗罪；非法吸收公众存款罪；非法占有目的；民间借贷

一、案件简介

2016 年，齐某某成立良康发展有限责任公司，主营花生芽的生产与加工。为筹集资金，齐某某未经国家有关部门批准，以口口相传等形式向其所在村的村民宣传公司经营及盈利模式，村民主要以两种形式进行投资。第一种是成为会员，交会员费，每年有超出会员费 80% 的固定分红；第二种是入股，按照一般公司模式以盈利进行分红。对于花生芽的生产，又分为两种方法：第一种是村民交钱，由公司进行生产，每年交钱，会进行返利；另一种是给村民一些原料，对村民进行技术培训后由村民进行养殖，工厂进行再加工，每生产一批就会发一次工资。

2017 年，齐某某按约履行了对村民承诺的投资回报，并借助媒体等进行宣传，标榜带动农民发家致富的利民企业形象。村"两委"带头进行宣传，呼吁村民们进行投资。2018 年以来，齐某某开始以各种理由推脱村民对投资回报的请求，并以一些替代方法如发花生芽、花生油等作为替代。不过也下发了大部分工资福利与投资回报。2019

---

①作者简介：张子杨，女，汉族，山东淄博人，郑州大学法学院（知识产权学院）2020 级 3 班本科生。

年年末新冠肺炎疫情暴发以来,齐某某以疫情防控期间公司经营状况不佳为由拒绝对村民发放应有的投资回报与工资、福利。疫情防控期间,齐某某与妻子协议离婚,1年后,二人复合。公司的资金管理混乱,且实际上从公司成立以来一直没有固定的销售渠道,大量花生芽囤积在仓库,主要资金投入在前期培训与还款,花生芽生产投入少。

公诉机关以非法吸收公众存款罪提起公诉,公诉机关认为,齐某某吸收公众存款的行为本应得到国家相关部门的许可后进行,而被告人齐某某在未经许可的情况下向社会不特定人群非法吸收公众存款,扰乱金融秩序,其行为触犯了《中华人民共和国刑法》第一百七十六条之规定,犯罪事实清楚,证据确实、充分,应当以非法吸收公众存款罪追究其刑事责任。

被告人及其辩护人辩称:其向特定村的村民进行融资,不符合非法吸收公众存款罪中"不特定人"的要求,不构成非法吸收公众存款罪;吸收公众存款的方式有部分是正当的,应当更改涉案金额,其金额根据《最高人民法院关于审理非法集资刑事案件具体应用法律若干问题的解释》,不应当追究刑事责任。即使认为齐某某的行为构成犯罪,须考虑到良康农业发展有限公司是惠农公司,有助于助力脱贫攻坚,受到政府的支持与认可,应当根据其情节酌定从轻或减轻处罚。

另外,在审理过程中,主审法官不仅对齐某某涉嫌非法吸收公众存款罪的相关问题进行了审查,还查到了一些可能涉及集资诈骗罪的行为,比如迟迟不还钱的原因。对此,被告仅仅是拿疫情下生意不好做来进行搪塞,解释说他们属于正常经营,有亏损是正常的,疫情之下都不好做,钱正在努力还。问到齐某某入股多少,齐某某说"肯定出过钱",但不肯讲具体金额。

二、提出问题

本案控辩双方都是围绕"非法吸收公众存款罪"这一罪名展开辩论。而法官提出的问题,也引发了笔者对齐某某是否构成"集资诈骗罪"的思考。在法庭上,控辩双方在罪名上达成了一致,因此没有过多地对"集资诈骗罪"这一问题进行讨论。

本案在事实方面也的确有一定矛盾与分歧之处。一方面,齐某某是疫情开始后才推脱还款,其辩称"疫情下经营不善"似乎有其合理性,这些年也陆陆续续在还一些;但从一些细节上看,花生芽生产不能形成规模,也没有固定销售渠道,这是从公司成立以来一直存在的,从这一点看齐某某将问题归咎于疫情未免牵强。由于本案尚在调查中,还有很多证据无法获取,笔者只能仅从现有的事实出发作出一定的判断。

综合本案事实,笔者认为本案的主要争议焦点在于,齐某某的行为是构成非法吸收公众存款罪还是集资诈骗罪,以及本案所有的行为构成一罪还是数罪。因此,下面笔者将以这两个问题为切入点,对该案件进行分析。

三、非法吸收公众存款罪与集资诈骗罪的区分

(一)法律文本分析

非法吸收公众存款罪与集资诈骗罪,均规定在破坏金融管理秩序罪一节,说明其侵犯的主要客体相同,均是"金融管理秩序";但集资"诈骗",从字面上理解,也侵犯了诈骗罪所侵犯的客体,即"公私财产所有权"。

从具体罪状上进行对比,非法吸收公众存款罪的表述为"非法吸收公众存款或者变相吸收公众存款,扰乱金融秩序的";集资诈骗罪的表述为"以非法占有为目的,使用诈骗方法非法集资,数额较大的"。首先,"吸收公众存款"与"集资"在内涵上有所不同。"集资"为"聚集资金",笔者认为在外延上要更广,包括但不限于吸收或聚集公众的存款;也包括吸收公众的其他资金或吸收公众以外主体的资金,不过通常情况下会认为集资仅指向社会公众募集资金,因此这一方面的区别性小;其次,也是最为明显的一个区别是,集资诈骗罪有主观目的要求,即"以非法占有为目的";再次,集资诈骗罪要求"使用诈骗方法",非法吸收公众存款罪则无此要求。

另外,根据《最高人民法院关于审理非法集资刑事案件具体应用法律若干问题的解释》(以下简称《解释》),只要客观行为属于非法吸收或者变相吸收公众存款并具有非法占有目的,就以集资诈骗罪论处。《最高人民检察院关于办理涉互联网金融犯罪案件有关问题座谈会纪要》(以下简称《会议纪要》)提到关于共同犯罪或单位犯罪案件中指出:"在非法集资犯罪中,有的犯罪嫌疑人具有非法占有目的,有的则不具有非法占有目的,对此,应当分别认定为集资诈骗罪和非法吸收公众存款罪。"由此可见,在实务中,区分两罪名时主要依靠是否具有"非法占有目的"。但是,由于非法吸收公众存款罪不以实施诈骗行为为前提,因此笔者认为二者的区别仍应包括是否"使用诈骗方法"。

(二)学理观点分析

国内的教材大部分对集资诈骗罪与非法吸收公众存款罪的区别进行了一定阐释,在高铭暄、马克昌主编的《刑法学》中阐述为三点主要不同:一是侵犯的客体不完全相同。前者侵犯的客体是复杂客体,包括金融管理秩序和公私财产所有权,而后者侵犯的是单一客体,即金融管理秩序。二是客观方面表现不同。前者是结果犯,表现为使用诈骗方法,进行非法集资,数额较大的行为;后者是行为犯,表现为行为人不具有吸收公众存款的主体资格而非法吸收公众存款,或者虽然具有吸收公众存款的主体资格,但却采取非法的方法吸收公众存款。三是犯罪目的不同。前者的犯罪目的在于将非法筹集的资金占为己有,而后者的犯罪目的是通过非法吸收存款进行盈利活动,并

无将非法所吸收的存款据为己有的目的①。张明楷的《刑法学》没有对二者的区别给予正面列举，但从侧面上对二者的区别特别是实务中对二者区别的观点进行了评价。比如：非法吸收公众存款，并不以行为人实施诈骗行为为前提等。②

根据目前学者观点，二者的主要区别分为客体、主观、客观三方面。主要集中在主观"非法占有目的"与"诈骗方法"上，比如，刘宪权直接指出是否"以非法占有为目的"是集资诈骗罪与非法吸收公众存款罪的本质区别；③赵秉志认为，集资诈骗罪与非法吸收公众存款罪在客观上都表现为非法集资的行为，两者的区别主要是非法集资人是否具有非法占有目的，非法集资人是否使用了诈骗的方法；④谢望原从主观内容和行为性质分析，集资诈骗罪的行为人具有非法占有他人财产的目的，属于诈骗犯罪在金融领域的特殊类型，并具体分析了非法占有目的的认定，从侧面对比了两者之区别；⑤叶良芳认为，集资诈骗罪和非法吸收公众存款罪是一种堵截关系，二者在客观行为方面完全相同，集资诈骗是以诈骗的方式实施的"非法吸收公众存款"，二者的区别根本在于主观方面是否具有非法占有的目的⑥等。各观点虽然侧重点不同，但在大的区别方面基本达成一致意见。另外，近年来提到二者区别的学位论文在这个问题上也没有突破性的改变，只是在具体如何认定上，大家观点有一定分歧。

值得注意的是，近几年来，部分学者从传统的"非法占有目的"区分转移到基于信任法益的分析，以行为人的行为客观上破坏了金融系统中的何种信任基础为标准对二者进行区分，突破了原有的惯常分析思路，体现了跨学科的解决方式。持这一观点的学者基本来自清华大学法学院，如梁译如与蓝学友等人。他们认为集资诈骗破坏的是投融资双方"一对一"的人格信任，而非法吸收公众存款破坏的是市场参与者围绕金融市场利率规则形成的"一对多"的规则信任；⑦非法吸收公众存款表现为行为人在不具备信用能力的情况下，一是未取得信用凭证，二是非法取得（虚构）信用凭证。在缺失或虚构的条件下非法吸收资金，实质都是信用缺失，会使得系统性信任机制无法发挥作用，这是本罪的根源；集资诈骗罪则表现为，一是非法获取信用凭证后滥用，二是合法获取后滥用信任凭证，损害投资人的利益，进而毁损个人对系统的信任，毁损社会

---

①高铭暄，马克昌：《刑法学》，北京大学出版社，高等教育出版社2022年版，第422页。

②张明楷：《刑法学》，法律出版社2022年版，第1027页。

③刘宪权：《刑法严惩非法集资行为之反思》，《法商研究》2012年第4期，第119-126页。

④赵秉志，徐文文：《民营企业家集资诈骗罪：问题与思考》，《法学杂志》2014年第12期，第1-17页。

⑤谢望原，张开骏：《非法吸收公众存款罪疑难问题研究》，《法学评论》2011年第6期，第138-144页。

⑥叶良芳：《从吴英案看集资诈骗罪的司法认定》，《法学》2012年第3期，第16-22页。

⑦蓝学友：《论集资诈骗罪与非法吸收公众存款罪的体系性区分——基于金融系统的两种信任类型》，《西南政法大学学报》2021年第5期，第112-128页。

信任机制是本罪的社会危害性本质。① 也就是说,非法吸收公众存款罪的本质在于信任缺失,而集资诈骗罪本质则为信任滥用。

另外,有少部分学者认为鉴于本要件的模糊性,不如直接取消本要件。② 不过这一观点是极少数学者的观点,目前来看也无法站住脚。

综上,学者较为普遍提到的区别为是否有"非法占有目的",另外,还应考虑到客体上,是否侵犯了"公私财产所有权",客观方面在行为上是否使用了"诈骗方法"。

在进行具体判断时,客体上的判断无需解释,"诈骗方法"与"非法占有目的"的判断可以类比诈骗罪。"诈骗方法"表现为像受骗者传递不失的讯息,使得受骗者陷入或持续维持或强化处分财产的错误认识的行为。在集资诈骗罪中,这种错误认识包括但不限于"行为人募集资金的行为合法正当""出资后会有回报"等。对于"非法占有目的",上文提到有法规对此作出相对具体的解释,但判断是否具有"非法占有目的",还要在现有法律文本的基础上,结合案件具体情况,坚持主客观统一的原则进行个案分析,既要避免单纯根据损失结果客观归罪,也不能仅凭被告人自己的供述进行归罪。

四、罪数问题

根据前面对两罪的区分可知,当一行为既符合非法吸收公众存款罪,又符合集资诈骗罪时,应当认定为集资诈骗罪,这一点无可非议;但当一段时间内,最开始有非法占有目的后来没有,到最开始没有非法占有目的后来有,是应当作为两个不同的行为来看待,还是有其他处理方法,这一点尚需讨论。《解释》规定:集资诈骗罪中的非法占有目的,应当区分情形进行具体认定。行为人部分非法集资行为具有非法占有目的的,对该部分非法集资行为所涉集资款以集资诈骗罪定罪处罚;非法集资共同犯罪中部分行为人具有非法占有目的,其他行为人没有非法占有集资款的共同故意和行为的,对具有非法占有目的的行为人以集资诈骗罪定罪处罚。

但张明楷教授对此有不同观点:若行为人起先非法吸收公众存款,打算还本付息,但后来犯意转化,实施集资诈骗行为,按包括的一罪以集资诈骗罪论处即可;如果非法吸收公众存款罪处罚更重,则应认定为非法吸收公众存款罪,笔者更同意张明楷教授的观点,更符合罪责刑相适应的原则,不过对于基层的法官来说,这种观点操作起来还是有一定难度的。

---

①梁译如:《非法吸收公众存款罪与集资诈骗罪的区分适用:基于信任法益》,《河北法学》2021年第8期,第119–185页。

②周丹:《集资诈骗行为认定问题探讨——以杜益敏集资诈骗案为例》,《浙江省法学会金融法学研究会2010年会暨"民间融资引导与规范"研讨会论文集》,第267页。

五、案件分析

（一）罪名确定

1.前期罪名

在一开始,齐某某主观上是否有非法占有目的不得而知,但其非法吸收公众存款罪已经成立。主要从以下三个方面分析。

其一,行为主体与侵犯的客体符合非法吸收公众存款罪的要求。在主体方面,个人和单位都可以构成本罪主体;在客体方面,其以非法方式向公众吸收存款的行为破坏了正常的金融管理秩序。

其二,客观方面符合非法吸收公众存款罪的要求。非法吸收公众存款罪客观行为表现为两种情形:①非法吸收公众存款,即未经主管机关批准,面向社会公众吸收资金,出具凭证,承诺在一定期限内还本付息的活动。②变相吸收公众存款,即未经主管机关批准,不以吸收公众存款的名义,向社会不特定对象吸收资金,但承诺的义务与吸收公众存款相同,即都是还本付息的活动。不论哪一种行为,都需要符合非法性与公开性两方面。

非法性方面,“非法”一般表现为主体不合法,即主体不具有吸收存款的资格、行为方式或者内容不合法。形式上,根据《关于办理非法集资刑事案件若干问题的意见》,认定非法集资的“非法性”应当以国家金融管理法律法规为依据;实质上,“借用合法经营的形式吸收资金”。对于这一点,有观点认为合法经营应当作为非法性实质标准成立的阻却事由,即在吸收公众存款之后如果资金用途是合理合法的经营活动,则认为该行为不具有“非法性”。[1] 在本案中,齐某某为公司进行融资,由于其公司性质与经营内容的特殊要求,其融资活动需要经过有关部门进行批准。而齐某某未经批准即进行融资,其行为从形式认定上具有“非法性”;其表面上是在合法经营,但实质上,其资金流向不明,经营行为异常,实质上不属于“合法经营”,因此不能阻却其“非法性”。

公开性方面,公开性即行为对象的公众性。在本案中,其行为对象是 A 村的村民,以口口相传形式对公司进行宣传,其行为对象具有公众性与不特定性。

其三,主观方面为故意,但没有非法占有目的。这个地方要注意的是,首先认定当事人有无主观故意要与行为人有无违法性认识相区别,即不能因为没有认识到违法就否认故意;其次行为在客观上具有非法性,原则上就可以认定其具有非法吸收公众存

---

①李淑娟,徐婧怡:《非法吸收公众存款罪中“非法”的界定》,《怀化学院学报》2022 年第 4 期,第 60-63 页。

款的主观故意;再次,可以结合当事人的任职情况、职业经历等进行判断。在本案中,齐某某有三家关联企业,其中一家成立时间较早;且其作为法定代表人,对其融资的法定条件的了解可能性极大。虽然其辩称不知道其融资行为是违法的,但根据其经历、地位等,可以推定其主观为故意。

其在融资时承诺高回报,事实上在一开始也根据承诺进行了两次返利,根据既有的证据,无法判断在最开始其有非法占有目的。又因为其事实上兑现了部分承诺的回报,因此也得不出其通过诈骗行为侵犯了公私财产所有权的结论。

2. 后期罪名

齐某某在后期的行为已经构成集资诈骗罪。齐某某辩称,其后来没有再按照约定返利是因为疫情原因企业经营受到了影响,而这种情况本身就是企业经营的一种正常现象,也是大家在决定是否进行投资时需要考虑的现实风险。但这与事实部分不符,因为不能返利不是在疫情发生后才产生的问题,疫情只是恰好给了齐某某进行推脱一个"合理"的理由。首先,根据可以查到的账目,齐某某虽大量集资,但在生产上基本没有投入,反而利用生产赚取了"代种费"。[①] 其次,花生芽在疫情前就基本无销路,不具有盈利可能性,不可能正常偿还高额回报;再次,离婚行为颇为蹊跷,有转移财产之嫌。

(1)齐某某具有非法占有目的。《解释》第七条规定,使用诈骗方法非法集资,具有下列情形之一的,可以认定为"以非法占有为目的":

(一)集资后不用于生产经营活动或者用于生产经营活动与筹集资金规模明显不成比例,致使集资款不能返还的;

(二)肆意挥霍集资款,致使集资款不能返还的;

(三)携带集资款逃匿的;

(四)将集资款用于违法犯罪活动的;

(五)抽逃、转移资金、隐匿财产,逃避返还资金的;

(六)隐匿、销毁账目,或者搞假破产、假倒闭,逃避返还资金的;

(七)拒不交代资金去向,逃避返还资金的;

(八)其他可以认定非法占有目的的情形。

综上,根据《解释》第七条,结合本案,笔者认为齐某某主观上具有非法占有目的。其可能属于以下几种情形:

1)集资后不用于生产经营活动或者用于生产经营活动与筹集资金规模明显不成比例,致使集资款不能返还的。在本案中,齐某某先是大量集资,并承诺以高额回报。如交 2000 元会员费,第二年返 6000 元等;但是其并没有拿这些钱进行经营,而是给另

———————————

①参见《最高人民法院关于审理非法集资刑事案件具体应用法律若干问题的解释》第二、三条。

一拨人生产花生芽,又进行高额回报承诺。但生产的花生芽没有固定的销售渠道,根本不成产业。而且即使生产的花生芽按照市场一般价格全部卖出,也根本不可能履行高额回报,这不是因为疫情而让行情变差因此无法返还回报,因为疫情之前齐某某的生产经营活动也不具有完整产业链与销售行为能够支撑高额回报的返还,疫情只是一个借口。但齐某某用于生产经营活动的规模与筹措资金规模完全不匹配,这种客观行为反映了其主观上的非法占有目的。

2)抽逃、转移资金、隐匿财产,逃避返还资金的。这个从目前掌握的证据来看只是一种可能性,需要厘清资金流后得出结论。本案中最大的问题就是公司资金管理混乱,很多财产来源与去向在开庭时都没有厘清。首先,有受害人表示齐某某都是筹村民的钱(会员费、代养费等)用做自己的投资款;其次,齐某某与妻子离婚后又复合的行为可能存在财产转移;再次,用于还款的资金从哪来,是否存在借新还旧的问题;最后,投入实际生产的资金少,但用于培训与买设备具体花费多少资金,有多少剩余,剩余资金去向不明确。如果资金流在以上几个方面发现异常,则说明齐某某很有可能存在转移资金现象。

在第二个事实仍处于不确定的状态下,就目前掌握的证据,也完全可以从《解释》第七条的第一点判断齐某某有非法占有目的。

(2)齐某某客观上存在诈骗行为。要构成集资诈骗罪,客观上还要有诈骗行为。其构造为:行为人实施欺骗行为(虚构事实,隐瞒真相)—使对方陷入认识错误—对方基于认识错误处分财产—行为人或第三者取得财产—被害人遭受财产损失。

本案中,齐某某向村民承诺虚假的、不准备履行的高额回报,使村民误以为可以以此赚到较多钱,基于这种错误认识,村民们处分了自己的财产,齐某某因此获得了财产,村民们遭受了财产损失。因此,其客观方面有诈骗行为。但是,随着社会生活的不断发展,对诈骗行为的认定,不能仅仅从行为人的角度出发,还应关注行为人的加害行为与被害人的被害行为间的互动,在此互动的基础上认定行为人的加害行为是否真正属于诈骗行为。尤其是对于高利贷案件而言,在对民间金融活动缺乏必要监管的情况下,许多民众在投机心理的驱使下,为了巨额回报,仍然甘冒风险参与被骗的过程。在这种情况下,行骗与被骗的界限已经没有在传统诈骗罪中那么明显。在本案中,虽然村民对农业生产相对熟悉,但是对花生芽生产本身并不了解,加上对齐某某的信任与对投资的不了解,很难意识到这种高额回报是较难得到兑现的,加之村民本身思想相对保守,自甘风险被骗的可能性很小,即使有些村民意识到其中的不合理之处,也因为大多数村民已经进行投资而会淡化这种风险意识。因此诈骗行为客观上能够导致村民们被骗进行投资。

(3)齐某某侵犯了金融管理秩序与公私财产所有权。齐某某不仅未经许可进行集资,而且隐瞒未经许可的事实,并承诺不可能实现的高额回报,让村民在错误认识下处分自己的财产,侵犯了村民的财产所有权。

综上,齐某某后期的行为符合集资诈骗罪的构成要件,应当认定为集资诈骗罪。

另外,如若按照信任法益理论进行分析,根据这一理论,集资诈骗罪是源于信任滥用对"一对一"信任的破坏。本案中,齐某某选择的对象很有考量,都是农村的村民,而且基本上是自己所在村的村民。这种关系本身就是一种天然的"信用凭证",加上后来经过宣传以及的确做出的还款行为,又让这个"信用凭证"被加固了。在这种情况下,齐某某再利用这个信用凭证进行诈骗活动,造成受害者今后对投资活动缺乏信任,从而损毁社会信任机制。村民原本接触的投资活动就不多,在经历一次可能的欺诈后,更容易对信任体系完全失去信任。因此,从这个角度看,齐某某的行为也具有集资诈骗罪而不是非法吸收公众存款罪的特征。

（二）罪数问题

如果查明所有证据后,无法证明齐某某起先具备非法占有目的,仅符合非法吸收公众存款罪,后期才转变成集资诈骗罪,那么以集资诈骗罪一罪定罪处罚即可;如果通过各项资金的调查说明齐某某成立公司或者一开始就是带着非法占有目的对村民进行的诈骗,那么理应以集资诈骗罪一罪论处,但实质上二者是不同的。综上,应当以集资诈骗罪一罪处理。

六、结语

虽然非法吸收公众存款罪与集资诈骗罪的区别在理论上似乎已经没有什么争议,但实践中对二者的区分仍然较为困难。特别是在关于民营企业的案件中,有时其实很难判断是企业正常经营的风险还是故意不还款。特别是农村地区,企业经营管理不规范,就容易出现资金混乱的情况,这实际上间接损害投资者的利益。在实践中真正厘清非法吸收公众存款罪与集资诈骗罪的区别,让群众在每一个案件中感受到公平正义,仍然任重道远。

参考文献

[1]高铭暄,马克昌.刑法学[M].10版.北京:北京大学出版社,高等教育出版社,2022.

[2]张明楷.刑法学[M].6版.北京:法律出版社,2022.

[3]刘宪权.刑法严惩非法集资行为之反思[J].法商研究,2012,29(4):119-126.

[4]赵秉志,徐文文.民营企业家集资诈骗罪:问题与思考[J].法学杂志,2014,35(12):1-17.

[5]谢望原,张开骏.非法吸收公众存款罪疑难问题研究[J].法学评论,2011,29(6):

138-144.

[6]叶良芳.从吴英案看集资诈骗罪的司法认定[J].法学,2012(3):16-22.

[7]蓝学友.论集资诈骗罪与非法吸收公众存款罪的体系性区分:基于金融系统的两种信任类型[J].西南政法大学学报,2021,23(5):112-128.

[8]梁译如.非法吸收公众存款罪与集资诈骗罪的区分适用:基于信任法益[J].河北法学,2021,39(8):169-185.

[9]侯婉颖.集资诈骗罪中非法占有目的的司法偏执[J].法学,2012(3):23-30.

[10]丁悦.集资诈骗罪"非法占有目的"司法认定研究[D].吉林:吉林大学,2022.

[11]高铭暄,孙道萃.论诈骗犯罪主观目的的认定[J].法治研究,2012(2):3-9.

[12]李淑娟,徐婧怡.非法吸收公众存款罪中"非法"的界定[J].怀化学院学报,2022,41(4):60-63.

[13]钟瑞庆.集资诈骗案件刑事管制的逻辑与现实:浙江东阳吴英集资诈骗案一审判决的法律分析[J].法治研究,2011(9):9-15.

[14]高艳东.诈骗罪与集资诈骗罪的规范超越:吴英案的罪与罚[J].中外法学,2012,24(2):411-439.

[15]侯婉颖.集资诈骗罪之非法占有目的研究[D].上海:华东政法大学,2012.

[16]邓君.从吴英案看集资诈骗罪与民间借贷的界限[D].南昌:江西财经大学,2013.

实务中立体商标显著性判断的难题探讨

秦于涵①

摘　要:立体商标是由单纯的三维标志或者与图形、文字、色彩等要素相结合的三维标志构成的商标,通常是指商品本身的形状、商品的包装、容器或者其他三维标志。我国早在 2001 年就明确规定符合条件的三维立体标志可以被注册为立体商标从而受到《中华人民共和国商标法》(以下简称《商标法》)的保护。但发展至今,在实务中仍然存在许多立体商标审查授权的难题,其中以立体商标的显著性判断最为困难。立体商标较之于图形商标、文字商标等普通商标来说更为特殊,其显著性审查标准也与普通商标的审查标准大不相同。由于长期的商业、交易习惯以及市场的发展规律,作为消费者的公众通常更容易通过图形或文字来识别商品服务的来源,这就导致立体商标是否具有固有显著性以及是否能够通过使用获得显著性成为长期以来备受争议的问题。本文以迪奥公司商标申请驳回行政纠纷一案为例,揭示我国司法实务中立体商标审查授权的主要问题,并从更好地促进立体商标保护的角度对立体商标显著性判断标准的完善提出建议。

关键词:立体商标;固有显著性;获得显著性;显著性认定

一、案情简介②

2014 年 8 月 8 日,法国迪奥公司就其所设计的真我香水的香水瓶在国际上申请注册为三维立体商标。该商标经国际注册后,根据《商标国际注册马德里协定》《商标国际注册马德里协定有关议定书》(以下简称《马德里协定》《议定书》)的相关规定,

---

①作者简介:秦于涵,女,汉族,河南焦作人,郑州大学法学院(知识产权学院)2020 级 3 班本科生。

②最高人民法院网:《最高法审理迪奥公司商标申请驳回复审行政纠纷案》,https://www.court.gov.cn/zixun-xiangqing-92272.html,2022 年 8 月 20 日访问。

迪奥公司通过世界知识产权组织国际局(以下简称国际局),向中国提出领土延伸保护申请。2015 年 7 月 13 日,原国家工商行政管理总局商标局(以下简称商标局)向国际局发出申请商标的驳回通知书,以申请商标缺乏显著性为由,驳回全部指定商品在中国的领土延伸保护申请。在法定期限内,迪奥公司向原国家工商行政管理总局商标评审委员会(以下简称商评委)提出复审申请。商评委认为,申请商标难以起到区别商品来源的作用,缺乏商标应有的显著性,遂以第 13584 号决定,驳回申请商标在中国的领土延伸保护申请。迪奥公司不服,提起行政诉讼。迪奥公司认为,首先,申请商标为指定颜色的三维立体商标,迪奥公司已经向商评委提交了申请商标的三面视图,但商评委却将申请商标作为普通商标进行审查,决定作出的事实基础有误。其次,申请商标设计独特,并通过迪奥公司长期的宣传推广,具有了较强的显著性,其领土延伸保护申请应当获得支持。一审、二审法院均未支持迪奥公司的诉讼主张。迪奥公司不服二审判决,向最高人民法院提出再审申请。

迪奥公司认为,在其商标注册申请书中明确表明该商标是三维立体商标的情况下,商标局仍将涉案商标认定为普通平面商标来审查从而认定其缺乏显著性,存在事实认定错误;在迪奥公司补充提交过三面视图后,商评委未对此做出评定而仍将其认定为普通平面商标而驳回其复审申请,存在漏审证据的程序违法行为。同时,迪奥公司坚持一审、二审时的观点,认为涉案商标设计独特,具有固有显著性;并且在长期的市场销售、广告宣传过程中已经通过使用获得了显著性。因此迪奥公司请求撤销一审、二审判决,撤销被诉决定,判决商评委重新对涉案商标作出审查。最高人民法院经公开审理后判决支持迪奥公司的全部请求,此案件对于我国商标局审理商标国际申请的处理程序和规则产生重大影响。

二、难题探讨

在本案中,迪奥公司证明商评委存在事实认识错误以及违法程序的证据充足,其真实性、客观性、关联性也得到法院认可,因此法院判决商评委撤销一审、二审判决以及被诉决定的做法毋庸置疑,本文对此问题不再赘述。本案的争议焦点一共有两个,第一个争议焦点是商评委是否存在事实认识错误以及违法程序,第二个就是涉案商标是否具有显著性。其中,第二个争议焦点也分为两个具体问题,第一个是涉案商标是否具有固有显著性,第二个是涉案商标是否通过使用获得了显著性。就目前我国司法实务中的观点来看,对于立体商标能够通过使用获得显著性是没有太多争议的,但对于立体商标是否具有固有显著性却一直存在争议。

关于立体商标是否能够具有固有显著性,主要有两种观点,一种是立体商标固有显著性否定说,另一种则是肯定说。一个标志之所以能够被申请注册为商标,说明作为消费者的公众看到它能将它与商品或服务的提供者联系起来,因此这个标志也就具有了识别商品或服务来源的功能。从长期的商品交易和市场发展的规律来看,消费者更习惯于通过文字商标或图形商标来识别商品或服务的来源,而看到一个三维立体物品并不会直接将其与商品或服务来源联系起来,更多的是关注这个物品的外观设计或本身的构造、功能等属性。因此否定说认为不管这个三维立体物品设计的多么独特、多么具有美学价值,也不具有固有显著性,因为作为消费者的公众并不会因为这些具有独创性的设计而直接联想到商品或服务的提供者。而与此相反的另一种观点肯定说则认为,即使消费者不会直接将三维立体物品与商品或服务的来源联系起来,但其本身所具有的独特设计等属性,只要能与同种或类似物品区分开来就具有固有显著性。这样的观点也有相应的法律依据。首先,在法律条文中,我国《商标法》第八条明确规定:"任何能够将自然人、法人或者其他组织的商品与他人的商品区别开的标志,包括文字、图形、字母、数字、三维标志、颜色组合和声音等,以及上述要素的组合,均可以作为商标申请注册。"其次,根据商标法的法理,缺乏固有显著性的商标是绝对不能申请注册商标的,但是如果经过使用获得了显著性,还是可以申请注册商标的。将《商标法》第八条与商标法的法理结合来看,能与他人的商标区别开的三维立体标志就可以申请注册商标,说明这种三维立体标志只需要能"区别开"而不需要经过使用来获得显著性就可以申请注册商标,因此进一步可以推断出:只要能与他人的商标"区别开",三维立体标志就具有固有显著性的。与此同时,我国法律条文中也没有明确规定三维立体标志就是天然缺乏固有显著性的,故肯定说的观点具有一定的合理性。那么相比之下,否定说直接一刀切地认定三维立体标志天然缺乏固有显著性是略显片面的。

在本案中,商评委的委托诉讼代理人在法庭调查、法律辩论等环节都反复强调,在我国司法实务中,在商评委对立体商标的审查过程中,都认为三维立体标志天然缺乏固有显著性。显而易见,这样的观点依据的是否定说。特别是在我国的《商标审查审理指南》中,也有这样的规定:将"商品的外包装"和"指定商品的容器或者装饰性图案"都列为缺乏固有显著性的情形。这样认定的理由还是依据了否定说的观点,即一般消费者看到这样的三维立体标志并不会将其作为区分商品或服务的来源来看。这样的审查标准直接否定了三维立体标志具有固有显著性的可能性。但从上述分析中可以看出,法律的规定是允许这种可能性存在的。《商标审查审理指南》也考虑到了这一点,因此又规定,指示确定的商品容器或者装饰性图案虽然缺乏固有显著性,但如果和其他的要素进行组合并进而导致从整体上来看具有了显著性的,也是存在具有固有显著性的可能性的。在本案中,涉案商标作为香水的容器,即使根据《商标审查审理指南》的规定属于缺乏固有显著性的商标,但经过瓶身独特的弧度以及别致的颈部金色环状装饰物等要素的组合,涉案商标从整体上来看存在具有固有显著性的可能性。但商评委始终坚持《商标审查审理指南》中对于指示确定商品的容器的前半部分的规定,而忽视了后半部分的规定。其实这也反映出,虽然《商标审查审理指南》已经在一定程度上承认了立体商标是可以存在具有固有显著性的可能性的,但在我国司法实务中还是普遍地一刀切式地采取了否定说。因此司法实务中应当改变否定说的片面观点,深刻理解《商标审查审理指南》中相关规定的含义,适当地考虑立体商标具有固有显著性的可能性。

既然三维立体商标可以具有固有显著性也可以通过使用来获得显著性,那么固有显著性以及获得显著性的判断标准该如何确定?

三、理论分析

对于立体商标显著性判断标准的认定长期以来都是国内外学界的一个重大难题。对于我国来说,我国在 2001 年修正后的《商标法》中才明确规定三维立体标志可以申请注册为立体商标,比 1982 年就规定的文字或图形可以申请注册为商标晚了 19 年。因此立体商标的显著性判断标准的认定起步较晚,发展不够充分;再加上立体商标的三维特殊性,显著性认定标准的确定具有较大难度,因此不管是固有显著性还是获得显著性的认定标准都有所欠缺,不够完善。

(一)立体商标的固有显著性认定标准

在固有显著性认定方面,平面商标按照固有显著性的强弱可以从强到弱分为五个等级:臆造性商标、任意性商标、暗示性商标、描述性商标、通用性商标。一般情况下,只要不是明确描述商品或服务的特征或者是商品或服务的通用名称就是具有固有显著性的(即这五种商标中的前三种)。通俗来讲,具有固有显著性的平面商标特别是文字或图形商标,不能与商品或服务本身的联系过于密切。如果与商品或服务本身的联系过于密切,消费者在最初看到商标时往往意识不到相关标志旨在识别商品或服务的来源,这样就无法通过商标来区分不同的商品或服务提供者,因此不具有固有显著性。对于文字或图形等平面商标,其是否具有固有显著性是通过其是否描述了商品或服务的特征来判断的。与此相比,三维立体商标较为特殊,但仍可以类比平面商标认定固有显著性的方法来认定三维立体商标的固有显著性。如果从积极的意义上来认定三维立体标志具有固有显著性较为困难,不妨从消极的意义上来排除三维立体标志绝对不具有固有显著性的情形,从而进一步精确三维立体标志具有固有显著性的标准范围。我国《商标法》第十二条就明确规定了三维立体标志能申请注册为立体商标要具备的特殊要件——非功能性。类比平面商标的申请注册要求其不能明确描述商品或服务的特征的内在法理,立体商标的形状不能是由于产品本身的特性所产生的形状,或者是为了实现技术效果所必需的形状,再或者是为了增加其实质价值的形状。

我国《商标审查审理指南》对《商标法》第十二条所规定的三种功能性形状做出了更加详细的界定,进一步精确了立体商标固有显著性认定标准的范围。结合迪奥公司这个案例来看,再审申请人的委托诉讼代理人在对于涉案商标是否具有固有显著性发表意见时,不仅证明了涉案商标具有设计师独家设计、玻璃工匠独家制作、蕴含有独特文化含义等独创性属性,而且将《商标法》第十二条中所列举的三种功能性情形一一排除。当被申请人指出涉案商标的形状是为了增加商品的实质价值而设计时,再审申请人反驳到,涉案商标是香水瓶,它所承载的商品是香水,而香水这种商品的实质价值是其香味或者是香料原料的使用。涉案商标作为一种容器,它的独特形状并不能对香水的香味或香料原料的使用产生影响,因此涉案商标并没有增加商品的实质价值,并不属于三种功能性形状中的任何一种而不具有固有显著性。

根据上述分析,笔者认为对于立体商标固有显著性的认定,可以从积极意义和消极意义两个角度来综合认定。结合本案来看,再审申请人证明涉案商标具有固有显著性也是采用这样的方法。因为在现有阶段,对于立体商标的固有显著性不能采用下定义式的方法直接确定一个具体的标准,只能从积极与消极的两个方向来缩小并精确能够具有固有显著性的三维立体标志的范围。从积极意义上来说,虽然三维立体标志具有独特的设计等独创性的特点也不一定使得作为消费者的公众能够通过其独创性的属性来识别商品或服务的来源,但是如果连最基本的需要具有独创性属性的要求也无法达到的话,那就连具有固有显著性的可能性也不存在了。因此,从积极的判断角度来看,三维立体标志至少要具备独创性的属性即至少要存在具有固有显著性的可能性。从消极意义上来说,三维立体标志不能落入《商标法》第十二条以及《商标审查审理指南》所规定的具有功能性的三种情形中。随着法律的发展,可能会发展出更详细的认定标准,但可以明确的是,三维立体标志是可以具有固有显著性的。并且,为了更好地促进立体商标的保护,可以从消极的判断角度来确定具体的、严格的固有显著性认定标准,但不建议从积极的判断角度来确定具体的、严格的固有显著性认定标准,因为这样会提高立体商标申请注册的门槛从而不利于保护立体商标权人的合法利益。

(二) 立体商标的获得显著性认定标准

就目前我国司法实务中的观点来看,对于立体商标能够通过使用获得显著性从而申请注册为商标是没有太多争议的。在获得显著性的判断标准上,立体商标适用的标准与平面商标的适用标准一致,但想要证明立体商标通过使用获得了显著性并不容易。

想要证明立体商标通过使用获得了显著性,就需要证明立体商标的使用方式是否正确以及该商标的知名度是否足够高。但仅有正确的使用方式和高知名度还不足以有力地证明立体商标已经通过使用获得了显著性。从本质上来讲,还需要作为消费者的公众能够将该标志与商品或服务的提供者联系起来。因此,在我国司法实务中,立体商标的申请注册者向商评委或法院提交的证明三维立体标志获得显著性的证据主要包括三种：一是三维立体标志的实际使用情况；二是三维立体标志的知名度；三是消费者对于三维立体标志的认知调查报告。结合迪奥公司的案例来看，再审申请人在证明涉案商标具有获得显著性时首先列举了大量证据证明从真我香水进入中国市场以来的销售情况，其次列举了国内外媒体特别是国内权威媒体对于真我香水的大量报道以及真我香水在香水界所获得的各种奖项和荣誉，通过两种证据的列举来证明涉案商标的使用情况以及知名度。但是被申请人对涉案商标的使用方式提出质疑，认为涉案商标在市场销售或者广告宣传的过程中没有单纯地使用三维立体标志的形状，而通常在其上附着有文字说明。所以被申请人认为即使消费者能够将涉案商标与迪奥公司联系起来，也不是单纯通过涉案商标的三维立体形状来实现的，而大概率是通过附着在其上的文字说明来实现的，因此涉案商标的使用方式并不正确。这反映出目前在我国司法实务中，对于三维立体标志使用方式的判断标准是：必须单纯使用三维立体标志的形状而不能附着有文字说明才是实质意义上的使用。从法理上来看该标准是正确的，但在实务中也这样要求立体商标是略显苛刻的。因为作为消费者的公众的确不习惯于通过一个单纯的三维立体标志识别商品或服务的来源，所以大多数商品或服务的提供者为了立体商标能达到识别商品或服务来源的目的，在市场销售或者广告宣传等使用过程中多少还是会附着些文字说明，这是较为普遍的现象。如果严格按照上述判断获得显著性的标准，那么能获准注册的立体商标会少之又少，这样的结果与我国《商标法》保护商标权人合法权益的宗旨相违背。因此，笔者认为在司法实务中判断立体商标的获得显著性时，不建议要求使用立体商标的方式是单纯地使用三维立体标志的形状，可以适当地附着文字说明，但文字说明起到识别商品或服务来源的作用不能大于等于三维立体标志的形状所起到的识别商品或服务来源的作用。至于一个立体商标是否真正起到了识别商品或服务来源的作用，最终还是要看作为消费者的公众是如何看待该立体商标的。那么消费者的观点或者反馈应当在判断立体商标是否具有获得显著性时被作为更加重要的依据。

根据上述分析，笔者认为对于立体商标获得显著性的认定，赞同从立体商标的使用情况、知名度以及消费者对于立体商标的反馈三个方面去判断。但是在对于立体商标使用情况方面进行判断时，建议我国商标局或商评委秉持更好地保护立体商标的宗旨和精神，根据实际情况，在使用方式上减少对立体商标申请注册苛刻的要求，例如必须要求单纯地使用三维立体标志的形状而不能附着文字说明。商标局或商评委在审查立体商标使用方式时可以寻找使用三维立体标志的形状与附着文字说明之间的平衡点。二者不是对立排斥关系，但二者的共同存在需要达到一个合理的尺度才能满足立体商标具有获得显著性的要求。笔者认为这个合理的尺度是：文字说明起到识别商品或服务来源的作用不能大于等于三维立体标志的形状所起到的识别商品或服务来源的作用,即三维立体标志的形状起到的识别商品或服务来源的作用应当占主导地位。此外,在判断立体商标是否具有获得显著性时,要以消费者的认识或反馈为基础,对整个立体商标进行全面评价。商标局或商评委在审查时,可以要求立体商标申请注册人提供通过对相关市场消费者的认知进行调查的反馈报告。调查的内容可以包括但不限于消费者对于立体商标的了解程度、了解渠道、是否能将立体商标与商品或服务的提供者联系起来等。基于消费者的认识和反馈,商标局或商评委可以直观地看出立体商标是否具有较高的知名度,最重要的是可以清晰地判断立体商标是否通过使用而起到了识别商品或服务来源的作用,从而来判断是否具有获得显著性。这样的判断标准会更加有利于保护立体商标权人的合法利益,同时也可以提高立体商标的审查审理效率。需要注意的是,在对消费者的认识进行调查时,应当保证调查过程以及结果的真实性、合法性,并且调查的结果要达到统计学的一定要求,要具有一定的统计学意义。

四、总结

根据上述分析,现对实务中立体商标显著性判断的难题进行总结。

首先,对于立体商标是否能够具有固有显著性,我国司法实务界有一部分案件采取的观点是否定说,即立体商标,特别是商品的外包装、指定商品的容器等三维立体标志是天然缺乏显著性的。但是经过分析,笔者认为实务界中部分案件采取否定说的观点略显片面。从更好地保护立体商标的角度来看,采取否定说的观点会提高立体商标获得法律保护的门槛,不利于保护立体商标权人的合法权益,也不利于立体商标的发展。《商标审查审理指南》中的规定已经认为立体商标是存在具有固有显著性的可能性的。在此情况下,笔者认为实务界应当改变否定说的观点,深刻理解《商品审查审理指南》中相关规定的含义,坚持更好地促进立体商标保护和发展的宗旨,适当考虑立体商标具有固有显著性的可能性。

其次,对于立体商标固有显著性的判断,我国司法实务界没有统一的标准。在迪奥公司案中,再审申请人提到了很多显著性要明显低于涉案商标的三维立体标志都可以获准注册,例如注册在第33类酒类商品上的啤酒瓶状的立体商标。司法实务界对于立体商标的固有显著性判断采取的是否定说的观点,这样会使获准注册的立体商标少之又少,但依然有显著性明显较低的立体商标可以获准注册。本案的被申请人对于此现象的解释是因为个案的存在,但此观点并未被法院采纳。法院认为,虽然存在个案的判断,但商标局或商评委做出的核准注册的行为依据的是统一的法律标准,即我国《商标法》等法律规范。这些显著性明显较低的立体商标可以合法地获准注册,是有法律依据的;那么显著性明显较高的立体商标不能获准注册,所根据的法律依据又是什么？由此看来，实务界确实对于立体商标固有显著性的判断没有明确的标准。在此情况下，下定义式地确定一个明确的标准是非常困难的。因此笔者建议在司法实务中，可以从积极和消极两个角度综合判断立体商标是否具有固有显著性。从积极的角度，要求立体商标至少要具有独创性的属性，要存在具有固有显著性的可能性，但是为了更好地保护立体商标，不建议设置过多的积极的要求；从消极的角度，明确立体商标绝不具有固有显著性的情形，可以进一步细化功能性三维形状的界定标准或确立全新的界定标准。虽不能直接制定明确的判断标准，但从积极和消极两个角度出发，可以进一步精确立体商标可能具有固有显著性的范围，从而将其作为一种灵活的、适用于实际情况的判断标准。

最后，对于立体商标获得显著性的判断标准，我国司法实务界有相对明确的标准，即通过立体商标的使用情况、知名度以及消费者对于立体商标的认知三个方面去判断。《商标审查审理指南》规定了更加详细的判断的角度：相关公众的认识、立体商标的使用情况、立体商标的销售量和占领的市场份额、广告推广的状况和广告覆盖面以及其他可以影响的因素。虽然该判断标准已经相对明确，但仍需要不断地完善和改进。

在立体商标的使用情况方面，我国司法实务界通常认为立体商标的使用方式只能是单纯地使用三维立体标志的形状而不能附着文字说明。笔者认为，这样的标准虽然符合法理，但不符合常理，不适用于实践。在实践中，商品或服务的提供者通常会在立体商标上附着文字说明，例如在三维立体标志上刻上文字或是在广告宣传过程中进行文字标注，这种现象十分普遍，也被社会广泛接受。如果在实务中依然坚持这样严苛的标准，将不利于立体商标的保护。因此，实务界在对立体商标的使用方式进行判断时，建议允许附着文字说明，但是要对三维立体标志的形状与文字说明两者起到的作用进行合理把握。笔者认为这个把握的合理尺度为：三维立体标志的形状起到的识别商品或服务来源的作用应当占主导地位。此外，在相关公众的认识方面，实务界要重视相关公众对于立体商标的认识所具有的重大意义。一个立体商标之所以可以申请注册为商标，是因为它具有识别商品或服务来源的作用；而是否起到了识别商品或服务来源的作用，是由相关公众即消费者来决定的。因此，笔者建议在对立体商标是否具有获得显著性，甚至是否具有固有显著性进行判断时，要更加重视对消费者的认识进行审查判断。可以要求立体商标注册申请人提供对于消费者认识的调查报告，调查的内容可以包括但不限于消费者对于立体商标的了解程度、了解渠道、是否能将立体商标与商品或服务的提供者联系起来等。并且，笔者建议在审查消费者调查报告时要进行实质性审查，要审查该报告是否具有真实性、合法性，是否具有一定的科学依据，例如是否符合统计学的基本要求、是否具有统计学上的意义等。

随着经济和社会的发展，立体商标逐渐进入公众的视野。但种种原因下，立体商标通常难以获得法律保护。这与立体商标显著性判断标准的模糊具有密不可分的联系。但是社会在进步,法律在发展,相信通过社会实践,不断发现问题,不断解决问题,可以将模糊的法律标准变清晰,将错误的法律制度改正掉,将遗漏的法律空白填补上,从而更好地保护立体商标,使立体商标在完善的法律制度中更好地发展。

参考文献

[1]张怡靖.论立体商标显著性的认定[D].北京:北方工业大学,2022.

[2]冯术杰.论商标固有显著性的判断[J].对外经贸,2018(8):113-117.

[3]姚洪军.商标获得显著性认定标准的中美比较[J].知识产权,2015(7):91-97.

华为诉三星专利权纠纷中关于 FRAND 原则的分析

郜建莹①

摘　要:在互联网通信领域,华为公司与三星公司两家全球智能终端产品巨头之间有关标准必要专利侵权的纠纷,由于其涉及的证据量大、法律关系复杂、技术问题难以查明等诸多问题,备受各方的关注与讨论。其中,有关 FRAND(fair、reasonable and non-discriminatory,公平、合理、无歧视)原则的认定和适用通常是各标准必要专利侵权案件中需要关注的焦点问题。由于标准组织对 FRAND 原则的界定标准和使用情况并没有详细的规定和解释,因此在司法实务过程中法院如何理解适用 FRAND 原则体现着我国司法审判的立场。在华为诉三星专利侵权纠纷一案中,FRAND 原则的理解和适用问题也是需要关注和分析的关键。

关键词:标准必要专利;专利侵权;FRAND 原则

一、案例简介

华为技术有限公司(以下简称华为)以三星(中国)投资有限公司[以下简称三星(中国)公司]、惠州三星电子有限公司、天津三星通信技术有限公司、深圳市南方韵和科技有限公司实施了侵害其两项发明专利权的行为,且两项专利系标准必要专利为由,分别向法院提起诉讼,请求判令三星(中国)公司等立即停止实施侵害其专利权的行为。

一审判决判令三星(中国)公司等立即停止侵权。一审判决作出以后,美国加利福尼亚北区法院作出禁诉令裁定,要求华为不得在美国法院裁决双方案件前申请执行本两案一审判决。在本两案中,被告三星(中国)公司、惠州三星电子有限公司、天津

---

①作者简介:郜建莹,女,汉族,河南新乡人,郑州大学法学院(知识产权学院)2020 级 3 班本科生。

三星通信技术有限公司是韩国三星电子株式会社的关联公司(子公司或控股公司),这三家公司的控股股东均为韩国三星电子株式会社,它们之间为经济利益共同体。原告华为和韩国三星电子株式会社之间的标准必要专利交叉许可谈判,对其自己和各自的关联公司都具有同样的法律效力。基于此,以下将韩国三星电子株式会社和被告三星(中国)公司、惠州三星电子有限公司统称为"三星方",将韩国三星电子株式会社简称为"三星"。

本两案二审期间,经多方努力,二审法院成功促成华为与三星签订全球交叉许可协议,双方当事人同意各自撤回全球诉讼,美国法院所作禁诉令因此一并失效。在此基础上,为避免本两案因撤销一审判决可能导致的外界不当炒作和解读,同时为保留和发挥一审判决所确立的标准必要专利禁令救济规则对今后类似纠纷的指引作用,更好保障我国企业参与国际公平竞争,二审法院又成功说服各方当事人就本两案达成调解。二审法院出具民事调解书,确认调解协议的法律效力。

二、提出问题

2016 年 5 月份,华为在深圳市中级人民法院提起两宗标准必要专利侵权纠纷案,其中,(2016)粤 03 民初 816 号案的被告为三星(中国)公司、惠州三星电子有限公司、天津三星通信技术有限公司、深圳市南方韵和科技有限公司,华为请求保护名称为"一种无线网络通信装置"、专利号为 201110269715.3 的发明专利。(2016)粤 03 民初 840 号案的被告为三星(中国)公司、惠州三星电子有限公司、深圳市南方韵和科技有限公司,华为请求保护名称为"载波聚合时反馈 ACK/NACK 信息的方法、基站和用户设备"、专利号为 201010137731.2 的发明专利。

法院经审理认定,在华为诉三星专利侵权纠纷一案中,主要涉及两大问题,一是 FRAND 原则的适用问题,二是技术事实的查明与认定问题。关于 FRAND 原则的适用问题,涉及双方在进行标准必要专利交叉许可谈判时,对于许可协议无法达成,华为与三星谁存在过错的问题。关于技术事实的查明与认定问题,涉及华为在本案中要求保护的专利是否为 4G 标准必要专利,被告方是否实施了侵害原告专利权的行为,以及被告方的抗辩主张能否成立等问题。

从 2011 年 7 月至此次诉讼,原告华为与三星进行标准必要专利交叉许可谈判已六年多,原告华为在谈判过程中无明显过错,符合 FRAND(公平、合理、无歧视)原则;而三星在谈判过程中,在程序和实体方面均存在明显过错,违反 FRAND 原则。被告方在我国生产、销售相应 4G 智能终端产品,一定会使用原告华为的这两项标准必要专利技术,因此,在原告华为取得两项发明专利权以后,被告方未经许可在我国实施原告的两项专利技术,侵犯了原告的专利权。原告华为寻求谈判和仲裁等方式来解决双方之间的标准必要专利交叉问题,经法院组织双方进行调解,三星一直恶意拖延谈判,存在明显过错,违反 FRAND 原则,鉴于此,原告华为要求被告方停止侵害其涉案 4G 标准必要专利技术,法院予以支持。

华为与三星这两家全球智能终端产品巨头之间发生的标准必要专利停止侵权纠纷,是目前之于国内外都具有重大影响且疑难复杂的前沿性知识产权案件。此案证据量大,法律关系复杂,技术问题晦涩难懂,且遇到的许多问题在世界范围内无先例可循。法院经过十八天庭审,顺利审结两案。在二审期间,华为与三星签订全球交叉许可协议,双方当事人同意各自撤回全球诉讼,另外二审法院出具民事调解书,确认调解协议的法律效力。华为与三星之间关于标准必要专利的纷争以最终的调解告一段落。

审理案件的一个关键点就是关于 FRAND 原则的认定和适用。由于 FRAND 原则的概括性和模糊性,且标准组织并未对 FRAND 原则的具体内容作出解释,因此对公平、合理、无歧视这些方面进行理解以及适用的任务就交给了法院法官。对 FRAND 原则的适用等问题进行梳理有助于为我国在审理有关标准必要专利的 FRAND 原则的适用问题时提供借鉴。以下就标准必要专利的 FRAND 原则的理解和适用进行简单的分析。

三、裁判要旨

在华为诉三星专利权纠纷一案中,最引人注目的有两个问题,一是 FRAND 原则的适用问题,二是技术事实的查明与认定问题。其中关于华为和三星是否遵循 FRAND 原则,可以从双方标准必要专利交叉许可谈判的程序方面和实体方面来分析。法院的判决认为,三星违反 FRAND 原则,华为没有违反 FRAND 原则。

从双方标准必要专利许可交叉谈判的程序方面来看,三星存在过错,明显违反 FRAND 原则的理由主要有以下五点。第一,三星在标准必要专利交叉许可谈判的范围、前提条件方面,坚持将标准必要专利、非标准必要专利打包捆绑谈判,拒绝仅就标准必要专利进行交叉许可谈判,从而导致双方之间的标准必要专利交叉许可谈判被严重拖延。第二,三星在与华为进行标准必要专利交叉许可谈判时的技术谈判方面,始终未对华为提交的标准必要专利权利要求对照表进行积极回应,从而导致双方之间的标准必要专利交叉许可谈判被严重拖延。第三,三星在报价方面消极懈怠,既不积极单方向华为报价,也不积极针对华为的报价进行反报价,这说明三星存在恶意拖延谈判的主观过错。第四,从双方谈判过程来看,华为按照谈判惯例,试图通过中立第三方仲裁的方法来促成双方达成标准必要专利交叉许可,三星无正当理由拒绝,这说明三星存在恶意拖延谈判的主观过错。第五,从法院组织双方进行标准必要专利交叉许可谈判的过程来看,三星方没有提出实质性调解方案,明显恶意拖延谈判,在主观上有过错。

　　从双方标准必要专利交叉许可谈判的实体方面来看,亦即从双方谈判报价方面来看,三星存在明显违反 FRAND 原则的行为,而原告华为没有明显违反 FRAND 原则。

　　首先,从华为和三星所拥有的 3G 和 4G 标准必要专利的实力角度来看,无论是从双方在 3GPP(3rd generation partnership project,第三代合作伙伴计划)国际标准组织中被采纳的获批提案数这一方面,在 ETSI 所声明的标准必要专利的数量和评估为标准必要专利的数量这一方面,还是从双方在法院互诉标准必要专利侵权案件的过程中的涉案专利被宣告无效的情况来看,华为所拥有的标准必要专利的实力与三星的标准专利实力相比,都占据着绝对的优势、拥有强劲的竞争力。另外,三星提交的各种数据以及抗辩观点不能全面客观地反映双方在全球范围内的标准必要专利,因此法院不予认可。标准必要专利具有地域性,各个国家的专利制度以及各个公司的专利申请策略亦具有差异性,同时,华为和三星各自生产、销售的 3G、4G 手机在世界上不同国家的市场所占的份额也存在差异性,只有全面考虑这些要素,才能比较客观地评价双方所拥有的标准必要专利的实力。三星提交的以美国专利和专利申请等数据信息为基础进行分析的汤森路透数据、双方专利在美国专利中被引用的数量等数据具有地域上的局限性,无法全面客观反映华为与三星的专利实力而不予采纳。从华为、三星与 IDC(交互数字公司)在经营模式和实力对比方面来看,IDC 作为专利非经营实体,其经营模式与华为、三星不同,同时,其标准必要专利实力与华为和三星相比,明显较弱,也不能作为华为与三星标准必要专利交叉许可的合理参照。

　　其次,华为根据自己所拥有的标准必要专利的实力,向三星给出的报价符合 FRAND 原则,而三星根据双方所拥有的标准必要专利的实力,向华为给出的报价不符合 FRAND 原则。基于法院认定的事实,华为作为标准必要专利权人给予三星的报价根据其全球范围内标准必要专利的实力,和 3G、4G 领域标准必要专利累积的许可费率,以及三星手机的市场销售信息等考量因素,给出的报价(要约),该报价是根据华为所拥有的标准必要专利的实力在合理范围内给出的报价,并不明显背离华为所拥有的标准必要专利的实力,作为被要约人的三星仍有部分讨价、还价的余地和空间,因此是符合 FRAND 原则的。而根据法院查明的事实来看,三星的报价明显背离华为和三星所拥有的标准必要专利的实力,三星的报价明显不符合 FRAND 原则,三星在主观上存在恶意。[①]

　　综上所述,在 FRAND 原则的问题上,三星存在过错,明显违反 FRAND 原则。法院主要从两个方面来认定许可行为是否符合 FRAND 原则。一是在程序方面,在许可谈判过程中当事人是否存在过错。根据上述法院的判决可知,在许可谈判过程中违反 FRAND 原则主要体现为:主观上具有拖延谈判的故意;行为上坚持不合理的谈判条

---

①参见深圳市中级人民法院(2016)粤 03 民初 816 号、(2016)粤 03 民初 840 号判决。

件、对于谈判消极懈怠等;并造成了拖延谈判的后果。二是在实体方面,判断许可使用费是否合适。法院对华为和三星在标准必要专利的实力进行了综合的比较,认为华为与三星在全球标准必要专利的实力相当,在中国华为的实力强于三星;另外比较三星和华为的许可费率,并结合 3G 累计许可费率以及 4G 累计许可费率,认为三星对华为的许可费用报价不符合 FRAND 原则。在法院审理过程中,对 FRAND 原则的理解和适用尤为重要。

四、理论分析

目前,各标准组织基本都要求参与标准制定的标准必要专利权人承诺将根据 FRAND 原则对他人进行专利许可,以防止标准必要专利权利人利用优势地位拒绝专利许可或收取过高的许可费用,但是标准组织并没有对 FRAND 原则的含义进行界定和解释。诉讼双方当事人是否违反 FRAND 原则是在涉及标准必要专利诉讼案件中需要认定的一个关键问题,也是诸多案件中一个重要的争议焦点。

(一)FRAND 原则的内涵

FRAND(fair、reasonable and non-discriminatory)原则指标准必要专利权人即标准必要专利持有者在许可标准实施者即专利被许可人使用标准必要专利时应当遵循"公平、合理、无歧视"的原则。其中,关于标准必要专利(standards-essential patents,SEP),目前还没有明确且统一的定义。通常我们可以简单理解为标准必要专利是包含在国际标准、国家标准和行业标准中,且在实施标准时必须使用的专利。国际电信联盟(ITU)将标准必要专利定义为,"任何可能完全或部分覆盖标准草案的专利或专利申请"。美国电气及电子工程师学会(IEEE)认为"必要专利要求"是指实施某项标准草案的标准条款(无论是强制性的还是可选择性的)一定会使用到的专利权利要求。国家标准委、国家知识产权局发布的《国家标准涉及专利的管理规定(暂行)》(以下简称《暂行规定》)第四条规定,"国家标准中涉及的专利应当是必要专利,即实施该项标准必不可少的专利"。本案中,法院认为标准必要专利具有强制性、不可替代性和必然实施性的特点。当专利技术被纳入标准,标准必要专利即产生。

专利的标准化可以促进创新,增进效率,减少消费者的适应成本,消除国际贸易障碍,但也可能导致标准专利权人向标准实施者即专利被许可人索要不公平、不合理和歧视性的专利许可使用费。既要鼓励创新技术进入标准,维护专利权人的合法权益使其获得适当回报;同时也要保护标准实施者的权益,维护市场的竞争秩序。鉴于此,标准组织提出 FRAND 原则来平衡标准和专利的关系。虽然标准组织确定了标准必要专利许可的 FRAND 原则,但是这一原则的规定比较概括,没有具体的解释来运用到具体案件的处理中,当遇到此类问题时仍需要法官根据案件的情况针对这一原则作出具体的解释和适用。

FRAND 原则在我国的首次适用是由广东省高级人民法院在华为与 IDC 公司标准必要专利使用费纠纷一案中提到。FRAND 的内涵被解释为："对于愿意支付合理使用费的善意的标准使用者,标准必要专利权人不得径直拒绝许可,既要保证专利权人能够从技术创新中获得足够的回报,同时也避免标准必要专利权利人借助标准所形成的强势地位索取高额许可费率或附加不合理条件。"FRAND 原则中的"公平""合理""无歧视"三个概念是相互联系的,甚至还具有包含和被包含的关系,比如合理和无歧视也是对公平的体现,界定合理无歧视两者的,也就解释了公平的内涵。① "合理"原则可以理解为既要保证专利权人能够从技术创新中获得足够的回报,又要避免标准必要专利权利人借助标准所形成的强势地位索取高额许可费率或附加不合理条件。"非歧视"原则可认为在交易条件基本相同的情况下,应当收取基本相同的许可费或者采用基本相同的许可使用费率。②

FRAND 原则可以对应着我国民法上公平原则和诚实信用原则。在标准必要专利许可谈判过程中,无论是标准必要专利权人还是标准实施者,都需要遵循诚实信用原则,进行善意谈判,诚实信用原则无法完全替代 FRAND 原则,两者规范的领域有差别,限定的条件也不尽相同。在知识产权专利纠纷中,我们仍需要关注 FRAND 原则的理解适用。关于 FRAND 原则的适用问题,是否遵循公平、合理、无歧视,需要根据案件本身的具体情况来综合判断,具体情况具体分析。合理和无歧视的标准也并非绝对的、死板的、一成不变的,通过各项证据综合推断分析才能正确适用 FRAND 原则。目前在诉讼中遵循 FRAND 原则的要求主要体现在标准必要专利谈判过程中不得拒绝许可、不得故意拖延谈判、不得附加不合理的谈判条件、许可范围明确、许可费用合理无歧视等。

(二)FRAND 原则的适用

与非标准必要专利相比,标准必要专利的特殊性体现在标准必要专利持有者负有以 FRAND 原则为条件向标准实施者许可该专利的义务。FRAND 原则更侧重于约束标准专利权人的行为,但是专利实施者也要遵循 FRAND 原则。从 FRAND 原则设置的初衷来看,主要是为了寻求因公共使用目的进行技术标准化和专利保护间的平衡,也是标准专利权人和专利实施者之间权利和义务的平衡。因此,FRAND 原则不仅约束着专利权人的行为,也对专利实施者的行为进行规制。在考虑 FRAND 原则的适用

①罗娇:《论标准必要专利诉讼的"公平、合理、无歧视"许可》,《法学家》2015 年第 3 期,第 87-86 页。
②杨君琳,袁晓东:《标准必要专利 FRAND 原则的解释与适用》,《科技管理研究》2016 年第 2 期,第 159 页。

问题时,不仅要考虑标准必要专利权人的遵守情况,更要注重专利实施者的行为。

FRAND 原则对标准必要专利权人的限制主要体现在专利许可包括普通许可和强制许可这一方面。一是关于普通许可,一般情况下的普通许可是专利权人可以针对不同的被许可人提出不同的许可条件,而标准必要专利的普通许可是指标准必要专利权人在专利纳入标准化体系之时,就要被要求遵守 FRAND 原则,对相关标准实施者一视同仁,不得歧视。二是关于强制许可,根据《中华人民共和国专利法》第六章中关于发明或实用新型专利的强制许可的规定可知,一般情况下的强制许可是对涉及维护公共利益的专利、药品专利、半导体专利、涉及垄断行为的专利等,可依申请人申请或者由法定部门直接作出强制许可,对裁决不服的可依程序提起诉讼,一般有时间或区域限制,当相关条件消失,一般终止实施许可。而标准必要专利的强制许可需要先由标准必要专利许可各方对许可条件进行协商,协商不成的,可以申请法院裁决。同时,一旦标准必要专利权人滥用相关专利,被许可人即可依据相关法律条例寻求救济。简言之,在 FRAND 原则的限制下,标准必要专利持有者需要向所有对该专利感兴趣的标准实施者进行许可,对所有的被许可人一视同仁,以公平、合理的条件许可该专利。①

另外,FRAND 原则对专利实施者也存在相应的约束。当专利实施者进入标准市场,首先应该秉承"公平、合理和无歧视"原则,积极主动地寻求专利权人的专利许可。如果专利实施者违背专利权人的意愿,要求以不公的价格实施该专利,或者故意拖延谈判时间、拒绝专利权人合理的许可费用的,都属于违反 FRAND 原则。专利实施者违反 FRAND 原则比较常见的表现就是拒接、拖延谈判,另一种存在的情况就是主动提起诉讼,这与上述拖延谈判时间相比,对专利权人的良好的名誉造成影响,且会使得专利权人消耗大量的人力、物力、财力去参与到诉讼当中。②

我国的法律关于 FRAND 原则的规定主要体现在《最高人民法院关于审理侵犯专利权纠纷案件应用法律若干问题的解释(二)》第二十四条,明文规定了 FRAND 原则在标准必要专利场合的适用性。推荐性国家、行业或者地方标准明示所涉必要专利的信息,专利权人、被诉侵权人应充分协商该专利的实施许可条件,若协商无法达成一致,可以请求人民法院确定。"专利权人故意违反其在标准制定中承诺的公平、合理、无歧视的许可义务,导致无法达成专利实施许可合同,且被诉侵权人在协商中无明显过错的,对于权利人请求停止标准实施行为的主张,人民法院一般不予支持。""人民法院应当根据公平、合理、无歧视的原则,综合考虑专利的创新程度及其在标准中的作

---

① 张广良:《标准必要专利 FRAND 规则在我国的适用研究》,《中国人民大学学报》2019 年第 1 期,第 115-116 页。

② 黄薇君、李晓秋:《论标准必要专利中的 FRAND 劫持》,《科技进步与对策》2017 年第 1 期,第 112-114 页。

用、标准所属的技术领域、标准的性质、标准实施的范围和相关的许可条件等因素确定实施许可条件。"这两款规定了专利权人在进行协商以及法院在确定实施许可条件时应当遵循 FRAND 原则。对于专利实施者违反 FRAND 原则未作具体的规定,但根据条款的规定,我认为专利实施人如果违反 FRAND 原则,具有明显过错,应当停止对专利权人的专利侵权行为这一解释更为全面、合理。

总而言之,在标准必要专利实施许可进行的谈判过程中,标准实施者享有获得标准必要专利权人许可的义务,同时也应当符合遵守 FRAND 原则,履行与标准必要专利权人进行善意谈判的义务。相应地,标准必要专利权人享有获得标准实施者支付的许可费率的权利,同时也应当以遵守 FRAND 原则,履行与标准实施者进行善意谈判的义务。① 在华为诉三星专利权侵权纠纷一案中,法院充分考虑到双方的利益,对华为和三星是否符合 FRAND 原则的情况均作出了详细的分析和说理,考虑问题全面,鼓励当事人协商,促使双方签订全球交叉许可协议,维护了当事人的合法权益。

五、结语

标准追求的是公开性和普适性,而专利追求的是私有性和排他性,两者之间不可避免地存在着一定程度上的冲突和矛盾,因此在制度上可以通过法律制度以及原则进行限制约束,在政策上要加强推动标准和专利融合发展、推进通信领域标准必要专利布局、健全标准必要专利信息披露制度等,促进各企业的知识产权意识。②

在信息通信领域中的诉讼案件,大多以双方和解而告终,由诉讼双方进行协商最终寻找到一个平衡点,达成一个双方都可以接受的条件,或许这才是最好的结果。尽管没有由法院宣判最终的结果,但是华为在一审案件的胜诉以及之前华为在泉州市中级人民法院提起的专利权纠纷案件所获得的胜诉判决都彰显出我国国有企业华为在专利上取得的重大突破与成就,也从一定程度上反映出我国科技创新水平的提高。无论诉讼案件的最终结果如何,华为能够在美国和中国提起对三星的知识产权诉讼,要求三星就其知识产权侵权行为对华为进行赔偿,都是一大进步,也具有重要的意义,主要体现在彰显了华为在专利创新领域内的底气与信心以及在专利技术上的雄厚积累。同时这场诉讼也是对华为品牌的正向宣传,塑造起一个强有力的品牌形象,让更多的人注意到华为的实力,从而博得更多消费者的喜爱与支持,对于企业后续的发展具有积极的正向影响。

---

① 李扬:《FRAND 承诺的法律性质及其法律效果》,《知识产权》2018 年第 11 期,第 6-7 页。
② 李婳婧,谢秋琪,李闻宇:《潜在标准必要专利信息识别路径研究》,《学术研讨》2022 年第 8 期(上),第 86-87 页。

由于 FRAND 原则规定的概括性和模糊性以及可以参考的先例有限,审理有关标准必要专利纠纷中 FRAND 原则的适用问题对法院法官的专业素质和能力要求更为严格。两案有效促成中外高科技企业在世界通信领域合作发展,系人民法院从国际、国内两个大局出发,服务创新驱动发展战略的一次成功实践。华为诉三星涉标准必要专利案件的公正高效的审理,展现出中国司法在全球的竞争力,为国际社会审理该类案件提供中国的司法先例经验,有助于增强民族品牌和国人的民族自信心,有助于营造我国公平的市场竞争环境,平等保护国内外知识产权人的合法权益,具有重大且深远的意义。

参考文献

[1]赵建国.国家标准涉及专利的管理规定施行[N].中国知识产权报,2014-01-24(1).

电子游戏著作权保护的实证分析

张晓峰①

摘　要:伴随电子信息科技的发展和普及,计算机这一产品在人们生活中更加普及。在计算机软件的发展过程中,电子游戏凭借其本身的特性受到人们的关注和喜爱。电子游戏这一娱乐活动的发展一方面给人们日常娱乐生活带来一种全新的休闲娱乐方式;另一方面,电子游戏内部发展中产生了诸多的乱象。由于电子游戏作为一种电子信息产品相别于传统的作品,因此在电子游戏的创作过程中,创作者为了降低成本,谋求更高的经济效益,因此在电子游戏的创作过程产生了诸多"抄袭""雷同"的问题。在电子游戏体量日益壮大的今天,明晰和规范电子游戏著作权成为当下不可避免的问题,通过著作权的规制,保护作者利益,以此带动电子游戏产业发展,推动经济文化发展迈向新高度。

关键词:电子游戏;著作权;知识产权;不正当竞争行为

一、案件简介

2019 年广州网易公司、上海网之易网络科技发展有限公司向人民法院提起诉讼,指控迷你玩公司开发运营的《迷你世界》游戏中的多种游戏核心、基本元素抄袭《我的世界》游戏,侵犯了《我的世界》游戏的改编权和信息网络传播权,同时亦使游戏玩家产生混淆,构成不正当竞争,故诉请法院判令迷你玩公司停止侵权、消除影响、赔偿5000 万元等。该案件经广东省深圳市中级人民法院审理后作出判决如下:被告迷你玩科技有限公司在判决生效后立即停止侵犯原告《我的世界》游戏整体画面的改编权、信息网络传播权的行为,包括停止侵害《我的世界》游戏整体画面的改编权、信息网络传播权的行为,并删除涉及的相关核心基础元素。同时被告向原告赔偿相关经济

---

①作者简介:张晓峰,男,回族,安徽阜阳人,郑州大学法学院(知识产权学院)2020 级 1 班本科生。

损失人民币 2110.77 万元及维权合理支出人民币 24 700 元。在一审法院作出判决后原、被告双方均对判决结果提起上诉。2021 年 7 月 27 日在广东省高级人民法院开庭进行二审,2022 年 11 月 30 日,广东高院终审判决迷你玩赔偿网易 5000 万元,并删除游戏内 230 个侵权元素。

二、提出问题

在本案中,围绕电子游戏著作权侵权问题的核心问题包括:本案中原告请求保护的《我的世界》游戏动态画面是否构成著作权法意义上的作品,以及《迷你世界》游戏中被诉侵权的内容与《我的世界》游戏中请求保护的内容是否构成实质性相似,迷你玩公司被诉行为是否构成不正当竞争中的混淆行为? 迷你玩公司被诉行为是否违反《反不正当竞争法》第二条规定,构成不正当竞争行为? 回答这些问题对电子游戏著作权保护十分重要。

三、理论分析

(一)电子游戏的概念界定

电子游戏自 20 世纪末传入我国大陆市场以来,经过二十余年的扎根与发展,已经成为我国经济体系中的重要环节,在促进我国经济发展和激活产业活力等方面发挥了重要的作用。伴随大众对电子游戏认识的不断深入,电子游戏获得了前所未有的关注度。一方面,从经济层面考量,根据《2021 年中国游戏产业报告》数据表明,在数字经济蓬勃发展的背景下,电子游戏产业与实体经济深度结合,我国游戏市场发展势头强劲,电子游戏带动收入加速增长,成为文化消费的新支点。另一方面,伴随电子竞技产业社会影响的持续扩大,电子游戏逐渐得到社会主流价值的认可,以《英雄联盟》《DOTA2》等为代表的电子游戏成为杭州 2022 年亚运会的正式项目,与传统体育同台竞技,摩擦出精彩的火花。当然,在电子游戏产业的创新与发展为电子游戏产业带来新机遇的同时,电子游戏作为"电子鸦片"的传统观念仍然影响着大众对于电子游戏的看法和态度。同时我国电子游戏领域之中鱼龙混杂,游戏粗制滥造,电子游戏产业内各游戏企业相互诘难、抄袭,换皮游戏屡见不鲜,负面新闻层出不穷。

在此情形下,电子游戏的著作权问题就应运而生进入理论研究的视野。根据《中华人民共和国著作权法》第三条的规定:著作权法所称作品,是指文学、艺术和科学领域内具有独创性并能以一定形式表现的智力成果。而在这一广义作品下相关法律又以明确的法律条文确定了具体的作品形式。电子游戏是依托于电子设备平台而运行的交互游戏,电子游戏的动态画面是随着玩家操作而由电子设备所呈现文字、美术、音乐等要素连续动态画面的集合,是网络游戏的外在表现形式,其游戏动态画面关于游戏核心玩法和实质内容的综合表达作为作者具有独创性的智力成果,通过数据代码的编排实现具有一定内在逻辑性的构成,向玩家呈现连续动态画面,这一特性符合独创性的智力成果的定义,应当认定为作品受到著作权法的保护。

而《我的世界》是像素风格的、以方块为核心元素的虚拟世界,设计者以像素方块为基础,通过独创性的代码编排实现连续动态的场景的呈现并以场景为载体,承载了其独特的游戏玩法,这一过程是制作者投入了大量的时间和精力制作的创造性成果,故《我的世界》游戏动态画面构成类电作品,应当受到我国著作权法保护。

(二)电子游戏的著作权保护

当前,我国在电子游戏的著作权保护方面,按照拆分保护和整体保护两种模式进行。2020年4月广东省高级人民法院发布的《关于网络游戏知识产权民事纠纷案件的审判指引(试行)》第六条规定,原告可以主张他人侵害网络游戏整体内容的相关权益,也可以主张他人侵害网络游戏特定部分或游戏元素的相关权益。即对两种保护模式均予以了认可。

在拆分保护模式中,电子游戏被视为一个复合性的整体,是由文字、音乐、美术等多种元素所共同组成的作品。在电子游戏中的各个组成要素都可能具有独创性的表达,从而具有保护的必要。例如,在《极乐迪斯科》与《神界:原罪2》等游戏中,文字成为游戏驱动要素,在游戏中,其丰富的游戏文本丝毫不逊色一部完整的小说作品,甚至在将文字从游戏中剥离开后,文字依然可以作为一部优秀的小说作品供读者阅读与欣赏。而在《精灵与萤火意志》和《空洞骑士》等游戏中,其独特、唯美的游戏画风,给予玩家与众不同的视觉体验。其画面的精细程度,甚至每一帧截图下来都可以作为精美的壁纸进行使用。同时,在琳琅满目的优秀游戏作品中,游戏配乐给予玩家沉浸式的剧情体验与节奏变化的感受,作为独立音乐来看,诸多游戏配乐可以称之为佳作,乃至神作。

一部优秀的游戏是由美术、音乐、剧情、可玩性、操作性等诸多因素决定的。游戏之所以被许多人称之为第九艺术,就在于其中的包容性。在一部游戏作品中,玩家可能体验到的是一部精彩绝伦的电影,可能是一部绚丽的美术作品抑或一首动人心弦的歌。游戏的包容性使得诸多常规艺术作品统一集合在游戏作品之中,也正因如此,法律对于电子游戏的著作权保护采取了不同于传统作品保护的拆分保护方式,将游戏作品的内容拆分出各个个体给予分别保护。当然传统著作权法中著作权法只保护表达形式,不保护思想,这种二分理念在游戏作品中同样适用。

在拆分保护模式中,游戏规则和游戏玩法作为游戏作品灵魂支柱成为游戏著作权保护的重要难题。在电子游戏数十年的发展史上,游戏玩法种类纷杂,以Roguelike游戏(一类游戏的统称)为例,作为传统的非线性随机性游戏类型,在近年来出品的电子游戏中屡屡发现它的身影,《死亡细胞》《哈迪斯》等优秀的游戏作品就是其中的代表作。由于游戏玩法同时基于 Roguelike 这一玩法,我们在游戏过程中很容易感受到部分游戏之间的相似性乃至雷同。手游《元气骑士》和 PC 端《挺进地牢》两款游戏皆是传统的 Roguelike 游戏,基于地牢环境下,以非线性、随机性为特色的弹幕冒险射击游戏,在画风、玩法乃至枪械道具上具有极高的相似性,因此两类游戏的受众者就抄袭、侵权问题针锋相对。事实上,地牢、随机性以及非线性即是 Roguelike 游戏类型的基本特色,在众多 Roguelike 游戏类型中我们皆能发现这些要素的存在。这些要素是游戏规则的重要组成部分,在一般情形下被认为是一种思想,著作权法不予保护。当然,在游戏保护司法实践中,我国司法对待游戏规则保护问题的态度已逐渐从"是否保护"转变为"如何保护"。广州互联网法院在《昆仑墟》诉《青云灵剑诀》案中指出,游戏规则的本质是一种思想表达,但在一个虚拟的游戏环境之中存在着游戏设计者可以被感知到独特情感和风格,当一作品包含这些相同或相似的内容足以使人感知来源于特定作品时,可以认定两者之间实质相似。这一观念的转变,致使游戏开发者思考如何在原有的游戏玩法之上进行创新,赋予游戏艺术新的情感,而不是简单地进行游戏"换皮",大量捞金。

整体保护模式与拆分保护不同。在游戏整体保护模式中,游戏作品被视为连续动态的个体。《北京市高级人民法院侵害著作权案件审理指南》第 2.14 条规定,运行网络游戏产生的连续动态游戏画面若符合以类似摄制电影的方法创作的作品构成要件的,受著作权法保护。整体保护模式下,游戏作品以连续动态的画面表现形式被视作类电影作品予以保护。在《中华人民共和国著作权法实施条例》第四条规定,电影作品和以类似摄制电影的方法创作的作品,是指摄制在一定介质上,由一系列有伴音或者无伴音的画面组成,并且借助适当装置放映或者以其他方式传播的作品。可见在类电影作品的分类上以画面表现为基础。而由于游戏作品画面具有双向互动性,在游戏过程中,画面伴随玩家的操作不同从而产生不同的画面响应,使得游戏在运行过程中始终处于一种连续活动的过程之中,与传统的类电影作品具有极大的差异性,成为司法实践过程中的巨大难题。上海知识产权法院在《奇迹 MU》诉《奇迹神话》著作权侵权及不正当竞争纠纷案中对游戏画面的特殊表现进行了解释:"类电影作品特征性表现形式在于连续活动画面,网络游戏中连续活动画面因操作不同产生的不同的连续活动画面其实质是因操作而产生的不同选择,并未超出游戏设置的画面,不是脱离游戏之外的创作。因此,该连续活动画面是唯一固定,还是随着不同操作而发生不同变化并不能成为认定类电影作品的区别因素。"将电子游戏产生的连续动态画面认定为类电影作品在以角色扮演游戏为主的游戏著作权保护问题中发挥了重要的作用,通过将游戏作品的连续画面定性为类电影作品,在司法实践之中直接援引相关法律条文规定,对游戏作品给予了保护和肯定。

而在本案中,《我的世界》游戏动态画面由元素名称文字、场景图案、动态影像、声音配乐等组合而成的连续动态画面,上述动态画面中的要素皆为游戏开发者的个性化设计,是创作者的智慧结晶,包含着游戏开发者独特的思想表达。例如在《我的世界》中,游戏作为一款像素生存游戏,在依托于现实世界生活的基础上,在游戏内创造性的加入红石等现实世界中并不存在的物质,以红石为原料,创造出一条独特的科技线。同时作者在游戏中加入了史莱姆、末影龙等一系列非自然的奇幻物种来增添游戏性,其在游戏中的表达具有独创性。开发者通过将这些元素组合成连续动态画面供玩家游玩。而《迷你世界》在开发过程中多处存在与这些元素的相似之处,玩家在玩两个游戏时,以相同行为顺序进行操作,所获得的画面是相同的,这种相似属于对原作有独创性部分的抄袭。在这种情形下,一审判决认定判断两款游戏的整体画面构成实质性相似。

(三)知识产权中的不正当竞争行为

当前,我国的司法实践对于电子游戏的保护并没有统一的侵权认定标准,法院往往根据我国《著作权法》中的各项基本原则对侵权行为进行认定,但由于电子游戏本身呈现的复杂性,《著作权法》在电子游戏著作权纠纷中存在一定的适用困难。《著作权法》对于著作权的保护遵循于思想表达二分法这一原则,但在具体的电子游戏作品中,游戏规则和游戏实质内容存在交叉性,游戏作品中涉及的内容复杂,包含的元素多元,因此在一部游戏作品中总是很难划定思想与表达的明确边界,使得《著作权法》在司法实践中对于电子游戏的著作权保护难以实现。

由于《著作权法》在实践中具有一定的局限性,因此在司法中,通过《反不正当竞争法》对于电子游戏保护进行补充和兜底,电子游戏侵权行为中被视为思想而不受《著作权法》保护的内容往往被认定为不正当竞争行为进行救济。但由于《反不正当竞争法》的适用具有一定的限制,其对电子游戏保护亦存在一定的局限。电子游戏作为线上虚拟产品,在对其商业行为进行追踪和核准的过程中,受限于电子数据的存续平台与传播等诸多因素的限制,导致法院在对相关电子游戏的认定上存在一定的困难。同时,《反不正当竞争法》与《著作权法》保护对象和宗旨具有一定的差别,虽然通过《反不正当竞争法》可以对电子游戏侵权行为进行惩戒,对游戏开发者的利益进行保护,但《反不正当竞争法》作为对笼统的不正当竞争行为进行惩戒,在细分方面与《著作权法》主张具有重合性,对具体侵权行为的界定存在局限,长此以往仍然不利于我国电子游戏产业的发展。

在本案中《我的世界》由于其发布时间较早,且在世界范围内都具有很高的知名度,而《迷你世界》通过对《我的世界》游戏元素的使用,使得玩家在游戏体验过程中极易造成混淆,误认为二者之间存在特定的联系,因此《迷你世界》这一游戏已经构成了不正当竞争行为中的混淆行为。

四、结语

电子游戏著作权的保护在近年来的司法实践中引起了巨大关注,如何进一步完善电子游戏保护体系,是我们未来长期需要思考的方向。由于电子游戏具有极高的包容性,其整合了音乐、美术等多种作品要素,这就使得电子游戏一方面符合作品的属性,但另一方面,在现行立法框架下,电子游戏作品尚未明确归入《著作权法》中。在信息技术迅速发展的当下,明晰游戏作品类型,有效切实解决电子游戏的著作权保护问题是当下乃至未来立法层面的核心难题。

参考文献

[1]中国音数协游戏工委.2021年中国游戏产业报告[N].消费日报,2021-12-21(A4).

[2]牛淮田.电子游戏"换皮"侵权认定问题研究[J].河南科技,2022(8):121-127.

[3]赵亦凡.论电子游戏规则的著作权保护[J].传播与版权,2021(9):113-115.

浅析认罪认罚从宽制度中被害人的权益保护

信　珂[①]

摘　要:随着本科专业实习结束,笔者作为律师助理参与律师事务所工作,根据经办案件和制作类案检索目录时查询到的经典案例,书写完成典型案例分析,对现有认罪认罚制度适用中被害人权利保障尚存漏洞、引发司法信任度下降和社会效益难以实现的问题进行思考。通过对基本案情梳理、类案检索学习、争议焦点讨论和总结理论成果的方式,解决专业实习中遇到的实务问题和对获取的研究思路深入研究。

关键词:案例分析;认罪认罚;被害人权益;审判中心主义

一、典型案例

(一)基本案情

2020 年 5 月 24 日 19 时 20 分许,被告人王某驾驶白色别克车在呼和浩特市××区行驶,因被害人曾某驾驶白色斯柯达轿车超车而心生不满,为发泄情绪,被告人王某对被害人曾某的车辆实行追逐、并行、近距离变道拦截,导致被害人曾某驾驶的车辆侧翻受损、被害人曾某及其车上的载乘人娜某受伤的交通事故。经鉴定,被害人曾某眼部所受损伤符合"两院三部"(最高人民法院、最高人民检察院、公安部、国家安全部、司法部)《人体损伤程度鉴定标准》第 5.2.3 条之规定,构成轻伤一级;被害人曾某受损车辆车损价格为人民币 55 505.96 元。2020 年 6 月 21 日,被告人王某经办案机关电话通知主动投案。

(二)法条适用

《中华人民共和国刑事诉讼法》确立了认罪认罚从宽制度,其第十五条规定:"犯

---

①作者简介:信珂,女,汉族,内蒙古呼和浩特人,郑州大学法学院(知识产权学院)2020 级 2 班本科生。

罪嫌疑人、被告人自愿如实供述自己的罪行,承认指控的犯罪事实,愿意接受处罚的,可以依法从宽处理。犯罪嫌疑人、被告人如实供述自己的罪行,可以视为量刑情节,对其减轻处罚。"

认罪认罚从宽制度,是指犯罪嫌疑人、被告人自愿如实供述自己的犯罪,对于指控犯罪事实没有异议,同意检察机关的量刑意见并签署具结书的案件,可以依法从宽处理。理解认罪认罚可以从三个方面思考:①何为认罪:需要犯罪嫌疑人、被告人如实供述,或对侦查机关已经掌握的犯罪事实表示明确承认。②何为认罚:在实体上,表现为在认罪基础上自愿接受所认之罪在实体法上带来的刑罚后果,包括接受人民检察院提出的量刑建议;在程序上,可以接受让渡部分诉讼权利以换取自己的定罪量刑,例如认可简易程序等。③何为从宽:在犯罪嫌疑人、被告人依据《刑法》要求自首、坦白等取得的量刑,不违背罪责相适应的原则下,给予的从宽奖励,包括从程序上减少诉累。

本案中,最值得探讨的是《中华人民共和国刑事诉讼法》第十五条的规定。

二、问题提出:认罪认罚从宽制度中的被害人地位

上述案件为笔者在暑期实习时带教律师团队经办的一个案件,该案件在适用认罪认罚从宽制度时,受到了受害者家属的阻挠,对方家属认为被害人所谓"别"他人车辆的变道超车行为纯属无心,被告人处于路怒状态,恶意进行追逐竞驶,导致其车辆侧翻,更导致了作为第三人的乘车人意外受伤,面容受伤很可能导致留下疤痕,对于其日后的正常生活带来严重不利影响。然而,由于被告人的自首行为和主动认罪认罚,其行为构成了酌情从轻处罚,最终的量刑严重低于被害人及其家属的接受程度。后被告人家属积极履行赔偿责任,反复进行道歉,最终获得了被害人家属的谅解。但是其中经历的波折较多,最终谅解的达成对诉讼各方都是一个巨大的挑战,这引起了笔者对现阶段我国认罪认罚从宽制度适用时被害人地位的思考,并作出了以下研究。

有学者认为,在刑事诉讼过程中,控辩双方的地位由于人民检察院居属强势而不平衡,而被追诉人本身又背负着诉讼结构重要组成,被害人在诉讼过程中的作用却极为有限,故为了使控辩双方的地位较为平衡,以维持程序的公正,应当通过认罪认罚从宽制度增强被追诉人的防御性权利。此种说法将被害人合理合法的诉讼地位变成了附带性、非主要的诉讼职能,以降低被害人在诉讼过程中的权利、降低其地位,使双方相对平等。然而认罪认罚从宽制度的设计本身在于探索形成非对抗式的诉讼格局,通过被追诉人的认罪,以控方与其签订的协议为桥梁,形成一个非对抗式的格局。该制度设计的其中一个目的在于减少刑事案件信访申诉的发生概率,从而更有效地实现被害恢复,达到合作式司法的良好效果,进而修复因被追诉人的犯罪行为而破裂的社会关系。由于整个制度中对真正受到实质损害的被害人话语权的忽视,认罪认罚从宽制

度设计上存在着漏洞,使得大众在朴素理解上产生困惑和制度实施的实际效益减损。故本文拟从认罪认罚从宽制度的被害人保护现状论起,通过对被害人权益保护的必要性进行论述,最终提出如何有效保障被害人权益的解决路径。

由于本案比较简单,因此笔者从中国裁判文书网找了一些相关案例,通过一系列案例对比分析此类案件后,对此类案件有一个更加深入地认识,进一步探究被害人在认罪认罚从宽制度适用时权利保障的现状和成因。

(一)王常某、王某鹏故意伤害案

2021 年 1 月 21 日 18 时 30 分左右,在营大公路世纪加油站对面的沈大高速营口入口处,因被害人王常某等人所乘车辆与他人车辆发生刮碰,停在路上,影响被告人王某鹏所乘车辆通过,双方发生口角进而厮打,在厮打过程中,被告人王某鹏用拳头将被害人王常某鼻面部打伤,经鉴定,被害人王常某鼻面部损伤,属轻伤二级。在庭审过程中,附带民事诉讼原告人王常某放弃诉讼请求,要求依法追究被告人的刑事责任。上诉人王常某及其代理人的上诉理由:原审判决没有支持上诉人请求的经济赔偿,应依法改判赔偿损失人民币 26 097.31 元。上诉人王某鹏及其辩护人的辩解、辩护意见:上诉人认罪认罚,被害人要求赔偿过高导致没有谅解,被害人有过错。综上,原审量刑过重。

辽宁省营口市中级人民法院认为,上诉人王某鹏故意伤害他人身体,致一人轻伤,其行为已构成故意伤害罪。对于上诉人王常某及其代理人提出的二审应依法改判赔偿损失人民币 26 097.31 元的上诉理由,经查,原审庭审笔录中记载被害人王常某"民事不要求赔偿",且在一审审理期间,上诉人王常某未提供附带民事部分相关证据材料,故对该上诉理由不予采纳,上诉人王常某可依法另行提起民事诉讼。对于上诉人王某鹏及其辩护人提出的量刑过重,请求从轻、减轻处罚的上诉理由、辩护意见,经查,原判根据上诉人具体犯罪的事实、性质、情节和对社会的危害程度,已充分考虑了各项量刑情节,刑罚裁量并无不当,故对该上诉理由、辩护意见不予采纳。

(二)刘某勇、吴某城盗窃罪,掩饰、隐瞒犯罪所得,犯罪所得收益案

2021 年 1 月至 3 月,被告人吴某城在菏泽市牡丹区建筑工地内先后实施盗窃犯罪 5 次,涉案价值共计人民币 11.0316 万元。被告人刘某勇在明知是吴某城盗窃的铜芯盘线、电缆线情况下,仍驾车至菏泽市牡丹区建筑工地内,先后 5 次以废品价格予以收购,共计价值人民币 11.0316 万元。被告人吴某城于 2021 年 3 月 23 日主动到公安机关投案,到案后自愿如实供述自己的罪行。其家属于 2021 年 4 月 10 日赔偿山东泰润能源发展有限公司人民币 10 万元,取得了被害单位的谅解。被告人吴某城家人于 2021 年 7 月 20 日赔偿被害人严某人民币 2.5 万元,取得了被害人的谅解。被告人刘某勇于 2021 年 3 月 20 日主动到公安机关投案,到案后自愿如实供述自己的罪行。在

审理期间,被告人刘某勇自愿交纳罚金人民币 35 000 元。

山东省菏泽市中级人民法院认为,上诉人刘某勇明知是犯罪所得而予以收购,其行为已构成掩饰、隐瞒犯罪所得罪,且属情节严重。原审被告人吴某城盗窃他人财物,数额巨大,其行为已构成盗窃罪;原审被告人吴某城、刘某勇均系自首,依法可减轻处罚;吴某城、刘某勇到案后均自愿认罪认罚,可依法从轻处罚;吴某城积极退赔被害方全部经济损失,取得了被害人及被害单位的谅解,可酌情从轻处罚。关于上诉人刘某勇及其辩护人提出的"刘某勇具有自首情节、自愿认罪认罚、积极缴纳罚金、被害人的损失得到弥补,主观恶性不深,社会危害性小,具有多个从轻、减轻处罚情节,原判量刑过重,请求判处缓刑"的上诉理由及辩护意见。经查,上诉人刘某勇具有自首情节,自愿认罪认罚,被害人的经济损失得到弥补,积极缴纳罚金,原判根据本案的犯罪事实、犯罪的性质和对于社会的危害程度,并结合上诉人刘某勇具有的上述从轻、减轻处罚情节,在公诉机关所提量刑建议幅度内,依法对其减轻处罚,并根据刘某勇收购赃物的次数、社会危害性等的事实情况,依法做出判决,量刑并无不当,且在二审审理期间,未出现影响量刑的新的情节。故上诉人刘某勇及其辩护人所提要求判处刘某勇缓刑的理由及意见不能成立,不予采纳。综上,原判认定事实清楚,证据确实、充分,适用法律正确,审判程序合法,应予维持。

三、认罪认罚从宽制度中被害人保障的现状分析

(一)被害人在认罪认罚类案件中的意见作用不明

尽管《关于适用认罪认罚从宽制度的指导意见》中,规定了办理案件应当听取被害人及其诉讼代理人的意见,也作为从宽处罚的重要考虑因素,但被害人应当听取被害人的何种意见、听取何种程度的意见,并没有给出具体的规范。对于认罪认罚类案件,被害人的话语权受到较强的限制,一旦被追诉人自愿认罪认罚,且没有阳奉阴违,暂且不论对被害人的赔偿和弥补,即可适用从宽,被害人的意见在能否从宽上没有作用,只能通过是否签订和解协议、接受赔礼道歉等形式作为从宽的考量。

(二)被害人在认罪认罚案件中的程序参与度较低

在认罪认罚类案件中,为了提高司法效率,在签署认罪认罚具结书后,经被追诉人同意依法适用速裁程序。一旦进入速裁程序,被害人将失去法庭调查、法庭辩论的程序性权利。对于大众的朴素认知而言,经过开庭审理,流程完整的程序,本身是对被害人遭到侵害的身心的程序性抚慰,但考虑到案件压力,适当减速并无不妥,但被害人对选择何种程序无发言权,可能打击被害人的合理期待,且只存在对被追诉人可见部分诉讼权利以获得定罪量刑的优待,而无被害人放弃部分程序权利而获得的利好。

（三）被害人异议无效存在弊端

《关于适用认罪认罚从宽制度的指导意见》第十八条规定："被害人及其诉讼代理人不同意对认罪认罚的犯罪嫌疑人、被告人从宽处理的，不影响认罪认罚从宽制度的适用。"被害人不同意从宽处理可能是出于想要争取更多赔偿，或仅仅因为被害人情感难以平复，若其坚决不同意签订协议，从而得不到满意的损害赔偿，却不影响被追诉人获得优待、取得减刑，实质上为了追求效率而不得不放弃对其权利的探讨与协商时间、成本，损害了被害人的部分合法利益，这对于被害人而言是不公平的。

四、被害人权利保障的必要性理论分析

（一）有利于致害修复

认罪认罚从宽制度的确立，体现了利益兼得的功利主义原理。在程序设计上，根据《关于适用认罪认罚从宽制度的指导意见》第二十八条，人民检察院应当对原告的自愿性、合法性保障进行充分的审查，以确保被追诉人在诉讼过程中的各项行为实施的自主性，最大程度地给予其自主权，使其能够推动甚至塑造整个诉讼阶段的流程和走向。这无疑是司法领域自主自愿平等思想的重要体现。反观被害人的自主自愿平等思想的实现，却愈加困难。在现代司法环境下，除去极少数的自诉案件，被害人方在报案后基本将对案件追查、嫌疑人的捕诉等权利交付给公权力，这是基于国家公权力、公诉机关的信任，是将自己的索求实质侵害补偿和精神伤害弥补的希望与结果都寄托给了公诉机关。但这并不意味着被害人的合法权利就可以因此而减损。在"案多人少"的大环境下，为了追求"审判中心主义"，认罪认罚从宽制度力求在效率上取得优势，而设置一道被追诉人取得被害人谅解的程序，势必会增加多方沟通的时间、金钱成本，故应当牺牲被害人的参与以追求效率，即使被害人及其诉讼代理人不同意对认罪认罚的被追诉人予以从宽处罚，亦不影响认罪认罚从宽制度的适用，被害人甚至无权选择是否适用速裁程序。这种支撑运转的逻辑尽管得到多数学者的支持，笔者认为其中有明显的疏漏。从根本逻辑而言，公诉机关能够行使职权，本质上是因为被害人受到被追诉人的伤害，天然获得了要求赔礼道歉、行使赔偿义务的权利。被害人为了实现自己的合理正当的权利，请求公诉机关即通过对被追诉人的罪行进行揭露、在法庭上对被告人的定罪，证明被害人具有行使权利的资格。这种做法在一定程度上提高了司法审判的高效性，但较难达到合作式司法的目的。

（二）有利于实现审判中心主义

党的十八届三中全会提出以审判为中心的诉讼制度，推进"审判中心主义"。通过认罪认罚从宽制度能够提高办案速度，增加速裁程序、简易程序的使用频率，使承办人能够从一些被追诉人自愿认罪、甘愿受罚的案件中节省时间,从而让其将更多的精力投入要案、大案、疑案、难案之中。当时间充分后,承办人能够有充足的时间进行庭审盘问,改善庭审过场化的现状。但需要值得思考的是,审判中心主义其中一层内涵在于实现审判程序对审前程序的制约,签署认罪认罚具结书的程序、检察院提出量刑意见等审前程序也应当受到一定的规制。

(三)有利于提高刑事诉讼的社会效益

人民检察院作为公诉机关,需要平衡公共利益与被害人的诉讼利益。根据《关于适用认罪认罚从宽制度的指导意见》规定,对危害较轻的、不涉及广泛公共利益的犯罪,若被追诉人态度良好、认罪悔罪,理应体现司法宽容性,予以一定的从宽处理,但此类案件中,需要人民检察院更加注重对被害人意见的考量,因为涉及的伤害面较狭窄,被害人更容易产生心态的不平衡感和对社会的不信任感与偏差感。如若被害人参与感仍然较低,则社会关系的恢复更困难,容易引发后续的信访与申诉。而危害较重的、引发社会舆论广泛关注的国家安全、公共安全犯罪、残忍暴力犯罪等,则根据规定需要慎重把握从宽。但若是因为案件的程度性质而对被害人的参与权、谅解程度进行过度区分,也存在一定的不妥。出于维护公共利益与实现社会教化的目的,在要案大案中积极听取被害人的谅解意见,听取社会大众的建议,平衡好被害人与被追诉人之间的关系。事实上,制度设计时所考量的,可能出现被害人对被追诉人的认罪认罚良好态度及损害赔偿极为满意,从而提出不予赔偿的意见的概率极低。以河南玛莎拉蒂案为例,被追诉人已经提出了对于被害人而言极为高额的赔偿,但犯罪行为所带来的物质伤害、精神损害,实难通过单一的金钱补偿与认错态度而平复,要求改判无罪或大幅度减轻刑罚的要求实难从被害人一方提出,或即使被害人一方确实满意,在能够对造成伤害的人施以刑罚的前提下,也不会提出免于处罚或大幅度减少刑罚的意见。此外在人民检察院和人民法院对案件严格把关之下,也不会允许出现像国外辩诉交易中一些以金钱为中心,以钱买命、买自由的情况。

认罪认罚从宽制度的适用,使得辩护效果更为明显,对比之下,被害人较低的参与感不利于监察机关的公信力。认罪认罚制度适用后,于刑事诉讼辩护律师而言,非对抗性诉讼逐渐成为趋势,适当劝说被追诉人,及时、尽早认罪认罚,以争取取保、不捕的程序从宽和对犯罪事实、犯罪罪名、量刑上减少的实体从宽,从而更有利于被追诉人及其家属"获得感"的增强,使辩护的效果更为明显。与此同时,辩护效果的明显既能够使普通大众感受到刑事诉讼程序设置在惩治犯罪时对人权的保障,但也会造成被害人方对人民检察院是否绝对而无保留地为人民提起公诉,保障人民的利益产生怀疑,进而导致申诉和信访率的提升。与被追诉人不同,被害人绝大多数情况下都是需要公诉机关代为行使主体权利,尽管公诉机关仍担负着公共利益,而部分被媒体所报道的认罪认罚从宽原则案件中,社会公众质疑对被追诉人过于从宽处罚,有违实体公正。值得注意的是,程序设计中,降低被害人谅解意见实质作用效果的规定,实则不能避免此类引发社会公众的怀疑、有可能降低公诉机关公信力的事件。因为除却制度中对被害人的相关规定,若被追诉人确有认罪认罚的积极态度,及时退赃退赔,赔偿损失,与被害人达成调解或和解协议,即使被害人有异议,仍不谅解,也不影响对被追诉人的酌情从宽,从宽的尺度是由人民检察院依照相关法律法规提出。

认罪认罚制度将法院对于定罪量刑的权利,一定程度上分配于人民检察院。在认罪认罚案件中,人民检察院提出的量刑建议,一般应当予以采纳,此类案件中,人民检察院把握有维护被告人合法权益、追求合法权利的资格与被害人应当获得何种程度的权益以及权利的资格。从实际而言,有学者认为,被害人是因为被告人涉嫌犯罪的行为而受到损失,而非受到被告人本人的损失。被害人所追求的,无论是实体的人身、金钱损失还是无实体的精神伤害,都是通过对被告人合法权利的削减而实现。特别是在被害人本身的生命健康等直接受到侵害,或是涉及补偿金额较大的案件中,被害人普遍情绪较为激动,参与、表达欲望较强,容易得到社会公众和舆论的支持,可能导致被害人自身的过错被推卸。

五、认罪认罚制度被害人保护的完善与发展的思考

(一)增强被害人意见的作用考量程序

出于公共利益的考量和及被告人、被追诉人双方合法权益的考量、被害人的谅解不能够也不应当作为被害人是否能够有权选择以认罪认罚来争取从宽的必然前置条件,但其可以是量刑建议的重要考量。但基于被害人因被追诉人的犯罪行为而受到的损害,被告人天然具有要求获得损害赔偿、精神情感满足的权利,其对被追诉人是否谅解,一定程度上是其内心对物质赔偿与精神补偿是否达到能够修复被破坏的社会关系的外在表现,人民检察院应当将其量化纳入从宽幅度的确定中,落实被害人的谅解意见在量刑建议中的参考比重,由此既可以保障被害人的朴素情感得到满足,也可以促进人民检察院给出的量刑建议精准、统一,防止对于不同程度、社会影响力与舆论公开度的案件给予过轻或过重的量刑建议,避免在认罪认罚类型案件中,虽然权利实现了过渡,减少人民法院量刑制约不力带来的同案不同判,却出现人民检察院之检察建议同案不同量的问题,以真正做到合作式司法,达到恢复性司法的效果。

同时,对于制度设计中较为担忧的部分,假使被害人的谅解意见成为被追诉人取得认罪认罚从宽的前置条件,若被害人以严重不合理的请求来胁迫被追诉人签订调解或和解协议,既不能直接不予采信被害人的谅解意见,也不可直接剥夺被追诉人的从宽权利。笔者认为,应当由人民检察院与被追诉人共同认定是否符合合理的标准。犯罪行为造成的伤害存在难以量化的特性,除被害人本身可以感知其伤害性、严重性外,

他人实际并不能完全感同身受。而在认罪认罚案件中,由于量刑建议一般采纳的规定,人民检察院一手握两头,对双方的基本情况均有所了解,若被追诉人认为能够接受较为高额的赔偿,也内心真正有悔罪的意向,人民检察院可以适当调解而不进行完全干涉,由被追诉人决定是否同意巨额的赔偿。若其愿意以此弥补被害人的伤害,其实并无不妥,因为被害人的精神方面的损失外在表现为已经得到弥补并签订和解协议,符合认罪认罚从宽制度的程序,被追诉人自然可以得到从宽的处理。例如,最高人民检察院提出的对民营企业负责人涉嫌经营类犯罪,依法能不捕的不捕,能不诉的不诉,能不判实刑的就适用缓刑,此类案件中,若是涉事人员能够根据认罪认罚从宽制度,有能力且愿意给予被害人要求的补偿,换取相应的从宽,以不入狱的自由身份,继续进行生产经营活动,也有利于经济的发展。

(二)重视被害人的异议

如若被追诉人无法承担或不愿付出高昂代价来弥补被害人的损失,则可以由人民检察院出面进一步调解,若此时调解不成,可以按照被追诉人认罪认罚悔罪态度的诚恳程度、真实程度及其所能给出的最高和解赔偿协议的补偿程度,在从宽幅度上给出相应的建议。但是被害人由于被追诉人的犯罪行为造成严重的身心伤害,或确有因不予原谅被追诉人的,人民检察院也不可完全与已经签订和解协议,确能得到损失补偿的案件同类办理,给出相同的量刑意见,刑罚既有惩治犯罪的功能,也是对被害人创伤抚平的过程。若被害人最终不同意签订和解协议或获得赔偿,只希望被追诉人获得完整、没有从宽的刑事处罚,人民检察院也应当考虑是否据此不予从宽。因为实质而言,被害人作出如下选择,将会无任何其他利益的补偿,若此时仍给予被追诉人优待,将大大减损被害人对司法的信任。

六、结语

认罪认罚从宽制度所具有的节约司法成本,提高司法效率,缓解司法机关"案少人多"的压力,促进司法资源的优化配置,推动庭审实质化,实现审判中心主义的优势自不待言,但要想使其制度价值更进一步发挥,实现在公平基础上的效率,以合作式司法方式,探索形成非对抗的诉讼格局的制度价值,就不得不考虑诉讼过程的每一位当事人的权利,即被害人的合法权益及其应当有的地位不应该以此弱化。随着多地试点的结束,一些关于被追诉人合法权益保障的制度逐步被细化,被害人的合理诉求也应当作为下一步制度构建与完善的关注对象。提高被害人在认罪认罚类案件的参与度、将被害人的谅解意见作用程度作为与从宽程度相关的量化标准,正确处理被害人的异议,使得认罪认罚制度的效果更佳。

参考文献

[1]陈国庆.认罪认罚从宽制度司法适用指南[M].北京:中国检察出版社,2020.

从管制走向善治："双减"背景下政府校外培训监管的法治逻辑

金圣博①

摘　要："双减"背景下国家针对校外培训领域的监管持续发力，在取得了一定的监管成效同时，也引起了公众对于监管措施实施的必要性、正当性、合法性及有效性的质疑之声，因此明确监管升级背后的法治逻辑无疑具有重要意义。对校外培训机构予以监管具有现实与理论的双重支撑：培训市场的现实乱象及其引发的社会忧患为监管提供必要性依据；而基于法理的公益与私权之互动循环为监管提供了正当性依据。就监管政策制定及实施效果而言，当前我国校外培训监管仍停留在自上而下的管制阶段，如何从管制走向善治也是当下优化监管的重要命题：从行政法意义上的合法性与最佳性二维视角检视监管的规范性和有效性，并以此为"双减"背景下校外培训监管提质增效、实现路径优化提供基本遵循。

关键词："双减"；管制；善治；校外培训监管；法治逻辑

一、引言

2018 年 8 月国务院办公厅公布《关于规范校外培训机构发展的意见》（以下简称《规范意见》）标志着校外培训领域治理由"弱监管"迈向"强监管"时代，各省市相继展开各类专项整治工作，教育生态治理及其公共性回归成为教育领域的重要内容；2021 年 7 月，中共中央和国务院办公厅公布《关于进一步减轻义务教育阶段学生作业负担和校外培训负担的意见》（以下简称《"双减"意见》）又将校外培训治理之命题置于"双减"背景下再予以强调，要求全面规范校外培训行为。在此背景下，为了进一步

①作者简介：金圣博，女，汉族，河南郑州人，郑州大学法学院（知识产权学院）2020 级 6 班本科生。本文系 2022 年郑州大学大学生创新创业训练计划国家级资助项目"'双减'背景下校外培训监管的法治逻辑与优化路径"（编号：202210459091）阶段性成果。

落实"双减"政策,针对校外培训机构的专门政策文件大幅增加,国家有关部门对校外培训机构的监管也随之升级。2022 年 1 月教育部、中央编办、司法部联合发布的《关于加强教育行政执法 深入推进校外培训综合治理的意见》(以下简称《执法意见》)明确要求:"加强校外培训监管行政执法工作,全面构建校外培训执法体系,提高校外培训监管行政执法质量和效能,依法严格查处校外培训违法违规行为"。同时,其他相关文件也从各方面对校外培训机构进行了一定的限制,打出政策"组合拳",足以见得国家对规范校外培训机构办学,推动基础教育公共性回归的高度重视与坚定决心。

应当肯定,当前校外培训领域大规模的专项整治取得了一定成效,据官方数据显示,2022 年初,原线下学科类校外培训机构与线上校外培训机构压减率分别达 92.14% 和 87.07%,"营转非""备改审"完成率达 100%,标志着校外培训监管治理取得阶段性成就。然而,在以教育部为代表的国家相关部门"重拳出击"的同时,也应看到当前校外培训监管仍是政府主导下自上而下的"一元式"监管,呈现出运动式、阶段化的特点,缺乏其他相关主体的参与;而在监管政策的具体执行上,又侧重于提高准入门槛、加强违规处罚等以防堵为主的治理方式,往往具有滞后性且难以清除痼疾;作为监管主体的政府部门自身在监管制度构建方面也存在不合理、不完备之处。因而,当前校外培训监管现况及其问题也引起学界与社会的广泛议论,其中最具代表性的质疑之声莫过于对监管实施本身的必要性与正当性、政策执行的合法性与有效性的追问,以及对政策潜在负效应的忧虑。基于此,理解作为主导的政府及其各部门对培训机构监管升级背后的深层逻辑、分析治理校外培训市场的法律依据,并明确监管中政府从管制走向善治所应秉持的基本价值遵循,是回应公众合理关切、实现监管提质增效的应有之义。

二、监管必要性——校外培训教育失序市场化下的社会忧患

自 20 世纪 90 年代开始,受改革开放浪潮下市场化思潮的影响,大量以中小学教育培训为主的校外培训机构开始兴办,其以辅助公办学校教学和培养学生兴趣为代表,通过市场调配教育资源对公办教育进行补充。在此情况下,原本传统的政府和学校间的行政关系在一定程度上转变为"政府—市场—学校"的三方关系,市场在分配教育资源的问题上扮演着越来越重要的角色。尽管国家在基础教育领域引入市场化机制的本意是补充教育资源而非向去国家化的教育发展,但随着时间推进,一个规模巨大、由市场规则主导的校外培训教育市场不断崛起。根据数据显示,2020 年我国教育培训行业投融资金额达到历史高点 640.5 亿元。尽管受疫情以及"双减"政策的影响,2021 年教育培训产业市场规模有较大幅度下降,但不可否认其仍具有相当大的影响力。此外,2020 年 k-12 教育产业仍在教育培训产业中占比最大(32%),这意味着

当前教育培训市场中仍存在超过百万家 k-12 教育培训机构,其数量甚至超过了同期义务教育学校总数量。可见,在我国基础教育阶段的校外培训机构已形成庞大规模,资本化程度不断加深,加之行业监管不足或缺位,导致资本逐利性扩张趋势难以得到遏制,校外培训市场发展失序。

客观而言,在以国家财政支持的公办教育供给不充分、不平衡,以及当前应试教育仍在教育模式中占主导地位的情形下,校外培训机构快速发展,能够通过市场配置资源的方式填补空缺,缓和供需矛盾,一定程度上发挥推进素质教育和强化应试教育的双重功能,提升了教育供给的质量。然而,在当前校外培训资本不断涌入的情况下,基础教育的内容、方式都由市场决定,而由此带来的问题,不仅仅体现在教育领域,也存在于经济层面、文化层面乃至社会层面。其一,内卷化竞争破坏基础教育生态,损害群体教育公平。在校外培训市场的资本无序扩张与逐利竞争下,越来越多的家庭被卷入内卷化机制,尽管尚无研究能够证明接受校外培训一定能够促使学生取得学业进步,但受从众心理影响,当部分学生通过校外培训取得优异成绩就势必引起其他学生的竞相效仿,导致内卷之风盛行。而在教育资源竞争中,部分经济条件较好的家庭能够取得明显的优势,通过报名高收费的名师培训课程、"一对一"定制课程等,将家庭的经济资本转化为子女在教育竞争中的资源优势;而与此相对,低收入家庭或来自贫困地区的学生在这场竞争中无疑处于劣势,由此区域间、群体间的教育资源差距进一步扩大,不仅使群体教育公平受到贬损,更带来了社会阶层固化的隐忧。其二,校外培训市场的无序扩张削弱了学校教育的主阵地。在资本逐利本性引导下,缺乏有效规制的价格竞争机制主导教育市场,并由此产生了过分逐利、升学焦虑的不良风气。受校外培训功利化应试教育模式的影响,越来越多学生习惯于超前学习以及关注考试重难点,倒逼学校调整校内教学进度来适应这一功利性授课模式,由此影响了基础教育阶段的学校教学规律,削弱了中小学学校教书育人的主阵地作用与话语权。可见,校外培训中的种种忧患在更深层次中影响公办教育及中小学学校实现其在国家建设中的功能。

2018 年 9 月 10 日习近平总书记在全国教育大会上强调:"对校外培训机构要依法管起来,让校外教育培训回归育人正常轨道。"2021 年 3 月 6 日,习近平总书记在看望参加全国政协会议的医药卫生界教育界委员时指出,"培训乱象,可以说是很难治理的顽瘴痼疾。"2021 年 5 月 21 日,习近平总书记主持召开中央全面深化改革委员会第十九次会议时强调,"强化线上线下校外培训机构规范管理。"2022 年末《国务院关于有效减轻过重作业负担和校外培训负担,促进义务教育阶段学生全面健康发展情况的报告》中也表现出对于"双减"工作持续推进的信心与决心。因此,加强对校外培训机构的监管和行业治理,对于建设我国现代化的基础教育,坚持立德树人、建设教育强国,具有很强的现实必要性。

三、监管正当性——基于"市场与政府""公民与国家"两组关系

"双减"政策所面对的是教育负担与资源公平配置维度下国家、学校、市场、公民的四维关系命题,其初阶目标在于缓解教育短视化、功利化,减轻中小学学生的学习压力;核心目标在于巩固学校教育的主体地位,推动学校教育的高质量发展;根本目标则是促进中小学生的全面发展和身心的健康成长。而在此过程中,不可避免地对校外培训产业的营业自由以及以学生为代表的公民受教育权的表达自由产生客观上的限制,因而有必要对"市场与政府""公民与国家"两组关系展开思考与分析,寻找校外培训监管的正当性依据以及界定监管的合理范围。

(一)市场与政府:中国特色社会主义市场经济语境下的"市场自由"与"政府干预"

市场与政府的关系,自由放任与国家干预之间的碰撞,其涵盖范围极其广阔,历来是理论界关注之焦点,并由此诞生众多分支学派与丰富学说,其中又分别以哈耶克和凯恩斯为两派思想的代表,前者认为自由至上,拥护去政府的市场自由主义;后者则认为国家应该干预经济,并适当制造需求,促进经济繁荣。尽管两种理论对国家干预经济的观念存在分歧,但均肯定了市场在经济发展中的主导作用。若就这一共识而言,只有在校外培训产业出现市场失灵——教育资源垄断、信息不对称、负外部性显著增加情况下,政府才应当对其进行干预,实施必要的监管措施。事实上,当前校外培训市场的无序化发展所带来的种种乱象正说明这一行业处于一定的"市场失灵"状态。因此政府以基础教育校外培训市场的诸多"市场失灵"乱象为事实依据对校外培训行业进行监管是有一定的正当性。

然而,无论是市场自由主义还是政府干预主义理论都是建立在西方资本主义国家制度基础上的,其制度本身包含了偏重自由的价值取向,因此,对中国语境下"市场自由"与"政府干预"间的关系与作用进行理解还应当从中国自身制度构建出发进行考察。以黄宗智为代表的学者就对政府与市场关系的本土化研究持肯定态度。他指出,中国的市场经济是"社会主义市场经济",是一种国家仍然拥有关键生产资料的所有权之下的特殊市场经济体制,完全不同于西方国家自由放任的市场经济体系。因而在这种特殊的市场与国家的关系中,对校外培训教育市场的监管与治理也应当遵从"以公有制为主体的国家经济"这一逻辑。基于此,对校外培训领域的治理应当是以国家的调控和指引为前提的长期性、主动性治理,而非以"市场失灵"问题的出现为驱动力采取临时性、被动性治理,推动校外培训监管常态化,在遏制校外培训市场乱象的同时,发挥其对公办教育的补充和辅助作用,发挥市场的积极作用与效率优势,通过供给优质教育资源满足新时代人民群众的个性化、多样化教育需求。因而,在中国特色社

会主义市场经济体制下对市场与政府的本土化理论研究为校外培训机构监管提供了更为合理的正当性依据。

习近平总书记在中央全面深化改革委员会第二十三次会议中也强调,应将处理好政府与市场的关系作为关键,加快转变政府职能,提高政府监管效能,推动有效市场和有为政府更好结合。这一目标导向在"双减"政策施行以来的各类政策文本以及治理行动中也得到证明,政府对校外培训机构的监管意图不在于消灭教育市场,而在于清除其过度逐利之弊病,矫正教育市场歪风邪气,构建一个更具效率与活力,更能发挥资源配置作用,更有利于立德树人百年大计之施行的市场。

(二)公民与国家:个体学习的差异性追求与公平受教育权的国家保障义务

我国《宪法》第 46 条对受教育权作出明确规定,"中华人民共和国公民有受教育的权利和义务",体现了宪法对这一权利的确认和保护。同时,《宪法》第 33 条规定,"国家尊重和保障人权",也明确了国家对宪法规定的公民的基本权利负有法定的保护义务。随着时代发展,受教育权这一公民基本权利的内涵不断迭代扩展,其不再局限于生存权和受益权,而是强调教育的自主、自决、自治,教育选择成为新的权利主张。这种新兴的权利主张不仅与受教育义务相对应,而且与个人的教育自由相对应,因而大大扩展了受教育权的内涵,凸显了受教育权在新时代更为丰富的内容,集中表达公民对美好教育生活需要的时代诉求——"公平优质教育"。而随着人们对这一权利要求的日益强烈,受教育权的保障和救济需求也愈发受到重视。

对受教育权的规定与保障存在双重目的,一是从国家层面提升国民的整体素养,尤其是文化素养,进而提升国家的文化竞争力,二是从公民层面提升公民的个体素养与竞争力,甚至是生存的能力。学习则是实现上述目的的最主要途径。而在当前校外培训行业发展失序的情形下,超前培训扭曲了学习的基本规律,扰乱了正常的教学秩序;把培训变成盈利渠道,导致作为纯粹公共品的义务教育因资源垄断向商品化方向异化发展,出现排他性甚至竞争性倾向,与最初其实现受教育权更充分实现、满足人们追求高质量教育资源公平性取得的愿景背道而驰,最终侵害以学生为代表的公民受教育权,为当前国家对校外培训监管持续发力,满足公民对"教育公平"的追求从而更好地维护公民的基本人权提供了正当性依据。

然而,这也带来了另外一个问题——对校外培训机构从严监管是否会阻碍公民个体受教育权的自由表达?对此,宜应对公民个体与社会集体之间的利益差异进行衡平,正面回应教育公共属性与新时代公民对教育的个性化需求之间的"冲突"。

教育作为一种"超越任何利益集团的由公共价值导向的以扩大公共利益为目的的实践",具有促进个人发展与社会进步的双重功效。在我国,教育的公共性建构以社会主义方向为基本指引,以公益、开放和共享为核心价值向度,以公共经费为依托,面向全社会提供非排他的、普遍的、基础的教育服务。而在教育领域引入市场机制调整能够提高资源配置效率,补充优质资源,满足公民多样化的教育需求,因而在此意义上,教育的公共性与公民的个性化需求并不存在冲突,国家充分尊重公民在享有基础教育的情形下,进一步追求更加丰富教育资源以谋求自身发展的自由,而有效的市场恰在其中发挥了"桥梁"作用,私人利益与公共利益统一于一个整体。真正使私人利益与公共利益产生割裂感的原因在于当前教育供给与需求的结构性矛盾——在应试教育与升学竞争刺激下,因公办教育相对供给不足而导致家长、学生对更加丰富教育资源的需求疯狂滋长,为本性逐利的资本大规模涌入教育市场提供了天然的土壤,而教育市场有效治理不足又进一步放任资本扩张与价格竞争,从中诞生的巨大规模的"校外培训帝国"又进一步加剧了"内卷"的社会焦虑心理,冲击了基础教育的公共品属性,由此诞生了一种"病态"的不和谐。对此,应注意疏导人民群众的消极情绪,为当前过热的教育需求"降温",发挥国家保障社会集体的教育公共性诉求与公民个体的差异化受教育诉求之间的平衡器作用,充分合理地利用教育领域的市场调节机制,在对校外培训乱象严加监管的同时注意满足不同类型群众对教育资源的多样化、差异化需求,在追求教育资源公平配置、保障基础性受教育权利实现的基础上,为公民个体追求具有更丰富内涵的受教育权提供空间。

其次,需要对"公平"与"平均"进行辨明。基于对优质教育资源的追求而产生了个体学习差异性需求,而对教育资源公平配置的集体需求又呼唤着国家对校外培训市场乱象实施有效监管;然而,在监管实践中不能将"公平"简单理解为"平均"。公平性是教育公共性的基石,当前教育公平的理念随时代发展吐旧纳新,已超越了单纯强调均等或平等的朴素正义观,提倡对相同者可采取均等的对待,而对不相同者可采取差异化对待;其既涉及分配正义——对公共教育资源及机会均等的分配,同时也涉及关系正义——为公民享受教育、追求教育均等的条件及外部环境。因而,教育公平的目标在于实现个体与社会发展的同步受益,强调教育公共性前提下的合理分配,降低先赋性因素对子代教育成就的影响。因此,应谨防校外培训监管的目的畸变,将教育公平理解为资源分配上的平均,以"一刀切"式监管剥夺公民对优质教育资源的正当追求途径。

四、从管制走向善治:坚持行政合法性与最佳性的二元统一

自 2018 年 8 月国务院《规范意见》出台以来,校外培训监管在经历了前监管阶段(2014 年以前)、弱监管阶段(2014—2018 年)后终于迈向了强监管阶段,这一阶段针对校外培训机构的专门政策文件较前两阶段大幅增加,并且随着 2021 年《"双减"意见》落地,国家针对校外培训领域的监管持续发力,校外培训治理已成为"双减"治理的重中之重。

应当肯定,自弱监管阶段起,政府已逐步开始自上而下、能动地加强对校外培训机构的监管,不断履行其管理与规制培训市场的职责。但就监管措施的实施与相应的治理结果而言,这一时期政府对校外培训机构的监管仍停留在管制阶段,监管政策的形式在场与实质结合缺位,未能充分实现治理之目标。而 2018 年后强监管时代的到来则对政府提出了更高的治理要求——加强对校外培训市场全过程监管的提质增效、平衡公权与私权(社会集体的基本受教育权与公民参与校外培训中的各项合法权益),从管制走向善治。所谓善治,其特征是"政治国家和市民社会的一种新颖管理",更深层次上要求执法体系的现代化与法治化,发挥法治对于校外培训监管的引领、推动和保障功能,一方面着眼于对行政行为本身的评价,即行政权依据及程序的合法性与正当性,寻求公权与私权的相对平衡;另一方面也要求对行政行为的价值评价,即目的与实际效果的比较与分析,注重监管效能提升,处理好合法行政与最佳治理的关系。因而,为实现当前校外培训监管的优化升级,应当坚持合法性与最佳性二元标准的统一,既应从合法性层面进行检视,又在合法性的框架之下根据规范所赋予的裁量空间制定最佳的政策并以最佳的方式执行,为监管升级找寻合理依据,并将其作为监管全过程中理应遵循的基本原则与价值导向,推进校外培训监管的法治化进程。

(一)合法性检视:校外培训监管应有法可依

行政行为合法性是法治评价的重要标准,在考量过程中总体上应遵循"限制公权,保障私权"这一标准。这意味着行政部门针对校外培训机构的监管措施必须满足合法行政、权责统一、正当程序等行政法的基本原则。作为教育行政监管中最主要的手段,行政处罚作为最典型最严厉的侵益性行政行为,也更应成为监管合法性考量的重点对象。

当前校外培训领域的行政处罚依据,已有许多规范性文件,如 1996 年《行政处罚法》是教育行政处罚领域所依据的基本法律遵循;1998 年原国家教委发布的《教育行政处罚暂行实施办法》是教育行政处罚领域所具体依据的主要规范性文件;随着校外培训迈入强监管时代,一系列规范性文件的出台也推动了教育行政处罚的进一步加强,但其中仍有不少规范性问题亟待解决。

就处罚依据而言,目前针对校外培训机构的处罚依据分散于《民办教育促进法》《广告法》《市场监管法》《未成年人保护法》等法律中,多参照适用民办学校或一般市场管理中的有关措施,在规制校外培训机构这一具体问题上针对性较弱。另外,处罚依据还具有一定的滞后性、模糊性,禁止性规定与处罚赋权之间衔接也不够流畅。

就处罚程序而言,规范的程序具有实现处罚结果公正与保障行政相对人基本权利不受侵犯的双重功能,从而加强公众对于行政结果的公正性的确信,维护政府公信力。然而在当前对校外培训机构的行政处罚中,由于立法尚不完善且较为笼统模糊,相关实施机关仍具有较大的自由裁量权,不仅为行政处罚裁量权的异化和滥用提供可能,也导致了处罚过程中执法人员滥用职权、过度执法等问题频出,侵害相对人合法权益。以一些地方有关机关全面叫停或关停中小学学科类校外培训的"一刀切"式行政处罚为典例,其行为违法依法行政与正当程序原则。因而,只有通过规范监管、依法监管,为监管之对象、监管之内容以及包括行政处罚权在内的政府监管职权设置具体明确的法律边界,才能够有效避免监管滥权。

完善校外培训监管的合法性依据要求构建校外培训机构治理的长效机制,通过法治途径实现校外培训监管中实体正义与程序正义的统一,使校外培训市场得到良性发展。为此,一方面应在充分利用《价格法》《反不正当竞争法》《广告法》等现有法律资源以有效治理培训市场不正当定价、虚假宣传等市场失序问题的基础上,进一步完善《教育法》《教育行政处罚暂行实施办法》等法律法规;同时,应当根据《行政处罚法》,教育部《关于加强教育行政执法工作的意见》及当前教育发展实际,通过修订《教育行政处罚暂行实施办法》为教育领域行政监管提供具体依据,提高执法规范化水平。另一方面,应进一步加快对校外培训机构监管的针对性立法。目前,校外培训机构的针对性立法工作已受到高度重视,在教育部发布的 2022 年工作要点中提出要推动校外教育培训监管立法,保障监管工作的有法可依、持续推进;2022 年 3 月全国"两会"期间黑龙江代表团针对当前校外培训机构发展现状提出的"修改民办教育促进法,设立'校外培训'专章,明确培训教育机构经营者的权利义务,规范培训教育机构的设立、运营及监管机制"这一立法提案,也得到全国人大常委会的高度认可,建议有关部门认真研究论证,待条件成熟时列入全国人大立法工作计划中。2022 年 11 月 27 日教育部关于《校外培训行政处罚暂行办法(征求意见稿)》也已公开,为未来促进教育培训领域行政执法的细化落实提供了更加专业具体的方法指导。

就未来校外培训监管优化升级的立法供给建设而言,笔者建议未来应将国家现有政策中关于校外教育培训机构的性质界定、设立审批、监管内容和法律责任等内容加以汇总、修改、优化和充实,通过提升立法层次,提高对基础教育校外教育培训机构和行业监管的规范化、法治化水平。

(二)最佳性检视:校外培训监管应提质增效

行政行为最佳性以提高行政效能为核心,保障和提升行政效能是行政法的重要价值,行政效能原则是法治评价的重要维度。效能原则要求配置权力以尊重权力属性和运作规律为根本标准,并且要为权力切实有效运行提供保障机制。最佳性关注的内容主要包括行政机关在决策机制、职能转变、体制改革、执行力、制度质量等方面的绩效。由于国家行政职能的扩张,单纯追求合法性已不足以满足有效的社会治理,对最佳性的追求便应运而生。就当前校外培训领域的行政监管现状而言,贯彻落实"双减"政策,深化教育行政执法体系改革、促进监管过程中执法效能的提升,已成为当前校外培训监管领域的重要议题,然而由于执法历史不长及立法空白,在监管过程中仍然存在主体分散、缺乏协同问题。对这一问题可从行政管理的内部与外部两方面来加以分析。

就行政监管内部而言,教育行政执法权的相对分散导致监管中"九龙治水"碎片化特征尤为突出。虽然我国校外培训政策的执行主体沿承了自上而下、以政府为主导的治理方式,但由于校外培训机构兼具教育的公共品属性和市场营利性双重特性,对这一领域乱象的治理又有别于其他教育领域问题的规制,校外培训治理政策的执行主体更加多元、复杂,教育部、人力资源和社会保障部、人民银行等多部门均具有一定的监管权责。2018 年国务院办公厅发布的《关于规范校外培训机构发展的意见》明确了包括公安、应急管理、卫生、食品监管、网信、文化、工业和信息化、广电等十余个政府部门的治理职责;2019 年针对线上培训出台的《关于规范校外线上培训的实施意见》和《关于促进在线教育健康发展的指导意见》又增加了国家发展和改革委员会、财政部、中国人民银行、市场监管总局等多部门的监管职责,初步形成了多部门综合治理的态势。2021 年中共中央办公厅、国务院办公厅印发《关于进一步减轻义务教育阶段学生作业负担和校外培训负担的意见》,《意见》进一步明确了校外培训治理的政府职责体系。至此,我国对于校外线上线下培训的政策执行体系已经基本形成,然而在基层监管实践中,我国校外培训监管主体仍难以打破"九龙治水"的监管框架。其一,各部门职责分工尚不清晰。校外培训监管过程往往涉及多个部门的权限,易出现多个行政权力的交叉重叠,若不能对各部门监管职责予以明确就难以避免面对监管问题时各部门以法律不清晰、责任不明确为借口互相推诿,最终影响监管的有效性。以对非学科类培训机构的审批为例,受行政审批权限的制约,绝大部分省市尚未能明确非学科类培训机构准入的行政审批主体和形式,仅有北京、浙江等地以"审核意见书"等行政部门审核文件替代"培训许可证",将其作为临时过渡方式。非学科类审批权责不清晰,多个部门多头管理,与"谁审批谁监管,谁主管谁监管"原则相冲突,造成审批与管理主体不对称。其二,各部门沟通协调不力,跨部门联动水平不高,分工协作低效。除分工责任不明确之外,各部门各单位在具体监管工作的分配中也缺少有效的沟通协作机制,相关衔接部分往往存在监管真空地带,造成工作盲区和管理漏洞。其三,各部门联合监管执法力度不足。基于校外培训市场的特殊属性,教育行政部门应作为主管部门承担符合行业特点的监管责任。然而,一方面教育部门虽有执法权,却没有强制执法权和执法队伍,对无证无照培训机构,既不能扣押其物品,也不能强制查封场所,执法威慑力度小;另一方面其执法手段相对单一,难以及时发现并查处校外教育培训的非法办学问题,加之各部门缺乏有效配合,极大地影响了教育行政部门执法的有效性。

就行政监管外部而言,当前我国校外培训机构监管仍是以政府为中心的自上而下式监管模式,单一主体的行政监管往往存在成本高昂、程序烦琐等局限,因而对校外培训机构的治理越来越呼唤从一元监管走向多元监管,即在政府主导的基础上,充分发挥各类监管主体的积极性与优势,形成整体性监管合力。这也体现了善治所提倡的多元主体协同共治的要求。就目前来看,多数学者已就构建多元共治的校外培训监管结构形成共识,然而实践中我国的校外培训机构治理仍处于探索性阶段,尚未形成整体的结构性布局和系统化路径,在校外培训多元主体监管方面缺乏协调联动思维,政府、市场、社会三方监管合力不足,尤其体现为以家长和学生为主的社会各方主体的参与积极性欠缺。这也源于目前我国应试教育在升学中仍占据主导地位,受教育内卷化和培训机构焦虑营销手段的影响,家长和学生对校外培训的需求不减,为在教育资源竞争中取得优势,对校外培训机构资质审核和信息宣传缺乏理性判断,甚至对校外培训机构的违法行为进行刻意隐瞒,导致出现违规办学等培训市场乱象时,有关监管部门往往只能进行事后调查、追责,无法从源头治理。

对于实现校外培训监管的最佳性目标,就行政监管内部而言,应当进一步明确校外教育培训监管主体及其职责,厘清并划分教育部、工商行政管理局、人力资源和社会保障部等部门的监管权责,在教育行政部门及有关校外培训机构专门管理机构的统筹下实行"部门联治",打破部门之间的壁垒,同时注重部门执法人员法律素养提高以及问责机制的完善。此外,各部门须畅通信息共享渠道,加强信息交流与共享,打破不同部门之间信息不互通的割裂状态,这一点可以运用技术赋能跨部门业务联动加以实现,例如搭建"全国中小学生校外培训机构管理服务平台"以促进跨部门、跨省市的监管经验共享与协作。就行政监管外部而言,应着力建设多方主体高效协同的监管机制,即"政府主导、行业自律、家校联合、社会参与"。其中,政府作为监管主导力量,应当畅通沟通机制,增强与市场主体、社会主体沟通的治理回路,及时主动地发布相关校外培训机构治理信息,收集民众的反馈情况并进行后续的治理工作,同时,在从严监管之余也应增强有效供给,通过供需耦合使监管更具长效性。在市场机制的作用上应调动校外培训行业自律,构建行业内部监督体系,通过专门的校外培训监管行业协会协助,弥补政府在准入评估和服务、行业监督和规范、专业发展和激励等诸多方面的不足,加强行业自律,促进互相监督,推进对校外培训机构的精细化管理。而学校和家长层面的参与需要学校加强教学主阵地建设,提高课程质量、提供课后服务以实现教学中心的回归。家长在培训课程的选择中也应秉承理性原则,并积极维护参与校外培训中的合法权益以发挥培训机构治理功能。

五、结语

基础教育阶段的校外培训是一把双刃剑,在提供补充学校教育、增加学习机会等正外部性的同时,也带来了增加内卷焦虑、削弱学校主阵地、影响立德树人教育大计实现等负外部性。这种培训机构失序发展的现实,同国家平衡公益与私权即处理好市场与政府、公民与国家之间关系的需要共同构成了国家对于校外培训机构监管持续发力的逻辑起点,为各项监管政策的出台与施行提供了充分的现实必要性与理论正当性。在 2021 年"双减"政策施行以来,国家不断打出监管政策与行政执法的"组合拳",在对校外培训机构的监管中取得显著进展,但仍停留在以政府为主导的自上而下、依靠政策驱动、形式与实效结合不足的管制阶段,如何实现监管全过程各方面的提质增效,从管制走向善治,则是在当前监管升级下更加重要的命题,因而更应在监管具备必要性、正当性的基础上,对其政策及施行的合法性与最佳性加以检视。法治、参与、回应及公正是善治的基本要求,当前我国校外培训监管仍未出台统一具体的法律规范,存在一定立法空白;政府主导的一元化监管模式也导致监管乏力,由于未形成多元主体参与下的治理合力,导致仅凭政府参与监管难以精准高效地摒除校外培训市场的弊病,也难以对监管过程中层出不穷的新问题作出及时有效的反应。为此,加快推进校外培训监管的立法进程、不断优化行政监管体制内部革新与促进多元社会主体参与已势在必行。可见,通过对校外培训监管政策及其实施的"四性"——必要性、正当性、合法性、最佳性进行分析,厘清政府监管中的法治逻辑,才能为坚定监管信心、查明监管问题、优化监管路径提供基本遵循,推动校外培训监管行稳致远。

参考文献

[1] 杜文静,姜晨."双减"背景下校外培训治理风险评估[J].现代教育论丛,2022,246(4):63-72,111.

[2] 陈肇新.提升教育公平感的法律程序治理:以中小学校外培训机构的法律规制为视角[J].全球教育展望,2018,47(9):87-100.

[3] 张雯闻,贾海薇.有为政府与有效市场:理解校外培训治理的国家行动逻辑[J].广西师范大学学报(哲学社会科学版),2022,58(1):113-122.

[4] 董红军."双减"背景下的家校协同共育[J].中国教育学刊,2021(S2):196-199.

[5] 张雯闻,贾海薇.有为政府与有效市场:理解校外培训治理的国家行动逻辑[J].广西师范大学学报(哲学社会科学版),2022,58(1):113-122.

[6] 黄宗智.国家-市场-社会:中西国力现代化路径的不同[J].探索与争鸣,2019(11):42-56.

[7] 本刊编辑部.2021 中国教育研究前沿与热点问题年度报告[J].教育研究,2022,43(2):57-69.

[8] 龚向和.论新时代公平优质受教育权[J].教育研究,2021,42(8):48-58.

[9] 余晖."双减"时代基础教育的公共性回归与公平性隐忧[J].南京社会科学,2021,410(12):145-153,170.

[10] 胡劲松.论教育公平的内在规定性及其特征[J].教育研究,2001(8):8-12.

[11] 张雯闻,贾海薇.有为政府与有效市场:理解校外培训治理的国家行动逻辑[J].广西师范大学学报(哲学社会科学版),2022,58(1):113-122.

[12] 俞可平.治理与善治[M].北京:社会科学文献出版社,2003.

[13] 朱新力,唐明良.法治政府建设的二维结构:合法性、最佳性及其互动[J].浙江学刊,2009,179(6):138-146.

[14] 申素平,吴楠.合法性与最佳性:行政处罚在校外培训监管中的基本依循[J].探索与争鸣,2022,395(9):96-102,178-179,181.

[15] 杨程,秦惠民.校外培训的市场失灵与依法治理[J].清华大学教育研究,2021,42(6):72-79.

[16] 沈岿.论行政法上的效能原则[J].清华法学,2019,13(4):5-25.

[17] 张海鹏,张新民."双减"背景下的校外培训机构监管:理念转型与制度优化[J].河南师范大学学报(哲学社会科学版),2022,49(3):150-156.

[18] 王宪平,程一可."双减"政策下校外培训机构治理的生态检视:问题与策略[J].继续教育研究,2022,272(4):62-67.

[19] 何颖.义务教育阶段校外培训服务准入制度的反思与前瞻:兼评"双减"政策全面规范校外培训行为任务的落实[J].四川师范大学学报(社会科学版),2022,49(1):122-130.